KB084438

정당화할 수 없는 위험?

지은이 **사이먼 톰슨**Simon Thompson

사이먼 톰슨(1959~)은 16세에 등반을 시작한 등반 애호가이자 사업가이다. 앵글로 아메리칸 주식회사Anglo American plc 이사(2001~2007)와 타맥Tarmac 그룹 회장(2005~2007)을 역임했고, 이후 스웨덴, 영국, 미국에서 다양한 회사의 이사회에 소속되어 활동했다. 현재는 리오틴토 그룹Rio Tinto Group과 3i 그룹에서 회장직을 맡고 있다. 그는 바쁜 사업가임에도 불구하고 시간이 날 때마다 산을 찾는다. 저서로는『정당화할 수 없는 위험?』(2010)과『콘웨이 경과 함께 하는 긴 도보 여행』(2013)이 있다.

옮긴이 **오세인**

서울대학교 영어영문학과 학사 및 석사. 시카고 소재 일리노이대학 영문학 박사. (현) 울산대학교 영어영문학과 조교수. 영국 낭만주의 문학을 전공했다. 하루재클럽에서 옮긴 산서로는『ASCENT—알피니즘의 살아 있는 전설, 크리스 보닝턴 자서전』이 있다.

근대등산의 태동부터 현재까지

영국 등산 200년사

정당화할 수 없는 위험?

사이먼 톰슨 지음 오세인 옮김

차례

마치 이성을 잃은 것처럼,

쓸모없는 바위로 된 정상까지의 치열한 모험을 통해

우리는 위험을 스스로 자초한다.

이는 이성적으로나 도덕적으로 정당화할 수 없는 위험이다.

제프리 윈스롭 영Geoffrey Winthrop Young

1870년 무렵의 레슬리 스티븐Leslie Stephen(오른쪽)과 그의 가이드이자 평생 친구인 멜히오르 안드레그Melchior Anderegg "긴 기도를 긴 도보여행으로 대체한" 스티븐은 영국산악회 초기의 학술적 심미주의자였다. 안드레그는 알프스 등반의 황금기 동안 그의 가장 훌륭한 가이드였다. (영국산악회)

1871년 무렵의 에드워드 윔퍼Edward Whymper
빅토리아 시대 등반의 흠결 있는 영웅
에드워드 윔퍼는 8차례의 시도 끝에 1865년
마터호른 등정에 성공해, 황금기 최고의 성취와
그 마지막을 장식했다. (영국산악회)

1860년 무렵의
프랭크 워커Frank Walker와
루시 워커Lucy Walker.
뒷줄 왼쪽에서 오른쪽 순으로
신원 미상, 멜히오르 안드레그,
아돌푸스 무어Adolphus Moore
루시 워커는 마터호른을 등정한
첫 여성으로, 알프스의 주요
봉우리 초등에 참가했다.
(영국산악회)

1874년 카프카스 원정등반 중
오데사Odessa에서.
왼쪽에서 오른쪽 순으로
플로렌스 그로브Florence Grove,
호러스 워커Horace Walker,
아돌푸스 무어, 프레데릭
가디너Frederick Gardiner
"북극점에서 안데스산맥의
봉우리까지, 위험과 직면할 수
있거나 명예를 높일 수 있는
곳이라면 어디든지 영국인들의
이름이 널리 퍼져 있다. 영국인의
이름이 가장 영예로운 곳은 중앙
카프카스이다." (영국산악회)

1890년 무렵의 프레드 머메리Fred Mummery
근대 알프스 등반의 창시자.
"깨끗한 공기와 날카로운 햇빛이 있는 저 위에서
우리는 조용한 신들과 함께 걸어가고,
결국은 서로와 자신의 모습 그대로를 알게 된다."
(영국산악회)

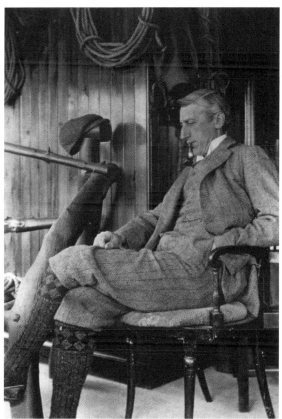

스카이Skye섬
슬리가찬 여관Sligachan Inn에서의
노먼 콜리Norman Collie
콜리는 등반가이자 네온등 발명가,
의료 목적의 엑스레이를 처음 찍은 사람
그리고 동양 예술, 와인, 음식, 시가에
관해 인정받는 전문가였다.
그가 노르웨이를 방문했을 때
"군중들은 그가 셜록 홈즈라는 생각에
그를 보려 모여들었다." (영국산악회)

1902년의 마틴 콘웨이Martin Conway
탐험가, 예술 비평가, 정치인, 산악 낭만주의자,
사교적 등반가로 기사 작위와 귀족 지위를
모두 얻었다. (왕립지리학회)

1895년 무렵의 오언 글린
존스Owen Glynne Jones
19세기 말의 영국 일류 암벽 등반가.
"그는 등반의 정신적인 측면보다는
육체적인 매력에 흥미를 느꼈다."
(아브라함 형제 컬렉션Abraham Brothers'
Collection 및 펠앤록산악회)

1907년 와스트워터 호텔Wastwater Hotel에서의 펠앤록산악회 첫 회합

웨스데일 헤드Wasdale Head는 호수지역 등반 공동체의 첫 본거지였다. 이곳은 "붙임성 좋은 사람들 간의 무질서한 만남을 좋아하는" 이들에게 매력적이었다. (아브라함 형제 컬렉션 및 펠앤록산악회)

1913년 12월
페니패스Pen-y-Pass에서의
지그프리드 허포드Siegfried
Herford (왼쪽)와
조지 맬러리George Mallory

허포드는 "산과 화창한 아침의
때 묻지 않은 아들로… 신선한
신비감과 바람과 같은 즉흥성으로…
서성이는" 인물이었다. 맬러리는
"갤러해드… 같은 인물로, 기사처럼
용감하고 불굴의 의지를 지녔으며…
젊은이다운 모험의 훌륭한
화신"이었다. (영국산악회)

1924년 성령 강림절,
그레이트 게이블Great Gable에서의
펠앤록산악회 전쟁기념비 헌당식
"우리는 1920년대에 등반의 수준을
높이고 목표를 제시할 것으로
기대했던 세대에 속한 등반가들을
너무 많이 잃었다. 우리가 물려받은
것은 권위가 떨어진 중년의 세계였다."
(펠앤록산악회)

1924년 에베레스트 원정등반
도중 창을 마시는 찰스
브루스Charles Bruce 장군
애버데어 경Lord Aberdare의
14번째 자식이었던 찰리 '브루저'
브루스Charlie 'Bruiser' Bruce는 레슬링
실력, 뛰어난 음주 능력 그리고 여러
지방 사투리로 음탕한 이야기를
할 수 있는 재능이 있어 구르카
병사들의 존경을 받았다. (벤틀리
비썸Bentley Beetham 및 왕립지리학회)

1924년 6월 4일, 에베레스트의 8,580미터 지점에
있는 에드워드 노턴Edward Norton
맬러리와 어빈이 실종되기 사흘 전, 노턴은 무산소로
에베레스트에서 고도 신기록을 세웠다. 이 기록은
1978년까지 경신되지 않았다. (노엘Noel 가족 및 영국산악회)

1934년경의 콜린 커쿠스Colin Kirkus
리버풀의 보험회사 서기였던 커쿠스는 1930년대 초반
최고의 영국 암벽 등반가였으나, 기존 산악계의
몇몇 회원들은 그가 "좀 지루하고, 너무 조용하며,
대화를 잘 못하는 편"이라고 여겼고,
결국 그는 에베레스트 원정에 초대받지 못했다.
(웨이페어러즈산악회 아카이브Wayfarers' Club Archive)

**1935년 에베레스트 원정등반
당시의 빌 틸먼**Bill Tilman
군인, 탐험가, 등반가, 항해사였던
틸먼은 엄청나게 자립적이고 과묵하며
편협했지만, 가장 재미있는 산악 관련
작가이기도 했다. (왕립지리학회)

**1935년 에베레스트 원정등반
당시의 에릭 십턴**Eric Shipton
십턴은 1933년부터 1951년까지
에베레스트 원정대에 매번 참가했던
산악 낭만주의자였다. 그는
원정등반의 성공이 국가의 위신 문제가
되었다는 점을 인지하지 못하면서
1953년 원정대장직에서 인정사정없이
해고되었다. (왕립지리학회)

1934년의 제프리
윈스롭 영Geoffrey Winthrop Young
등반가, 시인, 교육주의자,
'심미적 체육인'이었던 영은
제1차 세계대전에서 다리를 잃었지만,
산악계에서 활발한 활동을 계속 이어나가
1944년에 영국등산위원회 창설에
참여했다. (영국산악회)

1940년대 중반, 캐나다 로키산맥의
마운트 하디스티Mount Hardesty
정상에 오른
프랭크 스마이드Frank Smythe
등반가이자 왕성한 저작 활동을 한
인기 작가. "육체적으로는 산에 있고
지적으로는 자신의 책 속에 있었던
프랭크는 능력이 출중하기는 했지만
자신의 능력으로는 약간 힘에 부치는
높이까지 오르려고 항상 노력했다."
(영국산악회)

1949년 4월, 스타네이즈Stanage의
정복할 수 없는 권리Right
Unconquerable를 초등하는
조 브라운Joe Brown

1940년대 후반에 여러 세대의
등반가들을 굴복시킨 루트들을
날렵하게 등반하는 맨체스터의 한 젊은
건축가에 대한 소문이 돌기 시작했다.
브라운은 본능적으로 가파른 암벽을
오를 수 있는 가장 쉬운 길을 찾아내는
암벽등반 최고의 장인이었다.
(어니스트 필립스Ernest Phillips 및
고든 스테인포스Gordon Stainforth)

1953년의 존 헌트John Hunt와
제프리 윈스롭 영

영은 장수하여 헌트가 1953년
에베레스트 원정대를 지휘하는
것을 볼 수 있었다. 자랑스러운
국가주의적 프로젝트였던
이 원정등반의 성공 소식이
엘리자베스 2세 여왕의
즉위식과 시기가 겹친 것은 매우
적절했지만, 22년이 더 지나서야
영국인 등반가가 정상에 올랐다는
점은 유감스러운 일이었다.
(영국산악회)

1958년 무렵의 로빈 스미스Robin Smith
철학을 전공한 말썽꾼이었던 스미스는 동시대
스코틀랜드 등반가들 중 가장 전도유망했다.
그는 24세의 나이에 파미르고원에서 사망했다.
(지미 마샬Jimmy Marshall)

1972년, 헵튼스톨 무어Heptonstall Moor를
오르는 돈 윌런스Don Whillans
납작한 모자를 쓰고, 자주 싸우며, 느릿한 랭커서
말투에 직선적이고 단호한 눈초리를 가진
윌런스는 거친 남자의 결정판이었다.
(존 클리어John Cleare)

1967년의
두걸 해스턴Dougal Haston
방종과 불가해한 금욕주의가
묘하게 섞인 인물.
1960년대의 많은 젊음의
아이콘들과 마찬가지로,
해스턴의 매력 포인트 중
하나는 그가 요절할 것처럼
보였다는 점이다. (존 클리어)

1965년의 피터 크루Peter Crew
옥스퍼드를 그만둔 후, 크루는
암벽등반의 첫 팝 아이콘이
되었다. "그는 시끄럽고, 거만하며,
자신감 넘치고, 성급하며, 남들을
멸시했다. … 그는 집중력을
높이다가… 지체 없이 앞으로
나아가곤 했다." (존 클리어)

1974년의 피터 리브지 Peter Livesey
마르고 다부진 몸에 안경을 착용한
리브지는 거의 강박적인 훈련 방식을
채택해 1970년대에 가장 뛰어난
영국의 암벽 등반가가 되었다.
리브지는 최고 수준의 등반가들과
경쟁할 능력을 상실하자 등반을
그만두었다. (존 클리어)

1984년의 론 포셋 Ron Fawcett
포셋은 리브지를 밀어내고 영국
최고의 암벽 등반가 자리에 올랐다.
리브지는 "나는 론과 처음 등반을
함께 했을 때 그가 나보다 뛰어나다는
것을 알아챘다. 중요한 것은 론에게
내가 그렇게 생각한다는 것을
알지 못하게 하는 것이었다."라고
회상했다. (존 비티John Beatty)

1983년의
크리스 보닝턴Chris Bonington

1962년에 이안 클로Ian Clough와 함께
아이거 북벽을 영국인으로서 처음
오른 후, 보닝턴은 영국에서 가장
유명한 산악인이 되었고, 1970년대
히말라야 등반에서 모두가 인정하는
원정대장이었다. (존 클리어)

1975년의 더그 스콧Doug Scott

영국의 가장 위대한 고소 등반가. 키가 크고 힘이 세며, 머리는 아무렇게나 자랐고, 존 레논 같은 안경을 낀 그는
"산을 때려눕히도록 만들어진 인간"이었다. (더그 스콧)

1973년, 샤모니의 스넬
필드Snell's Field에 모인
리즈대학 등반 연합회
왼쪽에서 오른쪽 순으로
버나드 뉴먼Bernard Newman(회장),
존 파월John Powell, 존 포터John
Porter, 알렉스 매킨타이어Alex
MacIntyre, 존 임즈John Eames.
페나인산맥 양쪽의 대학산악회
출신 등반가들은 1970년대 중반에
경량의 알파인 스타일 혁명을
주도했다. (버나드 뉴먼 콜렉션)

1976년, 창가방 서벽 아래의 조 태스커Joe Tasker(왼쪽)와 피터 보드먼Peter Boardman
1982년 에베레스트의 북동 능선에서 보드먼과 태스커가 실종된 사건은 필연적으로 맬러리와 어빈을 연상케 했다.
그들은 1970년대와 1980년대에 "거의 파멸할 때까지 등반을 계속한" 뛰어난 세대의 일류 구성원들이었다.
(피터 보드먼과 크리스 보닝턴 사진 라이브러리)

1986년 K2 원정을 위해 짐을
싸고 있는 앨 라우즈Al Rouse,
브라이언 홀Brian Hall,
데이브 윌킨슨Dave Wilkinson,
짐 커랜Jim Curran,
앨 버제스Al Burgess
(왼쪽에서 오른쪽 순으로)

"K2와 같은 원정은 그 자체로도
중요했지만, 그만큼 성과가 드러나는
것도 반드시 필요했는데, 그래야만
라우즈가 어떻게든 자신의 이름과
명성을 이용해 다음 시즌의 무역박람회,
강연, 잡지 기사 등의 일을 해나갈 수
있었기 때문이다." (영국산악회)

1982년, 타우릴라후Taulliraju
정상에 선 믹 파울러Mick Fowler
세금 사정관의 비밀스러운 삶을
영위한 인물. 동료들이 "산악인들의
산악인"으로 뽑은 파울러는
극단적으로 모험적인 등반과 내국세
세무청에서의 직장인 생활을
병행하며 아마추어 전통을 유지했다.
(믹 파울러)

1

서문

얼핏 봐도 영국에는 산이 없는 것처럼 보인다. 하지만 영국인들은 산악운동을 창시했고, 역사적으로 두 기간, 즉 19세기 말과 20세기 말 잠깐 동안 세계를 이끌었다. 비슷한 정도로 산이 거의 없는 다른 나라들과는 달리, 영국에서는 산과 등반이 자연과 아름다움 그리고 영웅주의와 죽음에 관한 변화무쌍한 태도를 반영하기도 하고, 그에 영향을 주기도 하면서, 국가적인 정서 발달에 지대한 역할을 했다. 이 책에서 나는 영국에서 산악운동이 융성하게 된 사회적·문화적·경제적 환경을 다루고, 지난 200년 동안 산악운동을 펼쳐온 과학자와 시인, 목사와 무정부주의자, 악당과 판사, 금욕주의자와 주정뱅이 개개인의 성취와 동기를 서술할 것이다.

다른 스포츠와 마찬가지로, 등반 역시 오락이나 여흥 또는 재미를 위해 쓸모없는 목표 — 산의 정상이나 절벽의 꼭대기 — 를 추구한다. 아마추어 전통이 강한 다른 스포츠들처럼 등반도 목적보다 과정이 중요하다고는 하지만, 이는 몇몇 등반가들의 허세 섞인 생각이지 꼭 그런 것만은 아니다. 대부분의 게임과 달리 등반에는 명문화된 규칙이 없는데, 이는 다른 야외 스포츠도 마찬가지다. 대신, 명문화되지는 않았지만 널리 받아들여지는 전통이 계속 진화하면서 등반 활동에 영향을 끼치고 있다. 이런 '규칙'을 깰 경우 등반가가 받는 제재는 동료들의 비난이 전부이다. 1930년대 영국산악회The Alpine Club의 저명한 인사이자 영국 등반의 도덕적 수호자를 자임했던 에드워드 스트럿Edward Strutt 대령은 "영국의 암벽에 피톤을 박고 등반하는 사람은 차라리 여우사냥이나 연어잡이를 하는 게 낫다."[1]라고 말했다. 다른 스포츠에서는 '승리'를 정의하기가 쉽지만, 등반에서는 그렇지 않다. 초창기에는 사람의 발길이 닿지 않은 봉우리의 정상에 도달하는 것이 승리, 즉 성공을 뜻했지만, 본래 등반은 단순히 높은 곳을 탐사하는 행위가 아니었다. 진정으로 탐험 본능이 넘친 사람들은, 가보지도 못하고 알려지지도 않은 산이 히말라야에 널려 있는 상황에서, 산 하나를 오르려고 수개월을 보내는 것에 곧 싫증을 느꼈다. 그리고 그런 싫증에는 에베레스트조차 예외가 아니었다. 오늘날에도 어떤 등반가에게는 미등의 봉우리를 오르는 것이 궁극적 포부이기는 하지만, 쉽게 접근할 수 있는 미답봉의 수가 점점 줄어들면서 성공의 의미가 조금씩 변화했다. 1890년대 중반에, 그 시대를 이끌었던 등반가 프레드 머메리Fred Mummery는 "등반의 본질은 봉우리를 오르는 데 있는 것이 아니라, 난관과 싸워서 극복하는 데 있다."[2]라고 기술했다.

시간이 흘러 기술이 발전하고 기준이 높아지면서 인력과 장비만 충분하다면 못 오를 암벽이나 빙벽은 거의 없다는 사실이 분명해졌기에, 등반의 스타일이 중요한 요소로 부상했다. 가장 위험한, 그래서 가장 '훌륭한' 스타일은 로프 없이 혼자서 오르는 단독등반이다. 가장 나쁜 것은 암벽에 구멍을 뚫고 확장볼트를 사용해 밑에서부터 꼭대기까지 고정로프를 설치하며 오르는 스타일이다. 이런 양극 사이에는 수없이 많은 스타일이 존재하는데, 등반에 전념하는 전문 등반가가 아니라면 여러 스타일 사이의 미묘한 차이에 혼란을 느끼게 된다. 일반적으로 단독등반 스타일은 날씨가 좋고 루트가 짧고 쉬운 경우에 적용되었으나, 길고 험난한 등반이나 고산등반 그리고 결국에는 히말라야의 고봉을 오르는 등반에도 단독등반 스타일이 점차적으로 확대 적용되었다.

다른 스포츠와 마찬가지로 등반의 매력은 결과의 불확실성이 큰 비중을 차지하지만, 실제로 등반을 하다 실패하게 되면 그 결과는 치명적일 수 있다. 리버풀 축구팀의 감독 빌 생클리Bill Shankly는 "축구는 삶과 죽음의 문제가 아니다. 그보다 더 중요하다."라는 명언을 남겼다. 엘리트 등반가들은 이 말에 공감할 것이다. 전반적으로 보면 등반은 특별히 위험한 스포츠가 아니며, 부상의 위험은 실제보다는 상상의 영역에 있지만, 무척이나 생생한 공포감은 매력적이기도 하고 거부감을 불러일으키기도 한다. 어떤 이들은 이런 느낌에 거의 중독되다시피 한다. 최고 수준의 등반가들은 다른 이들이 이해할 수 없는 종류의 위험을 감수하는 것을 등반의 목표로 삼는다. 일류 등반가들의 작은 공동체에서는 산에서 죽은 사람의 이름을 누구나 수십 개는 댈 수 있지만, 그렇다고 죽음이 두려워 등반을 멈추는 사람은 없다. 제레미 벤담Jeremy Bentham은 이길 가능성보다 질 가능성이 훨씬 더 큰 위험스러운 활동을 '커다란 도박deep play'이라 했는데, 이는 극한등반이 바로 커다란 도박이라는 것을 궁극적으로 보여준다. 실용적인 측면에서 보면 분명히 비이성적인 활동이지만, 등반은 합리주의자가 아닌 낭만주의자의 스포츠이고, 등반가들은 불길 속으로 날아드는 나방처럼 위험에 끌리는 존재들이다. 평범한 주말 등반가들은 기분전환으로 등반을 즐기기 때문에 조심스레 전진하다 위험을 느끼는 순간 물러서지만, 그때 느끼는 공포의 전율만으로도 충분히 영웅적인 자신의 이미지를 머릿속에 간직하며 속세에서의 일주일을 견딜 수 있다. 그러나 최고 수준의 등반가들은 위험에 훨씬 더 가까이 다가가서 진정한 '유령게임'을 한다.

절대적 기준으로 어떤 수준의 등반을 하는지와는 상관없이, 등반가는 자신의 한계상황에서 등반을 할 때 강렬한 감정에 휩싸인다. 의기양양함과 낙담이 뒤섞인 이 감정은 일상생활에서 일어나는 가장 황홀하고 충격적인 사건의 경험과 맞먹는다. 등반을 할 때는 머릿속 잡생각이 모두 사라져 동작에만 집중하게 된다. 그 순간에는 세상의 온갖 근심걱정이 사라지고, 오직 등반가와 산만이 남게 된다. 이런 경험은 워낙 생생하고 긴장감이 넘쳐서, 그와 비교하면 일상생활은 칙칙하고 축 처진 것처럼 느껴진다. 일류 등반가들에게 '커다란 도박'은 합리적인 선택이다. 죽는 것이 두려운 사람은 사는 것도 두려워하기 때문이다.

하지만 등반에는 영웅주의 그 이상의 무언가가 있다. 녹슨 자동차와 고인 물이 널려 있는 폐 채석장에서 등반을 할 수도 있을 것이고, 산업지대 한가운데에 특수한 벽을 세워 올라볼 수도 있겠지만, 대부분의 등반가에게는 주위의 아름다움과 장엄함이 등반의 본질을 이룬다. 산은 언제나 정신적인 공간으로 여겨졌으며, 지난 200년간 대부분의 등반가들이 나고 자란 도시의 오염되고 복잡한 환경에서 벗어날 수 있는 아름다운 도피처로 여겨져 왔다. 등반의 아름다움은 발레나 체조와 마찬가지로 동작에서 찾을 수 있다. 능선에서의 경치와 그 너머의 지평선을 보고 싶어 하는 미적인 욕구가 물질적으로 표현된 것이 등반 루트이고, 산이나 암벽을 오르는 길 속에, 심지어는 개별적인 동작 속에도 아름다움이 깃들어 있다. 매우 우아한 '고전' 루트는 장엄한 암벽에 자연스럽고 독특한 특징을 따라 나 있는 것이 보통인데, 오르면 오를수록 고도감과 노출감이 급격하게 고조된다. 고전 루트는 분명히 매우 까다롭고 다양한 기술을 요하지만, 어떤 암벽이나 산에서는 가장 쉬운 루트인 경우가 많기 때문에 더 쉬운 루트가 없을 때는 원래 루트를 따라 계속 올라가거나 포기하고 내려가는 방법밖에 없다. 무엇보다 고전 루트에는 역사가 있다. 등반은 인간의 활동이므로, 역사가 없는 암벽은 단순한 돌덩어리에 지나지 않는다.

등반을 하면서 역경과 위험을 누군가와 함께 겪으면 깊은 우정이 싹틀 수 있다. 그러나 등반은 본래 고독한 스포츠이다. 절대적 한계상황에서 긴 피치

를 선등으로 오르는 것보다 더 외로운 상황은 ─ 자발적으로 하는 일 중에서
─ 거의 없다. 등반 자체는 고독하지만 등반과 관련된 모임은 사교적이고 가
족적이다. 긴장감이 집단적으로 해소되기 때문인지, 등반가들은 산을 내려오
면 무절제한 행동을 하는 것으로 알려져 있다. 등반 활동이 일견 거칠고 무모
한 행동으로 유명한 데는 그만한 이유가 있다. 영웅적이지만 미적이고, 사교
적이면서도 고독하고, 자기 절제력이 있으면서도 무절제하고, 금욕적이면서
도 방탕한, 괴상하고 모순적인 등반 활동의 특징 때문인지, 그만큼 이상하고
다양한 사람들이 등반에 매력을 느꼈다. 영웅적인 동기로 자유와 모험, 자아
실현을 격렬하게 추구하는 이들과 심미적인 동기로 산의 경치에 대한 인간의
정서적 감흥에 관심을 가진 이들 사이에도 긴장관계가 형성되어 왔다.

19세기에 등반이 시작된 이래 그 세계에는 많은 변화가 있었다. 하지만
변화하지 않은 것이 더 많다. 오늘날의 영국 등반가와 빅토리아 시대의 선구
자는 공통점이 꽤 많은데, 모험에 대한 욕구와 야생지대에 대한 애정 그리고
'문명화된' 사회로부터의 도피 욕구 등이 그것이다. 그러나 소수의 별난 특권
층의 여가활동이었던 등반은 영국 사회의 변화를 반영하면서 레저와 관광 산
업의 주류로 진화했다. 등반과 등반가들을 향한 사회의 시선도 변했다. 빅토
리아 중기에 영국의 등반가들이 알프스를 처음 '정복'했을 때는, 쓸데없는 야
망에 목숨을 거는 이들을 이해하지 못했기 때문에 사람들은 등반을 조금 못
마땅하게 여겼다. 빅토리아 후기와 에드워드 7세 시기쯤 되어 등반가들이 세
계 곳곳으로 활동 영역을 넓히자, 사람들은 그들을 대담한 영웅으로 여기기
시작해, 그들의 업적이야말로 영국이 세계의 4분의 1을 지배할 권리를 확인
해준다고 생각했다. 제1차 세계대전 이후, 세계에서 가장 높은 봉우리를 오
르려다 구름 속으로 사라진 맬러리Mallory와 어빈Irvine의 이야기는 참호 속에
서 일어났던 기계화된 대량살상의 아픈 기억을 상쇄하는 듯했다. 제2차 세계
대전이 끝나고 힐러리Hillary와 텐징Tenzing이 드디어 에베레스트의 정상에 올

랐다. 그 둘 다 영국인이 아니었음에도, 이 등정은 영국의 자랑스러운 국가주의적 프로젝트로 인식되었고, 그들의 성공은 제국의 종말을 고하고 새로운 엘리자베스 여왕 시대의 서막을 알리는 역할을 했다. 그러나 세계대전 이후 몇 년간 점차 많은 이들이 등반 활동에 참가하면서, 등반가들의 영웅적인 지위에 비판적인 시선이 쏠리기 시작했다. 세속적인 21세기의 영국은 평범한 유명인이나 자비심과 용기를 겸비한 성인聖人을 영웅으로 원했다. 대부분의 일류 등반가들은 평범하지도 친절하지도 않았지만, 용기 하나는 확실히 갖고 있었다. 그들은 이전에 아무도 시도해보지 않은 일, 즉 정상적이고 이성적인 사람들 대부분이 무서워할 만한 일을 의도적으로 찾기 시작했다. 그러나 이런 일류 등반가들이 얼음으로 덮인 봉우리와 사투를 벌이며 갖는 동기와 욕망은 오늘날 영국의 400만 명에 달하는 일반 등반가 및 트레커의 그것과 그리 다르지 않다. 결점이 있는 이런 영웅들의 삶이 매력적인 것은, 일반 등반가들도 이렇게 그들의 업적을 인정하고 경험을 공유하기 때문이다.

뜨거운 여름이 계속된 1975년 나는 암벽등반을 시작했다. 그리고 일주일이 지나 보통의 등산화를 신고 HVS등급을 후등으로 올라갔고, 여름이 끝나갈 무렵에는 VS등급을 선등했다. (등반등급 해설은 p.425 참조) 등반에 푹 빠진 나는 훌륭한 등반가가 될 소질이 있다고 생각했다. 1970년대 후반, 등반의 수준이 끊임없이 올라가고 나 자신의 에너지와 열정이 점차 다른 곳으로 쏠리면서, 나는 보통 정도의 등반가밖에 되지 못한다는 결론을 내렸다. 그리고 1980년대 중반에는 이조차도 과장이라는 사실이 확실해졌다. 지난 34년의 등반 경험을 되돌아보니, 암벽등반에서 내가 이룬 성취는 기술적인 난이도 측면에서 30년 전이 절정이었고, 비슷한 수준의 등반에서 이룬 초라한 성취는 대략 15년 전이 전성기였다고 할 수 있다. 그동안 내 삶에서 많은 것이 바뀌었지만, 산은 항상 변함없이 그 자리를 지키고 있었다. 직장에서는 좋은 날도 나쁜 날도 있었지만, 등반을 하며 후회한 날은 ─ 적어도 내 기억 속에서는 ─ 정말 떠올리기 힘들다. 마흔아홉이 되어 "쉰이 되면 넌 끝난 거야."라는 돈 월런스Don Whillans의 훈계를 염두에 둔 나는 더 늦기 전에 이 책을 쓰기로 결심했다. 등반이라는 이상한 스포츠에 내가 끊임없이 매료되었기에 이런 결정이 가능했다.

어떤 독자들은 등반가로서 성취한 것이 별로 없는 내가 등반역사를 쓸 자격이 되는지 의문을 제기할지도 모른다. 하지만 나는 최고의 등반가가 꼭 최고의 역사가가 되는 것은 아니라고 주장하고 싶다. 많은 이들이 윈스턴 처칠의 "역사는 나에게 관대할 것이다. 내가 쓸 거니까."라는 말에 동의하지 않을까? 1910년에 등반 중 사고로 죽은 도널드 로버트슨Donald Robertson은 진정으로 정직한 등반기록은 아직 쓰이지 않았다고 주장했다. 등반을 기술하는 데는 과장과 축소라는 두 가지 접근밖에 없다는 것이 널리 인정된 사실이었기 때문이다. 등반이란 필연적으로 접근이 힘들고 객관적 관찰자가 거의 없는 장소에서 이루어지므로 진실과 거짓의 경계가 흐릿한 경우가 많다. 그리하여 진실과 거리가 먼 신화를 입힌 등반역사는 현실과 동떨어진 인물들로 가득하다. 그렇다 해도, 등반역사의 기록은 등반가의 성격과 행적, 그리고 그들이 살았던 시대에 대한 진실 어린 통찰까지도 제공한다.

구스타브 플로베르Gustave Flaubert는 역사 기술을, 바다를 마시고 한 컵 분량의 소변을 누는 것으로 빗댔다. 아마 등반만큼이나 풍족하고 다양하며, 무엇보다도 방대한 양의 문서가 남아 있는 스포츠는 거의 없을 것이다. 바닷물을 일부라도 마신 나로서는, 컵에 무엇을 담을지 결정하는 것이 무척 어려웠다. 어쩔 수 없이, 이 책의 등반역사는 나 자신의 관심과 편견을 반영한 것이다. 따라서 정보가 생략되거나 부정확한 경우도 분명히 있을 것이다. 하지만 무엇보다도, 이 책이 순수한 즐거움을 가장 중요하게 여기는 등반이라는 스포츠의 진정한 정신과 전통을 반영한다면 나는 더 바랄 나위가 없다.

2

1854년 이전:
숭고함을 찾아

1854년 이전까지 영국인들은 바다의 절벽과 산에 있는 동물과 광물 자원을 활용하거나 군사적 이득을 취할 때를 제외하면 등반에 별로 관심을 기울이지 않았다. 그러나 1854년 이후 11년 동안, 그들은 알프스의 주요 봉우리를 거의 다 정복했다.

1854년부터 1865년에 이르는 알피니즘의 '황금기' 동안 알프스의 주요 봉우리 39개가 초등되었는데, 그중 8개를 제외하면 모두 영국인들의 성과였다. 이 시기에 영국인들의 활동이 이토록 왕성했기 때문에 그들이 등반이라는 '스포츠'의 창시자라는 주장에는 정당성이 있어 보인다. 19세기 내내 영국인들은 등반의 발전에서 선두 자리를 유지하며, 알프스에서는 훨씬 더 어려운 루트들을 시도했고, 노르웨이와 카프카스산맥, 로키산맥, 안데스산맥, 히말라야산맥 등 세계 곳곳으로 탐험 활동 영역을 넓혀나갔다.

무엇 때문에 19세기 후반 들어 등반 활동이 폭발적으로 늘어난 것일까? 과학과 기술이 발전하고, 산업화와 도시화가 이루어지고, 자연에 대해 태도가 변화한 것 등이 모두 등반이라는 스포츠의 탄생에 일조했다. 그리고 이 모든 측면에서 영국은 선두를 차지했다. 당시 영국은 전례 없는 평화가 이어졌고, 부와 여가시간도 늘어났으며, 이전 어느 때보다 복잡하고 인공적이며 질서가 잡힌 도시의 신흥 중산층이 출현했는데, 등반은 그런 시대의 결과물이자 그에 대한 반발이기도 했다. 오늘날의 등반가들과 마찬가지로, 등반 활동의 선구자들 역시 번잡하고 복잡한 도시생활에서 벗어나 생생하고 소박한 아름다움과 산에서의 모험을 추구할 수 있다는 점에서 등반에 매료되었다.

음울함에서 영광스러움으로

영국 역사에서 쾌락이나 즐거움을 위해, 즉 스포츠로서 등반을 한다는 개념을 상상할 수 있던 시기는 얼마 되지 않는다. 대다수의 사람들에게 삶이란 생존을 위한 투쟁이었다. 그리고 인간은 근본적으로 자연에 대해 실용적이고 착취적인 태도를 갖고 있었다. 동식물과 바위는 식량과 은신처를 제공했고, 대다수는 먹고 자는 등의 기본적인 욕구를 충족하는 데도 충분히 많은 고통을 겪었기 때문에 괴로움을 더하기만 할 불필요한 활동은 상상할 수 없었다. 야생지대, 그중에서도 특히 산은, 비생산적이고 위험 요소가 많아, 글자 그대로 '황무지'로 여겨졌다. 고전적 이상에 따라 사람들은 아름다움을 비옥함과 연관지어 생각했다. 이에 따라 평야와 과수원, 채소밭, 양어장은 아름답다고 간주되었지만 산은 그렇지 않았다.

많은 종교가 자연에는 신이나 여신, 유령, 요정들이 살고 있다고 생각하지만, 유대교와 기독교 전통은 인간을 중심에 두고 있다. 인간은 초월적인 유일신의 이미지를 따라 만들어졌으며, 창세기에 신으로부터 '생육하고 번성하여 땅에 충만하라, 땅을 정복하라, 바다의 물고기와 하늘의 새와 땅에서 움직이는 모든 생물을 다스리라'는 명령을 받았기 때문에 자연과 단절된 존재로 여겨졌다. 이 세계관은 야생 상태의 자연을 사랑하는 것과는 거리가 멀었다. 따라서 영국 근대사에 걸친 인간의 자연에 대한 주도권은 의심할 바 없이 인간이 추구해야 할 목표였다.[1] 사람들은 야생지대를 경작지로 바꾸는 것을 자랑스러워했으며, 이를 경제적·도덕적 의무로 생각했다. 땅을 경작하는 것은 문명의 상징이었고, 인간의 타락 이전 에덴동산의 비옥함과 질서를 회복하는 것은 종교적 염원이었다.[2] '천국paradise'이라는 용어도 야생 상태의 자연을 배제하기 위해 담으로 둘러친 인공 정원을 뜻하는 페르시아어에서 유래했다.

대부분의 사람들은 집에서 멀리 벗어나지 않았다. 그리고 장거리를 여행하는 소수의 사람들은 목적이 있었다. 상인과 순례자, 군인들은 각각 이윤이나 구원 또는 승리를 찾아 떠났다. 개중에는 여행을 즐기는 사람도 있었겠지만, 기본적으로 여행은 목표를 향한 수단일 뿐, 목표 그 자체는 아니었다. 심지어 그랜드 투어Grand Tour[1]를 떠나는 젊은 귀족들도 교육 목적이라는 명분을 갖고 있었다. 이 귀족들은 언어, 예술, 정치 또는 농경기술을 공부하거나, 집과 정원을 꾸밀 장식물들을 수집했다. 적어도 18세기 말까지는 알프스를 경유하는 그랜드 투어는 위험하고, 비용도 많이 들며, 시간을 낭비하는 어리석은 짓이라는 시각이 일반적이었다.

하지만 18세기와 19세기에 걸쳐 자연과 야생에 대한 영국인들의 태도가 근본적으로 변화했다. 영국과 아일랜드의 인구가 600만에서 4,100만으로 7배 가까이 늘어나자 식량 수요가 증가해 농업이 체계화되면서 규모가 커졌고, 이에 따라 전원 지역의 모습이 변화를 겪었다. 등반의 황금기가 시작되기 6년 전인 1848년, 자유주의 정치인이며 철학자이자 자연환경 보존 운동가였

---

1 그랜드 투어Grand Tour: 17~19세기 유럽 상류층 사이에서 유행했던 순회여행 — 옮긴이(이하 각 주는 모두 옮긴이 주)

던 존 스튜어트 밀John Stuart Mill은 다음과 같이 우려를 표했다. "영국은 자연 상태 그대로 남아 있는 곳이 거의 없는 나라가 되어가고 있다. 땅 한 조각도 인간의 식량을 재배하기 위해 경작되고 있다. 우리는 쓸모없어 보이는 꽃밭과 목초지는 갈아엎어버리고, 인간이 길들여서 사용할 수 없는 네 발 달린 동물과 새는 식량을 빼앗아 먹는 존재로 여겨 몰살하고 있다. 울타리를 이루는 나무나 불필요한 나무는 뽑아버리고, 진보된 농업이라는 미명하에 야생의 잡목이나 꽃은 잡초처럼 제거되니, 그런 것을 찾아볼 수 있는 곳도 거의 남지 않았다."[3] 밀의 영향력 때문인지 경작되지 않은 공유지 일부는 도시민들이 여가를 즐기는 데 사용될 수 있도록 보존되었으나, 이미 영국 토지의 농지화가 많이 진행되었다.

농업이 집약적으로 발전하고 황야가 줄어들면서, 적어도 어떤 측면에서는 아름다움과 일상이 '대조'를 이룬다는 인식이 나타났고, 이에 따라 심미적인 반발이 시작되었다. 질서가 점점 강화되는 세상에서, 야생지대가 보여주는 표면적인 혼돈과 무질서가 아름다움과 동일시되기 시작된 가운데, 여전히 남아 있는 야생지대의 대부분은 산악지대에서 주로 발견되었다. 18세기 말에서 19세기 초까지 '기형적인 땅', '무서운 이상 생성물', '종양', '물집', '사마귀'로 치부되었던 산은 최고 수준의 심미적 찬양 대상이 되었다.[4] 심지어 공원과 정원도 경작되지 않은 야생 상태의 땅과 비슷해 보이도록 꾸며졌다.

인구가 증가하자 도시화도 빠르게 진행되었다. 18세기 초에는 영국 인구의 25퍼센트만이 도시에 살았고, 13퍼센트만이 인구 5,000이 넘는 '대도시'에 살았다. 그러나 등반이 스포츠로 부상한 1850년대에는 영국 인구의 절반 이상이 도시에 거주했다(전 세계 기준으로는 2007년이 되어서야 도시인구 비율이 50퍼센트가 넘었다). 1900년경에는 인구의 4분의 3이 도시에 살았는데, 인구 5만이 넘는 도시에 사는 사람도 인구의 절반을 넘어섰다. 1815년 워털루 전투에서 나폴레옹에게 승리한 이후 런던의 인구는 200만까지 불어나 세계에서 가장 큰 도시가 되었으며, 런던은 무역과 금융의 세계 수도로 빠르게 성장했다. 그와 동시에, 농업 중심의 남부에서 산업화된 동부로 인구의 대이동도 있었다. 도시의 인구밀도가 심각하게 높아졌고, 석탄 소비로 대기가 오염되었으며, 하수도와 산업 쓰레기로 수질 오염이 심해졌고, 이에 따라 도시 환경과 전원 환경이 더욱 뚜렷이 대조를 이뤘다. 고산 탐험의 황금기가 시작된 1854년, 런던에서는 콜레라가 크게 창궐했다. 그리고 4년 후에는 템스강The Thames의 냄새가 하도 심해 국회가 문을 닫아야 했던 '대악취사건Great Stink'을 겪었다. 런던은 말 그대로 사람들을 '파괴'했다. 19세기 초까지만 해도 출산율보다 사망률이 높았는데, 런던의 인구 증가는 순전히 영국 내의 다른 지역으로부터 유입된 사람들 때문이었다. 그러나 무역과 산업이 발전하면서 사람들의 삶이 급격히 부유하고 윤택해졌으며, 어느 정도의 교육과 자본 그리고 큰 야망을 겸비한 전문직 중산층이 나타났다. 초창기에는 전통적인 시골 귀족과 지주 신사보다는 도시의 신흥 중산층에서 등반에 관심을 갖는 이들이 압도적으로 많았다.

르네상스 시대는 도시가 정중함의 미덕을 체현하고, 시골 지역은 촌스럽고 세련되지 못하다고 간주했다. '새로운 예루살렘New Jerusalem'이라는 표현에서도 알 수 있듯, 사람들은 천국을 생각할 때면 도시를 연상했다. 18세기 말에서 19세기 초에 이르러, 급격한 도시화와 산업화로 인해 이런 견해가 극적으로 반전되면서 사람들은 시골이 도시보다 더 아름답다고 생각하게 되었다. 산은 도시의 인공적이고 세련된 삶과 대조되는, 자연적인 원시의 삶의 미덕을 가진 사례로 점점 많이 알려지게 되었다.[5] 유럽의 주요 국가들에서 번역된 바 있는 알브레히트 폰 할러Albrecht von Haller의 유명한 서사시 『알프스Die Alpen』(1732)는 저지대 사람들의 탐욕과 유행과 방탕, 그리고 단절된 소박한 목축민들이 사는 알프스의 유토피아를 그려냈다. 알프스의 초기 여행자들이 기록한 일지에 따르면, 가난과 먼지와 크레틴병이 그 지역을 뒤덮고 있었지만, 할러의 시는 산을 순수하고 행복하며 도덕적인 존재로 그려, 산은 신의 작품이고 도시는 인간의 작품이라는 인식을 확립하는 데 기여했다.

18세기 말 낭만주의 사조에서는, 인구가 몰리면서 지나치게 크고 복잡해져가는 도시가 인간에게 도움이 되지 않는다고 봤고, 늘어난 부와 심화된 불평등이 허영심과 악습으로 이어진다고 우려를 표했다. 따라서 낭만주의는 전원의 소박함, 자립과 자유가 있는 상상 속 중세 과거로의 도피를 지향했다. 프랑스에서는 이런 생각이 혁명으로 이어졌다. 영국의 낭만주의는 좀 더 보수적인 색채를 띠었다. 하지만 18세기 말에는 점점 도시화되고 물질주의적으로 타락해가는 사회에서 산이 아름다운 존재로서 일시적으로나마 도피를 할 수 있는 장소라는 낭만적 인식이 영국인의 마음에 자리 잡았으며, 이런 인식은 현재까지도 이어져오고 있다. 1762년에 장-자크 루소Jean-Jacques Rousseau는 "젊은 친구여, 황야에서 평화를 찾을 필요가 없는 곳은 정말 행복한 곳이지! 그렇지만 그런 곳이 과연 있을까?"라고 썼다.

낭만주의 사조의 창시자인 루소는 경치보다는 전원생활의 사회적·정치적 의의에 주로 관심이 많았으나, 산의 아름다움도 찬양했다. 1732년, 그는 프랑스의 리옹에서 샹베리로 여행한 일을 기록하면서 "나는 급류와 암석, 전나무, 어두운 숲, 산, 오르내릴 수 있는 가파른 길, 바로 옆의 나락 등 나에게 공포를 선사할 수 있는 것들이 필요하다."라고 썼다. '공포'의 매력은 새롭고 의미심장했다. 1739년, 토마스 그레이Thomas Gray와 그의 친구이자 이튼 동문인 호러스 월폴Horace Walpole 역시 알프스로 여행을 가서 산이 주는 공포로부터 즐거움을 발견했다. 그레이는 나중에 가장 널리 읽히는 18세기 영국 시인이 되었다. 월폴은 휘그당의 수상인 로버트 월폴 경의 아들이었다. 월폴은 찰스 왕이 기르던 "이 세상 생명체 중 가장 예쁘고 뚱뚱하고 정을 많이 준" 토리Tory라는 이름의 강아지 스패니얼을 알프스에 데리고 갔다. 그들이 몽스니Mont Cenis를 오르던 중 토리가 늑대에게 잡아먹혔는데, 이를 본 그레이는 몽스니가 "산에 허용된 수준의 두려움을 넘어서는 공포를 보여준다."라고 말했다. 그레이의 여행기는 산이 경외심과 두려움을 유발하면서 일으키는 산악의 숭고함에 대해 명확하게 낭만적으로 서술한, 영어로 쓰인 첫 작품이다. 초기 여행자들이 산이 주는 공포에 움츠러들었다면, 그레이와 월폴은 이에 즐거움을 느꼈다.[8]

그로부터 18년 후인 1757년, 에드먼드 버크Edmund Burke는 『숭고와 미의 개념의 기원에 대한 철학적 탐구Philosophical Inquiry into the Origins of Our Ideas of the Sublime and Beautiful』를 출간했다. 계몽주의가 피어난 이 시대에 버크는 어둠과 폭풍, 폭포, 절벽의 복음 전도사였다. 그는 '음울한 숲과 황량한 야생지대' 같은 '무서운 물체'에 대해 인간이 갖게 되는 감정적 반응에 흥미를 느끼면서[9], 밝고 부드럽고 섬세하며 사랑을 불러일으키는 '미'와 거대하고 음울하고 험악하고 강력하며 공포를 불러일으키는 '숭고'를 구분했다. 그러나 버크는 '공포란 너무 가깝지만 않으면 항상 즐거운 감정을 일으킨다'고 봤으며, 숭고 역시 즐거운 감정을 유발할 수 있다고 봤다. 18세기 말 영국 내 도시의 신흥 전문직 계층은 자신의 삶과 환경을 충분히 통제할 수 있다고 여겼기 때문에 '너무 가깝지 않은 공포'를 바람직한 경험으로 생각했는데, 산으로의 여행은 이러한 새로운 요구에 부응했다.

버크는 고독 역시 숭고의 경험으로 봤다. "일시적인 고독은 … 그 자체로 쾌적하다. … 그러나 일생을 고독 속에 사는 것은 우리의 존재 목적을 거스르는 일이다. … 죽음조차 그런 고독의 삶보다 더한 공포를 주지는 않는다."[10] 초기의 많은 산악지대 여행자들은 도시의 점점 더 붐비는 생활에 대해 반항심이 있었기 때문에 자신들이 찾는 경관의 가장 매력적인 특징으로 고독을 꼽았다. 열린 공간을 접하는 것이 인간 자유의 상징으로 여겨진 것이다. 1848년, 존 스튜어트 밀은 "자연의 아름다움과 위엄 속에서 고독은 생각과 포부의 요람이며, 이는 개인뿐 아니라 사회에도 이득이 된다."라고 썼다.[11]

토머스 그레이는 호러스 월폴과 알프스를 여행한 후 30년이 지난 1769년에 『호수 여행 일지Journal of the Lakes』라는 작품을 써서, 호수지역Lake District을 '격렬한 혼돈'과 '눈부신 순수'가 공존하는, 숭고가 넘치는 영국의 경치 좋은 지역이라고 규정했다. 1780년대에는 여행객들이 호수지역과 스노도니아Snowdonia 지역으로 몰려들었고, 좀 더 모험적인 사람들은 스위스와 사보이Savoy 지역을 방문하기 시작했다. 오늘날의 많은 관광객처럼, 대부분의 초기 여행객도 도로에서 크게 벗어나지 않았으며, 계곡에서 바라보는 경치에 감탄하는 것으로 만족했지만, 지브랄타 포위작전에서 팔을 잃은 퇴역 대위 조셉 버드워스Joseph Budworth는 1792년에 385킬로미터를 걸어 호수지역을 통과하면서 지역 가이드를 고용해 높은 언덕들을 탐험하기도 했다. 그의 여행기로 인해 트레킹은 경치를 미적으로 감상하는 일과 참된 스포츠 정신으로 등반 활동에 임하는 일을 결합한 훌륭하고 우아한 여가활동으로 발전했다. 영국에서 어떤 활동이 문화적 주류에 편입되었는지는 그 당시 유행한 유머에서 다뤄졌는지 여부를 보면 알 수 있다. 1811년 그림을 곁들인 윌리엄 콤William Combe의 시집 『닥터 신택스의 그림 같은 경치를 찾는 여행The Tour of Doctor Syntax, in Search of the Picturesque』에 풍자가 된 것을 보면, 호수 여행은 이런 문화적 주류의 지위를 얻었다고 볼 수 있다.[12]

스코틀랜드에서는 본래 주로 군사적인 이유로 산을 탐험했다. 1715년 제1차 자코바이트의 난Jacobite uprising 이후 웨이드Wade 장군은 산악지대 탐험을 통해 도로와 교량, 요새의 네트워크를 넓혔고, 이를 기반으로 1745년 제2차 자코바이트의 난을 진압할 수 있었다. 1720년대에 웨이드 장군 휘하에서 측량사를 맡았던 버트Birt 대위는 그 당시의 전통적 어휘를 사용해 스코틀랜드의 산을 다음과 같이 묘사했다. "무서운 이상 생성물이다. … 보기에 투박하고 불쾌하다. … 벌거벗은 거대한 바위는 딱지가 앉은 머리처럼 불쾌한 모양을 하고 있다. … 지저분한 보라색에 어둡고 음울한 갈색이 섞여 있고, 무엇보다도 헤더heather[2]가 피어 있을 때 흉측하다."[13] 안전에 대한 위협이 줄어들면서 스코틀랜드에서는 점점 더 평화로운 여행을 할 수 있게 되었지만, 그곳 경치에 관한 사람들의 인식은 여전했다. 1773년, 도시에서만 살았던 새뮤얼 존슨Samuel Johnson 박사는 스코틀랜드를 여행하면서 그곳의 산악지대를 보고 다음과 같이 기술했다. "꽃밭과 바람에 따라 물결치는 농작물에 익숙한 사람이라면 희망 없이 넓게 펼쳐진 불모지의 광경에 놀라움과 혐오감을 느낄 것이다. 불모의 땅만이 펼쳐져 있으므로 여행객들은 그다지 즐거움을 얻지 못할 것이다."[14] 그 이후 수십 년간 빛나는 호수와 비틀어진 칼레도니아 소나무, 바위로 울퉁불퉁한 산, 위엄 있는 수사슴 등 낭만적 경치를 그리던 화가들과 작가들은 끝없는 이 불모의 땅을 여가를 즐기는 계층이 매우 선호할 만한 대지로 탈바꿈시켰다. 오늘날, 웨이드 장군의 군사용 도로 중 하나는 웨스트 하이랜드 도로West Highland Way의 일부가 되었다. 그리하여 매일 수십 명의 여행객들이 뭔지 모를 즐거움을 찾을 것이라는 희망과 기대를 품고서 토탄과 비를 뚫고 이 길을 걸어가는 것을 볼 수 있다.

산의 신선한 매력은 그림과 희곡, 시, 소설을 통해 홍보되었다. 영국인들은 살바토르 로사Salvator Rosa, 클로드 로랭Claude Lorrain, 니콜라 푸생Nicolas Poussin의 회화와 18세기에 그들을 추종하며 모방한 예술가들의 회화를 구입했다.[15] 따라서 출판물 시장도 매우 활성화되었다. 17세기 이전에는 알려진 바 없던 풍경화들이 19세기에 들어서는 지배적인 예술 장르가 되었으며, 시골지역을 여행하는 많은 도시 출신 여행객들은 교육을 통해 추앙하게 된 그림들과 흡사한 경치에 매력을 느꼈다. 이에 따라 '그림 같은picturesque'이라는 표현이 사용되었다. 1802년에 알프스를 여행한 터너Turner는 「알프스 스케치북Alpine Sketchbook」을 그렸는데, 이후 러스킨Ruskin이 "산의 음울함과 영광스

---

2 헤더heather: 야생화의 한 종류

러움"에 바치는 찬가에서 그의 그림들을 지지했고, 이 그림들은 19세기 중반에 산의 미적 개념을 정의하는 데 기여했다. 다른 풍경 화가들과 마찬가지로, 터너 역시 "인간의 허영심과 오만을 꾸짖는"[17] 산의 도덕적 면모를 포착하는 데 힘을 쏟았다. 나폴레옹이 모스크바에서 후퇴한 1812년, 그가 「눈보라—알프스산맥을 넘는 한니발과 그의 군대Snowstorm: Hannibal and his Army crossing the Alps」라는 그림을 그린 것은 우연이 아니었다.

영국의 낭만주의 시인들 역시 새로운 자연의 미를 열정적으로 알렸다. 콜리지Coleridge와 워즈워스Wordsworth는 호수지역 내에서 서로 20킬로미터쯤 떨어진 케스윅Keswick과 그래스미어Grasmere에 한동안 살았다. 둘 다 엄청나게 많이 걷는 사람들이어서, 그들은 걸어서 서로를 정기적으로 방문하고 당일 돌아오곤 했다. 또한 둘 다 등반 활동도 했는데, 워즈워스는 어린 학생 시절 새의 알을 찾아서, 콜리지는 감동을 찾아서 산에 올랐다. 콜리지가 호수지역의 스코펠Scafell산에 있는 브로드 스탠드Broad Stand에서 내려올 때를 묘사한 글은 암벽등반에서 느낄 수 있는 아드레날린 분출을 문학적으로 처음 다룬 작품이다.[18] "한 발 한 발 내려올 때마다 관절이 더 심하게 마비되었다."라고 쓴 콜리지는 미클도어Mickledore의 안전지대에 도착하고선 "예언자적인 신들린 기쁨을 느끼며 드러누워, 어떠한 위험도 우리를 압도하지 못하도록 해주는 이성과 의지의 힘을 준 신을 큰 소리로 찬양했다."라고 서술했다. 그의 표현을 보면, 경치는 단지 배경에 불과할 뿐이었고, 중요한 것은 그 배경 속에서 개인적으로 위험과 공포를 느끼는 극적인 사건이었다.

18세기 중반에 아름답다거나 미적인 매력으로 인해 산을 탐험할 만하다고 생각하는 것은 혁신이었다. 19세기 중반이 되면서 그런 생각은 도시의 전문직 계층에게는 일상적인 것이 되었지만, 그 당시에 삶을 힘겹게 살아가던 대다수에게는 여전히 이해하기 힘든 개념이었다. 고산등반의 초창기 개척자였던 레슬리 스티븐Leslie Stephen은 스위스의 가이드가 런던을 방문해 런던의 지붕과 굴뚝이 몽블랑의 경치보다 훨씬 더 좋다고 하자 깜짝 놀랐다. 마찬가지로, '노르웨이 등반의 아버지'라 불리는 요크셔 태생의 세실 슬링스비Cecil Slingsby는 가이드에게 그의 집에서 보는 피오르 해안과 산의 경치가 매우 좋다고 언급한 적이 있는데, 가이드는 냉정하게 고개를 가로저으며 "이 땅은 그리 비옥하지 않아요."라고 대답했다.[19] 산에서 실제로 살고 일하는 사람들에게 낭만적 이상은 터무니없는 것이었다. (프로 가이드 일과는 반대로) 아마추어 등반을 시도하는 사람들은 평평한 지대의 마을과 도시에서 교육을 잘 받은 부유한 남성(나중에는 여성까지)이 압도적으로 많았다. 산의 매력은 주로 도시의 편안한 삶과의 '대조'에서 기인한 것이었다. 심지어 워즈워스도 "폭포와 산은 가끔 만나면 좋지만 지속적인 동료가 되기는 힘들다."라고 시인했다.[20]

심미주의자들과 영웅들

생계를 위해 매일같이 땀 흘려 일할 필요가 없어진 도시의 신흥 중산층은 개인의 자유와 자아실현을 골똘히 생각하게 되었다. 이 두 가지 가치 모두 낭만주의 사조의 본질적인 부분이었다. 낭만적 영웅들은 격렬하고 격정적인 독립적 인간으로, 자신의 행위가 미치는 사회적인 결과에 신경 쓰지 않았다. 사랑과 증오, 분노, 질투, 전쟁에의 열의, 겁쟁이들에 대한 경멸은 모두 존경의 대상이었다. 낭만적 영웅들은 주로 이기적이고, 고독하고, 폭력적이고, 반사회적이며, 무정부주의적이다.[21] 심미적 이해력이 부족한 몇몇 등반가들도 이런 낭만적 전통의 요소에 딱 맞아떨어진다. 하지만 약간은 무정부주의적인 등반의 자아상에 끌리는 등반가들이 더 많으며, 준법정신이 매우 철저한 등반가들도 자기보다 좀 더 거친 산악계 인물들의 익살맞은 장난을 자랑스러워하면서 그를 통해 대리만족을 하는 것처럼 보인다.

영국의 등반은 지난 200년에 걸쳐 발전해왔기 때문에 심미적 요소와 영웅적 요소라는 낭만주의 사조의 두 측면도 때로는 서로 보완하고 때로는 서로 부딪치면서 나란히 발전해왔다. 심미주의자들은 산의 아름다움과 영적인 매력, 경관에 대한 인간의 정서적 반응을 강조한다. 영웅적 요소를 강조하는 측에서는 개인의 용기, 자유와 자아실현 추구에 좀 더 관심을 가진다. 심미주의자가 사색적이라면, 영웅주의자는 경쟁적이다. 심미주의자가 자연과의 조화를 찾는다면, 영웅은 자연을 정복하려 든다. 과거든 오늘날이든, 등반가의 절대 다수는 이 두 요소가 결합된 지점에서 등반의 즐거움을 찾으며, 등반가의 나이에 따라 둘 사이의 균형점이 변화한다. 타협하지 않는 영웅은 젊어서 죽거나, 그렇지 않으면 조기에 은퇴한 후 생활의 어려움을 겪게 되며, 나이든 심미주의 등반가에게는 추억과 개인적 경험이 쌓이면서 산의 매력이 계속해서 커진다.

오늘날의 시각으로는 영국 등반사 초기에 심미적 전통이 더 중요했던 것으로 보일지 모르지만, 이런 관념은 당시의 실체보다는 남아 있는 기록물에 영향을 받은 것으로 보인다. 일반적으로 심미적 측면에 더 끌린 등반가들이 그저 산을 오르는 것에 만족했던 영웅적 등반가들에 비해 더 많은 책을 썼다. 저작물에 미학적 영향이 크게 작용했다고 해서, 무정부주의적이고 경쟁적이고 때로는 범죄적이며 자주 개인의 자유를 호전적으로 추구했던 영웅적 전통이 영국 등반사에서 중요한 부분을 차지했다는 점을 간과해서는 안 된다. 특히 선구적 등반에서 더욱 그러했다. 문명을 버리고 '자연적 인간'의 삶으로 돌아가자고 주장했던 루소의 『인간 불평등 기원론Discourse on Inequality』(1754)을 읽은 볼테르Voltaire는 "당신의 책을 읽은 이는 네 발로 걷고 싶어 할 것입니다. 그러나 저는 이미 60년 전에 네 발로 걷는 짓은 그만뒀기 때문에 불행히도 다시 시작하는 것은 힘들 듯합니다.[22]"라고 썼다. 19세기 말 호수지역에 있던 웨스데일 헤드 여관Wasdale Head Inn의 한 투숙객이 볼테르와 비슷한 말을 했는데, 그는 함께 투숙한 이들이 모두 등반가라는 사실을 알아챈 후 이들을 "유인원으로 퇴화되려 노력하는 사람들"[23]이라고 불렀다. 오늘날까지도 많은 등반가들은 매년 몇 주 동안은 루소의 '고귀한 야만인'이라는 이상을 무심코 따르고 있다.

1741년 알프스를 찾은 영국인 리처드 포코크Richard Pococke와 윈덤Windham은 여러 면에서 다음 세대 영국 등반가들의 원형이 되었는데, 이들은 심미적이라기보다는 영웅적이었다. 이들은 11명의 다른 사람들과 함께 샤모니 계곡에 도착해 마을 근처 들판에서 야영했다. 그 당시 동양을 여행하고 막 돌아온 포코크는 이국적인 아랍 풍 옷을 입고 있었다. '복서'인 그의 동료 윈덤은 난폭한 운동광으로 유명했다. 그는 제네바에서 유학하는 동안 만취, 폭행, 총기난사 혐의를 받은 바 있었다. 이 등반팀은 전체가 중무장을 했는데, 윈덤은 "무장을 해서 나쁠 것은 없다. 곤경에 처할 때 도움을 줄 수 있으니까."[24]라고 말했다. 이들은 몽땅베르Montenvers까지 오른 후 빙하 쪽으로 내려왔다. 이 빙하는 윈덤의 인상적인 문구에 따라 지금도 '메르 드 글라스Mer de Glace'라고 불린다. 이들은 얼음 위에 서서 와인을 따 마시며 영국 무기의 성공에 축배를 들었다. 이들의 탐험은 영국 등반사에서 계속 나타나는 최소 세 가지의 요소를 담고 있는데, 모험과 술과 외국인들에 대한 호전적인 경멸이 그것이다.

1787년에는 영국인 마크 뷰포이Mark Beaufoy 대령이 외국인으로서는 몽블랑(4,807m)을 처음 올랐는데, 이는 세계적으로 네 번째 등정이었다. 그가 어떤 동기로 산을 올랐는지는 명확하지 않지만, 적어도 산의 아름다움에 그다지 깊은 인상을 받지는 못한 모양이었다. 그는 "누구나 가진, 지상에서 가장 높은 곳에 도달하고 싶어 하는 욕망"[25]에 따라 움직였다고 했으며 "매우 고통스러웠다. 장님이 된 것 같았고 얼굴이 부어올랐다. 이런 일을 시작한 것 자체를 후회했다."[26]라고 썼다. 그럼에도 그는 알프스 주요 봉우리를 오른 첫 영국인으로 남아 있다.

낭만주의 사조와 더불어, 18세기 말에서 19세기 초까지의 과학 대중화는 산악지대 탐험을 더욱 자극했다. 인쇄기술과 출판의 발전으로 주요 마을에 회원제 대출 도서관이 생겨나면서 과학적 지식이 널리 퍼졌고, 자연사自然史는 지식인 계층에게 인기 좋은 여가활동이 되었다. 영국의 산을 선도적으로 탐험한 사람들은 지질학자들과 식물학자들이었다. 영국에서 가장 높은 산인 벤네비스Ben Nevis(1,344m)가 1771년에 기록상으로 초등이 되었으며, 스노도니아 지역의 클로귄 두 아르두Clogwyn Du'r Arddu에서는 1798년에 기록상의 첫 암벽등반이 있었는데, 두 경우 모두 식물표본 수집을 목표로 삼은 활동이었다. 스포츠로서 즐길 목적으로만 등반을 한다는 개념은 아직 받아들여지지 않았기 때문에 많은 초기 개척 등반가들은 시대정신에 맞춰 주로 등반의 동기를 과학이라고 주장했다. 몽블랑 초등을 지원하고 1787년 세 번째 몽블랑 등정에 스스로 성공한 제네바 출생의 '과학적 알피니즘' 창안자 드 소쉬르De Saussure는 "나에게는 과학적 관찰과 실험을 할 의무가 있었다. 따라서 그 자체만으로도 내 모험은 가치가 있었다."라고 썼다. 그러나 그의 『알프스 여행 Voyages dans les Alpes』(1779~1796)에서 잘 드러나듯, 그의 관심 영역은 자연사 이상으로 훨씬 방대했으며, 이 책은 미래의 영국 등반가들에게 영향을 주어, 그들로 하여금 과학과는 동떨어진 이유로 그의 발자취를 따르도록 했다.

영국 등반의 창시자 중 하나인 제임스 포브스James Forbes 역시 과학이 주된 동기였다고 주장했다. 그는 1835년에는 피레네를, 1839년에는 알프스를 여행했다. 또한 그는 스코틀랜드의 산악지대에서 광범위한 도보여행을 하면서 1836년에는 스카이Skye섬의 스거르 난 길리언Sgurr nan Gillean을 초등하기도 했다. 부유한 은행가인 윌리엄 포브스 경Sir William Forbes과 (월터 스콧 경Sir Walter Scott의 첫사랑인) 윌리어미나 벨셰스Williamina Belsches의 아들이었던 그는 23세에 왕립학회 회원으로 뽑혔고, 1년 후에는 에든버러에서 자연철학³ 교수가 되었다. 그는 특히 빙하학에 매료되었는데, 스위스의 과학자인 루이 아가시Louis Agassiz가 빙하가 한때 훨씬 방대했다고 주장하는 책을 1840년에 출판한 것을 계기로 빙하학은 영국에서 폭넓은 관심을 받았다. 빙하가 산을 움푹 파내고 영국 북부의 골짜기를 깎아냈던 '빙하기'의 증거가 쌓이면서, 사람들은 이런 얼음의 강을 걸어보기 위해서라도 알프스로 여행을 갔다. 포브스가 1843년에 출간한『사보이 알프스 여행Travels through the Alps of Savoy』은 과학적 관찰을 담고 있을 뿐 아니라 알프스의 여러 등반을 영어로 처음 소개하기도 했는데, 1841년에 있었던 융프라우(4,158m)의 네 번째 등정도 묘사되어 있다. 당시에 인기를 끌었던『사보이 알프스 여행』은 포브스의 과학에 대한 열정과 순수한 등반 욕구가 잘 표현되어 있다. "기나긴 7월의 어느 날, 알프스에서 이른 아침 고요 속에 이슬을 쓸어내며 첫발을 떼는 여행객은 행복하다. 늘 그렇듯 지팡이에 의지해서 바위와 얼음으로 에워싸인 산꼭대기에 도달하면, 여름 동안 탐험해야 할 곳들이 눈앞에 펼쳐진다. 그 불가사의함은 설명하기가 어렵고, 그 아름다움은 찬양받아 마땅하다. 탐험을 하면서 겪게 되는 어려움은 극복해야만 한다."[28]

또한 19세기 초반에는 극지방 탐험에 대한 관심이 높아져, 빙하가 등반에 간접적으로 영향을 끼쳤다. 1815년 나폴레옹의 패배 이후 찾아온 '대평화Great Peace' 기간에 영국 왕립해군은 20세기 후반 미국과 소련의 우주 프로그램이 나타나기 전까지 역사상 가장 값비쌌던 탐험 임무를 줄줄이 개시했다. 해군은 콩고, 사하라, 사헬 지역 지도의 공백을 메우기 위해 탐험을 시작했지만, 1820년부터 1850년까지 그들이 수행한 남극과 북극 탐험은 다른 무엇보다도 대중의 상상력을 휘어잡았다. 위대한 극지방 탐험가들이 명성을 날렸는데, 1819년에 북서항로의 입구를 찾아낸 윌리엄 패리William Parry, 1822년에 큰 피해를 감수하면서 캐나다 북부 해안 쪽으로 육로 탐험을 하던 중 '자

---

3   자연철학: 오늘날의 자연과학

신의 부츠까지도 먹었다'고 알려진 존 프랭클린John Franklin, 1831년에 북극점을 발견하고 1839년에 남극을 탐험한 제임스 로스James Ross가 대표적이다. 그 외에도 1847년에 프랭클린과 그의 승무원들이 다시 한번 사라지자 그를 찾기 위해 수없이 많은 탐험대장들이 육로와 항로 탐험을 떠나기도 했다. 언론과 베스트셀러에 소개된 이들의 여행은 1850년대에 알프스를 정복하러 떠난 영국인들에게 어린 시절 경험의 토대가 되었다.

실용적인 측면에서 본다면 이런 위대한 탐험들은 쓸모가 없었다. 북서항로는 ― 지구 온난화로 지금은 항로가 되긴 했지만 ― 사실 항로도 아닌 것으로 밝혀졌고, 북극과 남극은 경제적으로나 전략적으로나 중요하지 않았으며, 탐험대장들은 매우 무능한 경우가 많았다. 그러나 대중은 성공보다는 실패를 좋아했다. 빅토리아 시대 탐험가들은 모험이라는 낭만적 이상을 상징한다면서 영국의 용감하고 대담한 과거를 추켜세웠다. 특히 극지방 탐험은 고난과 영웅적 요소가 결합하면서 고통에서 미덕을 발견하는 효과를 낳았다. 프랭클린은 아동용 도서에 프로비셔Frobisher, 드레이크Drake, 쿡Cook, 넬슨Nelson과 어깨를 나란히 하며 등장했다. 그리하여 19세기 중반의 젊은 세대는 탐험가가 되어 고통을 맛보겠다는 야심을 품고 자라났다. 그들 대부분은 극지방 근처에도 가보지 못했지만, 몇몇은 유럽 한가운데에서도 철도를 통해 빙하와 눈이 쌓인 지역으로 갈 수 있다는 사실을 알아냈고, 그곳에서 매년 여름 몇 주간 탐험가가 될 수 있었다. 알프스 등반가 1세대 중 많은 이들은 극지방 탐험이 영감을 줬다고 공개적으로 인정했다. 마터호른을 정복한 에드워드 윔퍼Edward Whymper는 사실 극지방 탐험가가 되고 싶어 했다. 빅토리아 시대 중기의 지식인이었던 레슬리 스티븐도 알프스 탐험을 멈추지 않기 위해 자신에게 동기부여를 하는 차원에서 황량한 북극을 걸어가는 상상을 한다고 고백한 적이 있었다.

탐험의 중요성은 1830년에 창립되어 켄싱턴 삼각지대의 하이드파크 가장자리에 위치한, '런던에서 가장 좋은 저택'을 차지하고 있는 왕립지리학회의 위상에서도 잘 드러난다. 탐험과 고난, 영웅주의 사이의 연관성은 공공연히 인정되었다. 1881년 지리학회 창립 50주년을 축하하는 한 문서는 "가장 위험했고, 그래서 가장 영광스러웠다."[29]라고 학회의 활동을 평가했다. 제국이 확대되면서, 지리학자들은 정복된 지역의 자원을 조사하고 분류하고 지도에 담는 작업을 해야 했다. 높은 산맥들이 종종 자연적인 경계선을 형성했기 때문에 제국 경계의 산악지대를 탐험하는 것은 군사적·전략적으로뿐만 아니라, 순수한 지리학적 이유로도 중요했다. 특히 초기 히말라야 탐험은 영국과 러시아, 중국 사이의 국경선을 확실히 하고 이를 지켜야 할 필요로 수행되었다. 야망과 용기가 넘치는 젊은이들은 낭만적 환경에서 민족주의와 영웅주의를 아우른 이 '그레이트 게임Great Game'에 자연히 이끌렸다.

유럽인들은 히말라야의 규모를 뒤늦게야 알았다. 웹Webb 중위와 레이퍼Raper 대위는 1808년에 정찰 탐험을 하면서 다울라기리의 높이가 8,188미터로 측정되자, 그 결과에 무척 놀랐다. 그때까지는 안데스산맥이 세계에서 가장 높다고 널리 추정되었기 때문이다. 제임스 로스James Ross 대위는 찰스 다윈의 후배이자 이미 남극을 항해한 식물학자였던 조셉 후커 경Sir Joseph Hooker과 함께 1848년에서 1850년까지 다르질링에서 출발해 시킴에 이르는 히말라야 탐험을 여러 차례 수행했다. 후커는 — 그의 방문 이후 근 100년간 유럽인들에게 문이 닫힌 — 네팔 동부로 건너가 티베트 경계선에 도달하기도 했다. 그가 시킴의 왕에게 붙잡혀 감옥에 갇히자, 동인도회사는 시킴 남부지역 일부를 합병해 영국의 통치권을 세계에서 세 번째로 높은 칸첸중가(8,586m) 기슭까지 확장했다. 인도 측량국은 1846년에 히말라야 기슭의 지도를 만들기 시작했다. 그리고 1852년에는 에베레스트(8,848m)의 높이가 처음으로 확정되었다. 1883년에 순수한 등산 목적으로 탐험이 이뤄지기 전까지, 히말라야 탐험은 주로 군사적·과학적 목적으로 이뤄졌으며, 탐험가들은 토지를 조사해 지도를 만들고 표본을 수집했다. 히말라야는 멀고 드넓었기 때문에 알프스보다 훨씬 오랫동안 과학적 호기심을 불러 일으켰다. 영국의 히말라야 탐험은 1930년대까지 과학적 목표와 등반 목적을 모두 노린 경우가 많았지만, 성공으로 끝나는 경우가 드물었다. 이런 유산과 근래에 있었던 1953년 에베레스트 등정 사진의 소유권 분쟁으로 인해, 영국산악회와 왕립지리학회는 지금까지도 관계가 다소 불편하다.

초기에는 산을 오르는 것이 대부분 과학적·군사적 동기에 의한 것이었지만, 존 러스킨John Ruskin에게 등반의 가장 큰 매력은 심미성이었다. 러스킨은 런던의 성공한 셰리주 상인의 아들이었는데, 그의 아버지는 아들이 "몽블랑의 뾰족한 봉우리들의 모양은 모조리 꿰고 있으면서도 스레드니들 거리Threadneedle Street가 어디 있는지는 모른다."라며 탄식했다.[30] 러스킨은 루소와 마찬가지로 사회비평가이자 개혁가였지만, 루소에게 산이 자신의 사회적·정치적 견해의 단순한 배경에 불과했다면, 러스킨에게는 산의 아름다움을 감상하고 이해하는 것이 목적 그 자체였다. 천부적인 대중 연설가인 그는 매우 다양한 주제에 관해 절대적 확신을 갖고 말하는 재주가 있어서, 이튼과 옥스퍼드 시절 노동자 그룹에서 인기가 좋았다.

1833년 14세의 나이로 알프스를 처음 방문한 러스킨은 드 소쉬르의 『알프스 여행』을 읽고 나서부터 산의 숭배자이자 선도자가 되었다. 그는 1833년부터 1888년까지 알프스를 19번 방문했다. 공상에 가득 차 종종 자기모순에 빠지는 사상가이자 심미주의자였던 그는 산을 사랑하는 만큼 등반가들을 싫어했다. 온실 속의 화초처럼 억압적으로 그를 키운 부모 아래서 자란 관계로 자기 주도권이 없었던 러스킨은 산을 실제로 오른 적이 없었다. 아마도 그래서인지 등반가들을 경멸한 그는 높은 산에 침입하는 어떤 행위도 신성 모독으로 간주했다. 그는 많은 등반가들의 영웅적 성향을 간파해 "알프스 등반은 명분도 없이 어떤 다른 운동보다도 더 많은 허영심을 만들어낸다는 점에서 정말로 비난받을 만하다."라며 등반 활동을 강력히 거부했다. 그는 다음과 같이 덧붙였다. "자연의 아름다움을 진정으로 사랑하는 자는 알프스의 설원을 놀이터로 삼느니 차라리 보베Beauvais에 있는 성가대석의 기둥을 오르며 체력단련을 하는 편이 나을 것이다."[31] 훌륭한 화가이기도 했던 러스킨은 과학의 발전에도 크게 영향을 받았다. 지리학회 회장이 되고자 하는 야심도 있었다. 그는 독일의 위대한 탐험가이자 과학자였던 알렉산더 폰 훔볼트Alexander von Humboldt, 현재의 지형이 과거를 알 수 있는 열쇠라는 개념을 확산시킨 지리학의 개척자 제임스 허튼James Hutton과 찰스 라이엘Charles Lyell의 저서를 특히 좋아했다. 자신의 저서 『근대화가 제4권—산의 아름다움에 관하여Modern Painters Volume IV: Of Mountain Beauty』에서 러스킨은 산의 아름다움에 사람들이 눈뜰 수 있도록 노력했는데, 경관의 전체적인 미적·정신적 가치를 놓치지 않으면서도 예술 비평과 과학 분석을 약간은 어색하게나마 조합해 산의 아름다움을 이루는 요소들을 조목조목 분석했다. 이 책은 미의 개념을 재정립하면서 레슬리 스티븐을 비롯한 초기 알프스 등산가들에게 큰 영향을 끼쳤다.

산을 신의 신성한 창조물로 본 러스킨은 등반을 반대했음에도 인간이 산을 통해 스스로를 시험하고 발견할 수 있다고 여기기도 했는데, 이는 모순적인 그의 사고방식이 잘 드러나는 대목이다. 1863년 그는 아버지에게 다음과 같이 편지를 썼다. "만약 누군가가 위험한 장소에 왔는데 그냥 돌아간다면, 그건 옳고 현명한 결정임에는 틀림없지만 그의 '기질'은 약간 퇴보하겠지요. 그만큼 그는 약화되고, 생기를 잃고, 여성처럼 나약해지고, 장차 감정에 치우쳐 실수를 더 많이 하겠지요. 반면 그가 위험을 헤치고 나간다면 성급하고 어리석은 결정으로 보이겠지만, 그 결과 더 강인하고 훌륭한, 어떤 시련도 견딜 수 있는 사람이 되겠지요. '오직 위험만이' 이런 효과를 낳습니다."[32] 이는 공포란 "너무 가깝지만 않으면 항상 즐거운 감정을 일으킨다."라는 18세기 버크의 생각보다 훨씬 발전된 개념이었다. 19세기 중반에는 위기와 모험을 일부러 찾아나서는 것이 도덕적으로 바람직하게 여겨졌다.

　위험의 도덕적 가치에 대한 태도 변화는 찰스 다윈이『자연 선택을 통한 종의 기원 ― 삶의 투쟁에서 유리한 종족의 보존The Origin of Species by Means of Natural Selection: The Preservation of Favoured Races in the Struggle for Life』(1859)에서 밝힌 진화론에 크게 영향을 받았다. 진화의 생물학적 개념은 영국 사상의 거의 모든 영역에 빠르게 전파되었는데, 밖으로는 제국주의를 허울 좋게 정당화하고, 안으로는 계급 구분을 확고히 하는 데 이용되었다. 그러나 진화론은 자기 회의도 불러일으켰다. 늘어난 부와 편안함으로 인해 영국 사회가 유약하고 퇴폐적으로 변하고 있다는, 즉 진화 끝에 부패가 올 수 있다는 인식이 나타난 것이다. '적자생존'은 다윈이 아닌 정치철학자 허버트 스펜서Herbert Spencer가 만든 말이다. 경제적·사회적 다원주의Darwinism로 인해 영국인들은 자신들이 일과 여가 모두에서 '적합하다'는 것을 보여주기 위해 훨씬 더 많은 노력을 해야 했다. 독일의 니체 역시 위험에 도덕적 가치가 있다고 믿었고, 등반을 통해 자신의 철학적 가치였던 영웅 숭배와 나약함 경멸을 완벽하게 시험해볼 수 있다고 생각했다. "엄청난 고난의 훈련, 그것만이 이제까지 인류의 발전을 이룩했다는 것을 모르는가. … 이 고난은 모든 등반가들에게 필요하다.[33]" 니체의 철학은 19세기 후반 이래 독일어권 등반가들에게 영향을 줬는데, 그들 중 다수가 학생이었다. 1950년대와 1960년대에는 독일과 오스트리아 등반가들의 저술을 통해 니체의 사상이 영국의 전후 세대 등반가들에게 커다란 영향을 줬다.

　18세기 숭고의 개념에 영향을 받은 산 여행자들은 한때 신에게서만 느꼈던 경외심과 공포, 환희의 감정을 이미 산에서 느꼈다. 19세기 중후반이 되어 도시화, 산업화와 더불어 진화론 등 과학의 발전으로 인해 기성 교회의 권위가 점점 약화되자, 더 많은 사람들이 산에서 걷거나 등반하는 경험으로 전통적 종교 관습을 일부나마 대체했다. 영국산악회는 1857년 설립 당시 회원

중 4분의 1 이상이 성직자였지만, 그들의 책과 일기는 대부분 우상숭배에 가까웠다. 성 오거스틴St Augustine은 창조물과 창조자를 혼동하지 말라고 경고했다. 그가 보기에 그런 행위는 근본적으로 이단이었다. 이런 기준으로 보면, 알프스를 오른 빅토리아 시대의 많은 목사들은 이교도임이 분명하고, 실제로 몇몇은 자신이 오르는 산에 감정과 의지를 부여해 사실상 애니미즘[4]을 주창했다. 많은 이들은 산의 아름다움이 신의 창조물의 완벽함을 보여줌으로써 신의 존재를 입증해준다고 생각했으나, 어떤 사람들은 종교적 신념을 버리고 일종의 세속적 범신론에 귀의해 정신적인 회복에의 욕구를 만족시켰다.

1825년, 세계 최초의 철도가 스톡턴과 달링턴 사이에 개통되었다. 이후 수십 년 이내에 영국의 주요 인구 밀집지역 모두가 철도로 연결되어 장거리 여행이 비교적 편해졌고, 중산층이 확대되고 여가 시간도 늘어나면서 스포츠 붐이 일었다. 1850년대에는 달력에 62개의 새로운 경마대회가 추가되었다. 1857년에는 권투 규정이 확립되었고, 1859년에는 축구 규정이 제정되었으며, 1871년에는 럭비 연합이 탄생했다. 1873년에는 크리켓 주 대항전이 처음으로 열렸고, 1877년에는 윔블던 잔디 테니스 선수권대회가 처음 열렸다[34]. 얼마 지나지 않아 철도는 마을과 도시를 넘어 산으로도 연결되어, 한때 외딴 시골이었던 곳까지 도시의 여행객들이 방문하게 되었다. 1844년, 74세였던 워즈워스는 맨체스터에서 켄들을 거쳐 윈더미어까지 철도를 확장하는 계획안을 접하고 분노했는데, "랭커셔 지역 전체와 요크셔 지방 대부분의 지역에서 오는 사람들로[35]" 호수지역이 넘쳐날 것이라고 우려한 것이었다.

알프스에서는 1800년부터 주요 통행로에서 바퀴가 달린 교통수단을 이용할 수 있게 되었다. 이는 애초 나폴레옹이 기획한 군사용 도로 건설 프로젝트의 결과였다. 1847년부터는 알프스에 철도가 들어서서 관광산업이 급격히

4　애니미즘: 자연현상뿐만 아니라 동물이나 식물, 심지어 무생물까지 모두 생명이나 영혼을 갖고 있다고 믿는 것

발전하는 데 기여했다. 1845년부터 1880년까지 천여 개의 새로운 여관과 호텔이 지어졌고, 그중 다수가 해발 1,000미터 이상에 건설되었다. 1863년에는 토마스 쿡Thomas Cook이 제네바에서 몽블랑으로 첫 알프스 여행을 했다. 1864년에는 여행 사업이 확대되어 인터라켄과 칸데르슈테그도 일정에 포함되었다. 존 머레이John Murray는 1838년에 출간한 『스위스 여행자 안내서 Handbook for Travellers in Switzerland』에서 런던에서 제네바나 바슬까지 마차를 이용할 때 비용은 20파운드가 들고, 기간은 파리에서의 이틀 체류를 포함해 총 14일이 걸린다고 표기했다. 1852년에는 철도를 이용할 수 있어서 여행 기간이 사흘로 줄어들었고, 비용은 2파운드에 불과했다.[36]

많은 등반 개척자들은 이런 일련의 기술 발전으로 인해 그들이 찬양하던 성스러운 아름다움이 위기에 처했다는 점을 인지했다. 영국 시골이 입은 폐해를 이미 목격한 그들은 알프스가 같은 일을 당할까 봐 걱정했다. 그린델발트의 주민들이 빙하를 파내 파리의 레스토랑에 얼음을 팔아넘기고, 한때는 외지고 고요했던 계곡까지 철도가 파고들자, 러스킨은 호통을 쳤다. "당신들은 자연을 멸시했다. 정확히 말하면, 자연환경의 심오하고 성스러운 감동을 모욕한 것이다. 프랑스 혁명가들은 프랑스의 성당을 외양간으로 썼지만, 당신들은 지구의 성당에 경마장을 만들었다. 당신들은 이 성스러운 공간의 복도를 철도 객차를 타고 들어와 제단의 음식을 게걸스럽게 먹어야만 즐거움을 느끼는구나."[37] 그러나 러스킨의 저서와 그림, 사진이 산으로 더 많은 관광객을 끌어들였다는 점은 아이러니하다.

1850년경에는 등반이 스포츠로 발전하는 단계에 접어들었다. 전례 없는 평화와 번영이 1815년부터 계속되면서 전문직 계층의 규모가 제법 커졌는데, 음울한 숲과 얼음으로 덮인 산에서 영광스러운 아름다움을 발견하는 교육을 받은 야심찬 젊은이들이 이 계층에 속해 있었다. 그들의 영웅은 엄청난 고난을 이겨내고 미지의 야생 황무지를 지도에 기록한 탐험가들이었다. 그들은

'강건한 기독교', '건강한 육체에 건강한 정신' 같은 미덕을 교육받았으며, 번잡하고 복잡한 근무 시간과는 반대로 즐거움과 목표 의식을 찾을 수 있는 여가 시간이 충분했다. 그들의 신념은 블레이크Blake의 다음 시 구절과 일치한다.

인간과 산이 만나면 위대한 일이 일어난다.
거리에서 티격태격하기만 해서는 그런 경지에 도달할 수 없다.

심지어는 빅토리아 여왕도 1848년 발모럴성Balmoral Castle의 록나가 Lochnagar 정상까지 큰 무리 없이 차분하게 오름으로써 새로운 스포츠에 성원을 보냈다. 1854년부터 알프스에서 등반 활동이 폭발적으로 늘어난 데는 홍보가 필수적 역할을 했는데, 역사상 최고의 등반 흥행사 앨버트 스미스Albert Smith가 이 일을 맡았다.

앨버트 스미스는 1816년 체르시Chertsey에서 태어나 한동안 파리에서 의학을 공부한 후, 『펀치Punch』 등의 잡지에 기고하는 저널리스트로 생계를 유지했다. 어릴 적부터 몽블랑에 오르고 싶다는 야망을 품었던 그는 여러 차례의 시도 끝에 1851년 몽블랑 등정에 성공했다. 붉은 스패츠에 스코틀랜드의 격자무늬 바지를 입고 비틀거리며 산을 오른 그는 가벼운 뱃놀이 의상을 한 3명의 옥스퍼드 학부생과 16명의 가이드를 대동했고, 20명이나 되는 짐꾼으로 하여금 와인 93병, 꼬냑 3병, 빵, 치즈, 초콜릿, 양고기 다리, 새고기 46마리 분을 지어 나르도록 했다. 놀랍지도 않게, 그는 정상에서 잠에 빠졌다.

함께 등정을 한 학부생 중 하나가 토리당 출신의 전 수상 로버트 필 경Sir Robert Peel의 조카였다. 우연히 샤모니에 있게 된 필 경은 그들의 몽블랑 등정 성공을 축하하며 성대한 파티를 열어줬다. 존 러스킨 역시 샤모니에 있었다. 아마도 이때 스미스가 의기양양하게 귀환한 것을 본 것이 15년쯤 후에 그가 알프스의 세속화를 비난한 유명한 글을 쓰게 된 동기였던 것 같다. "시인들이 그토록 정중하게 사랑했던 알프스를, 사람들은 마치 호프 가든에나 있는 비눗물 바른 장대처럼 '즐거워 비명을 지르며' 오르고 미끄러져 내리기를 반복한다. 비명을 하도 질러 즐겁다는 말조차 인간의 목소리로 제대로 내지 못하는 지경이 되면, 폭죽을 터뜨려 알프스 계곡의 정적을 깨버리고 만다. 이들은 집에 서둘러 돌아와서는 자만심으로 흥분해 뻘게진 얼굴로 자기만족의 발작적인 딸꾹질을 하며 열변을 토한다."[38]

러스킨이 산의 아름다움을 앞장서서 강조했다면, 스미스는 등산 대중화의 일등 공신이었다. 런던으로 돌아온 스미스는 자신의 몽블랑 등정을 '엔터테인먼트' 주제로 만들어 6년 동안 쇼를 펼쳤는데, 샤모니에서 데려온 영양 두 마리, 세인트버나드 개 여러 마리, 그리고 베른식 복장을 한 예쁜 술집 여종업원 세 명이 출연했다. 이 쇼를 통해 부자가 된 스미스는 1853년에 『몽블랑 이야기The Story of Mont Blanc』를 출간했다. 『더 타임스The Times』에 따르면 1855년 여름의 영국은 '몽블랑 열광'에 사로잡혀 있었다. 그리고 샤모니 폴카Chamonix Polka와 몽블랑 카드리유Mont Blanc Quadrille 같은 특별한 댄스 음악도 작곡되었고, 두 곡 모두 히트를 쳤다.

하지만 사람들이 스미스의 성공을 전폭적으로 열광하며 받아들인 것은 아니다. 『데일리 뉴스Daily News』는 다음과 같이 평가했다. "드 소쉬르의 몽블랑에 대한 관측 및 성찰은 그의 시적인 철학과 일치한다. 앨버트 스미스 씨의 관측과 성찰은 멋들어져 보이려고 끊임없이 안간힘을 쓰는 가운데 만들어진 그저 그런 말장난과 급조된 진부한 재담으로 기록되는 것이 가장 적합할 것이다. 네 사람은 목적 없이 몽블랑 정상까지 기어올라갔고, 그 아래에서는 로버트 필 경이 흥청망청 파티를 열어줬으니, 영국인 여행자들이 정신없고 저속한 야성적 충동만 넘쳐난다는 스위스 내에서의 다소 수상한 소문이 나아질 일은 없을 것이다."[39] 또 다른 동시대인은 그의 이름 이니셜이 진실의 3분의

2에 불과하다고 꼬집었다.[5] 하지만 쇼는 대중적으로 크게 성공했으며, 스미스는 오스본 하우스에 불려가 빅토리아 여왕 앞에서 공연을 하기도 했다. 이듬해 윈저성에 들어가 궁중 사람들과 벨기에의 레오폴드 1세 국왕 앞에서 공연을 또 연 것을 보면 여왕이 스미스의 쇼를 좋아했던 모양이다. 이후, 스미스는 배타적 우월의식이 심해지고, 그에 따라 악명도 높아진 영국산악회의 창립회원이 되기도 했는데, 사실상 그는 산악회 내에서 몽블랑을 처음 오른 회원이었다. 초기의 영국산악회는 사회적 지위를 크게 개의치 않고 열정이 있으면 누구든 환영했다. 극단적 보수주의자였던 더글러스 프레쉬필드Douglas Freshfield는 스미스에 대해 "몽블랑에 대해 진지한 열의가 있었다. 그가 몽블랑을 통해 수익을 얻은 것은 행운이 따른 데다 그의 열정이 작용한 덕분이었다.[40]"라고 나름 공평무사한 평가를 내렸다.

스미스는 에드워드 윔퍼, 존 노엘John Noel 대위, 프랭크 스마이드Frank Smythe, 크리스 보닝턴 등 여가활동을 수익모델로 바꾸려 노력한 수많은 등반가의 선구자였다. 이들 모두 스미스보다는 훨씬 유능한 등반가였지만, 스미스만큼 등반 활동으로 돈을 많이 번 사람이 없는 것도 사실이다. 앨버트 스미스가 만들어낸 엄청난 대중성으로 인해 영국 등반의 황금기가 태동하기 시작했다.

---

5   앨버트 스미스의 이니셜은 A.S.로, ass(멍청이)의 앞 두 글자라는 농담이다.

3

1854~1865년: 의도적인 신성

1815년 워털루Waterloo 전투 이전의 영국은 100년 이상 거의 끊임없이 전쟁을 치렀다. 하지만 그 이후인 1815년부터 1914년까지의 100년은 전례 없던 평화와 번영의 시기인 '팍스 브리타니카Pax Brittanica'였다. 그리하여 이 시기에 전쟁은 단 한 번밖에 일어나지 않았다. 그것은 바로 유럽의 열강들과 치른 크리미아 전쟁the Crimean War(1854~1856)이었다. 영국에서 멀리 떨어진 곳에서 치러진 이 전쟁은 비용도 많이 들고, 끝도 제대로 맺지 못했다. 유럽의 국가들이 대부분 주기적인 전쟁과 1848년의 여러 혁명에 몸살을 앓았던 반면, 야금술과 증기와 금융에 뛰어났던 영국은 무역, 산업, 군사력에서 범접할 수 없는 우위를 점하며 초강대국이 되었다. 1850년대의 영국은 세계의 공장이 되었고, 런던은 세계 금융의 수도가 되었다. 영국은 전 세계 운송의 절반 이상을 도맡았다. 1851년의 대영박람회는 영국의 성취를 축하하는 자리였는데, 당시 하이드파크에 조립된 크리스털 궁전Crystal Palace은 대영제국의 원동력인 과학과 기술을 과시하는 용도로 쓰였다. 그만큼 당시는 낙관주의가 최고

조에 달한 시대였다. 빅토리아 여왕Queen Victoria은 박람회를 방문한 후 일기에 "우리는 무엇이든지 할 수 있다."라고 기록했다. 개개인들 역시 끝없는 가능성이 있다는 믿음을 통해 과거에는 생각하지도 못했던 일을 계획하는 데 자신감을 가졌다.

초기 등반가들은 이미 완성된 제국을 운영했던 식민지 행정가와 군 장교보다는 제국을 건설했던 허드슨만의 모피사냥꾼, 인도의 벼락부자, 기타 무역상들과 기질이 흡사했다. 탐험 개척자들은 파격적이고 야심차며 낭만적이어서 두려움을 몰랐다. 트롤롭Trollope은 '바체스터' 소설 시리즈 여섯 권을 1855년부터 1867년 사이에 저술했는데, 이 시기는 등반의 황금기와 거의 일치한다. 그의 소설들은 성직자와 전문직 종사자, 신사 계층의 삶을 다뤘다. 이는 바로 초기 등반가들을 많이 배출한 사회 계층이었다. 소설이 인기가 있었던 이유 중 하나는 주요 인물들이 동시대 독자들이 곧바로 알아볼 수 있는 '유형'이었다는 점이다. 트롤롭은 돈과 재산, 결혼, 지위를 중심으로 돌아가는 사회를 그렸다. 당시 개척자들에게는 즐거움을 얻기 위해 알프스의 최고봉들을 등정한다는 개념이 근대 등반가의 가장 터무니없는 행동보다도 훨씬 더 파격적으로 느껴졌을 것이다. 영국의 산악계는 1857년 인도 폭동 이후의 대영제국처럼 점점 더 편협해지고 거만해졌을지는 모르겠으나, 황금기에는 '문명화된' 사회와 잘 대비되는 자발적이고 흥겨운 대범함도 갖추고 있었기 때문에 산악계에 몸담고 있는 이들에게는 거의 지킬과 하이드 같은 양면적인 모습을 띠었다. 이 시대는 다른 어느 때보다도 더욱 산악인들이 당대 사회의 제한과 전통으로부터 진정한 '탈출'을 꾀하던 때였다.

18세기 말에서 19세기 중반 사이, 알프스 지방에 살고 있던 수도승, 목사, 과학자 등이 여러 봉우리들을 등정했는데, 그중 일부는 순수하게 쾌락과 즐거움을 위한 등반이었던 것이 분명하다. 1854년까지 알프스 주요 봉우리 9개가 모두 등정되었으며, 그 기록은 다음과 같다. 몽블랑(1786년), 그로스글로크너(1800년), 몬테로사(이곳의 여러 봉우리가 1801년부터 등정되었으나, 산맥의 가장 높은 지점은 1855년에 정복됨), 오르틀러(1804년), 융프라우(1811년), 핀스터라르호른(1829년), 베터호른(1844년), 몽펠부(1848년), 피츠 베르니아(1850년).[1] 이런 초창기 등반 활동에 영국인들은 거의 가담하지 못했는데, 이토록 대담한 개개인의 활동이 의미 있는 산악운동으로 발전되지 않으면서, 알프스 등반은 새로운 변화를 끌어내기 위한 동력을 얻는 데 실패했다. 하지만 이 모든 것이 1850년대 중반 영국인들이 개입하면서 바뀌었다. 이후 10년 동안, '스포츠'로서의 등반을 탄생시킨 봉우리 수집 잔치를 통해 알프스의 거의 모든 주요 봉우리가 등정되었다. 이 기간 동안 초등된 39개의 주요 봉우리 중 31개가 영국인 등반팀에 의해 등정되었다.

이는 대단한 성취였다. 빙하지역 지도가 전무했고, 알프스의 목초지나 숲에는 길도 몇 개 없었으며, 경험 많은 가이드나 산간 오두막도 없었다. 알프스 기슭의 언덕까지는 철도를 통해 갈 수 있었지만, 철도의 종점부터는 공공 합승 마차를 타고 이동한 후 최고봉까지 걸어서 올라가야 했다. 초기 등반가들은 날씨와 관계없이 밖에서 잤고, 영국 시골 활동에 적합하게 만들어진 복장으로 설선 훨씬 위까지 등반했다. 그들 모두 계곡에서 숙박을 하며 어쩔 수 없이 접하게 된 벼룩 이야기를 농담 삼아 했다. 자외선 방지 크림도 없고 선글라스도 부실했기에, 심한 일광화상과 설맹이 다반사로 나타났다. 많은 등반가들이 베일을 써서 자신을 보호하려 했지만, 러스킨이 등반가들을 보고 "피부 발진으로 벌게졌다."라고 묘사한 것은 진실에 기인한 것임이 틀림없다. 이튼의 교사였던 오스카 브라운Oscar Brown은 "배낭 하나에 의지해서 살아가고, 잘 씻지도 못하며, 편안한 방에서 자거나 좋은 음식을 먹지도 못하는 것에 질렸다. 9월이 되자 나는 문명의 환락을 열망하기 시작했다.[2]"라고 고백했다. 이런 고난을 상쇄하는 요소로는 값싼 노동, 침구를 날라주는 짐꾼, 최고봉 기슭의 야영지까지 조달된 땔감과 식량이 있었다. 그 결과, 등정 활동은 전과 후 그리고 중간 과정에서 엄청난 양의 식량과 와인을 소비하며 시끄럽고 떠들썩하게 진행되었다.

1854년 알프레드 윌스Alfred Wills와 그의 가이드 4명이 베터호른 등정에 성공하며 영국의 알프스 탐험 황금기가 시작되었다. 베터호른은 그린델발트에서 잘 보이는데, 그린델발트는 베른 알프스의 엄청난 장관과 빙하지역 두 곳으로 접근이 용이하다는 이점으로 인해 이미 인기 좋은 관광지였다. 비록 윌스의 등정은 세계에서 다섯 번째 또는 여섯 번째였던 것으로 보이지만, 젊은 영국인이 신혼여행 중에 장화와 크리켓용 바지를 입고 눈 덮인 3,692미터 높이의 산을 오르기로 결정한 이 일은 대체로 등산이라는 '스포츠'의 시초로 받아들여지고 있다. 그가 이 등반 과정을 설명한『알프스 고산지대를 거닐며 Wanderings Amongst the High Alps』(1856년)에서는 식물학과 지리학이 잠깐 언급되기는 하지만, 그의 주요 동기가 체력단련과 자기계발이라는 사실은 의심의 여지가 없다. 이 책은 스스로를 존중하는 영국인이라면 누구나 그런 노력을 하는 것이 의무라고 강하게 암시한다. 윌스의 1854년 등반을 황금기의 출발로 기록하는 것은 여러 면에서 임의적인 선택이었다. 최소한 앨버트 스미스의 1851년 몽블랑 등정 역시 황금기의 시초로 선정될 만했지만, 영국산악회의 빅토리아 중기 역사가들은 윌스에게 이 영광을 선사했는데, 이는 아마도 스미스가 존경받을 만한 인물로 여겨지지 않았기 때문일 것이다.

알프레드 윌스는 제1차 세계대전 발발 전까지 등반을 지배했던 도시 전문직 중산층 출신 등반가의 전형이었다. 그의 아버지는 법조인이었고, 그 자신도 법조계에 몸담아 선임자가 창녀촌에서 심장마비로 죽자 고등법원 판사가 되었다. 1895년, 그는 오스카 와일드Oscar Wilde의 재판을 주재해 성추행 혐의로 그를 징역 2년에 처했다. 윌스는 1846년부터 1896년까지 거의 매년 알프스를 여행했다. 그의 아들 윌리엄William은 1880년대와 1890년대에 왕성한 등반가로 활동했고, 그의 손자인 에드워드 노턴Edward Norton 소령은

1924년 에베레스트 원정대의 대장을 맡았다. 1857년 영국산악회의 창립회원이었던 윌스는 1864년 이 산악회의 회장이 되었다. 『더 타임스』가 산악회의 회원들을 "독수리들이 사는 데만 적합한 지역에 특별한 애착을 가진 듯한" 사람들로 묘사하자, 그는 식스트Sixt에 위치한 자신의 샬레⁶를 "독수리 둥지"라고 불렀다.

찰스 허드슨Charles Hudson과 에드워드 케네디Edward Kennedy가 공저한 『뜻이 있는 곳에 길이 있다Where There's a Will There's a Way』는 『알프스 고산지대를 거닐며』와 같은 해에 출간되었는데, 1855년의 몽블랑 가이드리스 초등을 묘사했다. 케네디는 16세에 재산을 물려받지만, 몇 차례 투자에 실패하면서 이 재산의 대부분을 잃었다. 그는 리버풀과 런던에서 도둑들이나 다양한 범죄자들과 한동안 같이 지내면서 당시 지하세계에 관한 일종의 전문가가 되었다. 빅토리아 시대 중기에는 신사가 런던 동부를 여행하는 것이 알프스 등반과 비슷한 수준의 모험이라 볼 수 있었는데, 신체에 위협이 가해질 수도 있었기 때문이다. 그러나 생각이 깊은 케네디는 "그것이 옳은가?"라는 질문을 끊임없이 하는 것으로 유명했으며, 『무한, 비물질, 영원에 대한 성찰을 통한 존재 사유Thoughts on Being, suggested by Meditation upon the Infinite, the Immaterial, and the Eternal』라는 책을 쓰기도 했다. 그는 모험에의 갈증과 의미 탐색을 모두 충족하는 등반에서 삶의 목적을 찾았으며, 다른 이들에게 자신을 따르도록 설득하기 시작했다. 영국산악회 창립을 주도한 그는 1860년에서 1862년까지 회장을 맡았다.

『뜻이 있는 곳에 길이 있다』의 공저자인 찰스 허드슨은 크리미아 전쟁 당시 영국 국교회 목사였고, 이후 링컨셔Lincolnshire의 교구 목사가 되었다. 그에게 산은 신의 창조물의 신비로움과 아름다움을 재확인하고 상기시켜주는 역할을 했다. 레슬리 스티븐은 그를 "위선적인 말을 하지 않으면서도 강건한

---

6 샬레: 스위스 산간 지방 오두막

기독교의 계율을 잘 따른 소박하고 고결한 인물"[3]이라고 평했다. 잘생긴 외모에 여유롭고 겸손했던 허드슨은 체력이 대단했고, 무모함에 가까운 용기도 가지고 있었다. 17세의 나이에 그는 호수지역을 매일 평균 43킬로미터 정도를 걸었으며, 샤모니 근처의 생-제르베Saint-Gervais에서 제네바까지 도보로 당일 왕복(거리로는 138킬로미터)을 한 적도 있었다. 그는 1855년에 등반을 처음 시작했는데, 가이드 없이 브라이트호른(F등급, 4,164m)을 오르고, 몬테로사의 최고봉인 두푸르슈피체(PD등급, 4,634m)를 목사 제임스 스미스James Smyth, 크리스토퍼 스미스Christopher Smyth, 요크셔의 은행가 존 버크벡John Birkbeck 그리고 에드워드 스티븐슨Edward Stevenson과 함께 등정했다. 그로부터 2주 후, 그는 에드워드 케네디와 몽블랑에 올랐고, 몽블랑 뒤 타퀼(PD등급, 4,248m)을 단독으로 초등했다. 허드슨은 황금기 내내 등반을 계속해, 1865년에는 토마스 케네디Thomas Kennedy(에드워드 케네디의 친척이 아님)와 함께 에귀 베르트(AD등급, 4,122m)를 므완 능선으로 초등했다. 한때 재미로 통나무에 의지해 나일강 급류를 타기도 했던 토마스 케네디는 잘 알려진 폴로 선수이자 사냥꾼이었다. 해링턴 경Lord Harrington은 그를 인정하며 "누구도 그보다 저돌적으로 격렬하게 말을 몬 적이 없다."[4]라고 그의 부고란을 채웠다.

등반의 여러 개척자들은 다른 스포츠 영역에서도 성취를 보여줬는데, '로버트 필 경'이라는 이름의 말을 타고 아이리시 그랜드내셔널Irish Grand National 승마대회에서 우승을 한 찰스 배링턴Charles Barrington이 그중 하나이다. 1858년, 자신의 최초이자 유일한 휴가를 알프스에서 보내면서 융프라우를 등정한 배링턴은 중간에 만난 영국산악회 회원들에게 아직 오르지 못한 봉우리가 어떤 것이 있는지 물어봤다. 산악회원들은 마터호른이나 아이거를 추천했다. 배링턴은 체르마트까지 여행할 사정이 되지 않아, 아이거(3,970m)를 택해 서쪽 능선(AD등급)을 타고 정식으로 초등을 마쳤다. 등반팀이 정상에 다다를 무렵, 배링턴은 상의에서 권총을 꺼내 가이드에게 정상에 자기보다 먼저 발을 디디려 한다면 머리를 날려버리겠다고 협박했다고 알려져 있지만, 그의 등반기에는 "가이드 두 명이 친절하게 초등의 영광을 나에게 넘겼다.[5]"라고 간단히 쓰여 있다.

1857년, 등반의 인기가 상승하는 것을 본 S. W. 킹King 목사는 "케임브리지와 옥스퍼드의 젊은이들"에 관해 쓰면서, "등산로 이곳저곳을 뛰어넘어 다니지만, 가장 새롭고 위험천만한 모험을 누가 하는지 경쟁하는 목적이 전부인 것으로 보인다.[6]"라고 평했다. 이 젊은이들은 현지 가이드의 도움을 받으며 이렇게 날뛰었는데, 일부 가이드들은 위대한 등반가가 되었다. 베른주 오버란트의 마이링겐Meiringen에서 1828년에 태어난 멜히오르 안드레그Melchior Anderegg는 그중 으뜸이었다. 어릴 적에 그는 소를 치고 영양을 사냥했고, 이후 숙련된 목각사가 되었다. 몸집이 크고 온화했던 그는 워커Walker 가문의 등반가들과 여러 차례 등반을 했으며, 레슬리 스티븐과 찰스 매튜스Charles Mathews가 가장 좋아하는 가이드였다. 그는 첫 등반에서 당데랑, 치날 로트호른, 그랑드조라스, 몽블랑의 브렌바 스퍼Brenva Spur 등을 올랐는데, 브렌바 스퍼에서는 그의 사촌인 야콥Jakob이 중요한 얼음 아레트arête[7]에서 선등을 맡았다. 그렇지만 이 당시 몽블랑의 경관보다 런던의 경치가 더 좋다고 말해 레슬리 스티븐을 당황시킨 가이드가 바로 안드레그였다. 안드레그보다 2년 앞선 1826년에 그린델발트에서 태어난 크리스천 알머Christian Almer 역시 양치기이자 치즈 장인으로, 출신 성분이 안드레그와 비슷했고, 가이드로서도 비슷한 지위를 달성했다. 알프레드 윌스와 베터호른을 함께 등정한 그는 황금기 동안 아돌푸스 무어Adolphus Moore, 에드워드 윔퍼 등과 함께 많은 초등을 달성했다. 1884년에는 윌리엄 쿨리지William Coolidge와 함께 융프라우 동계 등정을 해낸 후 동상으로 발가락 여러 개를 잃었다. 1896년, 그는 70세의 나이에 자신보다 한 살 많은 아내와 함께 금혼식 기념으로 베터호른을 올랐다.

---

7 아레트arête: 날카로운 산등성이

등반가와 가이드 사이의 관계는 복잡했다. 황금기 초반에는 양쪽 모두 경험과 능력이 부족했으나, 시간이 지나면서 뛰어난 가이드가 몇 명 나타났다. 당시의 많은 일류 등반가들은 가이드를 필요로 했다. 황금기가 끝날 무렵에는, 뛰어난 체력과 경험을 가진 최고 수준의 가이드들과 아마추어 등반가들 사이에 실력의 차이가 커졌다. 1870년, 플로렌스 그로브Florence Grove 는 "프랑스에 사는 프랑스인이 좋은 크리켓 선수가 될 수 없는 것과 같은 이치로, 영국에 사는 영국인들이 아무리 해도 가이드 수준의 기술에 도달하지 못하는 것은 당연지사이다."[7]라고 지적했다. 고용주와 가이드의 역할은 확실히 분리되어 있었다. 고용주는 등정할 산을 선택하고 어떤 루트를 이용할지 결정하는 데 어느 정도 개입한다. 하지만 열대지역의 영국 탐험가들이 '원주민들'을 이용해 길을 뚫고 물자를 날랐듯이, 알프스에서도 눈과 얼음 위에 발판을 만들어 기필코 바위길을 뚫은 사람들은 주로 가이드였다. 후일, 클린턴 덴트Clinton Dent는 신사 아마추어와 전문 가이드의 역할을 다음과 같이 평가했다. "가이드라면 누구나 길을 찾는 데는 아마추어보다 비교할 수 없을 만큼 우월하다. 암벽에서의 민첩성을 보면 둘은 비교가 되지 않는다. 그러나 나는 아마추어가 딱 한 가지 필수조건에서 우위를 점한다고 생각한다. 그것은 바로 남의 성과물을 빼앗는 능력이다."[8] 사실, 덴트가 자신의 드류Dru 초등에 대해 설명하며 인정했듯이, 최고 수준의 가이드는 이 마지막 한 가지에서도 우위를 점했다. 레슬리 스티븐은 자신의 저서 『유럽의 놀이터The Playground of Europe』에서 이렇게 서술하기도 했다. "내 모든 등정을 가장 진실하게 설명하자면, 내 가이드가 기술과 힘, 용기를 요하는 일을 모두 성공적으로 해냈다는 것이다. 그의 배낭과 고용주는 그에게 그저 짐밖에 안 되었다."[9] 하지만 가이드가 혼자서 봉우리에 오르는 일은 드물었으며, 초등을 하는 일은 전혀 없었다. 그 이유는 영국 신사들이 미답봉을 정복하면서 그들에게 지급하는 보너스를 받지 못하기 때문이었다.

가이드들은 등반을 위험하고 의미도 없지만 보수가 짭짤한 직업으로 여겼던 것 같다. 그러나 일류 가이드 사이에서는 엄청난 직업적 자긍심과 상당한 경쟁의식이 있었다. 스티븐은 그의 가이드인 울리히 라우이너Ulrich Lauener가 라틴족 가이드보다는 튜튼족 가이드가 더 우수하다는 견해를 고수했다고 밝혔는데, 그는 샤모니에서 온 가이드에게 이런 견해를 전파하려 노력했다고 한다. "그는 프랑스어를 한마디도 못했기 때문에 자신의 견해를 판토마임으로 전달해야 했는데, 그렇다고 그의 교육열이 식지는 않았다.[10]" 몇 년 후, 프레드 머메리는 한 사건을 회상했다. 그와 사스Saas 계곡 출신의 위대한 가이드 알렉산더 버그너Alexander Burgener가 한 등반팀을 만났다. 이 등반팀은 오버란트Oberland의 유명한 가이드가 이끌고 있었다. 그는 그레퐁 등반 시도를 그만두라고 조언했다. 이유인즉슨 "나도 시도해봤는데, 내가 실패한 지점을 통과할 수 있는 사람이 없을 것"이라는 것이었다. 머메리는 다음과 같이 적었다. "버그너가 이 결론을 듣고 감정이 크게 동요되었고, 차마 옮기기 힘든 말이 그의 입에서 방언으로 쏟아져 나오는 것을 들으면서 나는 우리의 운명이 이미 결정되었다는 것을 간파했다. 그의 생각에는 남은 생을 산에서 보내거나 심지어 추락하는 것이 불신자의 조롱과 비웃음을 들으며 복귀하는 것보다 더 나은 선택이었던 것 같다.[11]" 고객과 가이드는 산에서는 보통 친밀하고 막역했지만, 계곡으로 돌아오면 신사와 농부 사이의 사회적 계급이 다시 뚜렷해졌다. 영국 신사가 자신의 성공을 기리며 정식 코스요리를 즐기러 가는 사이, 그의 가이드는 지하 저장고나 다락방에 있는 하인 전용 숙소로 돌아갔다.

새로 나타난 아마추어 등반가들이 거의 전부 영국의 특정 계층 출신이었기 때문에 그들이 그룹을 형성하는 것은 불가피했다. 그 결과 영국산악회가 1857년 12월 22일 정식으로 발족되었다. 처음에 산악회는 회원들이 알프스 등반에 관한 정보를 교류할 수 있는 만찬용 사교집단으로 구상되었다. 이런 종류의 산악회는 세계 최초였기에, 회원들은 앞에 '영국' 같은 접두어를 붙일 필요를 느끼지 못했다. 산악회의 창립회원은 29명뿐이었지만, 1865년에 이르러서는 회원 수가 300명이 넘어섰다. 회원 거의 전부가 영국의 공립학교와 전통 있는 대학에서 교육을 받은 법조인, 성직자, 학술인, 공무원, 은행원 등 전문직 종사자로, 여름에 고용주로부터 긴 휴가를 얻을 수 있는 사람들이었다. 1863년 당시에는 281명의 회원 중 단 3명만이 옛 지주 귀족계급 출신이었다.[12] 시간이 지나면서 이들은 호텔 등록부에 'AC'[8]라고 서명하기 시작했으며 "그들이 식당에 들어설 때 조용히 반기는 소리가 들렸다."[13]라고 한다. 앤소니 트롤롭Anthony Trollope은 자신의 저서 『여행 스케치Travelling Sketches』(1866)에서 영국산악회 회원을 다음과 같이 묘사했다. "산악회 회원은 다른 사람과는 꽤 다른 품행을 보이는데, 등반을 하지 않을 때에도 코를 약간 치켜올린다. … 우리에게는 자살이나 다름없는 위험에 맞서는 데 허가를 받은 계층의 일원이라는 생각 때문에 그들은 자신에게 의도적으로 신성을 부여한다. 그리고 겸손한 이들조차도 이런 생각을 거부하지 못한다."[14] 영국산악회가 생긴 지 몇 년이 지나자, 회원들은 부유하고 교육을 잘 받은, 고집 세고 약간은 건방진 젊은이라는 '유형'으로 고착화되었다. 한때는 산악회의 모토로 "기력이 좋을 때 업적을 남겨야 한다."라는 테오크리토스Theocritus의 명언이 제안된 적도 있었다. 세월이 흐르면서, 영국산악회의 회원 자격은 몇몇 야심 찬 젊은이들에게 필수적인 '명예훈장'으로 여겨지게 되었다. 빅토리아 시대 사회에서 용기는 매우 존경받는 미덕이었고, 알프스 등반은 평화로운 시기에 용기를 보여줄 수 있는 완벽한 수단이었다. '케이프만에서 카이로까지 여행한' 유어트 그로건 Ewart Grogan은 아프리카를 남북으로 처음 종단한 인물로, 케냐 식민지의 설립자 중 하나였지만, 22세에 영국산악회에 가입한 후 다시는 등반을 하지 않았다. 회원으로 뽑힌 것만으로도 충분했기 때문이다.

영국산악회의 목표는 "산악인들 간의 동료애를 고취하고, 전 세계에 산악

8　AC: 영국산악회 이니셜

등반과 산악탐험 활동을 홍보하며, 문학과 과학, 예술을 통해 산에 관한 지식을 전파하는 것"이었다. 몇몇 회원은 문학과 예술 관련 자격만 갖고도 산악회에 가입할 수 있었다. ("산의 정상에는 진실의 왕좌가 있다."라고 쓴) 작가 매튜 아놀드Matthew Arnold도 회원이었다. 러스킨 역시 회원이었는데, 그가 등반가들을 싫어한다는 것을 고려하면 이상해 보이는 일이었다. 찰스 디킨스Charles Dickens는 과학 지식을 발전시키겠다는 산악회의 포부를 조롱했다. 그는 "슈레크호른, 아이거, 마터호른같이 높은 봉우리를 등정하기 위한 단체나, 영국의 모든 성당 첨탑에 올라 풍향계 위에 군림하려는 젊은이들의 단체나 과학 발전에 공헌하는 정도는 비슷할 것이다."라고 비꼬았다.[15] 그럼에도 불구하고, 영국산악회에서 발간하는 『알파인 저널Alpine Journal』은 오늘날까지도 "산에서의 모험과 과학적 관측의 기록"이라고 자부하는데, 산악회의 초창기에는 훌륭한 과학자들이 회원으로 많이 가입했다.

영국산악회의 초대회장이었던 존 볼John Ball은 아일랜드 정치인으로, 팔머스톤Palmerstone 내각에서 식민지성 차관을 맡았으며, 존경받는 아마추어 동식물 연구가이기도 했다. 케임브리지를 나온 그는 다양한 지역을 여행했고, 식물학과 빙하에 관한 논문을 많이 출판했다. 단호하고 열정이 넘치는 산악 탐험가였던 그는 『서부 알프스 가이드Guide to the Western Alps』(1863), 『중부 알프스 가이드Guide to the Central Alps』(1864), 『동부 알프스 가이드Guide to the Eastern Alps』(1868)를 출간했는데, 19세기 말에 쿨리지가 고쳐 써서 다시 발간하기 전까지 이 책들은 알프스 등반의 교과서적인 역할을 했다. 또한 그는 『알파인 저널』의 전신이었던 『봉우리와 고개 그리고 빙하Peaks, Passes and Glaciers』(1859)의 창간호를 편집했다. 이후 1863년에 처음 등장한 『알파인 저널』은 현재 세계에서 가장 오래된 등반 관련 정기 간행물이 되었다.

영국산악회의 또 다른 초창기 회원이었던 존 틴들John Tyndall 역시 저명한 과학자였다. 그의 연구 분야는 매우 다양했는데, 수증기 및 이산화탄소와 기후변화의 관계를 처음으로 조사하기도 했다. 그의 아버지는 아일랜드의 카운티 칼로우County Carlow에 새로 조직된 보안대의 경사였고, 틴들은 빅토리아 시대에 근면한 노동, 훌륭한 지성, 확고한 결심의 조합을 통해 사회적 신분 상승을 할 수 있다는 점을 실제로 보여준 산증인이었다. 그는 영국산악회 이외에도 작지만 영향력이 컸던 엑스 클럽X Club의 회원이기도 했는데, 여기에는 토마스 헉슬리Thomas Huxley, 식물학자이자 북극 및 히말라야 개척 탐험가 조셉 후커Joseph Hooker, 정치철학자 허버트 스펜서Herbert Spencer도 가입되어 있었다. 이 클럽의 목표는 '종교적 독단에 구속되지 않고 순수하고 자유롭게 과학에 헌신하는 것'[16]이었다. 열성적인 불가지론자였던 틴들은 종종 사납게 말싸움을 했는데, 한번은 토마스 칼라일Thomas Carlyle에 대한 자신의 우호적 견해에 동의하지 않는 이에게 싸움을 걸기도 했다. 1852년에 왕립학회 회원이 된 그는 마이클 페러데이Michael Faraday와 가까운 친구이자 동료가 되었다. 페러데이는 틴들과는 달리 등반을 한 적은 없지만 발레주의 로이커바트Leukerbad에서 출발해 젬미 고개Gemmi Pass를 넘어 베른주 오버란트의 툰Thun까지 70킬로미터의 거리를 10시간 반 만에 도보로 주파한 적도 있었다.

틴들은 젊은 시절 마르부르크대학에서 박사학위를 땄다. 그리고 여기서 독일 낭만주의의 음울한 영웅적 면모에 빠져든 것으로 보인다. 그는 평생 동안 건강이 안 좋았고 불면증에 시달렸기 때문에 가장 오르기 힘든 봉우리들에 자신의 관심을 집중했다. 그는 1858년에 리펠베르크Riffelberg에서 출발하여 10시간 만에 몬테로사를 혼자 등정했고, 1861년에는 바이스호른(AD등급, 4,506m) 등정에 성공했으며, 윔퍼가 마터호른(AD등급, 4,478m)을 정복하기 1년 전인 1864년에는 마터호른 정상에서 불과 100미터 이내의 거리까지 접근한 적이 있었다. 이후 그는 브로일에서 체르마트까지 최초로 횡단한 장본인이 되었다. 틴들은 등반을 통해 도시생활의 스트레스와 압박감에서 벗어나고자 했다. "나는 매년 알프스로 돌아가, 런던에서의 일과 걱정거리로부터 나 자신을 회복할 수 있었다. 일 자체보다는 걱정이 훨씬 더 치명적으로 두뇌를 좀 먹는다.[17]" 시간이 흐르면서, 그가 산에서 찾은 아름다움과 위안은 그에게 과학적 탐구만큼이나 중요했다. 1862년, 그는 "빙하와 산은 나에게 과학적 흥밋거리 이상이다. 그것들은 내게 삶과 기쁨의 원천을 제공한다.[18]"라고 서술했다. 1893년, 그는 불면증에 대처하기 위한 마취제 클로랄chloral을 아내가 과다 투여하는 바람에 사망했다.

1862년, 레슬리 스티븐은 틴들의 치날 로트호른Zinal Rothorn(AD등급, 4,221m) 초등을 묘사하는 글을 영국산악회에서 낭독했는데, 여기에는 다음과 같은 문구가 있었다. "내가 절대 이해할 수 없는 이유로 알프스 여행과 과학을 어떻게든 확고하게 연관 지은 저 광신도들 중 누군가는 '그래서 당신은 어떤 철학적 관찰을 했는가?'라고 물을 것이다.[19]" '광신도'라는 단어가 자신을 향한 것이라 확신하고 화를 내며 회의장을 박차고 나온 틴들은 얼마 후 영국산악회에서 탈퇴했다. 스티븐은 "틴들과의 첫 만남은 그다지 만족스럽지 못했다.[20]"라고 했다. 사실 그가 놀린 대상은 틴들이 아니라 1861년 몽블랑의 구테 루트Goûter Route(PD등급) 초등 당시 자신과 함께했던 브리스톨의 퀘이커 교도이자 가죽 상인 프랜시스 터켓Francis Tuckett이었다. 터켓은 코르시카, 그리스, 노르웨이, 피레네산맥, 알제리, 돌로미테 등지의 거의 알려지지 않은 산악지대를 탐사했지만, 지나치게 신중하고 느린 것으로 악명이 높았고, 과학 데이터를 수집하고 기록하는 일에 사로잡혀 있었다. 그럼에도, 그는 1856년부터 1865년까지 알레치호른Aletschhorn(PD등급, 4,193m)과 쾨니그슈피체Königspitze(PD등급, 3,851m)를 포함해 40개가 넘는 새로운 봉우리와 루트를 정복하는 기록을 세웠다.

초기 등반가들의 주요 집결지는 샤모니와 그린델발트, 체르마트였다. 특히 체르마트의 자일러호텔Seiler's Hotel은 영국산악회 제2의 집이었는데, 회원들은 여기에 모여서 등반 계획을 세웠고, 가이드들은 호텔 앞의 낮은 벽에 앉아서 고객들을 기다렸다. 1861년 J. F. 하디Hardy 목사가 호텔 밖에서의 대화를 기록한 자료를 보면 초기의 알프스 탐험 분위기를 알 수 있다.

"이봐, 친구, 우리 모두 내일 몬테로사에 올라갈 건데, 끼지 않을래? 엄청 재밌을 거야."
"뭐야, 하디였어? 아 그래, 같이 가자, 가자고."

내가 대답할 새도 없이, J. A. 허드슨Hudson으로 밝혀진 목소리가 리스캄Lyskamm을 언급했다. 이 힌트를 듣고 나는 말했다.

"아, 리스캄! 그래, 그거지. 몬테로사는 놔두고 리스캄으로 가자. 몬테로사는 이제 루트가 잘 알려져서 누구나 오를 수 있어. 하지만 리스캄은 상황이 완전히 다르지."
"그래, 나도 정말 그렇게 생각해. 거봐, 스티븐도 못했잖아."
"스티븐은 설질 상태가 안 좋아서 그만둔 것뿐이야."
"터켓도 실패했잖아."
"그 친구는 안개 때문에 돌아왔지."
"우리도 같은 문제를 겪겠지."
"그럴 수도 있고 아닐 수도 있지만, 지금 날씨 상태를 보면 아닐 가능성이 더 높은 것 같아."[21]

이렇게 해서 하디와 허드슨을 포함한 영국 등반가 8명과 가이드 6명으로 구성된 등반팀이 리스캄(AD등급, 4,527m) 초등에 성공했고, 정상에서 그들은 영국 국가를 불렀다.
1871년에 출판된 레슬리 스티븐의 『유럽의 놀이터The Playground of Europe』, 그리고 같은 해 출간된 에드워드 윔퍼의 『알프스 등반기Scrambles

『Amongst the Alps』는 아마도 알프스 등반 황금기에 대한 가장 훌륭한 동시대 기록물일 것이다. 스티븐과 윔퍼는 등반에서의 두 가지 상반되는 접근방식을 대표하게 되었는데, 스티븐은 경관의 심미적이고 신비로운 매력에 주로 관심이 있었던 반면, 윔퍼는 자아실현과 개인적 성취에 집중했다.

이후, 레슬리 스티븐은 저명한 문학비평가이자 전기 작가가 되어, 토마스 하디Thomas Hardy와 로버트 루이스 스티븐슨Robert Louis Stevenson이 작가로서의 경력을 시작할 때 그들을 격려해줬고, 문학에의 공헌을 인정받아 기사 작위도 받았다. 그의 아버지인 제임스 스티븐 경Sir James Stephen은 식민지성 차관으로서 대영제국의 많은 지역을 통치한 것으로 알려졌다. 그는 이후 케임브리지대학의 근대사 흠정欽定강좌 교수로 임명되었다. 레슬리 스티븐의 첫 아내는 당시에 찰스 디킨스를 제외하면 최고의 소설가로 인정받았던 윌리엄 새커리William Thackeray의 딸이었으며, 슬하에 작가인 버지니아 울프Virginia Woolf와 화가인 바네사 벨Vanessa Bell을 두 딸로 두었다. 이들은 나중에 블룸즈버리 그룹Bloomsbury Group이라는 지성인 단체에 가입했다.

이튼과 케임브리지에서 교육을 받은 스티븐은 케임브리지에서 철학을 가르쳤는데, 종교적 회의가 커지면서 1862년에는 성직을 포기하고, 결국 교수직도 포기했다. 그는 『유럽의 놀이터』에서 다음과 같이 서술했다. "산은 우리가 적응할 수밖에 없는 자연의 불굴의 힘을 상징한다. 산은 인간이 얼마나 왜소한지, 그리고 인간의 존재가 얼마나 유한한지 상기시켜 준다. 산은 우리가 정복한 풍요로운 들판과 편의에 따라 흐르도록 만든 강을 생각하며 느끼는 평온한 만족으로부터 우리를 일깨워준다. 그러므로 산이 우리에게 암시하는 것은 바이런이 느꼈던 극단적인 인간 혐오나 그의 스승인 루소가 느꼈던 폭발적인 혁명의 감정이 아니라, 우리 같은 미물에 어울릴 법한 두려움 섞인 겸손의 감정이다." 스티븐은 후대에 나타난 불가지론과 무신론을 견지한 수많은 등반가들과 마찬가지로 알프스에서 두려움과 경외심을 느꼈다. 그는 자신의 감정을 이성적인 언어로 설명하는 데 애를 먹었다. "만약 새로이 숭배할 우상을 만들어내야 한다면… 나는 짐승이나 바다나 태양 앞이 아닌, 이 거대한 산 앞에 엎드릴 것이다. 이유를 불문하고, 산은 그늘진 분위기를 보일 수밖에 없다."

"긴 기도를 긴 도보여행과[22]" 맞바꾼 스티븐은 영국산악회 연례만찬에 참석하기 위해 케임브리지에서 런던까지 80킬로미터의 거리를 12시간에 걸쳐 걸어간 일을 자랑스러워했다. 그는 알프스에서 여러 봉우리를 초등했는데, 1859년에는 림피쉬호른(PD등급, 4,199m), 1861년에는 슈레크호른(AD등급, 4,078m), 1862년에는 몬테디스그라치아(PD등급, 3,678m), 1864년에는 치날로트호른을 올랐다. 다른 대부분의 초기 알프스 등반가들과 마찬가지로 그는 영국에서는 등반을 즐기지 않았는데, 이는 가이드가 없었기 때문인 것으로 추측된다. 1863년, 그는 필러 록Pillar Rock에서 등반 루트를 찾지 못하고 나서 "영국 호수의 공기가 기력을 떨어뜨린다.[23]"라고 적었다. 그러나 그는 1858년에 세인트 아이브스St Ives에 있는 자신의 별장 근처 콘월Cornwall의 해벽을 초등한 기록을 갖고 있다. 1867년, 35세의 나이에 결혼한 그는 등반 활동을 줄였고, 이후 '선데이 트램프스Sunday Tramps'라는 사교모임을 만들어 회원들과 함께 영국 전원지대에서 긴 도보여행을 했다. 이들의 모토는 "고상한 사고와 평탄한 삶"으로, 더글러스 프레쉬필드, 마틴 콘웨이Martin Conway, 클린턴 덴트도 이곳의 회원이었다. (이 셋 모두 이후 영국산악회 회장을 역임했다)

19세기 산악문헌에서 (입맛에 맞는 내용만을 골라) 자신을 드러내는 것은 드문 일은 아니었지만, 동료 등반가의 성격에 대해 이러쿵저러쿵 하는 것은 당시의 전통에 어긋났다. (그러나 가이드는 예외였다) 많은 경우, 동료들의 이름은 단순히 이니셜로 표시되곤 했다. 제2차 세계대전 이후 한참이 지나서야 동료 등반가들에 대해 솔직하게 표현하는 것이 일반화되었기 때문에 초기 등반가들의 경우 제삼자의 신뢰할 만한 성격묘사는 비교적 드물었고, 아부성이 섞여 있거나 최소한 고급스러운 표현으로 쓰인 부고는 찾아보기 힘들었다. 하지만 스티븐의 경우는 문학적으로 연계된 부분이 많아, 그에 대한 몇몇 다양한 묘사를 찾아볼 수 있다. 버지니아 울프의 『등대로To the Lighthouse』에 나오는 아버지 역할의 램지 씨Mr Ramsay는 분명히 스티븐을 기반으로 한 인물이다. 다정하지 않고 근엄하며 궁핍한 이 인물은 자기중심적이고 안정감이 없다. 조지 메러디스George Meredith의 『이기주의자The Egoist』에 나오는 학문적이고 물욕이 없는 이상주의자 버논 휘트포드Vernon Whitford라는 인물도 스티븐에 기반을 두었다. 그는 노년이 되어 고독하고 까다로우며 만족을 모르는 사람이 된 것으로 보인다. 손님이 너무 오래 머물면, 그는 눈에 띌 정도로 짜증을 내며 남들이 다 들을 수 있을 만큼 큰 소리로 "왜 안 가는 거야? 왜 안 가는 거야?"라며 혼자 투덜댔다. 동시대인들은 그를 "비판과 비난이 일상이고, 냉소적이며 음침한 사람, 자신이나 남이나 그다지 높이 평가하지 않는 사람"[24]으로 묘사했다.

　　나이가 지긋이 들었다손 치더라도, 이렇게 늙은 스티븐과 스위스 치날의 중앙광장에서 크리켓을 했던 젊은 시절의 스티븐이 같은 인물이라고는 믿기 힘들다. 그는 과거에 크리켓을 했던 시절을 회상하며 "난간을 뜯어서 배트로 쓰고, 화강암으로 된 돌덩어리를 공 삼아서 크리켓을 했다. 나는 맥도널드Macdonald가 던진 공을 좌측으로 멋지게 날렸다. 그러나 끔찍하게도 내가 친 공은 예배당 서쪽 창문을 정확히 뚫었다."[25]라고 쓰기도 했다. 몬테디스그라치아 초등을 끝내고 에드워드 케네, 멜히오르 안드레그와 함께 두 대의 마차를 타고 돌아오며 '올림픽 마차경주'를 한다거나, 다음 날 아침까지 샴페인을 마시며 밤을 새웠던 젊은 시절의 모습은 그의 노년의 모습을 보면 상상하기 힘들다. 황금기 당시 그의 등반 기록은 등반의 무모한 재미로 가득 차 있다. "발디딜 자리는 수프 그릇 크기만큼 만들 필요가 있었다. 왜냐하면 한 번만 미끄러져도 남아 있는 목숨은 설사면을 타고 굴러떨어질 가능성이 있고, 그 추락은 지루할 틈도 없이 끝나버릴 것이기 때문이다."[26] 경박하고 유머가 있으며 약간은 무정부주의에 기울어 있던 등반가 스티븐과 우울하고 엄격한 아버지이자 지성인인 스티븐 사이에 나타나는 확연한 모순은 빅토리아 중기 시대의 많은 사람들이 알프스 등산에 느낀 매력을 설명해주는 듯하다.

스티븐은 1866년부터 1868년까지 영국산악회 회장과 『알파인 저널』의 편집장을 역임했다. 그는 산악회 초창기에 존 틴들과 함께 여러 면에서 산악회의 지적인 멘토 역할을 했다. 윌리엄 글래드스톤William Gladstone, 월터 배저트Walter Bagehot, 카디널 매닝Cardinal Manning, 알프레드 테니슨Alfred Tennyson, 존 러스킨, 토마스 헉슬리 등 다양한 회원이 있던 형이상학모임 Metaphysical Society에서도 활동한 스티븐은 빅토리아 중기 세대의 지적인 중산층 및 상류층 사람들이 투박하면서도 정겹게 만날 수 있는 장소로 알프스를 둔갑시키는 데 일조했다. 다음 세대에서는 제프리 윈스롭 영이 그와 비슷하게 웨일스의 페니패스Pen-y-Pass에서 회합을 열었다. 19세기 말에 접어들어 산악회 방문이 뜸했던 스티븐은 산악회에 한번 가보고서는 "옛 장소에 가는 것만 해도 느낌이 아주 이상했는데, 사람들이 호기심 어린 모습으로 나를 빙산에서 살아 돌아온 매머드같이 여기는 것을 느낄 수 있었다."[27]라고 적었다. 그는 겉보기에는 태도가 경솔했지만 안전에는 신경을 많이 썼기 때문에 가이드가 없는 등반에는 강하게 반대했다. 그러나 위기와 위험이 이 스포츠의 중요한 요소라는 점도 알고 있어서 "모험이 정당화가 절대적으로 불가능한 행위라는 점을 확실히 보여주는 것만큼 매력적인 알프스 홍보 방법은 없다."라고 언급하기도 했다. 치날 로트호른 첫 등정에 대해 스티븐은 자신이 발견한 두 가지 사항을 언급했는데, 다음과 같은 그의 말은 세월이 지난 지금도 고개를 끄덕이게 한다. "첫째, 어떤 신비한 법칙 때문인지 특정 산의 초등은 그다음의 등정보다 항상 더 힘들다. 둘째, 산 하나를 놓고 다른 시점에 보면 같은 산이라고 믿기 어려울 정도로 다르다."[28]

스티븐이 황금기의 학술적인 심미주의자였다면, 에드워드 윔퍼는 동시대의 흠결 많은 영웅이었다. 스티븐은 그를 산악계의 로베스피에르Robespierre[9]라 불렀다.[29] 상업 예술가의 아들이었던 그는 목판화가로 훈련받았는데, 스스로 사교성이 떨어진다는 생각을 항상 갖고 있었으며, 자신의 성을 발음할 때 H를 빼먹지 않고 '휨퍼'[10]로 부르려 애썼다. 평생 동안 사람들과 가깝거나 친밀한 관계를 맺을 수 있는 능력이 없었던 그는 어린 시절부터 "언젠가 좋은 사람이 되겠다.[30]"라는 목표를 추구하며 혹독한 자기단련을 했다. 그는 원래 북극 탐험가가 되고 싶어 했는데, 그의 기질에는 그쪽이 더 맞았을지도 모른다. 그러나 1860년, 그는 알프스 풍경을 스케치하라는 주문을 받고, 이를 계기로 등반에 야망을 품게 되었다. 1861년에는 몽펠부(PD등급, 3,946m)를 등정하고 영국산악회에 가입했다. 그리고 나서 자신이 "스위스에서 가장 고결한 산"[31]이라 부른 바이스호른에 눈길을 돌렸지만, 틴들이 이미 그 산을 정복했다는 말을 듣고 곧바로 흥미를 잃었다. 이후 그는 아름다운 자태를 뽐내며 체르마트를 압도하는 마터호른에 관심을 집중했는데, 그 산은 난공불락의 이미지까지 더해져 알프스에서 가장 정복하고 싶은 봉우리로 남아 있었다.

윔퍼는 1862년과 1863년에 마터호른 등정에 연속해서 실패하자, 1864년에 아돌푸스 무어, 호러스 워커와 힘을 합쳐 도피네 알프스에서 열흘간의 탐사를 성공적으로 마쳤고, 도중에 바르 데제크랑Barre des Écrins(PD등급, 4,101m)을 초등하기도 했다. 이후 그는 몽블랑 지역에서 3개의 봉우리를 추가로 초등한 후 계절이 끝나기 전에 소환되어 런던으로 돌아왔다. 겨울 동안 면밀하게 계획을 세우며 준비한 그는 1865년 6월 13일부터 7월 7일까지 24일 동안 그랑드조라스의 윔퍼봉Pointe Whymper(AD등급, 4,208m)을 등정했고, 윔퍼 쿨르와르를 통해 에귀 베르트(AD등급, 4,122m)에 오르는 등 4개의 봉우

---

9   로베스피에르Robespierre: 프랑스 혁명 당시 공포정치를 이끌었던 정치인
10   휨퍼: 이 책에서는 우리나라에 널리 알려진 대로 '윔퍼'로 표기했다.

리를 초등했으며, 11개의 고개를 넘었다. 또한 그는 악천후 속에서 당블랑쉬(AD등급, 4,356m)에 올랐는데, 1862년에 토마스 케네디가 이곳 정상에 오르는 데 실패했다고 굳게 믿었을 뿐 아니라, 1864년에 또 다른 등반대가 이미 등정에 성공했다는 사실은 몰랐던 것 같다. 그는 구름 사이로 '18미터 떨어진' 정상에 쌓인 케른의 모습을 확인하자, 다음과 같이 행동했다. "더 이상 전진할 필요가 없었다. 나는 줄을 흔들어서 … 가이드에게 돌아가야 한다는 제스처를 취했다.[32]"

1865년 7월 14일, 당시 25세였던 윔퍼는 아홉 차례의 시도 끝에 회른리 능선(AD등급)을 거쳐 마침내 마터호른 등정에 성공했다. 하지만 그는 하산하면서 재앙을 당했다. 등반팀에 속한 4명, 즉 찰스 허드슨, 젊고 경험이 부족했던 더글러스 해도우Douglas Hadow, 퀸즈베리 후작Marquis of Queensberry의 동생인 프랜시스 더글러스 경Lord Francis Douglas, 가이드 미셸 크로Michel Croz가 추락사한 것이다. 당시 아마추어 등반가 중 최고로 여겨졌던 허드슨의 사망은 특히 충격적이었다. 마터호른의 정상을 정복한 일은 황금기 절정의 성취였다. 그러나 하산할 때 벌어진 이 비극은 황금기의 종말을 고했다. 윔퍼는 1874년에 마터호른의 76번째 등정을 수행하기는 했지만, 이 사건 이후로 사실상 알프스 등반을 그만두었다. 그는 일기에 "머지않아 기독교 세계에서 제일가는 얼간이도 이 산에 오를 수 있을 것이다.[33]"라고 기록했다. 오늘날 체르마트의 가이드들은 마터호른의 정상까지 소도 데리고 갈 수 있다고 주장한다.

마터호른 등정은 이 사고로 인해 처음으로 폭넓게 언론에 보도된 등반이 되었으며, 국가주의로 인해 불붙은 경쟁의 관심을 받은 첫 등반이기도 했다. 이후 언론의 관심과 국가주의 경쟁이라는 두 가지 측면 모두 산악운동의 주요한 특성이 되었다. 1859년, 솔페리노 전투에서 오스트리아와 싸웠던 이탈리아인 가이드 장 앙투안 카렐Jean Antoine Carrel은 이탈리아 통일이 불러온

열성적인 애국심으로 불타 마터호른을 이탈리아 쪽에서 이탈리아인이 등정해야 한다고 결심했다. 웜퍼는 스위스 쪽에서 처음으로 정상에 도달하면서, 그 아래 있던 카렐과 그의 등반팀의 주의를 끌기 위해 의기양양하게 아래로 돌을 던졌다. 카렐은 사흘 후 "흠집 난 조국의 명예를 회복하기 위해"[34] 브로일(오늘날의 체르비니아)에서 출발하는 더 어려운 루트로 마터호른을 올랐다.

웜퍼는 영웅적인 충동에 따라서만 움직인 첫 일류 등반가였다. 그는 산에서 아름다움을 찾는 일에는 소질이 없었다. 자신의 이름이 영원히 남게 된 마터호른을 처음 보면서, 그는 일기에 다음과 같이 적었다. "물론 마터호른을 여러 번 봤다. 마터호른이나 기타 여러 가지에 대해 러스킨이 소중하게 묘사한 것들이 내 생각에는 위엄이 느껴지기는 하지만 아름다워 보이지는 않는다."[35] 그의 저술에는 등반 활동 자체 외에는 다른 묘사가 드물었다. 그가 유일하게 집착한 것은 초등 기록이었다. 그는 스스로를 자연과 싸워서 극복하는 인물로 봤다. 그의 관심은 산보다는 자기 자신에게 있었다. "우리는 눈앞에 장관이 펼쳐지면 크게 기뻐한다. … 하지만 우리는 사나이다운 기질을 계발하거나 어려움과 싸워나가면서 용기, 인내, 참을성, 담력과 같은 인간 본성의 고결한 속성을 배양하는 것을 더욱 가치 있게 여긴다."[36]

이런 인물에 대한 평가가 엇갈리는 것은 당연하다. 그를 존경하는 크리스 보닝턴은 다음과 같이 언급했다. "웜퍼의 한결같은 경쟁심과 주도력은 이후 세대들로서는 납득이 갔겠지만 빅토리아 시대 등반가들은 그의 자질에 의심의 눈초리를 보냈다. 그리고 그런 의심은 아주 최근까지도 영국 산악계의 대다수가 품고 있었다."[37] 20세기 초의 시인이자 등반가였던 제프리 윈스롭 영은 웜퍼의 『알프스 등반기』를 열성적으로 읽었으나, 막상 저자인 웜퍼에 대해서는 "그는 어떤 유파도 만들어내지 못했다. 그의 추종자들은 자기중심주의만 배웠을 뿐이다."[38]라며 그를 무시했다. 웜퍼가 산 삽화가, 강연자, 저자로서 생계를 꾸려가며 등반을 상업화한 첫 인물이란 사실 역시 동시대인들이 그를 좋아하지 않았던 이유 중 하나인 점은 분명하다. 그는 극도로 이기적인 사람이기도 했다. 프레드 머메리가 1895년 낭가파르바트 등정을 시도하다 실종된 직후, 더글러스 프레쉬필드는 머메리의 저서 『알프스에서 카프카스로My Climbs in the Alps and Caucasus』의 서문에 머메리의 죽음은 영국산악회에 크나큰 손실이라고 서술했다. 윔퍼는 이 책의 여백에 "나는 동의하지 않는다.[39]"라고 적었다. 조 심슨Joe Simpson은 『어두운 그림자가 드리울 때Dark Shadows Falling』에서 1990년대에 등반윤리가 쇠퇴하는 것을 한탄하며, 1996년에 일본 등반가 둘이 에베레스트 정상으로 가는 길에 마주친, 죽어가던 인도 등반가 셋을 구하지 않은 일을 질책했다. 심슨은 "윔퍼나 머메리였으면 이렇게 행동했을까?"라는 수사적인 질문을 던졌다. 머메리의 경우라면 그렇게 행동하지 않았을 것이라고 보기 쉽지만, 윔퍼의 경우는 단정하기 어렵다. 1860년대의 영국 산악계는 결속력이 워낙 강했기 때문에 동료들의 압력만으로도 윔퍼의 야망과 이기심은 충분히 억제될 수 있었겠지만, 대단히 넓고 인간미 없는 1990년대의 등반 세계에서는 "8000미터 위는 인간이 도덕을 생각할 여유가 없는 곳[40]"이라고 말한 것으로 전해지는 일본 등반가 중 하나의 뜻에 윔퍼는 동감을 표했을 수도 있다.

1867년, 윔퍼는 그린란드 원정대를 조직해 북극에 가겠다는 원래의 야심찬 목표를 달성하면서, 썰매를 이용한 탐사에 진보를 가져왔다. 1880년, 그는 남미로 여행해 한때 세계에서 가장 높은 산이라 여겨졌던 침보라소(6,267m)를 등정했고, 코토팍시(5,897m) 정상에서도 하룻밤을 보냈다. 그는 언제나 그랬듯 세세한 부분까지 꼼꼼하게 관심을 기울이며 원정계획을 짰고, 고산병에 대한 체계적인 연구도 했다. 그의 기록은 외진 산악지대를 탐사하는 미래 세대에 청사진을 제공했다. 캐나다의 로키산맥에 있는 마운트 윔퍼 Mount Whymper는 1900년대에 그가 이 지역을 방문했다는 표식으로 남아 있지만, 그 당시 그의 등반 전성기는 이미 훌쩍 지나 있었다. 그는 66세의 나이에 21세의 이디스 르윈Edith Lewin과 결혼했다. 그 전까지 그의 삶에 여성이 개입된 적은 없었다. 그의 불행한 결혼은 4년 후 파경을 맞았다. 1911년, 알프스 여행 중 몸이 불편했던 그는 호텔에 돌아와 문을 걸어 잠그고 어떤 의료적인 도움도 거절했다. 며칠 후, 그는 71세의 나이로 세상을 떠났다.

마터호른의 비극이 일어난 다음 날, 프랭크 워커Frank Walker와 호러스 워커, 조지 매튜스George Mathews, 아돌푸스 무어, 그리고 그들의 가이드인 멜히오르 안드레그와 야콥 안드레그Jakob Anderegg는 체르마트에서 벌어진 사고에 대해서는 전혀 알지 못한 채 몽블랑의 이탈리아 방향에서 브렌바 스퍼 등반에 성공했는데, 이는 시대를 많이 앞서간 성취였다. 여전히 AD+/D등급으로 분류되는 이 루트는 이후 62년간 거대한 브렌바 벽을 오르는 유일한 길이었다. 리버풀의 부유한 납 상인으로 50세에 등반을 처음 시작한 프랭크 워커는 브렌바 스퍼를 등반할 당시 57세였다. 그는 63세였던 1871년에 자신의 딸 루시Lucy와 함께 마터호른에 올랐지만, 이듬해 세상을 떠났다. 그의 아들인 호러스 워커는 16세에 자신의 첫 산 몽벨랑Mont Velan에 올랐고, 51년 뒤인 1905년에는 마지막으로 폴룩스Pollux산을 등정했다. 그는 윔퍼 등의 등반가와 함께 알프스 초등 기록을 많이 세웠는데, 1868년에는 그랑드조라스에서 가장 높은 지점이자 북쪽의 환상적인 바위 스퍼로 유명한 워커봉Pointe Walker을 등정하기도 했다. 또한 그는 1874년에 카프카스의 엘브루스(5,642m)도 등정했고, 영국 암벽등반에도 열성적이어서 호수지역 필러 록의 노스 클라임North Climb(S등급, 1892년)을 두 번째로 오른 주인공이 되었다.

루시 워커는 1859년 28세의 나이에 알프스를 처음 여행했다. 그녀는 안드레그 사촌 형제들을 가이드로 기용하며 가족들과만 등반했지만, 주목할 만한 성취도 많이 이뤄냈다. 그중에는 1864년의 발름호른Balmhorn(3,698m) 등정이 있는데, 이는 여성이 주요 봉우리를 초등한 첫 번째 사례가 되었다. 또한 그녀는 바이스호른 등정을 마치고 사흘 후 마터호른을 오른 첫 여성이 되기도 했다. 『펀치』는 그녀의 성취를 시로 찬양했다.

어떤 빙하에서도 그녀는 당황하지 않았고,

어떤 절벽에서도 그녀는 망설이지 않았고,

어떤 숭고한 봉우리도

그녀 위에 군림하지 못했네.

용감무쌍한 워커 양을 위해

세 번의 환호를 세 번 보내자,

남성들이여,

그녀는 등반하는 법을 잘 알고 있지 않은가!

포동포동한 편이었던 그녀는 산에 있을 때면 스펀지케이크와 샴페인으로 주로 끼니를 때웠다. 그리고 등반을 제외하면 크로케croquet[11]가 그녀의 유일한 스포츠 관심거리였다. 워커 가문은 가이드인 멜히오르 안드레그와 특별히 친밀한 관계를 유지했는데, 멜히오르는 프랭크 워커를 '아빠'라 불렀고, 평생 독신이었던 루시의 오랜 친구가 되어줬다. 그녀는 "나는 산과 멜히오르를 사랑한다. 하지만 멜히오르에게는 이미 아내가 있다."[41]라고 쓴 적이 있다. 루시 워커는 1912년 76세의 나이에 영국 여성산악회Ladies' Alpine Club의 제2대 회장이 되었다.

프랭크 워커, 호러스 워커와 함께 브렌바를 오른 아돌푸스 무어 역시 알프스에 많은 초등 기록을 보유한 빅토리아 시대의 위대한 등반가였다. 그는 1867년과 1869년에 카프카스로 가서, 카즈벡Kazbek(5,047m)과 엘브루스 동

---

11 크로케croquet: 게이트볼

봉을 등정했다. 인도성 사무부의 상급 관리이자, 랜돌프 처칠 경Lord Randolph Churchill의 개인비서였던 무어는 46세의 나이에 과로로 세상을 떠났다.

이 등반팀의 마지막 영국인 멤버인 조지 매튜스는 영국의 등반 발전에 중요한 역할을 했던 삼형제 중 하나이다. 삼형제인 윌리엄William, 찰스Charles, 조지 매튜스는 황금기 동안 많은 개척 등반에 참가해, 그랑드카스Grande Casse(3,855m)와 몬테비소Monte Viso(3,841m)를 초등했다. 1857년 여름 이들이 핀스터라르호른(4,274m)을 오르는 동안 영국산악회를 만들자는 이야기가 나왔는데, 이후 이들의 삼촌 집에서 창립이 결정되었다. 결국 윌리엄은 1869년부터 1871년까지, 찰스는 1878년부터 1880년까지 이 산악회의 회장을 맡았다. 찰스는 웨일스 지방의 등반 발전에 특히 많은 영향을 줬다.

브렌바 스퍼 등반은 등반 활동에 있어 위대한 업적이었지만, 마터호른에서의 사고로 인해 완전히 빛이 바랬다. 영국의 대중은 마터호른 사고 소식에 분노하면서 이해할 수 없다는 반응을 보였다. 『더 타임스』의 편집장은 다음과 같이 비판하는 글을 썼다. "등반가들은 종달새, 유인원, 다람쥐를 흉내 내는 데 불과한 일을 하기 위해 삶이라는 소중한 선물과 수없이 많은 황금 같은 기회를 내동댕이칠 권리가 있는가?[42]" 이런 반응은 마터호른 사고에 필적할 만큼 유명했던 60여 년 후 에베레스트에서의 맬러리Mallory와 어빈Irvine의 사망사고에 대한 반응과는 사뭇 달랐다. 이 두 사건 사이에 출판물과 언론에서 등반 활동이 점점 더 많이 다뤄지면서 대중이 등반의 위험과 보람 양쪽을 모두 이해하기 시작했기 때문에 맬러리와 어빈은 영웅으로 취급되었다. 그러나 1865년의 대중은 귀족 하나가 포함된 젊은이 넷의 사망을 받아들일 준비가 전혀 되어 있지 않았다. 빅토리아 중기 세대가 때 이른 죽음에 매우 익숙했다는 것을 고려하면, 대중이 표한 거부감은 일견 의외로 여겨질 수 있다. 1860년대 중반에는 유아사망률이 무척 높았고, 매년 제국 식민지에 파견된 군인 중 질병으로만 6퍼센트가 사망했으며, 그보다 불과 10년 전에는 경기병 대대의 돌격[12]이 있었다. 스포츠 분야도 마찬가지여서, 중산층이나 상류층 사람들이 사냥을 하다 사고로 죽거나 부상을 입는 일이 흔했지만, 사냥은 군 복무 준비에 적합하다는 이유로 가치 있는 활동으로 여겨졌다. (심지어 인도 민간고등고시에도 엄격한 승마시험이 시험과목에 포함되어 있었다) 마터호른 사고에 대해 대중이 충격을 느낀 것은 영국인 셋이 그렇게 '쓸모없는' 활동을 하다 죽었다는 사실이었다. 이후 수십 년간 대중은 '인간'이 그런 위험을 감수하는 선택을 할 수 있다는 개념에 조금씩 익숙해졌지만, 마터호른 사고가 난 지 130년이 지난 1995년, 두 아이의 엄마이기도 했던 유능한 등반가 알리슨 하그리브스Alison Hargreaves가 K2에서 사망하자, 과거와 비슷한 충격과 이해할 수 없다는 반응이 언론매체에 다시 등장했다.

1865년 처음으로 4명의 사망자가 나온 이래 500명 이상의 등반가들이 마터호른에서 목숨을 잃었는데, 그중 대부분은 등반의 인기가 급상승하면서 근래에 발생했다. 사실 장비도 원시적이었고, 로프 조작에 대해서도 거의 완전히 무지했으며, 눈과 얼음의 상태도 불안정했고, 눈사태의 위험도 컸다는 점을 고려하면, 황금기 동안에는 놀라울 정도로 등반사고가 적었다. 그러나 대중은 영국산악회에 분노를 쏟았다. 한동안 등반이라는 신흥 스포츠는 시작도 하기 전에 사라질 것 같았다. 베터호른 등정을 기점으로 황금기의 시작을 알린 장본인이자, 마터호른 사고 당시 영국산악회 회장을 맡고 있었던 알프레드 윌스는 윔퍼에게 편지를 써서 침묵을 깨라고 독려했다. "자네의 입장을 설명하게. 진실되고, 남자답게, 수그러들지 말고. 비난받을 점이 있다면 — 비난이 있기라도 하면 — 비난하라고 놔두게. 하지만 사람들이 최악의 상황을 억측하도록 내버려두지는 말게. 자네가 입을 열기만 하면 그런 소란의 많은 부분을 잠재울 수 있는데도 말이야."[43] 윔퍼는 1871년 『알프스 등반기』가 출간되

---

12 경기병 대대의 돌격: 크리미아 전쟁에서 실패한 영국군 작전으로, 막대한 사상자를 냈다.

기 전까지는 대중 앞에 이 사고에 대한 온전한 설명을 내놓지 않았다. 등반은 계속되었지만 조심스럽게 이루어졌다. 쿨리지는 "1865년 7월 14일의 끔찍한 재앙 이후, 영국 등반가들은 말하자면 암묵적으로 등반을 계속했다. 그들이 등반을 무척 즐긴 것은 사실이지만, 비웃음을 사지 않기 위해 기쁨의 표현을 자기 자신에게만 조용히 해야 했다.[44]"라고 서술했다.

알프스 등반의 황금기는 이렇게 종말을 맞이했다.

4

1865~1914년:
신사와 체육인

등반역사에서 1865년에서 1914년까지의 시기는 마터호른에서 4명의 사망

으로 시작해 제1차 세계대전에서 한 세대가 파멸하면서 끝을 맺는다. 윔퍼

가 마터호른 사고를 1871년 『알프스 등반기』에서 밝힐 때쯤에는 사고에 대

한 대중의 분노도 이미 가라앉아 있었다. 윔퍼의 책이 출간된 후, 끊어진 로프

나 등반사고와 관련된 '페니 드레드풀penny dreadful[13]'이 많이 출간되어, 한 세

기가 지나 로프가 정말로 잘리는 드라마를 다룬 조 심슨의 책과 다큐멘터리

영화 「친구의 자일을 끊어라Touching the Void」가 크게 인기를 끈 것의 전례가

되었다. 또한 사고에 관한 대중의 관심으로 인해 알프스 관광이 촉진되었다.

1871년 프랑스-프러시아 전쟁이 끝난 후, 토마스 쿡은 1860년대가 지나면

서 인기가 높아진 체르마트로 여행을 갔다. 윔퍼의 책과 마찬가지로 1871년

에 출간된 레슬리 스티븐의 『유럽의 놀이터』는 알프스 모험을 우아하게 묘사

하면서 등반에 대한 반대 여론을 더욱 잠재웠다. 등반 활동의 이미지는 서서

---

13 페니 드레드풀penny dreadful: 빅토리아 시대에 유행했던 싸구려 시리즈 소설

히 그러나 확실히 회복되고 있었고, 등반가들은 스스로 짊어진 무명의 시간에서 벗어나기 시작했다.

영국 본토에서는 1815년의 워털루 승리 이후 제1차 세계대전이 발발할 때까지 평화와 번영의 시기가 계속되었지만, 대영제국의 경제적 힘과 영향력이 절정에 달한 것은 1870년대였다. 그 이후 세계대전 발발 전까지의 기간은 상대적으로 침체기였고, 영국은 경제적·군사적 우위를 점하고 있었음에도 독일과 미국의 골치 아픈 위협을 받고 있었다. 빅토리아 여왕 즉위 60주년 행사가 있었던 1897년에는 지구 표면의 4분의 1, 그리고 세계 인구의 거의 4분의 1이 영국의 지배를 받고 있었다. 그러나 제국이 계속 팽창하는 동안, 영국 본토는 산업화와 도시화가 진행되어 인구밀도가 심각하게 높아졌다. 인구가 4천만을 넘고, 양질의 교육을 받은 세대가 성인이 되면서, 모험심이 강한 영국인들은 갑갑함을 느꼈다.

제국은 이런 현상에 배출구를 제공했는데, 오스트레일리아와 캐나다, 뉴질랜드, 영국령 남아프리카, 미국으로의 대량 이민이 실시되었고, 아비시니아(1867년), 아샨티(1874년), 줄루(1878년), 아프가니스탄(1879년), 이집트(1882년), 수단(1896) 등 대체로 무장이 허술한 적군과 대치하는 소규모의 식민지 전쟁에서 대담하게 행동할 수 있는 기회도 자주 있었다. 존 스튜어트 밀은 제국이 "영국의 상류층을 위한 기분전환용 야외 활동의 거대한 체계"[1]라고 봤다. 그리고 심지어는 영국 본토에 남은 이들조차도 제국의 모험에 대한 생각에 사로잡혀 있었다. 로버트 루이스 스티븐슨, 조지프 콘래드, 러디어드 키플링 같은 작가들은 영웅주의 이야기를 좋아하는 대중의 취향에 걸맞은 작품들을 썼고, 리처드 프랜시스 버턴Richard Francis Burton, 존 스페케, 데이비드 리빙스턴, 헨리 모튼 스탠리 같은 탐험가들은 누구나 아는 유명인이 되었다. 영국 본토에 있던 도시의 전문직 젊은이들은 로맨스와 모험이 담긴 이야기들을 쫓아다녔는데, 일상생활이 낭만과는 너무도 거리가 멀었던 것이 그 원인 중 하나였다. 몇몇 사람들에게는 산이 도피처로 활용되었다.

영국인들이 산악운동을 창시했다는 사실과는 별도로, 등반 초기에 그들은 영국에서 등반을 거의 하지 않았다. 영국의 야산에서 도보 활동 이상의 진정한 등반이 나타나기 20년 이상 전부터 산악운동은 이미 알프스에서 확립되었다. 1854년부터 1865년에 이르는 알프스 등반의 황금기 동안, 등반의 목표는 의심할 바 없이 산 정상까지 가장 쉽게 올라가는 것이었다. 영국에서는 이런 등반을 하려면 길고 험한 도보여행을 해야 하는데, 한두 가지 드문 경우를 제외하면 손을 사용할 필요가 있는 곳이 드물다. 바이스호른을 초등한 틴들은 1850년대 중반에 눈보라를 뚫고 헬벨린Helvellyn산을 걸어 올라간 일을 기록했고, 1860년 12월에는 베데스다Bethesda의 한 대장장이가 만든 가장 원시적인 피켈을 사용해 스노든에 올랐다. 그는 스노든 정상에서의 경치가 알프스의 화려함에 필적한다고 묘사했다. 레슬리 스티븐은 1860년대에 호수 지역을 방문해 필러 록 정상까지 가는 길을 몇 시간에 걸쳐 찾기도 했다. 하지만 등반가들은 1870년대가 되어서야 알프스로의 여름 원정에 대한 준비운동 용도로 영국의 바위산이 지닌 잠재력을 진지하게 고려하기 시작했다. 초기의 알프스 등반은 대부분 암벽보다는 눈과 얼음이 덮인 곳에서 이뤄졌기 때문에 처음에는 영국 내에서의 훈련 장소를 물색할 때 크리스마스와 부활절 사이에 눈과 얼음이 아주 많이 쌓인 가장 높은 산의 협곡에 많은 관심을 가졌다. 협곡에 쏠린 관심은 점점 바위로 된 능선과 암벽으로 옮겨졌고, 이로부터 암벽등반이 탄생하게 되었다. 흔히 '영국 암벽등반의 탄생'이라 여기는 네이프스 니들Napes Needle 초등은 알프스 등반의 황금기가 시작된 이후 30년 이상이 지난 1886년에 이뤄졌는데, 이는 히말라야로의 첫 원정보다도 3년이나 지난 시점이었다. 영국 내에서 암벽등반이 발전한 것은 알프스에 마지막으로 남아 있던 미답봉들이 모두 정복된 상황과 맞물려 있었고 "등반의 본질은 봉우리를 오르는 데 있는 것이 아니라, 난관과 싸워서 극복하는 데 있다."[2]라는 인식과도 잘 맞아떨어졌다. 아이러니하게도, 그때까지는 알프스 등반만이 항상 강조되어 왔던 터라, 프랑스와 스위스 지역의 탐사 기간이 끝난 지 한참 지난 후에도 영국 본토 내에는 아직 오르지 않은 산이 많았다. 영국 내의 마지막 주요 봉우리 정상은 1896년에서야 등정되었다.

제1차 세계대전이 발발하기 전까지 알프스 등반은 여전히 여름에 긴 휴가를 낼 수 있었던 부유한 전문직 종사자들이 주로 독차지하고 있었지만, 영국 내 암벽등반은 시작부터 좀 더 민중적인 특징을 띠고 있었다. 빅토리아 시대의 사회는 계급이 상당히 중요했고, 사회적 지위의 단계가 매우 정밀하게 나뉘어 있었다. 최상층에는 숫자가 적기는 하지만 강력한 권력을 지닌 귀족과 지주 신사계급 등 상류층이 포진해 있었다. 1860년대에는 의회의원의 약 80퍼센트가 이 엘리트집단 출신이었다. 그들 중에는 등반에 관심을 가진 이가 드물었는데, 그들은 대신 사냥과 사격, 낚시 등 전통적으로 전원에서 할 수 있는 활동을 즐겼다. 영국산악회가 창립되었을 당시 회원 중에는 세 종류의 전통적 전문직 중 교회와 법률에 종사하는 사람들이 압도적으로 많았다. 생계를 스스로 책임져야 하는 신사가 받아들일 수 있는 세 번째 직종은 군인이었다. 군 장교들은 해외에 자주 파견되었기 때문에 영국 본토와 알프스에서의 등반 발전에는 역할이 미미했지만, 인도에 배치된 장교들은 히말라야 등반에서 상당한 역할을 했다. 해군장교들 중 탐험 본능이 있었던 이들은 산악지대보다는 극지방에 좀 더 매력을 느낀 편이었다. 19세기가 흘러가면서 의사와 토목공학자, 행정관, 심지어는 은행가와 상인, 제조업이나 기타 '상업'에 종사하는 사람들까지 새로운 직업군이 영국산악회의 회원명단에 오르기 시작했다. 그러나 사무원, 판매원, 국가 및 지방 공무원, 교사, 기타 화이트칼라 노동자 등 중하위 계층 사람들은 거의 완전히 배제되었다. 따라서 영국산악회 회원의 출신 계층은 대체로 약 7만 명의 인구를 차지했던 전문직 중산층과 상류층에 한정되어 있었고, 이는 1850년 당시 남성 노동 가능 인구의 1퍼센트가 채 되지 않았다.[3] 등반 개척자들이 이렇게 소수 계층 출신이란 점을 고려하면, 그들의 성취는 더더욱 놀라운 것이다.

19세기 후반에는 전문직 계층의 수가 조금 증가한 반면, 중하위층 직업을 가진 사람들의 수가 급격하게 늘어났다. 1850년에는 화이트칼라 노동자가 전체 남성 노동 가능 인구의 약 2퍼센트인 13만 명 정도였다. 1900년에는 이 숫자가 노동 가능 인구의 5퍼센트, 즉 50만 명으로 늘어났다. 중간 계층의 성장은 산업과 무역, 서비스 업종의 확대와 교육의 개선으로 인한 것이었다. 19세기 후반에 중산층 직업을 갖게 된 젊은이들 중 다수가 노동자 계층 출신이었는데, 보수가 좋은 장인들에 비해 물질적으로 반드시 풍요로운 것은 아니었다. 이 두 직업을 구분한 기준은 돈보다는 빅토리아 시대의 '지위를 상징하는 생활양식'이라는 개념이었다. '겉치레에 신경을 써서' 이를 유지해야 했던 야심 찬 중산층 사람들은 이 때문에 추가로 재정적인 부담을 져야 했다. 소비자 물품이 대량생산되기 이전 시대에는 젊은 사람이 중산층에 속해 있다는 사실을 드러낼 수 있는 수단 중 하나가 여행이었다. 점점 더 멋지고 남성적인 취미로 인식된 산악등반은 사회적 지위를 드러낼 수 있는 완벽한 상징이 되었다.

알프스 등반가들과는 대조적으로, 영국의 암벽 등반가들은 애초부터 '상업' 또는 중하위층 직군에 포진해 있었다. 호수지역은 특히 북부의 제조업자, 가게 주인, 교사들이 많이 찾았는데, 이들 중 일부는 노동자 계층의 가정 출신이었다. 등반가들의 출신 계층 폭이 넓어지면서 등반에 입문하는 사람의 수가 폭발적으로 증가했고, 당연히 등반 수준 또한 향상되었다. 다른 스포츠에서도 비슷한 양상이 나타났다. (관객에게 돈을 받거나 도박을 통해) 돈을 벌수 있는 스포츠 분야에서는 보통 노동자 계층 출신으로 구성된 프로 스포츠맨이라는 새로운 직업이 탄생했고, 이에 따라 스포츠의 수준이 급격히 향상되었다. 축구는 프로화된 첫 스포츠로, 1883년 FA컵 결승에서 블랙번올림픽

Blackburn Olympic[14]이 올드이트니언Old Etonian[15]을 꺾으면서 노동자 계층이 압도적으로 많이 점유한 스포츠가 되었다. 크리켓은 아마추어 '신사들'과 프로 '선수들'이 한데 어우러져 두 계급 사이의 중간 위치를 점유했다. 럭비는 주로 노동자 계층으로 이뤄진 프로 럭비 리그와 중산층이 주가 된 아마추어 럭비 연합으로 나뉘었다. 다른 야외 스포츠와 마찬가지로, 등반은 관객을 모집하거나 도박을 걸 만한 스포츠가 아니었다. 결국 등반은 현저하게 아마추어 중심의 스포츠가 되었고, 돈과 여가 시간이 있는 사람들만 참가할 수 있었다. 그러나 알프스에서와는 달리, 영국 본토에서는 등반이 반드시 부자들만 즐길 수 있는 운동은 아니었다.

기업가 위주의 시대정신에 발맞춰, 몇몇 등반가들은 등반으로 금전적 이득을 챙기려 했다. 에드워드 윔퍼는 산을 주제로 한 삽화, 강연, 저술을 통해 어느 정도 소득을 챙겼다. 오언 글린 존스Owen Glynne Jones와 아브라함 Abraham 형제는 저술과 사진 촬영으로 돈을 벌었다. 그러나 등반은 여전히 소수의 스포츠였으며, 이런 방식들을 통한 소득은 단지 몇몇 '프로' 등반가만이 가져갈 수 있었다. 알프스 지역 국가에서 등반의 발전에 지대한 역할을 했던 가이드 일은 아웃도어 교육이 도입된 1950년대 전까지 영국에서 찾아볼 수 없었다. 야외 텔레비전 방송이 개발된 이후인 1960년대에야 등반은 관객을 모을 수 있는 스포츠가 되면서 주류에 편입되었다.

19세기 후반에는 교통의 발전이 등반의 성장에 중요한 역할을 했다. 영국의 자본력과 건설력을 바탕으로 철도가 대륙을 관통하면서 뻗어나갔고, 모든 바다에 항로가 개척되었다. 영국에서는 교통비용이 감소했으며, 일요일에는 물레방앗간 마을 랭커셔와 요크셔에서 주변 전원지역까지 소풍 열차가 운행되었다. 1860년대 이후 지속적으로 운행된 이 열차는 전문직 젊은이와 공

---

14 블랙번올림픽Blackburn Olympic: 노동자들로 이뤄진 축구팀
15 올드이트니언Old Etonian: 이튼 동문 축구팀

장 노동자 모두 많이 이용했는데, 이들 대부분은 도시 이주 1세대 혹은 2세대로서 여전히 시골 지역에 강한 애착을 갖고 있었다. 1896년에는 스노든 산악철도가 완공되었고, 돈을 내고 올라온 여행객들을 대상으로 한 카페가 산 정상에 만들어졌다. 현재의 영국 황태자는 최근 이 건물이 재건된 것을 보고 그곳을 영국에서 가장 높은 곳에 있는 빈민가라고 불렀다. 알프스에서도 근대적인 교통망이 최고봉에까지 닿기 시작했다. 1880년경에는 주로 영국과 독일, 미국, 러시아 등지에서 스위스에 오는 방문객이 매년 거의 100만 명에 이르렀다. 따라서 기반시설에 대한 투자 확충이 필요해졌다. 철도는 1890년에 그린델발트, 1891년에 체르마트, 1901년에 샤모니까지 부설되었다. 1911년에 공학자들은 아이거에 터널을 뚫어 융프라우요흐(3,573m)까지 철도를 놓았다. 이 철도는 융프라우 정상까지 뻗어나갈 뻔했으나, 부족한 예산에 현명한 판단이 더해져 그런 참사는 피할 수 있었다. 하지만 알프스도 영국 본토도, 철도가 끝난 곳에서는 일상의 속도가 걷거나 마차를 타는 수준으로 되돌아갔으며, 이런 현상은 20세기 들어 자동차가 나타날 때까지 지속되었다.

부가 축적되고 노동시간이 단축된 점 역시 등반 발전에 중요한 역할을 했다. 1870년대에는 극심한 노동학대가 대부분 사라졌지만, 노동시간은 현대 유럽의 기준으로 보면 여전히 길었다. 섬유 산업의 경우 하루 10.5시간, 주당 60시간이 일반적이었는데, 토요일 오후와 일요일만 쉴 수 있었다. 법정 공휴일은 1870년대 후반에 도입되었고, 1880년대에는 일부 노동자들이 여름에 일주일의 무급 휴가를 받기 시작했다. 종교의식은 여전히 중요하게 여겨졌지만, 여가활동이 계속 늘어나 안식일마저 잠식했다. 식품가격도 비교적 천천히 상승했기 때문에 산업 노동자들은 임금이 오르면서 농부들보다 소득이 높았고, 그중 일부는 당시 새로 설립된 우편 저금국에 저축을 할 수 있었다. 1900년 당시 2백만 명이 가입한 노동조합은 노동시간 단축과 임금 개선을 위해 투쟁했다. 생활협동조합과 노동자 교육협회 등 대중 자립 조직도 많이 생겨났다. 산업화가 계속되면서 양질의 교육을 받은 노동력에 대한 수요가 생겨나 중등 및 고등 교육이 모두 크게 확장되었으며, 여가활동과 휴가를 즐길 수 있는 중산층 젊은이들이 많아졌다. 초기의 등반 활동은 옥스퍼드와 케임브리지에서 교육을 받은 사람들이 주로 장악했지만, 나중에는 노두와 산악지대 근처에 위치한 맨체스터대학(1880년 설립), 리버풀대학(1903년 설립), 리즈대학(1904년 설립), 셰필드대학(1905년 설립) 졸업생들이 등반이라는 스포츠 발전에 매우 중요한 역할을 했다.

1901년에 빅토리아 여왕이 서거하면서 57세인 에드워드 7세가 왕위를 계승했는데, 그는 대단히 세련된 스포츠맨이었다. 새로운 왕의 기질에 발맞추고자 한 영국은 빅토리아 시대 식의 경건한 예의범절에 다소 답답함을 느꼈다. 에드워드 7세의 스타일과 매너는 20세기 초의 해방적인 취향과 잘 맞아떨어졌다. 그러나 제국을 건설한 원동력이었던 개인의 재능과 영웅주의, 기행 등이 사라지고, 질서정연하고 자만심에 찬 관료체제가 점점 그 자리를 차지했다. 대영제국과 마찬가지로 영국 산악계는 점점 더 거창해지고 국수주의에 빠졌으며, 혁신의 능력이 사라지면서 전통에 크게 기댔다. 영국산악회의 회원들이 영국의 해외 등반을 계속 주도했지만, 영국 본토에서의 등반은 알프스 등반 전통과는 동떨어져 성장한 폭넓은 사회적 배경 출신의 등반가들이 점점 더 주도적으로 발전시켜갔다.

알프스

황금기가 끝난 1865년에는 알프스의 거의 모든 봉우리들이 가장 쉬운 루트를 통해 등정되었다. 이어진 1865년부터 1882년까지의 '은의 시대'에는 남아있던 몇몇 주요 봉우리가 정복되었다. 그리하여 산악계의 젊은 회원들은 알프스 지역 탐사 시대가 끝나면서 두 가지 선택의 기로에 놓여 있다는 사실을 깨달았다. 하나는 세계의 다른 지역에서 미답봉을 찾아나서는 것이고, 다른 하나는 위험부담이 큰 새롭고 어려운 루트를 통해 알프스의 봉우리를 등정하는 것이었다.

중세 시대에는 오늘날 얼음으로 덮여 있는 알프스를 관통하는 여러 고개에 눈과 얼음이 없어서 항시 다닐 수가 있었다. 15세기부터 아래로 내려오기 시작한 빙하는 18세기 무렵에는 오늘날보다 그 규모가 훨씬 더 컸다. 빙하는 19세기부터 녹아 올라가기 시작했는데, 최근에는 지구 온난화로 인해 그 속도가 더욱 빨라졌다. 따라서 개척자들이 19세기 중반에 초등한 많은 알프스의 봉우리들은 그 모습과 특징이 상당히 변했다. 오늘날에는 빙하가 녹으면서 거대한 빙퇴석 지대가 드러났고, 봉우리에는 바위가 더 노출되었으며, 얼음이 결속되는 효과가 없어지면서 암벽들과 능선들이 푸석해졌다. 황금기의 개척자들은 대체로 빙하와 설원으로 된 루트를 따라 거의 모든 주요 봉우리들을 등정했다. 등반가와 가이드 모두 눈과 얼음에서의 비교적 정교한 등반 기술을 빠르게 발전시켰고, 가능하면 바위는 피하려 했다. 그 결과, 황금기가 끝난 1865년에는 등정되지 않은 바위투성이 봉우리들이 여전히 많았는데, 개척자들의 암벽등반 기술이 부족했기 때문이다.

클린턴 덴트는 1876년의 상황을 다음과 같이 우아하게 요약했다. "산악회의 나이든 회원들에게는 깊은 경의를 표하지만, 그들은 젊고 열정에 넘치는 우리들에게 알프스에서 할 만한 일을 거의 남겨놓지 않았다. … 우리는 그들이 이미 정복한 산을 새로운 루트로 걸어 올라가거나, 그들이 발밑에 두고 처음으로 거닐었던 봉우리들의 흉측한 스퍼를 기어올라가면서 그들의 발자취를 순종적으로 따라갔다. … 과실은 그들이 이미 따가서 우리에게는 돌덩어리들만 남아 있었다."[4] 그가 '걸어 올라갔다'고 한 표현에 급진적인 젊은이들은 기뻐한 반면 영국산악회의 원로 회원들은 분노했다. 저명한 외과의사였던 덴트는 알프스 개척자 2세대를 이끈 인물 중 하나였다. 그는 "자신의 생각을 좇는 경향이 있었고, 남의 말을 잘 경청하는 인물은 아니었기[5]" 때문에 곧 전통과 결별하고 암벽등반에 집중했다. 그는 좀 더 전통적이고 비교적 편한 등반의 중심지였던 체르마트나 샤모니 출신보다는 사스 계곡 출신의 알렉산더 버그너를 가이드로 기용해, 1870년에는 렌즈슈피체Lenzspitze(PD등급, 4,294m)를 초등했고, 1872년에는 체르마트에서 출발하는 루트로 치날 로트호른(AD등급)을 초등했다. 그러나 그의 이름에서 가장 기억에 남는 업적은 여섯 번의 등반 시즌 동안 열여덟 번 시도한 끝에 1878년 그랑 드류Grand Dru(AD등급, 3,754m) 등정에 성공한 일이다. 샤모니 마을 위로 우뚝 솟아 있는 드류는 그보다는 좀 낮지만 훨씬 가파르고 바위가 많은 몽블랑 산군의 부수적 봉우리들을 오를 때와 비슷한 수준의 어려움을 접할 수 있는 봉우리이다. 그랑 드류 초등을 기념해 샤모니에서는 큰 축제가 열렸다. 덴트는 다음과 같이 기록했다. "불꽃놀이가 있었던 것 같다. 아니, 대포를 쏜 것에 더 가까운 것 같다. 와인을 무척 많이 마셨던 것으로 기억한다. 아마 술을 그렇게 많이 마셨기 때문에 실제로 무슨 일이 있었는지에 대한 기억이 흐릿한가 보다.[6]" 그보다 1년 전, 바이런 경의 손자인 웬트워스 경Lord Wentworth은 이탈리아인 가이드 에밀 레이Emile Rey와 함께 인상적인 바위로 된 또 다른 봉우리 에귀 느와르 드 푸트레이Aiguille Noire de Peuterey(AD등급, 3,772m)를 오르는 데 성공했다. 1885년에 레이는 존경받는 은행가이자 의회 의원이었던 헨리 시모어 킹 경Sir Henry Seymour King과 함께 몽블랑 산군에서 유일하게 등정이 안 되었으며 난이도도 가장 높았던 주요 봉우리 에귀 블랑슈 드 푸트레이Aiguille Blanche de Peuterey(D등급, 4,112m)에도 올랐다.

새로운 세대의 등반가들은 낙석과 낙빙의 위험 때문에 이전에는 택하지 않았던 가파르고 때로는 좁은 빙설의 협곡까지 등반했다. 높은 봉우리들의 등반되지 않은 능선 역시 확실히 어려운 루트였다. 비록 능선에서는 돌멩이와 얼음이 떨어지는 객관적 위험이 상대적으로 적었지만, 기술적으로는 난이도가 더 높았고 정상까지 이르는 대부분의 전통적 루트를 구성해온 넓은 빙하와 설원에 비해 노출이 훨씬 심했다. 은의 시대가 진행되면서 등반가들은 산악등반의 새로움과 도전성을 유지할 수 있는 길을 모색했고, 가이드리스 등반과 동계등반 역시 추종자들이 생기기 시작했다.

은의 시대는 일반적으로 1882년 당 뒤 제앙Dent du Géant(AD등급, 4,013m)의 쌍둥이 봉우리 등정을 끝으로 막을 내렸다고 보고 있다. 첫 번째 봉우리는 이탈리아의 셀라Sella 형제와 그들의 가이드 맥퀴나즈Macquignaz 형제가 등정했다. 그보다 약간 더 높은 두 번째 봉우리는 이틀 후 윌리엄 그레이엄William Graham이 등정했는데, 후일 그는 과학 목적이 아닌 스포츠 목적으로 히말라야를 등반한 첫 번째 인물이 되었다. 당 뒤 제앙 등정은 초등이 이뤄지기 전부터 이미 이름이 붙어 있고 유명했던 봉우리 중 마지막으로 등정이 이뤄졌다는 점, 그리고 피톤과 고정로프 같은 '인공적' 수단을 사용해 이뤄진 첫 번째 등정이란 점에서 중요하다. '순수한' 등반 윤리를 강조하던 영국 산악계로서는, 피톤의 사용은 은의 시대의 종말과 '철의 시대'의 시작을 알리는 신호[7]였다. 이는 명백히 등반역사에 대한 낭만적 관점이었다. 동시대인들은 인류의 진보 과정이 석기시대, 청동기시대, 철기시대 순으로 발전한 것으로 그린 반면, 영국의 등반 역사가들은 등반역사를 황금기에서 은의 시대, 그 후 철의 시대로 이어지는 퇴보의 역사로 봤다. 근대성의 부정과 원시적이고 신비로우며 알려지지 않은 것에 대한 찬양이 등반 정신에서 우위를 점하고 있었다. '인공적인 도움'에 대한 영국인들의 입장이 완고했던 것은 사실이었지만, 그들이 항상 논리적이거나 일관된 주장을 펼친 것은 아니었다. 발 디딜 자리를 만드는 것은 빙벽에서는 허용됐지만, 암벽에서는 용납되지 않았다. 빙하의 크레바스를 건널 때는 사다리를 쓸 수 있었지만, 바위에서 사다리를 쓰는 것은 부도덕한 것으로 취급했다. 1878년에 클린턴 덴트는 "쇠갈고리, 체인, 크램폰은 악령의 발명품이다. 왜 그래야 하는지 이해하기가 힘들다. 아마 우리는 호기심을 좀 줄여야 할 것이다.[8]"라고 언급했다. 이후 90년이 지나서야 널리 받아들여지는 합리적이고 일관된 등반 윤리 체계가 나타났다.

알프스에서 등반 활동이 처음 시작되었을 당시는 눈에 가장 잘 띄는 봉우리에만 이름이 붙었는데, 몽블랑,[16] 바이스호른,[17] 슈바르츠호른Schwarzhorn,[18] 에귀 느와르Aiguille Noire[19]같이 모습을 단조롭게 묘사하는 이름을 사용하거나, 당데랑Dent d'Hérens[20]처럼 지리적인 이름을 쓰거나, 몽모디Mont Maudit,[21] 슈레크호른Schreckhorn[22] 같은 무서운 이름들이 사용되었다. 무명의 여러 봉우리들도 등정이 완료되면서 이름이 필요해졌는데, 제1차 세계대전 이전 수년 동안은 '사람의 이름을 딴' 명명법이 활발하게 사용되었다. 예를 들어 영그라트Younggrat[23]와 부아 랸-로흐마터Voie Ryan-Lochmatter[24]는 여러 곳에 이름으로 사용되었다. 하지만 유머가 섞인 작명도 있었다. 스태포드 앤더슨Stafford Anderson과 그의 동료들이 무너지는 능선을 따라 신루트로 당블랑슈Dent Blanche 정상에 도달하자, 그들의 가이드인 울리히 알머Ulrich Almer는 이 상황을 "우리는 네 명의 멍청이다!Wir sind vier Esel!"라고 요약했다. 따라서 이 능선은 '피어에젤스그라트Viereselsgrat'라는 이름으로 알려지게 되었다. 나중에 콘웨이 경이 된 마틴 콘웨이Martin Conway는 특히 봉우리 이름 짓는 일을 좋

---

16 몽블랑: 흰 산
17 바이스호른: 흰 봉우리
18 슈바르츠호른Schwarzhorn: 검은 봉우리
19 에귀 느와르Aiguille Noire: 검은 뾰족 봉우리
20 당데랑Dent d'Hérens: 발데랑Val d'Hérens 계곡 지명에서 유래
21 몽모디Mont Maudit: 저주받은 산
22 슈레크호른Schreckhorn: 공포의 봉우리
23 영그라트Younggrat: 제프리 윈스롭 영Geoffrey Winthrop Young의 이름 사용, 그라트grat는 독일어로 능선을 의미
24 부아 랸-로흐마터Voie Ryan-Lochmatter: 발렌타인 라이언Valentine Ryan과 그의 가이드 로흐마터Lochmatter 형제의 이름을 사용한 경우. 부아voie는 루트를 의미하는 프랑스어

아했다. "사람들이 받아들일 수 있는 이름을 짓는 비법은 가이드 사이에 그 이름을 퍼뜨리는 것이다. … 이름의 기원을 아무도 모른다면, 아무도 반대할 수 없을 것이다."[9]

난이도가 높은 루트를 통한 등정과 가이드리스 등반이 유행하면서 당연히 사망자 수가 증가하게 되었고, 영국산악회의 원로 회원들은 그들이 보기에 '정당화할 수 없는 위험'으로 젊은 세대가 뛰어드는 것에 점점 더 우려를 표하기 시작했다. 1882년에 있었던 세 건의 심각한 사고 후, 빅토리아 여왕의 개인비서는 수상 글래드스톤Gladstone에게 "올해 너무 많은 목숨을 앗아간 위험한 알프스 여행에 대해 반감을 표하는 발언을 해도 될지 여왕 폐하께서 물어보랍니다."[10]라고 편지를 썼다. 글래드스톤은 그러시지 말라는 현명한 조언을 했다. 스위스산악회의 기록을 보면, 1859년에서 1885년까지는 등반사고로 인한 사망자 수가 연평균 5명에 불과했으나, 1886년부터 1891년 사이 6년 동안에만 사망자가 214명에 달했다.[11] 등반 인구가 증가한 것도 일부 원인이 되었지만, 현역으로 활동하는 등반가는 천여 명 정도에 불과했다. 영국인들을 제외하면 1890년대에 알프스에서 주로 활동한 이들은 독일 학생들이었는데, 이들의 활동은 영국 등반가들이 너무 작다고 여겨 흥미를 갖지 않은 동부 알프스에 한정된 편이었다. 1887년에는 영국산악회의 회원 수가 비활동 인원을 포함해 475명이었던 데 반해, (1874년에 하나로 합병된) 독일-오스트리아산악회는 18,020명, 프랑스는 5,321명, 이탈리아는 3,669명, 스위스는 2,607명의 회원을 보유하고 있었다. 하지만 대륙의 산악회는 영국산악회와는 매우 다른 기조로 조직되었다. 포괄적인 국가적 조직으로서 인위적으로 만들어진 이 산악회들은 값싼 숙박시설을 제공하는 일을 했으며, 회원 중에는 많은 수의 도보 등산인도 포함되어 있었다. 유럽의 산악회에서는 진정으로 고산등반에 깊이 관여되어 있는 회원 수가 제2차 세계대전 이후까지도 매우 적었다.

영국 산악계는 기술적으로 훨씬 어려운 난이도를 추구하면서도, 등반의 심미적인 면모가 외면되는 것은 아닌지에 대해서도 고민했다. 월터 라든 Walter Larden은 암벽 등반가의 영웅적 기질을 비판했다. "그들 중에는 흥미만을 찾아 등반을 하는 이들이 있다. 그들은 숭고한 몬테로사의 고지에 오르거나 장엄한 콜 다르장티에르Col d'Argentière를 횡단하기보다는, 차라리 흥미로운 '피치'로 이뤄졌으면서도 인내심이나 산악 지식을 필요로 하진 않는 협곡을 오르며 하루를 보낼 것이다. 산을 좋아하지는 않는다고 솔직하게 인정했으면 한다."[12] 산에서 경치의 아름다움과 영적인 측면을 감상할 능력이 '체육인들'에게 있는지 '등산인들'이 의심하는 가운데 일어난 둘 사이의 갈등은 1930년대까지 계속되었다. 세실 슬링스비Cecil Slingsby는 1904년 "곡예 등반가와 달리 등산인이라 불릴 자격이 있는 사람들은 해가 갈수록 산에 대한 사랑과 존중심, 존경심이 풍성해진다는 것을 알게 된다."[13]라고 언급했고, 심지어 낭만적이면서 보수적이었던 산악 역사가 R. L. G. 어빙Irving도 1935년에 암벽 등반가들은 "뛰어난 바위타기 전문가이지만 별 볼일 없는 등산인이어서, 산을 대하는 방식이 다소 제한적이고 상상력이 부족하다."[14]라고 언급한 적이 있다. 젊은 등반가들은 나이 든 선배들이 경관에 대해 높아져가는 존경심을 이용해 자신들의 쇠퇴한 육체적 기력을 숨기려는 것이 아닌지 의심했는데, 이는 아마 맞는 추측이었을 것이다.

리처드Richard와 윌리엄 펜들베리William Pendlebury 형제는 황금기 말에 나타나기 시작한 2세대 알프스 등반가를 대표했다. 그들은 1870년에 미텔베르크요흐Mittelberg Joch를 경유해 빌트슈피체Wildspitze를 종주하면서, 현재 동부 알프스에서 가장 인기 좋은 루트 중 하나를 구축했다. 1872년, 그들은 찰스 테일러Charles Taylor 목사, 가이드 페르디난드 임생Ferdinand Imseng과 함께 마쿠나가Macugnaga에서 출발해 몬테로사의 거대한 동벽(D+등급)을 초등함으로써 산악계에 충격을 줬다. 동벽은 바위로 된 스퍼와 눈과 얼음이 뒤덮인 쿨르와르로 구성된 가파른 벽이다. 해가 떠올라 얼음이 녹으면, 쿨르와르는 자연 깔때기가 되어 돌멩이와 얼음이 떨어지게 된다. 따라서 이 등반은 알피니즘 초기에 용납할 수 있던 수준보다 훨씬 더 심한 '객관적 위험'(등반가가 통제할 수 없는 위험)을 수반했고, 많은 이들이 등반가나 가이드 모두 무모함에 가까운 용기를 보여줬다고 평가했다. 또한 이 등반은 과거에 짐꾼으로 고용된 적이 있던 임셍이 주 가이드로 활약한 첫 번째 등반이었는데, 이는 등반의 주류에서 외면되었던 사람들이 획기적인 발전을 이끈다는 역사의 반복을 잘 보여주는 예라 할 수 있다. 임셍은 9년 후 고객 마리넬리Marinelli와 함께 같은 루트를 세 번째로 등반하다 눈사태로 사망했다. 펜들베리 형제는 계속해서 여러 초등에 성공했다. 라우터라르자텔Lauteraarsattel에서 출발해 슈레크호른Schreckhorn(D+등급, 1873년)에 오른 것이 그중 하나로, 당시로서는 엄청난 성취였다. 1870년에 케임브리지에서 수학 1등을 차지하고 나서 세인트존스 칼리지St. John's College의 연구원이 된 리처드 펜들베리는 영국 암벽등반의 창시자 중 하나로 여겨지기도 하는데, 파베이 아크Pavey Ark의 제이크스레이크Jake's Rake를 오르고, 호수지역의 필러 록에 있는 펜들베리 트래버스(M등급, 1872년)를 개척했다.

버밍엄의 가죽 상인이었던 토마스 미들모어Thomas Middlemore의 1874년 콜 데 그랑드조라스Col des Grande Jorasses 등반 역시 유사한 논쟁을 불러일으켰는데, 객관적 위험이 심각한 지역으로 전문 가이드를 데리고 가는 행위가 도덕적으로 옳으냐는 것이 주된 쟁점이었다. 미들모어는 낙석으로 인한 부상을 당해 검푸르게 멍이 들었다고 시인했다. 21세에 등반사고로 숨진 파리 대학생 앙리 코르디에Henri Cordier, 성미가 급한 런던의 주식 브로커 존 오클리 마운드John Oakley Maund와 함께 미들모어는 아르장티에르 빙하(D+/TD-등급)에서 출발해 에귀 베르트Aiguille Verte, 레 쿠르트Les Courtes(AD등급, 3,856m), 레 드루아트Les Droites(AD등급, 4000m)를 모두 일주일 만에 초등했다. 에귀 베르트의 코르디에 쿨르와르는 빈번한 낙석에 노골적으로 노출되어 있는 등반 루트로, 이후 근 50년간 아무도 이 루트에 도전하지 않았다. 미들모어는 코르디에와 함께 피츠 베르니아Piz Bernina에 있는 비안코그라트Biancograt(AD등급, 4,049m) 능선의 눈과 얼음에 덮인 아름다운 아레트도 초등했다. 알프스의 대단한 능선 중 하나인 이곳은 상대적으로 객관적 위험은 적으나, 다른 전통적 루트에 비해 기술적으로 난이도가 더 높았고 노출도 더 심했다. 미들모어는 나중에 스코틀랜드의 오크니제도에 있는 멜세터Melsetter 대지를 구입했다. 오크니제도에 속한 많은 섬 중 하나인 호이Hoy섬은 시스택 sea stack[25]으로 유명해, 1960년대 화려한 텔레비전 등반 쇼의 배경으로 쓰였다.

미들모어는 제임스 에클스James Eccles와도 등반을 했다. 에클스는 저명한 가이드 미셸 파요Michel Payot와 함께 몽블랑 산군에서 여러 봉우리를 초등했는데, 1873년의 에귀 드 로슈포르Aiguille de Rochefort(AD등급, 4,001m), 1881년의 돔 드 로슈포르Dôme de Rochefort(AD등급, 4,015m) 등이 이에 포함되어 있었다. 에클스의 가장 유명한 초등으로는 1877년 푸트레이 능선 상단부 등반이 있다. 그는 현재 피크 에클스Pic Eccles라 불리는 봉우리 아래의 브루이라르Brouillard 빙하 측면에서 야영을 하고, 다음 날 콜 에클스를 횡단해 프레네이 빙하에 도착한 후 능선에 올랐다. 푸트레이 능선은 전체적으로 보아도 D+등급을 받을 만한 가치가 있을 정도로, 제2차 세계대전 전까지 두 번밖에 등정되지 않았다.

탄광을 소유하고 유리 제조업을 했던 필킹턴Pilkington 가문의 찰스Charles와 로렌스Lawrence 역시 당시에 활동한 등반가였다. 그들은 리버풀의 선주船主였던 사촌 프레더릭 가디너Frederick Gardiner와 맨체스터의 사업가였던 조지 헐튼George Hulton과 함께 알프스에서 가이드리스 등반을 개척했다.

---

25 시스택sea stack: 암석이 파도의 침식을 차별적으로 받아 만들어진 굴뚝 형태의 지형

그들은 바르 데제크랑Barre des Écrins(PD등급, 1878년), 라 메이주La Meije(AD 등급, 1879년), 벤게른알프Wengern Alp 방향에서의 융프라우(PD등급, 1881년), 그리고 핀스터라르호른(PD등급, 1881년)을 가이드리스로 초등했는데, 알프스 주요 봉우리 중 난이도가 가장 높은 편인 라 메이주는 맨 마지막에 등정되었다. 이들 네 명 모두 영국 내에서도 등반 활동을 했다. 필킹턴 형제는 로렌스가 14세인 1869년에 필러 록에 올랐으며, 당시에는 알프스보다도 가기가 어려웠던 스카이섬에서도 등반을 처음 시도한 축에 속하는데, 이때 스거르디어그Sgurr Dearg의 '인액세서블 피너클Inaccessible Pinnacle'(M등급, 1880년)을 초등했다. 이 봉우리는 스코틀랜드에 있는 주요 봉우리 중 정상에 올라가기 위해서는 암벽등반을 해야 하는 유일한 곳이다.

1870년대에 거의 탐사되지 않은 채 남아 있던 유일한 지역은 프랑스의 도피네 알프스였다. 바로 그런 이유로 인해 이 지역은 윌리엄 쿨리지와 그의 강건한 숙모 메타 브레부트Meta Brevoort의 관심을 끌었다. 1850년 뉴욕에서 태어나 숙모 밑에서 자란 쿨리지는 14세의 나이에 미국을 떠나 프랑스, 영국, 스위스에서 차례대로 살았다. 그 당시에는 러시아와 발칸반도 지역만 제외하면 유럽 전역을 여권 없이 여행할 수 있었기 때문에 쿨리지는 여권을 취득하지 않았고, 결국 제1차 세계대전이 발발하자 미국 시민권을 이미 잃은 그는 무국적자가 되었다. 쿨리지는 15세에 브레부트 여사를 통해 등반에 입문했다. 브레부트 여사는 주요 봉우리 70여 개를 등정했고, 노새를 학대하는 노새 몰이꾼에게는 주저 없이 손찌검을 하는 씩씩한 탐험가였다. 그녀는 자신의 애완용 암캐 칭겔Tschingel을 데리고 다녔다. 그녀와 같은 산장을 쓰게 된 어떤 스위스 신사는 이 개를 보고 독일어로 '형체 없이 어기적거리는 뚱뚱한 살덩어리'라고 묘사했지만, 그래 봬도 칭겔은 66개의 주요 봉우리를 그녀와 함께 올랐다. 쿨리지 역시 운동에 적합한 체격은 아니어서, 1875년에 그가 연구원으로 취직한 막달렌 칼리지Magdalen College의 한 동료는 그를 "땅딸막하고 왜소한 사람"[15]으로 기억할 정도였지만, 그래도 그는 체력이 강했고 의지가 굳었다. 숙모를 매우 좋아한 쿨리지는 1876년 숙모가 세상을 떠나자 성직자가 되어 고산등반 역사를 학술적으로 연구하는 데 관심을 돌렸고, 학자인 체하는 태도가 심해지면서 해당 주제에 관한 자신의 견해를 맹렬히 방어하는 데 점점 더 몰두했다. 1865년부터 1898년까지 그는 알프스에서 33번의 등반 시즌을 보내며 총 1,700회라는 어마어마한 수의 등반을 했는데, 1870년에는 라 메이주 중앙봉(PD등급)과 엘프와드Ailefroide(F등급, 3,954m)를 초등했고, 1876년에는 피츠 바딜레Piz Badile(PD등급, 3,308m)를 초등했으며, 그 외 마리팀Maritime과 코티안Cottiane 알프스의 수많은 작은 봉우리에도 올랐다. 대부분의 경우 그는 크리스천 알머Christian Almer를 가이드로 썼고, 나중에는 그와 같은 이름을 가진 그의 아들을 가이드로 두었다. 그는 1874년에 숙모와 함께 베터호른과 융프라우를, 그리고 1879년에는 슈레크호른을 동계 초등했다. 따라서 많은 이들이 그를 동계등반의 아버지로 여긴다. 또한 그는 1868년에 더글러스 프레쉬필드와 카프카스산맥에서도 등반을 했다.

쿨리지는 저서와 글을 많이 남겼는데, 마틴 콘웨이와 공저한 『콘웨이와 쿨리지의 등반가 가이드Conway and Coolidge Climbers' Guides』 알프스 시리즈 (1881~1910년)가 대표적이며, 이는 처음 발간된 실용적인 알프스 안내서였다. 쿨리지가 길고 현학적이며 주석을 잔뜩 단 책들을 쓰는 동안, 콘웨이는 쿨리지와 출판사 사이의 격렬한 분쟁을 무마하느라 애썼다. 콘웨이의 탐사 기질이 반영된 이 안내서는 원래 탐험대들이 이미 등반된 루트를 '피해갈' 수 있도록 하는 수단으로 기획되었다. 물론 이 책은 대부분의 경우 완전히 정반대의 목적으로 사용되었다. 이 시리즈 중 얇은 책에는 루트에 대한 설명과 함께 초등자의 이름이 나열되어 있었다. 다른 이들의 경쟁심과 자기홍보 욕심을 혐오했던 영국산악회 회원들조차도 자신의 업적에 관해서는 그것이 무엇이든 조금이라도 생략되어 있으면 재빨리 수정을 요구했다고 콘웨이는 꼬집었다.

1880년부터 1889년까지『알파인 저널』의 편집장을 지낸 쿨리지는 그 자리에 있으면서 당시 일류 등반가들 대부분과 쓰디쓴 갈등을 빚었다. 그에게 피해를 입은 많은 이들 중 하나인 아놀드 런Arnold Lunn에 따르면, 완고한 성격으로 유명했던 쿨리지는 "세상 모든 일은 어떻게든 다 해내도 화해하는 것만은 절대 하지 않았다."[16]라고 한다. 그는 1899년 영국산악회에서 물러났고, 1904년 명예회원으로 다시 선임되었으나, 1910년 다시 사임하고, 1923년 또다시 선임되었다. 그는 명예회원에서 사임한 경력을 가진 유일무이한 회원이다.

크리스천 알머가 바르 데제크랑에서 하산하는 동안 대담한 도약을 하는 듯한 모습을 담은,『알프스 등반기』에 실린 삽화「알머의 도약Almer's Leap」에 관해 쿨리지와 웜퍼는 유명한 논쟁을 벌였지만, 웜퍼의 삶이 다해가면서 두 사람은 화해했다. 많은 면에서 쿨리지는 웜퍼와 꽤 흡사했다. 두 사람 모두 외골수로 야망에 불타올랐고, 다른 이들의 의견에는 무관심해 보였으며, 산이 보여주는 경치의 아름다움에는 완전히 무감한 것으로 보였다. 쿨리지는 좀 더 일찍 태어나 알프스 등반의 황금기에 웜퍼와 함께 등반하지 못해 아쉽다고 자주 토로했다. 『더 타임스』에 실린 그의 부고에는 "그는 적을 만드는 기술에 능숙했다."[17]라는 말이 적혀 있지만, 그의 학술 활동이 없었다면 초기 알프스 등반역사 대부분은 소실되었을 것이다. 또한 쿨리지는 등반 능력을 편견 없이 평가할 수 있는 재능이 있었다. 그는 다른 모든 이들과 그랬듯 프레드 머메리와도 말싸움을 했지만, 1880년에는 덴트와 프레쉬필드의 청원에도 불구하고 머메리가 영국산악회에서 배척당한 일을 끔찍하게 여겼다. 결국 머메리가 1888년에 회원 자격을 다시 얻으려 시도했을 때, 쿨리지는 투표함에 있던 몇몇 '반대' 표를 몰래 '찬성' 쪽으로 밀어 넣어 그의 회원 복귀를 확실하게 보장했다.

프레드 머메리는 1855년 도버에서 제혁소 주인의 아들로 태어났다. 등이 뒤틀린 병약한 아이였던 그는 무거운 짐을 들 수 없었는데, 심각한 근시가 있어서 노출이 심한 루트도 잘 참고 올라간 수많은 등반가 중 최초에 속하게 되었다. 등반 경력 초창기에 알렉산더 버그너와 함께 다닌 그는 이후에 가이드 없이 어려운 신루트에 도전함으로써 등반에 혁명을 일으켰다. 가이드와 함께할 때도 그는 로프에 매달린 또 다른 사람이 필요한 것이지 선등자가 필요한 것은 아니라고 말해 그들에게 깊은 인상을 심어줬다. 버그너는 머메리가 "나보다 등반 능력이 훨씬 더 좋다."[18]라고 말했는데, 버그너의 자존심을 고려하면 이는 대단한 칭찬이었다.

머메리는 카리스마가 넘친 인물로, 산악계에서 노먼 콜리Norman Collie, 세실 슬링스비, 제프리 헤이스팅스Geoffrey Hastings, 앙리 파스퇴르Henri Pasteur 등 신뢰할 만한 친구들을 사귀었고, 윔퍼와 에드워드 데이비슨Edward Davidson 같은 적도 만들었다. 파스퇴르는 "정확히 어떤 면에서 그가 우수했는지는 대답하기 힘들다. 그는 걸음걸이가 서툴렀다. 하지만 그가 실제 등반하는 것을 보지 않은 이들은 그가 등반가로서, 그리고 팀의 리더로서 엄청난 힘을 갖고 있다는 사실을 믿지 못할 것이다. 그는 의지력과 에너지가 넘치면서도 놀라운 인내력을 지닌 인물이었다."[19]라고 서술했다.

그의 초등 목록을 보면, 높은 산의 미답 능선과 그보다 좀 더 낮은 봉우리들의 난이도 높은 암벽등반이 모두 나온다. 그는 1879년에 버그너와 함께 마터호른의 츠무트 능선(D등급)을 올랐다. 의대생인 윌리엄 펜홀William Penhall과 대담한 가이드 페르디난드 임셍은 서로 경쟁하면서, 위험한 펜홀 쿨르와르를 지나 산의 서벽을 횡단하고, 이후에도 따라 해본 사람이 거의 없는 루트로 등정을 완료했다. 펜홀은 3년 뒤 베터호른에서 사망했다. 그 사이, 1880년 머메리는 마터호른의 4번째 미등 능선 푸르겐그라트(D+/TD등급)에 도전했지만, 회른리 능선의 동벽으로 횡단할 수밖에 없었다. 이후 푸르겐그라트는 1911년에 드디어 완전히 정복되었다. 머메리는 몽블랑 산군에서 에귀 베르트의 사르푸아 벽(D등급, 1881년)과 그레퐁(D등급, 1881년)을 등반했다. 그는 1889

년에 가이드리스 등반을 시작해, 1892년에는 헤이스팅스, 콜리, 파스퇴르와 함께 그레퐁 횡단에 처음으로 성공했고, 1893년에는 슬링스비, 콜리, 헤이스팅스와 당 뒤 르캥Dent du Requin(D등급)을 등정하고, 에귀 뒤 플랑Aiguille du Plan에 도전했다. 그리고 1894년에는 콜리, 헤이스팅스와 브렌바 루트를 가이드 없이 초등했다. ('상어 이빨'이란 의미의) 당 뒤 르캥은 마틴 콘웨이가 지은 이름이다. 루트는 슬링스비가 계획했는데, 아마 머메리가 시력이 나빠 잘 보지 못했기 때문이었던 것 같다. 그럼에도 불구하고, 이 등반에서나 다른 등반에서나 암벽, 특히 빙벽에서 어려운 피치를 훌륭하게 선등한 것은 머메리였다. 아마 당대에 빙벽등반을 가장 잘한 아마추어 등반가는 바로 머메리였을 것이다.

머메리는 당시로서는 특이하게도 여성과도 등반했다. 1887년 그는 아내 메리Mary를 비롯해 버그너와 함께 토이펠즈그라트Teufelsgrat(D등급)로 태쉬호른Täschhorn(4,490m)에 올랐다. 하산할 때 버그너는 머메리 부인에게 가파른 경사에서 길을 안내하라고 권하며 "계속 가요, 난 여기서 소도 붙잡고 있을 수 있겠는데요![20]"라고 말했다. 나중에 메리는 버그너가 "기이한 생각을 많이 해서 유령도 믿고 여성이 등반을 할 수 있다는 것도 믿었다.[21]"라고 서술했다. 머메리는 릴리 브리스토우Lily Bristow와도 등반을 했지만, 아마 아내한테 제지 당해 그만둔 것 같았다. 그가 1893년에 슬링스비, 브리스토우와 함께 그레퐁 횡단에 성공하자, 사람들은 모든 산은 접근 불가능한 봉우리, 알프스에서 가장 어려운 등반, 마지막으로 숙녀의 가벼운 산책이란 세 가지 단계를 거칠 운명에 있다고 여기기 시작했다.(이 세 단계는 레슬리 스티븐이 착안했다) 릴리 브리스토우는 부모에게 편지를 쓰며 해당 루트에 대해 "한 단계 한 단계가 모두 그 자체로 매우 훌륭한 루트이고, 끊임없이 문제가 계속되는 형국[22]"이라고 묘사했다.

머메리는 1888년에 카프카스산맥에서 디치타우Dychtau(5,204m)를 초등했다. 1892년에는 마틴 콘웨이가 카라코람에 가자며 그를 초대했지만, 콘웨이와 함께 알프스 등반을 해본 머메리는 이 제안을 거절했다. 그에게는 등반 자체가 중요했던 반면, 콘웨이는 탐사에 우선순위를 두는 것이 확실했기 때문이다. 그럼에도 이 둘은 친구로 계속 지냈다. 콘웨이는 머메리가 "위험을 그 자체로 사랑했다"는 사실을 인지하면서도, 그를 "이 시대뿐 아니라 어느 시대를 막론하더라도 가장 위대한 등반가"[23]라고 칭찬했다. 머메리는 1895년 히말라야의 낭가파르바트에 도전하다 숨졌는데, 이는 8천 미터급 봉우리를 등정하려는 첫 시도였다. 그가 죽기 직전에 쓴 『알프스에서 카프카스로』의 마지막 장에는 "등반의 기쁨과 불이익The Pleasures and Penalties of Mountaineering"이라는 제목이 붙어 있다. 이 책은 등반의 발전에 지대한 영향을 끼쳤으며, 프랑스와 독일에서 특히 그랬다. 그는 아마도 등반의 위험을 완전히 인지하고 그 위험이 감수할 만하다고 판단한 첫 번째 등반가였을지 모른다. "등반가는 자신에 대한 지식을 습득하고, 자연에서 가장 아름다운 모든 것을 사랑하는 마음을 가지며, 다른 어떤 스포츠도 감당할 수 없는 젊음의 들끓는 에너지의 배출구를 얻는다. 아마도 이런 이득은 가격을 매길 수 없는 것이리라. 때로는 거대한 능선이 희생을 요구하기도 하지만, 등반가는 자신이 희생자가 될 운명이라는 사실을 안다 하더라도 산에 대한 숭배를 그만두지는 않을 것이다."[24] 등반과 위험에 관한 이런 태도는 새롭고도 혁명적이었다. 그리고 아마도 영국산악회에서 그가 회원이 되는 것을 반대한 일부 이유였을지도 모른다. 그러나 그는 제국주의 비판으로 레닌과 트로츠키에게 영향을 준 좌익 경제학자 존 홉슨John Hobson과 함께 『산업의 생리Physiology of Industry』를 공저할 만큼 정치와 경제에서도 급진적인 견해를 갖고 있었을 뿐 아니라, 사회적 배경도 '상업' 계층 출신이라 보수적 성향의 회원들이 그를 반대했을 가능성도 있다. "등반의 본질은 봉우리를 오르는 데 있는 것이 아니라, 난관과 싸워서 극복하는 데 있다."[25]라는 그의 신념은 대륙의 등반가들에게는 공감을 샀지만, 1950년대까지 영국 등반에서 주류로 여겨진 생각은 아니었다. 하지만 인공적인 보조수단의 사용에 대한 그의 태도는 확실히 영국적이었다. "나무로 된 쐐기를 사용하는 것이 악마 바알Baal에게 무릎을 꿇는 건 아닌지, 등반의 기술이 첨탑 수리공의 기술과 분간할 수 없는 지경에 이르는 타락의 길로 첫발을 디디는 것은 아닌지에 대해 누군가가 논제를 제시했다. 이에 우리는 이구동성으로 쐐기를 남겨 놓아 샤르모Charmoz의 신성을 더럽히는 일은 없어야 한다고 선언했다.[26]"

마틴 콘웨이는 머메리가 "심미적 재능보다는 지적 재능을 타고났다.[27]"라고 여겼지만, 머메리 스스로는 탐험과 심미적 감상이 양립할 수 없다는 비난에 맞서 항상 자신을 방어했다. "자신을 등산인이라 부르는 자들이 정상까지 오르는 올바른 길은 가장 쉬운 길이며, 다른 길은 전부 틀린 길이라고 간주한다. 그래서… 그들은 만약 어떤 이가 경치를 감상하기 위해 마터호른에 오른다면 회른리 루트를 통해 등반할 것이라고 하고, 츠무트 능선을 이용한다면 등반의 난관에만 매력을 느낀다고 주장할 것이다. … 아름다운 경치가 계속 이어지는 츠무트 루트는 심미적인 관점에서 틀린 길이고, 종이가 흩뿌려진 듯한 비탈로 인해 경치가 손상되는 회른리 루트는 심미적인 관점에서 옳은 길이라고 평가하는 것은 진정한 산의 느낌에 완전히 무감각해야 가능한 일이다.[28]" 그의 저술에서 분명히 알 수 있듯, 머메리는 이 스포츠의 영웅적 면모와 심미적 면모를 모두 잘 이해하고 있었다. "깨끗한 공기와 날카로운 햇빛이 있는 저 위에서 우리는 조용한 신들과 함께 걸어가고, 결국은 서로와 자신의 모습 그대로를 알게 된다.[29]"

머메리의 동료였던 슬링스비, 콜리, 헤이스팅스는 조력자 역할을 잘했을 뿐 아니라, 그들 스스로도 뛰어난 등반가들이었다. 세실 슬링스비는 오래된 지주 집안 출신의 섬유 제조업자였다. 그의 딸 엘리너Eleanor와 결혼한 제프리 윈스롭 영은 1849년에 태어난 슬링스비를 "요크셔 골짜기 토박이로, 건장한 체격에 어깨가 넓고 턱수염이 무성했으며, 옆모습은 고전적이었고, 나이가 들어서도 안색이 좋았으며, 회색 눈에는 영리함과 웃음기가 있었다.[30]"라고 묘사했다. 슬링스비는 알프스에서 등반했을 뿐 아니라 1872년부터는 노르웨이에도 15차례나 방문해 영국과 노르웨이 양국에서 노르웨이 등반의 아버지로 알려졌다. 1876년 그가 노르웨이에서 세 번째로 높은 인상적인 산 스카가스톨스틴Skagastølstind(2,340m)을 초등할 때, 그는 동료들이 더 이상 전진하기를 거부하자 마지막 150미터를 혼자서 올라갔다. 스키 타는 법을 배운 첫 영국인으로 추측되는 슬링스비는 스키등반을 확립하는 데 공헌했고, 지도에 없는 어려운 지형에서 다른 이들과는 비견할 수 없을 정도로 루트를 잘 찾아내는 것으로 알려졌다. 그는 영국의 암벽등반과 동굴탐험에도 열정이 있어 신루트를 여럿 개척했다. 그중 스코펠 피너클Scafell Pinnacle의 슬링스비 침니(VD등급, 1888년)는 헤이스팅스, 홉킨슨Hopkinson, 해스킷 스미스Haskett Smith와 함께 올랐는데, 선등자의 확보물이 없던 당시로서는 보호받을 수 없는 매우 긴 33미터 길이의 피치도 포함되어 있었다.

노먼 콜리는 체셔의 엘더리 에지Alderley Edge에서 태어났다. 그는 영국에서 규모가 가장 큰 목화 수입업자 집안 출신이었으나, 미국의 남북전쟁(1861~1865년)으로 교역에 피해를 입어, 학교를 졸업하기도 전에 가업이 파산을 맞았다. 그리하여 그는 생계를 위해 일을 해야 했다. 브리스톨대학과 벨파스트의 퀸즈대학에서 화학을 공부한 후, 그는 독일의 뷔르치부르그대학에서 박사학위를 취득하고 첼튼엄 여학교Cheltenham Ladies College에서 교편을 잡았다. 그의 조카딸은 "콜리는 절대로 여성과 친하게 지내는 사람이 아니었다. 아마도 그로 인해 주위에 수많은 여학생들이 있는 것을 견디기 힘들어했던 것 같다.[31]"라고 회상했다. 결혼을 하지 않은 콜리는 첼튼엄에서 4년을 보낸 후 유니버시티 칼리지 런던으로 옮겼고, 이후 그곳에서 유기화학 교수가 되었다. 콜리는 비활성기체 발견에 기여했고, 네온등을 발명했으며, 의료 목적의 엑스레이 사진을 처음 찍기도 했다. 그는 '벤맥두이산의 회색 인간Grey Man of Ben Macdui'을 지어낸 당사자로도 알려져 있는데, 1920년 그가 정상에 함께 올랐다고 하는 유령 같은 존재인 벤맥두이산의 회색 인간을 이후에도 여러 번 목격했다고 그는 주장했다. 정평이 난 심미주의자이자, 동양 예술, 와인, 음식, 시가 전문가였던 콜리는 수많은 영역에서 저명한 인사였다. 그가 노르웨이를 방문했을 때 "군중들은 그가 셜록 홈스라는 생각에 그를 보려 모여들었다."[32]라고 전해지나, 콜리를 잘 아는 많은 이들은 그가 쌀쌀맞고 사람을 업신여긴다고 생각했다. 제프리 윈스롭 영은 "콜리는 누군가에게 관심이 생기면 개인적인 공감을 담아 번득이는 눈빛으로 그 사람을 뚫어질 듯 바라봤지만, 그렇지 않을 때는 겉치레 예절조차 차리지 않았고, 그 사람의 존재 자체를 없는 것으로 여겼다."[33]라고 서술했다.

콜리는 알프스의 가이드 일과 견습생을 하지 않은 영국의 첫 알프스 등반가 중 하나로, 영국의 야산에서 얻은 경험을 바탕으로 곧바로 가이드리스 등반을 했다. 스코틀랜드와 호수지역에서도 여러 루트를 개척한 그는 헤이스팅스와 존 로빈슨John Robinson과 함께 스코펠산의 모스 길Moss Ghyll(S등급, 1892년)을 초등하면서 피켈로 바위를 깨뜨려 '콜리 스텝'을 만들었고, 헤이스팅스 외에 여러 사람과 함께 벤네비스의 타워 리지Tower Ridge(겨울에는 IV등급, 여름에는 등급이 다름, 1894년)를 초등했으며, 스코펠산의 스팁 길Steep Gill을 동계 초등했다. 스팁 길의 경우, 오늘날 기준으로는 V등급 수준인데, 1950년대까지도 많은 이들이 극복하지 못한 수준의 난이도였다. 콜리는 현지 가이드인 존 맥켄지John Mackenzie와 함께 외진 스카이섬에서도 등반을 했다. 1896년 그는 맥켄지와 윌리엄 네이스미스William Naismith와 함께 영국의 마지막 주요 미등 봉우리였던 스거르 안 로체인Sgurr an Lochain(1,004m)을 초등했다.

1898년부터 1911년까지 콜리는 캐나다 로키산맥을 다섯 차례 방문하면서 21회의 초등을 기록했고, 30개 이상의 산에 이름을 지었다. 그리하여 캐나다의 마운트 콜리Mount Collie와 스카이섬의 스거르 소메이드Sgurr Thormaid(일명 노먼스 피크Norman's Peak)가 그의 이름을 따라 명명되었다. 그는 죽은 후에 스카이섬 스트루안Struan의 쿨린Cuillin 지대가 보이는 곳 — 그의 가이드이자 평생 친구였던 존 맥켄지 옆 — 에 묻혔다. 1942년에 그가 죽기 직전, 휴가 중이던 영국 공군의 젊은 장교가 스카이섬의 슬리가찬 여관Sligachan Inn에서 그를 목격했다. "여관에는 우리 말고는 그곳에 죽으러 돌아온 것이 확실한 노인 하나밖에 없었다. 머리는 하얗게 세었으나, 나이가 엄청 들었는데도 얼굴과 태도는 위대한 산악인의 모습이었다. 그는 말을 하지 않았지만, 식사 시간에 꼬박꼬박 나타나 자신의 자리를 채웠고, 창문에 바짝 기댄 채 고독하게 와인을 마시며 옛날을 회상했다. 우리는 그가 괜찮은 사람인 줄 알았다.[34]"

콜리는 죽기 직전 젊은 시절의 등반 동료들을 묘사하며 "슬링스비는 위대한 등산가로, 등반을 같이 하기에 완벽하게 안전한 사람이었다. 하지만 머메리는 그렇지 않았다.[35]"라고 썼다. 아마도 이 차이는 머메리가 근대적 특성을 지닌 등반가였던 반면, 슬링스비는 콜리와 같이 전통적인 등산가였다는 점에 기인한 것으로 보인다.

브래드포드에서 털실 방적 사업을 하던 제프리 헤이스팅스는 1885년 슬링스비와 처음 등반을 시작해 1889년에서 1901년까지 그와 함께 노르웨이를 다섯 차례 방문했다. 그는 영국에서 암벽등반도 여러 번 했는데, 슬링스비와 해스킷 스미스와 함께 그레이트 게이블Great Gable의 니들 리지Needle Ridge(VD등급, 1887년)와 필러 록의 노스 클라임(S등급, 1891년) 등을 초등했다. 항상 팀 내의 실력자로 알려진 헤이스팅스는 등반을 하다 중요한 순간에 배낭에서 예상치 못한 사치품을 꺼내는 것으로 유명했다. 도로시 필리Dorothy Pilley는 그가 60세였던 1920년에 당 뒤 제앙 밑에서 그를 만난 일을 다음과 같이 회상했다. "그곳에서 나는 제프리 헤이스팅스 씨를 알아보고 흠모했다.

머메리 시대부터 전해져오는 가장 용맹한 영웅이 아니었던가? 그는 내 기대를 저버리지 않았다. 그의 양 어깨 위로는 커다란 배낭이 솟아올라 있었다. 그가 배낭을 내려놓자 땅이 흔들렸는데, 그는 훈련을 목적으로 종종 배낭에 돌덩어리를 채운다고 말해줬다!"[36]

19세기가 저물어가던 무렵 머메리와 슬링스비, 콜리, 헤이스팅스가 보여준 등반 수준은 다른 영국인들의 그것보다 훨씬 앞서 있었으며, 전 세계적으로 보아도 아마추어 산악계에서 선두를 달렸다. 이후 제1차 세계대전이 발발할 때까지 수년간 등반 활동은 계속 확장되었지만, 한두 가지 측면을 제외하면 두드러진 발전을 보이지는 않았다. 그리고 가이드 등반으로 회귀하는 움직임도 있었으니, 어떤 면에서는 퇴보했다고 볼 수도 있다.

19세기 말에 등반 활동이 발전했다고 볼 수 있는 한 가지 측면은 여성 참가자 수가 늘어나고, 여성으로만 이루어진 등반팀들이 처음으로 생겨났다는 점이다. 여성 등반가는 동계등반 발전에 특히 중요한 역할을 했다. 예를 들어 이사벨라 스트라톤Isabella Straton은 1876년에 몽블랑을 동계 초등했다. 후에 그녀는 자신의 가이드이자 로프 하강을 고안한 쟝 샤를레Jean Charlet와 결혼했다. 남성 등반가의 경우 이 스포츠에 참가하는 것이 남성성과 사회적 지위를 강화하는 데 도움이 되었지만, 여성의 경우는 극심한 편견을 극복해야 했다. 등반은 전통적인 여성성과 양립할 수 없었다. 따라서 여성의 등반 참여는 남성 지배적인 사회질서에 직접적인 위협이 되었다. 여성 탐험가 중 많은 이들은 재정적으로 자립 상태였으며, 거의 대부분 반항적인 구석이 있었다. 이사벨라 스트라톤이 쟝 샤를레와 결혼했을 때 그녀는 연간 4,000파운드의 수입이 있었던 반면, 그녀의 남편은 여름철에 25파운드 정도를 버는 수준이었다. 확실히 매우 유능한 등반가였던 메리 머메리Mary Mummery의 다음과 같은 언급은 많은 여성 등반가의 입장을 대변한 것으로 보인다. "남성 중심적인 사고에 빠져 있는 사람이라면 거의 예외 없이 가파른 얼음이나 깎아지른 암벽을 함께 탐험할 동지로서 여성이 적합하지 않다는 생각에 사로잡혀 있고, 여성은 등반에 참가하기보다는 억센 가이드 두어 명이 삐삐 마르고 흐느적대는 미남을 질질 끌고 가파른 봉우리를 오르는 것을 망원경으로 바라보는 데 만족해야 한다고 믿는다."[37] 여성들은 또한 긴 치마를 입고 등반을 하는 어려움도 극복해야 했다. 산악운동의 인기가 높아지자, 1910년에는 여성 산악인을 위한 '컨버터블' 치마가 고안되었다. "허리의 끈을 풀고 허리에서 치맛자락까지 박혀 있는 단추들을 떼어내면, 이 치마를 입은 여성은 아주 멋진 니커보커를 입은 것처럼 보였다. … 그리고 분리된 치마는 멋지고 몸에 꼭 맞는 망토가 되었다. 이렇게 해서 여성 등반가는 난코스에 도전할 때 치마를 제거할 수 있었고, 문명사회로 돌아올 때는 전통의 요구에 맞춰 다시 옷을 제대로 갖춰 입을 수 있었다."[38] 여성에게는 '문명'의 요구에서 도피하는 것이 남성보다 훨씬 더 일시적인 일에 불과했다.

결혼 전 성이 호킨-위트셰드Hawkin-Whitshed였던 리지 르 블롱Lizzie le Blond은 '남자 없는 등반'을 한 초기 여성 등반가 중 하나로, 1900년에 이블린 맥도넬Evelyn McDonnell 부인과 함께 피츠 팔뤼Piz Palü(AD등급, 3,905m)를 종주했다. 젊은 시절에 그녀는 놀기 좋아하는 빅토리아 여왕의 아들 에드워드 황태자 주위의 사교모임에 속해 있었다. 그녀는 건강 회복을 위해 알프스로 요양을 갔는데, 도착하자마자 "인습의 족쇄에서 나를 해방시켜준 산에 무척 고마움을 느낀다."라고 말하며 등반에 애착을 보였다.[39] 그녀의 큰고모였던 벤팅크Bentinck 부인은 그녀의 행동에 충격을 받고 그녀의 어머니에게 "산에 오르는 일을 멈추게 하라."라고 훈계하며 "리지가 미국 인디언 같은 행동으로 온 런던을 아연실색케 하고 있다."라는 편지를 보냈다.[40] 리즈 르 블롱은 버나비 부인Mrs Burnaby, 메인 부인Mrs Main, 오브리 르 블롱 부인Mrs Aubrey le Blond 등 여러 가명을 계속 썼기 때문에 그녀의 경력을 파악하는 것은 다소 어렵다. 영국 근위기병대의 대령이었던 그녀의 첫 남편은 수단의 하르툼Khartoum

에서 아부 클레아Abu Klea 전투 중 고든Gordon 장군을 구하려다 데르비시 Dervish[26]의 창에 찔려 죽었다. 두 번째 남편은 중국으로 위험한 여행을 다녀온 후 사망했다. 리지는 결혼으로 얻은 여러 이름으로 9권의 책을 썼고, 결국 영국 여성산악회 초대 회장이 되었는데, 이 산악회는 처음에는 지적인 여성들의 모임 라이시움Lyceum의 한 지부로 출발했다.

마가렛 잭슨Margaret Jackson은 주요 등반기록을 140개나 가지고 있다. 그녀는 라우터라르호른Lauteraarhorn(4,042m), 파펜스퇴클리Pfaffenstöckli (3,114m), 그로스 피셔호른Gross Fiescherhorn(4,049m)을 동계 초등하고 융프라우 동계 최초 종주에 성공했는데, 이 모든 것을 1888년 당시 12일 만에 해냈다. 그녀는 융프라우에서 야영을 한 후 동상으로 여러 개의 발가락을 잃었다. 케이티 리처드슨Katie Richardson의 기록은 훨씬 더 인상적이다. 그녀를 흠모하는 이는 그녀가 "조심스럽게 보관된 드레스덴 도자기를 닮았다.[41]"라고 묘사했으나, 그녀의 가이드는 다소 다른 관점을 보이면서 "그녀는 먹지도 않고 악마처럼 걷는다.[42]"라고 표현했다. 1871년에 등반을 시작한 그녀는 주요 등반기록을 116개나 세웠다. 그중 6개는 초등이었으며, 14개는 여성으로서의 초등이었다. 그녀는 1879년에 피츠 팔뤼 최초 종주 기록을 세웠고, 1885년에는 라 메이주를 오른 첫 여성이 되었으며, 1888년에는 비오나세Bionnassay에서 돔 드 구테Dôme de Gôuter(AD등급)로, 그리고 1889년에는 프티 드류에서 그랑 드류(D-등급)로 최초 종주에 성공했다.

거트루드 벨Gertrude Bell은 옥스퍼드 근대사학과에서 최우수 졸업을 한 첫 여성이었다. 대학을 떠나 그녀는 중동 지역을 여행하며 여러 언어와 고고학과 정치학을 공부했다. 제1차 세계대전 당시 그녀는 아랍국Arab Bureau에 들어가 동양부 장관Oriental Secretary으로 선임되었다. 전쟁이 끝나고 나서 그녀는 현재의 이라크 지역에 정착했는데, 그곳에서 하심Hashim 가문이 왕위

---

26 데르비시Dervish: 이슬람교 신비주의 종파의 탁발 수도승

를 계승하는 데 중요한 역할을 했다. 그녀는 1920년대의 대영제국에서 여성으로서는 가장 높은 직위를 보유하고 있었기 때문에 당연히 세계에서도 가장 힘 있는 여성 중 하나였다.

> 트레비존드에서 트리폴리까지
> 그녀는 파샤Pasha[27]들의 코를 납작하게 하지.
> 그러고서 그들에게 이러저러한 일들에 대해
> 어떻게 생각해야 할지 명령한다네.

그녀의 가장 자랑스러운 성취는 (대영박물관과 비슷하지만 규모만 약간 작은) 바그다드 박물관Baghdad Museum을 설립한 것인데, 슬프게도 현재는 이곳의 많은 보물이 도난당했다. 그러나 그녀는 뛰어난 알프스 등반가이기도 했다. 그녀는 가이드 울리히 퓌러Ulrich Führer와 함께 라우터라르호른—슈레크호른 최초 종주(AD등급, 1902년)에 성공했고, 당시에는 아무도 정복하지 못한 핀스터라르호른의 북동벽(현재 ED1등급으로, 여러 피치가 V등급)을 멋지게 공략했지만, 57시간을 버티다 눈보라로 인해 포기하고 말았다. 이 등반은 시대를 한참 앞선 것으로, 20세기로 전환되는 시점의 영국 여성 등반가보다는 1930년대에 가혹하게 싸웠던 독일인에게 더 적합할 정도로 힘든 등반이었다. 이렇게 많은 성취에도 불구하고 여성들은 100년 이상 영국산악회에 들어갈 수 없었다. 그리고 마침내 여성의 가입이 가능해지자 (빌 틸먼Bill Tilman을 포함한) 여러 남성 회원들이 항의의 표시로 산악회를 그만두었다.

거의 언제나 로흐마터 형제를 가이드로 두었던 존 라이언John Ryan과 주로 요제프 크누벨Josef Knubel과 함께 등반을 한 제프리 윈스롭 영은 제1차 세계대전 직전 몇 년간의 등반을 선도한 남성 알프스 등반가였다. 라이언은 영

---

27 파샤Pasha: 아랍 지역의 장군

국계 아일랜드인 지주였다. 까다롭고 매력 없는 사람이었던 그는 "배낭이나 피켈을 거의 갖고 다니지 않았고… 발판을 깎는 일은 절대 하지 않았으며", "몇몇 원로 회원에게 무례했다.[43]"라는 이유로 영국산악회에서 배척되었다. 제프리 윈스롭 영은 라이언에 대해 "그에게 세상의 모든 재능을 하사한 신은 행복해 보이는 능력만은 주지 않았다.[44]"라고 언급했다. 그럼에도 그는 매우 유능한 등반가였다. 1905년, 그는 샤르모 북벽(D+등급)을 포함해 총 25회의 등반에 성공했다. 1906년에는 블래티에르Blaitière 북서 능선(TD등급), 플랑Plan의 라이언-로흐마터 루트(D+등급), 몬테로사의 크레스타 디 산타 카테리나Cresta di Santa Caterina(TD등급)를 올랐다. 또한 제프리 윈스롭 영, 크누벨, 로흐마터 형제와 함께 태쉬호른Täschhorn의 남서벽도 올랐는데, 높이가 거의 900미터에 달하는 거대하고 푸석한 이 암벽은 이후 37년간 아무도 도전하지 않았으며(37년이 지난 후 처음 이루어진 등반에서도 피톤이 사용되었다), 여전히 TD+등급으로 엄청난 명성을 유지하고 있다. 등반 도중 라이언은 영에게 비밀을 털어놓았다. 1년 전만 해도 죽든 살든 어떻게 되든 전혀 신경 쓰지 않았겠지만, 그해 결혼을 했기에 생각이 바뀌었다는 것이었다. 그는 이후 그 정도로 어려운 등반은 두 번 다시 시도하지 않다가, 1914년이 되어 그레퐁의 낭틸롱Nantillons 벽을 오르며 신루트를 개척했다. 그는 제1차 세계대전에서 심하게 다쳐 등반을 포기했다.

제프리 윈스롭 영은 20세기 초반에 가장 훌륭하다고 평가받은 영국의 알프스 등반가로, 이후 40년간 등반의 발전에 지대한 영향을 끼쳤다. 1850년대에 베터호른을 등정하며 황금기를 열었던 알프레드 윌스 경으로부터 영국산악회 가입 제안을 받은 그는 1950년대에 영국이 산악계를 선도하는 국가로 다시 치고나가는 데 중요한 역할을 한 조 브라운Joe Brown과도 친하게 지냈다.

조지 영 경Sir George Young의 둘째 아들로 1876년에 태어난 제프리 윈스롭 영은 특권계급의 모습을 완전하게 갖췄다고 보기는 힘들었다. 그럼에도 그는 영국 지도층 소속으로서 스스로의 경력을 발전시키고 다양한 명분을 추진하는 데 있어서 광범위한 인맥을 거리낌 없이 사용했다. 그가 소년이었던 시절, 레슬리 스티븐 경과 알프레드 테니슨 경은 템스강의 섬에 있던 클라이브덴Cliveden 근처 그의 집을 방문한 적이 있었다. 그가 나중에 등반가와 시인으로서 모두 각광을 받았다는 점을 상기해보면, 이 만남은 예언적인 측면이 있었다. 그의 아버지는 1865년에 벤게른알프Wengern Alp 방향에서 출발해 융프라우 초등에 성공했지만, 1866년에는 조지 경의 형제가 몽블랑을 오르다 사망했으며, 이후 집안에서는 등반 이야기가 금기시되었다. 그럼에도 불구하고, 아니 오히려 바로 그런 금지로 인해 제프리 윈스롭 영은 케임브리지 학생 시절 등반에 매료되었고, 1900년에 초기 알프스 가이드 책을 패러디한 『신성을 향한 지붕 등반가의 가이드The Roof-Climber's Guide to Trinity』를 썼다. "우리 조상들의 유인원 같은 행위로 급격히 퇴화하고 있는 요즘의 체육활동 위주 분위기에서, 자연히 모든 종류의 등반은 그 어느 때보다도 두드러진 위치를 차지하고 있다. …"[45]

등반가이자 시인, 교육주의자 그리고 '심미적 체육인'이었던 그는 등반이 단지 스포츠의 일종일 뿐이라는 점을 알고 있었지만, 다른 스포츠에는 없는 지적이고 정신적인 측면이 있다고 확신했다. 그는 등반에 대한 신비주의적 접근과 페니패스 회합에서 활용한 실용적인 조직운영 능력을 결합해 영국산악회 회장으로서의 역할을 잘 수행했고, 영국등산위원회(BMC)를 조직하는 일에서도 진가를 발휘했다.

그는 1905년에 이튼의 교사 직위에서, 1913년에 장학사 직위에서 해임되었는데, 두 경우 모두 그의 동성애 성향을 부적절하게 봤기 때문으로 보인다. 그는 등반을 하지 않을 때는 소호Soho, 파리, 베를린의 동성애 클럽과 복싱 경기장에 드나들었다. 이는 아마도 부정한 섹스와 대중에 대한 노출의 위험이 주는 스릴감이 위험을 감수하려는 그의 본능을 자극하였기 때문인 것으로 보인다. 그의 저술은 두드러진 동성애적 이미지를 낭만주의적 서술로 담아내고 있으며, 호수지역으로 가는 기차 여행 묘사가 그중 한 예다. "샤프 펠Shap Fell이 환영의 뜻으로 철로 근처까지 팔을 뻗어 내린 듯 나 있는 북쪽 야산이 거친 포옹으로 우리를 맞이한다. 아무 짝에도 쓸모없는 효용이란 이름으로 축 늘어져 누워 있는 평야의 무미건조한 풍요로움에 지겨워졌다면, 악천후 또는 등반가와 한판을 벌이기 위해 헐벗은 강인한 땅의 불끈대는 근육과 균형 잡힌 뼈대를 보며 즐거움을 느낄 수 있다!"[46] 그는 자신이 등반을 하게 된 동기도 살짝 언급하면서 (당시에는 불법이었던) 성적 취향에 관한 죄책감도 드러낸 듯하다. "산의 고결함을 지켜주는 대가로, 산은 수년 동안 어디서든 내 마음속에 들어왔던 모든 고상한 욕망, 모든 천박하지 않은 희망과 상상을 지켜주는 안식처가 되었다."[47]

(놀라운 일은 아니지만) 대부분의 등반가들이 자신의 성적 취향에 대해 솔직하지 않았기 때문에 당시 산악계에 동성애가 얼마나 널리 퍼져 있었는지 판단하기는 힘들지만, 아마도 꽤 흔했던 것으로 보인다. 제1차 세계대전 이전과 이후 모두, 많은 일류 등반가들은 케임브리지대학을 다녔고, 그곳에서는 동성애가 널리 퍼져 있었으며, 통상적으로 받아들여졌다. 제프리 윈스롭 영의 경우, 조지 맬러리George Mallory 및 지그프리드 허포드Siegfried Herford와 맺은 친분관계에서 육체적인 매력이 적어도 부분적으로는 작용했던 것으로 보인다. 이 세 사람은 대리석으로 이루어진 콘월의 해벽을 나체로 함께 올랐다. 그리고 이것은 확실히 훌륭한 등반 스타일을 독려했다. 허포드는 영이 복싱 클럽에 갈 때에도 몇 번 따라갔지만, 그가 섹스를 찾아 간 것인지 단순히 '그곳을 어슬렁거리는' 스릴감을 맛보기 위한 것이었는지는 불분명하다.

웨일스와 호수지역에서 등반을 한 후, 영은 1905년에 요제프 크누벨을 만나 알프스 등반을 시작했다. 1906년, 그는 라이언과 함께 태쉬호른의 남서벽을 등반했다. 1907년에는 브라이트호른 영그라트Breithorn Younggrat(D

등급)와 바이스호른 영그라트Weisshorn Younggrat(D등급)를 등반했다. 이어서 1911년에는 몽블랑의 브루야르Brouillard 능선(AD+등급), 그랑드조라스의 서쪽 능선(D등급), 그레퐁의 메르 드 글라스 벽을 연이어 올랐는데, 이 벽을 오를 당시에는 흰 장갑을 끼고 등반을 하는 희한한 허세를 갖고 있던 랄프 토드헌터Ralph Todhunter, 그리고 험프리 존스Humphrey Jones와 함께했다. 존스는 이듬해에 왕립학회 최연소 회원이 되었으나, 신혼여행을 알프스 등반으로 보내다 아내를 비롯해 가이드와 함께 사망했다. 토드헌터는 1925년 돌로미테에서 사망했다. 제프리 윈스롭 영이 알프스에서 마지막으로 등반한 주요 루트는 가스펠텐호른Gaspaltenhorn의 로트 잔Rote Zähn 능선(TD등급, V등급의 피치가 여럿 있다)으로, 전쟁이 발발하기 전 마지막 여름인 1914년에 지그프리드 허포드와 함께 올랐다.

영은 1914년에 영국을 휩쓴 전쟁의 광기를 증오해 "문명화된 평화의 시대에 자라난 이들의 마지막 저항"[48]이었던 트라팔가 광장 평화 시위에 참가했다. 그러나 그는 많은 친구들이 전쟁에 자원하는 마당에 가만히 있을 수 없어, 종군기자로 활동하면서 이후 퀘이커 앰뷸런스 부대Friends Ambulance Unit를 창설하는 데 도움을 줬다. 이 부대는 "필요하다면 동시대인들과 함께 죽으면 죽었지 그들과 싸우기는 원치 않는 이들을 위한 일"[49]을 제공했다. 산악지대에서나 전장에서나 놀라운 개인적 용기를 보여준 그는 레지옹 도뇌르Légion d'Honneur[28]를 비롯한 여러 훈장을 받았다. 그는 1917년에 이탈리아에서 다리를 잃었지만 등반에의 헌신과 산에 대한 사랑은 전혀 줄지 않았다.

내 발이 별이 빛나는 길 위를 걷고,
내 마음이 산에서 쉬는 꿈을 꾼다.

---

28 레지옹 도뇌르Légion d'Honneur: 프랑스 최고 훈장

아직 하지 못한 일이 조금 남았다고 서글퍼하진 않으리라.

나는 여전히 높은 곳을 지키고 있고, 이미 성취한 꿈을 갖고 있으니.[50]

-~✿~ 호수지역 ✿~-

웨스데일 헤드Wasdale Head에 있는 여관은 19세기 말에 형성되기 시작한 영국 등반 공동체의 첫 본거지였다.[51] 윌 릿슨Will Ritson이라는 사람이 개업한 이곳은 원래 '헌츠맨스 인Huntsman's Inn'이라는 이름으로 시작하였으나 나중에는 '와스트워터 호텔Wastwater Hotel'로 불렸다. 릿슨은 여행자들에게 숙박을 제공하기 위해 자신의 농가에 부속건물을 증축해 1856년에 숙박업 면허를 얻었다. 릿슨은 영국에서 가장 높은 산, 가장 깊은 호수, 가장 작은 교회, 그리고 가장 심한 거짓말쟁이가 있는 곳이 웨스데일이라고 자랑했다. 한번은 조지 워싱턴이 했던 것처럼 거짓말대회에서 거짓말을 할 줄 모른다고 선언해 곧바로 우승을 차지하기도 했다. 스포츠맨이자 술꾼이며 이야기꾼이었던 그는 "주인, 웨이터, 손님 역할을 차례대로 다 했다."라고 전해진다.[52] 비록 그는 1879년에 일을 그만뒀지만, 그의 기질은 호텔에 여전히 남아 있어서, 오늘날까지도 트레커와 등반가 그리고 그 외에도 다양한 괴짜들이 이곳에 계속 모여든다.

계곡 꼭대기에 자리 잡은 이 호텔은 제일 가까운 철도역에서 20킬로미터를 걸어 들어가야 한다. 초기에는 투숙객 중 여성이 거의 없었으며, 외진 느낌으로 인해 빅토리아 시대의 관습적인 가정생활에서 멀리 떨어진 듯한 편안하고 친목적인 분위기를 자아냈다. "붙임성 좋은 사람들 간의 무질서한 만남을 좋아하는"[53] 사람들에게 매력적이었던 이곳은 파이프 담배 냄새와 젖은 트위드[29] 냄새가 곳곳에 스며들었다. 산악계는 웨스데일이나 알프스에서 정기적으로 만나는 소규모 그룹을 형성한 열성적인 아마추어들로 가득했고, 신입 등반가들 역시 환영받았다. 이후 등장한 많은 산악회들은 파벌을 형성하는 특징을 보였지만, 당시에는 그런 현상이 눈에 띄지 않았다. 호텔에 비치된 책에는 길고 어려운 도보여행 등 방문객의 활동내역이 기록되었는데, 점차 등정과 등반 활동 기록의 비중이 늘어났다.

호수지역에서의 트레킹에 관한 첫 문서가 『알파인 저널』에 등장한 것은 1870년으로, 필킹턴 형제와 노먼 콜리, 세실 슬링스비, 제프리 헤이스팅스, 호러스 워커, 펜들베리 형제, 프레더릭 가디너 등 정평이 난 알프스 등반가들이 모두 호수지역을 방문했다. 또한 점점 더 많은 이들이 알프스보다 영국의 산을 찾았다. 자칭 필러 지역의 터줏대감이었던 제임스 잭슨James Jackson 목사는 초기에 영국에서 열정적으로 활동한 등반가였다. 그는 80세였던 1876년에 필러 록을 기어올라갔으며, 83세에 같은 등반을 시도하다 사망했다. 워커 해스킷 스미스Walker Haskett Smith 역시 알프스가 아닌 영국에서 등반을 시작한 인물로, 진부한 성향을 갖고 있었다. 이튼과 옥스퍼드대학에서 교육을 받은 그는 체육활동에 능해, 멀리뛰기 연습 중 7.6미터라는 비공인 세계 신기록을 세우기도 했다. 학생 시절, 그는 식물학자이자 선구적인 산악 탐험가였던 찰스 팩Charles Packe과 함께 피레네산맥을 도보로 여행했고 스노도니아도 방문했으나, 그때는 등반이나 등정은 시도하지 않았다. 그러던 중 1881년에 그의 친구들이 여름 독서회합을 위해 모일 장소를 정하는 일을 그에게 맡겼다. 그는 컴벌랜드Cumberland 지역의 공식 지도를 들여다보며 "불길한 그림자가 가득한 어두컴컴한 지역에 있는"[54] 한 여관을 골라 방을 잡았는데, 바로 그곳이 웨스데일 헤드였다. 그의 선택에는 워즈워스의 책 『호수지역 가이드 Guide to The Lakes』에 담긴 다음과 같은 계곡의 묘사가 영향을 준 것으로 보인

29 트위드: 스코틀랜드식 모직

다. "웨스데일은 피로를 두려워하지 않는 여행자들이 주목할 만한 곳이다. 영국 내에서 여기보다 더 숭고한 아름다움이 뛰어난 곳은 없다." 독서 그룹은 오전에는 플라톤을 읽고, 오후에는 언덕을 거닐었다. 그들은 거의 40년이나 연상인 허먼 보우링Herman Bowring과도 인연을 맺었는데, 그는 그들을 등반 세계로 끌어들였다.

해스킷 스미스는 개인 재산이 상당한 사람이었다. 변호사 자격을 취득한 그는 친구의 소송 부탁을 받고 질겁했다. 그래서 그는 변호사 생활을 하는 대신 문헌학과 등반에 일생을 바쳤다. 처음에는 단순히 기어오르는 수준의 등반을 하던 그는 매년 호수지역을 방문하면서 기량을 향상해 진정한 암벽등반을 하는 수준에 이르렀다. 그의 초기 등반목록에는 1882년에 오른 스코펠 산의 딥 길Deep Ghyll이 있다. 4년 후, 그는 "로프나 불법적인 수단 없이"[55] 네이프스 니들Napes Needle을 초등했는데, 이는 영국 암벽등반의 탄생으로 일컬어진다. 오늘날 HVD등급으로 간주되는 네이프스 니들은 1880년대 중반에는 어려운 루트였으나, 역설적이게도 필러 록과 스코펠 봉우리 등정에 활용된 첫 루트와 마찬가지로 꼭대기에 이르는 가장 쉬운 루트였고, 따라서 어떤 면에서는 정상에 도달하는 것이 그다지 중요하지 않은 영국 암벽등반의 전통보다는 알프스 등반의 전통을 따랐다고 볼 수 있다. 네이프스 니들이 진정으로 중요한 이유는 그곳이 '영국 암벽등반의 첫 사례'이기 때문이 아니라, 이후 이어진 등반에서 사진에 멋지게 나오는 암벽으로 홍보가 잘되어 영국 암벽등반이 스포츠로 발전하는 데 도움이 되었기 때문이다. 마터호른이 알프스 등반의 상징이 되었듯, 네이프스 니들은 영국 암벽등반의 상징이 되었다. (또한 현재까지도 펠앤록산악회Fell and Rock Climbing Club의 로고로 쓰이고 있다)

해스킷 스미스는 코커마우스Cockermouth 근처 태생의 성공적인 자산 관리사 존 로빈슨John Robinson과 자주 등반했다. 로빈슨은 1898년에 알프스를 한 번 방문해 마터호른 등 여러 산에 올랐으나 그곳에서는 깊은 인상을 받지 못했다. 그의 첫사랑은 언제나 호수지역이었다. 1900년경, 호수지역을 방문한 제프리 윈스롭 영은 케스윅Keswick 역에서 낯선 이가 손을 흔들며 인사를 했다고 회상했는데, 그 사람이 바로 로빈슨이었다. "안녕하시오, 젊은이. 우리 얘기를 좀 해야 하지 않을까요? 네일이 박힌 부츠가 내 맘을 사로잡는군요!" 하지만 1920년대의 영은 다음과 같이 평했다. "걱정스럽게도, 이제는 네일이 언덕에서 너무 흔하게 보여서 낯선 이들 간의 소개를 대신하는 역할을 할 수 없다. 산을 추종하는 이들의 수가 너무 많아져 한때 등반가들 사이에서 느껴졌던 유대감이 사라졌다.[56]"

해스킷 스미스가 네이프스 니들을 오르자, 1885년에 제프리 헤이스팅스와 호수지역에서 처음으로 등반을 했던 세실 슬링스비는 『알파인 저널』에 다음과 같은 내용의 글을 기고해 산악회 회원들로 하여금 호수지역을 방문하도록 촉구했다. "영국 안의 산에서 비산악회 회원들에게 지지 말자. 그들 중 일부는 피켈과 로프 사용을 '불법'이라고 여긴다. 우리는 해외의 정복자이지만, 호수지역, 웨일스, 스코틀랜드를 도외시하지는 말자.[57]" 그로부터 5년 후, 독실한 변호사이자 버킨헤드Birkenhead 시장으로, 알프스를 40번 이상 여행했던 갓프리 솔리Godfrey Solly는 선등으로 슬링스비를 이끌며 독수리 둥지Eagle's Nest 능선 직등에 성공했다. 이는 시대를 앞선 등반으로 여겨지며, 오늘날에도 조금 낮은 VS등급으로 여겨진다. 솔리는 다음과 같이 기록했다. "내가 선등을 했는데, 휴식을 취할 만한 돌출바위까지 올라가는 것이 꽤 힘들었다. 그곳에 다다른 나는 등을 절벽 쪽으로 돌리고 다리를 바위 양쪽으로 늘어뜨린 다음 앉아서 숨을 골랐다. 아래에서 올라오던 일행이 내가 앉아 있는 모습을 우스꽝스럽게 묘사하며 장난을 쳤다. 나는 내가 둥지에 앉아 있는 독수리와 비슷하지 않느냐고 우겼다. 애석하게도, 이렇게 낭만과는 거리가 먼 일이 진짜로 이 절벽 이름의 유래다.[58]"

H. M. 켈리Kelly와 J. H. 다우티Doughty는 1937년에 출판한 중요 논문

에서 호수지역의 암벽등반 발전단계를 4단계, 즉 가장 쉬운 길의 시기(1880년까지), 걸리와 침니의 시기(1880~1900년), 능선과 (늑골 모양의) 아레트의 시기(1890~1905년), 슬랩과 벽의 시기(1905~현재)로 나눴다.[59] 시기를 구분하는 연도는 대략적일 수밖에 없지만, 좀 더 노출되고 아찔하고 가파른 등반을 추구하는 전반적인 추세는 기록을 통해 확인할 수 있다. 걸리와 침니가 처음 등반에 활용된 이유는 이런 통로가 겨울철에 가장 좋은 루트였기 때문이기도 하지만, 어둡고 축축함에도 불구하고 시야가 가로막혀 있어 등반가들이 고도로 인한 현기증에 덜 노출되었기 때문이기도 하다. 시야가 더 열려 있는 슬랩과 벽 등반으로 전환되면서, 등반가들은 훨씬 더 큰 노출을 받아들이게 되었고, 단순한 힘보다는 균형감각을 키우는 방향으로 기술을 바꿀 필요도 생겼다. 솔리와 슬링스비의 1892년 독수리 둥지 능선 직등을 시대를 앞서간 성취로 보는 이유는 이곳이 어려운 루트이기도 하지만 노출도 심했기 때문이다.

호수지역 암벽등반의 잠재력이 알려지기 시작하면서, 랭커셔나 요크셔 같은 북부 산업도시 등반가들이 호수지역으로 모여들기 시작했다. 홉킨슨 Hopkinson 형제는 빅토리아 시대 후기에 호수지역에서 활동한 등반가들 대다수의 사회적 배경과 야망, 태도의 전형을 보여줬다. 맨체스터의 저명한 가문 출신이었던 그들은 슬링스비 가문과 친척이었고, 체셔의 엘더리 에지에 있던 필킹턴 가문과도 가까운 이웃이었다. 그들의 아버지는 고된 노동과 능력만으로 공장 기계공에서 출발해 맨체스터 시장까지 된 자수성가형 인물이었다. 그들은 5형제였다. 존John은 케임브리지의 연구원이 되어 등대의 운영과 장비를 개선하는 데 기여했고, 맨체스터의 조명 시스템 및 리즈와 리버풀의 시가전차 시스템을 설계했다. 알프레드Alfred는 옥스퍼드에서 고전을 읽은 후 법조계로 갔고, 맨체스터대학의 부총장을 역임했을 뿐 아니라 의회 의원 자리에도 올랐다. 그는 1910년에 기사 작위를 받았다. 찰스Charles는 이들 중 가장 훌륭한 등반가였던 것으로 보이는데, 지방 정부에서 많은 활동을 했지만 가족이 경영하는 회사에 남아 있는 것으로 만족했다. 에드워드Edward는 케임브리지에 진학한 후 전기공학자가 되어 전기로 구동하는 첫 지하철 엔진을 설계했다. 그 또한 의회 의원이 되었다. 막내인 앨버트Albert는 케임브리지에서 의술을 공부하고 맨체스터에서 외과 의사를 하다 케임브리지로 돌아가 해부학 강의를 했다. 레슬리 스티븐의 경우와 마찬가지로, 우리는 에드워드의 딸인 캐서린 출리Catherine Chorley가 유년시절에 관해 쓴 책을 통해 홉킨슨 가문의 삶을 엿볼 수 있다. 『맨체스터의 아들들Manchester Made Them』이라는 책에서, 그녀는 아버지를 "쉼 없이 에너지를 뿜어내는 활력 넘치는 분"으로 묘사했고, 삼촌들은 "야망에 불타오르는 분들로, 지능을 숭배하다시피 했고, 인생 성공의 기준을 1인자의 자리에 오르는 것으로 성급하게 판단했다.[60]"라고 평가했다. 그녀는 그들의 야망을 엄격한 비국교도 성장환경에 기인한다고 봤는데, 그들이 "지상에 사는 동안 근면한 삶을 영위함으로써 천국에 갈 수 있는 계약을 하려 했다."라고 믿었다. 그들에게 "성공은 고된 노동의 척도였다. 따라서 그들은 성공이란 신이 보는 앞에서 근검절약하며 잘 살았다는 징표라고 너무 손쉽게 생각했다."

홉킨슨 형제들은 해스킷 스미스가 네이프스 니들을 등정하기 4년 전인 1882년에 웨일스의 트리판Tryfan 동벽을 등반했다. 1892년에 그들은 벤네비스의 북동 버트레스(VD등급)를 등반하고 타워 리지Tower Ridge(Diff.등급)를 따라 내려왔는데, 이 두 곳은 오늘날 영국에서 가장 잘 알려진 두 개의 루트이다. 그들은 이 등반을 통해 걸리에서 벗어나 노출이 더 심한 리지와 트인 암벽에서의 등반을 받아들이겠다는 의지를 보여줬다. 다른 많은 동료들과 마찬가지로, 홉킨슨 형제는 '으스대는 것'이 등반가로서 가장 기분 나쁜 행동이라고 여겼다. 그들은 스스로의 등반 기록을 별로 남기지 않았으며, 다른 이들이 기록을 남기는 것에도 동의하지 않았다. 알프레드는 "커스트 걸리Cust's Gully, 웨스트몰랜드 등반Westmorland's Climb, 보터릴 슬랩Botterill's Slab 같은 꼬리표가 내 생각에는 아무것도 아니다. 이런 전매특허 브랜드는 … 자신만이 간직할 수 있는 무엇인가를 찾아내고 싶어 하는 이들에게 종종 괴로움을 선사한다."라고 적었다. 존 홉킨슨과 그의 자녀 셋은 1898년에 스위스의 아롤라Arolla 근처에서 등반을 하다 사망했다. 이후 다른 형제들은 두 번 다시 등반을 하지 않았다. 자칭 '엄청난 짐승 666'인 알리스터 크로울리Aleister Crowley(이 책의 뒷부분에 다시 나온다)가 이 사고에 연루된 것으로 보인다. 크로울리는 지역 가이드가 불가능하다고 한 루트를 따라 성공적으로 하산했다. 그는 이 루트가 실력 있는 등반팀에는 어렵지도 위험하지도 않다며 홉킨슨에게 추천했는데, 홉킨슨 일행이 이 루트를 찾으려다 추락했을 가능성이 있다. 이 사고가 났을 때쯤 크로울리는 이미 계곡을 벗어나 있었다. 존 홉킨슨의 나머지 두 아들은 제1차 세계대전에서 전사했다.

　트레킹과 암벽등반의 인기가 상승하면서 그에 대한 미디어의 관심도 늘어났고, 이는 결국 등반의 성장에 도움이 되었다. 해스킷 스미스는 1894년에 『영국 제도에서 등반하기Climbing in the British Isles』라는 책을 출간했는데, 몇몇 노두와 해벽 등 영국에서 찾을 수 있는 등반 장소에 대한 간단한 세부사항들이 적혀 있다. 해스킷 스미스의 책을 보면 볼더링bouldering(작지만 기술적으로 어려운 바위를 로프 없이 오르는 것)이라는 등반의 하위개념 역시 이 시기에 탄생했다는 것을 알 수 있다. 베어 록Bear Rock에 관해 그는 다음과 같이 묘사했다. "이것은 그레이트 네이프스Great Napes에 있는 요상한 모양의 바위다. 1889년 3월 중순 영국에서 가장 강인한 등반가 대여섯 명으로 구성된 팀이 이곳을 진지하게 공략했다. 찾기 어려운 곳에 위치한 이곳은 풀이 조금이라도 길게 자란 계절에는 찾기가 더욱 힘들다." 이 시기에 영국 등반에서 가장 영향력 있는 책은 의심할 여지없이 『영국 호수지역에서의 암벽등반Rock-Climbing in the English Lake District』이었다. 1897년에 오언 글린 존스와 아브라함 형제가 공저자로 출판한 이 책에는 생생한 등반 활동 묘사와 훌륭한 사진들이 담겨 있다. 이 책이 성공하면서 존스는 당대에 가장 유명한 암벽 등반가로서 입지를 굳혔다. 하지만 모든 성공적인 자기홍보가가 그러하듯, 그 역시 산악계 동료들로부터 많은 비판을 받았다.

존스는 심미파라기보다는 확실히 윔퍼 같은 영웅파였다. 그는 등반에서의 도전의식과 흥분감에 대해서는 서술했지만, 산의 경치의 아름다움은 거의 언급하지 않았다. 윔퍼와 비슷했던 또 다른 한 가지 특징은 그 역시 당대의 등반가 대다수보다 낮은 사회계층 출신이었다는 점이다. 그의 아버지는 웨일스의 목수 겸 건축기술자로, 존스가 태어나기 직전에 런던으로 이사했다. 영국산악회 회원들은 영국의 새로운 암벽 등반가 집단을 '체육인' 또는 '굴뚝청소부'라고 불렀는데, 이런 별명을 통해 알프스 등반에 비해 암벽등반이 지적으로나 사회적으로 열등하다고 은근히 암시하려는 의도를 갖고 있었다. 이에 대한 존스의 태도는 완고했다. "가능과 불가능 사이 어딘가에는 선이 그어질 수밖에 없는데, 어떤 이들은 자신의 경험을 토대로 이 선을 확정 지으려 한다. 그런 자들이 소위 극단적 체육파 등반모임을 형성하고 있다. 그쪽 사람들은 보통 젊고 무책임하다."

1867년에 태어난 존스는 어릴 적 학교에서 전도유망했다. 여러 상과 장학금을 받은 그는 결국 클로스워커 장학금Clothworkers' Scholarship으로 사우스 켄싱턴South Kensington의 이그지비션 로드Exhibition Road에 위치한 런던중앙학회Central Institution에서 공부할 수 있었다. 그는 그곳에서 1890년에 실험물리학을 우등으로 수료했다. 이후 그는 시티 오브 런던 스쿨City of London School의 교사가 되었다. 젊었을 때 그는 등반의 황금기에 쓰인 책들을 읽었는데, 여기에는 스티븐과 윔퍼의 저서들도 있었다. C. E. 벤슨Benson은 20세기에 들어설 무렵 다음과 같이 지적했다. "그 당시에 몇몇 놀랍고 다소 선정적인 암벽등반 사진들이 가게 창문에 게시되기 시작하면서 즉각적으로 관심과 평가가 쏠렸는데, 평가하는 이들은 일반적으로 등반가들의 지적 능력을 비판하는 부류가 많았다."[63] 존스 역시 스트랜드The Strand의 가게에 걸려 있던 그런 종류의 사진을 보고 등반에 관심을 갖게 되어 등반가가 되기로 결심했다. 만약 그가 몇 년 더 일찍 태어났더라면 등반 활동을 고려나 했을지 의문이지만, 등반을 발견한 그는 그 세계에 완전히 빠져들었다. 그는 산악지대에 갈 수 없을 때는 아무 곳에나 기어올라갔으며, 런던의 교회 탑 여러 개와 클레오파트라의 바늘Cleopatra's Needle 등을 올랐고, 시티 오브 런던 스쿨의 휴게실 전체를 횡단하기도 했다.

존스에게 산은 단지 등반가들이 활약하는 무대에 불과했다. 『영국 호수 지역에서의 암벽등반』(1897년)을 읽어본 동시대 평론가 한 사람은 "그는 등반의 정신적인 측면보다는 육체적인 매력에 흥미를 느꼈다."[64]라고 평했다. 그는 (일설에 따르면 근시 때문에) 높이와 노출을 무시하는 듯했고, 그와 며칠을 함께 보내면 많은 동료들이 다시는 겪고 싶지 않은 엄청난 일들을 당하곤 했다. 존스는 알프스에서도 등반을 했다. 그는 치날 로트호른을 가이드 없이 종주했고, 홉킨슨 형제들과 바이스호른도 올랐다. 하지만 사람들은 그를 영국 암벽등반에 공헌한 사람으로 주로 기억하고 있다. 그가 당블랑쉬에 오르다 사고로 사망하자, 그의 집주인 여성은 "그가 그렇게 떠날 거란 걸 항상 알고 있었어요. 그도 알고 있었죠. 그렇게 말한 적도 있고, 죽음을 택할 거라고도 말했어요."[65]라고 말했다.

해스킷 스미스에 따르면, 뛰어난 체육인이었던 "그는 운전기사가 차를 공부하듯 자신의 육체적 능력에 대해 공부했다. 그리고 그런 이유로 자신에 대한 말을 많이 했다."[66]라고 한다. 그는 "강인하고 냉철하고 단호한"[67] 겁 없는 선등자였지만, 이따금 톱로핑을 이용해 어려운 피치를 사전조사하기도 했다. 그는 이런 기술을 커른 노츠 크랙Kern Knotts Crack(VS 4c등급, 1896년) 등반에 활용했다. 이런 행위는 윤리적 논쟁을 불러일으켰으며, 오늘날까지도 다양한 형태로 계속 논쟁거리가 되고 있다. 알리스터 크로울리는 그만의 신랄한 방식으로 존스의 명성이 "정확히 말하자면 그가 전혀 하지도 않은 등반에 주로 기초한다."라고 주장했다. "그는 두 명의 사진가들과 함께 나가서 줄을 타고 반복적으로 오르락내리락하면서 등반할 곳의 특징을 터득한 후, 찬양하는 무리들 앞에서 '초등'을 했다."[68]

크로울리가 언급한 '두 명의 사진가'란 아브라함Abraham 형제인 조지George와 애슐리Ashley였다. 『영국 호수지역에서의 암벽등반』을 존스와 공동 작업한 그들은 동세대에서 가장 앞서가는 축에 속하는 암벽 등반가로 여겨졌다. 케스윅에서 태어난 그들은 1890년쯤부터 등반을 시작했으나, 그들이 시도한 많은 루트 중 유명한 것들은 1896년 이후 존스와 함께 등반한 곳들이었다. 로드 레이크Lord's Rake에서 출발하는 스코펠 피너클Scafell Pinnacle의 존스 루트 다이렉트Jones' Route Direct(HS등급, 1898년)가 그중 하나로, 가파른 슬랩에서 노출이 심한 등반을 해야 하는 루트이다. 존스가 사망한 후에도 아브라함 형제는 다른 파트너들과 함께 등반을 계속해, 사암 전문가인 짐 퍼트렐Jim Puttrell을 비롯해 어니스트 베이커Ernest Baker와 함께 부아샤리 에티브 모르Buachaille Etive Mor의 크로베리 리지 다이렉트Crowberry Ridge Direct(S 4a등급, 1900년)를 올랐고, 필러 록의 북동벽(S등급, 1912년)도 등반했다. 애슐리는 H. 할랜드Harland와 함께 스카이섬에서 치오크 다이렉트Cioch Direct(S 4a등급, 1907년) 등 여러 루트를 개척했다. 전문 사진가이자 가이드북 작가였던 아브라함 형제는 등산이 아닌 암벽등반을 이용해 생계를 꾸려나간 첫 인물들이었다. 1908년에 그들이 출간한 『영국 산악등반British Mountain Climbs』이 특히 성공적이어서, 1948년까지 40년간 출판이 계속되었다.

존스의 영향력 때문인지, 암벽등반은 초기에 비해 경쟁이 심해지고 난폭해졌다. 영국 산악계는 등반이 스포츠의 일종임에도 불구하고 일반적으로 경쟁적이지는 않다는 가식적인 입장을 최근까지도 놀라울 정도로 유지해왔다. 하지만 현실에서 등반은 항상 경쟁이 심했다. '영국 암벽등반의 아버지' 해스킷 스미스는 그의 유명한 네이프스 니들 등반 전과 후 모두 걸리 등반을 여러 차례 했다. 그는 걸리 루트를 선택하는 것을 다음과 같이 정당화했다. "A라는 사람이 등반을 하면, 그는 B, C, D 등 다른 사람들이 자신이 만났던 모든 장애물에 관한 지식을 활용하기를 바라지만, B, C, D는 A가 어렵다고 생각했던 루트를 완전히 똑같이 따라가면서 너무 쉬웠다고 말하고 싶어 한다. … 만약 단순히 기분전환을 하려고 등반을 한다면, 암벽 표면에서 대충 돌아다녀도 될 것이다. 하지만 개척한 루트를 남에게 묘사하고 싶다면, '저기 봐, 저게 우리가 타고 올라간 걸리야! 거기 바짝 붙어서 위까지 쭉 올라가!'라는 식으로 말함으로써 시간을 많이 절약할 수 있다.[69]" 비록 그는 나중에 그런 것이 아니라고 발뺌했지만, 해스킷 스미스가 여기서 묘사한 것은 엄연히 경쟁이다. 존스는 난이도에 따라 암벽등반 등급의 개념을 도입하고 자신의 등정을 홍보함으로써 그런 경쟁 현상을 한 단계 더 발전시켰을 뿐이다. 하지만 기존 산악계에서 경쟁과 등급과 홍보는 모두 배척 대상이었다.

　새로운 세대의 암벽 등반가들로 인해 등반에 대한 사회적 분위기도 변화했다. 초기의 웨스데일 헤드 회합은 대체로 학구적인 분위기였다. 그곳의 분위기는 많은 점에서 옥스브리지Oxbridge의 고학년 휴게실 분위기와 흡사했다. 1890년대부터 제1차 세계대전 발발 이전까지 웨스데일에서는 떠들썩한 행동이 일반적이었는데, 특히 젊은 등반가들 사이에서 더욱 그러했다.[70] 해스킷 스미스, 콜리 등이 모인 흡연실은 토론 장소의 역할을 했던 반면, 젊은이들은 당구대가 있는 방에서 활동적인 게임과 격투에 몰두했다. 힘과 민첩성을 테스트하는 게임으로는 당구 테이블을 한 번의 도약으로 뛰어넘기와 당구대 다리 아래로 지나가기가 인기를 끌었다. 사람들은 이렇게 바닥에 닿지 않고 당구대 위와 아래를 지나가는 놀이를 했다. 당연한 결과지만 천이 찢어진 당구대가 그대로 방치되었다. 결국 격렬하고 난폭한 게임인 '빌리어드 파이브즈billiard fives'가 개발되었다. 이로써 그 방은 전쟁지대나 다름없게 되었다. 벽은 곰보자국이 가득했고, 창문에는 깨지는 것을 방지하기 위한 철망이 설치되었다. 1909년의 승자 진출식 2인 1조 대결 결승에서는 영국산악회 대표인 슬링스비와 영, 그리고 펠앤록산악회 대표인 아브라함 형제가 맞붙었는데, 그 결과 아브라함 형제가 이겼다. 빌리어드 파이브즈는 계속 시행되다, 1930년대까지 심하게 학대를 당한 당구대가 결국 폐기되면서 중지되었고, 그제야 방은 라운지로 용도가 변경되었다. 도로시 필리Dorothy Pilley는 1935년에 쓴 책에서 다음과 같이 회상했다. "담배 연기가 자욱한 가운데, 그 엄청난 게임 빌리어드 파이브즈(아! 테이블이 실수로 제거되면서 과거의 것이 되어버린 게임이었지!)의 떠들썩함이 사라지면, 녹초가 된 사람들은 손은 테이블 언저리를 짚고 발은 벽에 붙인 채 테이블 주위를 돌곤 했다."[71] 호텔은 초만원이 될 때가 많아서, 당구대는 침대로 사용되기도 했다.

20세기 초반, 빅토리아 시대 후기의 위대한 과학자이자 심미주의 등반가였던 노먼 콜리는 신세대의 도래에 대해 "산의 영광이 떠나가버리는구나. '새로운 등반인'의 진보적이고 민주적인 손가락에는 불손함과 비웃음이 깃들어있네."라고 탄식했다. 조지 아브라함은 존스라는 인물이 이제 막 시작 단계였던 사회적 혁명을 암시한다고 주장하며 다음과 같이 썼다. "존스가 가장 좋아한 이론은 모든 사람이 등반을 한다면 모두에게 득이 될 것이라는 생각이었다. 그의 생각은 산의 즐거움이란 고등교육을 받은 높은 지위의 사람들만을 위한 것이라는, 당시에 팽배했던 다소 배타적인 인식과는 대비되었다."[72] 1899년 존스가 알프스에서 사망한 사건은 두 가지 결과를 낳았다. 첫째로는 영국에서 등반의 발전 속도가 더뎌졌으며, 둘째로는 난이도보다는 등반의 아름다움과 낭만을 더 중시하던 이들의 영향력이 커졌다.

1900년대 초기에는 자동차의 출현이 등반에 영향을 끼치기 시작했다. 한 번의 휴가기간 동안 방문할 수 있는 절벽의 수가 늘어난 것이다. 호수지역에서는 도로가 대부분 주요 계곡 끝에서 끝났기 때문에 랭데일Langdale의 여러 절벽과 코니스톤Coniston 근처의 다우Dow 암장만이 주요 도시에서 차를 타고 접근이 가능했다. 스노도니아에서는 도로들이 지역 전체를 쭉 가로지르고 있어서, 차를 타고 모든 주요 절벽들에 비교적 쉽게 접근할 수 있었다. 이런 이유가 일부 작용해, 호수지역에 쏠리던 관심이 웨일스로 넘어가기 시작했다. 1903년 9월에 등반가 넷이 스코펠Scafell 암장에서 추락사하자, 이 추세는 더욱 가속화되었다.

장비가 원시적이었고, 제대로 된 로프 사용법 역시 거의 전무했음에도 불구하고, 호수지역에서는 암벽등반 초기에 놀라울 정도로 사고가 없었다. 장비는 매우 기초적이어서, 네일 박힌 부츠와 정량의 마닐라 로프, 겨울에는 발판 깎기에 사용되고 여름에는 '정원 가꾸기'(잡초와 느슨한 바위 제거)에 사용된 기다란 피켈 정도였다. 초기에는 확보 개념이 사실상 없었는데, 알프스에서와 같이 팀 전체가 함께 움직였기 때문이다. 점차 후등자가 암벽에 몸을 연결한다는 개념이 발전했으며, 등반가들은 원시적 수준의 러닝 확보를 실험하기 시작했다. 바위 조각 뒤로 로프를 넘기거나, 로프를 풀어 크랙에 낀 촉스톤 안쪽으로 통과시켜본 것이다. 등반가 넷이 함께 움직인 1903년의 사고에서는 한 명이 떨어지면서 다른 이들을 모두 낚아챘다. 이 사고는 1865년 윔퍼가 마터호른 등정에서 겪은 불운의 재앙 이후 영국 산악계에 가장 큰 고통을 줬으며, 이후 50년간 영국 최악의 등반사고로 남게 되었다. 등반가산악회 Climbers' Club의 저명한 회원이었던 H. V. 리드Reade는 사고가 있기 몇 개월 전 「정당화할 수 없는 등반Unjustifiable Climbs[73]」이라는 제목의 글을 써 위험에 점점 무책임해져가는 태도에 대해 경고했고, 『맨체스터 시티 뉴스Manchester City News』는 "호수지역에서의 등반이 특이하게 위험한 이유는 웨스데일 헤드에서 여러 단체 사이에 라이벌 의식이 자연스럽게 솟구치기 때문이다.[74]"라고 서술하며, 이 비극이 일어난 데는 경쟁 심리도 한몫 했다는 점을 의심하지 않았다. 암벽등반이 '탄생'한 지 20년도 채 안 되어 일어난 이 사고는 밀접한 관계를 유지했던 웨스데일의 소규모 등반 모임에 트라우마를 남겼다. 그리고 이후 몇 년간은 대체적으로 통합의 시기가 찾아왔다. 호수지역을 기반으로 3년 뒤인 1906년 11월에 창립된 펠앤록산악회는 즉시 안전을 최우선순위에 놓았다. 이 산악회는 애초부터 영국산악회에 비해 사회 계급적 배타성이 훨씬 적었다. 주로 북부 사업가들이 회원의 주류를 이뤘으나, 그들은 여성도 회원으로 받아들였다. 애슐리 아브라함이 초대 회장을, 존 로빈슨이 부회장을 맡았다.

제1차 세계대전이 발발하기 전 몇 년간은 두 명의 등반가가 호수지역의 등반을 주도했다. 요크셔의 사암 노두에서 등반기술을 연마한 리즈의 교사 프레드 보터릴Fred Botterill과 피크 디스트릭트Peak District의 사암으로 된 절벽에서 등반을 시작한 지그프리드 허포드가 바로 그들이었다. 보터릴은 오언 글린 존스 이후 가장 훌륭한 등반가로 볼 수 있으나, 존스와는 달리 야망이 부족했으며 자신의 잠재력을 충분히 발휘하지 못했다. 그가 피켈을 이용해 전통적인 방식으로 등반한 스코펠산의 보터릴 슬랩Botterill's Slab(VS 4c등급, 1903년)은 근대 등반에서 슬랩과 벽의 시기가 시작되었음을 알렸다. 이후 9년간 아무도 오르지 못한 이 루트는 허포드가 두 번째로 등반했다. 필라Pillar의 보터릴 북서 루트Botterill's North-West Climb(VS 4b등급, 1906년) 역시 양차 세계대전 사이까지도 고난이도라는 명성을 떨쳤다. 보터릴은 전쟁 중 가스에 중독되어 1920년에 숨졌다.

지그프리드 허포드는 어릴 적에 일종의 자폐증을 앓았던 것으로 보이는데, 지능은 높았으나 때때로 통제할 수 없는 폭력적 발작이 있었다. 타고난 수학자였던 그는 루드비히 비트겐슈타인Ludwig Wittgenstein과 같은 시기에 맨체스터대학에서 공학을 공부했고, 연구생 장학금을 받아 판보로Farnborough에 위치한 영국 왕립항공공장Royal Aircraft Factory에서 항공학 연구를 수행했다. 그 당시 이곳은 최첨단 신기술을 대표하는 곳이었다. 존 레이콕John

Laycock, 스탠리 제프코트Stanley Jeffcoat와 함께 등반을 시작한 그는 1912년 대학 졸업반 시절에 절벽에서 100일을 보내며 현대의 많은 '프로' 등반가들과 거의 맞먹을 만한 활동량을 보여주면서도 여전히 공학도로서 최고우등생 자리를 유지했다. 대부분의 등반가들이 크리스마스와 부활절에 영국의 산에서 일주일 정도만 보낸 그 당시, 허포드는 거의 강박에 가까운 등반에의 집착과 훌륭한 체격조건을 동시에 갖춰, 동시대인 누구보다도 더 높은 난이도의 등반을 해낼 수 있었다.

무척 잘생긴 데다 내향적이고 외로웠던 허포드는 많은 이들이 근엄하고 쌀쌀맞다고 여겼으나, 몇 안 되는 그의 가까운 친구들은 그로부터 깊은 인상을 받았다. 그는 콘월의 해벽에서 트래버스 하는 데 익숙했던 아서 앤드루스Arthur Andrews에게서 거들 트래버스girdle traverse의 개념을 가져와, 피크 디스트릭트의 캐슬 네이즈Castle Naze(VS 4b등급)에 이를 처음 적용했고, 이후 호수지역의 스코펠 암장(VS 4c등급)에서도 사용했다. 1912년, 그는 홉킨슨 케언Hopkinsons' Cairn으로의 직등 루트(S 4a등급)를 선등했는데, 이 루트는 1903년에 등반가 넷이 사망한 이후 정당화할 수 없는 수준으로 위험한 것으로 여겨진 해묵은 문젯거리였다. 이 루트에는 확보물을 설치할 수 없는 40미터 구간이 있었다. 암벽이 축축하고 미끄러워 허포드는 발에 스타킹을 신은 채 선등을 했다. 1914년 전쟁이 발발하기 몇 개월 전, 허포드는 호수지역 등반의 난이도에 있어 가장 크고 파격적인 진보를 일궈냈는데, 결정적인 지점이었던 플레이크 크랙Flake Crack에서 조지 샌섬George Sansom의 몸을 타고 올라가는 '합동 전술'을 이용해 스코펠산의 중앙 버트레스 초등에 성공한 것이다. '중앙 버트레스'는 제2차 세계대전이 끝나고 30년이 지난 후에도 기술적 난이도 측면에서 어떤 주요 루트보다도 우위에 있었다. 독일식 이름 때문인지 장교가 되지 못한 지그프리드 허포드는 사병으로 자원해 참전했고, 1916년 리유Lille 근처의 페스투베르Festubert에서 전사했다.

웨일스 북부

하드워킹hard walking과 겨울철 등반은 호수지역에서와 대략 비슷한 시점에 스노도니아에서도 시작되었다. 웨일스에서 웨스데일 헤드 여관에 해당되는 곳은 페니귀리드 호텔Pen-y-Gwryd Hotel로, 소설가 찰스 킹슬리Charles Kingsley 는 그곳을 "하늘 아래 가장 신성한 돼지우리"[75]라고 묘사했다. 사업가와 알프스 등반가가 많은 저명한 버밍엄 모임의 일원이었던 찰스 매튜스Charles Mathews 는 알프스 등반 연습차 스노도니아의 눈과 얼음으로 된 걸리를 등반하기 위해 매년 크리스마스에 만나던 한 무리의 친구들과 함께 1871년에 웰시 래빗 소사이어티Society of Welsh Rabbits를 만들었다. 이 단체는 1897년에 창립되어 찰스 매튜스가 회장이 된 등반가산악회Climbers' Club의 전신이었다. 등반가산악회는 공식적으로는 런던에서 결성되었지만, 페니귀리드는 이 산악회의 정신적인 본거지였다. "인습이 강요되지 않고, 주교와 법조인이 나이 든 목자와 한 소파에 앉아 그의 의견에 경의를 표하는 조화로운 분위기 속에서, 산에 대한 깊은 사랑으로 뭉친 여러 부류의 사람들은 서로를 알아가게 되었고, 산악회의 근원이 된 연대감은 이렇게 첫 싹을 틔웠다."[76] 원래 이 산악회는 영국의 모든 암벽 등반가들을 끌어모으려 했다. 하지만 (피크 디스트릭트의) 킨두르산악회Kyndwr Club와 (호수지역의) 펠앤록산악회가 1899년과 1906년 각각 설립되면서, 등반가산악회는 웨일스 지역의 등반가들을 위한 지방색이 강한 산악회로 빠르게 자리 잡았다. 매튜스는 1주년 기념 만찬 연설에서 등반이 "어떤 신비로운 이유로 주로 교양 있는 지성을 매료하는 스포츠"라고 언급하면서 "애리'Arry 또는 애리엇'Arriet[30]은 절대로 야산 하나도 오르지 않

---

30 애리'Arry 또는 애리엇'Arriet: 본 이름은 해리Harry와 해리엇Harriet. 런던 출신의 중하위층 여행자들을 그들의 발음법을 따라 비꼬면서 부른 것

을 것이다."⁷⁷라고 덧붙였다. 산악회를 창립한 사람들은 회원자격 획득을 위해 100명 정도가 지원할 것이라고 원래 예상했으나, 이 만찬에서만 거의 200명이 지원을 했다. 그중 약 3분의 1은 영국산악회의 기존 회원들이었다. 하지만 이 산악회의 창립을 모두가 반긴 것은 아니었다. 영국산악회 회장이었던 보수적 성향의 더글러스 프레쉬필드는 다음과 같은 시로 C. E. 매튜스(찰스 매튜스)의 새로운 산악회를 칭송하는 척 비꼬았다.

> 왜 우리의 C. E. 매튜스는
> 더 이상 영국산악회를 지키지 않는 것일까?
> 왜 그는 '굴뚝청소부'를 위한
> 등반가산악회를 만들어 자신이 회장이 된 것일까?

19세기가 끝날 때까지 산악계에서 많은 역할을 한 찰스 매튜스는 형제인 윌리엄William, 조지George와 함께 황금기의 개척 등반에 참가한 전형적인 등반가 세대 출신이었다. 그는 스크루 제작자로 영향력이 매우 높았던 식민지 성 국장Chief of the Colonial Office 조셉 챔벌레인Joseph Chamberlain의 가까운 친구이자 변호사였다. 그는 버밍엄 사회의 활발한 일원으로서 시의원과 치안 판사 일을 했으며, 국립 교육연맹National Education League을 창설했고, 여러 학교를 관리하는 일도 했을 뿐 아니라 수많은 동호회의 회장직도 맡았다. 그의 친구이자 등반 동료인 프레더릭 모셰드Frederick Morshead에 따르면, "그는 알프스 등반을 분주한 전문직 생활의 긴장감을 풀 수 있는 수단이자 육체와 영혼을 정화할 수 있는 기회로 봤다."⁷⁸라고 한다. 그는 이후 등장한 제프리 윈스롭 영과 비슷한 역할을 하면서 열정적인 사람들을 한데 모으고 젊은 등반가들을 독려했다. 20세기로 전환될 무렵, 젊고 야심찬 알프스 등반가 하나가 그에게 알프스 등반에 맞는 복장에 대해 조언해달라고 부탁했다. 매튜스는 "젊은이, 알프스에서 가장 필요한 건 좋은 술이야."라고 답했다. "자, 레드 와인은 6병, 화이트 와인은 3병 가져가고, 큐라소curaçao 한 병, 꼬냑과 샤르트리즈chartreuse 몇 병, 사이펀siphon[31] 2개, 레몬 4개, 설탕과 향신료 조금, 이렇게 챙기고…. 아참, 얼음도 잊지 마! … 이걸 다 섞을 만한 커다란 '댐프쉬프Dampfschiff'[32]를 가이드한테 챙기라고 하면, 정상에 올라서 몇 잔 끝내주게 마실 수 있을 거야!" 등반가산악회 초기의 만찬은 11개의 코스로 구성된 요리와 그 코스만큼이나 많은 수의 연설이 있었던 엄청난 행사였다. 그렇지만 등반 활동이 아예 없었던 것은 아니다.

현재는 스노도니아를 탐사되지 않은 시골로 상상한다는 것이 거의 불가능하지만, 1873년에는 글라이드포르Glyder Fawr를 2월에 등정했다면『알파인 저널』에서 한 페이지 반 길이로 다뤄질 만한 일이었다. 1869년 란베리스Llanberis까지 철도 지선이 부설되었지만, 그곳에서부터의 교통수단은 말이 끄는 수레가 전부여서, 이 수레를 타고 거친 산간도로를 이동하면 걷는 것과 속도가 거의 비슷했다. 몇몇 농장과 채석장을 제외하면 야산에는 아무것도 없이 고요했다. 등반가산악회는 "웨일스의 산을 모두 탐험하겠다."라면서 의지를 천명했다. 그러나 대부분의 등반가들은 길이 거의 없는 시골에서 집으로 돌아오는 길을 잃지 않도록 인근의 익숙한 야산만 올랐다. 1883년 스토커Stocker와 월Wall이 리웨드Lliwedd에서 루트를 개척한 것이 스노도니아에서의 진정한 첫 암벽등반이었다. 5년 후, 이 두 사람은 (현재 남아프리카공화국의 일부가 된) 나탈Natal의 드라켄스버그산맥Drakensberg Mountains을 탐사했다. 스노도니아에서는 호수지역과 같은 패턴으로 등반이 발전했다. 다시 말하면, 절벽을 오르는 일을 꼭대기에 오르기 위한 단순한 과정으로 보기보다는 점점 그 자체를 목적으로 여기기 시작한 것이다. 반면 웨일스에서는 알프스 등반

---

31 사이펀siphon: 대기의 압력을 이용하여 액체를 하나의 용기에서 다른 용기로 옮기는 데 쓰는 관
32 댐프쉬프Dampfschiff: 재료를 다 섞을 만큼 큰 용기를 뜻한다.

의 전통이 더 오랫동안 강하게 남았다. 젊은 시절의 제프리 윈스롭 영은 "우리가 암벽등반을 하는 목적인 산 정상 도달을 완수하지 못한다면, 그런 등반에는 하루를 쏟을 만한 가치가 없다."[79]라고 생각했고, 심지어 20세기 중반까지도 그의 제자인 윌프리드 노이스Wilfrid Noyce 역시 비슷한 생각을 갖고 있었기 때문에 돈 윌런스Don Whillans는 이에 크게 놀랐다.

웨일스 암벽등반의 위대한 개척자는 아처 톰슨Archer Thomson이었다. 뱅고어Bangor에서, 이후에는 란디드노Llandudno에서 교사를 한 그는 보통 토요일 정오에 일이 끝나면 집을 나서서 이드왈Idwal이나 리웨드까지 걸어간 후, 최소한 한두 곳에서 등반을 한 다음 오그웬 코티지Ogwen Cottage나 페니 귀리드 호텔에서 숙박했다. 그는 일요일에도 하루 종일 등반을 한 후 어두워져서야 뱅고어나 란디드노로 걸어서 돌아왔다. 톰슨은 1890년에 호수지대의 딥 길Deep Ghyll을 등반하면서 이 세계에 입문했다. 그는 주로 아서 앤드루스Arthur Andrews 또는 그에게 균형 등반을 가르쳐준 오스카 에켄슈타인Oscar Eckenstein과 함께 등반하면서 리웨드에서의 암벽등반 발전을 선도했고, 1896년까지 14개의 루트를 개척했다. 톰슨 이전에는 스노도니아 전체에 루트가 12개뿐이었는데, 기술적 난이도로 볼 때 호수지역에 비해 최소 10년은 뒤처져 있었다. 톰슨이 개척한 디너스 못Dinas Mot의 블랙 클레프트Black Cleft(HVD등급, 1897년)는 오랫동안 웨일스에서 가장 어려운 루트로 여겨졌다.

20세기로 들어서면서 많은 등반가들이 호수지역과 웨일스 두 곳 모두를 찾았지만, 교통이 충분히 발달되지 않았기 때문에 대부분은 둘 중 한 곳만을 택해 집중적으로 가는 경향이 있었고, 이에 따라 두 지역에서는 서로 매우 다른 전통이 생겨났다. 호수지역의 당대 최고 등반가였던 오언 글린 존스는 패기가 넘쳤던 반면, 웨일스의 아처 톰슨은 산에 대해 형이상학에 가까운 심미적 접근법을 보였다. 그는 등반가가 산과 맺는 관계가 순전히 개인적이라고 여기면서 "산은 적절한 문학적 대우를 받을 자격이 있으며, 흥겨운 모험 이야기를 걸어놓는 걸개 취급을 받아서는 안 된다."[80]라고 생각했다. 항상 과묵했던 그는 친구와 스노든산에서 하루 종일 함께하면서도 한마디 대화를 나누지 않은 적도 있었다. 페니패스로 돌아온 후, 그 친구는 손을 뻗으며 "잘 가!"라고 말했고, 이에 톰슨은 악수를 하면서 미소 지었다. 하루 동안 톰슨과 등반을 한 어떤 스위스인은 그가 귀머거리에 벙어리라고 생각했다. 1913년 『등반가산악회 저널Climbers' Club Journal』에 실린 부고에서 그의 친구인 오튼Orton 교수는 그에 대해 "동정심이 많고 말을 잘 들어줘서 얘기하고 싶은 마음을 자극하는 사람이었다. 그는 그렇게 다른 이들의 대화능력을 이끌어내는 재주를 지녔다."[81]라고 설명했다. 제프리 윈스롭 영은 그를 "깔끔하고 어두운 옷을 주로 입고, 사자의 눈과 갈기를 가졌으며, 동작이 유연하고도 조용했고 … 동료들보다는 절벽과 더 가까이 지낸" 사람으로 묘사했다.[82]

톰슨은 1909년에 아서 앤드루스와 함께 최초의 리웨드 가이드북을 저술했다. 서론에서 그는 "좋은 루트가 리웨드의 유일한 매력은 아니다. 리웨드에서는 미지의 신비를 심오하게 느낄 수 있으며, 그 신비를 꿰뚫는 낭만은 산의 영광과 음울함을 통해 더욱 고양된다."[83]라고 적었다. 산의 음울함에 압도당했는지, 1912년에 그는 석탄산을 마시고 자살했다. 리웨드 가이드북 작가로서 톰슨을 계승한 이는 멘러브 에드워즈Menlove Edwards로, 그는 1939년에 가이드북을 출간했다. 에드워즈 역시 1958년에 청산가리를 먹고 자살했다.

톰슨과 함께 리웨드 가이드북을 저술한 아서 앤드루스는 그와는 완전히 다른 성격의 소유자였다. 학자에 재산이 많았던 그는 다방면에서 훌륭한 체육인으로 유럽 챔피언십 1마일(1.6km) 달리기에서 우승했고, 1900년에는 윔블던 남자 단식에서 준결승까지 올라갔다. 이후 그는 암벽등반에 테니스화(고무창)를 이용한 첫 등반가가 되었다. 옥스퍼드 막달렌 칼리지Magdalen College에 있던 앤드루스의 연구실은 당시 대학의 연구원이었던 윌리엄 쿨리지 목사의 연구실 바로 아래층에 있었다. 앤드루스는 제프리 윈스롭 영의 페니패스 회합에 정기적으로 참여했는데, 그곳에서 그는 "리웨드의 높은 크랙과 돌출 바위에서 고무창 테니스화를 신고 고독하고 강인한 방랑을 대담하게 해내는 사람"[84]으로 유명했다. 제1차 세계대전이 발발했을 때 그의 나이는 46세였지만, 그는 자원입대해 프랑스에서 싸웠고 부상 없이 생존했다. 콘월 등반의 개척자인 그는 『콘월 등반가 가이드Climbers' Guide to Cornwall』를 공동 편집했다. 이 책은 그가 82세였던 1950년에 출판되었다.

톰슨의 또 다른 주요 등반 파트너는 오스카 에켄슈타인으로, 그는 한팔 턱걸이를 잘할 정도로 체력이 강한 암벽 등반가로서 많은 동시대인들에게 깊은 인상을 남겼다. 저명한 사회주의자였던 그의 아버지가 1848년 독일에서 도망쳐 영국으로 이주했기 때문에 그는 영국에서 성장했다. 영은 그를 "우리의 태초 조상의 턱수염과 체격을 지닌 기술자"[85]로 묘사했다. 그는 아버지의 반골 기질을 물려받아 도시에서도 옷을 허름하게 입고 샌들을 신고 다녔다. 파이프 담배가 일반화된 시대였지만, 그가 애용하던 파이프 담배인 러터스 미첨 새그Rutter's Mitcham Shag는 몸에 특히 해롭다고 여겨졌다. 에켄슈타인은 1892년에 마틴 콘웨이의 카라코람 원정에 초대되었지만, 두 사람 사이에 심한 갈등이 생기면서 에켄슈타인은 이 여행을 일찌감치 그만뒀다. 같은 지역을 나중에 알리스터 크로울리와 함께 탐험한 그는 스파이 혐의로 영국 당국에 체포되었다. 콘웨이의 지시에 의한 것으로 알려진 이 사건은 총독인 커즌 경Lord Curzon이 개입한 후에야 해결되었다. ('엄청난 짐승'으로 알려진) 알리스터 크로울리는 에켄슈타인을 존경했는데, 크로울리가 그를 존경했다는 사실은 그의 명성에 먹칠만 더했다. 크로울리는 "그는 문명화된 자질을 모두 갖고 있었고, 나는 야만적인 자질을 갖고 있었다. … 그의 등반은 항상 깔끔하고 질서정연하고 분명했던 반면, 나의 등반은 인간의 것이라고 보기는 힘들다."[86]라고 기록했다. 그와 길고도 쓰라린 분쟁을 이어간 영국산악회의 회원들은 그를 "참을 수 없을 정도로 거만한 기술자"로 여겼다. 에켄슈타인은 팔 힘에 의존하기보다는 발을 많이 사용하는 '균형 등반'이라는 기술을 개발했다고 알려져 있다. 또한 그는 가파른 빙벽등반을 위해 (영국산악회 회원들이 속임수라고 여긴) 10발이 달린 크램폰과 짧은 아이스액스를 발명했다. 그는 등반가산악회의 창립회원으로서 왕성하게 활동했지만, 1921년에 사망했을 때는 산악회의 소식지에 기록조차 되지 않았다. 이는 그가 독일 출신이었기 때문으로 추정된다.

제프리 윈스롭 영은 1898년에 등반가산악회에 가입했다. 이후 수십 년간 이 산악회는 그의 '케임브리지 그룹' 등반가들이 주류를 이뤘다. 등반가산악회 가입 허락 투표는 케임브리지대학 산악회 회원들에게 유리할 수밖에 없었는데, 케임브리지대학 산악회의 회장과 총무는 자동으로 가입되었다. 19세기 후반에서 20세기 초반에 걸친 호수지역 등반가 대부분은 경쟁적인 자기충족을 목표로 하는 영웅파 성향이 강했으나, 웨일스에서는 아처 톰슨, 제프리 윈스롭 영, 그리고 그의 젊은 제자 조지 맬러리의 영향으로 심미파가 우세했다. 이중 조지 맬러리는 나중에 영국 등반에서 가장 위대한 낭만적 영웅이 된다.

제1차 세계대전 바로 전 몇 년 동안 영국의 최고 알프스 등반가였던 제프리 윈스롭 영은 케임브리지와 런던의 지성계에서 열정적인 산악인들을 자신의 주변으로 끌어모으는 데 능숙했다. 다음 세대의 스코틀랜드 출신 등산 심미주의자인 빌 머레이Bill Murray는 그의 방식을 다음과 같이 요약했다. "영의 원칙은 단순하다. 등반의 진정한 기쁨은 정신적이라는 점, 그리고 그 기쁨은 등반가가 자신의 기술 수준과는 상관없이, 단지 기술을 보여주거나 기록 또는 초등 경쟁을 위해서 또는 등정한 정상을 수집하기 위해서가 아니라, 사랑하고 존경하는 마음으로 산에 갈 때만 느낄 수 있다는 점이다. 앞서 열거한 보상들이 등반가에게는 거품에 불과하기 때문에 그런 것에는 한 사람의 삶, 심지어는 조금의 시간조차 투자할 가치가 없다. 이득이 아닌 사랑을 위해 올바르게 접근한다면, 산은 삶을 풍요롭게 하고, 등반에 수반되는 모든 위험은 가치를 지니게 된다."[87]

영은 1907년부터 1947년까지 양차 세계대전이 한창이었던 시기를 제외하고는 스노든 산기슭 근처의 페니패스 호텔Pen-y-Pass Hotel(현재는 유스호스텔)에서 매년 회합을 개최했다. 이 회합은 하우스 파티로 변했는데, 이들의 관심사항은 등반뿐이 아니었다. "엉터리 시인, 재담꾼, 가수, 수많은 알려지지 않은 악기를 연주하는 연주자 등 … 이곳을 방문하면 로프를 손으로 잡고 거꾸로 매달려 있는 에켄슈타인, 성냥갑 너머 반대편에서 비할 데 없는 훌륭한 기교로 발차기를 하는 H. O. 존스Jones 또는 브론웬 존스Bronwen Jones 양, 창틀로 손쉽게 휙 날아오르는 레슬리 섀드볼트Leslie Shadbolt, 해롤드 포터 Harold Porter 또는 샌더스Sanders 양, 함께 작당해 사람들에게 평범한 장난을 치는 어린이들 그리고 25년간 다른 이들이 성공하지 못한, 의자를 등 쪽에서 기어올라가는 엄청난 재주를 부리는 오언Owen 등을 우연히 볼 수 있다."[88] 다음과 같은 노래가 페니패스에 머무는 인물들을 기렸다.

등반가가 앞으로 나서 리웨드를 오르네,
인간의 발자취가 있는 길을 찾으면서.
하지만 그토록 수많은 루트 중 어떤 것을 골라야 할지는
톰슨과 신만이 알고 있네!

제1차 세계대전 이전과 직후의 회합에는 1919년에 원자를 쪼개는 것에 관한 첫 해설서를 출판한 어니스트 루서포드Ernest Rutherford, 경제학자 존 메이나드 케인스John Maynard Keynes, 예술가 던컨 그랜트Duncan Grant, 작가이자 시인 로버트 그레이브스Robert Graves, 생물학자 줄리안 헉슬리Julian Huxley, 줄리안의 동생이자 작가인 올더스 헉슬리Aldous Huxley 등이 참여했다.

이후 페니패스 모임의 멤버들 중 3명이 공로훈장을 받았고, 4명이 노벨상을 수상했다. 그 외에도 5명은 각료가 되었고, 8명은 귀족 작위를 받았으며, 15명은 기사 작위를 받았다. 제프리 윈스롭 영의 지도로 20세기 초 웨일스의 등반 모임은 영국의 지적·정치적 엘리트와 긴밀히 연결되어 있었다. 그 당시와 제2차 세계대전 이후의 수십 년은 극명한 대조를 이룬다.

이 엘리트 그룹은 1906년 아브라함 형제가 오언 글린 존스의 『영국 호수 지역에서의 암벽등반』 후속 편으로 웨일스의 등반에 관한 책을 출판하려 한다는 사실을 알고 꽤 당황했다. 삽화를 아낌없이 사용한 이 책은 영국식의 절제된 표현에서 자유로운 타블로이드지 스타일의 흥미로운 산문으로 등반의 어려움과 위험을 묘사했다. 제프리 윈스롭 영은 이 책에 반대 의사를 표했는데, 아처 톰슨 등이 옹호했던 '낭만적 과묵함'[89]의 전통에 굳은 신념이 있었던 데다, 산의 고독함과 영광을 소규모 친구들만 누릴 수 있도록 아껴두고 싶은 이기적인 욕망이 있었기 때문이다. 초기에 그가 등반의 대중화에 반대했던 것은 순전히 우월의식 때문이라고 간주되는 경우가 많았지만, 많은 젊은이들이 아웃도어 교육을 통해 등반에 입문하던 1960년대에는 노동계급 등반가들 역시 등반의 대중화에 대해 그와 유사한 우려를 표했다. 사실 그런 아웃도어 교육 운동의 기반을 다지는 데는 영의 도움이 있었다. 등반 정보의 확산을 막는 것이 불가능하다는 사실을 깨달은 영과 등반가산악회의 회원들은 그런 정보 중에는 호도되는 것도 있다는 것을 알았기 때문에 정확한 정보를 제공하는 자신들만의 등반 가이드북을 출판하기로 결정했다. 그들이 출판한 책들은 등반에 관한 아마추어 정신이 깃든 심미적인 접근법을 알리고 강화하고자 했다. 불행히도, 첫 가이드북을 위해 선정된 저자인 아처 톰슨의 문체는 비웃음을 살 수밖에 없었다. 크레이그이르이스파Craig yr Ysfa의 그레이트 걸리Great Gully를 묘사하면서, 그는 이렇게 썼다. "새로운 방법은 오른손바닥을 받침대에 올려놓고, 팔을 회전축으로 삼아 아래쪽으로 급회전하는 것이다. 그렇게 하면 등반가는 앉은 자세로 착지하게 되는데, 한쪽 다리는 꼭대기 쪽으로 위를 향해 쭉 뻗어 균형을 유지해야 한다. … 그러나 자신의 일이 아니라고 책임을 회피하는 사람이라면, 그저 느긋하게 어깨를 빌려달라고 할 것이다."[90]

전쟁 전의 페니패스 회합은 분위기가 느긋했고 우월감을 느끼는 것도 쉬웠지만, 이제는 그런 시대가 끝나가고 있었다. 로버트 그레이브스는 1914년 봄에 페니패스 회합에 참여한 일을 묘사하면서, "우리는 느긋하게 아침식사를 하고서 햇볕을 쬐며 맥주를 거하게 한 잔 마셨고, 늦은 아침이 되어서야 절벽을 향해 걸어서 출발했다. … 저녁에 호텔로 돌아와서는 뜨거운 욕조에 누워 몸을 담갔다."[91]라고 회상했다. 그러나 전쟁으로 많은 지배층 젊은이들이 목숨을 잃기도 전에, 산에서는 사망자 수가 늘어나고 있었다. 영은 당시 등반을 선도하던 4명의 등반가를 다음과 같이 묘사했다. 험프리 존스는 "철학자의 초연함을 지닌… 우아한 동작의 모범이었다."[92] 지그프리드 허포드는 "균형 잡히고 강인하며… 산과 화창한 아침의 때 묻지 않은 아들로… 신선한 신비감과 바람과 같은 즉흥성으로 우리의 회합 주변을 서성였다." 조지 맬러리는 "갤러해드Galahad[33] 같은 인물로, 기사처럼 용감하고 불굴의 의지를 지녔으며… 젊은이다운 모험의 훌륭한 화신이었다." 휴 포프Hugh Pope는 "문명화된 분위기의 산물로, 전형적인 이튼 출신의 느긋한 태도를 지녔으며… 로맨스와 시적인 모험의 화신이었다."[93] 이들 넷 모두 그로부터 12년 이내에 사망했다. 포프와 존스는 1912년에 각각 등반사고로 죽었고, 허포드는 1916년에 프랑스에서 전사했다. 맬러리는 전쟁에서는 살아남았지만, 그로부터 겨우 6년이 지난 후에 에베레스트에서 사망했다.

---

33 갤러해드Galahad: 아서왕 신화에서 성배를 발견한 기사

스코틀랜드

스코틀랜드에서는 런던을 기반으로 한 알프스 등반 전통과는 무관하게 야산 하드워킹이 19세기 중반부터 시작되어 어느 정도 수준까지 발전했다. 1866년에 영국의 첫 지역 산악회가 스코틀랜드에서 창립되었다. 글래스고의 코블러산악회Cobbler Club는 "코블러산과 그 외 글래스고에서 토요일 하루 여행으로 닿을 수 있는 가볼 만한 어떤 야산이든 등반하고 나서, 하루 종일 좋은 산 공기를 마신 사람들을 위한 사교적인 만찬으로 낮 동안의 노고의 유종의 미를 거두고"[94] 싶어 하는 이들을 위해 만들어졌다. 이런 화려한 창립 목적은 분명히 영국 등반의 진정한 정신을 반영하고 있지만, 실질적으로 등반 활동은 거의 이루어지지 않았다. 이후 애버딘에 기반을 둔 케언곰산악회Cairngorm Club가 1887년에 나타났는데 "영웅적 정신을 가진 이들, 그리고 우리의 숭고하기 그지없는 산에 나타나는 순수하고 소박한 자연의 영향력과 기쁨에 활짝 열린 마음을 가진 이들이라면 남녀 할 것 없이 회원으로 받아들였다."[95]라는 점에서 낭만적 전통과 민중적 전통에 강하게 기반을 두었다고 볼 수 있다. 의회 의원이자 산악지대 접근권 운동가였던 제임스 브라이스James Bryce가 이 산악회의 첫 회장으로 선출되었다. 2년 뒤인 1889년에는 에든버러에서 스코틀랜드산악회Scottish Mountaineering Club가 만들어졌는데, 영국산악회와 마찬가지로 단호하게 남성 회원만 받았다. 런던 기반의 영국 여성산악회가 만들어진 지 불과 1년 만인 1908년에는 스코틀랜드 여성산악회Scottish Ladies' Climbing Club가 만들어져, 주로 영국 내의 산을 오르는 영국의 첫 여성산악회가 되었다. 또한 이 산악회는 여성만으로 된 히말라야 원정을 처음으로 시도해, 1955년에 모니카 잭슨Monica Jackson, 베티 스타크Betty Stark, 에블린 캠러스Evelyn Camrass가 주갈 히말Jugal Himal을 탐사하고 지얄젠

Gyalgen(6,454m)을 초등했다.

이렇게 여러 산악회가 결성되었지만, 초기에 스코틀랜드에서 등반 활동을 한 이들은 스코틀랜드인보다는 주로 잉글랜드인이 더 많았다. 필킹턴 가문, 노먼 콜리, 세실 슬링스비 등은 1880년대에 스카이섬에서 많은 루트를 개척했다. 홉킨슨 형제는 1892년에 벤네비스의 타워 리지를 타고 내려왔고, 2년 후에는 콜리와 헤이스팅스 일행이 같은 곳을 동계 초등했다. 스코틀랜드 산악회는 처음 생겨날 때부터 동계등반에 더 집중했다. 그들은 여름에도 암벽등반을 하기는 했지만 웨일스나 호수지역 정도로 많이 하지는 않았다. 그렇게 된 이유 중 하나는 스코틀랜드 경계선 남쪽과는 달리 탐사할 만한 산이 많았기 때문인데, 여름과 특히 겨울에 가장 쉬운 루트로 이 산들을 오르는 것만으로도 며칠간 모험을 즐길 수 있었다. 19세기 말에 존재하던 스코틀랜드에 관한 가이드북에는 약 30개의 산이 언급되어 있다. 1890년에 출간된『스코틀랜드산악회 저널Scottish Mountaineering Club Journal』창간호에서는 조셉 깁슨 스토트Joseph Gibson Stott가 스코틀랜드에 산이 300개는 될 것이라고 추측했지만, 확실히 아는 사람은 아무도 없었다. '따라서 산악회가 앞으로 할 수 있는 활동의 폭은 매우 넓다. 우리 산악회원들이 모든 봉우리를 정복하고, 아름다운 협곡과 고개를 완전히 탐사한다 하더라도, 우리는 영국산악회 부회장인 필킹턴 씨로부터 믿을 만한 훌륭한 조언을 여전히 들을 수 있을 것이다. 왜냐하면 우리가 이곳의 산에 오르는 쉬운 루트들을 모두 찾았다 하더라도, 그는 우리에게 어려운 루트를 정복하는 쪽으로 관심을 돌려야 한다고 이야기해주기 때문이다.'[96]

그로부터 1년 뒤인 1891년, 휴 먼로 경Sir Hugh Munro은 3,000피트(914m) 이상 높이의 스코틀랜드 산 목록을 도표로 정리해 출판했다. 하지만 이 출판물이 미래 세대의 트레커에게 미칠 영향에 대해서 아마 그는 거의 생각해보지 못했을 것이다. 이 산들은 현재 단순하게 '먼로Munro'라고 불리고 있는데, 신비스럽고도 고풍스러운 높이 3,000피트를 넘는 잉글랜드와 웨일스의 산에도 이 용어는 이따금 쓰이고 있다. 아마 대부분의 스코틀랜드인은 이런 언어 남용을 이단으로 여길 것이다. 처음에 먼로가 만든 표는 먼로 283개를 식별해 놓았는데, 이는 대부분의 사람들이 예상했던 것보다 훨씬 많은 수였고, 사람들은 필연적으로 이 모든 산을 올라야겠다는 자극을 받았다. 이들은 먼로에 오를 때 보통 정상으로 가는 가장 쉬운 루트를 이용했다. 이 모든 산을 완등한 첫 번째 인물은 아치 로버트슨Archie Robertson 목사로, 그는 "10년간 우왕좌왕한[97] 끝에 1901년에 이 프로젝트를 끝냈다. 그다음 완등자가 나올 때까지는 20년이 걸렸다. 로버트슨은 이후 스코틀랜드산악회와 공공통행로 소사이어티Rights of Way Society 양쪽 모두의 회장직을 역임했다.

'탑top'(위성 봉우리)과 대비되는 개념으로서의 '먼로Munro'(독립된 산)는 그 정의가 언제나 약간 불분명했다. 그렇기 때문에 먼로의 개수는 때에 따라 변했으며, 최근에 글렌 캐런Glen Carron에 있는 스거르 난 케니키언Sgurr nan Ceannaichean이 제외되면서 284개에서 283개로 그 수가 줄었다. 쉽게 잡아 하루 평균 두 개의 먼로를 오른다고 가정했을 때 먼로를 모두 완등한 사람은 아마 생애의 5개월 정도는 이 일에 바쳤을 것이다. 더군다나 새뮤얼 존슨 박사는 "스카이섬에서의 방랑이 고되고 단조로운 노동이라면, 잉글랜드의 경작된 들판을 걷는 것은 카펫 위에서 춤추는 것과 같다.[98]"라고 언급했는데, 스코틀랜드에 있는 많은 먼로에도 잉글랜드의 들판과 비슷한 평가를 내릴 수 있다. 1935년 『스코틀랜드산악회 저널』의 한 기고가는 "현대적인 도로와 교통상태에서 스코틀랜드의 먼로 완등은 전혀 업적이라고 볼 수 없다.[99]"라고 언급했다. 그럼에도 불구하고, 도표 출간 후 80년 정도가 지난 1971년에도 '먼로이스트Munroist'(먼로를 모두 오른 사람들)의 수는 100명에 그쳐 있었다. 그 이후 4,000명 이상이 이 특이한 피학증 목록에 올랐는데, 계속해서 더욱 많은 이들이 먼로 수집이 주는 묘한 즐거움을 발견하면서 그 수가 급격하게 늘고 있다.

19세기 말에는 스코틀랜드산악회 회원들의 사회적 배경이 많은 측면에서 영국산악회 회원들의 그것과 비슷했으며, 잉글랜드와 웨일스에서 암벽등반의 수준을 향상하고 있던 등반가들에 비해서는 평균적으로 나이가 훨씬 많았다. 교통이 불편했다는 점 또한 스코틀랜드에서 등반의 발전이 더뎌지게 된 중요한 요인이었다. 스코틀랜드산악회는 1895년에 포트 윌리엄Fort William에서 부활절 회합을 가질 것을 제안했는데, 많은 회원들은 그 지역에 등반할 곳이 있는지조차 알지 못하고 있었다. 그곳까지 가려면 가장 가까운 전철역인 틴드럼Tyndrum에서 마차를 타고 울퉁불퉁한 도로를 100킬로미터나 달려야 했으니 그다지 놀라운 일은 아니었다. 그러나 1896년에 웨스트 하이랜드 철도West Highland Railway가 개설되면서, 이 산악회는 벤네비스와 그 주변 봉우리에서 정기적으로 등반 모임을 갖기 시작했다. 몇 년 뒤에는 자동차가 처음으로 모습을 드러내, 회원들은 아란Arran, 글렌코Glencoe, 록나가Lochnagar를 체계적으로 탐사하기 시작했다. W. 잉글리스 클라크Inglis Clark는 1903년에 자동차를 타고 부아샤리 에티브 모르를 방문한 일을 다음과 같이 묘사했다. "등반지점까지 도달하는 데 자동차가 믿음직한 수단인지 깊이 고민한 끝에 우리는 도전을 해보기로 했고, 우선 킹스하우스 여관Kingshouse Inn까지 간 후 도로가 쓸 만해 보이면 클라체이그Clachaig까지 가보기로 결정했다. 등반가가 자동차를 쓰면 퇴보할 것이라고 걱정하는 이들이 있다면, 이 모험으로 인해 내 몸무게가 눈에 띄게 줄었다는 사실을 그들에게 알려주고 싶다." 자동차가 퍼져서 작은 언덕조차 올라가지 못하자, "불쌍한 말 한 마리를 구해 와서 차에 로프로 묶은 뒤 말이 끄는 차를 탄 채, 나는 지나가는 이들의 조롱을 들으면서도 위엄을 잃지 않고 에든버러까지 갔다."[100]

센트럴 하이랜드Central Highlands의 달말리Dalmally 근처에 있는 스톱 마올Stob Maol의 블랙슛Black Shoot(S등급, 1892년)은 스코틀랜드의 진정한 첫 암벽등반 루트 중 하나이다. 이곳을 개척한 등반팀에는 존 깁슨John Gibson, 월리엄 네이스미스, 윌리엄 더글러스William Douglas가 있었는데, 네이스미스는 스코틀랜드산악회의 창립자로, 산에서의 도보 시간을 재는 데 사용되는 네이스미스 법칙Naismith's Rule(시간당 4.8킬로미터를 간다고 가정하며, 610미터의 높이를 오를 때마다 1시간을 더하는 방식)을 만들기도 했다. 이 등반에 대해『스코틀랜드산악회 저널』에 나오는 설명은 거의 변명조에 가까웠다. "이곳은 매우 힘든 등반이 계속되어, 어려움 그 자체를 목적으로 삼아야 하는 루트이다. 물론, 이 산을 매우 쉽게 올라갈 수 있는 다른 루트들도 있다.[101]" 네이스미스는 1896년에 부아샤리 에티브 모르의 크로우베리 리지Crowberry Ridge(S 4a등급) 역시 둘러봤지만, 등반이 불가능하다고 판단했다. "예를 들어 '볼더boulder'를 오를 수만 있다면 어떤 곳이든 등반을 할 수 있을 것이다. … 그러나… 가파른 경사가 90미터나 쭉 이어져 있는 곳은 정신과 근육의 지구력에 너무 큰 부담을 주기 때문에 현재로서는 보통 '불가능'하다고 여겨진다.[102]" 4년 후 그곳은 케스윅 출신의 아브라함 형제가 짐 퍼트렐과 셰필드 출신의 어니스트 베이커 교수와 함께 등반에 성공했다. 그들이 정상에 오른 날 때마침 영국군이 마페킹Mafeking의 포위 상태에서 벗어났다는 소식이 전해졌는데, 이는 보어 전쟁 초기에 보기 드물었던 영국군의 성공적인 작전으로, 나라 전체가 이를 크게 경축했다. 이 루트는 얼마 지나지 않아 해롤드 레이번Harold Raeburn이 재등했다.

레이번은 스코틀랜드의 여러 지역뿐 아니라 알프스와 카프카스에서도 등반을 했지만, 주로 벤네비스와 연관 지어지는 유명한 스코틀랜드 등반가이다. 알프스에서 그는 디스그라치아Disgrazia 북벽(TD등급, 1910년)을 등반했고, 라 메이주(D등급, 1919년)를 단독으로 횡단하기도 했다. 스코틀랜드에서 그가 기록한 인상적인 초등에는 관측소 리지Observatory Ridge(여름에 VD등급, 겨울에 IV등급, 1901년) 단독 등반과 그린 걸리Green Gully(IV등급, 1906년) 등반이 있는데, 이 두 곳 모두 벤네비스에 있다. 탐험 윤리를 열렬히 신봉한 레이번은 스코틀랜드의 겨울이 이미 '탐험이 완료된' 알프스보다 더 많은 신루트를 발견할 기회를 제공한다고 봤다. 1922년, 레이번은 56세의 나이에 에베레스트 원정대의 대장으로 선정되었지만, 원정 내내 안 좋은 건강과 성마른 기질로 고생했다. 스코틀랜드로 돌아오는 길에 완전히 쇠약해진 그는 마지막 5년을 병원에서 보낸 후 '우울증'으로 사망했다.

제1차 세계대전 직전에는 스카이섬 탐사가 지속적으로 이뤄졌다. 극단적으로 외진 느낌과 오싹한 날씨에도 불구하고 거친 반려암과 멋진 절경이 등반가들을 끌어모은 것이다. 스카이섬의 공식 지도는 영국 내에서 가장 부정확한 것으로 알려져 있는데, 최고봉을 포함해 주요 봉우리의 절반 이상이 표시되어 있지 않다. 그럼에도 쿨린 리지Cuillin Ridge는 1900년까지 여러 번에 걸쳐 완등되었다. 대부분은 윌리엄 네이스미스, 노먼 콜리, 존 맥켄지가 등반했으며, 바스테어 투스Bhasteir Tooth의 직등도 이루어졌다. 자세한 내용이 담긴 스코틀랜드산악회 가이드북이 1907년에 출간되었는데, 곧바로 애슐리 아브라함이 『스카이섬에서의 암벽등반Rock-Climbing in Skye』을 출판하면서 이 가이드북은 무용지물이 되어버렸다. 아브라함의 책에는 호수지역을 기반으로 한 펠앤록산악회 출신의 H. 할랜드가 찾아낸 치오크 다이렉트Cioch Direct(S 4a등급, 1907년)를 비롯해 신루트가 많이 들어 있었다. 1911년, 두 명의 잉글랜드 등반가가 총 10킬로미터의 거리를 이동해 3,000미터의 수직고도를 달성하면서 쿨린 리지(VD등급) 완전 종주를 마쳤는데, 제프리 윈스롭 영의 페니패스 회합에 정기적으로 참석하던 A. C. 맥라렌McLaren과 레슬리 섀드볼트Leslie Shadbolt가 그 주인공이었다. 이후 쿨린 리지는 더 이상 등반되지 않다가, 1920년에 하워드 소머벨Howard Somervell(이후 에베레스트로 유명해짐)이 단독으로 종주했다.

노두露頭

바위가 산으로 형성되지 않고 계곡 측면으로 노출되어 만들어진 작은 암장 crag을 19세기에는 '노두outcrop'라 불렀다. 따라서 리웨드와 스코펠은 산악 암장으로, 란베리스Llanberis와 보로데일Borrowdale의 절벽은 노두로 분류되었다. 최근에는 이 용어가 주요 산악지대에서 멀리 떨어져 있는 암장을 뜻하게 되었고, 이 책에서도 그런 의미로 노두라는 용어를 사용하고 있다. 1886년에 네이프스 니들을 오른 해스킷 스미스가 영국 암벽등반의 아버지로 종종 불리지만, 비슷한 시기에 수많은 다른 이들이 영국 전역의 노두에서 이미 등반을 하고 있었다. 아서 앤드루스와 그의 누이 엘시Elsie는 콘월 해벽에서 탐험을 시작해, 나중에는 제2차 세계대전 당시 특수부대원들이 절벽 공격훈련으로 이용했던 200미터 길이의 보시그란 리지Bosigran Ridge(VD등급, 1902년) 등의 루트를 개척했다. 프레드 머메리와 알리스터 크로울리 둘 다 비치 헤드 Beachy Head를 올랐는데, 이후 그곳은 1980년대에 믹 파울러Mick Fowler 등이 하얀 절벽의 등반에 새롭게 관심을 가질 때까지 근 100년간 거의 관심을 받지 못했다. 존 스톡든John Stogden 역시 일찌감치 독특한 연습장소 활용을 지지했던 인물로 "햄프셔Hampshire의 백악광chalk-pit은 열심히 노력해보기에 안성맞춤인 곳이었다."[103]라고 말한 바 있지만, 주로 페나인산맥 남쪽 지역에서 활동했다. 1892년 리즈에서 창립된 요크셔 램블러스 클럽Yorkshire Ramblers' Club은 영국산악회에 이어 잉글랜드에서 만들어진 두 번째 산악회였다. 전형적으로 암벽 등반가를 깔보는 '램블러'라는 말을 사용해 이름 지어진 이 산악회는 긴 하드워킹, 등반, 동굴탐사 등의 활동을 했다. 그들은 약삭빠르게도 데본셔 공작Duke of Devonshire과 완클리프 백작Earl of Wharncliffe을 명예회원으로 뽑았는데, 두 사람의 거대한 사유지에서 회원들이 활동할 수 있도록 하려는 속셈이었다. 하지만 제2차 세계대전이 끝난 뒤에도 등반가들과 사냥터지기들 사이의 마찰은 산악계에 일반적인 행태로 남아 있었다.

은 세공소 매핀과 웹Mappin & Webb의 관리인이었던 셰필드 출신의 짐 퍼트렐Jim Putterell은 완클리프 에지Wharncliffe Edge의 초기 루트를 개척하면서 사암 등반의 창시자로 알려졌는데, 사암 등반은 그 이후 영국 등반의 중심 지위를 놓치지 않았다. 웨일스와 호수지역의 주류 암벽등반으로부터 단절되어 있던 그는 당시로서는 놀라운 등반을 몇 차례 해냈다. 그중에는 킨더 스카우트Kinder Scout의 다운폴 그루브Downfall Groove(HVS등급, 1900년경)가 있다. 20세기에 들어서는 시점에는 셰필드 주변에 퍼트렐의 추종자들이 늘어나면서 킨두르산악회가 만들어졌는데, 퍼트렐은 피크 디스트릭트 밖에서 정기적으로 등반을 하기 시작했다. 여러 측면에서 퍼트렐은 사암에서 훈련한 후 자신의 운동선수 같은 등반 스타일을 호수지역과 스코틀랜드의 큰 암장에서도 실행한 '거친 남자'의 원형이었다. 그는 부아샤리 에티브 모르의 크로우베리 리지 다이렉트(S등급, 1900년)와 아란의 벤누스 침니Chimney of Ben Nuis(VS등급, 1901년) 초등에 참가했다. 벤누스 침니의 경우 1955년까지 재등이 이뤄지지 않았고, 재등도 피톤의 도움을 받은 것이었다. 또한 그는 피크 디스트릭트 맘토르Mam Tor의 푸석한 남동면을 (단독등반으로) 동계 초등했다. 나중에 그는 동굴학에 몰두하면서 영국 전역의 동굴 시스템 탐험 분야를 개척했다.

산악계에서는 작은 노두를 오르는 일이 등반 활동의 품위를 손상하고 등반을 싸구려 스턴트, 체조, 쇼맨십의 수준으로 떨어뜨린다는 이유로 자주 놀림을 받았다. 그러나 노두 등반은 지난 100년간 등반의 기술과 방식 발전에 엄청나게 많은 영향을 줬고, 더비셔와 요크셔의 사암 에지edge 등반이 특히 그러했다. 사암은 마찰력은 좋지만 안으로 파인 홀드가 거의 없어 등반가는 균형감각과 운동능력을 잘 조합해야만 한다. 대부분의 노두는 높이가 낮아 톱로핑을 이용할 수 있기 때문에 등반가는 기술적 난이도의 한계를 실험해볼 수 있다. 또한 많은 노두가 도시지역 근처에 위치해 있어 주말과 여름철 저녁에도 정기적으로 연습을 할 수 있다. 결과적으로 사암에서의 기술 수준은 산악 암장의 기술 수준을 금세 뛰어넘었다. 등반을 자주 함께한 지그프리드 허포드, 스탠리 제프코트Stanley Jeffcoat, 존 레이콕John Laycock, 조지 샌섬George Sansom은 피크 디스트릭트의 사암 암장에서 등반을 시작했다. 거의 비슷한 시기에 프레드 보터릴은 요크셔의 사암 암장에서 자신의 기술을 발전시켰다. 레이콕은 1913년에 쓴 자신의 책『몇몇 짧은 등반Some Shorter Climbs』의 서문에 다음과 같이 적었다. "등반 활동 자체가 중요한 것이기 때문에 (피크 디스트릭트의) 캐슬 네이즈Castle Naze에서 하루를 보내는 것이 (호수지역의) 필러 록에서 하루를 보내는 것보다 때때로 더 좋을 수 있다. … 비교를 하면 양쪽 모두가 불쾌할 수 있다는 말은 비교하는 것이 두려워서 하는 말이 아니다. 잉글랜드의 여왕을 존경하고 사랑하면서도 자신의 아내 역시 사랑할 수 있는 것이니까."[104] 진정으로 열정이 충만했던 레이콕은 언젠가 스태퍼드셔Staffordshire의 헨 클라우드Hen Cloud에서 30미터 높이의 사암 루트를 절반 정도밖에 오르지 않았는데 날이 저문 적도 있었다.

제1차 세계대전 이전 시기에 가장 인기 좋은 암장으로는 요크셔의 암스클리프Almscliff, 셰필드 근처의 완클리프, 피크 디스트릭트 서쪽의 그린필드Greenfield 부근에 있는 래도우 록스Laddow Rocks가 있었다. 이들의 인기 비결은 모두 주요 도시에서 비교적 쉽게 걸어서 갈 수 있다는 점이었다. 지그프리드 허포드는 피크 디스트릭트의 도브데일Dovedale에 위치한 석회암 봉우리인 일람 록Ilam Rock에도 올랐지만, 이 등반에 대해 머리털이 쭈뼛 서게 하는 섬뜩한 묘사를 하는 바람에 이후 수년간 등반가들은 석회암 등반에 도전할 엄두를 내지 못했다.

고산지대

황금기가 시작되었을 당시에는 산악등반과 산악탐사 간의 구분이 그다지 명확하지 않았는데, 대부분의 주요 봉우리와 높은 고개가 알려지지 않았을 뿐만 아니라 등반도 이루어지지 않았기 때문이다. 알프스에서 탐사가 어느 정도 이뤄지자, 주로 등반에만 관심을 보인 사람들과 탐사에 매력을 느낀 사람들 사이에 견해 차이가 생겨나기 시작했다. 결국 의견을 달리하는 두 진영이 나타나게 되었다. 하나는 한곳에 근거지를 두고 주변의 봉우리를 등반한 중도파였고, 다른 하나는 계곡 사이를 돌아다니면서 가는 곳마다 산을 오르고 고개를 넘는 비중도파였다. 중도파의 대표주자는 에드워드 데이비슨 경 Sir Edward Davidson이었다. "리펠의 왕King of the Riffel"이라 불린 그는 매년 체르마트로 가서 리펠호른Riffelhorn을 250번도 넘게 등정했다고 주장했다. 그는 사교계의 명사이자 잘난 체하는 속물이었는데, "사실상 확실하게 안전한 날씨가 아니면 등반을 절대 하지 않았고… 항상 최고의 가이드와 함께했다."[105] 라고 한다. 그렇지만 그에게도 수년 동안 신루트를 많이 개척한 공로가 있기는 하다. 데이비슨은 자신보다 더 성공한 라이벌에 심한 질투를 느꼈다. 머메리의 경우는 특히 심각해서 그가 처음으로 영국산악회 회원 가입신청을 했을 때 데이비슨이 가입을 막은 것으로 보인다. 비중도파의 위대한 챔피언은 훗날 콘웨이 경Lord Conway이 되는 마틴 콘웨이였다. 그는 예술비평가이자 정치인이었으며, 제국 전쟁박물관Imperial War Museum의 설립자이자 산악 낭만주의자였다. 그는 1894년에 이탈리아의 몬테비소Monte Viso에서 오스트리아의 그로스글로크너Grossglockner까지 여행한 일을 다음과 같이 서술했다. "내가 어릴 적 품었던 산의 영웅은 여행을 하는 탐험가였다. 나의 영웅은 바쁘게 돌아다니면서 거칠게 도전하기 위해 알프스로 가는 인물이었다." 그는 이런 야망이 "낚시 또는 사냥 대신 알프스 등반을 하는 조직적인 등반가"의 야심과는 대조된다고 봤다. "더 이상 여행가로 볼 수 없는 그런 등반가는 모든 것이 갖춰진 마을에 편안하게 눌러앉아 휴일을 보내는 버릇을 키웠고, 그 근거지에서 가까운 곳에 있는 높은 산들만 올랐다."[106] 콘웨이는 『알파인 저널』에 기고한 글에서 산악탐사, 아름다움, 지리적 연구에 관심이 있으며, 높은 봉우리에 오르는 능력이 있으면서도 계곡과 고개에도 마찬가지로 흥미를 느끼는 사람을 이상적인 등반가로 묘사했다.[107] 이런 이상적 등반가는 마틴 콘웨이 스스로와 놀라울 정도로 닮아 있었다.

사실 콘웨이는 영국산악회를 왕립지리학회Royal Geographical Society의 등반 지부로 전환하고 싶어 했지만, 그가 논쟁에서 지면서 중도파가 득세해, 황금기에 그토록 돌보였던 얼음 덮인 고개를 넘는 일은 알프스 등반에서 더 이상 주요 사항으로 여겨지지 않았다. 그리하여 콘웨이를 비롯한 비중도파들은 아시아의 고산지대로 옮겨 활동을 계속했다.

알프스의 황금기가 끝난 시점은 1860년대 중반 카프카스에서 러시아가 안보 상황을 통제할 수단을 획득한 시점과 대략 일치한다. 등반에서 미답봉 등정이 필수적인 요소였던 비중도파와 기타 등반가에게 카프카스는 더 크고 우월한 버전의 알프스처럼 보였다. 더글러스 프레쉬필드, 아돌푸스 무어, 찰스 터커Charles Tucker는 1868년 카프카스에서 초창기 등반을 시도해, 엘브루스의 낮은 봉우리(5,633m)를 (아마도 두 번째로) 등정하고, 그곳에서 1,100킬로미터 길이의 산맥 반대편 끝에 있는 카즈벡Kazbek(5,047m)을 초등했다.

프레쉬필드는 런던에 있는 로펌의 경영 파트너 아들이었다. 이튼과 옥스퍼드에서 교육을 받았고 개인 자산이 많았던 그는 나중에 지리학에서의 업적으로 기사 작위를 받게 되었으나, 이를 거부했다. 그는 기질상 등반가보다는 탐험가에 가까웠다. 1895년, 영국산악회 회장으로 선출된 그는 회원들에게 "우리는 이곳에서 곡예사가 아닌 산악인을 양성하고 싶다."라고 알렸다.[108] 그는

E. J. 가우드Garwood와 함께 스위스의 피츠 베르니아에서 가이드리스 등반을 하면서 로프로 인해 아프다고 불평을 했는데, 가우드는 그가 옭매듭을 이용해 자기 자신을 묶은 것을 발견하고는 당황했다. 프레쉬필드는 말했다. "자, 넌 영국산악회 회장인 날 놀릴 좋은 농담거리 하나를 건진 거야. 보다시피 난 항상 날 묶어주는 가이드와 등반하는 데 익숙하거든." [109] 1899년, 프레쉬필드는 원정대를 이끌고 시킴과 네팔의 경계선 부근에 있는 세계 제3위 고봉 칸첸중가 완전 일주를 처음으로 성공했다. 1914년에서 1917년까지 왕립지리학회 회장직을 맡은 그는 지리학 분야 학위과정을 개설하도록 옥스퍼드와 케임브리지 양쪽 모두를 설득하는 데 중요한 역할을 했다. 또한 그는 왕립지리학회로 하여금 등반이 탐사의 한 분야임을 인식하도록 설득하기도 했다. 제프리 윈스롭 영은 1920년대 후반에 영국산악회 회의에서 프레쉬필드를 만난 일을 이렇게 회상했다. 프레쉬필드는 "뒤쪽에 앉자. 앞쪽에는 저 흰 대머리들만 있잖아!"라고 말했다. 영은 "프레쉬필드 자신도 여든이 훌쩍 넘었지만, 젊음의 편협한 특권을 한가득 즐기고 있었다." [110]라고 평했다.

무어는 1874년에 플로렌스 그로브, 호러스 워커, 프레더릭 가디너와 함께 카프카스로 돌아가 엘브루스의 최고봉을 등정했다. 1880년대에는 머메리, 덴트 등 다른 이들이 그와 함께해, 그곳에서 두 번째로 높은 봉우리인 디크 타우Dykh-Tau(5,198m)와 게스톨라Gestola(4,860m)를 등정했다. 알프스 산악계에는 사실상 알려지지 않았던 리버풀의 변호사 존 코킨John Cockin 역시 몇몇 힘들고 기술적으로 어려운 봉우리를 정복했는데, 1888년의 마법 같은 3주 동안 시하라Shkhara(5,201m), '카프카스의 마터호른'이라 불린 우슈바 북봉 North Summit of Ushba(4,695m) 등을 올랐다. 그는 1900년에 바이스호른에서 사망했다.

1888년, 카프카스에서 실종된 윌리엄 돈킨William Donkin과 헨리 폭스 Henry Fox는 이 지역에서 사망한 첫 영국 산악인이었다. 『더 타임스』는 "이 참사는 매우 우울한 사건으로, 모든 영국인에게 마터호른의 대재앙을 상기시킬 것이다."라고 서술했다. 그러나 1865년 이후 영국인들이 등반을 대하는 태도는 이미 변해 있었다.『더 타임스』는 다음과 같이 계속 이어갔다. "우리는 그들의 죽음을 진심으로 깊이 애도할 수밖에 없다. 하지만 연구와 모험 정신이 이따금 재앙을 불러온다고 해서, 그런 정신이 영국인에게 있어 논쟁의 대상이 될 수는 없다. 영국은 연구와 모험 정신이 없다면 생존할 수 없다는 사실을 강조하고 싶다.[111]" 돈킨은 이튼과 옥스퍼드에서 교육을 받은 화학과 교수였고, 폭스의 가문은 서머싯에서 오랫동안 모직 공장을 경영하고 있었다. 이렇게 볼 때 두 사람은 마터호른에서 죽은 이들과 비슷한 사회적 계층 출신이었다. 그러나 이제는 영웅적인 탐사라는 개념이 영국의 특징이자 영국의 제국적인 지위와 위신의 상징으로 확고히 자리 잡고 있었다. 당시 한 비평가는 그들의 죽음에 대해 "북극점에서 안데스산맥의 봉우리까지, 위험과 직면할 수 있거나 명예를 높일 수 있는 곳이라면 어디든지 영국인들의 이름이 널리 퍼져 있다. 영국인의 이름이 가장 영예로운 곳은 중앙 카프카스이다.[112]"라고 언급했다.

1903년과 1912년에는 톰 롱스태프Tom Longstaff가 카프카스에서 등반을 했고, 1914년에는 해롤드 레이번이 러시아혁명으로 이 지역의 탐사가 더 이상 불가능해지기 직전에 마지막 영국 원정대를 이끌고 갔다. 이 시기에는 거의 모든 등반 활동이 빙하지대 근처의 고소캠프에서 출발해 당일 안에 완료되었는데, 이는 상당한 체력과 지구력을 보여준 것이다. 요즘의 원정대는 크램폰을 사용하는 이점이 있음에도 불구하고 주로 이틀을 소비한다.

영국인들은 남미지역에서도 활동했다. 에드워드 윔퍼는 마터호른에서 자신의 라이벌이었던 카렐과 함께 1880년에 에콰도르로 원정을 떠나, 적도에서 가장 높은 지점인 카얌베Cayambe(5,786m)와 오랫동안 세계에서 가장 높은 산으로 여겨졌던 침보라소Chimborazo(6,267m) 등정에 성공했다. 윔퍼의 세심한 탐사 계획은 성공의 핵심 요인이었다. 마틴 콘웨이 등 다른 이들도 히말라야와 안데스로 원정을 갈 때는 윔퍼의 원정 기록을 참조했다. 영국을 자신의 집으로 여겼던 미국인 에드워드 피츠제럴드Edward Fitzgerald는 히말라야를 제외하면 가장 높은 산인 아콩카과(6,970m)로 1897년에 원정대를 이끌고 갔다. 알프스에서 피츠제럴드와 함께 등반했던 버트런드 러셀Bertrand Russell은 그의 수많은 성취를 다음과 같이 묘사했다. "피츠제럴드는 게으르고 나태했지만 뛰어난 능력이 있었는데… 수학에서 특히 그러했다. 그는 훌륭한 와인이나 시가가 몇 년산인지 정확히 맞추는 능력이 있었다. 그는 겨자와 카이엔페퍼를 섞어 한 숟가락 가득 먹을 수 있었다. 그는 대륙의 사창가를 드나들었다. 문학적 지식이 방대했던 그는 케임브리지의 학부생이었을 때 훌륭한 초판본을 많이 사들였다."[113] 피츠제럴드는 고산병으로 발길을 돌려야 했으나, 그의 가이드인 마티아스 추브리겐Mattias Zurbriggen은 아콩카과 정상에 홀로 도달했다. 추브리겐은 콘웨이와 함께 카라코람에도 갔으며, 피츠제럴드와 함께 뉴질랜드에서 두 번째로 높은 봉우리 타스만Tasman(3,947m)도 초등했다. 추브리겐은 이후 제네바에서 총으로 자살했다.

세계 오지에서의 초기 산악등반에 관한 기록물에서는 사실과 허구의 경계가 종종 흐릿해지곤 했지만, 로슨Lawson 대위가 1876년에 뉴기니의 헤르쿨레스Hercules를 등정한 일을 묘사한 내용은 신뢰하기 매우 힘들다고 많은 사람들이 여겼다. 그는 해발 600미터에 위치한 캠프에서 출발해 7,716미터까지 하루 만에 등반했으며, 그다음 날에는 아부Aboo란 이름의 현지 난쟁이 주민과 함께 9,992미터 높이의 정상에 도달했다고 주장했다. 『알파인 저널』은 그의 설명을 "터무니없는 난센스"라고 일축했지만, 당시 다른 정식 간행물에서는 그의 주장이 사실인 양 널리 퍼졌다.

뉴질랜드에서는 아일랜드 출신의 영국산악회 회원 윌리엄 스파츠우드 그린William Spotswood Green 목사와 오버란트의 가이드 2명이 1882년에 마운트 쿡Mount Cook(3,764m) 정상 100여 미터 근처까지 접근했지만, 날이 어두워져서 발길을 돌려야 했다. 결국은 톰 파이프Tom Fyfe가 이끄는 뉴질랜드 원정대가 이곳의 등정에 성공했는데, 그들은 1894년 크리스마스 날 이 산을 정복해 에드워드 피츠제럴드보다 가까스로 먼저 마운트 쿡 초등 기록을 세웠다. 1888년, 윌리엄 그린 목사는 특별히 등반을 목적으로 캐나다 로키산맥으로 첫 원정을 떠나, 새로 개통된 캐나다 태평양 철도와 인접한 셀커크산맥을 목표로 삼았다. 셀커크산맥의 일부는 1886년 글레이셔국립공원에 편입되었다. 그곳은 유럽에서 뉴욕을 통해 접근이 용이하고 일등석 왕복표 가격이 60파운드에 불과했기 때문에 여름철에 가장 인기 좋은 유원지였다. 그곳에서 영국의 등반가들은 1902년에 설립된 미국산악회 및 1906년에 설립된 캐나다산악회 회원들과 합류했다. 이들은 빅토리아 시대와 에드워드 7세 시대당시 유명했던 인물들의 이름을 붙인 여러 산을 유산으로 남겼는데, 포브스Forbes, 볼Ball, 돈킨Donkin, 폭스Fox, 프레쉬필드와 같은 이름이 쓰였다. 1897년부터 1911년까지 로키산맥으로 6회의 원정을 간 노먼 콜리는 마치 자신이그곳의 소유권자인 양 개발에 관심을 보였다. 그는 웜퍼가 캐나다 태평양 철도의 관광 잠재력 홍보를 돕는 목적으로 1901년에 로키산맥에 초대를 받았다는 사실을 듣고서 특히 격노했다. "이 나쁜 자식 같으니라고! … 내가 이 일에 이렇게 화가 나는 건 그게 등반을 위한 일도 아니고, 그가 정말로 산을 좋아해서 하는 일도 아니기 때문이다. 그는 처음부터 그저 '돈'만 밝혔다."[114]

미국에서의 산악탐사는 대부분 유럽의 알파인 전통과는 완전히 무관한미국인들이 실행했지만, 영국 원정대가 방문한 경우도 드물게 있었다. 예를 들어, 제임스 에클스는 (나중에 옐로스톤국립공원을 세계 첫 국립공원으로지정하는 데 중요한 역할을 한) F. V. 헤이든Hayden과 함께 와이오밍주의 윈드리버 피크Wind River Peak와 프레몬트 피크Fremont Peak를 초등했다. 에클스의 주장에 따르면, 그의 가이드이자 평생 친구였던 미셸 파이요는 미국 여행 중 인디언들이 그의 머리 가죽을 벗길 것이라고 생각했을 때만 두려움을 보였다고 한다. 주로 스포츠 목적으로 산악지대 탐사가 이루어진 다른 지역들과는 달리, 미국에서는 개척자 대부분이 덫 사냥꾼, 광산 투기꾼, 철도 측량사였다. 미국에서 등반이 독자적으로 발달한 것은 나중에 중요한 의미를 갖게 되었는데, 유럽의 알파인 전통으로부터 등반이 성장한 세계의 여러 지역에 새로운 개념과 방법을 제시할 수 있었기 때문이다.

심지어 산악도보와 등반의 전통이 오래된 일본에서도 기술적인 등반은 영국으로부터 도입되었다. 영국산악회 회원이었던 월터 웨스턴Walter Weston 목사는 1889년에 영국 군목으로 고베에 파견되어 등반을 소개했다. 그가 불교 승려들이 200년 이상 오르려고 시도했으나 실패한 봉우리를 정복하자, 승려들은 그에게 산을 다시 올라 그곳에 신사를 세우고 이를 관할하는 사제가 되어달라고 부탁했다. 그는 "내가 받아본 승진 제안 중 가장 참신했다."라고[115] 말했다. 1905년 그는 일본산악회 창립을 도왔는데, 이후 산악계에서 주요 세력으로 성장한 일본은 특히 히말라야 등반에서 두각을 나타냈다.

아프리카에서는 핼포드 맥킨더 경Sir Halford Mackinder이 이끄는 영국 원정대가 1899년에 마운트 케냐Mount Kenya의 최고봉 바티안Batian(5,199m)을 정복했다. 현재 IV등급인 이 루트는 이후 30년 이상이 지나서야 에릭 십턴Eric Shipton과 퍼시 윈 해리스Percy Wyn Harris가 재등에 성공했다. 맥킨더의 원정대는 천연두와 기아가 휩쓴 지역을 통과하면서 아랍 노예상인과 결탁한 적대적 추장의 공격을 받아 대원 2명이 사망하기도 했다. 맥킨더는 같은 해 옥스퍼드에 지리학과를 설립했지만, 첫 학기가 시작됐을 때는 학교에 없었다. 그는 "모험가이자 탐험가가 아닌 지리학자는 대부분의 사람에게 쓸모가 없을 것이다."라고[116] 선언했다. 하지만 그 역시 탐사가 유용했던 시절이 저물고 있다는 사실, 그리고 산악지대가 극지방을 제외하고는 마지막으로 남은 미답의 지역이라는 사실을 알고 있었다. 그가 마운트 케냐에 접근할 때 이용한 루트의 일부는 당시 건설 중이었던 몸바사와 우간다 간의 철로 구간이었다.

어쨌든 등반가에게 최고의 선물은 히말라야였다. 노먼 콜리가 20세기 초에 히말라야 탐사 상황을 검토했을 때 도전과 기회의 규모는 거의 상상 불가능한 수준이었다. "히말라야의 산들에서 나오는 강들의 근원은 갠지스강을 제외하고는 거의 알려져 있지 않다. … 그 원류들은 이른바 주요 산맥의 북쪽에 있는 미지의 땅에 있다. 그 뒤에 더 높고 더 거대한 산맥이 있을지 현재로서는 회의적이지만, 북쪽에 더 높은 산이 있다는 보고가 가끔씩 들어오곤 한다."[117] 이에 더하여, 히말라야 지역 대부분은 영국 등반가들이 탐사하기에 비교적 용이했는데, 당시 한 비평가가 언급했듯 "영국인들이 히말라야의 남쪽 루트를 차지하기로 했기" 때문이다. 그럼에도 불구하고, 1920년까지도 에베레스트 65킬로미터 이내로 들어간 유럽인은 단 한 명에 불과했다.

역사를 통틀어 산은 자연적인 경계선을 형성했는데, 세계에서 가장 큰 히말라야산맥은 세계 최대의 세 제국을 분할하고 있었다. 영국인들이 인도 방면의 남쪽, 러시아인들이 북쪽과 서쪽, 중국인들이 북쪽과 동쪽을 차지한 것이다. 영국 해군은 인도 남쪽의 해상교통로를 충분히 방어하고도 남았지만, 영국인들은 육로를 통한 북쪽으로부터의 공격을 언제나 두려워했다. 19세기에 중국 제국은 쇠퇴하고 있었지만, 러시아는 점차 남쪽으로 확장하면서 가는 곳마다 철도를 깔았다. 러디어드 키플링이 사용해 유명해진 말인 '그레이트 게임Great Game'은 이 세 제국의 애매한 경계선을 조사하고 시험해보는 활동을 의미했다. 따라서 히말라야 탐사는 과학 연구 외에 군사적, 전략적으로도 중요했다. 그러나 순수하게 스포츠만을 목적으로 하는 탐사도 이내 나타났다.

인도 측량국은 1846년에 히말라야의 산기슭 일대 지도 제작을 시작했다. 에베레스트의 높이가 처음으로 확실히 밝혀진 것은 1852년이며, 뒤이어 1858년에는 세계 제2의 고봉인 K2의 높이가 측정되었다. 용기 있는 괴짜 영국인들이 영국령 인도 북쪽 국경을 따라 위치한 아삼, 네팔, 시킴, 부탄 등 히말라야 일대의 작은 독립왕국을 탐사하기 시작했고, 1863년부터는 현지 출신의 훈련받은 '전문가들'이 백인들의 출입이 금지된 지역을 조사하고 염탐하기 시작했다. 바퀴 모양의 경전에 나침반을 숨기고 불교 염주로 발걸음 수를 센 이 현지 전문가들은 강과 옛 교역로들을 따라가며 그것들이 어디로 뻗어 있는지 알아냈다. 아홉 번째 전문가 하리 람Hari Ram은 1871년 기록상으로 에베레스트 최초 일주에 성공했다. 윌리엄 존슨William Johnson은 1860년에서 1865년까지 카슈미르 측량에 참가하면서 해발 6,100미터까지 수많은 측량 기지를 설치했다. 그는 스스로도 수많은 산을 등반했지만, 그의 등반 활동은 인도 관련 정치부에서 달가워하지 않았다. 그는 이 일로 징계를 받은 후 공직을 그만두고 카슈미르의 마하라자Maharaja[34] 밑에서 일했다. 그럼에도 그는 개척 탐사의 공적을 인정받았고, 왕립지리학회는 그에게 금시계를 선물했다. 같은 시기에 측량국 관리 토마스 몽고메리Thomas Montgomerie 대위와 헨리 고드윈-오스턴Henry Godwin-Austen 대령 등은 아스토르, 길기트, 스카르두 지역에서 활동하며 무즈타그 고개Muztagh Pass 기슭에 도달했는데, 1887년에는 프랜시스 영허즈번드Francis Younghusband가 그곳을 통과하면서 발토로 빙하를 탐사했고, K2와 가셔브룸, 마셔브룸 같은 고봉들의 위치를 확인했다. 1857년에 인도 폭동이 일어난 와중에도, 그들은 영국이 이길 것이라는 확신을 보여주기 위해 측량작업을 계속하라는 지시를 받았고, 결국은 그 지시를 따랐다. 그러나 이 지역의 통제권은 1858년에 영국 동인도회사에서 여왕에게 넘어갔다. K2를 '고드윈오스틴산Mount Godwin Austen'으로 부르자는 제안은 거절당했으나, '고드윈-오스틴 빙하'는 현재 콩코르디아Concordia의 발토로로 흐르고 있다. 알프스 등반 황금기가 끝날 즈음에는 인도 측량국의 관리들이 이미 20,000피트(6,100m) 이상의 봉우리 약 37개, 그리고 21,000피트(6,400m) 이상의 봉우리 5개를 등정했다.[118]

---

34 마하라자Maharaja: 인도 지역의 통치자를 지칭하는 말

1883년 가이드 요제프 임보덴Joseph Imboden과 함께 인도로 여행한 변호사 윌리엄 그레이엄William Graham은 "과학 지식의 발전보다는 스포츠와 모험을 위해" 히말라야를 처음으로 방문한 인물이 되었다.[119] 그레이엄은 매우 유능한 알프스 등반가였지만(그는 1882년에 당 뒤 제앙을 초등했다) 영국산악회 가입을 제지당했고, 일반적으로 산악계에서 신뢰를 받지 못했다. 그는 가르왈의 난다데비 주변 산을 탐사한 후, 시킴과 칸첸중가 주변의 산으로 돌아왔다. 그는 리쉬 강가 협곡Rishi Ganga Gorge을 뚫고 가려다 실패했으며, 두나기리Dunagiri(7,067m)에서 해발 6,900미터 정도까지 올라갔는데, 카브루Kabru(7,338m) 등정에는 성공했다고 주장했다. 그레이엄은 현지적응에 별 어려움을 느끼지 않아 "개인적으로 산소 부족 문제는 세계의 최고봉을 오르는 데 장애가 되지 않는다고 밝혀질 것이라 믿는다."라고 진술했다.[120] 영국산악회는 그의 주장 대부분에 반박했지만, 산소 부족이 제약사항이 되지 않는다는 의견에는 동의했다. 산악회의 회장이었던 찰스 매튜스는 "히말라야의 최고봉 등정이 영원히 성사되지 않는다 해도, 산소 부족이 실패의 원인이 되지는 않을 것이다."라고 주장했다.[121] 그레이엄은 히말라야를 방문하고 곧 사라졌다. 당시에는 그가 파산한 후 미국으로 이민을 가서 카우보이가 되었다는 소문이 돌았다. 사실 그는 멕시코의 알려지지 않은 마을 두랑고Durango에 부영사로 가 있었는데, 이후 또다시 사라졌다.

1892년 마틴 콘웨이는[122] 오스카 에켄슈타인, 찰스 브루스Charles Bruce 소령, 그리고 여러 명의 구르카족 원주민과 스위스 가이드 마티아스 추브리겐 등이 참가한 원정대를 이끌고 카라코람으로 향했다. 인도 총독이었던 랜즈다운 경Lord Lansdowne은 탐사 계획서에 '등반모임'이라는 말을 지우고 '탐사대'로 바꾸라고 콘웨이에게 충고했는데 "등반은 스포츠에 불과해서, 적어도 내 경우에는 '등반'이란 말을 쓰면 공식적으로 인정을 받기 힘들기 때문"이었다고[123] 한다. 콘웨이는 이 충고를 존중하면서 윔퍼의 안데스산맥 여행을 모델로 삼아 원정을 계획했다. 그는 면밀하게 조사 작업을 진행했으며, 식물과 암석 채집 등 과학적 작업도 수행했지만, 예술비평가이자 산악 낭만주의자로서 경치와 자기발견에도 동등한 수준으로 관심이 있었다. 콘웨이는 "자연이 정신을 일깨워주는 것이 아니라, 정신이 자연을 칭송하는 것이다. 우리가 관조하는 아름다움은 먼저 우리 안에서 일어나야 한다. 대부분의 경우 이 아름다움은 고통을 통해 태어난다.[124]"라고 표현했다.

재산이 많았던 콘웨이는 어릴 적 스노든 정상에 올랐을 때 자신이 너무 작아 케른 꼭대기에 돌을 얹어놓을 수 없어 낙담했다. 다행히 집사가 옆에 있어 그 일을 대신해줬다. 그러나 그는 사치스러운 생활을 했기 때문에 거의 평생 동안 미국인 아내의 집안 재산과 자신의 책, 강의, 그리고 남미의 고무와 광업 주식 투자에서 나오는 약간의 소득에 의존해 위태롭게 생계를 이어갔다. 케임브리지에서 교육을 받은 그는 리버풀의 유니버시티 칼리지University College에서 예술 교수가 되었고, 이후 케임브리지에서 교수직을 지냈다. 1895년, 그는 등반에 대한 공헌으로 기사 작위를 받은 첫 번째 인물이 되었다. 그러나 기사 작위는 봉우리보다는 정치와 더 관련되어 있었는데, 콘웨이가 바스Bath에서 자유당 의회 의원 후보로 출마한 상황에서 선거에 기사 작위가 도움이 된다고 생각한 로즈베리 경Lord Rosebery이 추천했기 때문이다. 그러나 결국 그는 선거에서 졌다. 그는 카라코람 탐사를 통해 히스파르 빙하, 비아포 빙하, 발토로 빙하 주변의 난해한 지역 5,000평방킬로미터의 지도를 작성하는 데 성공했다. 그는 해발 6,890미터까지 오르면서 새로운 고도 기록을 세운 것으로 보인다. 등반가와 탐험가로서 그의 명성은 당연히 올라갔지만, 콘웨이 개인으로서도 신비로운 경험이었다. "낭만이 거의 현실이 되었다. 신은 손에 닿을 듯한 곳에 있었다. 말하자면, 우리는 신의 옷자락을 만졌다. 그러나 이렇듯 격렬한 꿈같은 나날들이 극치에 달할 때조차, 여전히 뭔가가 미완성되고 부족한 기분이 남아 있었다. 비밀이 거의 다 밝혀진 듯했지만, 사실은 그렇지 않았고, 베일은 절대로 완전히 걷어지지 않았다."[125] 이 탐사에 대해 그는 1893년에 10회, 1894년에 21회, 1895년에 25회의 강연을 반복했는데, 결국 강연 주제는 매력을 잃게 되었다. 콘웨이는 진심으로 히말라야에 염증을 느껴, 다시는 가지 않았다.

1894년 그는 2명의 구르카족을 비롯한 에드워드 피츠제럴드와 함께 몬테비소에서 그로스글로크너로 알프스를 횡단했으며, 1896년에서 1897년까지는 스피츠베르겐Spitsbergen섬의 내부를 탐험했고, 1898년에는 볼리비아의 안데스산맥으로 가서 소라타Sorata(6,553m)와 일리마니Illimani(6,461m)를 등정했다. 결국 그는 아콩카과 세 번째 등정을 시도했는데, 알려지지 않은 이유로 정상 직전에서 발걸음을 돌려, 테라 델 푸에고Terra del Fuego를 탐험했다. 결국 그는 등반의 기술적인 측면과 기나긴 탐사가 경관의 기본적인 매력과 상충된다는 것을 알게 되었다. "산은 아름답고 놀라운 것으로서, 또한 끔찍하고 숭고한 것으로서 나를 불러냈지만, 나는 산의 찬란함 속에서 기뻐하기는커녕 수개월 동안 산에 관한 막연한 계획을 종이 쪼가리에 적고 있었다. 이 사실을 깨달으면서 나의 등반 경력은 끝이 났다."[126] 비록 그는 40대 중반에 진지한 등반을 그만두었지만, 등반역사와 탐험에는 계속 관심을 가졌다.

콘웨이는 이것저것 여러 가지를 시도해본 야망 넘치는 예술 애호가였다. 하지만 실제로 터득한 것은 유용한 친구와 인맥을 만드는 기술 단 하나였다. "우리 모두에게는 아직 경험해보지 못한 다양한 즐거움, 해보지 않은 많은 활동, 아직 탐사가 되지 않은 많은 지식 분야들이 있다. 우리는 한 가지 일에 인생을 너무 많이 투자해서는 안 된다. 그렇지 않으면 생애에서 다음에 오는 기회들을 놓치게 된다. 결국 가장 위대한 탐사 분야는 삶 그 자체이다."[127] 1918년부터 1931년까지 영국대학연합을 대표하는 조합 의회 의원으로 선출된 콘웨이는 기사 작위를 받는 데 만족하지 않고 남작 지위를 얻으려 시도해 결국 귀족이 되었다. 그는 귀족 중 문장에 피켈을 넣은 첫 인물이었다. 그가 귀족이 되었다는 사실이 알려지자 『펀치』는 「등반가The Climber[35]」라는 다소 중의적인 제목의 만화를 실었다.

콘웨이의 카라코람 대규모 원정과 그레이엄의 경량화된 자급적 여행은 히말라야 등반에서 쓰이는 두 가지 대조되는 방식의 모범으로 현재까지도 이어지고 있다. 기존 산악계, 특히 왕립지리학회와 영국산악회는 콘웨이의 방식을 선호했다. 그러나 그레이엄이 개척한 경량 '알파인 스타일'은 미래 세대의 등반가들에게 영감을 줬다. 머메리의 1895년 낭가파르바트(8,125m) 탐사는 알파인 스타일로 수행되었다. 원정대는 서로 친구인 머메리, 헤이스팅스, 콜리 세 명으로 구성되었고, 찰스 브루스 소령, 2명의 구르카족 라고비르Raghobir와 고만 싱Goman Singh의 지원을 받았으며, 순전히 스포츠 목적으로 이루어졌다. 고소의 영향에 대한 지식이 전혀 없는 상태에서 그들은 매우 야심찬 목표를 잡았다. 런던에서 출발해 쉴 새 없이 27일간 여행을 하고 나서 낭가파르바트 아래의 루팔 계곡에서 보낸 실질적인 첫날, 머메리와 헤이스팅스는 해발 3,700미터의 캠프에서 출발해 산을 더 잘 관찰하기 위해 6,245미터 높이의 봉우리에 올랐다. 빙하지대를 지나고 깊은 설원에서 허우적거린 후 점심시간이 되었을 즈음 그들은 4,877미터에 도달했으나, 그곳에서 등반을 중단하기로 합의했다. 콜리는 "우리는 대책 없이 컨디션이 나빴다.[128]"라고 적었다. 사실 쉬지 않고 31시간 동안 등반을 한 그들의 활동은 대단했지만, 그런 최선의 노력에도 그들은 산에서 의미 있는 진전을 만들어내지 못했다. 머메리와 라고비르, 고만 싱은 정상으로 가는 더 좋은 루트가 있는지 보기 위해 높은 고개를 넘다 실종되었다. 그들은 히말라야 등반에서 나온 첫 번째 사망자들이었다. 이후 헤르만 불Hermann Buhl이 1953년에 단독 등정을 해내기까지 낭가파르바트에서는 31명의 사망자가 발생했다.

당시 세계에서 가장 뛰어난 아마추어 등반가로 여겨진 머메리의 죽음은

---

35 등반가The Climber: 신분이 오른 자라는 의미도 포함된 것이다.

향후 50년간 히말라야 등반에 큰 영향을 끼쳤는데, 이 사건을 접한 산악계가 소규모 탐사는 본질적으로 위험하고 대규모 원정대가 더 안전하다는 매우 잘못된 결론을 내렸기 때문이다. 세계 제2의 고봉인 K2(8,611m) 등정을 목표로 한 아브루치 공Duke of Abruzzi의 원정대는 11명의 일류 등반가들로 구성되었으며, 500명 이상의 짐꾼이 5,900킬로그램의 짐을 날랐다. 이 원정대는 알래스카와 루웬조리Ruwenzori의 성공적 탐사 경험을 바탕으로 조직이 잘 되어 있었는데, 비록 K2라는 매우 어려운 산은 실패했지만, 1970년대까지 고봉에 도전하는 영국 원정대의 기틀을 마련했다.

아브루치 공의 탐사가 있기 7년 전 오스카 에켄슈타인 역시 K2 등정을 시도했다. 원정대에는 알리스터 크로울리, 스위스 의사 자크-기아르모Jacot-Guillarmod, 젊은 기술자 가이 노울스Guy Knowles가 있었다. 에켄슈타인이 스파이로 체포되고, 심한 다툼 끝에 크로울리가 총을 겨누면서 산 아래까지 노울스를 쫓아간 사건이 있었지만, 그들은 북동 능선의 6,532미터 지점까지 올랐다. 자칭 "세상에서 가장 사악한 인간"이었던 크로울리는 초기 등반가들 중 비교적 다채로운 인물이었다. 흑마술, 환각제, 음란한 성적 의식 등의 취미를 가진 크로울리는 플리머스 형제단Plymouth Brethren[36]에 속한, 성공을 이룬 신실한 회원의 아들이었다. 소년기에 어렵거나 불가능한 것으로 여겨지는 일에 흥미를 느낀 그는 고양이가 목숨이 9개라는 말을 듣고 한 마리를 죽이기로 결심했다. "많은 양의 비소를 고양이에게 투여한 후, 나는 클로로포름으로 고양이를 마취시키고 가스 불꽃 위에 매단 후, 찌르고 목을 따고 두개골을 부쉈다. 난 이 고양이를 완전히 다 태우고 나서 물에 담가 죽였고, 창밖으로 던져 9번째 목숨을 추락으로 마무리 지었다. … 이런 과정 내내 나는 이 고양이에게 진심으로 미안한 감정이 들었다. 순수하게 과학을 위해서 이 실험을 계속 진행할 수밖에 없었을 뿐이다."[129] 케임브리지를 다닌 크로울리는 여기서 여러 충격

---

36 플리머스 형제단Plymouth Brethren: 칼뱅주의를 기반으로 한 독실한 교파

적인 행동으로 명성이 금방 자자해졌다. 젊은 시절 뛰어난 등반가이기도 했던 그는 네이프스 니들과 비치 헤드의 석회암 더미 데블스 침니Devil's Chimney에서 신루트를 선등했는데, 데블스 침니는 나중에 무너졌다. 또한 그는 비치 헤드에서 현재 크로울리 크랙이라 불리는 루트를 따라 3분의 2 지점까지 올랐지만, 그곳에서 오도 가도 못해 해안경비대의 구조를 받아야 했다. 1980년 믹 파울러가 완등한 이곳은 극단적으로 위험한Extremely Severe 루트로 등급이 분류되어 있다.

  1894년에서 1898년까지 매년 (그가 배신하지 않은 몇 안 되는 친구 중 하나인) 에켄슈타인과 알프스를 여행한 크로울리는 톰 롱스태프 등과도 등반을 했다. 그는 노먼 콜리와 마틴 콘웨이로부터 영국산악회 회원이 되라는 제안을 받았다. 콜리는 장난기 섞인 유머감각으로 유명해서 그랬다 치지만, 콘웨이가 크로울리를 지지한 것은 이해하기 힘들다. 이상하게도 크로울리의 이름은 투표가 있기 전 투표지에서 사라졌다. 크로울리는 1900년에 멕시코의 포포카테페틀Popocatepetl(5,452m)에 올랐고, 2년 후에는 불운의 K2 원정에서 에켄슈타인과 합류했다. 1904년, K2 원정대 동료였던 자크-기아르모 박사는 사냥꾼으로서의 뛰어난 면모를 보여주고 싶은 마음에 스코틀랜드에 있는 크로울리의 저택을 방문했다. 크로울리는 언덕을 돌아다니는 위험하고 사나운 숫양 '하기스haggis[37]' 이야기로 그를 들뜨게 했고, 이틀 후 크로울리의 하인 중 하나가 뛰어 들어와 "언덕에 하기스가 한 마리 있습니다, 주인님!"이라며 소식을 전했다. 그들은 즉시 폭우 속으로 뛰어들었으며, 크로울리는 자크-기아르모를 이끌고 오랫동안 사냥감을 힘들게 추격했다. 결국 크로울리의 독려에 자크는 인근 농부가 경품으로 탄 숫양을 코끼리 사냥총으로 쏘아 갈기갈기 찢어놓았다.

---

37 하기스haggis: 본래는 양의 심장, 간, 콩팥 등을 저며서 만든 스코틀랜드 요리. 크로울리는 자크-기아르모에게 농담을 했다.

1905년 히말라야로 돌아간 크로울리는 이전과 마찬가지로 야심에 넘쳐 이번에는 세계 제3의 고봉인 칸첸중가(8,586m)에 도전했지만, 원정대원들은 조화를 잘 이루지 못했다. 크로울리가 "의학만큼이나 등반에 관해서도 잘 모른다."라고 평한 자크-기아르모 박사가 다시 한번 가담했고, 데 리기de Righi라는 이름의 다르질링 호텔 주인("웨이터들이 있는 세계에서 벗어나자마자 그의 보잘 것 없는 두뇌가 완전히 무너지는 것을 예측하지 못한 것은 내 책임이다"[130])도 참가했다. 크로울리는 이런 동료들을 고른 이유를 설명하면서 "영국산악회 덕분에 등반 능력과 경험이 있는 영국인 중 함께할 사람이 없었다."[131]라고 언급했다. 결국 어느 늦은 오후에 심한 언쟁이 발생해, 원정대의 여러 대원들은 하산하기로 결정했다. 크로울리는 그들에게 눈사태 위험이 있다고 경고했지만, 그럼에도 그들은 아래쪽으로 출발했다. 그들 중 3명이 사망했지만 자크-기아르모와 데 리기는 살아남았다. 그들은 살려달라고 외쳤다. 하지만 크로울리는 "이런 종류의 산악 '사고'는 내가 어떤 동정심도 느끼기 힘들다."[132]라고 평하며 자신의 침상에서 차를 홀짝이기만 했다. 이 원정은 그의 등반 경력의 마지막이 되었다.

크로울리는 2008년 영국 국립초상화미술관National Portrait Gallery에 초상화가 전시된 두 명의 등반가 중 하나이다.(다른 하나는 레슬리 스티븐 경) 초상화는 그의 옆모습을 묘사하고 있는데, 그는 허리까지 앞이 열린 채 드리워진 붉은 가운만을 입고 있다. 그의 모습은 비틀즈의 「서전트 페퍼스 론리 하츠 클럽 밴드Sgt. Pepper's Lonely Hearts Club Band」 앨범의 표지에서도 발견된다. 앨 해리스Al Harris와 앨 라우즈Al Rouse같이 1960년대 후반에서 1970년대에 걸쳐 산악계에서 거칠기로 이름난 회원들 대부분은 산악계의 기득권층에 반항할 때 크로울리와 동질감을 느꼈다.

톰 롱스태프는 경량의 '알파인 스타일' 전통을 따른 또 다른 산악 탐험가로, 히말라야에는 세 번을 갔다. 1905년, 그는 그레이엄의 발자취를 따라 인도의 가르왈을 방문해 난다데비 성역을 탐사하고, 난다데비 동봉을 시도한 후, 금지된 티베트 지역까지 "히말라야를 통과하거나 돌아가는 수천 킬로미터의 도보여행"[133]에 착수했다. 탐사는 6개월이 걸렸지만 비용은 100파운드도 들지 않았다. 영국산악회 창립 50주년이었던 1907년, 롱스태프는 아놀드 멈Arnold Mumm, 찰스 브루스와 함께 에베레스트 정찰을 수행할 계획을 세웠지만, 정치적 문제가 발생해 이 계획은 수포로 돌아갔다. 대신 그들은 가르왈로 돌아갔는데, 그곳에서 리쉬 강가 협곡을 뚫고 난다데비 성역까지 가는 데는 실패했다. 하지만 롱스태프는 쿠르마예Courmayeur 출신의 브로슈렐Brocherel 형제, 구르카족 카르비르Karbir와 함께 트리술Trisul(7,120m) 등정에 성공했다. 트리술은 당시까지 등정된 가장 높은 산으로, 이 고도 기록은 21년간 깨지지 않았다. 1909년, 그는 스콧Scott 대위의 남극 원정대에 초청되었다. 롱스태프의 아버지는 초기 남극 탐사에 재정 지원을 하기도 했고, 어니스트 섀클턴Ernest Shackleton의 초기 지지자이자 후원자이기도 했다. 하지만 롱스태프는 히말라야로 돌아가기로 결심하고 카라코람으로 향했는데, 대규모의 잘 조직된 원정대를 이끌고 K2 등정을 시도하러 가는 아브루치 공과 함께 여행했다. 아브루치 공의 원정대와는 대조적으로, 롱스태프는 세실 슬링스비의 조카이자 국경수비대 제56소총부대에서 하급 장교로 근무하던 모리스 슬링스비Morris Slingsby, 그리고 2명의 파탄족[38] 소총수만을 대동했다. 스콧은 남극에서 비명횡사했지만, 롱스태프와 슬링스비는 살토로 고개Saltoro Pass를 넘어, 양극 지방을 제외하고는 세계에서 제일 큰 빙하인 시아첸Siachen 빙하를 발견했다.

북극을 5번 방문한 롱스태프는 로키산맥과 셀커크산맥에서도 등반했다. 그는 찰스 브루스가 이끄는 1922년 에베레스트 원정대의 일원이었는데, 비록 "대규모 원정대의 그 모든 야단법석을 좋아하지는 않았지만… 그가 참가

---

38 파탄족: 인도, 서남아시아에 거주하는 부족

한 진짜 동기는 여행의 매순간을 차분히 즐길 수 있다는 점이었다.[134]" 롱스태프는 자신의 여행 철학을 『이것은 나의 여행This My Voyage』이라는 책에서 다음과 같이 요약했다. "행복이란 현재의 매순간을 사는 법을 배운 이들이 가장 잘 찾기 때문에 여행자들은 행복의 기술을 습득할 방탕한 기회를 가장 많이 접할 수 있는 자들이다. … 정해진 목표 획득은 부차적인 일에 불과하다. 여행자는 여행의 끝을 예상하면 안 된다. 그가 자아에 대한 의식에서 빠져나와, 자신의 모든 감각을 동원해서 현재의 장면을 파악한다면, 세상의 거의 모든 곳이 최상이라 느껴진다. … 우리는 우리 자신이 우주의 주인이 아닌 우주의 작은 부분에 지나지 않는다는 사실을 깨우치게 된다." 한번은 롱스태프가 긴 여행에서 문명사회로 돌아오자마자 오랜 친구 한 명을 알아보고 다가가서 자신을 소개했다. 롱스태프가 변한 모습에 크게 놀란 그의 옛 이튼 동문 친구는 결국 단안경이 눈에서 튀어나와 바닥에 떨어져 깨졌다.

알렉산더 켈라스Alexander Kellas 또한 제1차 세계대전 이전과 직후 몇 년 동안 히말라야를 탐험했다. 스코틀랜드 출신 과학자로, 런던의 유니버시티 칼리지에서 노먼 콜리와 한동안 함께 일한 후 미들섹스병원Middlesex Hospital 으로 자리를 옮긴 그는 고도에서의 생리학에 관해 몇 가지 주요한 초기 연구를 진행했다. 1920년에 그는 다음과 같은 결론에 도달했다. "에베레스트는 일급 훈련을 받은 우수한 육체적·정신적 기질을 지닌 사람이 오를 수 있을 것이다. 산의 물리적 난이도가 심각하게 높지 않다면 외부 보조 장비(보조 산소) 없이 등정이 가능하다.[135]" 결국 그의 결론은 1978년에 타당한 것으로 확인되었다. 조지 맬러리는 켈라스를 다음과 같이 묘사했다. "말할 수 없을 정도로 스코틀랜드 지방색이 강했고, 말을 거칠게 했다. … 체격은 왜소하고 말랐으며, 꾸부정하고 새가슴이었다. 그의 머리는… 눈에 확 띄는 안경과 길고 뾰족한 콧수염으로 괴상해 보였다.[136]" 그는 1907년부터 1921년까지 칸첸중가 지역과 가르왈 지역을 여러 차례 탐험하면서 오지에 있는 몇몇 봉우리를 등정했다.

그리고 1911년에는 파우훈리Pauhunri(7,065m)를 등정했고, 1920년에는 카메 트Kamet(7,755m) 등정을 시도했으며, 1921년에는 카브루Kabru(7,338m)에 도 전했다. 그는 전통적인 스위스 가이드가 아닌 셰르파를 처음 기용하면서 전 통과 단절된 모습을 보였다. 그는 1922년에 에베레스트 등정을 시도하다 처 음으로 사망한 사람으로 분류되었지만 이것은 좀 미심쩍다.[39]

영국의 전 영역에서 삶이 그러했듯, 고산지대에서의 탐험은 1914년 8월 제1차 세계대전이 발발하면서 갑작스레 제동이 걸렸다. 1918년 11월 마침 내 전쟁이 끝나자 세상은 매우 다른 곳이 되어 있었다.

---

39 등반을 하다 죽은 것이 아니라 시작도 하기 전에 심장마비로 죽었기 때문에 미심쩍다고 하는 것으로 보인다.

5

1914~1939년:
조직적인 비겁함

제프리 윈스롭 영은 이렇게 썼다. "전쟁이 시작되어 유한계급 대부분이 사라지면서 노동과 교양 있는 여가활동 사이의 균형이 깨져버렸다. 전쟁은 다른 어떤 환경적 요소보다도 더 많이 등반의 조건을 변화시켰으며, 등반가들이 배출되는 사회적인 배경을 모두 뒤섞어버렸다."[1]

1914년 당시 네일에 긁히고 닳았던 바위들은 대부분의 병력이 해산한 1919년 봄에는 잔디와 이끼로 뒤덮여 있었다. 펠앤록산악회의 회원 68명 중 19명이 전사했고, 그보다 더 많은 이들이 부상을 입었다. 전쟁이 끝나자 어떤 이들은 산에서 위안을 찾았지만, 많은 이들은 폭우와 진흙, 해충, 죽음의 기억이 너무나 생생해 등반에 더 이상 매력을 느끼지 못했다. 영국의 등반가들은 전쟁 직전 수년간 형성되었던 등반 수준을 뛰어넘기 위해 20년 이상 분투했다. 잭 롱랜드 경Sir Jack Longland은 "우리는 1920년대에 등반의 수준을 높이고 목표를 제시할 것으로 기대했던 세대에 속한 등반가들을 너무 많이 잃었다. 우리가 물려받은 것은 권위가 떨어진 중년의 세계였다."[2]라고 회상했다.

전쟁 중에도 개척정신이 강한 몇몇 여성들은 영국 내에서 등반을 계속했다. 1915년에는 (결혼 전 성이 영Young이었던) 소설가 에밀리 다니엘Emily Daniell이 영국에서 여성 최초의 선등으로 이드월 슬랩스Idwal Slabs의 잘 알려진 루트 희망Hope(VD등급)을 올랐다. 다니엘 여사는 "오그웬Ogwen 근처 도로의 사람들이 코르덴 반바지를 입은 나와 내 여동생의 모습을 보고 놀라워하며 아주 멀리까지 뒷걸음쳤다."[3]라고 회상했다. 루트 이름에 들어간 '희망'이라는 단어는 슬랩 위쪽의 더 가파른 바위에서 루트를 하나 찾을 수 있을 것이란 기대를 반영한 표현이었다. 결국 1918년에 새 루트가 발견되어, 이보르 리처즈Ivor Richards가 (나중에 그의 아내가 된) 도로시 필리Dorothy Pilley, 찰스 홀랜드Charles Holland를 이끌고 홀리 트리 월Holly Tree Wall의 오리지널 루트 Original Route(S 4a등급)를 올랐다.

전후 시기의 분위기는 도로시 필리의 자서전인 『등반의 나날들Climbing Days』에서 어느 정도 엿볼 수 있다. 전쟁 이전 최고의 암벽 등반가였던 허포드는 사망했다. 전쟁 전에 가장 어려운 암벽등반 코스였던 스코펠산의 중앙 버트레스를 허포드와 함께 올랐던 찰스 홀랜드는 폭탄 파편에 팔을 크게 다쳐 "병원에서 막 퇴원한 창백한 얼굴의 환자"[4] 상태였다. 초등학교 교사였던 홀랜드는 전쟁 전에 스코펠 암장에서 로프를 타고 내려오다 추락했는데, 우연히도 바위의 둥근 부분에 떨어졌다. 그는 그 경험에 관해 이렇게 썼다. "예상치 못한 이 일이 벌어지는 동안 내가 '신이시여 왕을 보호하소서.'라고 외친 것은 항상 자랑스러운 기억으로 남아 있을 것이다. 하고 나서 후회하는 말들이 참 많은데 말이다."[5] 그는 전쟁이 끝나고 팔에 여전히 깁스를 한 채 등반을 하다 또다시 추락했는데, 마음을 가라앉히고 조용히 앉아서 파이프 담배를 피웠지만 "몸의 모든 근육이 덜덜 떨리기 시작했다."[6] 그의 한 친구는 그를 "작고 다부지며 날카롭게 생긴 인물로, 미소는 노트르담에 있는 유명한 괴물 석상을 떠올리게 했고, 웃음은 술을 두세 파인트 마시고 나면 점점 더 라블레Rabelais[40]풍으로 변했다.[7]"라고 묘사했다. 많은 동시대인들이 그러했듯, 참호 속에서의 경험으로 홀랜드는 삶에 대해 숙명론적인 접근을 하게 되었다. "죽임을 당할 수도 있겠지만, 그런다고 뭐가 크게 달라지나? 삶을 올바로 보는 유일한 방법은 그 자체를 목적으로 보는 것이 아니라 계속해서 앞으로 나아가는 과정의 한 단계로 보는 것이고, 따라서 중요한 것은 삶이 언제 어떻게 끝나느냐가 아니라, 우리가 어떤 정신으로 삶의 고난과 맞닥뜨리느냐는 것이다.[8]"

필리는 1919년 7월 19일의 종전 기념 스코펠 파이크Scafell Pike 등반을 다음과 같이 묘사했다. "우리는 저녁 7시에 스코펠을 향해 출발했다. 공기가 렌즈같이 사물을 왜곡하는 기묘한 시간이었기 때문에 낯익은 길의 익숙한 요소들이 한 꺼풀 벗겨졌다. 돌담이 쌓인 초원, 가시금작화 덤불, 쇠로 된 높은 회전문, 산사나무 수풀, 저무는 붉은 태양 아래로 보이는 바짝 깎인 잔디 등이 주마등처럼 지나갔고, 우리도 유령처럼 이들을 지났다." 정상 근처에서 추위에 떨며 야영을 한 후 그들은 미클도어Mickledore에서 커피를 마셨다. 그리고 평화로운 새벽을 바라보며 그것이 "전쟁의 날들이 끝났다.[9]"라는 징조이기를 바랐다.

전쟁 전에 영국에서 등반 활동을 한 사람들은 중산층이 압도적이어서 사망자 수도 이 '사무직 계층'에서 유난히 많았다. 등반이 대중에게 더 널리 퍼져 있던 독일 등 유럽의 다른 지역에서는 전쟁이 끝난 직후 수년간 등반의 수준이 빠르게 상승했는데, 어떤 경우는 전후의 합의로 국가적인 자존심에 상처를 입어 동기부여가 생겼기 때문이었다. 독일과 오스트리아의 등반가들은 동부 알프스에서 주로 확보와 직접적인 도움을 위해 피톤을 사용하며 어려운 신루트 여러 개를 개척했다. 영국의 등반가들은 대부분 이런 방식을 거부했는데,

---

40 라블레Rabelais: 라블레는 풍자와 저속한 농담으로 유명한 르네상스 시대 프랑스 작가이다.

바위가 상대적으로 부족하기도 했고, 등반의 환경과 난이도를 모두 보존할 필요가 있었기 때문이기도 했다. 그 결과, 영국의 일류 등반가들이 성취한 난이도의 수준은 알프스에서의 수준에 비해 점점 뒤떨어지게 되었다. 독일 동부, 체코슬로바키아, 폴란드에서의 암벽등반 수준 역시 영국에 비해 높았지만, 당시 영국 등반가들 중 이를 인지한 이들은 드물었다.

전쟁의 무자비한 폭력은 영국의 사회와 문화뿐 아니라 강대국으로서의 경제적·국제적 지위도 크게 흔들었다. 전쟁의 여파로 사회가 둘로 갈라져, 한쪽에서는 안정성과 편안한 우월감이 지배하는 상상적인 과거의 '일상성'으로 돌아가고 싶어 하는 사람들이 있었고, 다른 한쪽에서는 과거의 폐허로부터 더 나은 세상을 건설하기로 결심한 사람들이 있었다. 양쪽 모두 결국은 실망할 운명이었다. 산악계는 주로 전자에 속했는데, 영국의 등반가들은 전쟁 전에 이룬 성취에서 위안을 찾았으며, 특히 독일에서 나타난 새로운 등반의 발전에는 훨씬 더 반동적인 자세를 취했다. 전쟁의 트라우마 여파는 1920년대 후반까지도 전쟁을 다룬 진지한 책이 몇 권 나오지 않았다는 사실에서 드러난다. 전쟁에서 돌아온 많은 병사들을 기다리던 첫 반응은 강요된 천박함과 방종이었다. 당시 막 인기를 끈 프로이트의 섹스와 억제에 관한 연구는 자제를 포기하는 것을 정당화하는 도구로 이용되었다. 페니패스 회합에도 자주 참석했던 올더스 헉슬리의 소설은 이런 경향을 반영하고 지지했다. 세심하게 계획된 과거 부정도 있었다. "바보 같은 산"에는 가기를 꺼려했지만 조지 맬러리를 열렬히 존경했던 리튼 스트래치Lytton Strachey는 자신의 책『저명한 빅토리아 시대 사람들Eminent Victorians』을 통해 빅토리아 시대 영국의 우상들을 공격한 여러 지식인 중 하나였다.

전쟁이 끝나고 독일이 아프리카의 식민지를 양도하면서 대영제국은 계속 확장했고, 중동 지역에서는 오토만 제국이 몰락한 자리에 새로운 세력이 형성되었다. 하지만 유럽의 전장에서 영국의 자신감, 과시, 군사적 열의는 소멸되었으며, 1920년대와 1930년대에는 점점 더 많은 사람들이 유럽의 목적성과 도덕성에 의문을 던지기 시작했다. 제국에 대한 대중의 지지가 줄어든 반면 제국이 제공하는 열린 공간의 유혹은 여전히 강했는데, 도시인구의 확산과 교통망을 중심으로 한 띠 모양의 개발은 그 어느 때보다 영국의 전원지역까지 깊숙이 침투했다. 1924년 웸블리에서 대영제국 박람회가 열렸을 때『더 타임스』는 "도시의 많은 젊은이들은 숲과 평원과 초원의 열린 하늘 아래 모험과 공간, 행복한 삶을 제시하는 해외의 쉼터들을 쉽게 지나치지 못할 것이다." 라고 서술했다. 멋진 제국의 이야기를 대체하면서 나타난 여행 서적(그리고 범죄 서적)은 양차 세계대전 사이를 특징짓는 문학 장르가 되었다. 1922년에는 투탕카멘의 무덤이 발견되어 고대 저주의 요소가 가미된 센세이션을 일으켰고, 그로부터 2년 후 에베레스트 정상 근처에서 맬러리와 어빈이 실종된 사건 역시 비슷한 수준의 대중적 관심을 끌었다. 1924년의 대영제국 박람회에서는 에베레스트의 대형 모형이 전시되었는데, 1921년과 1922년 원정에서 이용되었던 루트도 표시되었다. 맬러리와 어빈의 실종 소식이 런던에 전해지자 이 모형 위에는 월계관이 놓였다.

1922년, 보어전쟁 당시 마페킹 포위지역에서의 영웅이자『소년들을 위한 정찰 활동Scouting for Boys』(1908년)의 저자인 로버트 베이든-파월Robert Baden-Powell 중장은 제프리 윈스롭 영에게 보이스카우트를 위한 교육적 활동으로서의 등반에 관해 2,000단어 길이의 글을 써달라고 부탁했다. 이 일은 아마도 영국에서 아웃도어 교육의 장점을 명문화하려고 한 첫 시도일 것이다. 1930년대에 영은 록펠러재단과 함께 작업하면서 이 분야에 관한 아이디어를 계속 발전시켰는데, 특히 독일에서는 그와 비슷한 견해를 갖고 있던 유태인 교육가 쿠르트 한Kurt Hahn을 만나기도 했다. 한이 나치에 체포되자, 영은 영향력을 행사한 끝에 그를 영국으로 데려와 그가 고든스톤학교Gordonstoun School를 설립하는 데 도움을 줬는데, 이 학교에서 나중에 에든버러 공과[41] 찰스 황태자가 교육을 받았다. 오랫동안 이곳의 이사장을 맡은 영은 한으로 하여금 아웃워드 바운드Outward Bound 운동을 이끌도록 독려했다. 에든버러 공은 이후 야외 활동, 체력 단련, 공동체 서비스 분야에서의 성취를 기리는 아웃워드 바운드 상을 후원했다. 이 대회에 참가하여 몸을 흠뻑 적시고 더럽히는 어린이들, 그리고 이를 걱정스러운 눈빛으로 바라보는 어른들의 모습은 영국의 전원지역에서 오늘날까지도 흔히 볼 수 있는 광경이다.

스코틀랜드의 농장 노동자 아들인 램지 맥도널드Ramsay Macdonald가 1924년에 노동당 첫 수상이 되자, 조지 5세는 자신의 일기에 다음과 같이 기록했다. "23년 전 오늘, 사랑하는 할머니가 돌아가셨다. 할머니는 노동당 정부에 대해 어떻게 생각하셨을까?" 노동당의 한 활동가는 "주교, 재정가, 변호사, 그리고 노동 계층에 빌붙어 사는 모든 점잖은 이들은 이것이 종말의 시작이란 점을 알고 있을 것이다."[10]라고 기록했다. 그의 이런 진술은 당시 영국산악회 회원들을 정확히 묘사한 것이다. 러시아혁명이 일어난 지 불과 9년 뒤인 1926년, 영국 역사상 유일했던 총파업이 광부들로부터 시작해 거의 모든 산업 분야로 빠르게 확산되었다. 9일 동안의 이 총파업이 정말로 '종말의 시작'인 것처럼 보였지만, 영국의 여론은 노동계의 직접 행동에 부정적이었고, 의회 민주주의는 새롭게 얻은 힘으로 이 위기에서 탈출했다. 하지만 계급투쟁은 도시에서 산업의 불안정화를 계속 야기했고, 전원지역에서는 사유지 접근권에 관한 다툼이 점점 더 극심해졌다. 이는 랭커셔와 요크셔의 산업 광역 도시권 사이에 위치한 페나인 황무지에서 특히 심했다.

1929년의 월스트리트 붕괴, 그리고 이로 인한 보호무역주의 출현과 세계 무역의 쇠락은 잉글랜드 북부, 웨일스 남부, 스코틀랜드의 산업도시들에서 사는 이들에게 각기 다른 영향을 줬다. 영국의 실업자 수는 1929년에는 약 백만 명이었으나, 1932년에는 거의 4백만 명까지 늘어났다. 특히 젊은이들

---

41 에든버러 공: 엘리자베스 2세 여왕의 남편인 필립

은 도제 기간이 끝나 임금이 오르는 시기에 해고를 당하는 경우가 많았기 때문에 참담한 청년실업 사태가 장기화되었다. 처음으로 상류층과 하위 계층의 많은 젊은이들에게 충분한 여가 시간이 생겼지만, 이 중 하위 계층 젊은이들은 사실상 여가를 즐길 돈이 전혀 없었다. 침체기의 산업도시들에는 체육관, 자전거 클럽, 달리기 클럽, 걷기 클럽 등 수많은 클럽들이 생겨나, 실업자에게 저비용의 여가활동을 제공했다. 이 기간 동안 교회 참석률은 하락했다. 그리하여 많은 가구들에게 일요일 산보는 종교 예배에 상응하는 세속적인 활동이 되었다. 트레킹과 등반이 점점 대중적 활동이 되면서, 대중교통은 수요에 맞춰 야산과 산악지대로 값싼 철도 및 버스 여행을 제공했다. 자가용의 증가 또한 이동성을 크게 개선했기 때문에 등반가들은 여러 지역에서 활동할 수 있게 되었다. 1920년에는 자동차의 수가 100만 대였다. 하지만 1930년에는 그 수가 250만 대까지 증가해, 돈보다는 시간이 많았던 이들에게 히치하이킹은 야산으로 여행할 수 있는 유일한 수단이 되기 시작했다.

1930년대에는 트레킹과 등반을 시작하는 대학생들의 수가 크게 늘었는데, 특히 잉글랜드 북부 지역에서 더욱 그러했다. 1928년에는 맨체스터대학산악회가 창립되었고, 1929년에는 임페리얼 칼리지 런던Imperial College London, 뒤이어 1933년에는 셰필드대학에 산악회가 만들어졌다. 유스호스텔협회Youth Hostel Association가 1930년에 설립되어, 1939년경에는 그 회원 수가 83,000명에 이르렀다. 독일의 란트하이머Landheime[42]를 기반으로 한 유스호스텔은 과거에 대부분의 노동자나 학생들의 주머니 사정으로는 이용할 수 없었던 전원지역의 숙박시설을 젊은이들에게 저렴하게 제공해줬다. 유스호스텔에서는 저녁식사, 침대, 아침식사가 3실링(15펜스)이면 충분했던 반면, 호텔에서는 10실링(50펜스) 이상이 들었다. 초기의 여러 호스텔은 가장 인기 좋은 암장 근처에 개업했는데, 웨일스의 이드왈(1931년), 호수지역의 블랙 세일

---

42 란트하이머Landheime: 시골집을 뜻한다.

Black Sail(1933년)이 그 예이고, 스카이섬의 글렌브리틀Glenbrittle(1939년)에는 특수 목적의 호스텔이 지어졌다. 노련한 등반가들은 유스호스텔협회와 함께하는 포부가 넘치는 젊은이들에게 등반의 첫 경험을 선보이곤 했다. 알래스테어 보스윅Alastair Borthwick은 1930년대 후반 자신의 저술에서 "젊은이들이 지배하는 젊은 세계"라고 유스호스텔을 묘사했다. "당시 20세였던 내가 만난 대부분의 이들은 내 또래였다. 그들은 나와 마찬가지로 주말에 도시와 계급, 늙은이들의 전통 사상을 뒤로 하고, 일주일에 하루와 반나절 동안은 자신만의 삶을 창조할 수 있다는 사실을 이제야 발견했다. … 그들은 스코틀랜드에서 아이디어와 인간 경험이 집약된 가장 훌륭한 도서관이나 다름없었다."[11] 유스호스텔 비용마저도 감당할 수 없는 등반가와 트레커는 외양간이나 동굴, 합숙소에 투숙했다.

교통이 수월해지고 숙박시설이 저렴해지자, 등반가들은 영국의 야산을 훨씬 더 자주 찾을 수 있었다. 제1차 세계대전 이전에는 대부분의 등반가들이 영국의 산에서 크리스마스와 부활절을 보냈고, 알프스에서는 여름을 보냈지만, 그 사이에는 거의 등반을 하지 않았다. 1930년대에 이르러서는, 많은 등반가들이 거의 주말마다 영국의 산과 노두를 방문해, 훨씬 더 높은 수준의 힘과 체력을 기르고 노출에도 잘 적응하게 되었다.

활기찬 정치 토론과 자발적인 '노래 따라 부르기'는 아웃도어 활동에서 자주 볼 수 있었다. 그리고 하루의 활동이 끝난 후에는 간간히 춤도 췄다. 보스윅은 "노래는 호스텔에서 워낙 일상적이라 하루 일과를 거의 방해하지 않는다. 일을 멈추지 않고 노래를 계속하면서 자신의 작업을 해나간다."라고 언급했다. 1930년대 초반에는 경제 위기가 점차 완화되었지만, 국제적인 긴장감이 늘어났고, 독일과 이탈리아, 일본의 군국주의가 팽창하고 있었다. 이 시기 동안 영국의 아웃도어 활동은 압도적으로 좌익 성향에 평화주의였다. 따라서 여기서 벌어진 많은 논쟁과 그들이 부른 많은 노래는 급진적인 경향이 있었

다. 이완 맥콜Ewan MacColl의 「맨체스터 램블러The Manchester Rambler」라는
노래가 바로 그런 예 중 하나이다.

나는 램블러라네, 맨체스터에서 온 램블러라네.
거친 황야의 도로에서 나는 즐거움을 찾지.
월요일에는 임금의 노예일지 모르지만
일요일에는 자유인이라네.

1924년경부터는 등반 모임에서 사회적 변화가 감지되기 시작했다. H.
M. 켈리와 J. H. 다우티는 『펠앤록산악회 저널』에서 "과거의 등반가 그룹은
어느 정도의 재산과 여가 시간이 있는 유복한 사람들이 우위를 점하고 있었
다. 산악운동은 절대로 부자의 스포츠라 할 수는 없었지만, 가난한 이의 스포
츠도 아니었다. 요즘에는 이 모든 것이 많이 변했다."[12]라고 서술했다. 셰필드
산악회, 글래스고의 크리그 두Creagh Dhu 산악회 등 비공식 노동자 계층 산악
회가 영국 전역에 생기기 시작했는데, 이런 산악회들은 제2차 세계대전 이후
두각을 나타내기 시작했다. 이 새로운 산악회의 목표는 기존 산악회의 그것
과 크게 달랐다. 전통적인 산악회는 주로 사교적인 특징을 갖고 있어, 비슷한
배경 출신의 사람들이 상대적으로 편안한 환경에서 만남과 식사를 함께 즐길
수 있는 기회를 제공했다. 반면 새로운 산악회는 정보와 교통을 공유하는 장
이었고, 저가 숙박을 제공했으며, 어린 회원들을 등반에 입문시킬 뿐 아니라,
그들에게 독특한 사회적·정치적 교육을 제공하기도 했다. 보수적인 스코틀랜
드산악회의 회원이었던 E. A. M. 웨더번Wedderburn은 1939년에 쓴 글에서,
1930년대에 새로 생긴 산악회의 일상적인 대화에서는 "지난 주말 지미Jimmy
가 성취한 업적에 대해 얘기할 뿐 아니라 심지어 유물론적 변증법까지도"[13] 다
뤄질 수 있다고 봤다. 그의 이런 평가를 보면 그가 크리그 두 산악회의 회원들

과 대화를 별로 나눠보지 않았다는 것을 알 수 있다. 오래된 산악회는 편안한 전원 호텔에 근거지를 두었지만, 새로운 산악회는 산에 보잘 것 없는 산장을 짓거나, 아니면 호스텔, 외양간, 캠핑장에 근거지를 두었다. 이렇게 극도로 개인주의적인 방식은 대륙의 모델과는 크게 대조되었는데, 대륙에서는 단일한 국립 산악회가 행정적으로, 지역별로 나뉘어 있는 식이었다. 아마도 이런 이유로 독일과 이탈리아의 등반 활동이 상대적으로 파시즘과 군국주의의 명분에 쉽게 흡수되었던 것으로 보인다. 이와는 다르게, 영국의 아웃도어 활동은 작고 배타적인 전통적 산악회를 제외하고는 무척 독립적이고, 반체제적이었으며, 매우 평화주의적이었다.

1920년대와 1930년대의 사회상을 담은 역사책『긴 주말The Long Weekend』(1940)에서, 로버트 그레이브스와 앨런 호지Alan Hodge는 "평화주의, 누드주의, 하이킹"이라는 제목의 장을 포함했는데, 이 세 가지 모두 수명과 건강, 체력을 증진하기 위한 자유의지론적 개념으로 간주되었다. '하이킹'이란 말은 미국에서 도입되어 1927년 이후 영국에서도 쓰이기 시작했다. 하이킹은 램블링에 비해 더욱 야심찬 형태로, 보통 일주일 이상 지속되는 도보여행을 뜻한다. 램블링 또한 계속해서 인기가 좋았다. 1931년 7월 한 저널리스트가 사우스다운스South Downs에서 달빛 아래 걸어보자고 제안했다. 그는 이행사에 30~40명 정도가 참가할 것이라고 예상했지만, 거의 1,500명에 가까운 사람들이 몰려들어 4대의 특별 열차를 제공해야 했다. 등반과 하이킹 탐사모두 알몸 수영은 일반적이었다. 심지어는 여성 전용이었던 피너클산악회도단체 알몸 수영을 실시해 신입 회원들이 많이 당황해했다. 하지만 다른 측면에서 이 산악회는 묘하게도 조신한 조직이었는데, 집에서 만든 케이크와 셰리주로 주요 이벤트를 기렸다. 남성과 여성 모두 동시에 알몸 수영을 할 때는 여성들이 호수 한쪽에 있으면 남성들이 반대편에 있는 것이 관례였다. 잭 롱랜드 경은 "수영을 하는 무리에는 보통 잘 알려진 동성애자도 몇몇 있었고, 아니면 최소한 상류층 양성애자도 있었지만, 그것이 이 운동의 요지는 아니었다.[14]" 라고 평했다.

등반장비는 여전히 원시적이었다. 하이킹 부츠 한 켤레는 가격이 2파운드였다. 그리고 클링커clinker나 트리코니 네일tricouni nail 세트를 부착하려면 5실링(25펜스)이 추가로 들었다. 로프의 경우는 정량 마닐라의 경우 30미터에 16실링(80펜스)이었다. 정통파들은 (붉은 실이 사용된) 영국산악회 로프를 쓴 반면, 다른 이들은 붉은 실이 없는 로프를 쓰며 큰 위험을 무릅썼다. 몇몇은 즈크화plimsolls나 '고무창'을 착용했는데, "바위에 기회를 주지 않기[15]" 때문에 그런 신발을 사용하는 것은 속임수라고 한 촐리 경Lord Chorley의 의견에 많은 이들이 동의했다. VD등급에서 고무창을 쓰는 것은 보기 안 좋다는 것이 일반적인 견해였다.[16] 로프 조작법이 발전했고, 보통 후등자가 바위에 확보를 설치했지만, 러닝 확보는 여전히 상대적으로 흔치 않아서, 튀어나온 바위에 줄을 감거나 이따금 슬링을 사용하기도 했다. 1920년대 후반과 1930년대에는 윈드재킷 등 몇몇 전문 등반장비를 이용할 수 있게 되었는데, 주로 히말라야와 북극 탐험이 발전하면서 생긴 결과였다. 하지만 일반적으로 대부분의 사람들은 마구 수선된 낡은 작업복과 사이즈를 줄인 우비를 입었다. 크게 개선이 이루어진 분야는 캠핑이었다. 20세기로 접어드는 시기에는 텐트의 무게가 보통 45킬로그램 이상 나갔기 때문에 운반하는 데 있어 짐꾼이나 짐을 나르는 동물이 필요했다. 1930년대에 이르러서는 겨우 4.5킬로그램밖에 나가지 않는 경량 텐트가 일반적으로 상용화되었는데, 대부분은 그라운드시트가 붙어 있지 않았다.

아웃도어 활동은 성역과 휴양지로서 야생지대의 중요성을 점점 더 일깨워줬다. 제1차 세계대전 직전에 짐 퍼트렐과 등반을 함께 했던 어니스트 베이커는 1924년 『금지된 땅The Forbidden Land』이라는 책을 통해 영국의 산과 황야를 비롯한 황무지에 일반 대중들이 입장할 수 있게 해달라고 호소했다.

그는 다음과 같이 지적했다. "어느 불행한 날부터, 들꿩 사냥은 게으른 부자들의 여가활동이 되었고, 개방된 야생지대를 폐쇄하는 정책이 점진적으로 진행되었다. 아직 누구도 이런 정책에 반대의사를 낼 만큼 거대한 고독의 매력을 충분히 느껴보지 못했다. 지난 수십 년 동안에야 대중들은 자신들이 잃은 것에 대한 심각성을 거우 깨닫기 시작했다. 하지만 현재는 드디어 우리의 상실이 명백한 사실이 되고 있으며, 우리는 페나인의 열린 공간이 인근 도시에서 혼잡하게 살아가는 수백만의 노동자들에게 뒤뜰과 레크리에이션 장소가 될 수 있다는 점을 우리 조상들이 왜 인지하지 못했는지 그저 궁금할 뿐이다.[17]"

접근권 요구가 새로운 것은 아니었다. 왕실에서 지정한 사냥 금지구역과 기타 사유지의 접근권에 관한 지배층과 시골 평민들 사이의 분쟁은 중세 시대로까지 거슬러 올라간다. 하지만 19세기 말과 20세기 초에는 분쟁의 주요 당사자가 시골 농부들이 아닌 도시 거주민이었고, 정치적 수단으로 자신의 목적을 추구하는 데 익숙한 이들은 대형 시위를 통해 이 운동을 더욱 정치화했다. 영국의 거의 모든 산악지대는 사유지이다. 접근권이 없다면, 이 땅은 이론적으로 교외의 뒤뜰만큼이나 사적인 공간이다. 웨일스와 호수지역에서는 토지의 가치가 크지 않다고 여겨졌기 때문에 접근권이 거의 문제가 되지 않았지만, 스코틀랜드와 피크 디스트릭트에서는 많은 지주들이 사슴 추적과 들꿩 사냥을 이유로 접근권을 제한했다.

1865년에는 급진적 자유주의자인 존 스튜어트 밀이 공유지보전협회Commons Preservation Society를 만들어 에핑 숲Epping Forest과 윔블던 공유지Wimbledon Common 등 런던 주변의 나대지를 보전하자는 운동을 펼쳤다. 이로부터 20년 후, 훗날 브라이스 자작Viscount Bryce이 된 제임스 브라이스는 하원에서 (스코틀랜드) 산악지대 접근권 법안을 발의했지만 다수결로 부결되었다. 알프스와 피레네, 노르웨이, 카프카스, 안데스, 로키, 히말라야에서 등반을 한 적이 있는 뛰어난 산악인이었던 브라이스는 1907년부터 1913년까지 워싱턴에서 영국 대사를 지내면서 당시 막 지정된 옐로스톤국립공원에 자동차 출입을 금지하도록 미국인들을 압박했다. 그가 1884년에 발의한 법안은 등반과 트레킹의 인기가 높아지면서 계속 커져간 산악지대 접근권에 관한 논쟁의 전조가 되었다. 이 법안은 스코틀랜드의 산악지대와 황야지대에 "레크리에이션, 과학 연구나 예술적인 연구 목적으로 걷거나 머무는" 사람에게도 접근권을 허용하자는 것이었다. 스코틀랜드에서는 사냥감 몰이 시즌인 6월부터 10월까지 많은 지역이 등반가들에게 폐쇄되었다. 제1차 세계대전 이전에는 이에 대한 반발이 적었는데, 이는 등반가와 트레커가 상대적으로 거의 없었기 때문이다. 또한 이들 대부분이 지주들과 같은 사회계층 출신이어서, 그들 사이에 비공식적이고 친근한 접근권 조정이 가능했다. 이에 더해, 많은 등반가들이 알프스에서 여름을 보내고 스코틀랜드에서는 크리스마스와 부활절에만 등반을 했기 때문에 대체로 사냥감 몰이 시즌에 영향을 받지 않았다. 에든버러에 근거지를 둔 스코틀랜드산악회는 제1차 세계대전 이전에 많은 등반가들이 갖고 있던 견해를 반영해 경관을 보전하는 수단으로서 개인의 소유권을 지지했지만, 애버딘에 근거지를 둔 (그리고 브라이스가 초대 회장을 지낸) 케언곰산악회는 접근권과 통행권 획득 투쟁에 더욱 적극적이었다. 케언곰산악회 회원들이 이렇게 행동에 나선 이유 중 하나는 스코틀랜드산악회 회원들보다 재력이 충분치 못해 여름에 알프스에 갈 만한 여유가 없었기 때문이다.

호수지역에서는 옥타비아 힐Octavia Hill, 캐논 하드윅 론슬리Canon Hardwicke Rawnsley, 로버트 헌터Robert Hunter가 1895년에 문화보호재단National Trust을 설립했는데, 이 재단은 워즈워스가 칭송했던 자연 경관을 보호하고자 하는 마음으로 만들어졌지만, 모든 이에게 접근권을 확보한다는 명확한 목표 역시 갖고 있었다. 이 재단이 획득한 첫 번째 명승지는, 워즈워스의 가장 유명한 시에 영감을 준 수선화가 피어 있는 곳인, 얼즈워터Ullswater의 고우배로공원Gowbarrow Park이었다. 제1차 세계대전이 끝난 후, 이 재단은 두 곳의 넓은 토지를 획득했다. 레콘필드 경Lord Leconfield이 스코펠 파이크Scafell Pike의 해발 3,000피트(914m) 이상 지역을 종전을 기념하는 의미로 기증했고, 허버트 워커가 웨스데일 헤드 주변의 해발 1,500피트(457m) 이상 지역 3,000에이커의 땅을 이들에게 400파운드에 매각한 것이다.

피크 디스트릭트는 이 지역 주변의 산업도시에서 온 그 어느 때보다 많은 도보 여행자들과 등반가들이 들꿩 사냥이 이뤄지는 황야지대를 보호하기 위해 지주들이 고용한 사냥터지기들과 충돌하면서, 19세기 말부터 일촉즉발의 주요 지역이 되었다. 제임스 브라이스의 법안을 부활시키려는 시도가 여러 방식으로 이뤄졌는데, 1908년과 1924년, 1927년에 평의원이 법안을 발의한 적도 있었다. 하지만 이 모든 시도는 실패로 돌아갔다. 1926년의 총파업과 1930년대의 높은 실업률이 바탕이 되어 이 문제를 둘러싼 갈등은 점점 더 과격해졌고, 많은 트레커와 등반가들이 왕족, 부유한 지주, 군대와 그 외 지배층 대표들이 오랫동안 부정해왔던 땅에 대한 '자신들의' 권리를 주장했다. 영국 노동자스포츠연맹은 잉글랜드 북부, 특히 맨체스터 주변의 디즐리Disley, 마플Marple, 헤이필드Hayfield에서 야외 회합과 캠프를 조직했다. 더비셔의 캐슬튼Castleton 인근에 있는 위나츠 고개Winnats Pass에서 매년 열린 집회에는 약 5,000명의 사람들이 모여 접근권의 자유를 주장했다. 또한 북부 산업도시 주변의 들꿩 황야지대에서는 대규모의 걷기 대회도 펼쳐졌다. 결국 1932년 4월에는 킨더 스카우트Kinder Scout와 애비 브룩Abbey Brook에서 대규모 사유지 침입이 발생했다. 그리고 여단장 2명, 대령 3명, 소령 2명, 대위 3명, 시의회 의원 2명으로 구성된 배심원단의 판결로 침입자 중 5명이 투옥되었다.[18] 최초의 침입은 단지 400명의 시위자들만 가담했다. 그러나 1932년 6월에는 징역형의 부당함에 저항하며 위나츠 고개에서 열린 후속 시위에 10,000명 이상의 군중이 운집해, 정치계는 모종의 양보가 이뤄져야 한다는 점을 명확히 깨달았다. 1939년에 산악지대 접근권 법안이 드디어 상·하원 모두에서 통과되었지만, 시위 운동가들은 이 법을 "지주 보호법"이라고 비판했다. 제2차 세계대전 발발 이전에는 접근권 명령이 발부되지 않았다. 전쟁 후에 새 출발이 이뤄지며 국립공원들이 생겨났고, 1949년에는 마침내 전원지역 접근권 법안이 통과되었다. '돌아다닐 권한'은 2000년에 통과된 전원지역 및 통행권 법안을 통해 더욱 확대되었다.

짐 페린은 1930년대 중반의 등반 활동에 대해 "매우 신선한 경험으로, 열정적인 노력과 밝은 낙관론이 있었다."라고 평가하면서 "낭만, 위험, 성취 간의 균형이 완벽하게 맞춰져 있었다.[19]"라고 언급했다. 잭 롱랜드 경은 이 시기의 등반을 "조직적인 비겁함[20]"이라고 칭했다. 이 두 가지 설명 모두 양차대전 사이의 등반 활동에 대한 묘사로서는 정확하다. 1930년대 이전에는 루트 설명에서 '수직의' 또는 '완전히 깎아지른'이라는 표현은 보통 약 70도 경사를 의미했다. 제2차 세계대전이 발발한 시기쯤에 등반가들은 90도 경사의 피치뿐 아니라 돌출된 암벽의 짧은 구간도 도전할 수 있을 정도의 육체적·정신적 체력을 갖추게 되었다. 장비가 오늘날과 같았다면 어느 정도 체력을 갖추고 결심이 굳은 사람은 매우 위험한 등급도 오를 수 있었겠지만, 1930년대에는 극복해야 할 심리적 장애물이 컸다. 대부분의 경우 선등자가 효과적으로 단독 등반을 했는데, '선등자는 추락하면 안 된다'는 것이 황금률이었다. 등반 모임은 작고 결속력이 좋았기 때문에 치명적인 사고가 발생하면 그 여파가 산악계 전체에 퍼졌다. 스코펠산의 피너클 페이스Pinnacle Face는 1903년에 사고로 등반가 4명이 사망한 후 어렵다는 악명이 높아 거의 아무도 등반하지 않았다. 콜린 커쿠스Colin Kirkus와 앨런 하그리브스Alan Hargreaves가 1929년에 홉킨슨 케언으로 향하는 허포드의 다이렉트 루트Direct Route를 재등했는데, 펠앤록산악회의 부회장은 이 소식을 듣고 공포에 떨었다. 그는 "이 멍청한 어린 녀석들, 또 다른 인명 사고를 내려고 하네."[21]라고 말했다. 그러나 고집을 굽히지 않은 젊은 세대는 오늘날에는 매우 순수한 스타일이라 불릴 만한 방식으로 도움이나 확보를 위한 피톤 사용을 거의 하지 않으면서도 더 길고도 노출이 심한 루트들을 올랐다. 1930년대에 개척된 많은 루트는 거친 자연의 선을 따르고 있어서 고전으로 남아 있는 반면, 최근의 난이도가 더 높은 루트들은 남아 있는 미등의 바위에서 불분명한 선을 따르고 있다.

이런 발전에도 불구하고, 양차대전 사이 내내 영국에서 개척된 신루트 중 가장 어려운 것도 1914년에 허포드가 개척한 중앙 버트레스의 기술 등급인 5b를 넘어서지 못했다. 등반의 전반적 수준은 독일이나 오스트리아, 이탈리아보다도 뒤처져 있었다. 알프스의 경우, 점점 더 국수주의적이고 속물적이며 반동적으로 변해간 기존 영국 산악계의 태도로 인해 알프스에서의 영국의 등반 발전은 답보상태가 되었으며, 이는 제2차 세계대전 이후 '위대한 산악계의 프롤레타리아 혁명'으로 완전히 새로운 방식을 통해 영국이 등반의 선두주자 자리를 되찾을 때까지 계속되었다.

─◦◦◦◦◦◦◦◦◦◦◦◦─ 호수지역 ◦◦◦◦◦◦◦◦◦◦◦◦─

수년간 웨일스 지역에 우위를 내줬던 호수지역은 1914년의 중앙 버트레스 등반을 계기로 제1차 세계대전 발발 직전 시기에 영국 등반을 선도하는 중심 지역이 되었다. 그리고 전쟁이 끝난 직후인 1922년부터 1926년까지 이 지역에 대한 새로운 가이드북이 연속 출판되면서 이 지위가 강화되었다. 조지 바우어George Bower가 도우Dow 암장과 코니스톤에 관해 쓴 첫 가이드북에는 많은 새로운 등반 루트가 포함되어 있었는데, 그중에는 기술적 난이도 면에서 중앙 버트레스와 맞먹을 정도는 되지만 능가하지는 못한 조 로퍼Joe Roper의 그레이트 센트럴 루트Great Central Route(HVS 5b등급, 1919년), 버트 그로스Bert Gross의 엘리미네이트Eliminate B(HVS 5a등급, 1922년) 등이 있었다. 로퍼와 그로스는 모두 배로인퍼너스Barrow-in-Furnace에 기반을 둔, 활동이 왕성한 등반가 그룹 유데일 배거본즈Yewdale Vagabonds의 회원으로, 영국의 다른 지역에서 등반이 빠르게 쇠퇴하던 시기에 호수지역의 등반 수준을 거의 전쟁 이전 수준으로 회복시킨 인물들이다. 러스킨 칼리지Ruskin College 졸업생이었던 로퍼는 노동자교육협회에서 강연을 하기도 한 헌신적인 사회주의자였다. 자신도 인정했듯 "심각한 불만족"에 시달렸던 로퍼는 "시시하고 어수선한 세상에서의 도피를 원했고, 당시 세상이 허락했던 것보다 더 자유롭고 개인적이며 자기표현을 할 수 있는 활동을 하고자 하는 욕구가 있었던"[22] 인물이었다. 그로스는 배로Barrow의 비커스Vickers 조선소 노동자였는데, 문제가 많은 사람이기도 해 1943년에 자살했다. 전쟁 이후 최초의 가이드북 저자였던 조지 바우어는 전쟁 이전의 전통이었던 기묘한 산문체를 유지했지만(예를 들어, "그리하여 숨을 헐떡이는 등반가는 밴드 스탠드Band Stand에 도착하지만, 아직은 금관 악기에서 나오는 찬사가 울려 퍼질 때는 아니다.")[23] 이후에 나온 호수지역 가이드북은 간결체의 전통을 수립했고, 루트의 목록을 쉬운 곳에서 어려운 곳 순으로 나열하면서 끝없는 논쟁을 일으키고 경쟁의식을 고취했다. 이와는 대조적으로, 웨일스 지방의 가이드북은 문체가 더욱 묘사적, 문학적으로 변했다.

영국 암벽등반에서의 명명법은 1934년『펠앤록산악회 저널』에 실린 어떤 문건에서 면밀하게 조사되었다. 이 글은 당시까지 사용되고 있던 이름을 네 가지로 분류하여 식별했다. 첫째는 사람의 이름을 이용한 경우(존스의 루트Jones' Route), 둘째는 알파벳이나 숫자를 사용한 경우(루트IRouteI), 셋째는 지형에 따른 경우(남동 걸리South East Gully), 그리고 넷째는 묘사적이거나 상상적인 경우(홈이 파인 아레트Grooved Arête)가 있었다. 사람의 이름을 이용한 경우는 제1차 세계대전 이전 호수지역에서 주로 찾아볼 수 있는데, 이는 호수지역 등반이 심미적 전통보다는 영웅적 전통이 강했던 것을 반영한다. 이런 경향은 나중에 웨일스와 피크 디스트릭트에서 좀 더 일반화되었다. (켈리의 셀프Kelly's Shelf, 롱랜드의 등반Longland's Climb, 커쿠스의 루트Kirkus' Route, 니Nea) 1930년대 이후부터는 기존에 등반했던 루트 사이에 생겨난 루트의 수가 많아지면서 알파벳과 숫자를 이용한 이름의 실용성이 급격하게 떨어졌지만, 루트1.5나 포인트 파이브 걸리Point Five Gully와 같은 몇몇 이름이 추가되었다. 지형의 특징을 딴 이름 역시 모든 주요 지형의 등반이 완료되고 상대적으로 점점 더 평범한 바위 공간을 따라 루트가 만들어지면서 인기가 하락했다. 결국 1930년부터 오늘날까지는 묘사적이고 상상적이며 심오하고 점점 더 이상한 이름들을 붙이는 것이 일반화되었다. 오늘날은 이름에 담겨 있는 형식이나 문화적 맥락을 통해 초등이 이루어진 해를 추측할 수 있는 경우가 많다. 리즈대학과 치오크산악회Cioch Club는 1960년대에 자신들이 지나간 곳에 악행, 욕정, 시체성애, 잔인성, 방종 같은 이름의 루트를 남긴 것으로 특히 유명했다.[24] 죽음에의 납득할 만한 몰입을 이용한 이름들도 있었는데, 발할라Valhalla[43]로 향하는 듯한 리고르 모티스Rigor Mortis('사후 경직'), 포스트 모템Post Mortem[44], 묘지 입구 Cemetery Gates, 담쟁이덩굴 무덤Ivy Sepulchre 등이 있다. 명명법으로 지역주민들을 일부러 자극하는 것은 확고부동한 전통이다. 윌런스Whillans는 벤네비스에서 많이들 탐내던 루트를 차지한 후 새서낵Sassenach[45]이라고 이름을 붙였고, 칼라일 출신 등반가 피터 윌랜스Peter Whillance는 크리그 안 두브 로크 Creag an Dubh Loch에 컬로든Culloden[46]이란 루트를 개설했으며, 벤 문Ben Moon 은 프랑스에서 인기가 높은 루트 두 개를 마지노선Maginot Line[47]과 아쟁쿠르

---

43 발할라Valhalla: 영예로운 이들을 모시는 전당

44 포스트 모템Post Mortem: 사후死後

45 새서낵Sassenach: 잉글랜드인을 뜻한다.

46 컬로든Culloden: 1746년 스코틀랜드의 스튜어트 왕가가 잉글랜드 군대에 대패했던 장소

47 마지노선Maginot Line: 마지노선은 제2차 세계대전 당시 프랑스가 독일군을 막기 위해 세운 요

Agincourt[48]라고 명명했다. 론 포셋Ron Fawcett은 콘월 해벽에서 신루트를 개척한 후 이곳 사유지를 소유하고 있던 소설가 존 르 카레John le Carré에게 크게 꾸중을 들었고, 무단침입으로 고소도 당했다. 포셋은 이 루트를 '절벽꼭대기의 오두막에 사는 멍청이Twat in a Clifftop Cottage'라고 부르기로 결정했다. 한편 보우펠에서는 옥스퍼드와 케임브리지 버트레스 옆에 필연적으로 소년원 버트레스Borstal Buttress가 생겨났다.

어떤 절벽에서는 테마가 나타났다. 피크 디스트릭트의 버첸스Birchens에는 바인Byne과 모이어Moyer가 시작한 넬슨Nelson 테마(트라팔가 크랙Trafalgar Crack, 톱 세일Top Sail, 파우더 멍키 퍼레이드Powder Monkey Parade, 에마의 딜레마Emma's Dilemma, 포트홀 버트레스Porthole Buttress)가 있으며, 호수지역의 화이트 길White Ghyll에는 '매듭knot'과 '부정not'을 이용한 테마(고디언 매듭Gordian Knot, 옭매듭Slip Knot, 웃지 마라Laugh Not, 서두르지 마라Haste Not, 하지 마라Do Not, 왜 매듭인가/물론Why Knot)가 있다. 약간은 이해하기가 힘들지만 멋진 이름들에는 종종 유머가 담겨 있다. 커쿠스는 뒤를 돌아보지 않고 롯의 그루브Lot's Groove에 올랐다.[49] 키플링 그루브Kipling Groove는 오르기가 아주 어렵다ruddy 'ard.[50] 난이도가 훨씬 높아 많은 인공 보조물이 필요했던 인근의 루트는 이프If로 불렸다.[51] 버치 트리 월Birch Tree Wall에서 어쩌다가 자작나무가 뽑히면, 다음번 등반루트는 '자작나무를 돌려줘'로 불렸다. 전향하는 공산주의자Communist Convert 루트는 왼쪽에서 오른쪽으로 조금씩 움직이고, 시드 크로스Sid Cross와 그의 약혼녀인 앨리스 넬슨Alice Nelson은 두 개의 붙어 있는 루트를 개척한 후, 이들을 더블 크로스

새 방어선이었으나, 독일군이 우회해 벨기에를 침공하는 바람에 마지노선은 쓸모가 없게 되었다.

48 아쟁쿠르Agincourt: 아쟁쿠르는 백년전쟁 당시 프랑스가 영국에게 대패했던 장소이다.

49 성경에서 롯의 아내는 소돔을 탈출하고 뒤를 돌아보다 소금기둥이 되었다.

50 ruddy 'ard는 bloody hard를 흘려 발음하는 대로 줄인 표현. 작가 러디어드 키플링Rudyard Kipling의 이름을 이용한 농담이다.

51 키플링의 시 「이프If」를 염두에 둔 것이다.

Double Cross[52]와 하프 넬슨Half Nelson[53]이라고 각각 명명했다. 천로역정Pilgrim's Progress은 허클베리 핀이 번연Bunyan의 책에 관해 평했던 대로[54] "흥미로우나 어려웠던" 루트라고 알려졌다. 어떤 루트는 제안된 이름에 대해 검열이 심한 가이드북 편집자가 출판을 거부하자, 별표Asterisk[55]로 명명되기도 했다.

1914년 이전 세대의 등반가 대다수가 사라진 상태에서 해리 켈리Harry Kelly는 전후 시대에 호수지역 등반을 이끄는 빛이 되어, 중앙 버트레스 초등을 기록한 불굴의 베테랑 찰스 홀랜드와 함께 자주 등반했다. 켈리는 수수께끼 같은 인물이었다. 그는 맨체스터 출신으로, 불가지론자이자 사회주의자였다. 이반 월러Ivan Waller는 그를 두고 군대의 원사 같다고 했지만, 어찌된 일인지 그는 전쟁 중에 병역을 피했고, 도리어 그가 생계를 위해 무엇을 하는지 아무도 알지 못했다. 켈리는 가이드북 여러 편을 저술하고 편집했으며, 스코펠의 모스 길 그루브Moss Ghyll Grooves(VS 4b등급, 1926년)와 같은 여러 어려운 루트를 추가했지만, 그를 돋보이게 한 것은 그가 개척한 신루트의 기술적인 난이도가 아니라 그 양과 질이었다. 그의 아내인 팻 켈리Pat Kelly 역시 기량이 뛰어난 등반가로, 1922년에 여성을 위한 피너클산악회를 창립했다. 세실 슬링스비의 딸이자 제프리 윈스롭 영의 아내였던 엘리너 영Eleanor Young(렌Len이라고도 알려져 있음)은 이 산악회의 초대 회장이었다. 그로부터 겨우 1년이 지난 후 팻 켈리는 트리판에서 쉬운 길로 내려오다가 새로 박은 네일 몇 개가 걸리는 바람에 발을 헛디디면서 사망했다.

전쟁 중에 피크 디스트릭트의 사암 노두에서 훈련한 해리 켈리는 엄청나게 뛰어난 노르웨이 등반가 이바르 베르그Ivar Berg가 초등한 래도우Laddow의 케이브 아레트 인다이렉트Cave Arête Indirect를 바로 이어서 재등했다. 적

---

52 더블 크로스Double Cross: 결혼하기 때문에 크로스가 두 명이 된다.

53 하프 넬슨Half Nelson: 결혼 전이라 여성의 입장에서는 아직 절반이 넬슨

54 번연Bunyan의 책: 존 번연John Bunyan의 『천로역정Pilgrim's Progress』을 의미한다.

55 별표Asterisk: "*"을 의미한다.

절한 로프 확보기술을 사용한 켈리는 주로 즈크화를 신고 등반하면서, 에켄슈타인과 허포드 등이 전쟁 전에 창안한 균형 등반 방식을 더욱 발전시켰다. 그러나 그는 허포드의 가장 빛나는 루트인 중앙 버트레스를 등반하지는 못했다. 그는 자신이 오른 거의 모든 루트에서 로프하강을 하기도 했는데, 그렇게 위에서부터 로프를 타고 안전하게 내려오면서 새로운 루트를 조사해볼 수 있었다. 1928년 에릭 십턴과 함께 체르마트에서 등반을 하기도 한 그는 얼음과 푸석 바위에 그다지 감명 받지 못하고 영국에서의 순수한 암벽등반을 선호했다. 이는 당시로서는 거의 이단이나 다름없었다.

　　호수지역에서 활동한 등반가로 벤틀리 비썸Bentley Beetham도 있었다. 그는 주로 새로 발견된 암장에서 50개 이상의 신루트를 개척했다. 그중에는 보로우데일의 셰퍼드Shepherd 암장에서 개척한 리틀 샤모니Little Chamonix(VD 등급, 1946년)같이 인기 좋은 루트도 많았다. 비썸은 1921년에 클로드 프랭크랜드Claude Frankland가 중앙 버트레스를 재등할 때 후등자 역할을 맡았고, 하워드 소머벨Howard Somervell과 함께 6주간 35개의 루트를 끝내며 성공적인 알프스 등반 시즌을 보낸 후 1924년에 에베레스트 원정대에 합류해달라는 초청도 받았다. 그는 제2차 세계대전이 끝난 후 한참이 지나서까지도 왕성하게 활동했지만, 수준이 높은 등반가는 아니었다. 비썸은 바나드 캐슬Barnard Castle에서 자연사를 가르쳤음에도 불구하고, 수풀이 우거진 암장을 도끼를 들고 공략하는 경우가 많았으며, 1940년에 보로우데일의 그레이트 엔드Great End 암장을 덮친 대화재와 1950년대 랭데일에서의 여러 작은 화재를 일으킨 주범이라는 강한 의심을 받았다.

　　중앙 버트레스를 여성으로서 초등한 사람은 마벨 바커Marbel Barker 박사였다. 1925년에 있었던 이 등반에는 클로드 프랭크랜드가 다시 한번 동참했다. 리즈의 학교 교사 프랭크랜드는 암스클리프Almscliff에서 훈련하면서, 그린 크랙Green Crack(VS 4c등급, 1919년) 등 여러 루트를 개척했다. 그는 당시 호수지역에서 가장 훌륭한 암벽 등반가 중 하나로 여겨졌지만, 그레이트 게이블의 단순하지만 바위가 푸석한 VD등급의 챈트리 버트레스Chantry Buttress에서 추락해, 얼마 후 사망하고 말았다. 마벨 바커는 쿨린 리지Cuillin Ridge를 완주한 첫 여성이기도 했다. 그녀는 옥스퍼드와 런던의 대학에서 공부를 한 후 몽펠리에대학에서 교육에 관한 진보적인 견해를 상술한 논문을 쓰면서 박사학위를 받았고, 호수지역의 콜드벡Caldbeck에 작은 학교를 세워 수십 명의 아이들에게 아웃도어 교육의 즐거움을 선보였다. 이목을 끄는 집시 같은 행색을 한 그녀는 담배와 농도 짙은 차로 연명했던 것 같다.

그레이엄 맥피Graham Macphee는 신랄한 위트를 지닌 스코틀랜드인으로, 잉글랜드 북부에서 치료비를 가장 많이 받는 치과의사로 유명했으며, 스루스버리Shrewsbury와 리버풀에 여러 진료소를 소유하고 있었다. 전쟁 중에 그는 영국 육군항공대에서 근무하다 요격을 당해 전쟁 포로가 되었다. 그는 1920년대와 1930년대에 "가장 뛰어난 후등자"로 여겨졌는데, 호수지역과 기타 지역에서 당시 아주 훌륭한 몇몇 루트를 개척하던 선등자들을 도와준 놀라운 기록을 보유하고 있다. 그가 도움을 준 루트에는 조지 바우어가 선등을 맡은 기머Gimmer 암장의 휴지기Hiatus(VS 4b, 1927년), (보통 맨발로 등반을 한) 아서 레이놀즈Arthur Reynolds가 선등한 기머 크랙Gimmer Crack(VS 4c등급, 1928년), 그리고 앨버트 하그리브스Albert Hargreaves가 선등한, 당시 호수지역에서 가장 어려운 루트 중 하나였던 디어 빌드 크랙Deer Bield Crack(HVS 5a등급, 1930년) 등이 있다. 모리스 린넬Maurice Linnell과 함께 맨체스터대학산악회의 창립회원이었던 하그리브스는 피크 디스트릭트에서 스타네이즈Stanage의 (하그리브스의 오리지널이라고도 불리는) 블랙 슬랩Black Slab(VS 4c, 1928년) 등 어려운 루트를 많이 개척했으며, 이후 배로인퍼너스로 이동해 조지 바우어와 같은 거리에 살았다. 세실 슬링스비의 손녀와 결혼한 그는 1930년부터 1938년까지 호수지역에서 기록상의 VS등급 신루트(이 중 여럿이 현재는 HVS등급으로 분류되어 있다) 중 절반을 선등했다. 그는 1952년에 스키를 타다 사고로 사망했다.

1930년대 초반에는 콜린 커쿠스, 모리스 린넬, 멘러브 에드워즈 같은 일류 등반가들이 스노도니아에서 주로 활동했기 때문에 린넬이 스코펠의 오버행잉 월Overhanging Wall(HVS 5a등급, 1933년)을 등반하는 등 간혹 찾아와 몇몇 훌륭한 등반기록을 남겼을 뿐, 호수지역은 다시 한번 웨일스에 묻히게 되었다. 그러나 1930년대 말이 되어서는, 짐 버켓Jim Birkett이 당시 웨일스의 등반 루트보다는 난이도가 확실히 더 높은 메이데이 등반May Day Climb(HVS 5b등급, 1938년)을 오르면서 두 지역 간의 격차가 다시 좁혀졌다.

랭데일의 채석공이었던 짐 버켓과 워킹턴Workington의 광부였던 빌 피즈커드Bill Peascod는 호수지역에서 떠오르는 유능한 노동자 계층 등반가 그룹의 선봉에 서 있었다. 피즈커드는 동세대의 많은 노동자들처럼 평생 동안 호수지역 25킬로미터 이내에 살았지만, 정작 호수지역을 방문할 생각은 전혀 해보지 않았다. 그의 책『동이 튼 후의 여행Journey After Dawn』에서 피즈커드는 인생이 바뀐 날을 다음과 같이 묘사했다. "나는 야간 근무조였다. 탄광에서 나와 신의 진정한 공기가 있는 곳으로 올라왔을 때 아침이 너무 아름다워 잠을 자러 갈 수 없었다. … 나는 출발했다. 태양을 향해. 그날 나는 호수지역을 발견했는데… 그것은 신의 계시였다." 새롭고 어려운 루트를 많이 등반한 피즈커드는 특히 버터미어Buttermere에서 활발하게 활동했다. 피즈커드나 버켓이나 주류 산악계와는 접촉이 제한적이었기 때문에 이들은 난이도와 윤리에 관한 전통적인 개념에 덜 얽매여 있었다. 피즈커드는 1940년에 새로운 VS등급 루트인 이글 프론트Eagle Front를 초등했는데, 자신이 이전까지 성취했던 등반 중 가장 어려운 등급이었던 VD등급보다 더 어렵다는 점에 근거해 이 루트의 등급을 추정했다. 버켓은 메이데이 등반에서 확보를 위해 피톤을 세 개 썼다. 예상대로 산악계는 이에 크게 놀랐다. 벤틀리 비섬은 다음과 같이 썼다. "우리의 가장 유명한 암장의 구석을 둘러보고, 내가 듣기로 스코펠에서 신사의 벽이라고 불리는 곳도 살펴봐라. 거의 같은 길이의 절벽에서 한 개도 아닌 세 개의 피톤을 보게 될 것이다.[25]" 이 말이 암시하는 바는 명료했다. 신사라면 호수지역의 암벽에 피톤을 절대로 때려 박지 않을 것이라는 말이다. 버켓은 이 당시에만 피톤을 사용했다. 그는 이후에는 확보를 최소한으로 쓰면서 최고 난이도의 등반을 계속해나갔고, 한 번도 추락하지 않았다. "떨어질 것 같은 상황이 닥쳐도 떨어지지 않았다. … 끝장나는 건 둘째 치고, 떨어지는 것 자체가 모욕적인 일이다. 떨어진다는 것은 등반을 제대로 하지 않았다는 것이고, 이는 자신의 습자책에 큰 오점을 남기는 것이나 다름없다.[26]" 버켓은 일종의 등반 왕조를 구축했다. 그의 아들인 빌Bill은 1970년대와 1980년대에 호수지역에서 랭데일에 있는 레이븐Raven 암장의 센터폴드Centrefold(E6 6b등급, 1984년) 등 많은 새롭고 어려운 루트를 개척했고, 제3세대는 빌의 조카인 데이브 버켓Dave Birkett이 대표하는데, 그는 설미어Thirlmere의 아이언Iron 암장에 있는 6이 9라면If Six was Nine(E9 6c등급, 1992년)이라는 루트를 오르며 호수지역에서 처음으로 E9 등급을 등반했다.

켄들에 있는 'K 슈즈'에 근무하던 시드 크로스와 앨리스 넬슨은 비슷한 시기에 역시 어렵고 새로운 루트를 여럿 개척했다. 넬슨은 중앙 버트레스를 선등한 최초의 여성이었다. 그녀는 콜리가 크로스와 앨버트 하그리브스와 함께 오른 스코펠의 V등급 빙벽 루트 스팁 길Steep Gill을 재등해, 양차대전 사이에 모든 면에서 최고의 여성 등반가라 할 수 있다. 또한 넬슨과 크로스는 한겨울에 보우펠 버트레스Bowfell Buttress를 올랐는데, 이곳은 현재의 가이드북에 VI등급으로 나와 있다. 전쟁이 끝난 후 이들은 랭데일에 있는 올드 던전 길 호텔Old Dungeon Ghyll Hotel을 인수 받아, 등반가들이 모이는 술집에서 술을 마시던 젊은 암벽 등반가 세대를 격려했고, 근처의 월 엔드 외양간Wall End Barn에서 자주 숙박했다. 시드 크로스는 전쟁 전에 호수지역에 노동자 계층 등반가를 제한하는 사회적 장애물이 있었다는 점을 끊임없이 부정하며, 그런 장애물은 젊은 등반가들이 스스로 만든 것이라고 주장했다. "우리는 칠칠치 못하고 무지했다. 그리고 우리는 종종 (늙은 중산층 등반가들에게) 무례해, 그들을 '빌어먹을 순례 신부들' 같은 표현으로 불렀다. 하지만 그들은 우리에게 약간의 애정을 보였다. 우리를 격려했고, 유용한 조언도 해줬으며, 샌디도 사줬다. 그게 산이고, 그게 산이 하는 일이다."[27]

웨일스 북부

웨일스의 사회적 분위기는 좀 달랐다. 제프리 윈스롭 영은 자신의 젊은 아내 렌의 고집에 못 이겨 1919년 페니패스 회합을 재개했다. 전쟁 중 많은 친구들이 죽었는데도 호텔은 사람들로 가득 찼고, 부활절의 날씨도 완벽했다. 영은 트리판의 개쉬드Gashed 암장(VD등급)을 오르며 자신의 새로운 의족을 시험해봤고, 승리감에 취한 채 휴일을 즐겁게 보냈다. 하지만 전후 시기에는 웨일스의 등반이 전반적으로 급격히 쇠퇴했으며, 심지어는 등반가산악회의 폐쇄도 고려되었다. 1923년에는 조지 맬러리가 등반가산악회의 회장으로 선임되었는데, 그는 즉시 '폐쇄대응 부위원회'를 설치했다. 산악회에서 발행하는 저널은 남아 있는 몇몇 활동적인 회원이 산악회를 부활시키려 노력하면서 사용한 중요한 홍보수단이 되었다. "산악회의 회합에 단 한 명만 참석했더라도, 진실의 은폐와 허위의 암시를 어느 정도 더하여 회합이 엄청나게 성공적이었다는 인식을 담아내야 했다."[28] 한 발행본에서, 모리스 기네스Maurice Guinness는 "온건한 등반가"라는 필명으로 등급제에 관한 편지를 쓴 후 "산악인"이라는 가명을 써서 자신의 편지를 조롱하는 답변을 스스로 쓰기도 했다. 어느 원

---

56 샌디: 맥주와 레모네이드를 섞은 음료

로 회원은 이 답변의 무례함에 화가 난 나머지 이 "산악인"을 찾아내서 산악회에서 쫓아내라고 요구했다. 또한 산악회는 탐사가 비교적 덜 된 란베리스 고개와 클로긴 두 알두Clogwyn Du'r Arddu의 절벽을 다루는 새로운 가이드북 시리즈 제작을 시작하기도 했다. 1925년에는 트리판 인근에 산악회의 산장이 생기면서 전환점이 마련되었는데, '헬리그Helyg'라는 이름의 이곳은 곧 웨일스 등반 활동의 중심지가 되었다.[29] 거의 30년 후인 1953년, 에베레스트 원정에 동행한 『더 타임스』의 특파원 제임스 모리스James Morris(이후 얀 모리스Jan Morris로 개명)는 등반가들이 "자신들이 무엇을 하는지에 대해 꽤 많이 얘기한다."라고 지적했다. "그런데 그들이 무슨 얘기를 하던 결국에는 '헬리그의 등반가산악회 산장'이 도마에 올랐다. … 그들과 2~3개월간 같이 지내면서… 나는 헬리그의 등반가산악회 산장에 대해 엄청난 반감을 갖게 되었다."[30]

이 시기에 제프리 윈스롭 영은 케임브리지에 살고 있었다. 그리하여 그의 영향력 때문인지는 몰라도 여러 유능한 등반가들이 케임브리지대학 산악회에 모습을 드러냈다. 잭 롱랜드는 영의 집이 "가장 활달하고 야망이 넘치는, 그래서 너무도 건디기 괴로운 케임브리지의 모든 젊은 등반가가 모이는 본부"[31]였다고 회상했는데, 이 젊은 등반가 그룹에는 윈 해리스Wyn Harris, 노엘 오델Noel Odell, 로렌스 웨이저Lawrence Wager, 이반 월러Ivan Waller, 찰스 워렌Charles Warren, 프레디 스펜서 채프먼Freddy Spencer Chapman 등이 있었고, 이들 중 다수가 등반가산악회에 가입했다. 비록 헬리그는 단골들의 의견대로 가축우리나 다름없는 허름한 오두막이었지만, 이곳에서의 회합은 재즈 시대의 유쾌함과 방종의 분위기를 자아냈다. 이반 월러가 트리판의 가파르고 멋진 루트 벨 뷰 배스티언Belle Vue Bastion(VS등급, 1927년)을 오를 때, 일동은 루트 아래의 돌출 바위 위에 축음기를 놓고 음악을 틀었다. 이 젊은 등반가 중 다수가 열성적인 자동차 운전자여서, 곧 어려운 등반과 무모한 운전의 결합이 전통이 되었다. 결국 월러는 카레이스 드라이버로 자동차 경주에 뛰어들었다. 그는 1932년에 아일랜드 그랑프리에서 우승했고, 몬테카를로 랠리에서도 우승할 뻔했지만, 그의 차가 마지막 언덕을 오르던 중 실격 당했다. 룩색산악회Rucksack Club 역시 헬리그에서 멀지 않은 탈리브라이크Tal-y-Braich에 산장을 세워, 프레드 피곳Fred Pigott과 몰리 우드Morley Wood 등 맨체스터에 기반을 둔 신세대의 등반가들을 스노도니아로 끌어들였다.

클로권 두 알두의 피곳의 등반Pigott's Climb(VS 5a등급, 1924년)과 롱랜드의 등반(VS 4c등급, 1926년)은 잉글랜드와 웨일스 지역의 가장 멋진 절벽에 개척된 루트로, 가파른 암벽에서의 노출에 관한 새로운 기준을 세웠다.[32] 이 두 루트는 암벽등반에서 호수지역이 우세했던 오랜 기간이 끝나고 웨일스가 다시 주도권을 잡기 시작했다는 것을 알렸다. 동쪽 버트레스의 첫 루트인 피곳의 등반은 이후에 생긴 다른 루트들에 비해서도 위험하고 난이도가 높았다. 롱랜드의 등반은 등반가산악회(잭 롱랜드와 프랭크 스마이드)와 룩색산악회(프레드 피곳과 빌 에버스덴Bill Eversden)의 연합팀이 등반했는데, 피곳의 등반보다는 약간 덜 어려웠지만, 정교하고 노출이 심했다. 롱랜드는 "선등자는 피곳 같은 사람 앞에서는 그저 힘을 잃는다. 날개 돋친 격려의 말을 들으면 그는 누가 쫓아오기라도 하듯 쏜살같이 위로 올라가고, 머뭇거리는 목소리를 들으면 잠시 불신의 표정을 내비친다."[33] 피곳과 롱랜드 모두 침니에 낀 촉스톤을 사용하면서 이따금 피톤도 사용하겠다는 의지를 내비쳤으나, 카라비너 사용은 여전히 드문 일이었다. 카라비너는 움직이는 부분이 있었기 때문에 기계장치로 여겨져 산악계에서는 그 사용을 완강히 거부했다. 1935년에 R. L. G. 어빙이 지적했듯, '카라비너'라는 단어는 독일어이다. "이 장치를 표현할 영어 단어가 없다. 사실, 이름에서든 그 본질에 있어서든 이 장치는 확실히 영국답지 않다. … 등반에 심미적이나 도덕적인 가치가 결부되어 있는 한, 기계장치를 사용하는 것은 우리를 도와주기는커녕 방해만 할 따름이다."[34] 롱랜드가 결국 카라비너를 하나 획득해 자신의 벨트에 자랑스럽게 끼우자, 호수지역의 어떤 나이 든 등반가는 "등반의 세계에서는 당신 같은 사람들이 진짜 문화 파괴자들이야.[35]"라고 쏘아붙였다.

프레드 피곳은 스톡포트Stockport의 설탕 상인이었다. 맨체스터 그래머 스쿨Manchester Grammar School에서 교육을 받은 그는 제1차 세계대전에 저격수로 참전했고, 그의 손은 전쟁의 상처로 괴저에 걸려 영구적으로 기형이 되었다. 피곳과 몰리 우드는 '단짝'으로 알려져 있었다. 피곳이 주로 선등을 했으며, 몰리 우드는 어디든 그를 따라다녔다. 몰리는 제1차 세계대전이 발발했을 때 이등병으로 자원입대했으나 전쟁이 끝날 때쯤에는 대대의 지휘관이 되었다. 또한 그는 스타네이즈의 사암으로 된 연습용 루트 켈리의 오버행Kelly's Overhang(HVS 5b등급, 1926년)을 선등하기도 했는데, 오늘날에도 여전히 꽤 많은 의욕적이고 강건한 이들이 등반에 실패하는 곳이다. 블랙앤탠즈Black and Tans라는 임시 등반가 단체의 창립회원이었던 피곳과 몰리 우드는 피크 디스트릭트 곳곳에 신루트를 개척한 후 산악 암장으로 관심을 돌렸다. 1923년에는 피곳이 중앙 버트레스를 세 번째로 오른 인물이 되면서 명성을 쌓았다.

등반가이자 교육자이고 BBC 방송인이었던 잭 롱랜드 경은 케임브리지를 떠난 후 더럼대학Durham University에서 강의를 했다. 그는 23년간 더비셔에서 교육 감독관을 맡으면서 1951년에 벅스톤Buxton 근처에 영국 최초로 생긴 아웃도어 센터 '화이트 홀 아웃도어 센터White Hall Outdoor Centre' 건립을 담당했다. 나이가 든 그는 확실히 기성 산악계 소속이라 할 수 있었지만(그는 1962년부터 1965년까지 영국등산위원회의 위원장이었다) 젊은 시절에는 의욕이 넘치고 반항적이었다. "1930년대 중반에는 수년간 고난이도 등반에는 근처에도 가보지 않은 이들의 손에 영국산악회 운영과 에베레스트의 여러 사건들에 관한 관리가 대체적으로 맡겨져 있다는 생각에 젊은 등반가들이 느낀 절망감은 이루 다 말할 수 없다.[36]" 이드월에 위치한 홀리 트리 월Holly Tree Wall의 투창의 칼날Javelin Blade(E1 5b등급)은 롱랜드가 1930년에 선등했는데, "아는 사람은 별로 없어도, 오랫동안 웨일스에서 가장 어려운 등반으로 여겨진 훌륭한 선등[37]"이었다. 롱랜드는 이 등반에 대해 다음과 같이 회상했다. "투창의 칼날 부분에 해당하는 곳으로 이동하는 지점이 매우 힘들었던 것으로 기억한다. 위험하지는 않았지만, 확보물은 나로부터 12미터 아래에 있었다." 1933년의 에베레스트 원정대에 초대된 롱랜드는 윈 해리스, 로렌스 웨이저, 셰르파 8명과 함께 해발 8,230미터의 높이에 최종 캠프(6캠프)를 설치하는 데 도움을 줬다. 그리고 나서 그는 셰르파들과 폭설을 뚫고 하산해, 36시간의 사투 끝에 모두를 안전하게 데리고 내려왔다.

등반가산악회와 룩색산악회, 그리고 앨런 하그리브스와 알프 브리지Alf Bridge같이 정평이 난 등반가들은 콜린 커쿠스, 모리스 린넬, 멘러브 에드워즈 등 리버풀과 맨체스터 출신의 젊은 세대 등반가들을 격려했는데, 이 젊은 등반가들이 1930년대에 웨일스의 등반에 혁명을 일으켰다. 1930년대 초반 웨일스에서 가장 뛰어난 등반가로 여겨진 커쿠스는 등반을 향한 단순하고도 꾸밈없는 사랑을 완벽하게 표현한 책『등반하러 가자Let's Go Climbing』(1941년)를 통해 많은 새내기에게 등반을 소개했다. 피곳의 등반과 롱랜드의 등반이 클로귄 두 알두의 문을 연 루트지만, 1930년대에 커쿠스가 그곳에 여러 루트를 개척하면서 클로귄 두 알두는 이내 '콜린의 절벽Colin's Cliff'으로 알려지게 되었으며, 1950년대에 조 브라운Joe Brown이 나타나기 전까지는 그것들과 견줄 만한 루트가 없었다.

1910년에 태어난 커쿠스는 에드워드 7세 시대의 탄탄한 중산층 가정에서 자랐다. 그는 학교를 졸업한 후 리버풀의 보험회사에서 서기로 일하다, 제2차 세계대전이 발발하자 영국 공군으로 참전했다. 그는 성공적인 1953년 에베레스트 원정대의 일원이었던 윌프리드 노이스Wilfrid Noyce와 사촌 간이어서, 그들이 어렸을 때 노이스 집안과 커쿠스 집안은 웨일스에서 휴가를 같이 보냈다. 윌프리드는 인도 총독의 자문위원 중 하나였던 프랭크 노이스 경

Sir Frank Noyce의 아들이었으며, 케임브리지로 진학했다. 커쿠스는 뛰어난 등반 활동으로 존경을 받았지만, "좀 지루하고, 너무 조용하며, 대화를 잘 못하는 편"[38]이었기 때문에 페니패스에서 제프리 윈스롭 영의 부활절 파티에 초대된 것은 그가 아닌 노이스였다. 커쿠스는 훌륭한 화이트칼라 직업이 있었지만 부자는 전혀 아니어서, 웨일스로 주말여행을 가는 비용을 마련하기 위해 주중에는 점심을 자주 굶었다.

단독등반을 통한 탐사 시기가 끝난 후, 리버풀을 기반으로 한 웨이페어러즈산악회Wayfarers' Club 회원들과 정기적으로 등반을 함께 하기 시작한 커쿠스는 등반가산악회의 한 회원을 통해 앨런 하그리브스를 소개받았다. 하그리브스는 "등반가산악회 사람들은 콜린이 좀 돌았다고 생각하는 것 같았는데, 아마 나에 대해서도 그렇게 생각했기 때문인지 우리를 서로 소개해줬다. 어쨌든 우리는 만나자마자 '자살산악회'로 불렸다."[39]라고 회상했다. 커쿠스는 머지Mersey강이 내려다보이는 헬스비Helsby의 작은 사암 노두에서 훈련을 하며 힘과 기술을 키웠으며, 당시 영국에서 가장 어려운 노두 루트 중 하나였던 제리코 월Jericho Wall(HVS 5b등급, 1929년) 등 연습용 루트를 여럿 개척했다. 또한 그는 사암 절벽에서 대담한 신루트를 등반하며 명성을 얻은 맨체스터 기반의 두 등반가 모리스 린넬과 알프 브리지와 함께 등반하기도 했다. 알프 브리지[40]는 첨탑 수리공 일을 하면서 힘을 많이 길렀고, 팔 힘이 좋아 발은 쓸모없는 부속물인 양 끌려 올라갔기 때문에 그의 즈크화는 발바닥 앞쪽 끝이 잘 닳는 것으로 유명했다. 또한 그는 산악계의 '관료들'에 대항해 일반 등반가의 권리를 보호하는 활동을 한 것으로도 유명했는데, 이런 특성 때문에 그는 룩색산악회, 등반가산악회, 카라비너산악회, 영국산악회 등에서 여러 차례 탈퇴해야 했고, 특히 등반가산악회에서는 두 차례나 퇴출되었다.

그 후 5년 동안 커쿠스는 브리지, 린넬, 하그리브스, 그리고 도처에 모습을 드러내던 '최고의 후등자' 그레이엄 맥피와 함께 훌륭한 루트를 많이 개척했다. 예를 들면, 글라이더 파크Glyder Fach의 롯의 그루브Lot's Groove(VS 4c등급, 1929년), 클로귄 두 알두의 그레이트 슬랩Great Slab(VS 4c등급, 1930년), 버트위슬의 대각선 루트Birtwistle's Diagonal Route(HVS 5a등급, 1938년)가 개척되기 전까지는 까다로움의 측면에서는 타의 추종을 불허했던 디나스 못Dinas Mot의 직등 루트Direct Route(VS 4c등급, 1936년), 그리고 월프리드 노이스가 1937년에 멘러브 에드워즈와 등반을 하다 심각한 추락을 겪은 스코펠산의 미클도어 그루브즈Mickledore Grooves(VS 4c등급, 1930년) 등이 있다. 알프 브리지는 "함께 보내는 주말 동안은 매 순간이 소중했다. 젊음과 활력, 의욕, 우리의 산에 산다는 즐거움은 우리에게 의미가 컸다."[41]라고 회상했다. 수많은 사무 노동자들과 마찬가지로, 콜린 커쿠스는 주중에는 백일몽을 꾸며 주말을 갈망하곤 했다. "절벽을 찍어놓은 사진 위에 나는 알려진 모든 루트를 점선으로 그리곤 했다. 그 사이에 있는 검은 공간은 나를 매료했다. … 나는 일하는 척하면서 서랍을 살짝 열어 안에 넣어놓은 사진을 몰래 보곤 했다."[42]

스톡포트에서 태어난 모리스 린넬은 맨체스터대학 산악회의 창립회원이었다. 그는 커쿠스를 돋보이게 하는 역할을 완벽하게 수행했다. 1920년대 후반 이전의 선등자들은, 힘이 좋고 믿음직하긴 하지만 동등한 수준의 선등을 할 수는 없었던 후등자와 주로 같이 등반했다. 1930년대부터는 두 등반가의 선등 능력이 비슷해지면서 둘 사이에 협력 관계가 발생했고, 그에 따라 등반에 큰 발전이 있었다. 경쟁이 덜한 분위기에서는 신중해지게 마련이었지만, 후등자가 선등자의 자리를 가로챌 가능성이 생기자 선등자의 마음이 급해진 것이다. 커쿠스는 힘과 지구력이 좋았던 반면, 린넬은 대담하고 변덕스러웠다. 잭 롱랜드는 "솔직히 말해서, 모리스는 이따금 날 자지러지게 놀래키곤 했다."[43]라고 말하기도 했다. 제프리 윈스롭 영은 "린넬의 놀라운 등반은 뭔가 숙명론적인 느낌이 들었다."[44]라고 자신의 생각을 피력했다.

린넬은 정통과는 거리가 멀었다. 그는 스코펠산의 오버행잉 월(HVS 5a

등급, 1933년)에서 피톤을 사용했다. "변명은 하지 않겠다. 보조수단 없이 이곳을 오르고 싶은 사람이 있다면 피톤을 제거하고 오르는 것을 진심으로 환영한다.[45]" 또한 그는 클로긴 두 알두의 커빙 크랙Curving Crack(VS 4c등급)의 레이백 피치와 스코펠 중앙 버트레스 꼭대기의 총검 모양 크랙Bayonet-Shaped Crack(HVS 5b등급)을 모두 단독등반으로 초등했다. 클로긴 두 알두의 내로우 슬랩Narrow Slab(HVS 4c등급)을 오르다 보면 거의 수직으로 솟은 곳에서 잔디가 약간 난 돌출바위로 도약을 해야 한다. 린넬은 1934년에 벤네비스의 캐슬Castle에서 커쿠스와 등반하다 눈사태로 사망했다. 크게 다친 커쿠스는 그 후 시력을 완전히 회복하지 못했다. 이 사고로 훌륭한 등반 파트너십은 끝을 맞았고, 커쿠스의 등반 경력에서 가장 창조적인 시기도 종말을 맞았다.

커쿠스가 영국 암벽등반에 크게 공헌한 점은 노출이 심하고 어려운 암벽에서 확보지점보다 한참 위에서도 긴 런아웃[57]을 감당하려는 의지를 보인 것이었다. 커쿠스와 린넬은 오언 글린 존스, 지그프리드 허포드, 해리 켈리와는 다르게 사전 조사나 준비 없이 절벽 위쪽의 난이도에 대해 지식이 거의 전무한 채 밑에서 출발하는 '온사이트on sight'로 어려운 초등을 할 준비가 되어 있었다. 그의 기술은 정기적인 노두 등반을 통해 향상된 섬세한 발놀림, 균형감각, 손가락 힘을 기반으로 했다. 이전에는 확보 위로 9미터 이상 어려운 동작으로 올라가는 것이 극단적으로 위험한 것으로 여겨졌는데, 실제로도 위험한 것은 사실이었다. 커쿠스는 능력의 한계상황에서 등반을 하면서도 노출에서 오는 심리적 압박을 견딜 수 있는 집중력이 있었다. 후퇴가 매우 어렵고 꼭대기 쪽에서 구조하는 것이 불가능한 클로긴 두 알두의 그레이트 슬랩(VS 4c등급, 1930년)을 온사이트로 초등한 것은 그의 스타일을 압축적으로 보여줬으며, 이 등반을 통해 커쿠스는 당대의 일류 영국 등반가로 자리 잡았다. 앨런 하그리브스는 "푸석하고 가파르며 잔디가 낀 노출이 심한 암벽을 따라, 대략 180

---

57 런아웃: 확보물을 설치하지 않고 올라가는 것

미터 위에 어떤 난관이 있는지도 모른 채 누구도 가보지 않은 벽 위로 40미터의 등반선을 타고 올라가는 것은 분명히 산악활동에서 볼 수 있는 최고 수준의 용기가 필요하다."라고 언급했다.[46]

커쿠스는 알프스에서도 등반을 했지만 뚜렷한 업적은 없다. 대학교육을 받지 않고 서기 일을 하는 등반가도 주말과 저녁에 등반을 함으로써 영국 암벽에서 최고 수준에 도달하는 것이 가능해진 시대가 되었지만, 휴일이 짧고 돈이 부족해서 의미 있는 알프스 등반 경험을 얻는 것은 대부분의 경우 불가능했다. 커쿠스는 영국 내에서 일궈낸 뛰어난 기록을 근거로 1933년 에베레스트 원정대에 선발되기를 희망했으나 무시만 당했다. 대신 그는 인도의 가르왈로 향하는 마르코 팰리스Marco Pallis의 강고트리Gangotri 원정에 초대되었는데, 여기서 그는 1933년에 찰스 워렌과 함께 시대를 앞서간 알파인 스타일로 사토판스2봉Satopanth II(현재는 바기라티3봉Bhagirathi III, 6,724m)을 등정했다. 당시 등반가산악회의 회장이었던 톰 롱스태프는 시대는 앞섰으나 홍보는 거의 되지 않은 경량 스타일을 그들에게 권했다. 케임브리지 출신 의사인 워렌은 이후 1935년과 1936년, 1938년의 에베레스트 원정에 참가했으나, 커쿠스는 또 다시 배제되었다. 커쿠스는 1934년에 사고를 당한 후에도 등반을 계속했지만 주로 쉬운 수준에 머물렀고, 초보자들을 가르치는 데 시간을 점점 더 많이 할애했다. 그는 1942년 영국 공군이 브레멘에 폭격을 가할 때 요격당해 사망했다.

1930년대 중반에 커쿠스를 이어 웨일스에서 최고의 등반가가 된 사람은 까다로운 골칫덩어리 존 멘러브 에드워즈John Menlove Edwards였다. 이 둘의 스타일은 비교될 수밖에 없었다. 제프리 윈스롭 영은 "나는 붙잡을 곳이 없는 슬랩에서 시곗바늘처럼 느리지만 확실히 움직이는 커쿠스와 푸석하거나 축축한 돌출부를 아나콘다처럼 구불구불 휘감은 힘센 멘러브 에드워즈를 보면서, 인간의 동작에 있어 어딘가 매달려 있는 능력은 그 이상 발전할 수 없겠다는 확신이 들었다.[47]"라고 썼다. 거의 모든 커쿠스의 루트는 바로 그런 형언할 수 없는 위대함을 보여주는데, 노출이 어느 정도 있으면서 기세가 좋은 독특한 암벽 구조를 발견할 수 있다. 이와는 대조적으로, 에드워즈는 푸석 바위와 오버행, 식물의 전문가였다. 그는 의지력으로 '질 나쁜 암벽'을 받아들이면서 그전에는 무시당했던 암벽등반의 거대한 새 영역을 열었다. 가장 돋보이는 예로는 란베리스 고개의 세 절벽인 디나스 크롬렉Dinas Cromlech, 카렉 와스타드Carreg Wastad, 클로귄 이 그로찬Clogwyn y Grochan이 있다. 이드왈에 있는 데블스 키친Devil's Kitchen의 위험천만하고 축축한 바위 역시 그에게는 일종의 집착대상이었다.

랭커서의 가난한 주교의 넷째 아이로 태어난 에드워즈는 에든버러의 페티스 칼리지Fettes College에서 교육을 받은 후 리버풀대학에서 의술을 공부해 정신과 의사가 되었다. 그는 시인이자 작가이기도 했는데, 그의 작품들은 주로 자전적이거나 자기분석적이었다. "한번은 다른 무엇보다도 영광을 갈망하는 사람이 있었다. … 암벽등반이라는 스포츠는 그가 원한 모든 영광을 약속했고, 비록 에너지가 많이 들었지만 그가 이제까지 맞닥뜨린 어떤 일보다도 영광을 차지하는 면에 있어서 매우 즉각적이고 쉬웠다. 등반이란 대인관계를 훨씬 쉽게 만들어주는 비인간적인 투쟁이다.[48]" 잉글랜드 북부의 기독교 사회주의 전통에서 자란 에드워즈는 동성애자인 자신을 이방인이라고 느꼈고, 시간이 지날수록 점점 더 내향성이 강해지면서 스스로를 고립시켰다.

힘은 셌으나 변덕스러운 등반가였던 그는 정신과 의사로서 훈련을 받았기 때문에 등반에 있어서도 어느 지점을 넘어서면 육체보다는 정신적인 문제가 중요하다는 점을 인식하고 있었다. 명성이나 전통을 존중하는 마음이 거의 없었던 그는 등반이 잘될 때는 다른 이들은 정당화할 수 없다고 생각하는 위험을 기꺼이 감수했다. 그는 수백 개의 신루트를 개척했는데, 그중에는 오늘날 웨일스 북부에서 인기가 아주 좋은 루트가 많이 포함되어 있다.

커쿠스와 마찬가지로 에드워즈는 체셔의 헬스비Helsby 암장에서 훈련을 했다. 여기서 그는 엘리미네이트 1번Eliminate 1(E1 5b등급, 1928년)과 같은 짧지만 어려운 루트를 많이 개척했다. 초창기 그의 자신감은 21세의 나이에 스코펠의 중앙 버트레스(HVS 5b)를 자유등반으로(합동 전술을 사용하지 않고) 초등한 것에서 충분히 알 수 있다. 마침 그는 모리스 린넬과 앨런 하그리브스가 후등을 해주던 알프 브리지(이들 셋은 당시 영국에서 가장 훌륭한 등반가로 여겨졌다)가 플레이크 크랙Flake Crack에서 추락하는 것을 보기도 했는데, 그런 무서운 광경을 봤다는 점을 고려하면 그의 선등은 특히 인상적이다. 그 외에도 그는 커쿠스와 함께 등반한 침니 루트Chimney Route(VS 4c등급, 1931년), 클로귄 두 알두의 활 모양 슬랩Bow Shaped Slab(HVS 5a등급, 1941년), 클로귄 이 그로찬의 브랜트Brant와 슬레이프Slape(둘 다 VS 4c등급, 1940년) 등 많은 루트를 잇달아 개척해나갔다.

에드워즈는 1936년에 한 사고에 연루되었는데, 이 사고를 통해 당시 영국에서 피톤 사용에 반대하는 정서가 얼마나 강했는지를 알 수 있다. 바이에른의 등반팀이 노동자여행연합의 손님으로 영국에 초대되었다. 그들은 축축하면서도 가장 어려운 웨일스의 루트를 쉽게 올랐지만, 이 등반을 주최한 영국인들은 그들이 피톤을 사용해 트리판의 뮌니크 등반Munich Climb[58]을 초등하는 것을 보고 끔찍한 충격을 받았다. 에드워즈는 노이스와 함께 이 불쾌한 쇳덩어리를 제거하기 위해 파견되었다. 노이스는 다음과 같이 회상했다. "올해 초 어떤 독일 등반팀이 남쪽 버트레스의 가파르고 어두운 북벽을 공략했다. 그들은 마치 제2의 천성인 듯 자연스럽게 철제 못을 박아 암벽에 스스로를 고정했다. 이 못은 그대로 남아 웨일스의 바위를 손상했으므로 제거할 필요가 있었다.[49]" 이들은 제거된 피톤을 독일인들에게 돌려주면서, 그들이 영국의 바위를 방문하는 것을 더 이상 원치 않는다는 의사를 정중하게 전달했다.

58 뮌니크 등반Munich Climb: VS 4c등급, 뮌니크는 뮌헨의 영어식 발음

에드워즈는 등반뿐 아니라 보트 타기 및 수영에서도 위험한 도전을 많이 했는데, 브레마Braemar 근처의 디 폭포Linn of Dee를 수영으로 건넜고, 겨울에 는 혼자서 가이어록Gairloch에서 해리스Harris섬까지 총 130킬로미터의 거리 를 배를 타고 노를 저어 왕복했다. 그는 그런 활동에 대해 다음과 같이 설명 했다. "혼자 있는 것은 두렵지 않지만, 새로운 무언가가 되지 않는 것은 좋아 하지 않는다. … 애정에 있어서는 관심이 거의 없어도 살아갈 수 있다. 원하 는 애정을 얻지 못한다고 살 수 없는 사람이라면 목을 매고 죽는 것이 차라리 낫다는 사실을 난 이미 오래 전에 깨달았다.[50]" 그는 제프리 윈스롭 영의 페니패 스 회합에 초대되었지만, 이는 잘생기고 우아한 월프리드 노이스와의 친분 때 문이었다. 노이스는 학창시절에 자신보다 나이가 많은 에드워즈에게 반했고, 에드워즈의 삶에서 공개적으로 인정된 유일한 연인이 되었다. 에드워즈는 페 니패스 회합을 항상 불편해했다. 노이스에 따르면 그는 북부 사람과 남부 사 람은 산을 근본적으로 달리 바라본다고 생각했다고 한다. "그는 북부 사람들 이 머릿속으로 산이 돌, 잔디 또는 눈으로 된 덩어리라고 생각한다고 주장했 다. 남부 사람들은 빅토리아 시대의 전통에 좀 더 깊이 물들어 있어서, '여왕 같은 바이스호른'이나, 주변의 봉우리 위에 '군림하는' 몽블랑이나 스노든에 대해 이야기한다. … 북부 사람인 멘러브는 단순히 겉으로만 그런 표현을 자 제한 것이 아니라, 정말 그렇게 느끼지 않았다.[51]"

제2차 세계대전 당시 양심적 병역거부자였던 에드워즈는 콜린 커쿠스 Colin Kirkus로부터 빌린 웨일스의 외딴 오두막에 살면서 점점 세상과 등졌 고, 인간의 정신에 관한 단일한 이론을 찾으려는 시도에 몰두했다. 전쟁이 끝 난 후 그는 완전히 무너져 내려 여러 차례 자살을 시도한 끝에, 결국 1958 년 청산가리로 생을 마감했다. 일류 여성 알프스 등반가이자 암벽 등반가였 던 니 모린Nea Morin은 그가 이미 쇠약했던 1953년에 콘월Cornwall로 그를 초 대했다. 후일 그녀는 다음과 같은 글을 남겼다. "그도 다른 많은 이들처럼 힘이 왕성할 때 등반을 하다 저세상으로 갔으면 좋았을 것이라는 생각이 자주 들었다.[52]"

<h1 style="text-align:center">스코틀랜드</h1>

빌 머레이Bill Murray는 "1920년대의 스코틀랜드 등반은 어느 모로 보나 이미 죽어 있었다.[53]"라고 평했다. 상대적으로 적은 인구에도 불구하고 군사적인 전통을 자랑하던 스코틀랜드는 제1차 세계대전에서 어느 나라보다도 높은 사망률을 보였고, 살아남은 젊은이들은 스코틀랜드에서 등반할 때 필연적으로 수반되는 고난과 불편을 그다지 좋아하지 않았다. 20세기에 들어선 이후 1930년대까지도 스코틀랜드의 등반 수준은 답보 상태였다. 부자연스러운 세대 격차로 인해 낡고 파벌적인 스코틀랜드산악회는 소멸해가고 있었다. 따라서 전쟁이 끝난 직후 수년간 스코틀랜드에서 개척된 대부분의 신루트는 잉글랜드 등반팀의 작품이었다. 당시 가장 주목할 만한 루트로는 데이비드 파이David Pye와 레슬리 섀드볼트가 등반한 스카이섬의 파멸의 크랙Crack of Doom(HS등급, 1918년), 부아샤리 에티브 모르의 측면을 가르는 425미터의 거대한 걸리로 해롤드 레이번이 이전에 탐사했던 노엘 오델의 협곡Noel Odell's Chasm(VS등급, 1920년) 등이 있었다.

그래도 1925년에 창립된 스코틀랜드주니어산악회Junior Mountaineering Club of Scotland(JMCS)는 일종의 전환점이 되었다. 17세 이상이면 누구나 가입할 수 있었던 데다 등반 경험도 필요 없었는데, 몇 년 지나지 않아 이 산악회는 스코틀랜드의 등반에 기성세대보다도 더 많은 기여를 했다. 1880년대에 에든버러에서 만들어진 자신감 넘치는 스코틀랜드산악회와는 달리, JMCS는 한 무리의 친구들이 1924년에 여전히 전쟁의 상흔이 남아 있는 솜

Somme의 전장을 방문하면서 받은 자극으로 만들어졌다. 1930년대의 높은 실업률은 특히 클라이드사이드Clydeside의 주조소와 조선소에서도 나타난 현상으로, 이 또한 점점 더 많은 노동 계층 젊은이들이 전원지역으로 나가 단골 은신처와 합숙소에서 불편하게 잠을 자는 요인이 되었다. 크라이갈리언 로크 Craigallion Loch 같은 회합 장소들은 항상 누군가 땔감을 넣기 때문에 불이 절대 꺼지지 않는 것으로 유명했으며, 이런 곳에서 "실업자들, 도시의 삶에 찌든 사람들, 꿈을 꾸는 사람들, 밀렵꾼들, 하이커들, 혁명가들… 이들 모두가 모여서 이야기를 나누고, 노래하며, 탁 트인 야외공간에서 밤을 보냈다."[54] 이런 '주말 방문자들' 중 다수가 곧 트레킹에서 졸업해 등반을 시작했고, 자신만의 산악회를 만들기 시작했다. 1929년에 조크 님린Jock Nimlin이 창립한 타르미건 Ptarmigan[59]과 1930년에 앤디 샌더스Andy Sanders가 창립한 크리그 두Creagh Dhu는 글래스고에서 그런 과정으로 생긴 산악회였는데, 이와 유사한 산악회가 스코틀랜드 전역의 산업도시에 생겨났다. 님린과 샌더스는 함께 코블러에 수많은 신루트를 개척했으며, 님린은 스코틀랜드에서 가장 어려운 루트 중 하나인 부아샤리 에티브 모르의 레이븐즈 걸리Raven's Gully를 1937년에 오르면서, 제2차 세계대전 이후 등반의 발전 방향을 제시했다. 잉글랜드에서는 젊은 노동 계층 등반가들을 북부의 기존 산악회로 흡수하는 데 어느 정도 진전이 있었지만, 스코틀랜드의 전통적인 산악회는 여전히 중년과 중산층 등반가들로 가득 차 있었다. 새로 생긴 산악회는 "이전에는 돋보이지 않았던 젊음과 상대적 빈곤"이라는 특징이 있었고, 젊은 등반가들은 스스로를 "전통의 계승자라기보다는 이제까지 자신들이 속해 있던 계층에는 알려져 있지 않은 비밀을 발견하는 사람들"[55]이라고 생각했다.

　도로가 개선되고 튼튼한 자동차들이 많아지면서 등반가들이 스코틀랜드의 산악지대를 더 자주 방문할 수 있게 되었으며, 1929년에 지어진 찰스 잉

59　타르미건Ptarmigan: 들꿩이란 의미

글리스 클라크 메모리얼 산장Charles Inglis Clark Memorial Hut(CIC)은 특히 해가 짧은 겨울철 동안 벤네비스 등반을 위한 물류 지원에 변화를 가져왔기 때문에 등반 활동이 급격히 왕성해졌다. 앨버트 하그리브스가 '가장 위대한 후등자' 그레이엄 맥피와 함께 오른 카른 디어그Carn Dearg(S등급, 1931년)와 역시 하그리브스가 선등을 맡은 벤네비스의 루비콘 월Rubicon Wall(VS등급, 1933년)은 새로운 스타일의 열린 등반을 이끌어냈다. 예상대로 스코틀랜드의 기존 산악계는 이런 신루트를 놓고 "정당화할 수 없다"거나 심하게는 "독일식"이라고 간주한 반면, 젊은 세대의 일원인 빌 머레이는 노출의 느낌을 "신의 섭리에 맡기는 듯하다.[56]"라고 묘사했다. 스코틀랜드의 기존 산악계는 이에 저항했을지 모르지만, 맥피와 머레이 같은 사람들은 제2차 세계대전 이후 나타나는 스코틀랜드 등반가들에 비하면 거친 혁명가들이라고 보기는 힘들었다. 머레이는 은행 직원이었고, 맥피는 스코틀랜드주니어산악회에서 연설을 해달라고 초청을 받자 핀스트라이프 정장과 크림색 각반을 깔끔하게 입고서 자신의 벤틀리를 타고 나타났기 때문이다.

1935년에는 라노크 무어Rannoch Moor를 거쳐 글렌코까지 도로가 새로 개통되어, 벤네비스와 웨스턴아일스Western Isles로의 접근이 더욱 용이해졌다. 스카이섬으로 향하는 등반가들은 도중에 글렌코나 벤네비스에 잠시 머무르는 일이 많았다. 어떤 등반팀은 좀 더 북쪽으로 전진해 거의 탐사되지 않은 웨스터 로스Wester Ross와 서덜랜드Sutherland 지방까지 가보기도 했다. 또한 1933년에 천우신조로 네스호에서 괴물이 목격된 이후, 그레이트 글렌Great Glen의 동쪽 끝으로 관광객들이 몰려들었다. 리버풀에 기반을 두고 활동했던 그레이엄 맥피는 1936년에 벤네비스 가이드북을 편집하고 11개의 신루트를 개척했는데, 이는 좋은 도로와 튼튼한 차가 나타나기 전에는 생각조차 할 수 없는 일이었다. 『스코틀랜드산악회 저널』 편집장도 맡고 있던 짐 벨Jim Bell 박사 역시 벤네비스에서 활동했다. 그는 CIC 산장 등반 일지를 통해 맥피와 오랫동안 반목을 일삼았다. 그리하여 두 사람은 번갈아 상대방의 활동에 대한 경멸적인 발언을 일지에 올렸다.

짐 벨은 70개 이상의 신루트를 개척했다. 그중 가장 돋보이는 루트로는 벤네비스의 오리온 벽Orion Face에서 개척한 425미터 길이의 긴 등반Long Climb(S등급, 1940년)이 있다. 실용화학자였던 벨은 음식은 단순히 연료에 불과하며, 식사를 여러 코스로 나누는 것은 "나이든 아내의 꼼꼼한 작업"에 불과하다고 주장했다. 이에 따라, 벨은 CIC 산장에서 아침식사로 보통 소시지와 훈제청어를 한 솥에 넣고 끓인 죽을 먹었다. 그는 프랭크 스마이드와 알프스에서 여러 차례 함께 여름 시즌을 보냈는데, 한번은 그가 선호하는 점심식사가 정어리와 꿀을 넣은 샌드위치였다고 한다. 스코틀랜드에서의 탐사 등반에 열정적이었던 벨은 "어떤 바보라도 좋은 바위는 오를 수 있다. … 하지만 풀이 나 있는 편암과 화강암을 오르기 위해서는 기술과 교활함이 필요하다.[57]"라고 주장했다. 또한 대부분의 동시대인들과는 달리 피톤 사용에도 거부감을 갖고 있지 않았는데, 특히 피톤을 사용하면 맥피의 화를 돋울 것이라는 점을 알았기 때문에 더더욱 그랬다. 빌 머레이는 1939년 록나가의 평행 버트레스Parallel Buttress 초등에 벨이 피톤 2개를 사용한 일에 대해 다음과 같이 회상했다. "벨은 배낭을 뒤지더니 피톤 2개를 꺼냈다. (글을 쓸 때도 속삭이는 것이 가능하면 얼마나 좋을까?) 많은 영국 등반가들은 피톤 사용에 눈살을 찌푸린다. 스페인 여왕의 다리와 마찬가지로, 피톤은 보여도 안 되고, 심지어 존재한다는 가정도 해서는 안 된다.[58][60]"

머레이는 제2차 세계대전 직전과 직후 스코틀랜드에서 제일가는 등반가

---

60 스페인 여왕의 다리는 16세기경 스페인의 한 여왕과 관련한 사건에서 유래한 말이다. 여왕 즉위를 할 결혼식에 가는 길에 그녀는 비단 스타킹 제조로 유명한 마을에 들렀다. 이 마을에서는 그녀에게 호의로 스타킹을 선물했지만, 당시에는 스타킹이 내의로 간주되었기 때문에 수행원들은 이에 당황하고 선물이 부적절하다고 여겨, "여왕께서는 다리가 없으시다."라고 외쳤다. 이후 언급이 금기시되는 무언가를 표현하는 구문이 되었다.

였다. 고전이 된 그의 책『스코틀랜드에서의 등반Mountaineering in Scotland』
(1947년)은 그가 이탈리아에서 전쟁 포로로 잡혀 있을 때 화장지에 쓴 것이다.
연합군이 시실리를 침공했을 때 머레이는 처음에는 독일로, 이후에는 체코슬
로바키아로 이송되었다. 그곳에서 게슈타포가 거의 완성된 원고를 없애버렸
지만, 그는 곧바로 다시 쓰기 시작했다. 한편으로는 가이드북이고, 다른 한편
으로는 잃어버린 젊음에 대한 회상이며, 또 다른 한편으로는 신비로운 논문인
이 책은 매우 아름답다. 제프리 윈스롭 영은 이 책을 읽고서 곧바로 머레이에
게 편지를 썼다. "아 드디어 하늘에 감사해야겠다. 글 쓰는 재주가 있는 사람
을 내려주시다니!" 매우 영적인 인물이었던 머레이는 가톨릭 신부가 되는 것
을 고려했지만, 진실이 어느 곳으로 향하든 그것을 추구할 수 있는 자유가 필
요하다고 판단했다. 따라서 그는 가톨릭의 구속을 받아들일 수 없었다. "나는
사실 모든 것에 아름다움이 깃들어 있다는 진리, 그리고 모든 사람이 이것을
쉽게 파악하는 것은 아니라는 진리를 배웠다. … 등반 활동을 하다 보면 그런
아름다움을 스쳐가듯 보게 되는데, 그것을 경험한 모든 이들은 그 아름다움을
진리라고 부르도록 강요되어 왔다. 나로서는 이런 점이 등반의 목표가 되었
고, 산악운동은 그런 목표를 달성하기 위한 수단에 불과했다."

　전쟁 이전에 카라코람을 탐사했던 마틴 콘웨이와 마찬가지로, 머레이는
산의 경치가 주는 직접적인 매력은 그 기저에 깔려 있는 본질적인 아름다움
이 살짝 드러난 것에 불과하다고 항상 느꼈다. "우리는 모험을 찾아 출발했고,
아름다움을 찾았다. … 우리가 산에 무엇을 더 바랄 수 있을까? 그럼에도 나
는 정상에서 내려올 때 곧 도래할 계시를 상실했다는 뼈아픈 생각으로 가득
찼다. 이런 계시는 내가 산에 있을 때 더 노골적으로 내 옆에 붙어 있는 그림
자 같았다. 우리가 보는 세상의 표면 아래 무언가가 억눌려 있었다. 마지막 진
실에 대한 예감으로 하늘마저 흔들렸다. 우리는 그 본질에 접근할 자격이 없
었다."

머레이의 겨울철 등반 접근법은 위험에 관한 새로운 태도의 시작을 알렸다. 벤네비스의 고전적인 리지 세 곳을 제외하면, 1930년대 이전에 개척된 스코틀랜드의 겨울철 루트는 모두 걸리가 있는 등반이었다. 머레이는 맥피와 벨 등 여러 사람과 함께 버트레스, 리지, 벽을 오르기 시작했는데, 특히 글렌코 주변에서 등반하면서 등반에 새로운 다양성을 도입했다. 알래스테어 보스웍은 "당신이 원하는 것이 야외에서의 최고의 즐거움이든 최고의 지겨움이든, 스코틀랜드에서의 겨울철 등반은 더할 나위 없이 좋다."라고 언급했다.[59] 머레이와 그의 동료들은 완벽한 등반 조건이 갖춰지지 않은 곳도 도전할 준비가 되어 있었고, 어둡기 전에 등반을 끝마치지 못할 것이라는 사실을 알면서도 종종 루트를 오르기 시작했다. 이렇게 해서 그들의 실질적 등반 활동은 양적으로 크게 늘었으며, 결국 수준도 꾸준히 상승했다. 머레이와 W. M. 매켄지Mackenzie가 1937년에 등반한 부아샤리 에티브 모르의 크로우베리 리지에 있는 개릭의 셸프Garrick's Shelf(IV등급)는 여러모로 현대적인 빙벽등반의 원형이었다. 주목할 만한 다른 루트로는 스톱 코이르 남 베이스Stob Coire Nam Beith의 깊이 파인 침니Deep Cut Chimney(IV등급, 1939년)와 500미터 길이의 클라체이그 걸리Clachaig Gully(S등급, 1938년) 등이 있다.

머레이는 1951년의 에베레스트 정찰대에서 대장 에릭 십턴을 보좌하는 부대장이었다. 대원은 마이클 워드Michael Ward, 톰 보딜런Tom Bourdillon, 에드 힐러리Ed Hillary, 얼 리디포드Earle Riddiford였다. 1953년 마침내 에베레스트 등정이 성공했을 때 많은 등반가들이 어느 정도 회한을 표했지만, 머레이의 반응은 더욱 뚜렷했다. 산의 미학에 관한 한 그는 견해가 확고했기 때문에 이 성공에 쏟아지는 국가적 자부심이 "산과 진정한 등반에는 해롭다."라고 봤던 것이다. 1962년, 스코틀랜드 문화보호재단의 위탁을 받은 그는 스코틀랜드 산악지대를 조사해 뛰어난 자연미가 돋보이는 지역을 식별하는 일을 맡았다. 그는 자신의 보고서『스코틀랜드 산악지대 풍경Highland Landscape』에서 특정 경치를 포함할 때 "그 나름대로 모든 완벽한 것들이 추구하는 이상적 형태를 철저히 표현한[60]" 경치를 기준으로 삼았다고 했다. 아름다움에 관한 그의 정의는 꽤 난해하지만, 그가 선정한 지역들과 그 이유를 표현한 묘사적인 설명은 스코틀랜드의 자연미에 대한 인식을 높이는 데 큰 역할을 했고, 수력발전과 삼림 프로젝트가 스코틀랜드 산악지대에 있는 수많은 멋진 계곡들을 위협하던 시기에 자연보호운동의 의지를 드높였다.

머레이는 냉소주의와 쾌락주의가 지배했던 1950년대와 1960년대에는 언제나 즐거운 화젯거리였다. 등반이 불법이었던 솔즈베리Salisbury 암장에서는 젊은 에든버러 등반가들과 공원 관리인 사이에 종종 마찰이 있었는데, 관리자가 이름을 대라고 요구할 때 가장 자주 나온 이름이 (당시 40대 후반이었던) 빌 머레이였다고 지미 마샬Jimmy Marshall은 회상했다. 미학과 윤리학, 산악환경에 대한 그의 심취는 오늘날과 좀 더 어울리는 것 같다. 그의 마지막 저서는 "나는 아름다움을 알고 있었다.[61]"라는 단순한 말로 끝맺고 있다.

노두

영국의 다른 지역에서는 등반이 중산층에서 시작되었지만, 요크셔와 피크 디스트릭트는 달랐다. 세실 슬링스비 같은 몇몇 예외적인 경우를 제외하면 영국산악회의 회원들은 노두 등반에 전혀 관심을 보이지 않았고, 심지어는 호수지역과 웨일스의 암장도 주로 알프스 등반을 위한 연습 장소로 여겼다. 결국 그곳의 사암에서 등반을 한 학생과 노동자들은 알프스 등반 전통과는 무관하게 성장했고, 따라서 어떤 것이 허용되는 스타일인지, 또는 어떤 것이 정당화할 수 있는 위험인지에 관한 선입견이 적었다. 아마도 그들에게는 그런 점이 이롭게 작용했던 것 같다. 그런 측면에서, 그들은 동부 알프스에서 등반을 막 시작한 독일, 오스트리아, 이탈리아의 노동자들과 뭔가 유사한 점이 있었다.

피크 디스트릭트와 요크셔의 사암은 양차대전 사이에 등반이 성장하는 배양지 역할을 했으며, 노두에서의 등반 수준은 웨일스나 호수지역의 큰 절벽에서보다 훨씬 높은 경우가 많았다. 래도우의 케이브 아레트 인다이렉트(E1 5a등급, 1916년)는 영국에서 오늘날까지도 여전히 E1등급을 받을 만한 첫 루트였다. 해리 켈리, 프레드 피곳, 알프 브리지, 모리스 린넬, 앨버트 하그리브스, 잭 롱랜드, 아서 버트위슬은 모두 사암에서 등반을 시작해 양차대전 사이 동안 다른 곳의 등반 수준을 높였다. 콜린 커쿠스와 멘러브 에드워즈는 둘 다 체셔에 있는 헬스비의 사암에서 훈련을 했다. 1930년대에는 가난이라든가 단순히 개인적 취향이라는 이유로 노두에서만 등반을 하면서, 노두에서 '졸업'해 다른 산악 암장들로 가는 일이 없는 새로운 유형의 등반가가 나타나기 시작했다. 따라서 1930년대는 암벽등반이 더 이상 단순히 산악등반의 준비과정이 아닌, 확실히 그 자체적으로 독립적인 스포츠가 된 시기였다.

래도우같이 피크 디스트릭트에서 외진 곳에 있는 암장은 사실 지금보다는 1930년대에 인기가 더 있었던 것으로 보인다. 마치 산 같은 분위기를 자아내면서도 맨체스터에서 접근이 상대적으로 용이했기 때문이다. (자가용을 이용하지 않아도 대중교통이나 도보로 갈 수 있었다) 그러나 지금과 마찬가지로, 그 당시에도 스타네이즈 에지Stanage Edge는 가장 인기 좋은 암장이었던 것으로 보이며, 해리 도버Harry Dover, 프랭크 엘리엇Frank Elliott, 길버트 엘리스Gilbert Ellis, 클리포드 모이어Clifford Moyer 등 셰필드의 등반가들이 개척한 월 엔드 슬랩 다이렉트Wall End Slab Direct(E2 5b등급, 1930년) 같은 루트는 난이도 측면에서 높은 기준을 세웠던 것 같다. 그들은 같은 계층과 세대에 속한 다른 많은 등반가들과 마찬가지로 계속해서 사암 전문가로 남았는데, 경제 침체기에 돈이 부족했던 것이 주요 원인이었다. 엘리엇은 스토니 미들턴Stoney Middleton의 오로라가 있는 봉우리들Peaks with Aurora(VS 4c등급, 1923)에서 석회암 등반을 개척하기도 했다. 도버, 모이어, 엘리스는 결국 셰필드의 실업자 생활을 청산하고 런던 근처의 대거넘Dagenham에 새로 문을 연 포드자동차 공장에 취직하면서 사암 등반을 접었다. 그러나 엘리엇은 켄트와 서섹스의 사암 노두에서 등반을 계속했다.

이 기간 전반에 걸쳐 새로운 암장들이 발견되고 개척되었는데, 노두 등반을 추적한 역사가 에릭 바인Eric Byne은 하이 피크High Peak에서 노두 등반이 발전한 과정을 기록했다.[62] 톰슨과 영, 그리고 웨일스 사람들과 함께 등반을 했지만 제노Zennor에 살았던 아서 앤드루스는 콘월 해벽에서 탐사를 계속했다. 1938년 영국에서 7번째로 세워진 산장인 카운트 하우스Count House가 등반가산악회의 산장으로 문을 열면서 웨스트 펜위드West Penwith의 보시그란과 기타 지역 개발이 가속화되었다.

알프스

1914년경에는 알프스에서 눈에 띄는 루트가 대부분 등반이 완료되었다. 그러나 마터호른과 그랑드조라스, 아이거 북벽은 여전히 극복해야 할 세 개의 중요한 도전과제였다. 양차대전 사이에 이 세 곳이 모두 등반이 되었지만 영국인들의 성취는 아니었다. 마터호른 북벽(ED1등급)은 1931년에 등반되었고, 그랑드조라스의 크로 스퍼Croz Spur(ED1등급)는 1935년에 등반되었으며, 더욱 어렵고 우아한 워커 스퍼Walker Spur(ED1등급)는 1938년에 등반되었다. 그리고 아이거 북벽(ED2등급) 역시 1938년에 정복되었다. 이 세 루트의 영국인 초등은 각각 1961년, 1959년, 1962년에 이뤄졌는데, 원래의 초등 기록에 비해 20년 이상 뒤진 것이었다. 이는 양차대전 사이에 영국의 알프스 등반 수준이 대륙에 비해 얼마나 뒤처졌는지를 보여주는 지표 중 하나이다.

제1차 세계대전이 끝나고 영국 내에서 등반에 침체기가 왔지만, 알프스에서는 침체 현상이 더욱 뚜렷했다. 에릭 십턴은 "산악운동을 시작한 당사자들이라고 정당하게 주장할 수 있었고, 19세기 중반의 황금기 동안 이 분야를 거의 독식했던 영국인들은 알프스의 이 위대한 기간 동안 등반 발전에 거의 역할을 하지 못했다.[63]"라고 언급했다. 1920년대에 영국 등반팀이 몇몇 신루트를 등반했지만, 1914년 이전에 영과 기타 등반가들이 등반했던 곳들에 비하면 쉬운 루트들이었으며, 그런 곳조차 종종 가이드와 함께 등반이 이뤄졌다. S. L. 코톨드Courtauld와 E. G. 올리버Oliver는 가이드인 앙리 레이Henri Rey, 아돌프 레이Adolphe Rey, 아돌프 아우프덴블라텐Adolf Aufdenblatten과 함께 몽블랑의 이노미나타 능선Inominata Ridge(D+등급)을 올랐다. 조지 핀치George Finch는 가이드리스 등반팀을 이끌고 1923년 당데랑 북벽의 교묘한 루트 하나(D등급)를 등반했다. 이보르 리처즈 교수와 도로시 필리는 1928년에 가이드 요셉 조르주Joseph Georges와 함께 당블랑슈의 북북서 능선(D+등급)을 초등했다. 그러나 이 기간 동안 알프스 등반에 의미 있는 공헌을 한 영국 등반가는 그레이엄 브라운Graham Brown과 프랭크 스마이드뿐이었다.

　　프랭크 스마이드는 짐 벨과 함께 에귀 뒤 플랑의 랸-로흐마터Ryan-Lochmatter 루트(D+등급)를 (초등 이후 21년이 지나고 나서) 재등하면서 유명해졌다. 그레이엄 브라운은 42세의 나이에 등반을 시작했다. 그는 알프스 등반가로서는 스마이드와 같은 급이 아니었지만, 등반선을 보는 눈이 뛰어나 몽블랑의 브렌바 벽에서 가능성 있는 루트를 여러 개 식별해냈다. 1927년에 이 둘은 함께 상티넬 루트Sentinelle Route(D+등급)를 초등했다. 이는 위압적인 브렌바 벽을 처음으로 공략한 엄청난 성취였다. 하지만 브라운과 스마이드 둘 다 완고한 성격으로 화를 잘 냈다. 스마이드가 자신이 없었다면 브라운은 등반을 성공하지 못했을 것이라고 시사하면서(사실 맞는 말이다), 이 둘은 심하게 말다툼을 하고 각자의 길을 갔다. 이들은 어리석게도 1928년에 다시 팀을 구성해 브렌바 벽에서 가장 훌륭한 루트인 루트 메이저Route Major(TD-등급)에 올랐다. 그러나 그 후로는 평생 동안 겨우 인사나 주고받는 사이가 되었다. 이후 9년간 다른 어떤 팀도 다시 시도하지 않은 루트 메이저를 브라운은 1933년에 가이드 2명과 함께 재등했다. 아마도 자신이 스마이드 없이도 등반할 수 있다는 사실을 그에게 증명해 보이려 했던 것 같다. 브라운은 브렌바 벽의 세 번째 신루트인 페어 버트레스Pear Buttress(TD등급)를 1933년에 개척했다.

프랭크 스마이드는 무척 어린 나이에 아버지를 여의었다. 병약했던 탓에 어린 시절을 외롭게 보낸 그는 오스트리아와 스위스에서 전자공학을 공부했다. 그는 영국 공군에 잠깐 입대했으나 심장 문제로 의가사제대를 한 후 결국 등반을 천직으로 삼아 프로 등반가가 되었다. 스마이드는 제국의 모험가였던 프랜시스 영허즈번드 경Sir Francis Younghusband과 가깝게 지내면서, 산과 신비주의에 관해 그와 관심을 공유했다. 영허즈번드는 스마이드를 자신의 전기 작가로 선정하면서, 스마이드에게 준 일을 "종교적 임무"[64]라고 묘사했다. 스마이드는 숙녀 영허즈번드의 유모인 노나Nona와 연애를 하다 결국은 결혼을 했는데, 그녀는 사실상 영허즈번드 가문의 가족이나 다름없었다. 영허즈번드처럼 스마이드는 다작을 한 작가로, 20년간 27권의 책을 저술했다. 동료들이 그의 명성을 폄하한 것은 불가피한 일이었다. 소설가 그레이엄 그린Graham Greene의 형인 레이먼드 그린Raymond Greene은 스마이드와 학교 동창이었다. 훗날 그는 카메트Kamet와 에베레스트에서 스마이드와 함께 등반을 하기도 했다. 그는 "육체적으로는 산에 있고 지적으로는 자신의 책 속에 있었던 프랭크는 능력이 출중하기는 했지만 자신의 능력으로는 약간 힘에 부치는 높이까지 오르려고 항상 노력했다."[65]라고 평했다. 에릭 십턴은 그가 "마음에 드는 동료이긴 했지만… 독창성이 떨어지고 진부한 말과 생각을 하는 경향이 있었기 때문에 자극이 되는 동료는 아니었다."[66]라고 평가했다. 그럼에도 스마이드의 책은 인기가 매우 좋았다. 낭만적이면서도 다소 노곤한 느낌의 문체로 쓰인 그의 책은 1930년대의 경제적·정치적 위기로부터의 완벽한 도피처를 제공했다.

스마이드는 1928년에 클로컨 두 알두에서 롱랜드의 루트를 개척한 등반팀의 일원이었지만 타고난 암벽 등반가는 아니었고, 이유야 어쨌든 "그 끔찍한 북부 등반가들"을 싫어했다. 산악인으로서 그는 출중하기보다는 건전했다. 그는 자신의 성공 비결이 놀라운 체력과 결단력이라고 생각했는데, 특히 높은 봉우리에서 더 돋보인다고 봤다. 스마이드는 주로 단독등반을 선호했으며, 평생 동안 성마른 성격으로 유명했지만, 고도가 높아질수록 저산소증에 걸리면서 성미도 괜찮아진다고 알려졌다. 그런에 따르면, "해발 6,100미터를 넘어서자… 그는 다루기가 쉬워졌고 싸움도 걸지 않았다."라고 한다. 스마이드는 귄터 다이렌푸르트Gunter Dyhrenfurth 교수의 성공적이지 못한 1930년 칸첸중가 국제원정대에 참가했는데, 종송피크Jongsong Peak(7,473m) 등정에는 성공했다. 그는 1931년의 성공적인 카메트(7,700m) 원정을 이끈 것으로도 유명했다. 이는 25,000피트(7,600m) 이상의 산을 처음으로 정복한 것이었다. 1933년의 에베레스트 원정에서, 스마이드는 8,580미터까지 오르면서 에드워드 노턴Edward Norton과 같은 고도를 기록했다. 또한 그는 1936년과 1938년의 에베레스트 원정에도 참가했다. 그와 그레이엄 브라운 사이의 불화는 전쟁이 끝나고도 계속되었다. 1949년에 브라운은 인도 원정대를 조직하는 동안 그에게 보낸 편지를 "네가 죽어버렸으면 좋겠다."라는 말로 마무리 지었다. 스마이드는 그로부터 몇 년 후 병사했다.

그레이엄 브라운은 웨일스대학의 생리학 교수였다. 그는 비교적 젊은 나이에 왕립협회 회원으로 뽑혔으나, 그 후 자신의 전공 분야에 더 이상 관심을 가지지 않았고, 대학 측은 그를 교수직에서 해임하려고 오랫동안 노력했다. 그는 알프스에서도 등반을 했지만 히말라야도 두 번 방문했는데, 54세의 나이에 빌 틸먼, 노엘 오델Noel Odell, 찰스 휴스턴Charles Houston과 함께 1936

년의 영미 합동 원정대에 참가해 난다데비로 향했고, 그로부터 2년 뒤에는 마셔브룸에도 갔다. 두 곳 모두에서 그는 해발 20,000피트(6,100m)를 훨씬 넘어서는 높이까지 올라갔다. 브라운은 영국산악회의 전통을 강력히 수호하던 에드워드 스트럿 대령을 지지했지만, 그 외에는 거의 모든 다른 사람들과 갈등을 빚었고, 그중에는 그를 사악한 미치광이라고 부른 사뭇 진보적인 제프리 윈스롭 영도 있었다. 그는 『알파인 저널』 편집장 중 해고를 당한 유일한 인물이었는데, 저널의 지면을 통해 특정 개인 여러 명에게 복수를 감행했을 뿐 아니라, 그의 작업방식이 비능률적이라서 출판이 끝없이 연기되는 경우가 잦았기 때문이다. 나이가 들면서 약간 부드러워진 브라운은 자신의 고향인 스코틀랜드로 돌아가 에든버러대학 산악회의 명예회장이 되었다. 아마 활동도 많이 하고 인기도 많았던 듯하다. 그는 크기만 크고 금방이라도 무너질 듯한 자신의 아파트의 일부를 여러 젊은 등반가에게 빌려줬다.

양차대전 사이에 알프스에서 영국 등반가가 이룬 또 다른 눈에 띄는 업적은 유스테스 토마스Eustace Thomas의 것이었다. 그는 4,000미터 이상의 83개 봉우리를 모두 오른 첫 영국인이 되었다. 그는 놀랍게도 이 일을 54세의 나이에 시작해 단 6년 만에 해냈다. 핀즈베리 기술학교Finsbury Technical College에서 오언 글린 존스의 동기였던 토마스는 1900년에 맨체스터로 이주해 엔지니어링 회사를 설립했다. 페나인산맥에서의 습지 걷기bog-trotting와 호수지역에서의 언덕 달리기fell-running 분야에서 여러 번 지구력 기록을 세운 그는 등반을 시작한 뒤 첫 알프스 등반 시즌에 24개의 주요 봉우리에 올랐고, 하루만에 융프라우와 뮌히, 그로스 피셔호른을 모두 오르기도 했다.

이런 단발적인 성취를 제외하면 영국 등반은 심하게 고립된 상태였다. 따라서 대부분의 등반가들은 알프스에서 등반 수준이 상승하고 있다는 사실조차 모르고 있었던 것 같다. 영국인들이 떠난 알프스 등반 분야에서 독일과 오스트리아의 '뮌헨파' 회원들, 이탈리아인들, 그리고 고령회Groupe de Haute

Montagne의 점점 더 많은 프랑스인 회원들이 "정신착란이 일어난 자들의 집착"을 추구할 수 있게 되었는데, 이 표현은 여러 거대한 북벽을 오르려는 그들의 시도를 두고 스트럿 대령이 한 말이다.

사실 1930년대에 마터호른과 그랑드조라스, 아이거 북벽을 오르려 했던 시도는 제1차 세계대전 이전의 등반 활동으로부터 자연스럽게 전개된 것이다. 펜들베리 형제의 1872년 몬테로사 동벽 등반, 펜홀의 1879년 마터호른 서벽 등반, 그리고 영의 1911년 그레퐁 동벽 등반은 모두 심각한 수준의 피할 수 없는 객관적 위험을 수반했다. 1892년에 있었던 머메리의 플랑 북벽 시도, 푸석한 바위 및 낙석과 57시간이나 사투를 벌이다 눈보라로 인해 포기해야 했던 거트루드 벨Gertrude Bell의 1902년 핀스터라르호른 북동벽 시도는 그들이 생존했다는 점만 제외하면 '노르트반트Nordwand' 서사시의 모든 요소를 갖췄다. 1920년대와 1930년대의 프랑스 출신 알프스 등반가들은 등반의 스타일과 접근법의 정의에 대해 머메리에게 빚졌다는 점을 공개적으로 인정했으며, 그들은 머메리의 이런 방식을 '우아하다élégant'고 평가했다.

1930년대 영국 등반가와 대륙 등반가는 어디까지를 정당화할 수 있는 위험으로 여길 것인가에 관한 견해에서 근본적인 차이를 보였다. (영국산악회가 대표하는) 영국 산악계의 관점은 등반가들이 낙석이나 눈사태 등이 불가피한 곳들을 피할 수 있는 루트를 올라야 한다는 것이었다. 대륙의 관점은 이탈리아의 위대한 등반가 에밀리오 코미치Emilio Comici에 의해 요약되는데, 그는 정상에서 물을 한 방울 떨어뜨릴 때 나타나는 '완벽한 등반선'의 루트를 개척하고자 노력했다. 이탈리아와 독일, 오스트리아, 프랑스의 등반가들은 주의를 바짝 기울인다 하더라도 어느 정도의 위험은 불가피하다는 점을 인정했고, 그러면서 완벽한 등반선을 시도해야 한다는 믿음을 점점 더 굳혀갔다.

위험에 관한 다른 접근법은 하루아침에 나타난 것이 아니다. 독일의 학생들은 영국인들과 함께 19세기 후반과 20세기 초반에 알프스에서 활동하던 거대한 등반가 그룹이었다. 1905년 마틴 콘웨이 경은 티롤이라는 "독일 남부 마을의 중하위 계층" 출신 군중들에 대해 다음과 같이 언급했다. "독일과 오스트리아의 산악회는 그들이 없었으면 알프스를 방문하지도 않았을 수많은 사람들에게 자신들의 활동을 통해 산을 소개한 것이 틀림없고, 그들은 자연이 모두에게 공평하게 제공하는 운동, 맑은 공기, 멋진 경치로 크게 이득을 얻었을 것이다. … 하지만 그렇게 되면서 이곳의 일부는 여행을 다니기가 불쾌한 지역이 되었다."[68] 많은 학생 등반가들은 위대한 독일 낭만주의 철학자인 니체의 저서를 읽었는데, 그의 영웅 숭배와 나약함에 대한 경멸은 독일의 공적 생활과 사적 생활에 모두 영향을 줬다. 독일의 등반 전통은 '영웅파'를 강조하는 경향이 있었고, 몇몇 등반가들은 일부러 야간의 악천후에 단독등반을 한다거나, 낙석으로 악명이 높은 벽에 도전하는 등 거의 치명적인 접근법을 채택했다. 이런 가치 체계는 19세기 말부터 1930년대까지 그 흔적을 발견할 수 있는데, 1930년대 당시 나치는 이를 정치적 목적으로 이용했고, 그 뒤로도 전후에 영국 알프스 등반의 부흥기 동안 지대한 영향을 끼친 1950년대 헤르만 불 Hermann Buhl의 저술에서도 드러난다. 귀도 라머Guido Lammer 같은 초창기의 순수파 지지자들 역시 인공적인 보조수단의 사용을 거부했다. 그들은 등반가와 산악 환경 사이에는 개입이 최소화되어야 한다는 생각을 갖고 있었다. 라머는 수림 한계선 위로는 산악회 산장을 포함해 모든 인공 구조물을 없애야 한다고 주장했다. 이런 점에서, 그는 알프스의 통속화를 반대하고 자신들과 같은 부류의 사람들을 위해 환경을 보존하고 싶어 했던 영국산악회의 다수 회원들과 거의 다를 바가 없었다. 라머가 영국 등반 전통과 달랐던 점은 의지를 통해 힘을 낼 수 있다는 신념과 무모한 위험 추구, 그리고 거의 병적이라고 할 수 있는 고통에의 집착이었다. 아이러니하게도 라머는 오래 살아, 1945년 83세의 나이로 세상을 떠났다.[69]

1930년대에 독일에서 파시즘이 부상하면서, 등반에서의 접근법의 차이는 불가피하게 독일과 영국의 국가주의와 결부되었다. 영국에서는 항상 소규모 그룹에 배타적이었던 영국산악회와 스코틀랜드산악회를 제외하면, 등반가들의 전반적인 태도는 자유주의적이고, 약간은 무정부주의적이며, 반체제적인 경향이 있었다. 이와는 대조적으로, 독일과 오스트리아의 등반 조직은 상당히 중앙집권화되어 있었다. 수천 명의 회원들을 보유한 독일과 오스트리아의 산악회는 행정적인 목적에 따라 지역 지부들로 나뉘어 관리되었다. 이 산악회들은 젊은 회원들을 위한 훈련과정을 운영했으며, 노골적인 경쟁에 눈살을 찌푸리던 영국에서와는 달리 경쟁적인 분위기가 팽배했다. 전후 합의와 뒤이은 경제적 혼돈에 굴욕감을 느낀 퇴역 군인들 대부분은 자칭 '베르그카메라덴Bergkameraden[61]'이라는 체계를 통해 산에서 점점 더 어렵고 영웅적인 업적을 쌓음으로써 독일의 명예를 회복하려 했다. 나치가 등반의 업적이 선전 가치가 높다고 보고 알프스 등반가들에게 자금을 지원해줬을 당시, 이 등반가들 중 다수는 매우 가난했기 때문에 등반 모임이 독일 국가주의의 명분에 흡수되는 것에 거부감을 느끼지 않았다. 1929년과 1931년의 독일 칸첸중가 원정의 원동력이 되었던 파울 바우어Paul Bauer는 당시 독일 등반가의 전형이었다. 강력한 낭만적 국가주의에 고취된 그는 1929년의 원정대원들을 다음과 같이 묘사했다. "그들은 자신들이 가진 무적의 용기에 대한 끝없는 자부심으로 가득했다. … 마치 필사적인 집단 마냥 그들은 독일을 위한 도전 목록을 보유하고 있었는데, 당시 독일 본국에서는 별로 가치 있게 평가되지 않는 것들이었다. … 그들은 삶이든 죽음이든 함께하기로 맹세한 일행… 열광적인 헌신으로 뭉쳐진, 자부심이 강하고 결심이 굳은 당당한 이들이었다."[70] 1933년 히틀러가 독일 수상이 되자, 바우어는 새로운 독일제국체육연맹의 하이킹과 등반과 캠핑 부서를 책임지게 되었고, 독일의 산악회는 곧 국가 사회주의 원칙에 발맞추게 되었다.

---

61 베르그카메라덴Bergkameraden: 산악 동료

이탈리아에서는 등반과 군국주의 사이의 연결고리가 더욱 노골적이었는데, 이탈리아의 모든 육지 국경선이 산으로 자연스레 방어되었기 때문이다. 『이탈리아 알파인센터 잡지Revista del Centro Alpinisto Italiano』에는 위험 숭배를 찬양하는 노래가 다음과 같이 실렸다. "등반가가 한 명 추락했다. 내일은 100명이 올라가자. 다른 젊은이들은 추락사한 동료의 시신 위에 에델바이스와 알펜로제를 뿌리라. 떨리는 감정으로 그의 얼굴을 위로 향하게 하고 시신을 부드러운 잔디 아래 눕히라. 그리고 일어나서, 가장 높고 가장 어려운 승리로 추락한 자를 기리기 위해 다시 한번 바위와 정상을 공략하자! 세계 기록을 깨거나 국제대회에서 우승하는 훌륭한 체육인들에게 총통께서 선사하는 가장 높은 영예인 스포츠 무공훈장이 VI급의 새로운 등정으로 산을 정복하는 등반가에게 수여될 것이다. 이탈리아인이라면 누구나 산악지대에 사는 법을 알아야 한다. 우리의 모든 전쟁은 항상 산에서 벌어질 것이니, 우리가 등반을 열성적으로 숭배하고 젊은이들 사이에 전파하면 할수록, 젊은 세대가 군사적으로 채비를 갖추는 데 도움이 될 것이다.[71]"

등반을 전체주의 정권의 선전도구로 사용하는 일은 전쟁이 끝나고도 한참 동안 지속되었다. 중국은 1960년 자신들의 에베레스트 초등을 경축하며, 성공의 비결을 다음과 같이 분석했다. "우리의 에베레스트 정복을 요약하자면, 우선 이 승리가 공산당의 지도력과 우리나라 사회주의 체제의 무한한 우수성 덕분이라는 점을 인정해야 한다. … 또한 이 승리는 우리가 마오쩌둥의 전략적 사고를 잘 따라, 전략적으로는 난관을 대수롭지 않게 보고 전술적으로는 난관에 온갖 관심을 기울인 덕분에 가능한 것이었다.[72]"

대부분의 영국 등반가들은 이런 경쟁적이고 국가주의적인 접근법을 경멸했는데, 이는 경쟁과 호전적 애국주의가 오랫동안 영국 등반의 특징이었다는 사실을 편의적으로 무시하는 처사였다. 그 사이 영국의 알프스 등반 수준이 상대적으로 하락한 진정한 이유는 고립이었다. 영국의 일류 등반가들이 대영제국의 변방에 위치한 고산지대에 집중하는 동안, 유럽에서는 특히 동부 알프스를 중심으로 등반 수준이 놀라울 정도로 향상되어, 심각한 국가주의와 군국주의와는 별도로 감탄할 만한 부분이 많았다. 독일과 오스트리아의 산악회는 모든 사회적 계층을 환영했다. 따라서 활동하는 등반가의 수가 엄청나게 많고 새로운 장비와 기술로 혁신을 일으키겠다는 의지도 왕성했기 때문에 등반 수준이 오르는 것은 당연했다. 카라비너와 아이스스크루, 현대적인 크램폰, 고정로프는 모두 동부 알프스에서 독일과 오스트리아의 등반가들이 고안한 것들이다. 프랑스의 등반가 루시앙 데비Lucien Devies는 "등반 세계의 수도는 이제 런던이 아닌 뮌헨이다. 그곳의 젊은이들은 의욕이 넘치며 혁신이 장려된다."[73]라고 평했다. 메이페어Mayfair에 있는 영국산악회 본부에서는 이런 소식을 달가워하지 않았다.

1931년에는 슈미트Schmidt 형제가 뮌헨에 있는 집에서 체르마트까지 자전거로 이동한 후 마터호른 북벽을 등반해, 대담한 전념의 새로운 기준을 세웠다. 또한 이 봉우리가 친숙하기도 하고 초등에 대한 악명이 높았던 관계로, 그들의 등반은 미디어로부터 전대미문의 관심을 끌었다. 이는 처음으로 유럽의 대중 매체가 알프스에서 일어난 일에 관심을 가지기 시작한 사건이었는데, 몇몇 등반가들은 홍보를 유명인과 돈을 끌어모으는 수단으로 여기기 시작했다. 물론 이 모든 일이 영국 산악계에서는 이단이나 다름없었다. 그보다 10년 전만 해도, 에베레스트위원회의 명예위원장이었던 아서 힝크스Arthur Hinks는 "(첫 에베레스트) 원정은 언론의 인터뷰와 사진촬영이 전혀 없이 출발했다. 그런 언론 노출은 종종 이제 막 시작된 원정의 평판을 떨어뜨린다."[74]라고 자랑스럽게 기록했다. 미래의 영국 에베레스트 원정대들이 미디어의 비위를 맞추는 과정을 봤다면 그는 분명 몸서리를 쳤을 것이다.

그랑드조라스의 크로 스퍼는 페터스Peters와 마이어Maier라는 두 명의 독일인이 1935년에 등반했다. 워커 스퍼는 이탈리아의 캐신Cassin, 에스포지토Esposito, 티죠니Tizzoni가 1938년에 등반했다. 아이거 북벽은 결국 헤크마이어Heckmair와 훼르크Vörg라는 두 명의 독일인과 하러Harrer와 카스파레크Kasparek라는 두 명의 오스트리아인이 1938년에 정복했다. 헤크마이어는 당시에 "과거 제국[62]의 후손인 우리는 동쪽으로 경계선을 마주한 우리 동포들과 힘을 합쳐 함께 승리의 행진을 했다.[75]"라고 저술했지만, 이후에는 자신이 나치 지지자라는 사실을 부정했다.

당시 영국산악회 회장이었던 스트럿 대령은 그들이 북벽 등반에 성공하기 전에 "아직도 미등인 아이거반트는 여전히 거의 모든 나라의 정신 나간 이들이 집착하는 곳이다. 누구든 등반에 성공한다면, 이는 등반이 시작된 이래 가장 바보 같은 별난 짓이라는 점을 확신해도 좋다.[76]"라고 진술했다. 1938년의 루트는 역대 최고의 등반 루트라고 주장할 만하다. 거대한 벽의 암석 구조는 대번에 알아볼 수 있을 정도로 특징적이다. 이 루트는 처음부터 끝까지 줄곧 난이도가 높지만, 훨씬 더 어려운 구간들 사이로 난 가장 쉬운 선을 따라간다. 개척자들이 대가를 치르면서 알아낸 바대로, 이 루트에서는 탈출하기가 어렵다. 클라이네 샤이덱Kleine Scheidegg의 푸른 초원이 내려다보이는 이 루트는 위치가 매우 뛰어나고, 루트에 스며 있는 역사가 독보적이다. 이 루트는 여러 세대의 등반가들의 야망이자 영감이 되어왔다. 이 루트를 "바보 같은 별난 짓"이라고 부른 일은 영국인들이 당시 상황에 얼마나 무지했는지를 단적으로 보여줬을 뿐이다.

에드워드 스트럿은 산업혁명 초기에 아크라이트Arkwright와 함께 협업했던 더비셔의 방적업 가문 출신이었다. 그의 할아버지는 1956년에 귀족 작위를 하사받으며 벨퍼 경Lord Belper이 되었다. 그의 아버지는 스트럿이 어렸을 적에 사망했다. 그는 인스부르크와 옥스퍼드의 대학을 다닌 후 군에 입대해 보어전쟁과 제1차 세계대전에 참전했고, 수많은 훈장을 받았다. 1918년 그

---

62 과거 제국: 제1제국인 신성 로마 제국이나 제2제국인 비스마르크 독일 제국을 의미

는 오스트리아의 왕족을 혁명 군중들로부터 구해 스위스의 안전한 곳까지 수행했다. 기차가 멈출 때마다 차량의 한쪽에서는 그가 리볼버 권총을 꺼내 들고 보초를 섰고, 반대쪽에서는 그의 당번병이 소총을 들고 경계를 섰다. 스트럿은 1922년 에베레스트 원정대에서 부대장을, 1927년부터 1937년까지는 『알파인 저널』 편집장을, 그리고 1935년부터 1936년까지는 영국산악회 회장을 맡았다. 그는 용감하고 품위 있는 사람이었지만, 크램폰과 피톤, 산소통, 스키 등반 및 그 외 19세기 말 이후 나타난 여러 신기술에 완고하게 저항하면서 "대륙의 선발대에 비해 영국산악회가 대책 없이 시대에 뒤떨어져 있다는 사실을 누구보다도 제대로 확인시켜 준[77]" 인물이 되었다. 또한 그는 『알파인 저널』의 편집장으로 있으면서 "사소한 것에도 충격을 받으며 심하게 검열하는 고모 같은 모습을 너무 자주 보여줬다.[78]"라고 한다.

영국산악회의 보수적인 성향에 반기를 든 것은 더글러스 버스크Douglas Busk, 잭 롱랜드, 프랑크 스마이드가 이끄는 젊은 등반가 세대로, 간계에 뛰어났던 제프리 윈스롭 영이 그들을 암암리에 지원해줬다. 이 반항적 집단은 턱수염을 기른 기성세대와 대조를 이루는 의미로 자신들을 "영 셰이버즈Young Shavers"라고 불렀다. 턱수염을 기르는 유행은 크리미아전쟁(1853~1856년)의 결과 다시 등장한 것으로 보이는데, 전쟁 기간 동안 장교는 물론이고 신사들도 매일같이 면도를 하는 것이 불편했던 것이다. 이 전쟁은 등반의 황금기와 시기가 겹쳤다. 따라서 특정 나이의 등반가들 사이에서 이 유행은 1930년대까지 지속되었다. 스트럿 대령은 영국산악회 부근의 호프집에서 열린 영 셰이버즈 모임에 초대되기도 했다. 더글러스 버스크는 "비록 그는 새로운 전망과 상황에 본질적으로 불쾌해했지만, 어쨌든 그런 전망을 함께할 수 있는 자리에 초대된 것에 기뻐했다.[79]"라고 회상했다.

역설적이게도, 스트럿의 견해는 시대에 뒤처졌으면서도 동시에 시대를 앞서기도 했다. 그는 분명히 자신이 과거의 전통을 고수한다고 생각했겠지만, 인공적인 보조 수단과 등반 윤리에 관한 그의 의견 대부분은 오늘날 영국의 분위기와 일맥상통한다. 그가 이해하지 못했던 것은 의욕이 넘치는 젊은 등반가들은 오르지 못한 바위를 마주하게 되면 어떤 수단이든 써서 그 곤란을 극복하려 할 것이라는 점이었다. 등반이 발전하려면, 20세기 후반의 좀 더 순수한 윤리로 되돌아오기 전에 피톤과 인공적인 보조 수단이 사용되는 '철의 시대'를 거쳐야 했다.

1924년 샤모니에서 열린 제1회 동계올림픽은 등반에서 뛰어난 성취를 이룬 인물에게도 메달을 수여했다. 등반에서의 경쟁과 국가주의에 대한 스트럿의 견해를 고려하면, 그는 자신이 대장을 맡았던 1922년 에베레스트 원정대의 성취를 기리는 올림픽 금메달을 받으면서 분명히 꺼림칙한 기분을 느꼈을 것이다. 1932년에는 마터호른 북벽을 오른 슈미트 형제에게 금메달이 돌아갔다. 1936년의 메달은 1930년의 칸첸중가 원정과 1934년의 발토로 지역 탐사에 대한 공로로 귄터 다이렌푸르트 교수가 받았다. 등반 활동에 대한 메달 수여는 노골적으로 국가주의가 팽배했던 1936년의 베를린 올림픽 이후 올림픽위원회에 의해 폐지되었다. 동계올림픽은 1908년에 샤모니에서 처음 열린 국제 스키 선수권대회가 성공하고, 호흡기 질환을 앓는 환자들을 위해 알프스의 리조트들이 요양원으로 발전하면서 그와 발맞춰 성장한 여러 동계스포츠의 인기에 힘입어 만들어졌다. 알프스 관광업계에서는 휴가 시즌을 늘리는 방법으로 동계스포츠를 강력히 추천했고, 그 결과 동계스포츠는 금세 많은 호텔 경영인들과 산악 가이드들의 주요 수입원이 되었는데, 마침 가이드리스 등반의 인기가 올라가면서 가이드의 새로운 수입원이 필요하기도 했다. 동계스포츠는 대중적인 활동으로 발전하면서 산악운동보다 훨씬 더 심각하게 산의 환경에 영향을 끼쳤다. 특히 제2차 세계대전 이후 스키 리프트, 산장, 불도저로 고른 스키 슬로프들은 지형이 적절하고 눈의 상태가 안정적인 협곡들을 점점 더 많이 손상했다.

고산지대

제1차 세계대전이 끝난 후 히말라야 탐사에 대한 관심이 다시 점화되면서, 그 관심은 필연적으로 에베레스트로 향했다. 프랜시스 영허즈번드는 1920년 왕립지리학회 회장 연설에서 에베레스트 원정에 대한 전폭적인 지지 의사를 밝혔다. "만약 누가 '가장 높은 이 산을 오르는 게 무슨 소용이 있나요?'라고 묻는다면, 난 '아무 소용이 없습니다.'라고 대답할 것입니다. 누구의 주머니에도 1파운드가 생기지 않습니다. 대신 사람들의 주머니에서 많은 돈이 나가게 될 겁니다. … 하지만 쓸모가 없다 해도, 에베레스트를 오르는 일에 엄청난 '가치'가 있다는 것은 확실합니다. 그토록 대단한 업적을 이루는 것은 인간의 영혼을 고양시킬 것입니다."[80] 에베레스트 등반은 시작부터 스포츠 사업 그 이상이었다. 에베레스트 등반은 왕립지리학회와 영국산악회 그리고 인도성Indian Office의 지원을 받으면서 어느 정도 공식적인 사업이 되었고, 국가적 위신의 문제로 빠르게 변모해갔다. 32년간의 임무가 성공적으로 끝난 것이 1953년의 엘리자베스 2세 여왕의 즉위식과 시기가 겹친 것은 매우 적절했지만, 첫 시도 이후 반세기 넘게 지난 1975년이 되어서야 진짜 영국인이 정상에 올랐다는 점은 유감스럽다고 할 수밖에 없다.

군인이었던 프랜시스 영허즈번드 중령은 스파이이자 제국주의 모험가였다. 그는 한때 300야드(약 275m) 달리기 세계기록 보유자이기도 했다. 1887년, 그는 베이징에서 출발해 고비사막을 건너 톈산산맥 가장자리까지 여행한 후, 카슈가르를 통과하고 K2 근처의 무즈타그 고개를 처음으로 넘어 발티스탄의 아스콜리에 도달했다. 이 여행은 20개월이 걸렸다. '그레이트 게임'을 언제나 적극 장려했던 그는 5년 후인 1904년, 러시아로부터의 가상 위협을 방지할 목적으로 인도 총독 커즌 경과 함께 음모를 꾸며 사소한 국경 사고를 빌

미로 티베트를 무자비하게 침공했다. 이는 제국적인 대사건 중 마지막으로 일어났던 일이라고 할 수 있는데, 보어전쟁에서의 굴욕이 아직 쓰라린 가운데 러시아와 적대 관계가 되는 것을 두려워했던 런던 당국은 이 일을 매우 안 좋게 받아들였다. 영국군은 곧 티베트에서 철수했고, 중국은 조용히 이 지역의 소유권을 다시 주장했다.

영허즈번드는 열광적인 국가주의와(제1차 세계대전 당시 그가 시작한 권리를 위해 싸우자는 운동을 위한 주제가로 「예루살렘Jerusalem」이 작곡되었다) 기괴한 신비주의를 함께 신봉했는데, 견우성에 남녀 구분이 안 되는 외계인 대장이 산다고 믿기도 했다. 또한 그는 신성한 산의 힌두교와 불교 전통에도 지대한 영향을 받았다. 그는 에베레스트 등정을 낭만적 배경에서의 개인적인 모험과 국가적인 위신이 연루된 그레이트 게임의 연장선이자 신성함에 근접한 탐색으로 봤다. 1921년 조지 맬러리는 "나는 이 원정이 처음부터 끝까지 사기였다고 이따금 생각한다."라고 썼다. "이 사기는 영허즈번드라는 한 사람의 거친 열정이 만들어낸 것이고, 영국산악회의 몇몇 전문가들의 엉터리 같은 지혜로 부풀려졌으며, 당신의 하찮은 종[63]이 지닌 젊음의 열의로 강제된 것이다.[81]"

1920년, 왕립지리학회와 영국산악회는 에베레스트 등정을 목표로 합동위원회를 만들었다. 시작부터 이 두 단체 사이에는 쓰라린 갈등이 있었지만, 일단 이 둘은 정찰대를 보내 아무것도 알려진 것이 없는 이 산으로의 접근법을 결정하고, 그다음 해에 등반을 위한 결정적 노력을 한다는 점에 합의했다. 이 둘 중 돈이 더 많고 역사도 깊은 왕립지리학회는 아서 힝크스를 명예위원장으로 선임했다. 그는 학술적으로는 뛰어났지만 신랄했던 인물로, 1945년까지 에베레스트위원회의 수장 자리에 있으면서 모든 이의 증오를 샀다. 영국산악회 회장이었던 존 파라John Farrar는 스위스의 훌륭한 지도 제작자이자 등반가였던 마르셀 쿠르츠Marcel Kurz가 원정대에 합류해야 한다고 제안하면

---

63 하찮은 종: 맬러리 자신을 의미

서 왕립지리학회의 심기를 건드렸다. 이 제안은 단호히 거절당했다. 왕립지리학회의 활동적인 회원이자 이후 회장이 되기도 했던 프레쉬필드는 원정대의 대장으로 알렉산더 켈라스를 추천했는데, 파라는 당연히 이 의견을 무시하면서 켈라스에 대해 "많은 숫자의 쿨리[64]들과 가파른 설원을 걸어본 경험밖에 없고, 진짜로 가파른 곳에 갔던 단 한 번의 상황에서는 모두 굴러떨어져 죽을 뻔했다![82]"라고 평가 절하했다. 결국은 절충안으로 찰스 브루스 장군이 원정대의 대장이 되었다.

웨일스 남부의 커다란 탄광 주인이자 과거에 왕립지리학회 회장이었던 애버데어 경Lord Aberdare의 14번째 자식이었던 찰리 '브루저' 브루스Charlie 'Bruiser' Bruce는 1889년 구르카 제5소총대의 연대장에 임명되었다. 그는 자신의 구르카 병사들에게 산악전투 훈련을 시켰는데, 그들은 북서부 국경지대에서 벌어진 수차례의 전투에서 두각을 나타냈고, 여러 차례의 원정대에 동참하면서 임무를 훌륭히 수행했다. 젊은 장교였던 브루스는 1892년에 조직된 콘웨이의 카라코람 원정대에 합류했다. 그는 1893년에는 영허즈번드와 치트랄Chitral에 있었고(그들은 이곳의 폴로 경기장에서 에베레스트 등정을 함께 논의했다), 1895년에는 머메리, 콜리, 헤이스팅스와 함께 낭가파르바트에 있었다. (하지만 그는 유행성 이하선염에 걸리는 바람에 이곳을 일찍 떠나야 했다) 그리고 1898년에는 난다데비 지역에서 롱스태프를 비롯한 멈Mumm과 합류했다. 그때 롱스태프는 트리술을 올랐고, 그들은 카메트를 정찰했다.

그의 구르카 병사들은 브루스가 가진 레슬링 실력과 뛰어난 음주 능력, 그리고 여러 지방의 사투리로 음탕한 이야기를 할 수 있는 재능을 존경했다. 그는 한동안 멈추지 않고 같은 말을 반복하지 않으면서 영어로 욕을 할 수 있었는데, 톰 롱스태프는 그의 이런 능력에 "부러워서 옴짝달싹하지 못했다.[83]"라고 한다. 인도의 영국 당국은 "원주민의 사고"를 잘 이해한다면서 그를 치켜세

---

64 쿨리: 막노동꾼

웠는데, 특히 그는 '원주민' 여성들을 눈에 띄게 편애했던 것으로 보인다. 제1차 세계대전 당시, 갈리폴리Gallipoli에서 그가 지휘한 구르카 병사들의 놀라운 용맹성과 충성심은 대단했다. 브루스가 심한 부상을 당해 대피하게 되자 참모진은 여단이 대대급 손실을 입었다고 생각할 정도였다.

브루스는 다른 임무로 인해 에베레스트 원정대장 역할을 즉시 인수받지 못했다. 그가 없는 동안에는 영국계 아일랜드인 지주이자 전쟁 영웅이면서 커다란 맹수 수렵가였던, 수훈장을 받은 찰스 하워드-베리Charles Howard-Bury 중령이 정찰대를 이끌 사람으로 뽑혔는데, 그는 등반을 해본 적이 없었다. 그는 이튼과 샌드허스트[65]에서 교육받았다. 그의 집안은 제1차 세계대전 이전에 오스트리아의 티롤에 사유지를 보유하고 있었는데, 그는 젊은 시절 그곳에서 영양을 사냥했다. 『알파인 저널』에 실린 그의 부고기사 저자는 "따라서 그는 엄밀한 의미에서는 등반가가 아니었지만, 어린 시절부터 산악지역의 느낌을 자신의 몸속에 체화한 상태였다.[84]"라고 정중하게 언급했다. 사냥 여행을 많이 다니던 하워드-베리는 1913년 카자흐스탄에서 작은 곰을 잡은 적이 있었다. 그는 이 곰을 아일랜드에 있는 자신의 사유지로 데리고 왔다. 이 곰은 자라서 키가 210센티미터가 넘었으며, 이 곰과 씨름하는 것이 그가 가장 좋아하는 여가활동이었다고 한다. 원정이 끝난 후, 그는 토리당 의회 의원이 되었다. 그는 배우 렉스 뷰몬트Rex Beaumont와 함께 살았다. 하워드-베리가 죽자 뷰몬트는 아일랜드의 사유지를 물려받았다.

훌륭한 등반가였지만 당시 54세로 노장에 속했던 스코틀랜드의 등반가 해롤드 레이번은 알렉산더 켈라스, 조지 맬러리, 가이 벌락Guy Bullock으로 구성된 등반팀의 리더로 뽑혔다. 인도성은 마침내 그들의 원정을 지원해줬고, 티베트 정부는 그들의 요청에 따라 입산 허가를 내줬다. 영허즈번드는 달라이 라마에게 감사의 편지를 보냈다. 짐작컨대, 그는 편지에서 18개월 전 자신

---

65 샌드허스트: 영국 육군사관학교

이 티베트를 침공한 사실을 언급하지는 않았을 것이다. 인도 측량국은 경험이 많은 두 명의 등반가 헨리 모셰드Henry Morshead 소령과 올리버 휠러Oliver Wheeler 소령을 파견했다. 의사였던 알렉산더 울러스턴Alexander Wollaston 역시 등반가였다. 원정대의 대원들은 개인 장비와 의류 비용으로 단 50파운드만을 지급받았다. 그 결과 이 원정대는 조지 버나드 쇼George Bernard Shaw가 평했듯 "코네마라Connemara에 소풍을 나왔다가 눈보라에 깜짝 놀란 꼴"이 되었다.[85] 켈라스는 어프로치 도중 심장마비로 사망했고, 레이번 역시 건강이 심각하게 나빠져 인도로 후송되었다. 결국 조지 맬러리가 등반팀의 리더 자리를 인수받았다.

제프리 윈스롭 영의 페니패스 회합에 전쟁 전부터 활발하게 참여한 맬러리는 산악계에 잘 알려진 인물이었다. 꽤 성공적인 교구 목사의 아들로 체셔에서 태어난 맬러리는 윈체스터와 케임브리지에서 교육받았다. 1921년 원정대에 합류한 가이 벌락과 함께 그는 R. L. G. 어빙을 통해 알프스 등반에 입문했는데, 윈체스터에서 그들의 스승이었던 어빙은 이후 저명한 산악 역사가가 되었다. 맬러리는 케임브리지에서 공부하던 1906년 영국에서 등반을 시작했다.

케임브리지 재학 당시와 졸업 후 맬러리는 블룸즈버리 그룹의 주변을 맴돌았다. 지적인 친구들과 친척들로 구성된 느슨한 이 그룹에는 레슬리 스티븐 경의 두 딸인 버지니아 울프와 바네스 벨, 그리고 리튼 스트래치, 올더스 헉슬리, 존 메이나드 케인스, 던컨 그랜트, E. M. 포스터 등이 속해 있었다. 이 그룹의 몇몇 남성 회원들은 동성애자였다. 제프리 윈스롭 영이 그랬던 것처럼 그들은 조지 맬러리의 뛰어난 육체적 아름다움을 찬양했다. 1908년 포스터가 출간한 『전망 좋은 방A Room with a View』의 "조지George"라는 인물은 야외 활동과 알몸 목욕을 좋아하는 건강한 근육질의 페이비언협회[66] 회원으로,

---

66 페이비언협회: 영국의 점진적 사회주의 사상 단체

맬러리를 기반으로 한 인물로 보인다. 리튼 스트래치 역시 그를 흠모했다. "맙소사! 조지 맬러리라니! 그의 이름이 쓰여 있다면 무슨 말이 더 필요하겠는가? 그의 이름만 들어도 내 손은 떨리고, 내 심장은 두근거리고, 내 존재 전체가 황홀감을 느끼는데… 경이로운 감정으로 욕망이 다 사라졌네. … 그는 다른 이들에게는 그저 교사가 될 사람이고, 그의 지능도 그리 뛰어나 보이지는 않겠지만, 그런 게 뭐가 중요한가?"[86]

맬러리는 그들의 흠모를 기꺼이 받아들였다. 그는 던컨 그랜트를 위해 여러 장의 누드 사진 포즈를 취했다. 1922년 에베레스트로 걸어 들어가는 사진에서도 그는 작은 배낭과 트릴비 모자만 걸친 알몸이었다. 스트래치가 예언했듯, 맬러리는 차터하우스Charterhouse에서 교사가 되었고, 여기서 그는 시인인 로버트 그레이브스에게 등반을 소개했다. 제1차 세계대전 동안 포병으로 참전한 그는 1919년 차터하우스로 돌아왔다. 그러나 블룸즈버리 그룹과 페니패스 회합의 화려한 세계와 접한 그는 교사로서의 삶에 만족하지 못했다.

제프리 윈스롭 영의 영향을 받은 맬러리는 열성적인 산악 낭만주의자가 되었다. 1914년 3월 『등반가산악회 저널』에 실린 「예술가로서의 산악인The Mountaineer as Artist」이라는 수필에서, 맬러리는 다음과 같은 질문을 던졌다. "등반은 인간의 예술적인 감각 중 어느 부분을 자극하는가? 음악이나 그림에 감동하는 부분인가, 아니면 게임을 즐기는 부분인가?" 이 질문에 대한 그의 대답에는 등반에 대한 심미파의 신조가 축약되어 있다. "알프스에서 보내는 하루를 교향곡과 비교하는 것은 매우 적절해 보였다. 나 같은 부류의 등반가에게는 응당 그런 비교가 가능하다. 그러나 어떤 스포츠인도 크리켓, 사냥, 또는 자신이 하는 특정 스포츠에 대해 이 같은 주장을 하지 않을 것이고, 할 수도 없을 것이다. 그는 위대한 예술작품에 존재하는 숭고미를 알고 있고, 예술이 마음을 움직이는 방식이 자신이 하는 스포츠가 주는 감흥과는 완전히 다르고 더 원대하다는 사실을 느끼지는 못하더라도 머리로는 안다. 하지만 산악인들은 등반과 예술 사이에 감정적 차원에서 이런 차이가 있다는 것을 인정하지 않는다. 그들은 숭고한 무언가가 등반의 본질이라고 주장한다. 그들은 산이 부르는 소리를 멋진 음악의 선율과 비교할 수 있는데, 이런 비교가 터무니없지는 않다." 제프리 윈스롭 영은 맬러리를 '갤러해드Galahad'라고 불렀다. 그는 에베레스트를 오르는 원정등반을 수행하기에 완벽한 인물이었다.

1921년의 정찰대는 노스콜North Col에서 정상까지 올라가는 루트를 찾아냈다. 맬러리는 처음에 매우 중요한 동쪽 롱북 빙하East Rongbuk Glacier 입구를 못 보고 지나쳤고, 또한 그가 평상시에 그랬듯 필름 판을 잘못된 방향으로 넣는 바람에 수많은 중요한 사진을 남기지 못했지만, 이 정찰의 성공은 그의 끈덕진 투지와 고집에 크게 힘입은 것이었다.

맬러리와 모셰드는 스트럿 대령이 대장을 맡은 원정대에서 브루스 장군이 지휘하는 다른 13명의 등반가들과 함께 1922년 에베레스트를 다시 찾았다. 이 원정대에는 톰 롱스태프, 알프레드 윌스의 손자인 에드워드 노턴 소령, 장군의 조카인 제프리 브루스Geoffrey Bruce 소령, 존 노엘 대위, 치료가 필요해 이전 원정에서는 배제되었지만 경험이 많은 호주 등반가 조지 핀치, 케임브리지에서 두 과목 최고 득점을 했고 강인한 등반가일 뿐 아니라 재능 있는 예술가이자 음악가이기도 했던 런던의 외과의사 하워드 소머벨Howard Somervell 박사 등이 포함되었다. 브루스는 소머벨을 "훌륭한 활동가이자 등반가"로 묘사하며 "그는 22사이즈 모자를 쓴다. 이것이 그의 유일한 단점이다."[87]라고 첨언했다. 원정대의 몇몇 대원들은 윤리적이고 실용적인 이유를 들어 산소장비 사용을 반대했지만, 결국 그들은 산소장비를 챙겨 갔다.

이후 반세기 동안 히말라야 주요 원정의 청사진을 제공한 브루스 장군의 군사적 포위전술에 대해 존 노엘 대위는 다음과 같이 묘사했다. "모든 전진과 모든 데포depot 건설은 산으로부터 땅을 빼앗는 것으로 생각해야 한다. 이 위치들은 강화되고 유지되어야 하며, 획득한 땅은 조금도 포기해서는 안 된다. 한번 공격을 시작했으면 산에 등을 돌려서도 안 된다. 후퇴가 사기에 주는 영향은 끔찍하다."[88] 이 방식은 '극지법Polar method'이라고 알려져 있지만, 실은 참호 전투를 산으로 가져온 것이다.

맬러리는 첫 등정 시도에서 8,168미터까지 도달했는데, 내려오는 길에 모셰드가 미끄러지고 소머벨과 노턴이 함께 휩쓸려 내려가는 상황에서 비극을 간신히 피했다. 맬러리는 세 명을 모두 피켈 확보로 붙들 수 있었다. 핀치와 제프리 브루스는 두 번째 시도에서 산소장비를 이용해 8,321미터에 도달하면서 새로운 고도 기록을 세웠다. 브루스 장군의 말을 빌자면 기체 공격[67]이 시작된 것이다. 이것이 제프리 브루스가 에베레스트에서 처음으로 한 등반이라는 점은 놀라운 일이다. 비록 그는 구르카 병사들과 함께한 체력이 매우 좋은 젊은 장교였지만, 그래도 8,300미터 이상의 높이에 도달한 것은 놀라운 성취였고(이전 기록은 1909년 아브루치 공의 K2 원정대가 초골리사Chogolisa에서 도달한 7,503미터였다), 그런 고소가 신체에 끼치는 영향에 관해 지식이 부족했던 상황이었기에 특히 더 놀라운 일이었다. 정상에 도전하던 중, 그들이 먹으려던 하인즈Heinz 토마토소스 스파게티는 캔 속에서 딱딱하게 얼어버렸고, 효율이 안 좋은 스토브는 눈을 녹이는 데 시간이 너무 오래 걸렸기 때문에 원정대는 거의 영구적인 탈수증으로 고생했다. 맬러리가 이끈 세 번째이자 마지막 등정 시도에서는 셰르파 7명이 눈사태에 휩쓸렸다. 이로써 이 원정등반은 끝을 맺었다.

1924년 원정이 다시 한번 진행되었는데, 브루스 장군이 어프로치 도중 말라리아에 걸려 한바탕 병치레를 한 후, 에드워드 노턴 소령이 대장으로 선정되었다. 이 원정대에 참가한 맬러리는 제프리 케인스Geoffrey Keynes에게 예언적인 편지를 썼다. "이번 원정은 등반이라기보다는 전쟁에 가까울 거야. 돌

67 기체 공격: 산소를 사용했기 때문에 이렇게 부름

아갈 수 있다는 기대는 하지 않아.[89]" 1922년 원정에도 참가했던 하워드 소머벨, 제프리 브루스, 존 노엘이 합류했고, 벤틀리 비썸, 존 드 비어 해저드John de Vere Hazard, 노엘 오델, 샌디 어빈이 새롭게 가세했다.

맨체스터 출신의 사회주의자이자 당시 일류 등반가였던 해리 켈리Harry Kelly는 원정대에서 제외되었다. 핀치 역시 1922년에 고도 기록을 세웠고, 1923년에는 당데랑 북벽에서 가이드리스로 어려운 루트를 개척했음에도 제외되었다. 핀치는 산악계에서 평판이 매우 나빴는데, 그가 비정통적인 호주인이었기 때문인 것으로 알려져 있다. 브루스 장군은 "그는 2월 1일에 이를 닦고 물이 매우 뜨거우면 같은 날 목욕을 한다. 그렇지 않으면 다음 해까지 미룬다.[90]"라고 썼다. 그러나 실제 문제는 그의 개인위생이 아니라, 그가 너무 똑똑하고 말을 거침없이 한다는 점이었다. 그는 호주에서 태어났지만, 파리의 의학 전문학교Ecole de Médicine, 취리히의 연방공과대학교Eidgenossische Technische Hochschule, 제네바대학University of Geneva에서 교육을 받고 런던의 임페리얼 칼리지Imperial College에서 응용물리화학 교수직을 맡았을 뿐 아니라 왕립학회 회원이기도 했다. 에베레스트위원회에서 영국산악회 대표였던 존 파라는 그를 지지했지만(아마도 그 또한 독일과 스위스에서 공학 교육을 받았기 때문으로 보인다), 영국 공립학교와 고전적 전통 속에서 자란 그의 동료들은 그의 철저하고 과학적인 접근법과 강한 주장에 질색을 했다. 원정대의 다른 영국인 대원 몇몇과는 달리, 핀치는 체력도 엄청나게 좋아 알프스에서 가이드와 함께 등반하는 이들을 경멸했으며, 에베레스트에 관해서는 문제를 심층 분석한 후 보조 산소 없이는 에베레스트 등반이 불가능하다고 확신했다. 다행스럽게도, 그는 자신의 독단적인 방식이 원정대원들 사이에서 평판이 얼마나 안 좋았는지에 대해 알지 못했던 것으로 보인다. 그는 자신의 책『등산가의 형성The Making of a Mountaineer』에서 자신이 주장해 실시된 산소 훈련에 대해 "당연히 인기가 좋았다."라고 설명하며 "모든 이들이 하루 종일 걸은 후 좋은 체력 상태에 활기찬 기분을 느낀 저녁시간 때마다 정기적으로 훈련에 참가했다."라고 언급했다. 그러나 원정대의 다른 대원이 쓴 시를 보면 이야기가 다르다.

그렇지만 들어보라고? 저게 뭐지? 의심할 여지없이 종이 여섯 번 울리네.
그러면 곧 우리의 휴식 계획은 엉망이 되어버리지.
우리가 쉬든, 책을 읽든, 아프든
가차 없이 산소 훈련에 소집되니까.

기체에 관해 정확한 이론이 있는가?
호흡이나 질량의 작용에 대해서는?
아무리 정확한 생각이라도 취리히의 최신 과학과 비교하면
무례하고 상스럽게 보이겠지.

고소에 대해선 알고 있다고 생각하나?
어떤 종류의 선글라스가 태양으로부터 눈을 보호해주지?
이런 질문들에 대해 당신은 무지하고 우둔하지.
하지만 조지 핀치가 허풍을 떨기 시작하면
당신은 곧 현명한 사람이 될 거야.[91]

핀치는 1922년의 에베레스트에서 가장 강인한 등반가였다는 사실을 모두가 인정했는데도 1924년 원정에서는 거부당했다. 등반 능력보다는 사회적 배경과 예절에 근거해 대원을 선발한 이런 접근법은 1970년대까지 영국의 에베레스트 원정대에서 계속 나타났다. 사실 등반역사 내내 사회계층의 양극에 있는 사람들은 자신의 주관적 편견을 행사할 때 이를 "팀과 잘 어울릴 수 있는 능력"이라는 말로 정당화해왔다.

1924년 원정등반은 시작부터 재앙에 가까운 일들이 여러 차례 일어났지만, 결국 8,169미터에 최종 캠프가 설치되었고, 노턴과 소머벨이 여기서 출발해 무산소로 정상에 오르기 위해 단호한 의지를 갖고 노력했다. 끝내 물러날 수밖에 없었던 소머벨은 후두에 동상이 생겨 호흡 곤란으로 죽음을 맞을 뻔했다. 8,580미터에 도달한 노턴은 정상에 오르지 못한다는 것이 확실해지자 발길을 돌려 안전하게 하산했다. 이 새로운 고도 기록은 이후 30년간 깨지지 않았으며, 1978년까지 무산소 등반으로 오른 최고지점 기록을 유지했다. 이 원정 이후 등반을 그만둔 노턴은 홍콩의 군정 장관이 되었고, 소머벨은 인도의 가난한 이들을 치료하면서 여생의 대부분을 보냈다.

맬러리와 어빈은 산소를 이용해 두 번째 등정을 시도했다. 노엘 오델은 그들이 능선의 주요 스텝 중 하나를 통과한 후 정상을 향해 꾸준히 올라가는 것을 봤으나 구름이 몰려와 자신의 시야를 가렸다고 보고했다. 이후 그들의 모습은 다시 보이지 않았다. 오델은 그들의 흔적을 찾기 위해 제일 높은 캠프로 돌아갔다. "나는 내 위에 솟아 있는 장엄한 정상을 바라봤다. … 정상은 차갑고 무심한 표정으로 내려다보는 듯했고… 내 친구들이 어떻게 되었는지에 대한 비밀을 알려달라는 내 소원을 바람소리로 비웃는 듯했다. … 우뚝 솟은 그 모습에는 뭔가 사람을 매혹하는 것이 있는 듯했다. 나는 거의 매료되다시피 했다. 나는… 그곳에 가까이 다가가는 사람은 계속해서 나아갈 수밖에 없고, 장애물을 모두 잊은 채 성스럽고 가장 높은 그곳에 도달하려 할 것이라는 사실을 깨달았다. 내 친구들 역시 그런 마법에 걸렸을 것 같다.[92]"

프랜시스 영허즈번드 경은 자신만의 특유한 열의를 보이며 다음과 같이 썼다. "발길을 돌리거나 죽는 두 가지 선택 중, 맬러리에게는 아마 후자가 더 쉬웠을 것이다. 발길을 돌리는 고통은 인간으로서, 등반가로서, 예술가로서 그가 버틸 수 없을 정도로 가혹했을 것이다.[93]" 맬러리가 경험이 더 많은 오델 대신 어빈을 정상 도전 동료로 선택한 점에 대해서도 끝없는 논쟁이 일었다.

블룸즈버리 그룹의 멤버였던 던컨 그랜트는 맬러리가 순전히 심미적인 이유로 젊고 잘생긴 옥스퍼드 조정선수인 어빈을 골랐다는 의견을 제시했다. 이보다 좀 더 평범한 설명으로는 기계에 서투른 것으로 악명이 높았던 맬러리가 산소장비가 잘 작동하는지 확인하기 위해 어빈을 필요로 했다는 주장도 있다. 아니면 어빈이 젊고 경험이 없다는 바로 그 이유 때문에 선택했을 수도 있다. 만약 오델이 그와 함께 정상에 도달했다면, 그 영광은 맬러리와 오델 두 명에게 공평하게 배분되었을 것이다.

맬러리의 시신은 1999년 에베레스트 북벽의 8,155미터 지점에서 발견되었다. 그가 가지고 갔던 것이 확실한 카메라 두 대는 발견되지 않았다. 그가 정상에 남겨놓으려 했던 부인의 사진도 찾을 수 없었다. 주머니에 있었던 스노고글은 그가 사망했을 당시 주변이 어두웠다는 것을 암시했다. 따라서 십중팔구 그는 정상에 도달하지 못한 것으로 보인다. 8,600미터에서 시작되는 세컨드 스텝은 V등급으로 분류되며, 1985년까지 자유등반으로 오른 사람이 없었다. 그럼에도, 젊은 동료와 함께 구름에 휩싸인 채 세상에서 가장 높은 산의 정상으로 향하다 죽은 모습을 통해, 잘생긴 맬러리는 낭만적 영웅의 전형이 되었다. 이 원정등반은 구원의 면모가 있었다. 기계화된 대량살상이 있었던 제1차 세계대전 이후의 시기에 맬러리와 어빈의 죽음은 영국인들에게 개인적이고 고귀한 영웅적 행위가 가능하다는 점을 일깨워줬다. 그들의 시신을 찾지 못했다는 점은 참호 속에서 아들을 잃은 많은 부모들에게 특히 통렬하게 다가왔다. 『더 타임스』는 약 60년 전에 마터호른 사고를 비판했던 것과는 달리, 맬러리와 어빈을 "영광스러운 사자死者들"이라고 불렀다. 그리하여 에베레스트는 "세계에서 가장 훌륭한 기념비"가 되었다.

하지만 맬러리가 정말 영웅이었을까? 제1차 세계대전으로 인해 가족과 억지로 떨어져 지낸 후, 그는 4년 동안 세 번이나 아내와 어린 자식들을 뒤로 한 채 자신의 꿈을 좇는 선택을 했다. 1차 원정등반 이후로는 확실히 산의 심미적 매력에 자극받지 못한 맬러리는 자신이 직면한 위험의 성격도 정확히 인식하고 있었다. 그는 에베레스트를 "춥고 불안정하고 지독한 산"이라고 묘사했고 "스포츠보다는 전쟁처럼 보이는데, 실제로는 아마 전쟁일 것이다.[94]"라고 덧붙였다. 하지만 그는 에베레스트 등정에 성공하면 교사로서 자신의 삶이 어떻게 바뀔지 알고 있어서, 다른 누군가가 그 명성과 영광을 거머쥔다는 생각을 견디지 못했을 것이다. 조지 맬러리에게 에베레스트는 집착이었다.

존 노엘 대위 역시 에베레스트에 집착했다. 1913년 그는 변장을 한 채 티베트로 불법적인 여행을 했는데, 에베레스트에서 65킬로미터 떨어진 지점까지 접근했지만 티베트 병력과 교전을 하는 바람에 발길을 돌리고 말았다. 그는 캘커타에 있는 자신의 연대로 2개월 늦게 복귀했다. 자신의 상관인 대령이 해명을 요구하자, 노엘은 강을 건너다 달력을 잃어버렸다고 대답했다. 대령은 다음부터는 달력을 두 개 갖고 다니라고 조언했다.

1922년 원정대에 공식 사진가로 합류한 노엘은 1924년에는 8,000파운드라는 어마어마한 금액을 내고 영화 판권을 구매해, 원정대의 자금을 사실상 도맡다시피 했다. 그의 영화에서는 망원렌즈를 이용해 등반가들을 원거리에서 촬영하는 등 현대적인 카메라 기술 대부분이 사용되었지만, 거의 시종일관 지루한 티베트 여행기와 베이스캠프 주변에 서 있는 턱수염 난 남자들만 나왔다. 등반에 성공하지 못했기 때문에 이 영화를 상업적으로 성공시키는 것은 매우 힘들어 보였다. 노엘은 빅토리아 시대의 위대한 등반 흥행사였던 앨버트 스미스에 영감을 받은 듯, 티베트의 라마승 일행을 불러와 심벌즈와 호른의 음악소리에 맞춰 종교적 의식을 거행하고 춤을 추게 함으로써 영화 상영에 활기를 불어넣으려 했다. 이에 크게 분노한 달라이라마와 인도성은 1926년에 예정된 원정대의 티베트 입국을 금지했다. 그러는 동안 노엘의 영화사는 파산을 맞았고, 라마승들은 티베트로 돌아가는 길에 돈이 없어 실론

섬에 고립되었다. 에베레스트 공략이 다시 시작되기까지는 그로부터 9년이라는 공백이 있었다.

1931년, 영국 등반팀은 당시 등정된 산 중 가장 높은 카메트(7,756m) 등정에 성공하면서, 에베레스트와 알프스에서의 부진을 만회했다. 프랭크 스마이드가 이끈 이 원정대에는 에릭 십턴이 합류했다. 이는 오랫동안 이어져 온 원정에 마침표를 찍은 등정이었다. 톰 롱스태프가 1907년에 어프로치를 탐사했고, 찰스 미드Charles Meade가 1910년과 1912년, 1913년에 카메트를 방문해 7,138미터까지 올랐으며, 켈라스 역시 1911년과 1914년에 이곳의 등정을 시도했기 때문이다. 스마이드는 자신의 대원 선발을 다음과 같이 설명했다. "역설적으로 들릴지 모르지만, 이상적인 팀은 다양한 이해관계가 있어야 한다. … 의사나 변호사 또는 정치인으로만 구성된 등반팀은 생각조차 할 수 없다.[95]" 물론 맨체스터의 배관공으로만 구성된 팀을 만드는 것은 더더욱 상상할 수 없는 일이었을 것이다. 그러나 스마이드는 1933년의 에베레스트 원정대를 이끌 자질이 분명히 있었는데도 불구하고, 1920년대에 에베레스트위원회를 비판하고 프로정신을 발휘한 일로 인해 눈 밖에 난 만큼, 계급 편견의 희생자였다. 그가 산악 경험에 대해 글을 써서 돈을 벌었기 때문에 원정대에 들어가지 못한 것은 아니었다. 그 당시에는 산악계의 많은 사람들이 글을 써서 돈을 벌었다. 스마이드의 잘못은 그렇게 번 돈으로 생계를 꾸렸다는 데 있었다. 결국 에베레스트위원회는 부인과 함께 히말라야로 자주 여행했고, 산돼지 사냥 중 사고로 눈에 띄게 절뚝거리는 48세의 휴 러틀리지Hugh Ruttledge를 원정대장으로 선정했는데, 이에 스마이드만이 아니라 모두가 놀랐다.

인도성이 은밀한 압력을 행사하자, 달라이라마는 1933년 에베레스트 원정을 허가해줬는데, 이미 칸첸중가와 낭가파르바트 원정등반을 개시한 독일인들이 에베레스트에 대해서도 권리를 주장할 수 있다는 우려가 반영된 것이었다. 달라이라마는 허가를 내주면서 원정대의 모든 대원이 영국인이어야 한다는 추가 조항을 달았다. 이는 라싸에 있던 영국의 정치고문관이 삽입한 것임이 거의 확실했다. 9년의 공백 기간으로 인해 이전에 에베레스트 원정 경험이 있던 등반가들 대부분은 나이가 너무 들어버렸다. 그동안 영국에 유능한 젊은 등반가들이 많이 나타난 것은 사실이었지만, 에베레스트위원회는 여전히 확고하게 과거 지향적이었던 노먼 콜리, 톰 롱스태프, 프랜시스 영허즈번드 같은 인물들이 주도하고 있었다. 러틀리지는 등반가가 아니어서 산악계에 아는 사람이 거의 없었지만, 그렇다고 그가 대원 선발을 할 때 자신의 완고한 견해를 버린 것은 아니었다. "에베레스트에서 우리가 성공하려면 영국 북부의 암벽 등반가들을 경계해야 한다는 생각이 점점 더 든다. 그들은 개인적으로는 좋은 사람들일지 모르지만, 폐쇄된 단체를 형성하고 있어 자신들과 같은 부류가 아닌 모든 이들에게 경멸감을 갖고 있는 것 같다." 이에 따라 러틀리지는 원정등반에 합류할 만한 자격이 충분히 있어 보이는 콜린 커쿠스, 모리스 린넬, 알프 브리지를 선발하지 않았다.

원정대의 핵심은 십턴과 스마이드 등 성공적이었던 카메트 원정대 인원들로 구성되었다. 그리고 나머지는 퍼시 윈 해리스, 잭 롱랜드, 로렌스 웨이저와 같은 군 장교들, 과거에 케임브리지대학에서 등반을 했던 이들로 채워졌다. 윈 해리스와 웨이저가 정상에 첫 도전을 해 노턴과 같은 고도 기록을 세우면서 맬러리의 것으로 오랫동안 여겨진 피켈도 발견했다. 하지만 이것은 어빈의 것으로 추정된다. 스마이드와 십턴이 2차 시도를 해, 스마이드는 윈 해리스와 웨이저가 오른 고도 근처까지 올랐지만, 둘 다 너무 높은 곳에서 오랫동안 시간을 끌면서 결국은 포기할 수밖에 없었다.

1933년 원정등반을 계기로, 에릭 십턴은 대규모 원정대에 반감을 갖게 되었다. "우리의 후생을 위해 필요하다고 여겨지는 모든 문명시설이 담긴 엄청난 양의 짐을 350마리의 동물들이 끌고 왔는데, 이 소박한 고대의 땅과는 크게 대조적이었다. 여기에는 다양한 수행원들 사이의 시합을 장려하는 데 사용된 권투 글러브같이 쓸모없는 도구도 들어 있었다." 십턴은 1906년 실론[96]에서 태어났다. 그는 3살 때 아버지를 여의었다. 그리고 의붓아버지는 그가 10살 때 제1차 세계대전에서 전사했다. 잉글랜드에서 교육을 받은 그는 젊은 시절 알프스에서 등반을 하면서 (이후에 결혼하면서 성이 모린Morin이 된) 니바나드Nea Barnard, 해리 켈리, 잭 롱랜드, 그레이엄 맥피 등 여러 일류 등반가들을 만났다. 1928년 그는 케냐로 이주해 커피를 재배했다. 1929년에는 당시 그 지역의 정부 대표였던 퍼시 윈 해리스와 함께 마운트 케냐의 봉우리 넬리온Nelion을 '보통' 루트(IV-등급)로 올랐다. 1년 후 십턴은 전쟁이 끝나고 케냐로 이주한 빌 틸먼과 함께 이 산을 종주하면서 서쪽 능선(V-등급)으로 올라 보통 루트로 하산했다. 이것이 그들이 함께한 첫 등반이었고, 이를 계기로 둘 사이에는 주목할 만한 파트너십이 시작되었다.

해롤드 윌리엄 틸먼 소령은 십턴보다 9살이 많았다. 그는 대영제국 3등급 훈장(CBE), 수훈장(DSO), 가로줄이 달린 전공 십자훈장(MC)을 받았다.[97] 군인이자 탐험가, 등반가, 항해사였던 그는 산악 관련 작가들 중 가장 재미있고 가장 겸손한 사람이었다. 성공한 설탕 상인의 아들로 태어나, 버컴스테드 스쿨Berkhamsted School에서 교육을 받은 그는 17세에 군에 자원입대했다. 1916년에 자신의 18세 생일을 솜Somme의 대피호에서 보낸 그는 제1차 세계대전 내내 전투에 참가했고, 1918년에는 독일로 진군한 첫 포병부대 중 하나를 지휘했다. 30년 후, 그는 다음과 같이 적었다. "전쟁이 끝나고 상황을 반추해 보니, 살아남았다는 것에 대한 만족감과 수치심이 동시에 들었다. 마치 노수부Ancient Mariner[68]가 된 것 같이 느껴졌다. 훌륭한 사람들이 너무 많이 죽었는데, 그중에는 친구들도 있었다. 콜리지의 시에 나온 것처럼 '수천의 끈적

---

68 노수부Ancient Mariner: 새뮤얼 테일러 콜리지Samuel Taylor Coleridge의 유명한 시의 인물로, 자신만 제외하고 같이 항해하던 선원들이 모두 저주에 걸려 죽는다.

끈적한 생물들이 계속 살아 있었다. 그리고 나 역시 살아 있었다.'"[98]

전쟁으로 인해 틸먼은 자립적이고 과묵해졌으며, 불평분자나 꾀병을 부리는 이들을 견디지 못하는 성격을 갖게 되었다. 그는 프레드릭 대왕의 말을 인용하기를 좋아했는데 "인류를 보면 볼수록 내 개를 더 사랑하게 된다."라는 말을 하기도 했고, 반쯤 농담으로 "민간인들 중 거슬리지 않는 이들이 매우 극소수이므로, 그들에게 폭탄을 떨어뜨리는 것은 정당하다."라고 말하기도 했[99]다. 이와는 대조적으로, 너무 어려 전쟁에 참가하지 못했던 십턴은 변덕스럽고 수다스러우며 사교적이었다. 틸먼은 십턴을 통해 자신의 잃어버린 젊음을 봤을 것이다. 그리고 십턴에게 틸먼은 자신이 갖지 못한 아버지의 모습이었을 것이다.

십턴은 1931년의 성공적이었던 카메트 원정에 동참했으며, 1933년에는 러틀리지의 에베레스트 원정대에도 초청을 받았다. 그러는 동안, 틸먼은 케냐에 있던 자신의 농장을 팔고 한동안 금을 찾아 헤매다가, 6파운드로 자전거를 하나 사서 아프리카를 횡단했다. 우간다, 벨기에령 콩고, 프랑스령 카메룬 등을 거치며 4,800킬로미터를 달린 그는 종착지에서 잉글랜드로 가는 배를 잡아탔다. 귀국한 그는 부탁받지도 않고 자전거의 품질을 증명했으니 새 자전거로 보상해주기를 희망한다는 내용의 편지를 자전거 제조업자에게 보냈다. 하지만 "그들은 자신들의 열정을 적절한 범위 내에서 억제하는 데 성공했다. … 내가 받은 것은 쾌적하고 만족스러웠을 여행에 대한 소식을 들어 회사가 기뻤다는 내용의 친절한 쪽지 하나가 전부였다."[100]

전쟁 후 잉글랜드에 처음으로 돌아온 틸먼은 십턴에게 연락해 호수지역에서 2주간 휴가를 보내자고 제안했다. 하지만 십턴이 그 대신 히말라야로 7개월간 탐사 원정등반을 가자고 하자 틸먼은 기꺼이 동의했다. 그들은 이전에 그레이엄과 롱스태프가 탐사했던 가르왈 지역으로 향해, 리쉬 강가 협곡을 통해 난다데비 성역으로 들어가는 길을 찾는 데 성공했다. 그들의 탐사는 매우 검소한 것으로 유명했다. 틸먼이 협곡으로 담배 파이프를 떨어뜨리자 파이프 한 개를 같이 쓸 수밖에 없는 상황도 생겼다. 십턴은 다음과 같이 회상했다. "아프리카에서 했던 대로 우리는 서로를 여전히 '틸먼'과 '십턴'이란 성으로 불렀다. 그리고 7개월간 줄곧 함께 지낸 후 이제 날 '에릭'이라고 부를 때가 되었다고 제안하자, 그는 크게 당황해하면서 풀이 죽은 채 '정말 어처구니없는 소리네.'라고 중얼거렸다.[101]"

1935년 에베레스트위원회는 십턴에게 등반가 6명으로 구성된 소규모 에베레스트 정찰대의 대장 자리를 제안했다. 틸먼은 다소 망설이며 그와 함께하는 데 동의했다. "입 밖에 낸 적은 없지만, 그는 나와 반드시 함께해야 한다고 생각하면서도 5명의 다른 동료들도 함께해야 한다는 생각을 참기 힘들어 망설였던 것 같다.[102]" 놀랍게도, 십턴의 대장 계약서에는 정상 도전을 금지한다는 문구가 담겨 있었다. 십턴은 다음과 같이 기록했다. "대규모 원정대에 대한 나의 반감은 일종의 집착이 되었고, 나는 이전의 10분의 1 비용만 들이고도 현지의 불편과 환경 파괴를 최소화하면서 정상에 강력하게 도전할 수 있도록 장비를 제대로 갖춘 채 원정대가 노스콜에 안착할 수 있다는 것을 보여줄 기회에 목말랐다.[103]" 십턴과 틸먼이 주도한 이 정찰은 전형적으로 간소하게 진행되었고, 나머지 원정대원들은 1933년의 원정에서 남겨진 별미들을 수집하는 역할만 맡게 되었다. 노스콜에 오른 후 더 이상 전진을 할 수 없었던 정찰대는 이후 봉우리 수집 파티를 시작해 1,500파운드의 비용으로 넓고 새로운 지역을 탐사하고 6,100미터 이상 봉우리 26개를 등정했다.

만약 십턴이 계약서 조항을 무시하고 1935년에 에베레스트 등정에 성공했다면 이후의 히말라야 등반은 매우 달라졌을 것이다. 사실 그는 1936년에 에베레스트에 다시 도전했는데, 이번에는 러틀리지가 다시 한번 이끈 대규모 원정대의 일원으로서였다. 이 원정대에는 스마이드와 윈 해리스 같은 경험 있는 등반가들이 많이 속해 있었다. 몬순이 일찍 닥치는 바람에 그들은 노스콜에도 도달하지 못했다. 1922년의 원정대에서 해고당한 것에 여전히 앙심을 품고 있던 조지 핀치는 신문에 에베레스트위원회를 비판하는 글을 기고했다. 그는 "우리는 비웃음의 대상이 되어가고 있다![104]"라는 말로 이 글을 마무리 지었다.

1935년 원정에서 적응에 실패한 틸먼은 1936년 원정대에서는 제외되었다. 대신 그는 소규모의 조화로운 영미원정대에서 (역시 에베레스트 원정대에서 거부당한) 노엘 오델, 그레이엄 브라운, 찰스 휴스턴을 비롯한 하버드 출신의 미국 등반가들과 합류해, 대영제국 영토 내에서 가장 높은 봉우리이자, 제2차 세계대전 이전에 등정된 봉우리 중 가장 높았던 난다데비(7,816m) 등정에 성공했다. 틸먼은 오델과 함께 정상에 올라 "우리는 지금까지 너무나 등반에 열중해 정상에서 악수를 하는 것도 잊었다."라고 기록했다. 틸먼이 톰 롱스태프에게 보낸 전보에는 그답게 "두 명이 8월 29일에 정상에 올랐다."라고만 단순하게 적혀 있었고, 누가 올라갔는지 이름은 언급되어 있지 않았다. 하지만 정상 정복의 만족은 오래 가지 않았다. "승리의 첫 기쁨이 가신 후에는 산이 굴복했다는, 여신이 그 당당한 머리를 숙였다는 생각에 슬픔이 찾아왔다.[105]"

틸먼은 산소장비나 피톤, 크램폰, 스노슈즈 같은 기계적인 도움을 이용하지 않았다는 점에 특히 기뻐했다. 22세에서 50세 이상에 이르는 참가자들의 나이와 두 나라 사람들의 협력 방식 또한 자부심을 느낄 만한 요소였다. 하지만 찰리 휴스턴이 기록한 대로 안 좋은 일도 발생했다. "가파른 설사면으로 차가 들어 있는 짐 꾸러미 전체가 굴러 떨어지자… 영국인들은 큰 타격을 입었다. 집으로 돌아가자는 의견도 진지하게 논의되었다.[106]" 틸먼이 난다데비 등정에 성공하면서 한 가지 예상치 못한 결과도 낳았다. W. E. 보우먼Bowman의 『럼 두들 등정The Ascent of Rum Doodle』에 영감을 준 것인데, 이 책은 영국의 히말라야 초기 원정대에 대한 멋진 패러디이다. 결국에는 럼 두들 봉우리들이 남극, 뉴질랜드, 미국의 지도상에 모습을 드러냈다.

또 다른 대규모 에베레스트 원정대에 실망하고 좌절한 후, 십턴은 1937년 틸먼과 마이클 스펜더Michael Spender, 존 오든John Auden(이 두 사람은 모두 유명한 시인들의 형제이다)과 함께 즐거운 마음으로 경량 원정을 떠났다. 4개월간 그들은 지도상에서 비어 있던 카라코람의 넓은 영역을 탐험했지만, 당시 틸먼은 주로 등반에 관심이 있었던 반면 십턴은 탐험에서 행복을 더 느꼈다.

난다데비에서의 성공 이후 틸먼은 1938년의 에베레스트 원정대를 이끌어달라는 요청을 받았다. 그는 "십턴과 스마이드, 오델 같은 사람들이 원정대에 있는 한, 앉아서 그들의 말을 조금 진지하게 들으면서 가끔씩 일어나 동의하듯 고개를 끄덕이는 것이 역할의 전부라는 생각에 마음이 편했다."[107]라고 전했다. 틸먼은 1921년의 정찰대와 1935년 십턴의 경량 원정대를 모델로 삼아, 의도적으로 소규모 원정대를 계획했다. 프레디 스펜서 채프먼이 1937년에 초몰하리Chomolhari(7,314m) 등정을 멋지게 성공했다는 소식이 전해지자 그의 결심은 더욱 굳어졌다.

스펜서 채프먼은 틸먼, 십턴과 많은 면에서 비슷했다. 1907년에 태어난 그는 태어난 지 얼마 되지 않아 어머니를 여의었다. 그리고 아버지는 솜Somme 전투에서 전사했다. 그는 세드버그 스쿨Sedbergh School에서 교육을 받으며 야생지대에 대한 깊은 애정을 키웠고, 케임브리지대학에서는 제프리 윈스롭 영의 영향권 아래에 있었다. 1928년에는 잭 롱랜드와 함께 알프스에서 한 시즌을 보냈으며, 이후에는 지노 왓킨스Gino Watkins와 합류해 1930년과 1932년 두 차례 그린란드 원정을 떠났는데, 두 번째 원정에서 왓킨스가 익사했다. 영국에서 교사 일을 하며 한동안 쉰 스펜서 채프먼은 1936년에 마르코 팰리스와 함께 시킴 원정을 떠났고, 이후 시킴과 부탄, 티베트 지역 영국 주재관의 개인비서 자격으로 티베트를 여행했다. 돌아오는 길에 그는 티베트와 부탄의 경계에 있는 초몰하리를 알파인 스타일로 멋지게 등정했는데, 셰르파인 파상Pasang과 7일 동안 등반을 해 정상에 도착한 후, 5일간 거의 먹지도 못하고 필사적으로 하산했다. 그는 히말라얀 클럽Himalayan Club에서 빌린 장비를 이용해 등반했으며, 전체 탐사에 든 비용은 20파운드가 채 되지 않았다.

제2차 세계대전 동안 스펜서 채프먼은 독일이 프랑스를 침공한 시점에 샤모니에서 영국 근위보병 제3연대의 스키대대 훈련을 담당하고 있었다. 싱가포르로 전출된 그는 때마침 일본군이 침공하는 시점에 도착했고, 적의 전선 후방에 낙하산으로 투입되어, 정글에서 거의 혼자 3년을 보내면서 일본군의 보급로를 타격했다. 전쟁이 끝난 후, 그는 독일과 영국, 남아프리카에서 다양한 교육 관련 일을 했으며, 한동안 아웃워드 바운드 재단Outward Bound Trust 이사장을 지내기도 했다. 그는 생전 7권의 자서전을 썼는데, 그중 말레이반도에서 그가 수행한 비밀 전투에 관한 책인『정글은 중립지대이다The Jungle is Neutral』는 베스트셀러가 되었다. 건강 악화로 점점 고통을 겪던 그는 1971년 총으로 자살했다.

스펜서 채프먼이 초몰하리 등정에 성공한 후, 틸먼의 1938년 에베레스트 원정대 식량 공급은 십턴의 1935년 정찰대 당시보다 오히려 더 간소해졌다. 오델에 따르면, 식사는 "엉망으로 조리된 죽과 싸구려 브랜드의 페미컨"[108][69]으로 구성되었다. 틸먼은 "아침식사를 할 때 서너 가지의 마멀레이드 중 골라 먹던 것에 익숙한 사람에게 마멀레이드가 아예 없는 것은 놀랍고 불쾌한 일이다."[109]라고 말하며 식사가 부실했음을 인정했다. 원정대의 다른 대원들은 다시 한번 1936년 원정대가 남기고 간 보급품을 약탈하는 역할을 맡게 되어, (여러 통이 남겨져 있던) 잼과 피클, 간 추출물 등 귀한 사치품들을 찾아냈다.

틸먼은 무산소로 8,290미터까지 도달했지만 원정대는 또다시 정상 정복에 실패했다. 틸먼은 비록 실패는 했지만 최소한 돈은 별로 들이지 않고 실패했다는 점에 위안을 삼았다. 그는『1938년 에베레스트Everest 1938』에서 다

---

69 페미컨: 지방과 단백질을 혼합하고 농축해 만든 영양식

음과 같이 썼다. "언젠가는 분명 누군가가 산을 정복하는 내용의 마지막 장을 추가하는, 부러운 임무를 완수할 것이다. … 그 책이 에베레스트에 관한 마지막 책이라고 희망해 볼 수 있을 것이다." 하지만 결국 그의 희망은 무의미하게 되었다.

1939년, 에베레스트위원회는 1940년과 1941년, 1942년의 등반 허가를 구하는 과정에서 당시에 일어났던 사건들에 대한 스스로의 무지를 보여줬다. 그러는 동안 틸먼은 세 명의 셰르파들과 함께 오지에 있는 아삼 히말라야 Assam Himalaya를 탐사했다. 그들은 넷 모두가 말라리아에 걸렸고, 셰르파 중 한 명은 사망했다. 학창시절 이후에는 잉글랜드에서 거의 살지 않았음에도, 틸먼은 유럽에서의 전쟁이 불가피하다고 느낀 시점에 여행을 하게 되어 걱정이 컸다. "아직 나는 사람들의 뇌리에서 잊히는 것이 이롭다고 여길 만큼 파렴치하진 않았다. … 더군다나, 육군성에서는 20년간 깊은 고뇌를 한 끝에 예비역 장교들이 존재한다는 사실을 결국 기억해냈고, 내가 그중 하나였다."[110] 틸먼은 수많은 주제에 불분명한 태도를 보였는데, 전쟁에 대해서도 마찬가지였다. 그는 잉글랜드에 별로 애정이 없었던 것 같지만, 그럼에도 불구하고 귀국해 다시 자원입대했다. 제2차 세계대전 중 틸먼은 덩케르크Dunkirk, 이라크, 페르시아, 서부사막[70]에서 전투를 수행했고, 이후 적의 전선 후방에 낙하산으로 투입되어 알바니아와 이탈리아에서 게릴라 군과 함께 싸웠다. 그의 전쟁 기록에는 특이한 휴가 기간에 확보한 등반 활동에 대한 자세한 묘사가 섞여 있는데, 다른 곳에서 벌어지는 큰 사건들과는 묘하게 관련이 없어 보인다. 그러나 전쟁의 나날 속에 산에서 느낀 자유는 그에게 큰 위안이 되었던 것이 분명하다. 이와는 대조적으로 십턴은 카슈가르에서 영사로 지내면서 중앙아시아에서 전쟁 초기를 보내는 것에 만족했다. 이후 그는 페르시아로 옮겨 군사정보 분야에서 역할을 수행한 것으로 보인다.

---

70 서부사막: 사하라 동쪽 사막을 뜻한다.

각자 또는 함께 1930년대의 대부분을 히말라야에서 보낸 십턴과 틸먼은 1933년부터 1938년까지의 에베레스트 원정등반에 매번 연루되었다. 십턴은 다음과 같이 평했다. "이른 아침에 나는 틸먼을 얼마나 싫어했는지 모른다. 그는 평범한 사람처럼 자지 않는다. 기상시간을 몇 시로 약속하든, 그는 훨씬 전에(얼마나 오래전인지 나로서는 절대 알 수 없다) 자신의 침낭에서 미끄러져 나와 프리무스Primus 스토브 위에 간소한 죽을 올리고 젓기 시작한다. 점점 짜증을 돋우는 이 소음을 듣기 시작한 나는 원래 약속한 시간보다 30분이나 일찍 기상했다는 터무니없이 부당한 일에 조용히 분노하며 머리를 침낭 속에 묻곤 한다. 역겨운 죽이 다 완성되면, 그는 '일어나'라는 등 바보 같은 말을 내뱉곤 한다."[111]

십턴은 전쟁 후에도 에베레스트 원정에 계속 관여했지만, 그보다 9살이 많은 틸먼은 점점 바다로 눈을 돌렸는데, 작은 브리스톨 커터Bristol Cutter를 타고 북극해와 남극해의 오지까지 항해하며 쌓은 명성은 등반가로서의 그것에 곧 필적하게 되었다. 1977년 그는 79세의 나이로 리우데자네이루에서 포클랜드 제도로 항해하던 중 실종되었다.

십턴과 틸먼의 파트너십은 20세기 초반에 그레이엄과 머메리, 롱스태프가 시행했지만 대규모의 군사적 방식의 원정에 밀려 버림받았던 경량의 '알파인 스타일' 방식으로의 회귀를 보여줬다. 틸먼은 공개적으로 롱스태프 등이 영감을 줬다고 인정했다. "효율과 안전을 위해 필요한 것 이상의 물품은 정말로 쓸모가 없다. 롱스태프 박사와 브로슈렐 형제 두 명은 1905년에 텐트도 없이 초콜릿 한 조각만 가지고 7,728미터 높이의 굴라 만다타Gurla Mandhata를 오르는 데 거의 성공할 뻔했다. 이는 힘을 절약해야 한다는 중요한 등반 원칙의 적용을 실질적으로 보여준 예인데, 텐트 하나와 초콜릿 두 조각을 가져갔으면 등정에 성공했을 것이라고 주장할 사람들도 있기 때문에 아마도 불완전한 예라고 할 수 있을 것이다."[112] 메모지 한 장에 정리되지 않는 원정대는 너

238

무 많은 준비로 인해 피해를 볼 수밖에 없다는 틸먼의 법칙과 "알프스에서처럼 두세 명이 자신의 식량을 직접 갖고 다녀야 한다는, 가슴에 새길 만한 그의 이상"[113]은 이후 30년간 대체로 무시되었지만, 1970년대 중반에 등장한 훌륭한 영국 등반가 세대에게 영감을 주었다.

6

1939~1970년: 부유한 사회의 거친 남자들

제1차 세계대전 이후 영국의 등반 수준은 20년 가까이 정체를 겪었다. 이와는 대조적으로, 제2차 세계대전 이후에는 식량과 석유를 배급해야 하는 상황에도 불구하고 등반 수준이 거의 곧바로 급상승했다. 먼저 등반 활동 참가 인구가 1939년까지 꽤 증가했고, 제1차 세계대전과 비교하면 제2차 세계대전 중에 죽거나 다친 인구의 비율도 낮았다. 또한 제1차 세계대전에 비해 제2차 세계대전 때는 전쟁 중에도 등반 활동이 훨씬 더 활발하게 진행되었는데, 군에 있던 등반가들이 휴가 기간에 산을 찾기도 했고, 군대 내에서도 산악전투, 설원전투, 절벽공습을 위해 병사들을 훈련시키기도 했다. 복장과 장비 역시 군의 요구조건에 맞추기 위해 크게 발전했다. 그 결과, 전쟁이 끝난 후 새로운 등반가 세대는 산으로 향할 준비가 되어 있었다.

1943년 스코틀랜드의 브레마Braemar에 산악 및 설상 훈련학교Mountain and Snow Warfare School가 창설되어, 프랭크 스마이드가 교장으로 선임되었다. 성공적이었던 1953년 에베레스트 원정대를 이끈 존 헌트John Hunt 소령은 이곳의 주임 교관이었다. 스마이드가 1942년에 출간한 『영국의 산악인들 British Moutaineers』이라는 책은 뚜렷한 호전적 애국주의로 가득했다. 그렇게 된 것은 어찌 보면 당연했는데, 이 책의 표지에는 "등반은 우리의 국민적 기질에 특별히 호소하는 스포츠이다. 등반은… 우리 종족에 내재되어 있는 높은 수준의 용기와 대담성을 불러낸다."라고 적혀 있었다. 헌트 역시 스노도니아에 있는 등반가산악회 산장 헬리그에서 왕립 소총부대 내의 기갑부대를 위한 '강화' 훈련을 준비했다. 교관으로는 알프 브리지와 윌프리드 노이스 등이 있었다. 1943년에 휴가를 나와 헬리그를 방문한 한 군인은 "짜증나는 기관총소리가 아침잠을 자주 깨워 그곳에서는 평화롭다는 착각으로부터 오래 시달릴 일이 거의 없다."라고 언급했다.[1]

산악 및 설상 훈련학교가 웨일스 북부로 이전하면서, 교육의 방점은 D-데이 상륙작전 준비 차원의 암벽등반과 절벽공습으로 바뀌었다. 특수부대원들 역시 콘월의 세인트 아이브스에 자신들만의 절벽공습 부대를 발족해 1949년까지 계속 활동했다. 산악전에 특화되어 훈련을 받은 제52사단은 1944년 해수면보다 약간 아래에 위치한 네덜란드의 왈헤런섬Walcheren Island에 배치되었다. 군대에 있던 많은 교관들은 개별적인 등반 활동을 했는데, 전쟁이 끝나기 전 수개월간 특히 그랬다. 데이비드 콕스David Cox와 조크 캠벨Jock Campbell은 클로퀸 두 알두의 시프Sheaf(HVS 4c등급, 1945년)를 등반했고, 크리스 프레스턴Chris Preston은 이드왈의 인상적인 자살벽Suicide Wall(E2 5c, 1945년)을 선등해 커쿠스와 에드워즈를 꺾음으로써, 1914년에 지그프리드 허포드가 중앙 버트레스(기술 등급 5b)를 오른 이래 영국 암벽등반에서 처음으로 중요한 기술적인 발전을 보여줬다. 자신의 상관이었던 데이비드 콕스의 고집에 따라 프레스턴은 선등을 하기 전 톱로핑으로 루트를 조사했고, 콕스는 프레스턴이 선등하는 동안 다른 곳으로 피하여 프레스턴의 성과를 가로채는 일이 없도록 했다. 자살벽은 이후 거의 10년간 영국에서 가장 어려운 암벽으로 알려졌으며, 1952년에 조 브라운이 빗속에서 등반에 성공할 때까지 아무도 등반하지 못했다. 프레스턴은 선등 성공에 너무 흥분한 나머지 란베리스로 돌아오는 길에 오토바이 사고를 냈다.

1943년에 설립된 영국 공군의 산악구조대는 원래 산악지대에 추락해 부상당한 조종사들을 구조할 목적으로 만들어졌지만, 전쟁이 끝난 후에는 크게 확장되어 민간인 등반 사고도 맡게 되었다. 1년 후인 1944년에는 영국등산위원회(BMC)가 창립되었다. 사실은 1907년에 이런 위원회를 만들자는 아이디어가 나왔지만 제프리 윈스롭 영이 이를 묵살한 적이 있었는데, 전쟁 중 군에 조언과 지원을 제공할 필요가 생기자 위원회의 창립에 박차가 가해졌다. 영국등산위원회는 창립 당시 40개의 산악회를 대변하면서 총 회원 수가 12,000명에 달했다. (중복 회원들을 감안하면 아마 실제로는 6,000명 정도였을 것이다) 오늘날 이 위원회는 약 65,000명의 개인 및 산악회 회원들을 회원으로 보유하고 있고, 4백만 명쯤으로 추산되는 트레커의 이익도 대변하고 있다. 국가 주도의 산악회가 일반적이었던 대륙에서와는 달리, 영국에서는 등반 활동에 참가하는 이들이 개인성과 독립성을 자랑스러워했기 때문에 등반을 관료적으로 중앙 집중화하는 것에 상당한 반발이 있었다.

군에서 등반에 관련된 활동이 있었음에도 불구하고 전쟁 기간은 등반의 휴지기가 될 수밖에 없었고, 따라서 전쟁 이후 등반에 입문한 등반가들은 대부분 1930년대의 등반에 대한 지식이 거의 없었다. 전쟁 이전의 태도나 선입관, 편견이 사라지거나 최소한 약화되었기 때문에 여러 측면에서 이때는 영국 등반이 새롭게 출발하는 시기였다. 전쟁은 눈에 띌 정도로 사회 전체에 평등 효과를 가져왔다. 사람들이 병역과 배급, 공습, 대피 등의 경험을 공유하면서 1930년대까지 존재했던 계급 구분이 흐려졌고, 더 평등한 사회로 가야 한다는 요구가 생겼다. 제1차 세계대전이 끝났을 당시와는 달리 과거에 대한 향수는 거의 없었다. 대부분의 사람들은 1930년대라고 하면 경제 위기와 실업 그리고 국가 위신의 실추 등을 떠올렸다. 그에 따라 제2차 세계대전이 끝난 후의 영국은 이전과는 다른 더 나은 미래를 건설하고 싶은 욕망으로 넘쳐났다. 변화에 대한 요구는 근 10년 만에 처음 있었던 1945년 선거에서의 노동당의 압승에 잘 드러났다. 그래도 상황은 좋지 않았다. 배급이 1950년대까지 지속되었고, 사회와 경제의 재건 프로그램을 지원하기 위해 세율이 여전히 높았으며, 고질적인 적자 상황으로 인해 외화 거래가 제한되어 해외여행 역시 제대로 할 수가 없었다. 그러나 완전 고용과 투자 증가 그리고 생산성 증가는 생활수준의 향상이라는 결과를 가져왔고, 인구 대부분은 과거 어느 때보다도 더 많은 돈과 여가 시간을 갖게 되었다. 토리당의 수상이었던 해롤드 맥밀런Harold Macmillan은 1957년 "대부분의 영국인에게 지금은 더없이 좋은 시대이다."라고 언급했다.

J. K. 갤브레이스Galbraith는 『부유한 사회The Affluent Society』(1958년)에서 "인간은 물품을 생산하는 문제를 해결하는 데 실패하면서 가장 오래되고 가장 슬픈 불운에서 벗어나지 못했다. 그러나 그 문제를 해결했음에도 그다음 임무로 넘어가지 못하고 있다는 사실을 알아차리지 못하는 것은 문제를 해결하지 못했을 때만큼이나 비극적이다."라고 썼다. 갤브레이스의 생각에 그다음 임무란 물질이 아닌 인간에 대한 투자였다. 전쟁이 끝난 후 수년간 공공교육이 크게 확장되었다. 1944년에 제정된 버틀러 법은 학교를 떠날 수 있는 나이를 15세로 높였고, 대학교육을 크게 확대했다. 그리하여 1938년부터 1956년 사이에 18세까지 학교에 남아 있는 청소년의 비율이 두 배로 뛰었다. 결국 이런 개혁을 통해 대학교육을 받은 '계급이 없는' 등반가들이 나타났는데, 이들은 1960년대와 1970년대의 산악계를 지배했다. 전후의 시기에 등반이 대중 활동으로 발전한 것은 아마도 갤브레이스가 자신의 글에서 표현한 우려와 열망이 표출된 것으로 볼 수 있을 것이다. 산업화된 세계가 점점 부유해지면서 생산과 물질주의에 빠지고, 전통적인 종교적 신념이 계속 쇠퇴하는

가운데, 많은 젊은이들은 소비자 사회의 대안을 찾기 위해 노력했다. 대부분의 소비재들은 삶을 더 쉽고 편하게 만드는 것을 목표로 만들어진다. 원칙적으로 등반의 목적은 이와 정반대지만, 실제로 등반가들은 등반용품을 마구잡이로 소비했다. 1960년대부터는 허무주의도 나타나기 시작했는데, 특히 대학 산악회의 젊은 등반가들이 등반 활동의 무정부주의적 이미지에 매료되었다. 이는 등반을 선도적으로 옹호하던 많은 이들이 동시대의 다른 팝 아이콘들과 마찬가지로 요절을 했다는 사실에서 엿볼 수 있다.

고등교육의 확대가 효과를 보기 전인 1950년대에 있었던 가장 극적인 변화는 등반에 변화를 줄 수 있는 잠재적 세력으로 노동자 계층 등반가가 등장했다는 것이다. 전후 시기의 노동자 계층 등반가들은 등반에 많은 영향을 끼쳤다. 그러나 등반역사를 통틀어 위대한 혁신자들은 기존 산악계에 속해 있지 않은 경우가 많았다. 틴들은 경관의 아들이었고, 윔퍼는 상업 예술가였으며, 오언 글린 존스는 목수 겸 건축기술자의 아들이었다. 양차대전 사이에 등장한 스마이드, 십턴과 틸먼은 모두 기존 산악회의 도움 없이 등반기술을 획득했다. 전쟁 직후 시기에는 노동자 계층 등반가들이 엄청난 돌파구를 만들었지만, 1960년대와 1970년대에는 그들 역시 점점 산악계로 흡수되었고, 그다음에 나타난 혁신은 어떤 산악회에도 속해 있지 않았던 피터 리브지Peter Livesey 같은 개인과 대학 산악회가 이끌어갔다.

전후의 시기에는 임금이 높아지고 노동시간이 단축되어 노동자들이 마음껏 등반 활동에 참가할 수 있게 되었는데, 영양 상태와 체격이 좋아진 것 역시 한몫했다. 20세기 초반 영국의 기대수명은 전체적으로는 51세였지만, 맨체스터와 그 밖의 많은 산업도시의 노동자 계층의 경우는 30세가 채 되지 않았다. 1916년 징병이 시작되었을 때 산업도시의 남자들 중 최소한의 신장 요구조건인 163센티미터에 미달되는 사람이 워낙 많아서, 키가 152~160센티미터인 남자들로 특수 경보병 사단인 '밴텀 대대Bantam Battalions'가 만들어지기도 했다. 대공황 기간이었던 1930년대에는 극빈층 중 10퍼센트의 1인당 하루 섭취 열량이 2,000칼로리가 채 되지 않았다.[2] 보통은 생계를 책임지는 성인 남자가 가장 잘 먹었고, 여성과 아이들은 훨씬 적게 먹는 경우가 많았으며, 실업 기간에는 모든 이들이 굶주렸다. 경기가 침체된 지역에서는 구루병과 빈혈이 다반사로 나타났다. 전후의 시기에 생활수준이 향상되면서 나타난 가장 극적인 변화 중 하나는 젊은 노동자 계층 남성들과 여성들의 체격이 훨씬 좋아지면서(비만이 널리 퍼지기 시작하기 전이었다) 처음으로 태울 에너지가 생겼다는 점이다.

부유한 사회에서 태어난 아이들은 이전의 어떤 세대보다도 잘 먹고, 잘 입고, 잘 교육 받았다. 또한 그 당시는 인구도 많았다. 모든 예상을 뒤엎고 1950년대와 1960년대 초반에는 출산율이 치솟았다. 사회적인 시선이 바뀌고 가처분소득이 늘어나면서, 다른 많은 사회 양상뿐 아니라 등반에서도 젊은이의 문화가 나타나기 시작했다. 물론 젊은 등반가 세대는 절대로 자신을 '낭만주의자'라고 규정하지 않았지만, 그들이 등반에 느낀 매력 포인트는 바로 등반의 낭만주의적 측면이었다. 시대정신에 맞춰 심미성보다는 영웅성이 강조되었고, 아름다운 것에 대한 탐색보다는 개인적 자유와 자기충족 추구가 중시되었는데, 심미파가 과거 등반가들의 계급 편견과 기득권층 특유의 태도를 확고히 지니고 있었다는 점이 크게 작용했다. 새로운 노동자 계층 등반 영웅 세대는 격렬한 개인주의, 자신의 행동의 사회적 결과에 대한 배려 부족, 적의와 질투, 나약함에 대한 경멸과 폭력 성향 등 여러 측면에서 과거의 낭만적 영웅의 태도를 반영하고 있었다.

19세기에 자주 쓰인 '거친 남자hard man'라는 용어는 알프스에서 '산을 잘 타는 사람'을 의미하는 말이었다. 1950년대와 1960년대에는 이 용어가 어려운 루트를 오르는 능력뿐 아니라 심리적인 태도와 사회적인 행동양식까지 의미하게 되었다. 아마도 새로운 세대의 거친 남자들은 퉁명스럽고 타협을 모르며 반사회적인 외양과는 달리, 속으로는 산의 아름다움과 신비로움에 깊은 감동을 받고 있었는지도 모른다. 이런 점은 짐 페린이 스타네이즈 에지Stanage Edge에 대해 묘사한 글에서도 발견할 수 있다. "오늘날에도 희한한 장소에서 나의 과거 모습을 찾아볼 수 있다. 종종 불편하고 골치 아픈 이 젊은이들이 무의식적으로 그 장소를 사랑하는 모습을."[3] 하지만 그런 사랑을 밖으로 표현하는 것은 당시의 사회 관습으로 인해 철저히 제한되었다. 1960년대에 많은 루트의 이름이 톨킨Tolkien 작품 속의 인명이나 지명을 따라 지어졌다는 점은 등반 동호회 사이에서 신화적이고 신비로운 것에 대한 욕구가 여전하다는 사실을 암시했지만, 돈 월런스가 『반지의 제왕』을 읽는 것을 보고 그 책에 대해 어떻게 생각하는지 누군가 물었을 때 그의 대답은 확실히 거친 남자다웠다. "빌어먹을 요정들"이란 말로 책에 대해 판결을 내려버린 것이다.[4]

영국등산위원회의 위원장이 된 데니스 그레이Dennis Gray는 1950년대 초반의 산악계를 다음과 같이 묘사했다. "전쟁 직후에 등장한 새로운 경향의 등반가들은 답답하고 격식을 차리는 전통적인 산악회에 불만을 느꼈을 것이다. 그에 따라 스스로 여러 단체를 만들었는데, 그런 단체들은 규칙이 거의 없고, 소규모로 친밀하게 회원들을 운영했으며, 사회적 자격은 따지지도 않았다."[5] 영국산악회 도서관에 있는 그의 책 여백에는 누군가가 "그들은 사회적인 자격을 분명하게 따졌다. 귀족은 실격이었으니까."라고 적어 놓았다. 새로운 산악회는 권위와 위계에 반발했지만, 어디까지나 이전 세대나 중산층이 강제한 허례허식에 대한 것이었다. 자체적으로 분명한 위계질서가 있었던 노동자 계층 산악회에는 산업적인 도제와 유사한 체제가 널리 퍼져 있었다. 글래스고에 기반을 둔 크리그 두 산악회에서는 잠재적인 신입 회원을 '검은 소년Black Boys'이라고 불렀는데, 이들은 한동안 물을 긷고, 차를 끓이며, 산악회의 선배들을 위해 장비를 지어 날라야 했다. 록앤드아이스산악회Rock and Ice Club에서는 '남작' 조 브라운이 데니스 그레이를 "신사의 시종Gentleman's

Gentleman"이라고 불렀다. 물론 애교스러운 명칭이었지만, 로프를 나르고 차를 끓이는 그레이에게 여전히 따라다닌 별명이었다. 또한 '위대한 등반 프롤레타리아 혁명'은 여성에까지 확대되지는 않았다. 전쟁 전에는 중산층 여성들이 보통 선등보다는 후등 역할을 맡으면서도 당대의 일류 등반가나 최고의 가이드와 함께 등반을 했다. 1950년대와 1960년대에는 등반 분야가 점점 더 노동자 계층의 거친 남자들과 그들을 모방하는 중산층의 영웅적이고 마초적인 문화에 장악되어, 여성들은 캠프로 따라가는 역할 정도밖에 하지 못했다. 그 당시에는 새로운 수준의 고난이도 등반을 할 신체적 능력이 '아가씨들'에게는 없다는 암묵적인 전제가 있었다. 이후에 일어난 일들은 그런 가정이 틀렸음을 보여준다. 1990년대에 그린란드에서 (루시 크리머Lucy Creamer와 함께) 열다섯 피치인 비너스의 시샘Venus Envy(E4 6a등급, 2001년) 등 신루트를 개척해 유명해진 에섹스 출신의 여성 등반가 에얼리 앤더슨Airlie Anderson은 노동자 계층의 거친 남자 전통에 속한 대담한 북부 등반가 앨런 버제스Alan Burgess를 두고 선등자로서 한 번밖에 추락을 해본 적이 없는 "쪼다"라고 비난한 적이 있었는데, 이 일은 유명했다. 1950년대와 1960년대에는 이런 종류의 대화는 상상하기도 힘들었다. 당시 영국 여성 등반가들의 성취가 제한적이었던 것은 순전히 사회적인 환경 때문이었던 것으로 보인다.

전쟁 이전의 등반가와 전쟁 이후의 등반가 사이의 사회적 차이와 사고방식의 차이는 등반의 난이도 차이가 심해지면서 더욱 뚜렷해졌다. 전후의 시기에 등반 수준이 급격히 향상된 데는 여러 이유가 있겠지만, 가장 중요한 요소로는 좋아진 정보, 더 심한 경쟁, 여가 시간의 증가와 이동성 향상, 진보된 기술 그리고 높아진 전문성 등이 있었다.

전쟁 직후 시기의 등반 공동체는 오늘날과 비교해 보면 여전히 매우 작았다. 영국 내에 등반장비를 전문으로 파는 상점은 런던의 로버트 로리Robert Lawrie, 맨체스터의 엘리스 브리검Ellis Brigham, 그리녁Greenock의 블랙스

Blacks 등 세 곳밖에 없었다. 전통적인 산악회에서 발간하는 저널과 전쟁 이전에 발간된 서적(이 중 몇몇은 전쟁 이후까지도 모습을 보이지 않았다. 틸먼의 『1938년 에베레스트』는 1948년에 출간되었다)을 제외하고, 등반의 발전 상황에 대한 정보를 얻을 수 있는 수단은 다른 등반가의 입뿐이었다. 당연히 이런 구전 전통으로 인해 새로운 노동자 계층 등반가에 대한 수많은 신화와 전설이 생겼고, 그중 다수가 전쟁 직후의 시기에 발간된 서적에 등장하게 되었다.(지금 여러분이 읽고 있는 이 책도 예외는 아니다)

영국등산위원회의 첫 사무국장이었던 존 바포드John Barford가 쓰고, 제프리 윈스롭 영이 편집을 도운 『영국에서 등반하기Climbing in Britain』는 전후의 시기에 처음으로 나온 등반에 관한 권위 있는 신간이었다. 1947년에 펭귄출판사에서 종이표지로 출간된 이 책은 120,000부가 넘게 팔렸다. 바포드는 같은 해에 빌 머레이, 마이클 워드와 함께 등반하던 중 도피네 알프스에서 사망했다. 『영국에서 등반하기』는 등반을 되살리는 데 중요한 역할을 했다. 이 책이 성공하면서 다른 출판사들 역시 등반 분야에 뛰어들어, 홍보와 수요가 모두 늘어나는 선순환 구조가 형성되었다. 1960년대에는 영국 전체에서 발행되는 등반 잡지가 처음 등장했으며, 나름대로의 정체성과 전통, 충성심, 신화를 갖고 있던 등반가들의 지역적인 연대가 매스미디어의 영향과 대폭 좋아진 이동성으로 인해 점점 하나로 합쳐지기 시작했다. 등반의 인기가 높아지면서 주류 언론들 역시 관심을 보였는데, 1960년대 일요 신문에는 새로운 '컬러 부록'에 기사와 사진이 자주 실렸다. 비교적 가벼운 텔레비전 카메라가 고안되면서 야외 생방송이 가능해졌고, 등반은 관중 스포츠로서의 면모를 최초로 선보이게 되었다. 1960년대 동안 클로긴 두 알두, 체다 협곡Cheddar Gorge, 그리고 가장 유명했던 올드 맨 오브 호이Old Man of Hoy에서 등반이 생방송되었다. 몬티 파이선Monty Python팀[71]이 1970년대 초반에 억스브리지 로

---

71 몬티 파이선Monty Python팀: 당시 영국의 초현실적인 코미디 그룹

드Uxbridge Road 북벽을 초등하면서, 암벽등반은 영국 대중문화에서 신흥강자로 확실히 자리매김했다.

변화는 국내 차원에만 머물지 않았다. 언론에서 보도가 더 잘 되고, 전문서적과 잡지 기사들이 번역되면서, 영국의 등반가들은 전 세계의 등반 발전에 대해 점점 더 많이 알게 되었는데, 마침 1950년대는 세계 등반에서 흥미로운 시기였다. 알프스에서는 발터 보나티Walter Bonatti가 드류와 기타 지역에서 놀라운 루트를 많이 개척하고 있었고, 미국에서는 요세미티에 있는 엘 캐피탄El Capitan의 노즈The Nose 초등이 이루어졌으며, 히말라야에서는 프랑스 원정대가 안나푸르나Annapurna를 초등하고 헤르만 불이 낭가파르바트를 단독으로 멋지게 등정하면서 드디어 8,000미터의 장벽이 깨졌다. 히말라야에서의 이 두 성취 모두 영국의 젊은 등반가들에게 큰 영향을 끼쳤다. 정보가 좀 더 널리 퍼지면서 양차대전 사이 기간을 점거하던 고립주의는 종국을 맞이했으며, 영국의 등반가들은 자신들이 얼마나 많은 신기술과 새로운 방법들을 배워야 하는지, 그리고 대륙의 일류 등반가들에 비해 얼마나 많이 뒤처졌는지 알게 되었다.

여가 시간이 늘어났다는 점도 등반의 수준을 높이는 데 중요한 역할을 했다. 제2차 세계대전 이후 주 5일 근무가 점차 도입되어, 열정적인 등반가들은 자연히 주 5일 근무가 우선적으로 도입된 직업과 직종으로 옮겨갔다. 주말이 이틀로 늘어나자 직업이 따로 있는 등반가들도 등반에 더 많은 시간을 할애할 수 있게 되었으며, 인근 지역 바깥으로도 여행을 할 수 있게 되었다. 또한, 경제가 빠르게 성장해 실질적인 완전 고용이 이루어지고 임금도 상승했기 때문에 등반가들은 원할 때만 일하는 임시 직업만으로도 등반 활동비용을 댈 수 있다는 기대를 할 수 있게 되었고, 이에 따라 안정적으로 보이는 평생직장을 거부할 수도 있게 되었다. 1960년 징병제가 종료되고, 고등교육이 확대되면서 점점 더 많은 젊은 등반가들이 대학에 가기 시작했는데, 학문에 대한 사랑보다는 집에서 멀리 떨어져 살 수 있는 기회와 긴 휴가, 넉넉한 학생 보조금에 끌린 경우가 대부분이었다. 개인 수입이 없는 수많은 젊은이들이 처음으로 3~4년의 긴 여가 시간을 갖게 된 것인데, 열정적인 등반가들은 자연히 산에 가까이 위치한 대학을 선택했다. 또한, 교육제도가 개선되면서 긴 여름휴가를 낼 수 있는 교사와 강사 자리가 많이 늘어났다. 당연히 대학에서 교육을 받은 등반가들은 종종 이런 직업을 선택했다.

이동성이 증가하면서 등반가들은 암벽지대에 더 자주 갈 수 있게 되었다. 전쟁이 끝나자마자 사람들은 배급 기간이 끝나기도 전에 당시 존재했던 일반 대중교통이나 도보 및 산악회에서 마련한 개인 버스를 이용해 산으로 돌아가기 시작했다. 개인 소유의 버스회사들이 운행 노선을 선전하며 대중교통과 경쟁하는 것은 불법이었지만, 매우 빠르게 유통된 '여행하는 등반가들의 비밀 정보'를 통해 런던의 등반가들은 금요일 밤에 파크레인 호텔Park Lane Hotel 앞에 모여, 불쑥 나타난 버스를 타고 밤새 달려 트리판 기슭의 농장으로 향했다. 같은 버스가 일요일 밤에 등반가들을 한데 모아 웨일스와 잉글랜드 사이의 경계선을 넘어 잉글랜드의 술집으로 태워다준 다음(일요일에는 웨일스의 술집들은 문을 닫았다), 적당히 기운을 차린 그들을 유스턴Euston 역으로 돌려보내줬다. 그러면 많은 이들이 역의 대기실에서 잠을 자고 나서 곧바로 출근했다.

1950년 성신 강림절에[72] 석유 배급이 마침내 종료되었다. 이 조치의 효과는 등반 현장에 즉각적으로 나타났다. 많은 등반가들이 오토바이를 샀고, 몇몇은 자동차를 구입했다. 버스 공동전세 업무를 위해 존재해 왔던 많은 소규모 산악회들이 곧 사라진 반면, 브래드포드 래즈Bradford Lads 같은 좀 더 격식 없는 모임들이 나타나기 시작했다. 1964년에는 도로, 특히 고속도로에 더 많은 투자가 이루어져, 심지어 잉글랜드 남부에 사는 등반가들도 피크 디스트릭트나 호수지역, 또는 스노도니아로 주말에 여행하는 것이 가능해졌다. 절

---

72 강림절: 부활절로부터 50일째 되는 일요일

벽으로 오가는 여행 자체도 등반 경험의 필수적인 부분이 되었는데, 아찔한 사고와 기적적인 탈출이 여러 번 있었다. 1966년 토니 스마이드Tony Smythe는 "등반가는 주말의 3분의 1을 도로에서 보냈다. 따라서 첫 번째 필수 요건은 자신의 차가 빨리 달릴 수 있어야 한다는 것이었다.[6]"라고 언급했다. M1과 M6 고속도로가 건설되기 전에 마블 아치Marble Arch[73]에서 페니귀리드까지의 주파 기록이 2시간 57분이었는데, 이는 평균 시속 122킬로미터로 달려야 나올 수 있는 기록이었다. 데니스 그레이는 이런 폭주의 불가피한 결과들을 다음과 같이 기록했다. "연속된 다섯 번의 주말 동안 나는 호수지역으로 차를 얻어 타고 갔는데, 히치하이킹을 하면 집에 도착할 때도 있었지만 사고가 나서 병원으로 향한 적도 있었다. 다섯 번째 주말에는 브래드포드 래즈 무리가 오토바이 6대로 호위 운행을 했다. 우리는 갑작스레 심한 커브 길에 들어섰다. … 담장 너머에서 풀을 베고 있던 몇몇 농부들은 변속기가 삐걱거리는 소리, 엔진의 굉음, 브레이크가 끼익 하는 소리, 고함 소리, 욕, 철판이 찢어지는 소리 등을 들으면서 자동차 역사에서 가장 큰 다중 충돌사고 소리를 들었다고 여겼을 것이다. 여기에 두 사람이 대포에서 쏜 것처럼 날아와 그들 한가운데에 떨어졌으니, 그런 생각은 더욱 확고해졌을 것이다.[7]" 폴 넌Paul Nunn은 "배리 잉글Barry Ingle의 오토바이가 베쓰Betsw의 첫 커브에 충돌할 때 불꽃이 튀면서 우리는 그의 몸짓을 잠시 볼 수 있었다. 그래도 우리는 크롬렉 거들Cromlech Girdle을 등반했다.[8]"라고 언급했다.

기술 발전은 자동차와 오토바이의 속도를 높였을 뿐 아니라, 제2차 세계대전 이후 등반의 수준을 높이는 데도 주요한 역할을 했다. 전쟁 직후에는 후드와 주머니 4개가 달린 옅은 황갈색의 면 작업복, 군용 전투복 바지, 흰 방수 스타킹, 바라클라바balaclava 또는 털모자, 군용 배낭 등 여분의 육군성 의류를 도처에서 쉽게 구할 수 있었다. 철제 카라비너는 비교적 싼값에 구입할 수

---

73 마블 아치Marble Arch: 런던 하이드 파크에 있는 문

있었지만, 군에서 나온 여분의 카라비너는 힘이 가해지면 잘 열리는 편이어서 일류 등반가들은 수입제품을 선호했다. 전쟁 중에 글라이더를 견인하기 위해 개발된 나일론 로프는 삼 로프에 비해 훨씬 강하고 가벼웠으며, 힘이 가해지면 66퍼센트까지 늘어났기 때문에 추락 에너지를 확보자에게 그대로 전달하지 않고 점진적으로 흡수할 수 있었다. 바닥이 고무로 된 비브람 등산화도 1940년대에 나타나기 시작해, 1950년대와 1960년대에는 네일이 박힌 부츠 대신 점점 더 많이 사용되었다.

러닝 확보를 위해 자연적인 플레이크flake, 촉스톤chockstone, 때로는 피톤까지 사용하는 경우가 대폭 늘었다. 전반적으로 산악계는 피톤을 확보물로 사용하는 것에 여전히 반대했지만, 고난이도의 신루트에서 사용하는 것은 용납했다. 조 브라운은 스스로 한 피치에서 사용하는 피톤을 두 개로 제한했는데, 이보다 더 많은 숫자의 피톤을 쓰는 등반가들은 종종 비판받았다. 일반적으로는 "만약 피톤을 과도하게 쓰지 않고서는 등반할 수 없을 것 같으면, 실력이 더 좋은 사람이 오르도록 놔둬라."라는 것이 지배적인 의견이었다. 고난이도의 신루트에서는 확보물로 슬링이나 피톤을 이따금 사용하는 것이 허용되었지만, 이후의 등반가들은 그런 확보물을 없애고 해당 루트를 자유등반하기 위해 노력을 기울였다. 또한 1950년대에는 등반가들이 조약돌이나 매듭을 지은 슬링을 바위틈 사이에 끼워 사용하기 시작했고, 1960년대 초반에는 기계로 너트 모양을 만들어 사용했으나, 중반에는 슬링을 끼워 넣은 너트들이 나타나기 시작했다. 그리고 후반에는 특수 제작된 다양한 모양의 너트들을 구할 수 있게 되었다. 확보의 발달로 등반가들은 더 길고 어려운 피치에 도전할 의욕이 생겼으며, 장비가 더 좋아지면서 나쁜 조건에서도 어려운 등반에 도전할 자신감도 갖게 되었다. 영국의 날씨는 예측불허이기 때문에 빗속에서도 등반을 하겠다는 의지가 생기면서 등반에 소모하는 시간 역시 크게 늘었다. 1970년대 초에는 이미 확보가 크게 발달해, 많은 일류 등반가들이 등반에서 모험의 요소가 사라졌다고 생각했고, 몇몇은 고난이도의 단독등반을 하기 시작했다.

　제1차 세계대전 이전과 심지어는 양차대전 사이까지, 대부분의 일류 등반가들은 등반이 즐거운 여가활동이기는 해도 절대로 유일한 여가활동은 아니었던 중산층 사람들이었다. 제2차 세계대전 이후에는 다른 스포츠들과 마찬가지로 등반에서도 아마추어 전통이 점점 사그라들었다. 등반가들은 사실상 자신의 삶 전체를 등반에 헌신하지 않고서는 등반의 최고 수준에서 활동하는 것, 특히 오랜 기간을 알프스나 고산지대에서 보내는 것이 점점 더 힘들어졌다. 그렇다고 이들이 반드시 '프로' 등반가가 된 것은 아니지만, 삶의 다른 많은 요소들이 등반으로 인해 희생된 것은 사실이다. 어떤 측면에서는 등반의 전문성이 높아지면서 다양성과 재미가 떨어지게 되었을지 모르지만, 이런 변화가 등반의 수준 향상에 기여한 것은 분명하다. '노동자 계층' 등반가의 출현에서 나타나는 아이러니는 그들 중 최고의 등반가조차 그들이 밀어낸 게으른 부자 등반가보다 실제로 성취가 적었다는 사실이다.

　새로운 등반가들이 꾸준히 유입되면서, 등반에 대한 사회적 분위기 또한 많이 바뀌었다. 자금의 제약과 개인적 취향으로 숙박시설의 발달은 저조했다. 많은 등반가들은 법과 규칙을 따라야 하는 유스호스텔이나 산장보다는 기초적인 숙박시설이면서 친목을 다질 수 있는 외양간이나 야영장을 택했다. 1966년 어느 등반가는 등반가산악회에 대해 "군 복무를 하지 않은 회원이 산장 입구에 붙어 있는 엄정한 규칙 항목을 진지하게 받아들일 수 있을까?"라고 평했다. 이와는 대조적으로, 랭데일의 월 엔드Wall End 외양간, 이드월의 윌리엄스Williams 외양간, 란베리스의 도로 수리공 오두막, 그리고 글렌코의 카메론Cameron 외양간은 모두 등반가들이 자주 드나드는 전설적인 소굴이었다. 물론 '행복하지만 가난했던' 전후의 시기에 대한 감상적인 향수가 어느 정도 있었던 것은 확실하다. 하지만 이제 대부분의 등반가가 자동차를 타고 산으로 이동하고, 값비싼 장비들을 몸에 걸친 채 소규모의 독립된 산악회에서 등반하고, 해질녘에는 예상대로 안전하게 집으로 돌아가게 되었으니, 그에 따라 상실감이 생긴 것도 확실했다. 히치하이킹(여기에는 "나중에 된 자로서 먼저 될 것이다"라는 성경의 지시를 피하기 위해 복잡한 속임수들이 사용되었다)의 경험, 산악회의 버스에서 부른 노래와 젖은 옷과 담배에서 나는 독특한 냄새, 외양간과 동굴에서 쪽잠을 잔 경험은 등반가들에게 등반 그 자체만큼이나 중요했다. "많은 16세 청소년들에게 진짜 교육이 시작된 곳은 카메론 외양간이다. … 여기서 중산층 학생들과 조선소 노동자들, 보수적인 이들과 급진적인 이들, 수줍은 이들과 대담한 이들이 서로 만나게 되었다. … 어떤 이들은 직업을 그만두고 등반에 몰두했다. … 교육제도에서 실패한 사람들은 성공한 사람들과 만나서… 다시 한번 도전할 수 있는 자신감을 얻었다."[10] 1930년대의 급진적인 전통이 1950년대의 등반가들 사이에서도 이어졌다. "그들이 같이 부른 노래에는 스코틀랜드의 가락, 사회주의와 공산주의 및 세계 산업노동자 조합의 찬가(가끔은 코믹한 패러디로), 더스트 보울, 힐빌리, 블루스의 가사… 다시 말해 가난한 이들의 시가 포함되어 있었다."[11]

동시대의 기록을 보면, 전쟁 직후의 기간에는 등반 공동체가 여러 측면에서 놀라울 정도로 관습적이고 금욕적이었던 것으로 보인다. 주택 부족으로 인해 대부분의 등반가들은 결혼하기 전까지 계속 부모 집에서 살다가 결혼하면 등반을 그만두었다. 흡연이 일상적이긴 했지만 차를 끓여 마시는 것이 인기가 가장 좋았다. 간혹 권위주의와의 마찰이 있었지만 별일 아닌 경우가 많았다. 1960년대에는 생활수준이 향상되면서 독립심도 강해졌는데, 고양된 정신과 젊음의 충만함이 전면적인 무법천지로 이어지는 경우가 많았으며, 알프스에서 특히 더 그랬다. 1960년대와 1970년대에는 가게 물건을 슬쩍하는 일이 영국 등반가 고유의 행동이 되면서, 그 자체가 경쟁적인 스포츠가 되다시피 했다. 주요 목표는 프랑스의 슈퍼마켓이었다. 그리고 선별적으로 장비를 도난당한 등반장비 상점이 그 뒤를 이었고, 그 외에도 호텔, 레스토랑, 산장, 심지어는 채소밭에서도 절도가 이어졌다. "다음에 있을 고난이도 등반을 위한 기회를 제공하는 일이라면 어떤 범죄도 변명할 수 있었다."[12] 조 브라운과 냇 앨런Nat Allen같이, 가게 좀도둑보다 훨씬 불우한 환경에서 자란 전쟁 직후 세대의 몇몇 등반가들은 이런 세태에 경악했다. 그들은 이 "작은 사기꾼들"이 스스로를 빈곤한 학생이라고 주장하며 스스로의 행동을 철학적, 정치적으로 정당화하는 모습에 진저리를 쳤다. 알프스의 여러 리조트에서 술을 마시고 싸우는 일이 자주 발생하면서, 영국 등반가와 대륙 등반가 사이의 관계도 악화되었다. 알프스를 방문한 한 미국 등반가는 다음과 같이 평했다. "샤모니에서는 기본적으로 술집 두 곳에서 주로 소동이 일어나는데, 한 곳이 '내쉬Nash' 또는 바 내셔널Bar National이라 불리는 곳이고, 다른 한 곳은 르 드럭 스토어Le Drug Store이다. 영국인들은 내쉬에서만 논다. 르 드럭 스토어에서는 전 세계 사람들을 볼 수 있다. 영국인들은 싸우고 싶을 때 바로 이 르 드럭 스토어로 몰려간다."[13]

산악계의 나이든 회원들은 이런 일들에 적지 않게 당황했다. 과거에 그들은 선배들의 사소한 결점들에 대해서는 공손하게 참고 전쟁 중에는 나라를 위해 싸웠지만, 이제 영국의 산악회에서 책임을 지는, 이론적으로는 권위를 가진 자리에 있게 된 상황에서 어느 정도는 존중을 받을 차례가 되었다고 기대했다. 하지만 예상과 달리, 그들은 젊은 세대 등반가들이 종종 산악회의 규칙을 무차별적으로 위반하면서 자신들을 퉁명스럽게 조롱하는 태도로 대한다는 사실을 알게 되었다.

앨버트 스미스가 와인 93병과 꼬냑 3병을 갖고 몽블랑을 등정한 이래 술은 영국 등반에서 중요한 역할을 해왔다. 현대 등반의 창시자인 머메리는 1879년에 마터호른의 츠무트 능선을 초등하기 전 버그너와 함께 야영을 하면서 레드 와인, 마르살라Marsala, 병맥주, 꼬냑을 섞어 마시며 기운을 냈고,

등반 중에도 주기적으로 보비어Bouvier를 마시며 생기를 되찾았다. 위험을 감수하고 스릴을 찾아다니고 싶은 욕구로 인해 등반에는 마약이 자주 따라다녔는데, 아편에 중독된 콜리지가 등반으로 유발된 아드레날린 분출을 처음으로 기록한 1802년부터 시작된 것으로 보인다. 하지만, 술과 마약으로 유발된 1960년대와 1970년대의 떠들썩한 파티는 그 규모가 과거와는 비할 바 없이 컸던 것으로 보인다. 짐 페린은 체다 협곡Cheddar Gorge의 대관식 거리Coronation Street(E1 5b등급) 단독등반에 관해 쓴 「불법의 거리Street Illegal」[14] (1977년)라는 글에서 코카인과 암페타민을 섞어 사용한 매우 극단적인 탈선행위 중 하나에 대해 기록했다. 많은 등반가들은 미국의 요세미티로 여행을 가서 마약 사용 경험을 넓혔고, 히말라야 원정은 수많은 등산로의 가장자리에 자란 대마초나 1960년대에는 값도 쌌고 완전히 합법적이었던 아편을 맛볼 수 있는 좋은 기회였다.

이상하게도, 등반 공동체의 도덕성이 바닥까지 떨어진 이 시기에 아웃도어 교육이 인기를 끌었다. 대학 강사였던 폴 넌은 "암장에서 젊은이들을 보는 것은 좋은 일이다. 등반 공동체가 그들의 인성에 무슨 짓을 할지는 생각만 해도 몸서리가 쳐지지만…"이라고 평했다.[15] 악명 높은 버제스Burgess 쌍둥이 중 하나이자, 젊은 세대의 다소 비전통적인 롤 모델이었던 애드리언 버제스 Adrian Burgess는 거친 교육방식을 채택한 엘즈미어 포트Ellesmere Port 소재의 어느 학교에서 한동안 아웃도어 교육을 담당했다. 그는 "교육으로 많은 이들의 삶이 바뀌었을지는 의문이다. 고층 빌딩에서 도둑질을 할 때 안전할 수는 있겠다."라고 지적했다.[16]

아웃도어 교육으로 인성을 형성한다는 목표는 도시의 타락한 삶에 비해 소박한 전원생활이 도덕적으로 우월하다는 낭만주의적 발상에서 나왔다. 등반의 인기가 널리 퍼지면서, 많은 이들이 며칠간 도심에서 떨어진 산으로 젊은이들을 데리고 가면 인성을 개선할 수 있을 것이라고 믿기 시작했는데, 이는 잘못된 생각이었던 것 같다. 프랑스의 소설가 프랑수와 모리아크François Mauriac는 "일정 고도 이상에서는 사악한 생각을 키우는 것이 불가능하다. … 봉우리에 오르면, 상스러운 생명체는 덜 상스러워지고, 고귀한 존재는 이따금 신을 만날 수도 있다."라고 생각했다. 제2차 세계대전 이후의 씁쓸한 시기에 저술 활동을 한 그의 동포 클레어 일레인 엥겔Claire Elaine Engel은 이에 동의하지 않았는데, 등반이 인성에 도움이 되지 않는다는 가장 명백한 증거는 1930년대에 독일인들이 세계 제일의 등반가였다는 사실이라고 지적했다. 하지만 제프리 윈스롭 영은 아웃도어 교육을 열정적으로 지지했고, 등반과 조각배 항해로 인성 형성 효과를 본 쿠르트 한Kurt Hahn을 카리스마 넘치는 챔피언으로 여겼다.

스코틀랜드에 고든스톤학교를 설립한 한Hahn은 평화의 시기에 "도덕적으로 전쟁과 동등한 것"을 찾으라는, 1906년에 윌리엄 제임스William James가 제시한 도전에 응했는데, 오늘날 보기에는 다소 수상해 보이는 야심이다. 그가 (유태인이었음에도 불구하고) 히틀러 청소년단 운동을 공개적으로 동경한 것 역시 우리에게 고민해볼 여지를 남기기도 한다. 그러나 산에서의 훈련이 인성과 동료애를 모두 양성한다는 생각은 전쟁 중에 진척을 이뤘다. 체육 레크리에이션중앙위원회Central Council of Physical Recreation는 전쟁이 끝나고 얼마 후 케언곰스 지역의 글렌모어 로지를 취득했고, 1955년에는 스노도니아의 플라시 브레닌Plas y Brenin도 취득했다. 제프리 윈스롭 영의 친구이자 제자인 잭 롱랜드는 더비셔의 교육감독이 되면서 1951년에 벅스톤 근처의 화이트 홀White Hall에 첫 지역 교육국 아웃도어센터를 건립했다. 그리고 조 브라운, 해롤드 드래스도Harold Drasdo를 비롯한 일류 등반가들이 한동안 이곳에서 강사로 일했다. 다른 여러 지역의 기관들이 이 선례를 따랐으며, 덕분에 수천 명의 학교 아이들과 학생들이 트레킹과 등반의 즐거움을 접할 수 있었다.

아웃도어 교육으로 무언가를 얻을 수 있다는 신념은 인과관계를 혼동한 데서 나온 것으로 보인다. 비교적 궁핍한 배경 출신으로 성공한 많은 등반가는 훌륭한 등반가가 되는 데 필요한 추진력과 결단력 그리고 자기 수양을 활용해 삶의 다른 분야에서도 크게 성공했고, 이는 분명한 사실이다. 하지만 무책임한 젊은이 하나를 오후 내내 로프 끝에 매달아 놓는다고 그의 삶의 가능성이 변화할 것이라는 생각은 터무니없다. 만약 등반에 '인성 양성'이라 볼 수 있는 요소가 있다면, 그것은 아마 결과가 불확실하고 잠재적으로 생명에 위협을 주는 상황에서도 개인이 책임을 져야 한다는 압박 정도일 것이다. 당연한 말이지만, 어른들이 자기 자녀도 아닌 아이들의 안전을 책임지는 상황에서 이런 환경이 조성될 리는 없다. 다른 교육 분야에서처럼, 학생들이 자기 수양과 개인적인 책임의 가치를 발견하도록 도와주는 재능 있는 강사들은 있다. 그러나 대부분의 아웃도어 교육은 모험의 대용품일 뿐이다. 재미는 있을지 모르지만 이를 통해 누군가의 인성이 양성될 가능성은 거의 없다.

하지만 등반 공동체가 아웃도어 교육을 반대한 이유는 훈련의 효율성 때문이 아니었다. '자신이 애지중지하는' 스포츠가 점점 더 인기를 끌고 관료화되는 것에 반감을 가졌을 뿐 아니라, 등반 인구가 계속 늘어나면서 산에서 겪는 경험에 악영향을 끼칠까 우려한 것이다. 산악운동에 참가하는 사회적 구성원이 크게 바뀌었음에도, 그들의 주장은 알프스의 세속화를 우려했던 19세기 영국산악회 회원이나, 낭만적인 과묵함을 선호한 지적인 페니패스 회합 참가자가 품었던 생각과 거의 다를 바가 없었다. 그러나 이런 원칙주의적인 반대에도 불구하고 개인 등반가들은 아웃도어 교육이 제공한 기회를 충분히 활용했다. 의도치 않은 결과 중 하나는 강사와 감독이라는 완전히 새로운 '프로 등반가' 부류가 나타나 수천 명의 아이들에게 등반을 교육할 책임을 맡았다는 것이다. 과거의 등반가들은 모험이 가득한 삶과 안정적인 직업 사이에서 선택을 해야 했다. 이제는 적어도 이론적으로는 두 가지를 모두 선택할 수 있게 되었다. 글렌모어 로지와 플라시 브레닌에서는 영국 교사조합의 기준에 맞는 봉급이 제공되었고, 그에 더하여 장비 비용도 넉넉하게 지급되었으며, 휴가가 길었고 생계비지수와 연동된 연금도 제공되었다. 당연히 이 직업들은 취업경쟁이 치열했는데, 1960년대와 1970년대의 일류 등반가 다수가 이런 종류의 시설에서 강사로 일했다.

1960년대에 등반이 점점 대중 활동으로 변해가고, 교통이 발전하고, 영국 국내외에서 등반 미디어가 늘어나면서 1860년대부터 산악계의 특징으로 남아 있던 지역적 차이가 줄어들었다. 하지만 전쟁 직후의 기간에는 석유 배급과 교통수단의 부족으로 지역적 차이가 오히려 강화되었다.

────◦◦◦❀ 웨일스 북부 ❀◦◦◦────

웨일스에서는 멘러브 에드워즈, 윌프리드 노이스, 아서 버트위슬Arthur Birtwistle 등이 전쟁 후에도 여전히 활동했지만, 그들의 성취는 피터 하딩Peter Harding과 토니 물람Tony Moulam이 이끄는 새로운 등반가 세대에 곧 가려졌다. 이들은 스펙터Spectre(HVS 5a등급, 1947년)와 카이저게비르게 월Kaisergebirge Wall(HVS 5b등급, 1948년) 같은 루트를 개척했다. 짧은 휴가와 석유 배급 등 여러 제한사항이 있었던 것을 감안하면, 하딩의 성취는 특히 인상적이었다. 1946년에 그가 웨일스에서 보낸 시간은 5번의 주말과 일주일의 휴가뿐이었다.

피크 디스트릭트에서 등반을 시작한 하딩과 물람은 함께 스토니스등반산악회Stonnis Climbing Club를 창립했다. 이 산악회는 최초의 회합을 더비에 있는 네비게이션 호텔Navigation Hotel에서 열었는데, 회합 중 당구 테이블 하나에 불이 나기도 했다. 하딩은 사암지대에서 스타네이즈의 골리앗의 그루브Goliath's Groove(HVS 5a등급, 1947년)와 블랙 록스의 악마의 갈비뼈Demon Rib(보조수단이 없을 때 E3 5c등급, 1949년) 등 몇몇 훌륭한 루트를 개척했다. 그중 악마의 갈비뼈는 당시 사암 루트 중 가장 어려웠던 것으로 보인다. 물론 하딩은 출발할 때 동료의 어깨를 딛고 올라가긴 했다. 하딩과 물람이 웨일스로 옮겨 활동을 하게 되자, 수구 세력들은 등반가산악회가 지닌 옥스브리지 특성을 약화하지 말라며 압력을 행사했지만, 알프 브리지를 비롯한 몇몇 구세대 등반가들은 이 젊은이들을 격려했다. 윌프리드 노이스 역시 이들을 지지했다. 그러나 하딩이 1951년에 쓴『등반가산악회의 란베리스 고개 가이드북Climbers' Club Guide to the Llanberis Pass』에서 피톤을 많이 언급하자, 1936년에 뮤니크 등반에서 독일인들의 피톤을 제거하는 일을 도왔던 노이스는 이를 참지 못하고 책을 편집하는 과정에서 "가이드북이란 기록이지 판단이 아니다.[18]"라는 의견을 남겼다. 이 란베리스 고개 가이드북은 등반가들이 매우 위험한 등급의 한계에 이미 도달했다는 것을 인식하고 극단적인 위험이라는 새로운 등급을 소개한 첫 번째 저작물이기도 했다.

케임브리지대학과 옥스퍼드대학의 두 산악회 모두 1940년대 후반과 1950년대 초반에 톰 보딜런, 마이클 워드 등 유능한 등반가들을 배출했는데, 이 둘은 웨일스에서 여러 신루트와 변형 루트를 개척한 후 알프스와 히말라야로 관심을 돌렸다. 한동안은 웨일스에서의 등반이 1930년대와 같은 패턴으로 회귀할 것처럼 보였지만, 1940년대 후반에는 조 브라운이라는 맨체스터의 젊은 건축가의 활동에 대한 소문이 나돌기 시작했다. 과거에 톱로핑을 이용한 등반가 세대가 애를 먹었던 어려운 사암 절벽들을 그는 온사이트로 쉽게 선등한다는 것이었다. 그 후 2년 정도는 이 소문이 잠잠했는데, 많은 사람들은 브라운이 또 다른 용두사미의 경우라고 생각했다. 사실 브라운은 그때 싱가포르에서 병역을 수행하고 있었다. 1951년에 돌아온 그는 웨일스의 등반에 변화를 가져오기 시작했다.

브라운은 1949년 햇볕이 내리쬐는 어느 사흘 동안, 당시 영국 내에서 가장 어렵다고 여겨진 클로귄 두 알두의 주요 루트 13개를 모두 재등했다. 그는 1952년 한 해에만 같은 암장을 6개의 신루트로 등반했다. 브라운과 맨체스터 기반의 록앤드아이스산악회 회원들은 1959년까지 블러디 슬랩을 제외한 클로귄 두 알두의 모든 주요 신루트를 개척했다. 1955년 이전에는 이 신루트 중 어떤 것도 산악회의 비회원이 '재등'을 하지 못했다. 1950년대 중반에는 록앤드아이스산악회에서 개척한 루트를 재등하는 것이 비슷한 등급의 신루트를 개척하는 것보다 심리적으로 어렵게 느껴졌던 것으로 보이는데, 그들이 개척한 루트의 난이도 아우라가 그 정도로 대단했다는 것을 의미한다.

　　록앤드아이스산악회가 클로귄 두 알두에서 이뤄낸 신루트 독점을 간신히 막은 루트는 존 스트리틀리John Streetly가 멋지게 개척한 블러디 슬랩(E25b등급, 1952년)이다. 어느 누구도 첫 피치에서부터 스트리틀리를 따라 올라갈 수 없었기 때문에 그는 로프를 풀고 루트의 남은 부분을 단독등반했다. 스트리틀리는 케임브리지 시절부터 등반을 시작했으나, 곧 그의 가족이 살고 있던 트리니다드로 돌아갔고, 이후 비정기적으로 유럽에 나타나 최고 난이도의 루트를 놀라울 정도로 쉽게 올라갔다. 1959년에 알프스에서 잠시 휴가를 보내던 그는 그랑드조라스의 워커 스퍼를 영국인으로서는 세 번째로 등반했는데, 이는 영국인의 초등기록이 세워진 후 겨우 하루가 지난 시점이었다. 이는 또한 그가 알프스에서 처음으로 등반한 루트이기도 했다. 조 브라운은 블러디 슬랩에 깊은 감명을 받아 세 차례나 더 등반했다.

　　록앤드아이스산악회는 전후의 시기에 칭송을 가장 많이 받은 산악회였다. 1951년에 창립된 이 산악회에는 ('남작'이라 불린) 조 브라운, ('악당'이라 불린) 돈 윌런스, 론 모슬리Ron Moseley, 냇 앨런, ('모티Morty'라 불린) 조 스미스Joe Smith 등이 있었다. 산악회의 회원 수가 30명을 넘은 적이 없었지만, 그들은 영국의 암벽등반에서 새로운 기준을 세웠다. 그들은 특히 피크 디스트릭트, 웨일스의 란베리스 고개와 클로귄 두 알두에 있는 사암 절벽에서 활약했다. 이 산악회는 1958년에 여러 회원이 결혼을 하면서 와해되었다가 1959년에 재건되기는 했지만, 첫 7년간의 성취가 주로 기억되는 산악회이다.

영국의 스포츠 역사에서 가장 비슷한 경우는 1980년대의 중거리 달리기에서 나타났다고 할 수 있는데, 엄청난 재능을 가진 세 명의 육상선수 스티브 오벳Steve Ovett, 세바스찬 코Sevastian Coe, 스티브 크램Steve Cram이 동시에 절정기에 다다랐고, 이들의 경쟁은 각자가 혼자 고립되었다면 분명히 이룰 수 없었던 성취들을 가능케 한 동기부여가 되었다. 록앤드아이스산악회에서는 조 브라운, 돈 윌런스, 론 모슬리라는 세 명의 뛰어난 등반가들이 있었으며, 여러 다른 회원들도 매우 경쟁적이었는데, 이들 삼총사가 없었다면 그들도 뛰어난 등반가로 여겨졌을 것이다. 경쟁은 바위를 오를 때든 오르지 않을 때든 격렬했다. 그리고 정기적으로 체력과 지구력 테스트가 있었다. 이 산악회가 왕성하게 등반 활동을 하던 7년간 큰 등반 사고가 없었다는 점은 놀라운 일이다.

많은 이들은 조 브라운을 20세기 최고의 영국 등반가로 여긴다. 가난한 가톨릭 집안의 일곱째 아들로 태어난 그는 맨체스터의 아드윅Ardwick에서 성장했다. 아버지가 그의 생후 8개월 만에 사망하는 바람에 어머니는 생계를 유지하기 위해 세탁 일을 해야 했다. 그는 14세에 학교를 떠나 그 지역의 건설업자 밑에서 일했다. 그가 최초로 개척한 주요 사암 신루트는 더비셔에 있는 프로가트 에지Froggatt Edge의 브라운의 엘리미네이트Brown's Eliminate(E2 5b 등급, 1948년)로, 그는 18세에 이 루트를 올랐다. 그는 얼마 지나지 않아 스타네이즈의 주요 크랙 중 마지막까지 미등으로 남아 있던 정복할 수 없는 권리 Right Unconquerable(HVS 5a등급, 1949년)를 올랐다. 짐 페린은 이를 "기술적인 시험이라기보다는 접근법을 시험해본 것으로, 더 어려운 루트를 계속 도전하겠다는 결기를 다지는 행동으로 볼 수 있다."라고 설명했다.[19] 2년 후, 그는 당시 영국에서 가장 어려운 루트로 여겨진 커바Curbar의 라이트 엘리미네이트 Right Eliminate(E3 5c등급, 1951년)를 등반했다. 브라운은 50년 이상 계속 등반을 하면서 도합 600여 개의 신루트를 개척했다.

란베리스 고개에 있는 디나스 크롬렉의 묘지 입구(E1 5b등급, 1951년)는 브라운과 윌런스가 최초로 합작한 중요한 신루트였다. "바위의 형태가 매우 놀라우면서 소름끼쳤다. 나는 윌런스를 데리고 올라갔는데 그가 당황했다. 그는 '젠장, 흥미로운 곳이네.'라고 쉰 목소리로 중얼거렸다."[20] 이 루트는 기술적인 수준이 크게 올라간 계기가 되지는 않았지만, 경사가 끊임없이 가파르고 바위의 상태가 나빴다. 이후 존 앨런John Allen은 이 루트의 등급이 E5 1b로 결정되어야 한다고 농담했는데, 냇 앨런이 이 루트에 대한 기록을 등반가산악회로 보내자, 산악회의 임원 중 하나는 흥미로운 루트인 것은 사실이지만 단지 "세부적인 사항을 보충해준 것"일 뿐이라고 정중하게 답장을 보내왔다. 그는 록앤드아이스산악회가 좀 더 진지한 일에 재능을 쓰기를 바란다고 덧붙였다.[21]

란베리스 고개의 세너태프 코너Cenotaph Corner(E1 5b, 1952) 등반은 기술적으로 특별히 어려운 것은 아니었지만 심리적인 측면에서 주요한 돌파구가 되었다. 눈에 띄게 어려운 이 코너는 많은 등반가들이 시도했지만 뜻을 이루지 못한 곳이었다. "이곳을 돌파하기 위해서는 선등자가 꽤 긴 시간 동안 확보지점 위쪽의 수 미터를 힘차게 기술적으로 올라가야 한다. 선등자는 기술도 좋고 체력도 강인하면서 머리도 냉정해야 한다."[22] 브라운의 많은 루트가 그렇듯, 그곳은 기술적 난이도가 극복된 한참 뒤까지도 난이도 면에서 특유의 아우라를 풍겼다. 피터 크루Peter Crew는 "심지어는 다음 세대의 젊은이들이 브라운의 신화를 접하기 시작한 황금 같은 1959년까지도, 그로찬의 들판에서 모닥불 주변에 둘러앉아 세너태프 코너 등반과 그것을 해낸 이들의 이름을 열거하곤 했다."[23]라고 회상했다. 브라운과 윌런스는 호수지역과 스코틀랜드에서도 많은 신루트를 개척했는데, 그중에는 초등 이후 10년간 아무도 재등을 하지 못한 도브Dove 암장의 도브데일 그루브Dovedale Groove(E1 5b등급, 1953년)와 글렌코의 새서넉Sassenach(E1 5b등급, 1954년) 등이 있다.

조 브라운의 명성은 클로귄 두 알두와 그곳에 그가 개척한 벰퍼 Vemper(E1 5b등급, 1951년), 옥토Octo(E1 5b등급, 1952년), 리스릭Llithrig(E1 5c등급, 1952년), 슈라이크Shrike(E2 5c등급, 1958년) 등의 루트와 항상 연결된다. 클로귄 두 알두에서 신루트의 잠재성이 줄어들자, 그는 트레마독Tremadog 같은 웨일스의 '새로운' 암장에서 여러 루트를 개척했는데, 그중에는 그의 등반이 성공하자마자 난이도로 악명을 떨친 벡터Vector(E2 5c등급, 1960년)가 있다. "마지막 피치의 크랙에서 선등자들이 연이어 추락했다. 오버행의 가장자리를 가로질러 매끄럽게 나 있는 이 크랙은 마치 미소를 짓는 듯 신비스러운데, 등반가와의 싸움에서 굉장한 심리적 우위를 보인다. 기술적으로 매우 어려운 등반을 한참 하고 나면, 정상 근처에는 절정의 어려움이 기다리고 있다. … 엄청난 아름다움, 재치 있는 동작, 절묘한 상황이 결합된 루트이다.[24]" 이후 브라운은 종종 피터 크루와 함께 앵글시Anglesey섬의 고가스Gogarth에서 해벽을 탐사했고, 여기서 이 둘은 각각 거의 50개에 달하는 신루트를 개척해 1960년대 말까지 해벽등반의 발전을 주도했다. 브라운이 개척한 루트에는 쥐덫 Mousetrap(E2 5a등급, 1966년), 붉은 벽Red Wall(E2 5b등급, 1966년) 등이 있다.

겉보기에 체격이 훌륭하지 않은 브라운은 훈련과 체력단련 방법도 느긋한 편이었지만, 가파른 바위를 오를 수 있는 가장 쉬운 길을 본능적으로 찾아내는 암벽등반의 최고 장인이었다. 그는 매우 유연했으며, 균형감각과 자세가 워낙 잘 발달되어 있어, 그가 오른 루트가 쉬운지 아니면 까다롭기 짝이 없는지 구분하는 것은 불가능한 경우가 많았다. 데니스 그레이는 브라운의 벡터 등반을 텔레비전으로 시청한 일을 다음과 같이 회상했다. "조Joe는 아주 작은 스탠스에 선 채로 담배를 피우며 목에 찬 작은 마이크를 통해 아래에 있는 방송 해설가와 대화를 나눴다. … 그는 나나 대부분의 다른 등반가들은 거의 머물러 있기조차 힘든 곳에서 너무나 느긋하게 휴식을 취했다. … 그는 왜 담배를 피운 것일까? 습관 때문에? 그럴 수도 있겠지만, 내 생각은 다르다. 조는 겸손한 사람이지만… 결국 그도 사람이다. 그는 영국 등반역사에서 자신의 가치와 위치를 알고 있다. … 다른 이들은 거의 붙어 있기 힘든 곳에서 담배를 피우는 것은 자신의 가치를 증명하는 행위였다."[25] 브라운은 태도는 느긋했을지 모르지만 경쟁심은 매우 강했다. 짐 페린에 따르면, "그는 기본적으로 교활한 놈으로, 쾌활하고 창의적이며, 고양이만큼이나 교활하고 조심스러웠다."[26] 라고 한다.

조 브라운이 대단히 훌륭한 등반가였다면, 돈 윌런스는 확실히 20세기 최고의 등반 아이콘으로, 누구보다도 그에 대한 이야기와 신화가 많이 생겨났다. 납작한 모자를 쓰고 단호한 표정을 지은 채, 입에는 담배를 물고 손에는 맥주잔을 든 윌런스는 오토바이를 타고 다니며 (주로 외국 등반가들과) 싸움을 자주 하는 거친 남자의 결정판이었다. 결국 그는 자기 풍자에 가까운 인물이 되어버렸다. 콜린 웰스Colin Wells는 그를 "일종의 맨체스터 뽀빠이"라고 불렀고, 잭 소퍼Jack Soper는 그를 "앤디 캡Andy Capp과 헤르만 불을 합친" 사람이라고 여겼다. 윌런스는 1954년 블래티에르 서벽을 등반한 후 영국산악회에서 초청 연설을 했는데, "강연을 이렇게 오래된…"으로 연설을 시작하다 갑자기 멈추는 바람에 행사 주최자들이 상당히 당황했다. 다시 연설을 시작한 그는 "영국산악회같이 오래되고 유서 깊은 산악회에서 강연을 하는 것은 처음입니다."[27]라고 고쳐 말했다. 그는 강사와 이야기꾼으로 명성을 쌓았고, 이는 그가 죽을 때까지 계속되었다.

1970년대 중반, 윌런스와 브라운은 영국 등반에 대한 공로를 인정받아 영국등산위원회로부터 서훈을 위한 추천을 받았다. 불행하게도, 공식 채널을 통해 추천이 전달되는 사이 윌런스는 집으로 가는 길에 로튼스톨Rawtenstall

의 한 술집에서 안 좋은 싸움에 휘말렸다. 이 사건으로 경관 5명이 부상을 입고 순찰차도 부서졌는데, 「에베레스트 등반가가 투옥되다」 등의 머리기사가 쏟아졌다. 서훈 목록에는 브라운이 대영제국 5등급 훈장(MBE)을 받은 것으로 나왔지만, 윌런스의 이름은 빠져 있었다. 그러나 '로튼스톨 경관들 쥐어 패기'로 산악계에 알려진 이 사건을 통해 윌런스는 동세대에서 가장 칭송받는 등반가의 위치를 확고히 했다.

윌런스는 브라운보다 3살 어렸다. 샐퍼드Salford에서 태어난 그는 브라운과 비슷한 행보를 걸어, 14세에 학교를 떠나 보일러를 수리하는 지역 회사에 들어갔다. 작지만 강인하고 민첩했던 그는 "18세가 되었을 즈음엔 작은 헤라클레스라 불릴 만한 체격과 기질을 갖고 있었다.[28]" 1950년에 등반을 시작한 그는 곧 당대 최고 난이도의 루트를 선등했다. 그는 1951년에 스태퍼드셔 Staffordshire의 바퀴벌레들Roaches이라는 루트에서 브라운과 처음으로 함께 등반했고, 이후 1956년에 클로귄 두 알두의 토러스Taurus(E3 5b등급)라는 신 루트를 마지막으로 함께 올랐다. 그들은 등반을 함께한 5년간 등반역사에서 매우 강력한 파트너십을 형성하면서 영국을 알프스 등반의 선두주자로 다시 복귀시켰다. 하지만 전후의 시기에 등반 활동의 선두에 서 있던 많은 등반 파트너들과 마찬가지로, 그들은 친구가 아니었다. 윌런스는 록앤드아이스산악회의 다른 회원들과도 관계가 순탄치 않은 편이었는데, 윌런스가 오르려 했던 클로귄 두 알두의 화이트 슬랩White Slab을 론 모슬리가 하루 전에 '강탈'했을 때 특히 갈등이 고조되었다.

브라운이 개척한 최고의 루트 중 다수는 절묘하고, 거의 기만적이기까지하다. 그와는 반대로, 윌런스의 루트는 곧고 어려우며 타협이 없는 편이다. 윌런스는 분명 역대 최고로 재능이 넘치는 등반가 중 하나지만, 절대로 위험을 감수하는 일은 하지 않았다. 그는 "산은 항상 그곳에 있을 것이다. 당신도 그곳에 함께 있을 수 있도록 요령을 키워야 한다.[29]"라고 말한 바 있다. 조지 베스

트George Best와 마찬가지로, 그는 능력이 워낙 출중해 재능이 덜한 다른 등반
가들과 같은 수준의 훈련을 스스로 할 필요가 없었다. 이와 더불어 그가 약간
은 조심스러운 접근법을 사용했다는 점을 고려한다면, 그는 자신의 놀라운 잠
재력을 완전히 발현하지 못했을 가능성이 있다. 크리스 보닝턴Chris Bonington
은 그가 "영리하고 조심스러우며… 감정에 흔들리는 일이 거의 전무했다."라
고 묘사하면서도, 그 기저에는 "생각에 잠긴 호전성"이 있다고 설명했다. "그
는 논쟁이나 논의를 하지 않는다. 자신의 의견이나 결정을 말하고 나면 그 뒤
에는 말을 바꾸지 않는다.[30]" 두걸 해스턴Dougal Haston에 따르면 "윌런스는 머
릿속에 낭만적인 생각이 없었다. 그의 머릿속에는 그저 일을 받으면 그 일을
하러 나가 최선을 다한다는 생각뿐이었다." 그의 자서전에 낭만적인 요소가
조금이라도 있다면, 그것은 그가 클로귄 두 알두에 처음 방문했을 때에 관한
묘사일 것이다. '나는 등반선을 따라 오르다 메어 두 알두Maer du'r Arddu에 올
라섰고, 그곳에 오랫동안 멈춰 서서 클로귄 두 알두를 멍하니 바라봤다. 절대
로 잊지 못할 소름끼치는 광경이었다. 모든 것이 고요하고 조용했으며 바람
이 멈췄다. 하늘은 빛과 어둠의 바로 중간 단계에 있었다. 클로귄은 거대하고
탄탄하게 그곳에 서 있었다. 그게 다다. 바라보는 동안 정확히 무슨 생각을 했
는지는 기억나지 않지만, 감명을 받았다는 점은 확실하다.[31]" 과거 세대였다면
그의 이런 생각을 감탄과 경외심이라 표현했을 것이다.

론 모슬리는 아마도 순수한 등반 능력만 본다면 록앤드아이스산악회에
서 브라운과 윌런스에 필적하는 유일한 회원으로 봐야 하겠지만, 그는 자신의
성취가 그들의 명성에 가려졌다고 느꼈다. 별나지만 종종 뛰어난 등반가의
면모를 보여준 그는 그들이 개척한 루트의 재등을 많이 했을 뿐 아니라, 자신
만의 훌륭한 루트도 여럿 개척했는데, 영국에서 가장 훌륭한 루트 중 하나로
여겨지는 클로귄 두 알두의 화이트 슬랩(E2 5c등급, 1956년)과 디나스 크롬렉의
좌벽Left Wall(E2 5c등급, 1956년) 등이 그것이다. 육체적으로 힘든 직업에 종사

했던 브라운·윌런스와는 달리 모슬리는 상업 예술가였으며, 따라서 그는 체력을 단련하기 위해 운동을 열심히 해야 했다. 결국 그는 등반에 흥미를 잃었고, 짧지만 훌륭했던 자신의 등반 경력을 "낭비된 5년"[32]이라고 묘사했다. 냇 앨런은 불안정하고 경쟁이 강한 록앤드아이스산악회에서 중재자 역할을 했다. 등반역사에 박식했던 그는 알파인 클라이밍 그룹Alpine Climbing Group의 영향력 있는 창립회원이었지만, 그와 함께한 동료들이 저명한 인사들이었기 때문에 정작 그 자신은 등반가로서의 능력이 과소평가되는 경향이 있었다.

　브라운과 윌런스가 다른 사람들과 구별된 점은 무엇이었을까? 그들이 개척한 루트 대부분은 프레스턴의 자살벽(E2 5c등급, 1945년)에서만큼 큰 기술적 진보를 이뤄낸 것은 아니었고, 다른 여러 등반가들도 비슷한 수준의 짧은 노두 루트를 오를 능력은 있었다. 하지만 그들이 개척한 고급의 고난이도 루트는 그 숫자만 놓고 봐도 경이로웠다. 같은 등급의 다른 루트의 경우는 피치 하나로 구성된 길이가 짧은 연습용 루트였던 반면, 두 사람의 루트는 고난이도 구간이 30미터 이상 지속됐다.

　러닝 확보의 활용도가 높아진 점도 그들 루트의 차별화에 일조했다. 더 나은 확보가 있다는 확신이 없었다면, 브라운-윌런스 루트 대부분은 온사이트로 등반될 수 없었을 것이다. 그러나 그들이 다른 사람들과 가장 크게 구별된 점은 어려운 등반을 오랫동안 하면서 길러진 육체적·정신적 힘일 것이다. 그런 힘이 있었기에, 그들은 노출이 극단적으로 심한 곳에서 작은 홀드에 매달린 상태에서도 눈앞에 놓인 문제의 해결책을 침착하게 찾아낼 수 있었다. (인공암벽에서 훈련을 받은 오늘날의 등반가에게는 그다지 쉽지 않은) 크랙 등반에서 브라운과 윌런스가 세운 기준은 오늘날까지도 여전히 높고, 현대의 거친 남자들 대부분은 윌런스가 버비지Burbage에서 개척한 고전적인 연습용 루트 골리앗Goliath(E4 6a등급, 1958년)의 넓은 크랙에서 여전히 고전을 면치 못한다. 또한, 출중한 실력의 브라운과 윌런스가 뛰어난 암장을 우연히 만나게 된 경우도 있다. 그들이 등반 수준을 높이 끌어올림으로써, 동시대인에게는 능력 밖에 있었던 클로귄 두 알두의 여러 신루트가 개척될 수 있는 기회가 생겼고, 5년이라는 기간 동안 그들은 잉글랜드와 웨일스의 가장 멋진 절벽들을 사실상 독점하며 영국에서 절대로 넘어설 수 없을 듯한 수많은 고전 루트를 남겼다.

윌런스는 1960년대 초반에 영국 내에서의 암벽등반을 그만두었다. 그때쯤에는 브라운과 윌런스, 그리고 다른 등반가들 사이의 격차가 좁혀지기 시작했다. 여기서 장비의 발전이 다시 한번 작용했다. 장비 제작자였던 프랑스의 피에르 알랭Pierre Allain의 이름을 따 'PA'라고 불린 암벽화가 1956년에 처음 등장했는데, 1958년경에는 일류 등반가들 사이에서 비교적 흔하게 볼 수 있었다. 마찰력이 좋은 고무로 밑창이 되어 있는 PA는 조금 튀어나온 스탠스를 딛고 '천천히 나아가는' 데는 가벼우면서도 측면이 탄탄했고, 둥글거나 비탈진 스탠스 위로 '문지르듯 나아가기'에는 긴 방향으로 비교적 유들유들했다. 대부분의 등반가들은 PA를 신으면 난이도를 한 단계 높일 수 있다고 봤는데, 이 등반화가 나타난 시기와 최고 난이도가 E1 5b에서 E2 5c로 상승한 시기가 서로 겹친다. 1959년의 길고 뜨거운 여름은 브라운-윌런스의 신화가 드디어 깨진 결정적인 순간이었다. 휴 배너Hugh Banner 등 젊은 등반가 그룹과 마틴 보이슨Martin Boysen, 피터 크루, 배리 잉글, 폴 넌 등으로 구성된 비공식 알파산악회Alpha Club는 클로귄 두 알두와 기타 지역에서 두 사람의 최고 난이도 루트들을 재등하기 시작했다. 그리하여 거의 하룻밤 만에 이 루트들을 둘러싼 난이도의 아우라가 사라졌고, 그들 중 다수가 유명세에 크게 다가섰다. 심지어 휴 배너는 그때까지만 해도 거의 조 브라운의 개인 영역으로 여겨졌던 클로귄 두 알두에서 2개의 신루트를 개척하기도 했다.

많은 이들은 1962년에 있었던 그레이트 월Great Wall 초등을 브라운이 영국 최고의 암벽 등반가라는 자리에서 내려온 시점으로 생각한다. 그레이트 월은 클로귄 두 알두에서 브라운에 대한 존경의 의미로 마스터의 벽Master's Wall이라 불린 가파르고 텅 빈 구간을 가느다란 크랙을 타고 오르는 루트로, 브라운은 이 루트를 여러 차례 시도했지만 스스로 강제한 피치 하나에 피톤 2개의 제한으로 인해 포기했었다. 그레이트 월 등반 시도는 브라운이 그 10년 전에 세너태프 코너를 올랐을 때와 마찬가지로 잘 알려진 도전이었다. 수많은 젊은 도전자들 중 이 루트를 선등으로 등반한 사람은 피터 크루였는데, 이는 다른 사람들과는 달리 자신이 브라운보다 정말로 뛰어나다고 생각했기 때문에 가능했던 것으로 보인다. 1942년에 요크셔의 반즐리Barnsley 인근 엘세카Elsecar라는 탄광 도시에서 태어난 크루는 옥스퍼드에서 수학 공부를 할 수 있도록 장학금을 받았으나, 첫 학기가 끝난 후 그만두었다. 금발머리에 두꺼운 검은 테 안경을 쓴 그는 알 알바레즈Al Albarez와 켄 윌슨Ken Wilson이 쓴 기사와 존 클리어John Cleare가 찍은 사진을 통해 암벽등반의 첫 팝 아이콘이 되었다. "그는 시끄럽고 거만하며, 자신감 넘치고 성급하며, 남들을 멸시했다. … 근시 안경을 쓴 그는 집중력을 한껏 높인 다음 주저 없이 앞으로 나아가곤 했다.[33]" 크루는 가장 어려운 루트를 선등할 수 있을 정도로 힘이 좋고 대담해, 한동안은 영국에서, 아니 어쩌면 세계에서 최고의 암벽 등반가였을지 모르나, 그 이후에는 등반에 대한 열정이 모두 사그라들었다. 이후 그는 자신의 등반 경력을 낭비된 불모의 시기로 여겼다. 아이러니하게도, 12살이 더 많았던 조 브라운은 크루가 등반을 그만둔 한참 뒤까지도 최고 수준의 등반을 계속했다.

마치 크루가 브라운을 쓰러뜨리려 노력했던 것처럼, 그레이트 월 등반 이후에는 그보다 더 젊은 등반가 세대가 크루를 목표로 삼기 시작했는데, 여기에는 에이번 고지Avon Gorge의 석회암 절벽에서 훈련한 뱅고어의 학생 에드 드러먼드Ed Drummond가 있었다. 그는 크루를 적도The Equator(E2 5b) 등반에 초대함으로써 그에게 직접적으로 도전장을 내밀었다. 이 루트는 드러먼드가 몇 주에 걸쳐 힘들게 완성한 에이번의 메인 월Main Wall을 지나는 거대한 띠 모양의 트래버스이다. 크루는 이 루트를 2시간 만에 재빠르게 트래버스 했다. 설욕전은 클로귄 두 알두에서 벌어졌는데, 여기서 드러먼드는 어느 추운 날 크루가 아래에서 끊임없이 놀리고 조롱하는데도 불구하고 그레이트 월을 빠른 속도로 재등했다. 그는 이어서 크루의 또 다른 연습용 루트라 할 수 있는 더 볼디스트The Boldest(현재 보조수단 없이 E4 5c등급, 1963년)의 재등도 해냈다. 결국 크루는 드러먼드가 신루트를 개척하는 것을 기다리다 지쳤고, 이후 고가스에서 심리전의 승자가 되었다. 그는 그곳에서 여러 보조수단을 이용하면서 매머드Mammoth(현재 보조수단 없이 E5 6b등급, 1967년)를 개척했다. 그러나 매머드는 크루가 선등하면서 개척한 마지막 주요 루트였다.

언제나 아웃사이더적인 측면이 있었던 드러먼드는 훌륭한 루트를 여럿 개척했음에도 항상 논쟁을 불러일으켰다. 크루가 술을 많이 마시고, 담배를 피우며, 훈련을 전혀 하지 않았던 반면, 드러먼드는 금욕주의자였고, 훈련을 열심히 했으며, 식단도 조절했고, 술도 거의 마시지 않았다. 크루는 란베리스 인근에 배리 잉글과 함께 빌린 오두막에서 오전 내내 담배를 피우고, 차를 마시고, 턴테이블로 음악을 듣는 일만 했다. 이런 생활은 "모두가 등반을 하러 나갔을 때만 제외하면, 비틀즈가… 열심히 노래를 부르는 순간부터 다음 날 아침의 예측 불가능한 시간까지 계속되었다.[34]" 이와는 대조적으로 드러먼드는 시를 쓰고 낭독했으며, 결국 백마의 꿈A Dream of White Horses이라는, 영국 암벽등반에서 가장 아름다운 루트 이름을 지어냈다. 드러먼드와 그의 파트너가 1968년 이 루트를 초등할 당시, 앵글시섬의 파도 훨씬 위로 솟구친 거대한 물거품이 살금살금 걸어가는 그들의 발에 거의 닿을 듯한 장면을 포착한 레오 디킨슨Leo Dickenson의 사진으로 백마의 꿈은 불후의 명성을 얻게 되었다. 드러먼드는 첫 "사회 참여적 등반" 중 하나이기도 했는데, 남아프리카의 아파르트헤이트 정책에 항의하는 의미로 런던의 넬슨 기념비Nelson's Column

를 오르기도 했다. 지역색이 강했던 웨일스 등반에서는, 란베리스의 파단 레이크 호텔Padarn Lake Hotel의 붐비고 연기가 자욱한 술집이 정신적인 안식처로서 페니귀리드와 페니패스 호텔을 대체한 지 이미 오래되었다. 그곳은 등반가들이 술에 취해 다트 놀이를 즐기며 서로에게 다트를 던지는 곳이었다. 드러먼드는 파단에서 그리 환영받지 못했다.

1960년대 초반의 또 다른 등반 신동 마틴 보이슨 역시 피터 크루보다 오래 등반을 이어갔다. 현재까지도 상당한 고난이도의 등반을 계속하고 있는 그는 과거 크리그 두의 등반가였던 랩 캐링턴Rab Carrington과 자주 어울린다. 보이슨은 1942년 독일에서 독일인 아버지와 영국인 어머니 사이에서 태어났다. 10대 시절 잉글랜드 남부에서 산 그는 해리슨즈Harrisons의 사암 노두에 관한 현지 전문가가 되었는데, 그곳에 있는 보이슨의 아레트Boysen's Arête는 기술적으로 6a등급에 해당된다. 그는 암벽지대 근처에 살기 위해 맨체스터대학에서 생물학을 공부했으며, 가파른 바위를 손쉬운 듯 미끄러져 올라가는 우아하고 느린 등반 스타일을 개발했다. 돈 윌런스는 그의 등반에 감명을 받아 "내 후임이 바로 마틴이다."라고 말하며 산악계의 서열에서 보이슨이 차지한 위치에 대해 전혀 의심하지 않았다. 보이슨이 웨일스에서 개척한 최고의 루트는 쿰 글라스Cwm Glas의 해골The Skull(보조수단 없이 E4 6a등급, 1966년)이라 할 수 있다. 보이슨은 보조수단을 5개 이용하면서 이 루트를 선등했다. 또한 그는 앵글시섬 해벽의 초기 개척 작업에도 참가했는데, 1964년에는 배스 잉글Bas Ingle과 함께 고가스(E1 5b등급) 루트를 개척했다. 1960년대 후반과 1970년대 초반 들어, 그는 알프스와 고산지대로 관심을 돌렸고, 이후 다시 그의 첫사랑인 암벽등반으로 돌아왔다.

스포츠에 종사하는 많은 이들과 마찬가지로, 등반가들은 스스로의 활동에 약간은 집착을 하기도 하는데, 가이드북을 읽는 일은 그런 집착의 중요한 일부를 형성한다. 등반가들은 세부적인 설명과 등반선 그리고 역사가 담긴

이 작은 책들을 읽고 또 읽으면서, 그들이 이미 등반한 루트를 확인하고, 도전하고 싶은 루트에 대해 숙고하며, 두려움에 대한 기대감으로 손바닥에 땀을 흘린다. 영국 내에 얼마나 많은 루트가 있는지는 아무도 모르지만, 아마 수만 개는 될 것이다. 그러나 비교적 잘 알려진 루트에 대한 가이드북의 설명을 등반가 그룹에게 읽어주면, 그룹 내의 누군가는 그 루트를 올라본 적이 없더라도 루트의 이름을 맞힐 수 있을 가능성이 높다. 그럼에도 많은 등반가들은 여전히 루트 자체에서 헤매고 싶어서 안달이다. 크루와 배너가 편집한 1963년의 클로귄 두 알두 가이드북 비닐 표지의 설명은 간결하고 불필요한 논평은 존재하지 않는 "현대 등반가의 매니페스토"[35]이다. 이 책이 출판되었을 당시, 등반가들은 카페에 앉아 신루트의 설명을 읽으면서 계획을 짜고 루트에 도전할 만한 용기가 있는지 고민했기 때문에, 막상 클로귄 두 알두 암장은 이상하게 조용했다.

인공적인 보조수단의 사용 거부는 여전히 일반적으로 통용되는 윤리적 판단이었다. 크루가 더 볼디스트 등반에 볼트를 사용했을 때 웨일스의 등반 동호회는 크루의 명성 때문에 이를 마지못해 받아들였다. 하지만 롤랜드 에드워즈Rowland Edwards가 서쪽 버트레스West Buttress(이후 E4 6a등급으로 자유등반됨, 1966년)를 횡단하는 피브린Fibrin 루트에 볼트를 3개 박자, 격렬한 반발이 일어났다. 에드워즈는 그의 이례적으로 길고 생산적인 등반 경력 내내 일반적으로 용인된 통설에 계속 도전했다. 1970년대에는 웨일스 북부의 그레이트 옴Great Orme과 리틀 옴Little Orme에 있는 미답의 석회암 절벽 탐사를 주도했는데, 이때 그는 비판을 비교적 덜 받으면서 피톤과 볼트를 사용했다. 하지만 그가 1980년대에 아들 마크Mark와 좀 더 정평이 나 있는 콘월의 해벽에서 똑같이 피톤과 볼트를 사용하자, 이는 산악계의 분노를 촉발했다. 결국 남서부의 일류 등반가가 된 마크 에드워즈는 카른 벨란Carn Vellan의 리와인드Rewind(E10 7a등급, 1999년) 등 수많은 어려운 신루트를 개척했다.

1960년대에는 수많은 등반가들이 란베리스로 이주해, 스노도니아 경계 지역에서 과거에 석판을 파던 이 음울한 마을의 후기 산업사회 경치를 배경으로 "등반가들의 게토climbers' ghetto"를 설립했다. 몇몇은 조 브라운처럼 등반 관련 상점을 열었다. 그러나 대부분은 불안정한 직업이나 실업수당으로 먹고 살았다. 수많은 고난이도 등반이 이루어졌고, 특히 앵글시섬의 멋진 해벽의 문도 처음 열렸지만, 범죄와 방탕함 역시 꽤나 만연했다. 이 대혼란의 중심에는 앨 해리스Al Harris가 있었다. "그는 장난꾸러기에 미치광이에 영웅에 성인이자 바보였다. … 가끔 우리는 함께 등반했다. … 그는 등반 실력이 나보다 나았고, 사실은 거의 모든 이들보다 나았지만, 자신이 등반을 하는지 안 하는지조차 거의 신경 쓰지 않았다. … 그는 본능적이고 쾌락적으로 에너지를 분출하는 일이 아니면 절대로 손대지 않았다."[36] JCB 굴착기 회사와 싸운 일이나, 「이유 없는 반항Rebel Without a Cause」에서의 제임스 딘James Dean 스타일로 절벽으로 차를 몬 일 등 그의 일화는 넘쳐난다. 한번은 그의 여자친구가 자신의 차로 구불구불한 시골길을 시속 100킬로미터로 달리는 동안 해리스는 오토바이를 탄 채 그녀에게 키스를 한 적도 있었다. 란베리스 근처에 있던 해리스의 오두막은 활동의 중심지였다. "음악이 끊임없이 크게 울렸고, 쾌락을 위한 모든 도구가 완비되어 있었다. … 해리스는… 용감한 반항아로… 그의 행동은 항상 현장을 고품격 익살로 물들이곤 했다. 그는 다른 사람들의 억압된 야성을 자극하는 신비로운 능력이 있었다."[37] 산악계의 모든 이들이 그에 감화를 받은 것은 아니다. "정신과의사의 천국인 란베리스에서… 이제는 제멋대로인 등반가들이 장악하고 타락시킨 술집에서 맥주의 소비가 늘었고… 현장은… 엄청나게 지저분했다. 마약이 유통되고, 경관은 수많은 경범죄 사건들에 관해 탐문을 하고 다녔다."[38] 해리스의 생활은 술과 마약, 아드레날린으로 유지되고 있었다. 그는 1981년에 교통사고로 사망했는데, 그의 죽음에는 모종의 비극적인 불가피성이 느껴진다. 그의 장례식이 끝난 후 "해리스가 모은 레코드들이 파단에서 재생되었다. 우리는 모두 낮부터 밤까지 원한의 파티를 했다. … 다음 날 아침, 우리는 알렉스 매킨타이어Alex MacIntyre가 만든 버섯차를 마시며 뒷정리를 했다.”[39]

제프리 윈스롭 영은 자신이 죽기 1년 전인 1958년, 산에 쏟아지던 관심이 등반가로 옮겨가는 것에 대해 슬픔을 피력했다. 그가 소중히 여긴 스노도니아에서 장차 노벨상 수상자를 4명이나 배출한 페니패스 회합과 앨 해리스의 난잡한 파티 사이에 나타난 큰 대조는 너무도 크게 느껴졌을 것이다. 등반에서 영웅파가 심미파에 승리를 거둔 것이다. “우리가 자아실현의 기쁨을 더욱 강조하면서, 웨일스의 산과 그곳의 위대함 그리고 그곳에서의 모험은 독단적으로 빛나는 등반 영웅의 후광 뒤 배경 속으로 사라지고 있다.”[40]

호수지역

호수지역에서는 빌 피즈커드와 짐 버켓이 전후 시기의 부흥을 이끌었는데, 둘 모두 전쟁 이전에도 등반 활동을 했고, 전후에는 트라이어메인의 캐슬록Castle Rock of Triermain에서 창녀의 얼굴Harlot Face(E1 5b등급, 1949년) 등의 루트를 개척했다. 여기에 곧 이어서 돌핀Arthur Dolphin이 합류했고, 이후에는 피터 그린우드Peter Greenwood, 해롤드 드래스도Harold Drasdo도 가세했으며, 그 외에도 브래드포드 래즈Bradford Lads의 회원들도 조우했다. 리즈대학의 금속공학자였던 아서 돌핀은 “키가 크고 여위었으며, 머리는 하얗고 얼굴은 색소결핍증에 걸린 사람 같아서 마치 유령처럼 보였다.”[41] 1939년 요크셔의 암스클리프에서 학창시절에 등반을 시작한 그는 요크셔의 사암지대에서 그레이트 웨스턴Great Western(HVS 5a등급, 1943년)과 버드라임 트래버스Birdlime Traverse(HVS 5a등급, 1946년) 등 몇몇 눈에 띄는 등정을 했으며, 이후 호수지역으로 눈길을 돌려 기머 크랙의 키플링 그루브(HVS 5a등급, 1947년), 디어 빌드 버트레스Deer Bield Buttress(E1 5b등급, 1951년) 같은 루트를 올랐다. 일류 동굴 탐험가이자 크로스컨트리 달리기 선수이기도 했던 그는 담배나 술을 하지 않았다. 해롤드 드래스도에 따르면 그에게는 외로운 금욕주의적 측면이 있었다고 한다.[42] 그는 등반에서 엄격하게 윤리적인 접근법을 취했는데, 특히 노두에서 더욱 그랬다. 노두에서 그는 처음에는 톱로핑을 이용해 고무창 신발을 신고 등반했고, 그다음에는 톱로핑을 이용해 부츠를 신고 등반했으며, 그러고 나서는 고무창 신발을 신고 선등을 했는데, 그는 이 순서를 항상 지켰다. 그는 네일이 박힌 부츠를 신고 선등으로 등반을 하지 않는 한, 해당 루트가 완전히 정복되었다고 생각하지 않았다. 돌핀은 1953년에 28세의 나이로 알프스의 당 뒤 제앙을 단독으로 등반하다 사망했다. 그가 죽고 얼마 지나지 않아, '등반하는 곰돌이 인형' 폴 로스Paul Ross는 당시 호수지역에서 가장 어려운 루트 중 하나로 여겨지던 랭데일의 키플링 그루브를 단독으로 등반하려 했던 일을 회상했다. 동료인 피터 그린우드가 그를 되불렀다. "그는 '내려와.'라고 말했다. … 난 '왜 그래?'라고 대꾸했다. '이건 아서의 루트야. 네가 단독등반하면 이 루트를 망치게 될 거야.' 바로 그것이었다. 그는 돌핀에 대해 엄청난 존경심을 갖고 있었다."[43] 또한 그린우드는 조 브라운이 키플링 그루브의 세 번째 등반에서 피톤을 박았다는 것을 알고 분노했는데, 이는 오늘날 발생했다면 엄청난 항의가 빗발칠 만한 윤리적 범죄였다.

피터 그린우드는 "키가 작고 체격도 조그마하며, 힘이 좋고 외모와 변덕이 마치 라틴족 같았다. … 그는 경관, 주류 판매업자, 호스텔 관리인, 여자들 그리고 다른 등반가들과 마찰을 빚었다. 사나운 전사의 영혼이 그의 본성을 지배했다."[44] 누구에게도 양보하지 않는 것이 삶의 철학이었던 그는 등반을 시작하면 어떠한 조건에서도 등반을 완료했다. 그는 1952년부터 1956년까지 최고 수준의 루트를 올랐다. 그리고 스코펠의 지옥의 그루브Hell's Groove(E1

5b등급, 1952년) 등 여러 곳에서 초등도 기록했는데, 이후 자신의 장비를 돈 윌런스에게 팔아넘기고 성공적인 사업가가 되었다. 브래드포드 래즈에 같이 속해 있던 해롤드 드래스도는 좀 더 사려 깊었다. 그는 심지어 시인 같은 인물이었다. 그는 트라이어메인의 캐슬록에서 노스 크랙 엘리미네이트North Crag Eliminate(E1 5b등급, 1952년)를 선등했다. 당시 그의 후등자는 젊은 데니스 그레이였다. 그는 "겉모습으로는 영양실조에 걸린 것 같이 보여도 세상물정에 밝은 14세 소년이었다. 그는 어디든 가서 무엇이든 할 준비가 되어 있었다."[45]

빌리 번터Billy Bunter[74] 같은 모습에 훌륭한 체력과 능력이 감춰져 있던 앨런 '터비' 오스틴Allan 'Tubby' Austin은 1950년대 중반에 요크서에서 등반을 시작했다. 드래스도에 의하면, 그는 "일클리Ilkley 채석장에 도착한 후 이삼일간은 초보였으나, 후에는 그 지역에 관한 전문가가 되었다.[46]"라고 한다. 그는 요크서의 사암지대에서 어려운 신루트를 많이 개척했는데, 암스클리프의 웨스턴 프론트Western Front(E3 5c등급, 1957년), 공포의 벽Wall of Horrors(E3 6a등급, 1961년) 등이 이에 속한다. 그 후 그는 호수지역, 그중에서도 특히 랭데일로 이동해 1950년대 중반부터 1970년대 중반까지 주도적인 역할을 했고, 아스트라Astra(E2 5b등급, 1960년), 서두르지 마 다이렉트Haste Not Direct(E2 5c등급, 1971년) 등 신루트를 개척했다. 또한 그는 맬럼 코브Malham Cove에 있는 전갈자리Scorpio(HVS 5a등급, 1959년)를 자유등반으로 초등했다. 그리고 이는 장차 요크서에 있는 석회암 지대에서의 고난이도 자유등반 발전의 이정표가 되었다. 오스틴은 "요크서에서 순수주의 운동의 정신적 지도자"[47]였다. 그는 스스로도 보조수단을 거의 사용하지 않았으며, 자신이 쓰고 편집한 가이드북에서도 보조수단이 필요한 루트는 이따금 제외했다. 데니스 그레이에 따르면, 피터 크루가 웨일스의 더 볼디스트에서 볼트를 사용했다는 이야기를 듣고 "앨런 오스틴은 요크서 푸딩을 먹다 목에 걸려 거의 숨이 막힐 뻔했다.[48]"라고 했

---

74 빌리 번터Billy Bunter: 안경을 끼고 비만인 허구의 캐릭터

으며, 이후 그는 호수지역에서 순수한 윤리적 규칙을 보존하기로 더욱 굳게 마음먹었다.

이와는 대조적으로, 폴 로스는 호수지역 등반에서 문제아 역할을 기꺼이 도맡아 음주와 싸움으로 명성이 자자했을 뿐만 아니라, 어려운 루트에 오를 때 종종 보조수단을 사용했다. 한동안 돈 윌런스와 등반한 로스는 그와 함께 알프스에 가기도 했다. 그러나 두 사람 모두 완고한 개인주의자여서, 얼마 지나지 않아 만나면 거의 인사도 나누지 않는 사이가 되었다. 보조수단 문제에 있어서, 로스는 "심각한 표정을 짓는 순수주의자들"에게 독선적으로 반대를 했지만, 폴 넌은 "그의 취향은 독선보다는 앨 해리스에 가깝다."라고 했다.[49] 케스윅에 사는 임업 노동자였던 로스는 주로 보로우데일Borrowdale에서 등반을 했다. 하지만 그는 이따금 요크서 순수주의자의 본거지인 랭데일을 급습하기도 했는데, 여기서 그는 1960년에 기머에 위치한 키플링 그루브 근처의 이프If를 여러 개의 피톤을 써서 올랐다. 로스는 이 루트를 개척한 이유 중 하나가 앨런 오스틴의 화를 돋우기 위해서였다는 것을 인정했고, 실제로 그는 목적을 달성했다. 논란은 수년 동안 지속되었다. 로스는 1974년의 한 인터뷰에서 "만약 (『마운틴Mountain』 편집장인) 켄 윌슨이 20년간 괴롭힐 것이라는 생각을 했다면, 피톤을 쓰면서 루트를 개척하지는 않았을 것이다."라고 시인했다.[50] 그러나 로스는 훌륭한 루트를 많이 개척하기도 했는데, 피터 그린우드와 함께 등반한 캐슬 록의 설미어 엘리미네이트Thirlmere Eliminate(E1 5b등급, 1955년), 보로우데일에 있는 이글Eagle 암장의 포스트 모템Post Mortem(E2 5c등급, 1955년) 등이 있다. 당시 호수지역에서 가장 어려운 루트였던 것으로 보이는 포스트 모템 루트는 1914년의 중앙 버트레스 등반 이후 이 지역에서 최초로 의미 있는 기술적 진보를 보여준 루트이기도 하다. 로스는 이후 미국으로 이주해 높은 수준의 등반을 계속했다.

레스 브라운Les Brown, 피터 크루, 폴 넌, 잭 소퍼, 그리고 (규칙이라고는 "가입 문의를 하면 가입을 할 수 없다."라는 것이 전부였던) 비공식 알파산악회의 다른 회원들은 1950년대 후반과 1960년대 초반에 웨일스와 호수지역 양쪽에서 활동했다. 알파산악회의 회원들은 주로 셰필드대학과 맨체스터대학 출신이었는데, 그들은 모두 사암에서 훈련을 했고 전반적으로 등반에 있어서 순수한 윤리적 접근법을 채택했다. 한동안 컴브리아의 윈드스케일Windscale 핵발전소에서 물리학자로 일했던 레스 브라운은 산악회 회원 중에 호수지역에서 처음으로 큰 파급효과를 만들었다. 계속해서 돋보이는 등반 경력을 쌓아가던 그는 1959년에는 돈 윌런스와 함께 영국인으로서 두 번째로 워커 스퍼를 등반했고, 1960년에는 젊은 크리스 보닝턴과 함께 히말라야에 있는 눕체Nuptse를 등정했다. 보로우데일에 있는 헤론Heron 암장의 고멘가스트Gormenghast(E1 5b등급, 1960년)와 고트Goat 암장의 기도하는 사마귀Praying Mantis(E1 5b등급, 1965년)는 레스 브라운이 호수지역에서 개척한 훌륭한 루트이다. 피터 크루는 일찍 일어난다는 손쉬운 방법을 이용해, 잭 소퍼와 앨런 오스틴이 초등을 계획했던 에스크 버트레스Esk Buttress의 웅장한 센트럴 필라Central Pillar(E2 5b등급, 1962년)를 강탈했다. 1960년대 내내 활동을 한 알파산악회는 1965년 이후부터는 앵글시섬의 멋진 해벽이 탐사되고 있던 웨일스로 관심을 돌렸다. 따라서 호수지역에서는 1970년대까지 신루트 개발이 다소 부진했다.

───◆◆◆─── 스코틀랜드 ◆◆◆───

등산 저널리스트이자 출판가인 켄 윌슨은 1970년대에 쓴 글에서 스코틀랜드의 노동자 계층 등반가들의 출현을 "런던 동부 거주자들[75]이 갑자기 들꿩 사냥

---

75 런던 동부 거주자들: 주로 노동자들

이나 폴로를 시작한 것이나 다름없다."라고 묘사했지만, 1970년대 이후에는 시대가 변했다. 지금은 런던 동부의 주식 거래상들이 들꿩 사냥을 간다고 해도 아무도 눈 하나 깜짝하지 않는다. 그러나 계급의식이 강했던 1950년대의 스코틀랜드 사회에서는, 그리고 안정되고 확실하게 중산층이 주를 이룬 스코틀랜드의 산악회에서는 새로운 노동자 계층 등반가들의 등반과 행동 수준이 모두 매우 충격적이었던 것으로 보인다.

전후 시기의 '거대한 프롤레타리아 등반 혁명' 이후 스코틀랜드인의 인생관은 확실히 낭만과는 거리가 멀어졌다. "산에 갈 때는 다양한 문제나 긴장감이라는 짐을 가지고 가서 위안을 찾으려고 한다. 그러나 산에서 발견하는 것은 전원적인 유토피아가 아니다. 오히려 그곳 나름의 문제와 갈등, 추함, 알력이 있는 또 다른 사회관계의 집합을 발견하게 된다. 자연은… 넓은 사회적 이슈와 고민으로부터의 도피처가 아니라, 오히려 그런 것들을 반영할 뿐이다."[52] 잉글랜드에서와 마찬가지로 진정한 "노동자 계층" 등반가의 전성기는 비교적 짧았다. 대학 교육을 받은 계급 없는 새로운 등반가 세대가 1960년대와 1970년대에 나타났지만, 노동자 계층 등반가의 존재는 훨씬 오랫동안 스코틀랜드 등반 공동체의 사회적인 태도를 형성했다.

글래스고의 크리그 두 산악회는 외관상으로 맨체스터의 록앤드아이스산악회나 요크셔의 브래드포드 래즈와 많은 면에서 닮아 있었지만, 그곳에는 글래스고의 오랜 전통이었던 갱과 길거리 싸움, 파벌 간의 폭력 역시 스며들어 있었다. 앤디 샌더스가 1930년에 설립한 크리그 두 산악회는 존 커닝햄John Cunningham, 빌 스미스Bill Smith, 팻 월쉬Pat Walsh, 존 맥린John McLean, 믹 눈Mick Noon 같은 훌륭한 등반가들을 배출했는데, 스코틀랜드 산악지대 전반에 약간은 범죄율을 높이면서 전후에 유명해지기도 했고 악명도 높았다. 1930년대에 이 산악회가 형성된 과정은 알래스테어 보스윅이 『항상 조금 더 멀리Always a Little Further』에서 시간 순으로 설명해놓았다. 이 책은 산악회가 이후에 어떻게 변해가는지 알고 있는 오늘날 읽어 보면 천진난만한 매력이 있는 것처럼 보이지만, 그 당시에는 잭 케루악Jack Kerouac의 『길 위에서On the Road』에 비견될 만큼 영향력이 컸는데, 전통적인 사회를 부정하고 스코틀랜드의 방방곡곡을 누비면서 느낄 수 있는 해방감을 표현했다. 전후의 시기에는 그런 천진난만함이 많이 상실되었다. 크리그 두의 많은 비주류 회원들은 등반에 관심을 보이기보다는 패싸움이나 밀렵, 경범죄를 더 좋아했다. 빌 머레이는 어느 늦은 밤 벤 알더Ben Alder산의 합숙소에 들어가자 크리그 두의 회원들이 합창을 하고 있었던 일을 회상했다. 그가 문을 열자, 노랫소리가 갑자기 멈췄고, 십여 명의 꾀죄죄한 젊은이들이 "한 무리의 도둑놈들처럼[53]" 그를 노려봤다. 합숙소 뒤편의 헛간에는 서까래에 사슴이 매달려 있었다. 톰 페이티Tom Patey는 1957년 2월의 어느 주말에 벤네비스 부근의 찰스 잉글리스 클라크Charles Inglis Clark(CIC) 산장에 두 사람이 나타난 일을 이렇게 회상했다. "특징적인 사투리와 독특한 권위적 분위기로 인해 그들이 크리그 두 회원이라는 것을 쉽게 알 수 있었다.[54]" 사실 이들은 제로 걸리Zero Gully를 등반하러 온 존 커닝햄과 믹 눈이었다. 어두침침하고 눅눅한 것으로 악명 높은, 글렌코에 위치한 크리그 두 산악회 산장 잭슨빌Jacksonville은 건축 허가도 없이 문화보호재단의 토지에 건설되었다. 이 건물은 폐쇄된 적이 없는데, 크리그 두의 명성이 자자해 그들이 원치 않는 방문객들은 접근도 하지 못했기 때문이다.

크리그 두가 부추긴 술집의 싸움에 관한 이야기 대다수는 과장되었다고 해도 무리가 아니다. 특히 체르마트의 스위스 가이드들과의 유명한 막상막하 격전은 시간이 지나면서 군더더기가 많이 붙은 것으로 보인다.[55] 하지만 많은 크리그 두 회원들이 멋진 싸움을 싫어하지 않았다는 것은 분명하다. 회원 가입은 초청으로만 가능할 정도로 엄격했는데, 사악한 면모가 있어야 회원 후보가 될 수 있었다. 1950년대 초반에 크리그 두가 랭데일을 공습하는 동안, 아서 돌핀의 키플링 그루브를 두 번째로 등반한 조지 쉴즈George Shields는 "만약 밉살스럽게 보인다면 산악회에 가입할 수 있는 가능성이 높다."[56]라고 언급했다. 산악회의 거의 모든 회원들이 노동자 계층이자 글래스고 출신이었으나 예외도 있었다. 산악회의 유일한 명예회원이었던 지미 마샬은 에든버러 출신의 건축가였고, 랩 캐링턴Rab Carrington은 불행하게도 잉글랜드에서 태어났다. 해미시 매키네스Hamish MacInnes는 산악회와 연관이 깊었지만 회원이 되지는 않았다. 회원 선정 기준이 엄격해서 크리그 두는 여러 차례 소멸할 위기에 처하기도 했다. 지미 마샬은 1988년 연례모임에 가봤더니 참가한 회원이 셋뿐이었다고 회고한다. 이민 또한 회원 수를 고갈시키는 요인이었다. 모험에 대한 갈망이 여전하고, 더 나은 삶을 찾았던 많은 회원들이 클라이드사이드Clydeside에서 캐나다나 뉴질랜드로 이주한 것이다.

크리그 두 산악회와 기타 유사한 다른 산악회들이 성공했던 요인 중 하나는 전통적 관행들을 부정하고 상상도 하지 못할 일들을 상상할 수 있었던 데 있다. 히말라야 원정대라면 최소한 10명의 일류 등반가들로 구성되어야 하고, 짐꾼 수백 명의 지원을 받아야 한다는 것이 전통적으로 요구되던 시기에, 1953년의 크리그 두 에베레스트 원정대는 존 커닝햄, 해미시 매키네스와 65킬로그램의 배낭 두 개가 전부였다. 그들은 1952년에 스위스 원정대가 남긴 물자로 연명할 수 있기를 바랐다. 커닝햄은 고소 훈련을 충분히 하지 못한 점을 걱정했으나, 매키네스는 이 걱정을 홀홀 털어버렸다. "넌 벤네비스를 정복했으니, 논리적으로 다음 단계는 에베레스트야."[57] 인습을 타파하는 이런 접근법에도 불구하고, 그들은 스코틀랜드에서 등반할 때는 전통적인 윤리 기준을 받아들였다. 크리그 두의 젊은 반항아들로서는 대륙의 등반가들과 같은 접근법을 채택했을 법도 하지만, 겨울철에는 피톤을 사용한 반면 여름철 암벽등반에서는 피톤 사용을 엄격히 제한했다.

존 커닝햄은 크리그 두에서 가장 재능 있는 등반가였던 것으로 보인다. 그는 글렌코 최초의 극단적으로 어려운 등급의 루트인 교수대 루트Gallows

Route(E2 5b등급, 1947년)와 윌런스로부터 '강탈'한 육식동물Carnivore(E2 5c등급, 1958년)을 초등했다. 클라이드사이드에서 태어난 그는 조선소에서 도제 생활을 했다. 이후 그는 프로 등반가가 되어, 글렌모어 산장 등에서 강사로 일했다. 그는 1942년부터 1966년까지 주로 빌 스미스와 등반하면서 잉글랜드의 브라운-윌런스 파트너십에 필적하는 스코틀랜드의 파트너십을 형성했다. 많은 등반 동료들이 그러하듯, 그들은 절벽에서가 아니면 서로 같이 있는 것을 그다지 좋아하지 않았다. 커닝햄은 알프스에서 등반을 했고, 히말라야는 세 번 방문했으며, 영국 남극 조사부에서 근무하는 동안 남극과 사우스조지아South Georgia에서 여러 초등 기록을 세웠다. 그러나 그가 등반에 가장 많이 기여한 지역은 스코틀랜드로, 그는 스코틀랜드의 암벽등반 수준을 잉글랜드, 웨일스와 비등한 수준으로 상승시켰고, 1970년대에 눈과 얼음 등반에 혁명을 일으킨 새로운 빙벽등반 기술을 재빨리 채택하기도 했다. 그가 고산지대에서 잠재력을 발휘하지 못한 것은 누가 실력자인지를 보여주어야 한다는 끊임없는 욕구와 비열한 성미가 한몫했다. 그 결과 다른 등반가들, 특히 스코틀랜드 경계선 남쪽 출신 등반가들은 주요 원정대에 그를 초청하는 것을 꺼렸다. 그는 1980년에 앵글시섬의 사우스 스택South Stack에서 한 젊은 등반가를 구하려다 물에 빠져 숨졌다.

크리그 두 산악회가 글래스고의 산악계를 지배하는 동안, 스코틀랜드의 다른 지역에서는 그들과 똑같이 강인하면서도 어떤 면에서는 유행을 따르지 않는 중산층 등반가들이 나타나기 시작했다. 그중에는 애버딘 출신의 의사 톰 페이티, 에든버러 출신의 건축가 지미 마샬, 역시 에든버러 출신으로 공립학교에 다니고 철학을 공부한 바 있는 로빈 스미스Robin Smith 등이 있었다. 그와 동시에, 사회적인 출신과 사회에서 바라보는 시선이 크리그 두와 좀 더 비슷했던 두걸 해스턴은 당시 스코틀랜드에서 가장 상징적인 등반가로서 등반 경력을 시작했다.

두걸 해스턴에 의하면, 공립학교를 다닌 로빈 스미스는 "중간 정도 키에 몸이 다부지고 다리가 엄청나게 휜 인물"[58]이었다. 그는 머리가 매우 좋고 개인적인 매력도 넘쳤지만, 자기중심적 성향이 지나쳐 다른 이들이 음식을 주고 잠자리를 마련해주는 것을 당연하게 여기면서 식량이나 침낭 없이 등반 모임에 나타나는 데 전혀 거리낌이 없었다. 그의 행동은 종종 거칠었고, 때때로 야비했으며, 범죄적 성격도 자주 띠었는데, 특히 알프스에서 더욱 그러해 나이가 많고 자신보다 불우한 등반가들의 화를 돋웠다. 그는 대학에서 철학 분야 1등급 학위를 받았으나, 그의 삶을 지배한 것은 등반이었다. 많은 훌륭한 등반가들과 마찬가지로 그는 뛰어난 균형감각을 갖고 있었다. 한번은 그의 대학 강사가 어떤 모임에서 그가 바닥에 앉아 있는 것을 본 적이 있는데, 이후 "한 번의 부드러운 동작으로 유연한 원숭이처럼 연꽃에서 일어난 듯했다. 상체의 움직임도 없고, 손이나 팔의 지지도 없이, 일부러 축 늘어진 듯 수그려… 카나페와 차를 향해 손을 뻗었다. 그는 먹을 것을 집어 들고 돌아와서는, 다시 램프의 요정처럼 구불구불 미끄러져가더니, 흔들리는 접시에 차가 가득 든 컵을 들고 있었는데도 잘 조절하면서 앉았고, 금언수행을 하며 티타임을 즐기는 부처의 모습을 다시 취했다. 이런 일이 몇 번 반복되면서… 사람들은 그를 호평하기 시작했다."[59]

두걸 해스턴은 매우 불우한 환경에서 자라났다. 에든버러 근처의 큐리 Currie에서 태어나고 자란 그는 진지하고 여위었으며 무모했다. 그는 '큐리의 소년들Currie Boys'이라 불린 존 스텐하우스John Stenhouse, 존 엘리 모리아티 John Eley Moriarty와 함께 등반을 시작했다. 이후에는 지미 마샬이 그를 로빈 스미스에게 소개해줬는데, 마샬은 그 둘보다 10살 이상 나이가 많았다. 스미스와 해스턴은 이후 3년간 함께 등반하며 카른모어Carnmore 암장의 박쥐The Bat(E2 5b등급, 1959년) 등 어려운 루트를 많이 개척했다. 그러나 그들은 거의 인사조차 나누지 않는 사이였다.

지미 마샬은 "큐리의 소년들은 겨우 16~17세였지만 '세상물정에 밝았다.'"라고 회고했다. "그들은 자주 곤드레만드레 취하고, 밥bop 음악에 맞춰 춤을 추거나 지르박을 추고, 소녀들을 쫓아다녔다. 그들은 누구도 겉모습 그대로 받아들이지 않고 권위를 불신했는데, 늙은이라면 더더욱 그렇게 대했다. 로빈 스미스는 이런 현상을 통해 그들의 인간성을 파악했는지, 기꺼이 그들과 함께했다."[60] 그러나 마샬은 "두걸은 관습에 도전함으로써 산악계에 퍼져 있는 모든 규범을 시험대에 올린 반면, 스미스는 기득권층에 대해 약간의 존중심은 갖고 있었다."[61]라고 덧붙였다. 1960년대 초반에 스코틀랜드를 방문한 잉글랜드의 등반가 앨런 오스틴은 스코틀랜드의 일상적인 폭우 속에서 빌 머레이의 고전적인 루트 클라체이그 걸리Clachaig Gully를 등반한 일을 묘사했다. 그는 얼핏 기억은 나지만 이름은 모르는 현지 전문가 여러 명과 함께 등반했다고 기록했는데, 그중에는 "책임자로 보이는 노인이라 불린 사람(마샬을 의미), 어둡고 얼굴이 검은 거인(모리아티를 의미), 진실을 말할 능력이 없어 보이는, 얼굴이 가냘프고 눈이 교활한 젊은이(해스턴을 의미), 그리고 단단한 체구에 다리가 짧고, 눈이 이상하게 동그랗고 낄낄 웃어대는 인물(스미스를 의미)이 있었다."[62]

해스턴은 크리그 두 회원들과 함께 등반했으나, 글래스고가 아닌 에든버러 출신이어서 회원이 된 적은 없다. 스미스와 크리그 두의 관계는 다소 복잡했다. 크리그 두의 회원들은 처음에는 약해빠진 에든버러 학생들을 경멸했지만, 로빈 스미스는 금세 그들을 존중해줬고, 심지어는 좋아하기까지 했다. 스미스는 특유의 방식으로 그들에게 칭찬을 되돌려줬다. 그는 크리그 두가 자신들의 영역이라고 여긴 암벽지대 부아샤리 에티브 모르의 슬라임 월Slime Wall에서 훌륭한 루트를 선등한 후, 이 루트를 쉬볼레스Shibboleth(E2 5b등급, 1958년)라고 불렀다. 성경보다는 버트런드 러셀을 읽다가 고른 듯한 이 단어는 "한 개인의 국적, 사회적 계급 또는 정설에의 신념을 시험하는 것으로 여겨지는 말이나 관습 또는 원칙으로, 한 그룹의 기준 혹은 암호"를 의미한다. 이곳은 여전히 연습용 루트 역할을 하고 있다. 마틴 보이슨은 이 루트의 네 번째 피치를 다음과 같이 묘사했다. "어떤 확보물을 쓰더라도 이 등반은 긴장감이 가시지 않는다. … 한 번의 움직임으로 로프가 풀려나가면 고도감이 무섭게 증가하며… 이후에 안도감이 찾아오고, 그 뒤에는 감탄을 하게 된다. 맙소사, 이런 피치는 너트나 와이어를 쓴다고 절대 쉬워지지 않는다. 이 루트는 담력을 시험하는 장소로 언제까지나 남을 것이다."[64]

해스턴과 스미스는 1950년대 말에 마샬의 도움으로 스코틀랜드산악회 Scottish Mountaineering Club에 가입했다. 그들과 스코틀랜드산악회 사이의 관계는 순탄치 않았다. 특히 해스턴은 이 산악회가 마샬 같은 등반가들의 성취를 충분히 인정해주지 않는다고 여겼다. 반대로 산악회 측은 그들이 일으키는 무단 침입, 격투, 공공 기물 파손, 절도, 음주 등의 문제를 받아들이는 데 애를 먹었다. 해스턴은 술을 많이 마시는 스코틀랜드 산악계의 기준으로 봐서도 술을 너무 많이 마셨다. 에든버러의 올드 타운 중심에 있는 하이 스트리트 High Street 369번지 1층의 스코틀랜드산악회 사무실은 도시의 젊은 등반가들이 모이는 사교 중심지가 되어 '불건전한 파티'[65]에 제멋대로 사용되었는데, 창문을 활짝 열어놓았기 때문에 음악이 그 아래 거리에 크게 울려 퍼졌다. 잠재적인 불청객들은 좁은 나선형 계단의 꼭대기에서 입장이 저지되었고, 등반가들은 부엌에서는 맥주와 여자, 안방에서는 춤과 계단에서의 격투를 돌아가며 즐겼다.

로빈 스미스는 알프스에서 네 번의 시즌을 보냈다. 1958년 그는 윌런스와 브라운이 약 4년 전에 올랐던 블래티에르 서벽(ED2등급)의 두 번째 완등을 마쳤다. 그의 파트너였던 트레버 존스Trevor Jones는 야영지에서 자신의 다운 재킷을 입고 스미스에게 그의 재킷이 어디에 있는지 물어봤다. 스미스는 "이런, 이번 주는 해스턴이 갖고 있을 차례야."[66]라고 답했다. 또한 그는 록앤드아이스산악회의 조 '모티' 스미스와 프티 드류Petit Dru 서벽(TD+등급)을 올랐다. 이 둘은 데니스 그레이가 소개해줬는데, 당시 스미스는 알파인 루트에서 추락해 머리에 붕대를 감고 있었다. 스미스는 1959년 7월 19일 런던을 떠나, 7월 22일 건 클라크Gunn Clark와 함께 워커 스퍼(ED1등급)를 영국인으로서 초등했다. 이곳의 초등이 있은 지 이미 20여 년이 지난 후에 이룬 성취였지만, 이 등반은 여전히 영국 알프스 등반역사에서 주요한 이정표로 남아 있다. 돈 월런스, 존 스트리틀리, 해미시 매키네스, 그리고 레스 브라운은 같은 루트를 하루 늦게 등반하면서 영국인 초등의 영예를 안지 못했다. 그들은 등반 도중 스마티즈Smarties 캔디의 빈 봉지를 발견하면서 최악의 상황을 상상할 수밖에 없었다. 돈 월런스는 "초등을 놓친 것을 알았더라도 별 신경은 쓰지 않았을 것이다."라고 언급했다.[67] 그다음 해에 스미스는 피에스체르반트Fiescherwand의 노스 립North Rib(TD⁺등급)을 영국인으로서 초등했는데, 등반 "전과 도중 그리고 후에 예상치 못한 비박을 했다"라고 한다.[68]

로빈 스미스는 알프스에서 멋진 데뷔를 한 후 1962년의 영국-러시아 합동 파미르고원 원정대에 초청되었다. 영국팀은 1953년의 성공적인 에베레스트 원정대장이자 영국 산악계에서 가장 존경받는 인물이었던 존 헌트가 이끌었다. 벤네비스의 CIC 산장에서 열린 원정등반 예비모임 중, 존 헌트 준장은 산장을 정돈하고 바닥을 쓸다가, 침낭 속에서 빈둥대며 그를 평가하듯 바라보는 스미스를 발견했다.

로빈 스미스와 윌프리드 노이스는 이 원정등반 도중에 피크 가르모Pic Garmo에서 내려오다 사망했다. 이들의 죽음은 등반 공동체 곳곳에 영향을 줬다. 원정대에서 가장 젊은 대원이었던 24세의 스미스는 스코틀랜드의 신세대 등반가 중 매우 전도유망한 인물이었다. 45세로 자신의 등반 경력 끝자락에 와 있었던 노이스는 시인을 겸업하는 마지막 등반가로 여겨졌다. (하지만 이는 틀린 생각이다) 이 둘은 노이스가 황금 같은 젊은 시절을 보낸 1930년대와 활기찬 1960년대 초반까지의 영국 등반역사에서 가장 큰 세대 간 격차를 보여줬다고 할 수 있다.

노이스의 아버지는 인도 총독 자문위원회의 일원이었다. 노이스는 자신의 어린 시절 기억을 다음과 같이 떠올렸다. "나는 편안히 앉아서, 파자마를 입은 찰스 브루스 장군을 봤다. 아침식사 시간에 그의 넓은 가슴에 햇살이 내리비쳤다. … 브루스는 '가장 거대한 그곳, 히말라야, 그곳이 네가 원하는 곳이야. … 그곳으로 가기 위해 온갖 노력을 다 기울여. 암벽은 연습공간일 뿐이야.'라고 말했다. 그리고 나서 그는 '저속한 암벽 애호가들'에 대해 분노를 터트렸다."[69] 노이스는 이후 1953년에 사우스콜까지 루트를 뚫어 힐러리와 텐징이 정상에 도전할 수 있게 도와주면서 찰리 '브루저' 브루스가 갖고 있던 에베레스트 등정의 꿈을 실현하는 데 중요한 역할을 했다. 17세 때 멘러브 에드워즈를 만난 노이스는 학창시절 그에게 반했다. 또한 그는 제프리 윈스롭 영을 알게 되어, 나중에 그와 책을 공동 집필하기도 했다. 케임브리지에서 고전과 현대 언어 두 과목에서 1등을 한 노이스는 당대 최고의 가이드와 함께 알프스를 등반했다. 그는 1937년에서 1938년까지는 가이드 아르망 샤를레Armand Charlet와 함께 3시간 15분 만에 그레퐁의 메르 드 글라스 벽Mer de Glace Face을 등반했고, 3시간 30분 만에 옛 브렌바 루트Old Brenva Route를 등반했다. 전쟁 기간 동안 일본어를 배워 인도에서 정보장교로 근무한 그는 이후 영국에서 존 헌트와 합류했다. 전쟁이 끝난 후, 그는 말번Malvern과 차터하우스Charterhouse에서 현대 언어를 가르쳤고, 1953년 에베레스트 원정등반에 대해 유창한 프랑스어, 독일어, 이탈리아어로 강의를 했다. 그는 1957년의 마차푸차레Machapuchare(6,993m) 원정등반에서 다른 이들과 함께 정상 45미터 이내까지 접근했지만, 눈사태의 위험이 있어 후퇴하고 말았다. 히말라야의 봉우리 중 가장 우아하고 성스러운 마차푸차레는 더 이상의 등반이 허락되지 않았다. 로저 촐리Roger Chorley는 원정등반 도중 소아마비에 걸렸다. 데이비드 콕스는 1958년 노이스와 알프스에서 등반을 한 후 결국 극심한 소아마비에 시달렸고, 돈 윌런스 역시 1960년 노이스와 트리보Trivor를 탐사하던 중 가벼운 소아마비에 걸렸던 것으로 보인다. 이 때문에 노이스는 자신도 모르는 보균자였을 것으로 추측되고 있다.

파미르고원에서 로빈 스미스와 윌프리드 노이스는 같은 로프에 묶인 채 비교적 쉬운 곳으로 하강하다, 그중 한 명이 미끄러지면서 둘 다 1,200미터를 추락해 사망했다. 이들이 추락하는 것을 본 등반가들은 누가 미끄러진 것인지 절대로 밝히지 않기로 합의했다. 노이스는 1962년의 이 치명적인 사고 이전에도 1937년, 1939년, 1946년에 여러 차례 심각한 사고를 겪었다. 잭 롱랜드는 그가 "사고를 냈을 가능성이 높다."라고 여겼고, 그를 아주 잘 아는 에드워즈 역시 비슷한 우려를 표했다. "아마 자네가 밀어붙였겠지. … 자네의 빌어먹을 용기가 개입했겠지. 난 그게 너무 싫어."[70] 하지만 로빈 스미스가 부주의했을 수도 있다. 스코틀랜드에서 그와 함께 등반했던 조 브라운은 그가 어려운 지형에서는 재빠르면서도 주의가 깊었지만, 쉬운 지형에서는 너무 무모했다고 평했다.

파미르 원정은 점점 더 유행이 되어가던 아웃도어 교육과 같은 취지에서 비롯되었다. 존 헌트는 산악지대에 여러 나라의 사람들을 한데 모음으로써 국제적으로 서로 이해를 돈독히 할 수 있다고 생각했고, 냉전의 긴장감도 풀릴 것이라고 내심 기대했다. 크리스 보닝턴은 돈 윌런스도 원정대에 포함되어야 한다고 제안했는데, 윌런스가 외국 등반가들과 싸운 전력으로 볼 때 헌트의 이론을 혹독하게 시험대에 올릴 것이라고 여겼기 때문이다. 한결같고, 고집이 세며, 어떤 경우에는 약간 범죄자 기질이 있는 등반가들의 교류를 통해 (개인적인 관계가 아닌) 국제적인 관계가 개선될 것이라고 헌트가 진심으로 믿었다는 사실은 1960년대의 영국 산악계가 다소 고지식하고 시대에 뒤처졌다는 것을 보여준다. 하지만 아이러니하게도, 파미르 원정에서 막상 불량하게 행동한 이들은 나이든 등반가들이었다. 스코틀랜드산악회와 런던 기반의 영국산악회 회원들 사이에 벌어진 영국팀 '내'의 국수주의적 충돌로, 이 원정은 시작도 하기 전에 거의 좌초될 뻔했는데, 말콤 슬레서Malcolm Slesser의 책 『붉은 봉우리Red Peak』의 초고로 인해 반대 측 회원들로부터 변호사가 쓴 협박 편지들이 쏟아졌다. '무례하다'는 평가를 받던 로빈 스미스는 원정대에 가장 적합한 인물이었을 뿐 아니라, 러시아 측 사람들과도 잘 적응했고 호감을 사기에도 더없이 좋은 인물로 활동했던 것으로 보인다.

로빈 스미스의 등반 경력은 짧았지만 훌륭했다. 그는 워커 스퍼를 영국인으로서 초등했고, 여름철과 겨울철 모두 스코틀랜드에서 각별히 뛰어난 등반 업적을 남겼다. 조 브라운과 돈 윌런스의 루트와 마찬가지로 스미스의 많은 루트 역시 고전이 되었는데, 대담하고 자연스러운 등반선을 시도하고 엄청난 노출을 견디겠다는 그의 의지력이 비결이었다. 이와는 대조적으로, 두걸 해스턴이 스코틀랜드에서 개척한 루트 중 고전이 된 것은 거의 없다. 그의 명성은 1962년 스미스가 사망한 후 알프스와 히말라야에서 등반한 루트에 주로 기반하고 있다. 3년 뒤인 1965년, 해스턴은 하루 종일 술을 마신 후 글렌코의 클라체이그 여관Clachaig Inn 근처에서 수송 밴으로 도보여행자 세 명을 덮쳤다. 이 중 한 명이 사망했는데 해스턴은 현장에서 도주했다. 이튿날 경찰에 자수한 그는 유죄 판결을 받고 60일간 수감되었다. 그의 자서전에는 사고에 대한 언급이 없다. 그 일이 그의 성격과 이후의 경력에 얼마나 영향을 끼쳤는지는 의견이 분분하지만, 그가 더욱 내성적이 되면서 등반에 더 집중하게 된 것만은 확실하다. 그가 스코틀랜드를 떠나 알프스로 가겠다는 결정을 내린 데는 이 사건이 거의 결정적인 작용을 한 것으로 보인다. 알프스에서 그는 동세대 중 가장 뛰어난 스코틀랜드 출신 등반가로서의 명성을 확립하게 되었다.

전후의 시기에는 여름철 암벽등반의 수준이 향상되면서 동시에 스코틀랜드에서의 겨울철 등반에서도 큰 발전이 있었다. 톰 페이티는 18세의 나이에 록나가의 더글러스-깁슨 걸리Douglas-Gibson Gully(V등급, 1950년)를 초등하면서 등반 수준의 약진을 이끌었다. 전후의 시기에 가장 훌륭했던 아마추어 등반가 중 하나인 톰 페이티는 애버딘에서 성공회 목사의 아들로 태어났다. 애버딘대학에서 의학을 공부한 그는 의사 자격을 취득했고, 영국 해병대를 제대한 후 울라풀Ullapool에서 일반의로 개업했다. 그는 수년 동안 케언곰스, 벤네비스 그리고 기타 스코틀랜드 지역에서 수백 개의 신루트를 개척했는데, 1965년에 해미시 매키네스 등 여러 명과 함께 쿨린 리지 첫 종주를 기록하기도 했다.

페이티는 1966년에 크리스 보닝턴, 로디지아Rhodesia 출신의 등반가인 러스티 베일리Rusty Baillie와 함께 올드 맨 오브 호이Old Man of Hoy(HVS 5a 등급)를 초등했다. 그는 1년 후 이 루트를 재등하면서 엄청나게 유명한 텔레비전 암벽등반 특별 쇼를 편성했는데 1,500만 명이 시청한 이 프로그램에는 크리스 보닝턴, 조 브라운, 피터 크루, 두걸 해스턴, 이안 맥노트 데이비스Ian McNaught-Davis가 출연했고, 러스티 베일리, 존 클리어, 이안 클로Ian Clough, 해미시 매키네스가 등반을 같이 하면서 카메라맨 역할을 했으며, 50명 이상의 카메라 기술자, 10여 명의 등반 '셰르파' 그리고 영국 근위보병 제3연대의 한 소대가 동원되었다. 이는 주의를 끌 만한 볼거리였다. "콜로세움 같은 느낌을 주기 위해" 생방송으로 진행한 이 프로그램에서는 등반가들의 제각기 다른 성격이 드러났다. 변덕스러운 페이티는 경직되고 형식적인 보닝턴과 대조를 이뤘고, 맥노트 데이비스는 바보 역할을 했다. 절제된 스타일의 조 브라운은 불가능한 수준으로 노출이 심한 곳에서 편안하게 담배를 피웠다. 해스턴과 크루는 그저 두 명의 퉁명스럽고 거친 남자들이었다. 이렇게 재능 있는 사람들이 한데 모이면서 울라풀에서의 평범한 생활과는 크게 대조를 이뤘다. 울라풀에서 페이티는 함께 등반할 수 있는 동료가 없어 단독등반을 할 수밖에 없었다. 하지만 그는 점점 단독등반 자체를 즐기기 시작했다. 크리스 보닝턴은 "그와 등반을 하면 내가 그를 따라잡으려는 경주로 변질되는 경우가 많았는데, 그 때문에 우리가 꼭대기에 도착하기 전에 그에게 로프를 매라고 설득하는 것이 힘들었다.[71]"라고 언급했다. 크리그 메기Creagh Meaghaidh에서 겨울철에 많이 찾는 2,400미터 길이의 거들 트래버스 크랩 크롤Crab Crawl(IV등급, 1969년)은 그의 단독등반 중 최고의 업적이다. 여러 등반가들이 이 루트를 끝내는 데 며칠은 걸릴 것이라고 예상했지만, 페이티는 단 4시간 만에 해치웠다.

페이티는 1950년대와 1960년대에 알프스에서 등반하면서, 보닝턴을 비롯한 다른 등반가들과 함께 수많은 신루트를 개척했다. 1953년에는 에베레스트 원정대의 후보로 고려되었으나, 너무 젊어서 탈락됐다. 그는 1956년에 존 하터그John Hartog, 조 브라운, 이안 맥노트 데이비스와 함께 카라코람의 무즈타그 타워Muztagh Tower(7,273m) 초등에 참가했고, 1958년에는 마이크 뱅크스Mike Banks와 함께 라카포시Rakaposhi(7,788m)를 초등했다. 절대로 우아하다고는 할 수 없지만 매우 효율적인 등반가였던 그는 등반의 전통에 반항하면서 무릎을 자주 썼고, 「유인원들이 될 것인가 발레리나들이 될 것인가Apes or Ballerinas」라는 글을 통해 빠르고 활동적이며 단도직입적인 등반 접근법을 옹호했다. 크리스 브래셔Chris Brasher는 페이티에 대해 다음과 같이 언급했다. "그의 가장 인상적인 면모는 사납고 볼품없는 등반 스타일이 아니라, 속도와 등반선에 대한 판단력이었다.[72]"

페이티는 풍자가, 유머러스한 평론가, 작곡가와 이야기꾼으로, 산악계의 대항문화와 기득권 양쪽에서 동료들 사이에 인기가 매우 좋았다. 그의 생애 대부분은 미칠 듯 넘쳐흐르는 에너지 분출과 거칠고 저돌적인 유쾌함으로 점철되어 있지만, 1970년에 메이든Maiden 해식 동굴에서 사망하기 전 몇 년간은 극단적으로 어려운 등반의 강렬한 경험을 한동안 접하지 못하면서 우울증을 보이기도 했다. 그가 죽은 후 톰 위어Tom Weir는 다음과 같이 썼다. "그는 초창기에 마음이 맞는 친구들과 함께 여름철과 겨울철에 케언곰스를 탐사하던 때를 가장 행복해했다. 1960년대에 등반이 급속도로 정교해지고 조직화되면서, 그는 단순하면서도 기분 좋은 뭔가를 상실했다고 생각했다."[73]

페이티의 케언곰스 초기 탐사와 더불어, 해미시 매키네스가 1953년에 크리스 보닝턴을 데리고 부아샤리 에티브 모르의 레이븐즈 걸리(V등급)를 동계 선등한 것은 스코틀랜드에서의 고난이도 빙벽등반의 시작을 알렸다. 그는 얼음이 있는 구간에서는 크램폰이 달린 부츠를 신고, 축축한 암벽에서는 양말을 신는 특이한 혼합 전략을 구사했다. 이 루트는 바람직한 등반선에 대한 경쟁이 심해지면서 크리그 두의 존 커닝햄과 지미 마샬에 의해 곧 재등되었다. 매키네스는 전후 세대의 스코틀랜드 등반가 중 가장 활동적이고 혁신적인 사람 중 하나였다. 오스트리아에서 군 복무를 하면서 카이저게비르게에서 피톤을 쓰는 대륙의 기술을 배운 그는 스코틀랜드로 돌아오자마자 '맥피톤 MacPiton'이란 별명을 얻었다. 매키네스는 알프스와 뉴질랜드, 카프카스, 베네수엘라, 히말라야에서 등반을 했는데, 찬사를 받은 1953년의 크리그 두 에베레스트 원정대에도 존 커닝햄과 함께 참가했다. 그는 이안 클로와 함께 글렌코등반학교를 설립했다. 그리고 성공적인 장비 디자이너이자 제작자로서 현대 빙벽 기술에 주요한 영향을 끼친, 피크가 구부러진 100퍼센트 철제 피켈을 처음으로 생산했다. 보닝턴은 1950년대에 글렌코에서 있었던 대화를 회고했다. 어떤 등반가가 매키네스를 알아보고 그가 그전 여름철에 샤모니에서 머리에 붕대를 감고 다리에는 깁스를 하고 있었던 사람이 맞는지 물었다. 매키네스는 다음과 같이 대답했다. "맞습니다, 아마 나였을 겁니다. 샤르모에서 문제가 약간 생겼죠. 단독등반으로 횡단을 하고, 내려오는 길에 기존의 슬링을 이용해 하강하고 있었는데, 그 골치 아픈 것이 끊어져버려 15미터 정도 추락했어요. 그런데도 살아남았으니 행운이죠. 바위 턱으로 떨어졌거든요. 그렇지만 그 사고로는 두개골만 깨졌어요. 그날 밤 우리는 술에 취했고, 나는 교회 탑에 오르려고 했어요. 절반쯤 올라갔을 때 배수관이 떨어져 나갔어요. 거기서 다리가 부러졌죠. 그해 여름에 당신은 뭘 했습니까?"[74]

벤네비스의 CIC 산장은 스코틀랜드 동계등반의 완벽한 기지가 되었다. 제로 걸리와 포인트 파이브 걸리로 등반가들의 관심이 점점 모아졌는데, 이 두 루트는 전쟁 전에는 조사 결과 터무니없이 어렵다는 이유로 무시된 곳들이었다. 경쟁은 치열했다. 1957년 2월의 어느 주말, 글래스고와 애버딘에서 온 10여 명의 등반가들이 산장에 모여서 이 둘 중 하나를 등반하려 했는데, 여기에는 존 커닝햄, 해미시 매키네스, 그래엄 니콜Graeme Nicol, 톰 페이티 등이 있었다. 결국, 매키네스와 니콜, 페이티가 제로 걸리(V등급)를 정복했다. 매키네스의 경우는 7번째 시도 끝에 성공한 등반이었다. 처음에 나타나는 네 피치는 확보가 거의 없는 무자비하게 가파른 빙벽으로 되어 있고, 눈보라로 인해 주기적으로 눈사태가 일어났다. 제로 걸리 등반이 끝나자, 포인트 파이브 걸리 초등 경쟁이 훨씬 더 치열해졌다. 조 브라운은 두 번째 피치에서 추락했다. 크리그 두의 강력한 등반팀도 세 번째 피치에서 물러나야 했다. 이 루트는 결국 이안 클로가 1959년에 정복했는데, 닷새 동안 고정로프 275미터와 암벽·빙벽용 피톤 60개를 사용하며 공략했고, 등반에만 40시간이 들었다. 그로부터 1년 후에는 로빈 스미스와 지미 마샬이 재등을 했는데, 이때는 겨우 7시간밖에 걸리지 않았다. 빌 머레이는 특유의 화법으로 로빈 스미스에게 편지를 썼다. "포인트 파이브를 정복한 것을 축하하네. 내 생각에는 자네가 오른 것이 진정한 초등이야."[75] 이 루트는 오늘날 V등급으로 평가된다. 마샬과 스미스가 포인트 파이브 걸리를 정복했을 당시에는 완벽한 겨울 날씨가 계속되었다. 그들은 그 주가 가기도 전에 500미터 길이의 오리온 페이스 다이렉트Orion Face Direct(V등급)도 개척했다. 이 루트는 10년간 재등이 이뤄지지 않았으며, 그 후에도 장비와 기술이 크게 발전한 이후에나 재등이 이루어졌다. 지미 마샬과 두걸 해스턴은 1959년에 벤네비스의 마이너스 투 걸리Minus Two

Gully(V등급)도 올랐는데, 그곳은 이후 12년 동안 재등이 되지 않았다. 이 빙벽들은 1970년대에 혁명적인 새로운 피켈이 나타나기 전까지 세계에서 최고 난이도를 자랑하는 루트였다.

─ ❧❦ 노두 ❦❧ ─

미국의 일류 등반가이며 아웃도어 의류 제조업체 파타고니아의 창립자인 이본 취나드Yvon Chouinard는 모든 등반가들은 자신이 처음에 수행한 몇 차례 등반의 산물이라고 언급한 적이 있다. 대부분의 영국 등반가들은 첫 등반을 사암에서 했다. 가파르고 거칠며 둥근 절벽으로 된 사암은 아름다운 모습을 갖춘 10미터 정도의 바위로 슬랩과 코너, 크랙, 오버행이 모두 집약되어 있다. 그 결과, 더비셔와 요크셔의 작은 사암 노두는 영국의 등반 접근법을 전 세계에 알렸다.

미국의 요세미티에 있는 거대한 화강암 절벽은 하나의 단조로운 크랙이 100미터나 뻗어 있는 경우가 많기 때문에 인공적인 도움이 제공하는 심리적인 지원이 거의 필수적이다. 이와는 대조적으로, 10미터 길이의 노두에서 피톤을 쓰는 것은 겁쟁이처럼 보인다. 10미터의 절벽에서 슬랩이나 코너, 크랙, 오버행을 인공적인 도움 없이 오를 수 있다는 것이 증명되고 나면, 100미터의 절벽에서도 같은 방식으로 등반하는 것이 불가능해 보이지만은 않을 것이다. 1970년대에 연습용 인공암장이 나오기 전에는 노두가 등반가들의 훈련장이었다. 그들은 노두에서 기술을 배우고 체력을 키웠으며, 무엇보다도 더 큰 절벽과 세계의 고산에서 그렇게 터득한 기술을 쓸 수 있다는 자신감을 얻었다.

영국의 고립주의와 '확보'를 위한 피톤 사용 거부는 양차대전 사이에 등반 수준의 발전을 늦췄을지 모르지만, 인공적인 도움으로서의 피톤 사용을 거부한 것은 자유등반의 수준을 더욱 높이는 데 도움이 되었을 수도 있다. 전후의 시기에 영국인들은 가파르고 거친 바위를 자유등반하는 것을 편하게 여기기 시작했지만, 대륙의 많은 등반가들은 여전히 인공적인 보조수단에 의존했다. 인공적인 보조수단을 이용한 등반은 느리고 반복적이며, 체력 소모가 크다. 이와는 반대로 자유등반은 속도가 훨씬 빠른데, 루트가 길고 기후가 변덕스러운 큰 산에서는 속도가 중요하다. 더비셔와 요크서의 작은 노두에서 익힌 기술들을 적용함으로써, 영국 등반가들은 1950년대와 1960년대에 대륙의 등반가들을 훌쩍 뛰어넘었다. 그리하여 영국은 거의 반세기의 공백을 뚫고 알프스 등반의 선두주자로 다시 앞서나가게 되었다.

등반의 인기가 늘어나면서 전통적인 산악지대 밖에 있는 새로운 절벽도 자주 탐사되었고, 그에 따라 더 많은 사람들이 주말과 저녁에 등반을 갈 수 있게 되었으며, 등반 시즌도 길어졌다. 콘월의 해벽등반은 영국 해병대와 등반가산악회가 보시그란Bosigran에 기지를 두고 발전시켰는데, '지크' 디컨'Zeke' Deacon이 개척한 체어 래더Chair Ladder의 주교의 갈비뼈Bishop's Rib(E1 5b등급, 1956년)와 트레버 펙Trevor Peck과 비벤Biven 형제가 개척한 보시그란의 자살벽(E1 5c등급, 1955년) 등이 대표적인 루트이다. 피터 비벤Peter Biven은 잉글랜드 남서부 지역 전체와 런디Lundy섬에서 수백 개의 루트 개척을 이어갔다. 그는 "굽이치는 파도, 끊임없이 변화하는 바다의 배경… 동굴, 계곡, 광물의 결정체… 그리고 바다와 시간에 닳은 바위"[76]의 낭만에 이끌렸다고 한다.

웨일스 북부에서는 (토니 물람, 트레버 존스 등이 처음 탐사한) 트레마독과 앵글시섬의 해벽에 관심이 집중되었다. 랭커셔와 기타 지역에서는 폐 채석장이 탐사되었다. 지질학 조사 결과 절벽이 거의 없는 것으로 나타난 잉글랜드 남부 지역에서는 에이번 고지Avon Gorge와 체다Cheddar에 존재하던 몇 개의 자연 암벽, 그리고 과거에 채석 작업을 했던 바위들이 집중적으로 개발되었다. 무너져 내리는 해벽이 취향인 이들을 제외하면, 런던에 기반을 둔 등반가에게는 턴브리지 웰스Tunbridge Wells 인근의 작은 사암 노두가 쉽게 도달할 수 있는 유일한 자연 암벽이었다. 결국 해리슨즈 록스Harrison's Rocks와 기타 노두에서의 루트는 난이도 면에서 높은 수준에 도달해, 수많은 훌륭한 등반가들이 양성되었다. 파리 인근의 퐁텐블로에서 유사한 노두를 등반한 적이 있는 니 모린Nea Morin은 이 지역의 잠재성을 인지했고, 초기 개척자로는 에릭 십턴과 멘러브 에드워즈 등이 있었다. 전후 기간에는 크리스 보닝턴과 마틴 보이슨 등이 남부 사암지대에서 등반 실력을 갈고 닦았다. 17세의 보이슨은 켄트Kent에서 알프스에 갈 돈을 마련하기 위해 콩을 줍던 에든버러의 두 어린 학생 로빈 스미스, 건 클라크와 함께 해리슨즈 록스에서 등반하며 하루를 보냈다. 니 모린은 이들 셋 모두를 턴브리지 웰스에 있는 자신의 조지 왕조풍 저택에 초대해 훌륭한 차와 토스트를 내어주며 등반 관련 소문을 알려줬다. 알프스 상공을 날아 영국에 막 도착한 모린은 그랑드조라스가 눈이 없어 매우 좋은 상태로 보였다고 그들에게 알려줬다. 그녀의 정보는 이후 영국인의 워커 스퍼 초등으로 이어졌다.

영국에서의 암벽등반을 알프스 등반의 준비 단계로 여겼던 과거와 마찬가지로, 1950년대에는 피크 디스트릭트와 요크서의 석회암 노두와 채석장이 인공적인 보조수단을 이용한 돌로미테와 서부 알프스에서의 등반을 대비하는 피톤 사용 연습장으로 이용되었다. 록앤드아이스산악회의 론 모슬리가 등반한 킬른시 메인 오버행Kilnsey Main Overhang(A3등급, 1957년)은 이 시기의 돋보이는 업적이었다. 트레버 펙과 피터 비벤은 맬럼 코브의 센트럴 월Central Wall에서 지구전을 펼쳤다. 그들은 첫 피치를 오르는 데만 22시간을 소모했다. 또한 그들은 더비서의 가파른 사암 채석장인 밀스톤 에지Millstone Edge 역시 주요한 인공등반 장소로 발전시켰다. 등반 수준이 점점 더 상승하면서, 인공적인 보조수단을 사용하던 많은 루트가 자유등반되었는데, 조 브라운이 비벤의 멋진 루트인 스타네이즈의 최후의 일격Quietus(E2 5c등급, 1954년)을 보조 수단 없이 등반한 것이 그 예다.

사암지대에서 신루트의 잠재성이 고갈되어 가는 듯했던 1960년대에는 많은 등반가들이 더비셔와 요크셔의 석회암 절벽에서 자유등반의 잠재성에 눈을 돌렸다. 피크 디스트릭트에서는 스토니 미들턴Stoney Middleton이 활동의 중심지가 되었는데, 셰필드에서 대중교통을 타고 쉽게 갈 수 있고, 절벽 거의 바로 아래 카페(현재는 인도 레스토랑)와 더 문The Moon이라는 술집이 있다는 이점이 있었기 때문이다. 경쟁은 치열했고, 카페 안의 자욱한 분위기는 "초조하고, 의심이 많으며, 매우 남성적이었다."[77] 톰 프록터Tom Proctor와 잭 스트리트Jack Street 등은 극단적으로 어려운 새로운 석회암 루트를 여럿 개척했다. 그중 하느님Our Father(E4 6b등급, 1969년)은 전통적인 사암 루트만큼 인기를 끌었다. 사암에서도 능숙하게 등반을 한 프록터는 밀스톤 에지의 녹색 죽음Green Death(E5 5c등급, 1969년)에 오르면서 1974년의 BBC 텔레비전 시리즈「암벽Rock Face」에 등장했다.

◦◦◦◦✿ 알프스 ✿◦◦◦◦

에릭 십턴은 "경험이 많은 사람보다는 거리낌이 적은 사람이 (풀리지 않은 문제에) 도전하기에 더 적합한 경우가 많다."[78]라고 평했다. 알프스 등반은 제2차 세계대전으로 강제된 휴지기로 인해 영국 내에서의 등반보다 새로운 출발을 할 수 있는 여지가 컸는데, 등반가와 접근법이 모두 새로워졌고, 과거의 경험에 속박되지도 않았다. 전쟁 직후의 시기에는 옥스퍼드와 케임브리지 같은 전통적인 기존 산악회의 등반가들이 지배했지만, 새로운 세대의 노동자 계층 등반가들은 사암 노두에서 졸업을 하고 웨일스와 호수지역의 산악 암장으로 진출한 후, 1950년대부터는 알프스에 족적을 남기기 시작했다.

옥스퍼드 출신 중 눈에 띄는 등반가로는 앨런 블랙쇼Alan Blackshaw, 톰 보딜런, 해미시 니콜, 마이클 웨스트매커트Michael Westmacott 등이 있었고, 케임브리지 출신으로는 로저 촐리, 존 스트리틀리, 마이클 워드 등이 있었다. 1909년 옥스퍼드대학 산악회 창립회원이었던 아버지를 둔 보딜런은 전후 시기 알프스 등반의 부활을 주도한 인물이었다. 그가 1950년에 니콜Nicol과 함께 알프스의 고전적인 6대 북벽 중 하나인 프티 드류 북벽(TD등급)을 등반한 것은 영국 등반팀이 노정할 현대판 위대한 코스의 시작을 알렸다. 니콜은 뒤이어 1953년에 블랙쇼와 함께 포앙트 앨버트Pointe Albert 서벽에 올랐는데, 이곳은 비교적 짧기는 해도 서부 알프스에서 영국팀이 처음으로 오른 극단적으로 어려운 등급의 루트였다. 보딜런은 그랑 카푸생Grand Capucin(TD+등급) 등반 후 영국산악회에 초대받아 연설을 했다. 그는 오버행으로 된 벽을 인공적인 보조수단을 사용해 등반한 과정을 설명하면서 "그 후 1시간 동안 우리는 바위와 거의 닿지 않았다"라고 말했다. 그러자 산악회의 몇몇 나이든 회원은 그럴 것이면 왜 굳이 산에 간 것이냐고 공공연하게 의문을 표했다.

그들은 대부분의 젊은 등반가들이 구제불능이라고 여긴 영국산악회를 개혁하기보다는 1952년에 알파인 클라이밍 그룹Alpine Climbing Group(ACG)을 형성하기로 결정했고, 보딜런은 이 그룹의 초대 회장을 맡았다. ACG는 프랑스의 정예 등반 그룹이었던 고령회Groupe de Haute Montagne를 본보기 삼아 만들어졌다. 이 그룹은 회원을 활동회원, 은퇴회원, 사망회원으로 나눴다. 위원회에서 어떤 회원에 대해 이전 해에 어떤 진지한 등반 활동도 하지 않았다고 결론내리면, 해당자는 활동회원에서 은퇴회원으로 변경되었다. 그 결과, 수많은 회원들이 무리하게 활동하면서 사망회원 목록에 올랐다. ACG는 행정적으로 영국산악회와 연계되어 있었지만, 엄격하게 분리된 정체성을 유지했다. 그 당시 영국산악회는 절멸의 위기를 겪고 있었다. 영국산악회에서는 회의가 시작될 때 일상적인 공지사항을 언급한 후 회장이 이전 회의 이후 사망한 회원들의 이름을 낭독했는데, 대부분은 고령으로 사망한 경우였다. 그러고 나서 회원들이 자신의 과거 친구들에 대해 몇 마디를 할 수 있는 자리가 마련되었다. 산악계 최고의 재담꾼 중 한 사람인 데니스 그레이는 1960년대 중반에 그런 회의에 한번 참석한 적이 있다고 하면서, 80대 노인 하나가 가까스로 일어나 높고 날카로운 새된 목소리로 "난 번티 스미스Bunty Smith, 그 녀석과는 등반을 한 적이 없지만, 내 동생은 한 적이 있소. 동생 말이 그는 망나니라 하더이다."라고 주장하는 것을 들었다고 한다. 회의실 전체에 "쯧쯧" 하는 소리가 먹먹하게 울렸는데, 이는 동료 회원에게 무례하게 대하는 일은 그들이 살아 있을 때만 하는 것이 예의였기 때문이다.[79]

과거라면 영국산악회에 가입하고도 남았을 옥스브리지의 재능 있는 여러 젊은 등반가들은 알파인 클라이밍 그룹에 들어갔지만, 영국산악회 근처에는 얼씬도 하지 않았을 법한 돈 윌런스(그는 그룹의 위원에 선임되었다)와 냇 앨런 등 록앤드아이스산악회의 회원도 여러 명이 이 그룹에 속해 있었다. 그 결과, 알파인 클라이밍 그룹의 연례 만찬 분위기는 영국산악회와는 다소 달랐고, 그에 따라 같은 장소로 돌아와서 만찬을 하는 것은 당연히 금지되었다. 알파인 클라이밍 그룹은 1960년대에 영어로 된 알프스 가이드북을 출간하기 시작했는데, 이로 인해 향후 수년간 알프스를 방문하는 영국 등반가의 수가 급격히 늘어났다.

많은 측면에서 알파인 클라이밍 그룹은 영국산악회의 생존 본능과 적응성을 증명하는 존재이다. 영국의 귀족 계층과 마찬가지로, 본질적으로 19세기적인 태도를 갖고 있었던 영국산악회는 20세기 중반경에는 이미 사라졌어야 하는 조직이다. 그러나 영국산악회는 생존을 위해 딱 필요한 만큼 현대성을 받아들이는 데 성공하고, 그와 동시에 본질적인 특성을 충분히 유지하면서 1857년 설립 당시의 바로 그 조직으로 인식될 수 있었다. 록앤드아이스산악회와 다른 많은 노동자 계층 산악회는 사라진 지 오래되었지만 영국산악회는 2007년에 150주년을 맞이했다. 알파인 클라이밍 그룹의 창설, 그리고 1967년에서 1972년 사이에 있었던 이 그룹과 영국산악회의 점진적인 재결합 과정을 보면, 영국산악회가 1960년대 이후에 어떻게 살아남았는지 대략적으로 알 수 있다.

에릭 십턴이 이끄는 1951년 에베레스트 원정대와 1952년 초오유 원정대에 참가한 톰 보딜런은 1953년 에베레스트 원정대에서는 찰스 에반스와 첫 정상 도전을 했다. 1956년 그는 오버란트의 예기호른Jägihorn에서 또 다른 케임브리지대학 산악회 출신의 유능한 젊은 등반가 딕 바이니Dick Viney와 함께 사망했다.

보딜런은 대학에 몸담은 물리학자여서 긴 휴가를 즐겼지만, 1950년대에는 대부분의 일반 노동자들이 여전히 1년간 유급휴가를 2주밖에 쓰지 못했다. 전후의 시기에 등장한 노동자 계층 등반가 세대는 알프스에 도전할 준비가 되었다고 생각할 즈음 큰 난관에 봉착했다. 자동차 고속도로와 값싼 비행기 여행의 시대가 오기 전에는 알프스 왕복에 나흘이 걸렸기 때문에 일반적인 휴가로는 등반할 수 있는 날이 열흘밖에 되지 않았던 것이다. 많은 이들은 여행 경비를 모으기 위해 영국 내에서의 등반 활동을 줄여야 했고, 결국 그들이 알프스에 도착했을 때는 몸 상태가 온전하지 않을 때가 많아 적응도 제대로 하지 못했다. 한두 번의 훈련등반도 해보고, 불확실한 알프스의 기후로 시간을 낭비하기도 했기 때문에 영국 등반팀들의 성취가 비교적 적었던 것은 놀라운 일이 아니다. 1950년대와 1960년대에는 몇 가지 변화가 일어나면서 영국 등반가의 알프스 등반 수준이 급격히 상승했다. 영국 내에서 정보 교류가 많아지고 등반의 수준이 올라간 덕분에, 일류 등반가들이 알프스에 도착하자마자 미심쩍은 상황에서도 최고 난이도의 루트(특히 주로 암석으로 되어 있는 경우)에 곧바로 붙을 수 있다는 자신감이 생긴 것이다. 이에 더해, 완전고용이 이루어지고 임금도 오르면서, 결심이 군은 등반가들은 일을 그만 두고 알프스에서 여름을 통째로 보냈는데, 영국에 돌아가면 다른 일자리를 찾을 수 있을 것이라는 기대감이 있었기 때문이다. 또한 1960년대에 고등교육이 성장하면서, 긴 여름휴가를 누릴 수 있는 젊은이의 수가 급증했다. 등반가들은 매해 알프스로 여행하면서 켄트의 과수원과 야채농장을 거쳐 가는 경우가 많았다. 그들은 여기서 계절에 맞는 아르바이트를 하면서 알프스에서의 검소한 장기 체류를 위한 돈을 충분히 마련할 수 있었다. 하룻밤 숙박을 위해 돈을 지불하는 일을 피하는 것은 많은 등반가에게 자존심의 문제가 되었다. 반쯤 지어진 가옥, 지붕이 있는 버스 정류장, 개인 베란다, 큰 바위 등이 모두 숙박시설이 되었다. 한번은 등반가 둘이 길가에 있는 회전식 뚜껑이 달린 모래 보관함에서 하룻밤을 보냈다. 다음 날 아침, 그들은 양동이에서 쏟아지는 재 가루를 맞으며 황급히 잠에서 깰 수밖에 없었다.

영국의 등반가들은 주로 샤모니 근처에 모였다. 처음에는 비올레이Biolay 야영지에 모였고, 이후 스넬 필드Snell's Field로 옮겼다. 그들은 날씨가 안 좋으면 마을을 어슬렁거리고, 바 내셔널에서 술을 마시며, 지루함을 달래기 위해 현지 젊은이들과 쌈질을 했다. 스넬 필드만큼이나 전설적인 요세미티의 야영지인 캠프4Camp4가 현재 미국의 국가 사적지로 지정되어 있는 반면, 스넬 필드는 프랑스 경찰이 여러 번 급습한 끝에 폐쇄되었고, 입구는 큰 바위로 가로막아 영국인의 출입을 금지했다.

전후 세대는 외국 등반가, 특히 헤르만 불과 가스통 레뷔파Gaston Rebuffat 로부터 영향을 받았다. 그들은 『낭가파르바트 순례Nanga Parbat Pilgrimage』 와 『별빛과 폭풍설Starlight and Storm』을 열심히 읽으며 알프스의 얼음으로 된 북벽과 히말라야에서 그들이 벌인 사투에 관한 이야기를 접했다. 그러나 19 세기 영국의 등반도 되돌아본 그들은 프레드 머메리와 마음이 통한다고 느꼈다. "머메리가 사망한 지 50년도 넘었지만, 그는 1950년대 초반의 요크셔 등반가들이 동질감을 느낀 인물이었다. 그는 등반에서 찾을 수 있는 순수한 즐거움을 만끽하는 새로운 시대의 정신에 조응할 수 있는 사람이었다."[80]

조 브라운과 돈 윌런스는 1954년에 당시로서는 알프스에서 가장 어려운 암벽 루트로 알려진 프티 드류 서벽(TD+등급)을 영국인으로서 초등(세계적으로는 세 번째 등반)했는데, 등반 시간이 매우 짧았다. 그렇게 함으로써 그들은 제1차 세계대전 이후 대륙의 등반가들과 대등하게 경쟁하게 된 첫 영국인 등반가들이 되었다. 이 등반 이후, 프랑스의 유명한 가이드 여러 명이 그들에게 다가와서 악수를 청했다. 같은 해에 그들이 개척한 에귀 드 블래티에르Aiguille de Blaitière의 브라운-윌런스 루트는 당시 알프스에서 영국인이 개척한 루트 중 단연코 난이도가 가장 높았다. 브라운과 윌런스의 성공으로 다른 젊은 영국 등반가들은 자신감을 갖게 되었고, 더 큰 도전을 할 수 있는 용기를 얻었다. 해미시 매키네스는 크리스 보닝턴이 알프스에서 보낸 첫 시즌인 1957년에 그와 함께 아이거와 그랑드조라스 등반을 시도했지만 성공하지 못했다. 이듬해 그들은 돈 윌런스, 폴 로스와 오스트리아의 두 등반가 발터 필립Walter Phillip, 리처드 블라흐Richard Blach와 함께 드류의 보나티 필라Bonatti Pillar(TD+등급)를 등반했다. 1955년 이탈리아의 발터 보나티가 단독으로 초등한 이 루트는 매우 어려운 것으로 유명했다. 매키네스는 첫 비박지에서 낙석으로 부상을 당했지만, 윌런스가 여러 차례 훌륭한 선등을 함으로써 팀은 이 루트를 성공적으로 완등했다.

로빈 스미스와 건 클라크는 1959년 워커 스퍼에 오르면서 거대한 3대 북벽 중 하나를 영국인으로서 초등했다. 2년 후, 글래스고 출신의 톰 카루터스Tom Carruthers와 런던의 주택 도장공인 브라이언 낼리Brian Nally는 마터호른 북벽(ED1등급)을 영국인으로서 초등했다. 카루터스에게는 알프스 첫 방문으로 이뤄낸 성과였다. 이 둘은 뒤이어 1962년 아이거 북벽(ED2등급)에 도전했다. 낼리는 자신의 동료인 뱅고어 출신 학생 배리 브루스터Barry Brewster가

낙석으로 사망한 후, 윌런스와 보닝턴의 도움으로 안전한 곳으로 피신했다. 보닝턴과 이안 클로가 같은 시즌에 아이거 북벽을 영국인으로서 초등에 성공하는 동안, 카루터스는 추락사했다.

아이거 북벽은 알프스에서 단연코 가장 악명 높은 루트였다. 보닝턴은 이 등반을 성공함으로써 처음으로 영국 대중의 관심을 받게 되었다. 결국 그는 윔퍼, 맬러리와 함께 가장 유명한 영국 등반가 중 하나가 되었고, 히말라야에서도 영국 등반의 발전에 있어 중요한 인물이 되었다. 보닝턴은 햄스테드Hampstead에서 태어나 공립학교와 샌드허스트에서 교육을 받았다. 1950년대에 그를 처음 만난 어떤 크리그 두 등반가는 "이 가엾은 친구는 마치 빌어먹을 인형의 집에서 자란 것처럼 보였다."[81]라고 평했다. 그는 어린 시절 이혼한 어머니와 할머니 손에 자라면서 외롭게 컸다. 그는 자신도 인정했듯 군에서 가족 같은 사람들을 찾고 싶었으나, 그다지 잘 적응하지 못했다. 공군 입대를 거부당한 보닝턴은 육군에서 시간을 보냈고, 잠깐 동안 유니레버의 마가린 외판원을 하다 프로 등반가가 되었다.

1953년 보닝턴은 해미시 매키네스와 함께 레이븐즈 걸리를 겨울철에 등반하고, 1950년대에 에이번 고지의 몇몇 어려운 루트를 등반하면서, 산악계에서 처음으로 유명해졌다. 매키네스는 보닝턴이 알프스에 처음 도전하던 시기 내내 그의 조언자가 되어줬다. 보닝턴은 1958년에 매키네스와 함께 드류의 보나티 필라에 같이 오르며 돈 윌런스와도 알게 되었다. 그는 1959년에 건 클라크와 함께 치마 그란데Cima Grande 북벽의 긴 인공 루트(현재 인공적인 도움 없이 E3 5c등급)를 끝냈고, 이듬해에는 군에서의 인맥을 통해 히말라야 원정대에 처음으로 합류했다. 과거 구르카부대의 대령이었던 지미 로버츠Jimmy Roberts가 이끈 이 원정대는 안나푸르나 2봉(7,937m) 정상에 도달했다.

1961년 그는 레스 브라운, 트레버 존스, 존 스트리틀리 등과 함께 험악한 분위기로 유명했던 소규모의 눕체(7,861m) 원정대에 참가했는데, 그들은 고소

지역에서 서로 다투는 바람에 영국으로 돌아왔을 때 거센 비난을 받았다. 이 원정 직후 보닝턴은 알프스에서 윌런스를 만났다. 그는 카트만두에서 곧바로 와서 체력적으로나 정신적으로나 바닥이 난 상태였지만 윌런스는 아이거에 도전하자고 주장했다. "훈련은 올라가면서 할 수 있어. 정상에 올랐을 즈음엔 훌륭한 체력을 갖추거나, 아니면 죽겠지!"[82] 악천후로 아이거에서 물러날 수밖에 없었던 보닝턴과 윌런스는 이안 클로, 폴란드 등반가인 드워고시Długosz와 함께 프레네이의 센트럴 필라Central Pillar(ED1등급)에 도전했는데, 그 얼마 전에 발터 보나티가 이끄는 팀이 루트 대부분을 개척한 후 폭풍설로 후퇴하면서 4명의 등반가가 사망하는 재앙이 발생한 곳이었다. 프레네이의 센트럴 필라는 전후 시기 영국팀이 개척한 최고의 신루트 중 하나였다. 보닝턴은 다듬어진 등반가는 절대 아니었지만(조 브라운은 "크리스는 참 서투른 녀석이야."라는[83] 평가를 내렸다) 매우 유능한 등반가임에는 틀림없었다. 윌런스가 15미터를 추락한 후 그를 대신한 보닝턴은 프레네이의 크럭스 피치를 오르면서 생애 최고의 선등을 선보였다. 보닝턴은 1962년에 이안 클로와 팀을 결성해 그랑드 조라스의 워커 스퍼를 멋지게 등반한 후 아이거반트를 영국인으로서 초등했다. 이때 보닝턴은 자신의 또 다른 천직을 발견했다. "영국인 초등의 이야기가 가진 잠재적 가치를 깨달은 나는 그것을 최대한 활용해야겠다는 생각이 들었다."[84]

보닝턴은 돋보이는 오랜 등반경력 동안 엄청난 성취를 이루며 등반 활동에 공헌했지만, 1970년대에는 산악계 일각에서 그가 등반에 너무 상업적으로 접근한다는 비판이 일었다. 이 사안을 생각이라도 해본 일반 대중은 아마도 그가 등반의 위대한 아마추어 전통에 위협이 되었기 때문에 이런 비판을 받았다고 추측했을 것이다. 그러나 진실은 훨씬 단순하다. 보닝턴은 다른 일류 등반가에 비해 자신의 등반 활동을 통해 명성과 보상을 얻는 데 더 능숙했을 뿐이고, 비판을 하는 사람들은 그것을 싫어했던 것이다. 그는 신사적인 아마추어 전통이 빠르게 프로화가 되어가는 산악계에서 이미 영향력을 잃은 지 오래된 심미파에 속해 있었다. 하지만 이제 등반은 확실하게 영웅파가 장악하고 있었고, 격렬한 경쟁, 질투, 원한에는 구속 장치가 없었다.

새로 나타난 프로 등반가들은 크게 네 가지 방식으로 등반을 통한 생계유지를 모색했다. 아웃도어 교육의 수요가 늘면서 많은 이들이 강사로 일했다. 나중에 몇몇은 가이드가 되었는데, 가이드 일은 고객이 가이드와 같은 수준의 능력과 의욕을 갖고 있는 드문 경우를 제외하면 웬만한 다른 직업만큼이나 일상적이고 반복적일 수 있었다. 소수의 등반가들은 등반장비를 고안하고 제조하는 일로 생계를 유지했다. 세 번째 그룹은 저널리스트와 사진가, 영화제작자들로, 대중 활동으로 점점 탈바꿈한 등반과 관련해 성장한 홍보업무를 맡았다. 이 부류에서 최고 위치에 선 사람들은 스스로도 매우 유능한 등반가였다. 당시 가장 유명했던 산악 사진가로 꼽히는 존 클리어는 영화 「아이거 빙벽The Eiger Sanction」에서 클린트 이스트우드를 촬영했다. 그는 자신의 이름으로 개척한 신루트도 많았다. 네 번째 부류인 엘리트 그룹은 등반가로서의 유명세를 이용해 먹고사는 이들이었다. 이들은 언론에 이야기를 팔고, 책을 쓰고, 강의로 돈을 받고, 장비 광고로 돈을 벌었다. 많은 이들은 이 마지막 부류가 가장 매력 넘치는 사업 영역이라고 생각했다. 보닝턴은 꽤 많은 미답의 지역들이 일반 대중에게 이미 알려져 시장성이 높다는 점을 깨달았는데, 시장에 경쟁자가 거의 없는 시기에 시장의 잠재성을 인식했기 때문에 논쟁의 여지가 없이 선각자 이익을 얻은 것이다. 보닝턴은 1850년대의 앨버트 스미스 이래 그 누구보다 등반의 오락화에 기여했다. 독학을 해서 유능한 사진가 및 작가가 되었고, 텔레비전 중계와 책, 기사, 공공 강연을 끊임없이 선보인 그는 폭넓은 대중에게 등반 활동을 소개했다. 그렇게 함으로써, 그는 등반이 소수의 스포츠에서 주류 여가활동으로 변하는 데 촉매제 역할을 했다.

물론 등반은 본능적으로 어떤 종류의 권위에도 불손한 태도를 지녔기 때문에 보닝턴의 사업적인 재능과 프로 기질은 비판과 조롱을 받았다. 그의 명성이 커질수록, 보닝턴을 괴롭히는 것은 산악계에서 계속 반복되는 일 중 하나였다. 아마 그를 비꼰 표현 중 가장 그럴 듯한 것은 톰 페이티의 노랫말에 담겨 있을 것이다.

알파인 클라이밍 그룹의 크리스천 보닝턴이여,

계속해서 알프스 등반역사를 써나가라.

그는 아이거반트에도 올랐고, 드류에도 올랐다.

그리하여 그는 1,000프랑만 쥐어주면, 당신을 위해 등반할 것이다.

알파인 클라이밍 그룹의 크리스천 보닝턴이여,

산 이름만 대면, 그는 비용이 얼마인지를 말해줄 것이다.[85]

그러나 스코틀랜드의 위대한 아마추어 등반가인 페이티마저 1,500만 명의 시청자를 끌어모은 올드 맨 오브 호이 텔레비전 특별 쇼를 부추기고 참여까지 했다. 아마도 그는 이 쇼를 통해 한몫 잘 챙겼을 것이다. 보닝턴은 자신에게 쏟아지는 비판을 간단히 무시하고 자신이 가장 잘하는 일을 계속했다.

보닝턴과 클로가 아이거의 1938년 루트를 어느 여름철에 재등하기 1년 전, 4명의 오스트리아 등반가들이 같은 루트를 동계 초등했다. 스코틀랜드의 작은 산에서는 1930년대부터 기술적인 동계등반이 이루어지고 있었지만, 오스트리아팀이 1961년에 아이거에서 대담한 등반을 성공하기 전까지는 알프스에서의 고난이도 동계등반에는 사람들이 상대적으로 큰 관심을 갖지 않았다. 그 이유는 극도로 추운 날씨를 견뎌야 하는 히말라야에서 사용되는 등반장비가 기술적인 등반에 쓰기에는 너무 거추장스럽고 무거웠기 때문이다. 1960년대에는 가볍고도 따뜻하며 방풍이 잘 되는 의류가 새로 개발되었고, 기술적으로 어려운 동계 루트의 어려움도 극복되었다. 얼마 지나지 않아 마터호른 북벽과 그랑드조라스의 워커 스퍼 역시 동계에 등반되었다.

영국 등반가 중에는 어느 누구보다도 두걸 해스턴이 새로운 형태의 이런 산악 마조히즘에 열중했다. 관중의 부재, 겨울철 경치의 순수함, 기술적으로 매우 어려운 등반, 그리고 아마 고통 그 자체까지도 고독하고 엄격한 해스턴에게는 매력적인 요소였을 것이다. 같은 세대의 다른 많은 이들과 마찬가지로, 해스턴은 독일과 오스트리아의 등반가, 특히 헤르만 불의 높은 기준과 등반에의 헌신에 매료되었다. 그러나 과거에 에든버러에서 철학을 공부했던 해스턴은 다소 수줍어하며 니체의 영향도 받았다고 인정했다. "나는 여전히 알려지지 않은 벽의 힘과 대적하고 싶은 충동을 느낀다. 그것은 내 삶의 필수적인 일부가 되었다. 나는 나의 자아를 탐색하고 있다. 어느 정도의 행복에 도달하기 위해서는 다음 시험이 오기 전까지 이 과정들을 거쳐야 한다. 비록 그 행복이 일시적일지라도 말이다. … 내 마음속에 거대한 무정함이 생겨나고, 나는 편협하고 세속적인 인간들을 점점 더 완전히 경멸하게 된다. 나에게는 진정한 의미의 친구가 몇 명 있지만, 그중 아무도 이 행보를 나와 함께 하지는 않을 것이다. … 개인으로서의 한 사람은 자아에 대해 생각해야 한다. … 나는 내가 존경하는 이들을 위해서는 많은 일을 하겠지만, 바보들을 위해서는 아무것도 하지 않을 것이다. 바보들은 짓밟혀도 싸다. 사람은 자유를 갖고 태어난다. 똑같이 자유를 갖고 태어났지만 그 자유를 잃은 이들을 도와주려다 자신의 자유를 숨기거나 잃어야 하는 이유라도 있는가? … 이것이 내가 추구하는 자유다. 두걸 해스턴은 이렇게 말했다."[86][76]

해스턴은 낭만주의자였다. 그러나 영국의 전통보다는 독일의 전통에 속해 있다 보니 영웅 숭배에 물들어 있었고, 나약함과 고통을 경멸했다. 그는 1963년 여름에 러스티 베일리와 함께 아이거 북벽을 영국인으로서는 두 번째로 등반했는데, 보닝턴이 같은 곳을 등반한 이듬해였다. 1966년, 그는 미국

---

76 마지막 말은 니체의 유명한 책 『차라투스트라는 이렇게 말했다』를 해스턴이 패러디한 것이다.

의 등반가 존 할린John Harlin에게 설득되어, 겨울에 이 북벽의 새로운 직등 루트를 시도하는 등반팀에 합류했다. 할린과 보닝턴, 베일리는 그전 여름에 이 등반선을 조사했었지만, 당시에는 날씨가 좋지 않았다. 할린은 등반을 완료하는 데 필요한 열흘간의 좋은 날씨는 겨울철에 만날 가능성이 높다고 생각했다. 그는 날씨가 추우면 빙벽에서 낙석의 위험도 줄어들 것으로 봤다. 그러나 베른주 오버란트에서는 여름이든 겨울이든 열흘간 계속해서 날씨가 좋은 적이 거의 없었다. 따라서 겨울철 날씨에 북벽에 신루트를 개척하는 것은 대단히 힘든 도전이 될 수밖에 없었다. 할린에게는 명성이라는 보상이 있었다. 조각같이 잘생긴 외모 덕에 '금발의 신Blond God'이라 불린 할린은 대학시절에는 풋볼 영웅이었고, 미 공군에서는 전투기를 조종한 적도 있었다. 그는 체력이 강하기는 했지만 뛰어난 등반가는 아니었다. 또한 할린은 자기 홍보를 엄청나게 많이 하는 인물이었는데, 이따금 사실관계를 정확하게 하지 못할 때가 있었다. 보닝턴은 등반팀에서 빠지는 대신 『데일리 텔레그래프Daily Telegraph』를 위해 이 등반을 취재하기로 했다. "나는 이 등반에 전적으로 열정을 느낀 적이 없다. 사진 촬영으로 등반을 취재하는 데 강렬한 흥미를 느껴서인지, 아니면 마지막 시도가 얼마나 위험한지를 알고 있었기 때문인지는 나 자신도 전혀 알 수가 없다.[87]" 믹 버크Mick Burke가 카메라맨으로 그와 합류했다. 그다음에 할린은 윌런스에게 접근했는데, 윌런스는 이 루트가 너무 위험하다고 여겼을 뿐 아니라 할린의 능력에도 의구심을 가졌기 때문에 이 제안을 거절했다. 할린이 마지막으로 선발한 사람이 두걸 해스턴이었다. 해스턴과 할린 사이의 관계는 모호했지만, 아마 해스턴 역시 등반을 전업으로 삼겠다는 자신의 욕망을 채우기 위해서는 홍보가 필요하다는 사실을 알고 있었을 것이다.

결국 이 팀은 할린, 해스턴, 그리고 미국의 인공등반 전문가 레이튼 코어Layton Kor로 구성되었다. 그리고 외르크 레네Jörg Lehne와 페터 하그Peter

Haag가 이끄는 강력한 독일팀이 곧 경쟁자로 부상했다. 아이거 북벽 루트는 클라이네 샤이덱의 편안하고 안전한 호텔 테라스에서 잘 보이기 때문에 미디어 취재가 용이한데, 정상을 향해 국제적인 경쟁이 벌어질 것이 확실해지자 미디어가 엄청난 관심을 보였다. 예상대로 이상적인 날씨 조건이 찾아오지 않아, 두 팀은 모두 포위전술을 쓸 수밖에 없었다. 따라서 그들은 고정로프를 이용해 선등자가 교대를 할 수 있도록 했다. 윌런스는 "만약 이것이 경주라면, 세상에서 가장 느린 경주일 것이다."라고 평했다. 결국 이 두 팀은 힘을 합치게 되었다. 그때 존 할린이 주마를 이용해 오르다 고정로프가 끊어지면서 추락사하는 비극이 발생했다. 남은 등반가들은 계속 전진하기로 결정했고, 해스턴과 4명의 독일인들은 정상을 향해 마지막 노력을 기울여, 실질적인 화이트아웃 상태에서 정상에 도달했다. 해스턴은 정상 부근의 60도 경사의 빙벽 구간을 피켈이나 해머 없이 선등하면서 엄청난 의지력과 자제력을 보여줬다. 그러는 동안, 보닝턴은 등반팀의 도착을 사진에 담기 위해 정상에서 기다리다 동상을 입기도 했다.

해스턴은 아이거 디렉티시마(후에 할린 루트Harlin Route로 개명됨) 등반에 성공하면서 곧바로 스타덤에 올랐다. 산악계는 포위전술을 사용한 일을 비판했지만, 현재 ED3 또는 ED4 등급을 받는 이 루트의 난이도에 대해서는 아무도 의심하지 않았다. 해스턴은 자신의 이에 치관을 씌운 다음 치열을 가지런히 하고 처음으로 대중 앞에서 연설했다. 그는 "첨단 유행 스타일로 멋을 부린 듯한 우아한" 옷을 입기 시작했는데, "관능적인 느낌과 금욕적인 느낌이 묘하게 섞여 있었다."[88] 또한 그는 존 할린이 레장Leysin에 설립한 국제등산학교를 인수했다. 믹 버크, (크리그 두의) 데이비 애그뉴Davie Agnew, 돈 윌런스 등이 여기서 때때로 강사를 했으며, 수많은 젊은 남녀 학생들이 이곳을 거쳐 갔다. 윌런스는 한동안 이 학교의 학생주임으로 재직하면서, 도덕관념을 유지하는 역할을 맡았다.

레장에 있는 클럽 배거본드Club Vagabond에서 사람들을 즐겁게 한 해스턴은 매일 밤 다음 날 아침까지 술을 마시고서는 최고 난이도의 루트로 등반하러 가곤 했는데, 그중에는 1967년에 믹 버크와 함께한 마터호른 북벽의 네 번째 동계등반도 있었다. 체 게바라Che Guevara나 지미 헨드릭스Jimi Hendrix와 마찬가지로, 해스턴의 매력 포인트 중 하나는 그가 요절할 것처럼 보였다는 점이다. 시간이 지나면서 그의 내향성은 훨씬 심해졌다. 그리하여 가까운 친구들도 그를 먼 과거에서 온 이방인처럼 대했다. 돈 윌런스는 말했다. "마치 그는 유리 뒤에 있는 것 같았다. 볼 수는 있지만 만질 수는 없는⋯."[89]

고산지대

1950년 모리스 에르조그Maurice Herzog와 루이 라슈날Louis Lachenal의 안나푸르나 등정은 산악계에 센세이션을 일으켰다. 8천 미터급 고봉이 처음 등정된 사건이었던 이 원정등반 기록에는 전후 세대에 영감을 줄 만한 높은 수준의 헌신과 고통, 자기희생이 잘 드러나 있었다. 새로운 장비가 어느 정도 역할을 한 것은 분명하지만, 프랑스 원정대에 유능한 등반가들이 많았던 것도 사실이다. 그중 라슈날과 리오넬 테레이Lionel Terray는 함께 아이거 북벽을 두 번째로 등반했고, 레뷔파는 워커 스퍼를 두 번째로 올랐다. 기술적인 능력으로 치면, 그들은 당시 알프스에서 현대판 '위대한 코스'를 막 시작하면서 노력을 기울이고 있던 영국인들에 비해 훨씬 앞서 있었다.

영국의 산악계는 1930년대 독일 등반가들의 국가주의를 비판적으로 바라봤을지 모르지만, 에베레스트 문제에 있어서만큼은 스포츠와 국가의 위신을 혼동했다는 점에서 다를 바가 없었다. 프랑스가 안나푸르나에서 성공을 거두자, 30년간 일곱 번의 실패를 맛본 영국인들은 시간이 없다는 사실을 깨달았다. 1950년에 중국이 티베트를 침공하면서 에베레스트로 가는 북쪽 루트가 막혀버렸고, 1947년에 인도 통치가 끝나면서 히말라야 남쪽에서는 영국의 영향력이 크게 감소했다. 에베레스트는 더 이상 영국이 독점한 대상이 아니었다. 다른 나라(특히 프랑스)가 에베레스트를 등정할지도 모른다는 생각은 영국인에게 너무나 끔찍했다.

1951년 에릭 십턴이 이끄는 정찰대는 새로이 외국인에게 개방된 네팔로 파견되어, 거대한 쿰부 빙하를 뚫고 남쪽에서부터 접근하는 것이 가능한지 알아보는 것이 목표였다. 톰 보딜런, 빌 머레이, 마이클 워드가 참가한 이 원정대에는 뒤늦게 에드 힐러리와 얼 리디포드라는 두 명의 뉴질랜드인이 합류했다. 힐러리는 그들의 만남을 다음과 같이 묘사했다. "마치 잘못을 저지르고 교장실에 불려 가는 두 명의 학생인 양, 우리는 셰르파를 따라 어두운 출입구로 들어간 다음 계단을 올라 큰 건물의 위층 방에 들어섰다. 방에 들어가자 네 명이 일어나서 우리를 맞았다. 내가 느낀 첫 감정은 안도감이었다. 그들만큼 품위가 없는 무리를 본 적이 거의 없었다. 저녁식사를 위해 옷을 갈아입어야 한다는 내 예상은 저 멀리 영원히 날아가버렸다."[90] 십턴은 보통 때와 마찬가지로 식량을 절제하는 방식을 채택했는데, 그를 제외한 다른 영국인들은 뉴질랜드인들이 갖고 온 캔 음식에 득달같이 달려들었다. 톰 보딜런은 나중에 "원정대 식량에서 가장 중요한 것은 먹을 것이 있어야 한다는 사실입니다."라고 BBC[91]에 알려줬다.

쿰부 빙하와 웨스턴 쿰Western Cwm은 확실히 사우스콜에 이르는 적절한 루트였다. 그러나 십턴은 짐꾼들이 피할 수 없는 아이스폴의 위험에 반복적으로 노출되는 것을 꺼림칙하게 여겼다. 이와 반대로 힐러리는 확신을 가졌다. "이 산에 도전할 수 있는 유일한 방법은 안전과 정당화할 수 있는 위험에 대한 낡은 기준을 변경하는 것이었다. ⋯ 알프스 등반에서 나타나는 수준의 경쟁이 히말라야에도 닥쳐오고 있었고, 경쟁에 참가할 생각이 없다면 우리는 철수하는 것이 차라리 나았다."[92] 영국의 대중은 1930년대에 많은 실패를 본 후 에베레스트에 흥미를 잃었지만, 프랑스가 안나푸르나 등정을 성공한 후인 1951년의 정찰대는 대중의 열망에 다시 불을 지폈다. 『더 타임스』는 기사를 연속으로 냈고, 특별 부록까지 실었으며, 새로운 독자들은 전후 시기의 내핍과 여행 제한에 대한 반발 때문인지 스마이드와 틸먼, 십턴이 전쟁 이전에 쓴 등반 서적을 읽었다. 이중 십턴은 일종의 민중 영웅이 되었는데, 영국 대중들은 그가 '세계의 지붕'으로 가는 길을 찾았다고 생각했다.

1952년 네팔 당국이 스위스 원정대에 허가를 내준 사실을 알게 된 영국인들은 충격에 휩싸였다. 그들은 스위스가 첫 시도만에 에베레스트 등정에 성공할 뻔한 모습을 숨죽이고 지켜봤는데, 실패했으면 하는 비열한 마음을 가진 이들도 적지 않았다. 에베레스트에 가는 것을 금지당한 십턴은 초오유(8,201m)로 불만족스러운 훈련등반을 떠났지만, 정상에 도달하지는 못했다. 프랑스는 1954년에 에베레스트에 등정할 준비를 했고, 스위스는 1955년에 다시 도전할 예정이었다. 영국 산악계로서는 1953년 원정대가 마지막 기회였다. 성공을 담보하기 위해 그들이 밟은 첫 단계는 낭만주의적이고 개인주의적인 십턴을 해고하고, 샌드허스트에서 명예의 검을 수상한 군사 지도자 존 헌터 대령을 그 자리에 앉힌 것이었다.

이 결정으로 십턴은 엉망진창이 되었지만, 전혀 예상하지 못한 일은 아니었을 것이다. 단지 그는 국가적인 사업이 되어버린 이 일의 중요성을 인식하지 못했을 뿐이다. "에베레스트는 크게 부풀려진 홍보와 예민한 국제 경쟁의 초점이 되었고, 앞으로 있을 시도가 성공하는 것이 국가적으로 매우 중요한 일이라고 여기는 사람들이 많았다. 내가 대규모 원정대에 반감을 갖고 있는 것은 잘 알려져 있고, 등반에서 경쟁의 요소를 매우 싫어하기도 하니, 그런 면모들이 지금의 상황과 잘 맞지 않는 것처럼 보이는 것은 당연하다."[93] 많은 등반가, 특히 여전히 등반이 주로 심미적인 활동이라고 여겼던 이들은 그의 말에 깊이 공감했다. 찰스 에번스Charles Evans는 "십턴은 킬러 본능이 부족하다고들 하는데, 내 생각에는 그런 본능이 없는 것이 나쁜 일은 아니다.[94]"라고 평했다. 크리스 보닝턴은 몇 년이 지난 후 마치 경영학 교과서 같은 어조로 다음과 같이 쓰며 에번스의 말에 반박했다. "본질적으로 산악 여행가였던 십턴은 탐사에 끝없는 욕망을 보였지만, 주요한 등반의 문제를 풀겠다는 목표지향적인 등반가의 한결같은 추진력은 전혀 없었다.[95]" 십턴의 결혼은 파경을 맞았다. 제프리 윈스롭 영은 에스크데일Eskdale에 위치한 아웃워드 바운드 학교의 관리인에서 그를 해임하는 난처한 일을 해야만 했다. 십턴이 회계원의 아내와 부적절한 관계를 가진 후, 분노한 그녀의 남편이 고기 써는 칼을 휘두르며 "네놈이 젠장맞을 십턴이구나![96]"라고 외치면서 학교 부지 전역에서 그를 쫓아다닌 일이 있었던 것이다. 십턴은 한동안 슈롭셔Shropshire의 시골 지역에 은둔하며 임업 노동자로 일했다. 그는 1957년에 카라코람을 마지막으로 여행했는데, 이후 파타고니아의 외지고 거친 산악지대에서 탐사의 진정한 즐거움을 재발견했다.

존 헌트는 인도에 주재한 군인 집안에서 태어났다. 그의 아버지는 존이 4살이었던 1914년 프랑스에서 전사했다. 말보로와 샌드허스트에서 교육을 받은 그는 성실하고 근면한 인물이었고 "일과 걱정거리의 압박을 상쇄할 만한 가벼운 기분전환 수단[97]"이 별로 없다는 점을 때때로 고민했다. 어릴 적 알프스에서 등반한 경험이 있었던 그는 1931년 인도에 배치된 후에는 히말라야에서도 등반을 했는데, 1935년에는 제임스 월러James Waller가 카라코람의 살토로캉리Saltoro Kangri를 패기 있게 공략할 때 그와 함께하기도 했다. 그는 1936년 에베레스트 원정대에 최종 후보자 명단에 올랐지만, 의료 테스트를 통과하지 못했다. 1937년 그는 칸첸중가로 접근하는 방법을 조사하면서 네팔피크Nepal Peak(7,145m)의 남서쪽 정상에 올랐다. 전쟁이 발발하자 그는 영국으로 소환되어 브레마의 산악설상 특수전투 훈련학교에서 주임교관이 되었으며, 제프리 윈스롭 영, 쿠르트 한과 아웃도어 교육의 이점에 대해 서신을 주고받았다. 전쟁이 끝난 후, 한이 교장으로 있던 고든스톤에서 교육을 받은 에든버러 공은 야외 교육의 기조를 이어가며 에든버러 공 상Duke of Edinburgh Awards을 제정했다. 1956년에 이 시책의 첫 지휘자가 된 헌트는 10년간 직책을 수행한 후 1966년에 귀족 작위를 받았다. 이 시책은 원래는 남자아이들만을 위한 것으로, 학교를 떠나는 15세에서부터 군에 입대하는 18세까지의 공백 기간을 아웃도어 활동, 체력 증진, 공동체 서비스 등으로 채우려는 의도를 갖고 있었다. 여자아이들을 위한 유사한 시책이 1958년에 제정되었는데, 화장과 머리 미용, 의류 디자인, 꽃꽂이 등의 활동을 장려했다.

헌트는 1953년의 원정대 조직에 이전 시도에서는 확실히 부족했던 전문성을 도입했다. 그러나 원정대는 다른 측면에서 여전히 구식이고 계급의식이 짙은, 제국주의적인 프로젝트였다. 브라운과 윌런스, 페이티 같은 젊은 세대 등반가들은 아무도 원정대에 합류하지 않았다. 대신 헌트는 군대나 유서 깊은 대학에서 대원들을 뽑았다. 민주적이었던 스위스인과는 달리 그는 셰르파를 강압적으로 대했는데, 카트만두에서 백인 등반가들이 대사관 관저에 머무는 동안 셰르파들은 대사관의 차고(용도변경을 한 외양간으로 화장실이 없었다)에서 숙박을 해결해야 했다. 예상대로 셰르파들은 대사관 앞의 도로에 소변을 봤다. 헌트는 이를 호되게 꾸짖었고, 그들의 관계는 전혀 개선되지 않았다.

케임브리지대학 산악회의 전 회장이자 원정대에서 가장 어린 대원이었던 조지 밴드George Band는 자신의 일기에 원정대 곳곳에 퍼져 있던 공립학교 분위기에 대해 다음과 같이 기록했다. "5시 30분에는 보트 경주에 귀를 기울였다. 케임브리지는 19분 54.5초 만에 19정신艇身 차로 이겼다. 만세! 톰(보딜런)은 저녁식사 시간에 마그네슘 신관에 불을 붙였다. … 나는 단파 라디오와 안테나를 웨스턴 쿰의 입구에 위치해, 맨체스터의 프리 트레이드 홀Free

Trade Hall로부터 멋지게 신호를 수신했다. 이 신호를 통해 존 바비롤리John Barbirolli가 할레Hallé 오케스트라를 지휘해 베토벤의 레오노라 서곡 3번을 연주하는 것을 들을 수 있었다."[98] 그들은 영국 기준으로는 확실히 우수한 등반가였지만, 등반 활동의 선두에 서 있다고 보기는 힘들었고, 그들도 이 사실을 알고 있었다. 조지 밴드는 원정대원들을 "국제경기 출전 선수라기보다는 런던 아이리시London Irish 같은 풋볼 클럽 선수"[99]라고 묘사했다. 이들 중 제대로 훈련을 한 사람은 거의 없었다. 1마일(1.6km)을 4분 내에 처음으로 주파한 인물인 로저 배니스터Roger Bannister 박사는 자신의 연구실에서 이들 중 몇몇의 체력을 테스트했는데, 저조한 결과에 충격을 받았다. 히말라야합동위원회의 일원이었던 그리프 퓨Griff Pugh는 "영국 팀원들의 저조한 체력과 부족한 등반 경험을 고려해볼 때 우리가 스위스보다 더 잘하려면 최고의 산소장비가 있어야 했다."라고 썼다.

결국, 1953년 원정대의 성공에는 계획과 기술의 역할이 컸다. 판보로에 위치한 왕립 항공연구소의 바람굴에서는 크게 향상된 산소장비와 윈드재킷을 테스트했고, 30개의 회사들이 특수 설계된 부츠 제조에 가담했다. 고소생리학에 관한 연구도 진보를 이뤘는데, 특히 효과적인 적응을 위해서는 수분의 재보충이 매우 중요하다는 사실을 알아냈다.

조지 로우George Lowe와 윌프리드 노이스는 폭설을 뚫고 사우스콜에 도달해 돌파구를 마련했다. 여기서부터 톰 보딜런과 (부대장인) 찰스 에번스가 첫 정상 도전에 나섰지만, 남은 시간 내에 정상에 갔다가 돌아오지 못할 것 같아 남봉에서 발길을 돌렸다. 힐러리와 텐징은 좀 더 높은 캠프에서 출발해 결국 정상에 도달했다. 힐러리는 "음, 그 자식을 해치웠어."라고 간단히 표현했다. 등정 성공 소식은 모스부호로 런던으로 타전되었고, 런던에서는 1953년 6월 2일 엘리자베스 2세의 즉위식에 맞춰『더 타임스』가 이 소식을 보도했다. 새로운 엘리자베스 시대의 출발에 걸맞은 소식이었지만, 신랄한 비판이 곧 잇

따랐다. 인도와 네팔의 대중 언론에서 텐징이 힐러리보다 앞서서 정상에 도달했다고 주장하자 원정대의 백인 대원들은 크게 당황했다. 카트만두에 걸린 현수막에는 정신이 오락가락하는 힐러리를 텐징이 정상까지 끌고 올라가는 모습이 그려져 있었다. 존 헌트는 에베레스트 등정은 원정대 전체가 노력한 결과라고 주장했지만, 영국의 등반 기득권층은 자신들의 편협함이 누구보다도 뒤지지 않는다는 것을 보여줬다. 헌트와 힐러리가 둘 다 기사 작위를 받은 데 반해, 세르파인 텐징에게는 조지 훈장George Medal 정도가 충분한 보상이라고 여긴 것이다. 영국인들은 이 국가적 승리를 기념하면서도 정상에 도달한 두 사람 모두 영국인이 아니라는 사실은 편리하게 잊어버렸다. 1921년부터 진지하게 시작된 영국의 에베레스트 등반 시도는 반세기 이상이 지난 1975년에 두걸 해스턴과 더그 스콧Doug Scott이 남서벽을 통해 정상에 도달하면서 결국 결실을 맺게 되었다. 헌트는 1953년의 원정에 대해 쓴 책에『에베레스트 등정The Ascent of Everest』이라는 제목을 붙이며, 이 등정이 유일하게 유의미한 등정이라는 암시를 확실히 했다. 결국 1975년 보닝턴이 영국인 둘을 정상에 올려놓고 쓴 책에는『에베레스트 그 험난한 길Everest the Hard Way』이라는 제목이 붙었는데, 여기에는 헌트가 쉬운 길을 택했다는 암시가 확실하게 담겨 있었다. 오늘날, 1953년의 원정대가 개척한 루트는 셰르파들이 "야크 루트"라고 폄하해 부른다. 날씨가 좋을 때는 이곳이 기술적으로 절대 어려운 루트가 아니다. 그러나 1953년 당시에는 이 루트가 심리적으로 대단한 돌파구였다.

이 원정등반 이후, 힐러리와 헌트는 몽고메리Montgomery 육군 원수의 주최로 유럽의 연합군 최고사령부에서 초청연설을 했다. 강연이 끝난 후, 몽고메리는 모여 있는 부하들에게 다음과 같이 언급했다. "자, 이제 이야기를 들었으니, 헌트의 책을 모두 한 권씩 사도록. 부록 3으로 책장을 넘겨서 보면, 작전 전체가 어떤 토대 위에서 계획되었는지 알 수 있을 것이다. 헌트 준장은 에베레스트 원정을 맡기 전에 퐁텐블로에서 내 휘하의 작전참모로 일했다."[100] 그가 암시하는 바는 명백했다. 몽고메리 자신이 원정 계획을 주도했다는 것이었다.

1953년의 에베레스트 등정은 분명히 훌륭한 업적이었지만, 이를 등반이라고 볼 수 있을까? 빌 틸먼은 1937년에 다음과 같이 언급한 적이 있다. "나는 산에 도달하거나 심지어는 보기도 전에 베이스캠프에서 정상까지 일종의 이동 경로를 그려내는 이들을 항상 존경해왔다. … 그것은 프랑스에서 전지전능한 참모가 우리를 위해 마련한 전투 계획을 연상시킨다."[101] 대부분의 사람들에게 등반의 매력은 등반을 하며 느낄 수 있는 개인적 자유의 해방감이며, 작전참모가 지휘자로서 얼마나 훌륭한가라는 문제와는 관계없이 군사 작전에 참여하는 것은 절대로 하고 싶지 않은 일이다. 일반 대중은 에베레스트에서의 성공을 경축했지만, 아마 대부분의 등반가들은 "맙소사, 이제야 우리가 진짜 등반을 좀 해볼 수 있겠군."이라는 십턴의 말에 동의했을 것이다. 불행히도 에베레스트에서의 이 원정 성공은 향후 20년간 히말라야의 주요 봉우리 원정등반에서 본보기가 되었다. 그러나 전반적으로는 영국 등반에 좋은 자극을 주기도 했는데, 한편으로는 대중의 관심을 유발했고, 다른 한편으로는 헌트의 원정등반에 관한 책과 영화가 판매 수익을 올리면서, 이 수익으로 에베레스트재단이라는 자선 단체가 만들어져 오늘날까지도 원정등반을 계속 후원해주고 있기 때문이다.

찰스 에번스가 이끈 1955년의 칸첸중가(8,586m) 원정등반은 크게는 군대식의 포위전술을 사용한 에베레스트 모델에 기초했지만, 한 가지 다른 점이 있었다. 처음으로 '다른 계층'의 사람들도 원정대에 합류할 수 있었던 것이다. 에베레스트에서는 원정대의 사진가였던 알프 그레고리Alf Gregory만이 노동자 계층 출신이었다. 칸첸중가에서는 '맨체스터의 배관공' 조 브라운이 원정대에 초청되었다. 여느 때와 마찬가지로, 톰 페이티는 이 일을 노래로 기렸다.

관습은 바뀌고 이제는 아,

우리는 노동자 계층도 포함시키네,

그래서 우리는 멋들어진 조에게

쇼에 함께 참가하자고 초청했지.

그는 제 역할을 했고 잘 어울렸지,

그에 대한 우리의 믿음은 헛되지 않았어.

산악계 전체에 고하건대,

우리는 모두 조와 잘 지냈어.[102]

조 브라운의 1955년 칸첸중가 정상 등정 쾌거는 등반 세계에서 100년 동안 이어져온 사회적 '낙수 효과'의 정점을 찍었다. 공교롭게도 그곳은 영국 등반가가 초등을 한 첫 번째이자 유일한 8천 미터급 고봉이었다. 1960년대와 1970년대에는 계급 구분이 점차 사라졌는데, 이에 따라 등반은 점점 더 진정한 실력주의가 우위를 점한 분야가 되었고, 등반가들은 사회적 출신 성분보다는 능력에 따라 고산에 오를 기회를 얻게 되었다. 그러나 옥스퍼드, 케임브리지, 그리고 페나인산맥 인근에 위치한 신설 대학 출신의 비율은 여전히 놀라울 정도로 높았다. 이는 찰스 매튜스가 1897년에 언급했듯 등반이 "주로 세련된 지성을 매료시키는… 스포츠"이기 때문일 수도 있지만, 이들이 얻을 수 있었던 긴 휴가가 근본적인 원인이라 보는 것이 더 맞을 것이다. 실업수당으로 살아가는 등반가들 역시 등반의 선두권에 많이 보였다.

1953년의 에베레스트 원정대에 부대장으로 참가한 찰스 에번스는 1950년에 틸먼과 함께 네팔을 여행하면서 안나푸르나4봉(7,524m)에서 7,315미터까지 도달했고, 1952년에는 십턴과 초오유에서도 등반을 했다. 동세대의 다른 많은 이들과 마찬가지로, 에번스의 아버지는 제1차 세계대전에서 전사했다. 웨일스의 전원지역에서 자란 그는 주로 웨일스어를 썼다. 옥스퍼드에서 의학을 공부한 그는 뇌외과의사가 되었고, 이후 (현재는 뱅고어대학Bangor University이라 불리는) 노스 웨일스 유니버시티 칼리지University College of North Wales의 학장이 되었다. 그가 영국 산악계에서 배출한 최고의 원정대장 중 하나라는 데는 이견이 없는데, 그는 "사람들에게 기꺼이 최선을 다하도록 격려해주는 신비로운 재주[103]"가 있었다고 한다. 그는 (니 모린의 딸인) 드니스 모린Denise Morin과 결혼했는데, 그녀 역시 유명한 등반가였다. 찰스는 1967년에 영국산악회 회장이 되었고, 드니스는 1986년에 영국산악회 최초의 여성 회장이 되었다.

칸첸중가 원정등반은 본래 정찰대로 기획되었지만, 조 브라운과 조지 밴드는 브라운이 선등한 까다로운 크랙을 통해 칸첸중가의 정상에 도달하는 데 성공했다. 그다음 날, 토니 스트리더Tony Streather와 노먼 하디Norman Hardie는 그곳을 돌아가는 길을 발견해, 걸어서 정상까지 올라갈 수 있었다. 스트리더 대위는 1950년의 노르웨이 원정대에 수송장교로 채용된 후 티리치 미르Tirich Mir(7,700m)의 정상에 도달함으로써 고소 등반에 능하다는 것을 이미 증명해 보인 바 있었다.

1956년 무즈타그 타워(7,273m)로 향한 영국 원정대는 매우 다른 접근법을 택했다. 마틴 콘웨이가 1892년 카라코람 원정 도중 발견하고 이름을 붙인 무즈타그 타워는 완벽한 난공불락의 요새로 보였다. 존 하터그는 17세에 이 봉우리의 사진을 본 이래로 이곳을 등정해야 한다는 생각에 사로잡혔다. 하터그는 34세가 되던 해에 이안 맥노트 데이비스에게 함께 원정등반을 떠나자고 설득했다. 이 둘은 곧 조 브라운과 톰 페이티를 합류시키는 일에 착수했다. 맥노트 데이비스는 조 브라운의 문 앞에서 "우리는 2주 안에 무즈타그 타워로 갈 거야 … 같이 갈래?[104]"라고 말했다. 놀랍게도, 브라운과 페이티 모두 이에 동의했다. 더욱 놀라운 것은 이들 넷 모두가 정상에 도달했다는 것이다. 원정 비용은 4,000파운드가 채 들지 않았다. 순수한 이 등반 스타일은 향후 등반이

고도와 국가적 자존심보다는 기술적인 난이도나 등반선의 아름다움에 더 초점을 맞출 수 있도록 지향점을 제시했다. 하지만, 에베레스트의 경우와 마찬가지로, 다른 루트를 통해 같은 산을 오르려고 시도하던 프랑스팀과의 경쟁으로 인해 이 모험은 더욱 흥미진진해졌다.

또 다른 주목할 만한 것으로는 마이클 워드 등이 1961년에 성공한 아마다블람Ama Dablam(6,812m) 등정이 있다. 바위와 얼음으로 된 아름다운 피라미드 모양의 아마다블람은 에베레스트에서 멀지 않은 굉장히 멋진 곳에 있다. 오늘날 이곳은 상업등반의 목적지로 인기가 좋은데, 이 산의 아름다움과 고난이도의 아우라는 고정로프가 확산되면서 사라졌지만, 1961년 당시에는 이곳을 오르는 것 자체가 훌륭한 성취였다.

크리스 보닝턴은 아이거 북벽 등반을 성공한 이듬해인 1963년, 칠레로 여행해 파타고니아에 있는 화려하고 뾰족한 바위 봉우리 파이네 센트럴 타워Central Tower of Paine(2,460m)에 도전했는데, 돈 윌런스와 이안 클로, 존 스트리틀리, 배리 페이지Barrie Page 등과 함께 팀을 이뤘다. 이 원정대는 지독한 날씨와 전례가 없던 부인 2명의 동행으로 시험대에 올랐다. 보닝턴은『데일리 익스프레스Daily Express』와 계약을 맺어 이 등반을 취재했다. 아마 그도 신문의 여성 란에 자신의 아내인 웬디Wendy, 배리 페이지의 부인인 일레인Elaine과 '베이스캠프의 아기'라 불린 그들의 아들 마틴Martin에 대한 기사가 나오리라고는 예상하지 못했을 것이다. 이 기사는 다음과 같은 표현을 거침없이 쏟아냈다. "일레인은… 야생지대 자체를 집으로 변화시키고 있다. 나는 땅에 판 구멍에서도 아주 훌륭한 빵과 케이크를 구울 수 있어요. … 그리고 찬물과 롤러 몇 개만으로 훌륭한 헤어디자이너 역할도 했지요.'" 불행히도, 보닝턴은 등반에 관한 설명에서 이 기사에 대한 윌런스의 평을 기록하지 않았다.

시간이 오래 걸린 이 원정등반은 실패할 것처럼 보였는데, 그때 이탈리아팀이 봉우리를 선점할 목적으로 나타나면서 영국팀도 행동에 박차를 가하게 되었다. 이탈리아팀은 봉우리에 오를 수 있는 허가까지 받아, 그렇지 못했던 영국팀에 비해 더 우세한 상황이었다. 이 경쟁의 위협으로 동기부여가 된 보닝턴과 윌런스는 악천후가 잠깐 소강상태를 보인 틈을 타 정상으로 치고 올라갔다. 보닝턴은 하산 중에 치명적일 뻔한 추락을 겪었지만, 발목에 골절을 입었을 뿐 살아남았다. 보닝턴은 "나는 피로와 충격으로 무너져 내리기 직전이었지만, 성공적인 등정과 아슬아슬했던 사고에 대해 『데일리 익스프레스』를 위한 보고서를 써야겠다는 생각이 여전히 들었다."라고 기록했다. 완성된 보고서를 존 스트리틀리가 안전하게 갖고 떠나자 보닝턴은 이제 쉴 수 있을 것이라고 생각했지만, 윌런스는 생각이 달랐다. "크리스, 네가 음식 만들어. 나 잘 못하는 거 알잖아."[105]

그 후 1960년대에 있었던 영국의 파타고니아 원정은 마찬가지로 힘든 상황에 직면했다. 1967년에는 버섯 모양의 얼음으로 덮인 가느다랗고 뾰족한 봉우리 세로 토레Cerro Torre(3,102m)에 원정대가 도전했는데, 마틴 보이슨과 믹 버크, 피터 크루, 두걸 해스턴 등이 참가한 이 팀은 악천후로 인해 등정에 실패했다. 폭풍우로 베이스캠프에 37일간 갇혀 지내는 동안 다들 욕을 하고 저주를 퍼부었지만, 해스턴은 그저 잠자코 있으면서 지루해한다거나 절망한 듯한 모습을 밖으로 절대 내비치지 않았다. 하지만 기상 상태가 나아졌을 때 변함없이 등반에 앞장선 사람은 바로 해스턴이었다.

1970년경에는 히말라야에서의 등반 상황이 한 세기 전 알프스에서의 발전 상황과 비슷한 단계에 도달했다. 8천 미터급 고봉이 모두 가장 쉬운 루트를 통해 완등되었으며, 아주 어렵고도 유명한 고봉들은 여러 차례 등정되었다. 정보와 장비, 계획이 모두 좋아지면서, 거대한 봉우리에서의 등정이 성공한다는 담보는 없더라도 결과의 불확실성은 확실히 감소되었다. 따라서 의욕적인 등반가들은 새로운 도전을 찾기 시작했다. 1870년대의 빅토리아 시대 선구자들이 그랬던 것처럼, 등반가들은 아주 높은 봉우리를 이전과는 다른 더 어려운 루트로 등정할 수 있는지 그 가능성을 조사하기 시작했다. 무즈타그 타워와 같은 원정의 성공은 7천 미터급 고봉에서도 기술적인 등반이 가능하다는 것을 보여줬다. 이제 문제는 8천 미터급 고봉에서도, 특히 고도와 곤란한 물자보급 상황에서도 그런 등반이 가능한 곳이 있는지에 대한 것이었다. 이는 보닝턴이 주요 원정등반을 마치고 근 7년간 모험 저널리스트로서 다양한 임무를 수행한 끝에 도맡기로 한 도전이었다. 그가 고른 산은 3,000미터 높이의 가파른 암벽과 빙벽으로 이뤄진 안나푸르나(8,091m) 남벽이었다.

아이거의 할린 루트 등반을 보도한 경험을 바탕으로, 보닝턴은 이렇게 거대하고 어려운 벽을 오르려면 포위전술만이 유효할 것이라고 확신했다. 따라서 그는 체력이 떨어지는 것에 대비해 주기적으로 교대할 수 있는 많은 수의 선등자가 필요했고, 돈 윌런스와 두걸 해스턴, 이안 클로, 마틴 보이슨, 믹 버크, 닉 에스트코트Nick Estcourt 등 당시 영국 최고의 등반가들을 모집하러 나섰다. 이들은 거의 모두가 함께 등반한 적이 있어 서로의 능력을 잘 알고 있었다. 보닝턴은 이중에서 아이거에서 등반의 성공을 함께 맛본 이안 클로, 거칠고 흥분을 잘 하는 컴퓨터 프로그래머이자 과거 케임브리지대학 산악회의 회장이었던 닉 에스트코트와 가장 친했던 것으로 보인다.

윌런스가 원정등반에 합류할 수 있을 만큼 체력이 될지 우려한 보닝턴은 금요일 밤에 맨체스터 인근에 있는 그의 집에서 만나 주말 동안 스코틀랜드로 차를 몰고 가기로 했다. 그러나 윌런스는 파인트 11개 분량의 술을 마시고 토요일 새벽 2시 30분이 되어서야 술집에서 돌아왔다. 그들은 밤새 스코틀랜드로 차를 타고 달려("윌런스가 술을 너무 많이 마신 것 같아서 내가 주로 운전대를 잡았다."),[106] 아침에 글렌코에 도착했다. 거기서 그들은 톰 페이티와 함께 아더Ardour의 그레이트 걸리Great Gully를 초등했다. 윌런스는 멋진 스타일로 어려운 마지막 피치를 선등했고, 보닝턴은 원정대의 부대장을 그에게 제안했다. 보닝턴의 에이전트는 미국인 등반가를 포함시키면 미국에서 판권을 파는 데 도움이 될 것이라고 말했다. 그리하여 톰 프로스트Tom Frost가 선발되었다. 프로스트는 뛰어난 등반가이자 실천적 모르몬교도로 심한 음주, 도박, 흡연, 거친 언어, 차, 커피 등과는 일절 거리를 두었다. 보닝턴은 "톰은 훌륭한 모르몬교도일 뿐만 아니라 남에게는 엄청나게 관대한 사람이었다.[107]"라고 평했다.

등반 목표와 등반팀은 확실히 현대적이었지만 조직 자체는 전쟁 전의 에베레스트 원정대와 닮아 있었다. 조직에는 위원회가 있었는데, 여기에는 과거에 대사를 지냈고 영 세이버즈의 대장이기도 했으며 당시 영국산악회 회장이었던 더글러스 버스크 경, 글린 밀스Glyn, Mills & Co.의 은행장이었던 팻 피리-고든Pat Pirie-Gordon, 재무부 고위 관리이자 이후 영국산악회 회장이 된 앤소니 롤린슨Anthony Rawlinson, 찰스 와일리Charles Wylie 대령, 에베레스트재단의 사무총장 톰 블레이크니Tom Blakeney가 있었다. 그리고 후원자로는 헌트 경Lord Hunt, 탱글리 경Lord Tangley, 찰스 에번스 경이 있었다. 보닝턴은 유감스러운 듯 다음과 같이 언급했다. "1970년에 포위방식의 원정대를 이끄는 것은 1950년대와 1960년대에 하던 것과는 완전히 딴판이었다. 전쟁 중이나 병역을 치를 때 주입되는, 대장을 따르는 습관은 더 이상 존재하지 않았다. 등반가들은 스스로가 더욱 숙련되고 경쟁적이었는데, 개인의 야망을 좇으며 성공의 기회를 놓치지 않으려 했다.[108]" 등반의 프로화가 점점 진행되면서 일류 등반가들에게 가해지는 압력이 커졌다. 그들은 책 판매, 강의, 장비 선전에서 오는 수입을 위해 계속해서 성취의 기록을 유지해야 했다. 대중의 눈에는 성공이란 정상 도달을 의미했다. 보조 역할은 아무리 중요한 일이라도 프로 등반가의 생명력이나 다름없는 유명세를 제공하지는 않았다.

월런스와 해스턴은 서로 다른 이유로 성공에 목말라 있었던 것 같다. 과거에 많은 성취를 이뤄냈음에도 월런스는 자신의 등반 경력, 특히 고산지대에서의 경력이 칸첸중가와 무즈타그 타워의 정상에 오른, 왕년의 파트너 조 브라운에 비해 떨어진다는 것을 알고 있었다. 또한 그는 나이도 37세인데다 최고의 체력을 유지하기에 그다지 도움이 되지 않는 생활양식을 갖고 있었기 때문에 시간이 다해간다는 것도 알고 있었다. 해스턴은 이 원정이 히말라야에서 보내는 첫 시즌이었고, 나이가 들었지만 현명한 등반가인 윌런스로부터 등반에 있어서의 수완을 배울 수 있을 것으로 기대했다. 이 둘은 결국 있을 법하지 않은 파트너십을 맺었는데, 해스턴은 마치 스코틀랜드에서 활동하던 초창기에 지미 마샬을 "늙은이"라고 불렀듯, 윌런스를 "아버지"라고 불렀다.

이 원정 기간 동안, 윌런스는 힘든 일 대부분을 해스턴에게 맡기며 체력을 조심스럽게 관리했다. 해스턴은 자신이 도제살이를 하고 있다는 것을 알면서도, 여전히 윌런스의 게으름을 못마땅해했다. "그는 마치 제자리걸음을 하는 것 같았다. 이 얼마나 무의미한 존재인가? 윌런스는 내 뒤에 있었지만, 앞으로 나설 능력도 의지도 없었다. 아마 그가 자신의 빌어먹을 손가락을 진짜로 꺼내기라도 해서 뭐라도 끓이는 건 바라지도 말아야 할 일일 것이다."[109] 윌런스와 해스턴이 베이스캠프에서 쉬는 동안, 버크와 프로스트는 에스트코트와 보이슨의 지원을 받으며 4캠프에 닿을 거리까지 루트를 뚫어 정상 공략이 가능한 상황을 마련했다. 그러나 몬순이 다가오면서 시간이 다하고 있었다. 그때까지 보닝턴은 선등자를 어느 정도 교대했지만, 위기에 처한 상황에서 윌런스와 해스턴을 선두에 세우기로 결심했다. 보이슨과 에스트코트, 버크는 이에 분개했다. 그럼에도 보닝턴은 자신의 결정을 바꾸지 않았다. 그리고 며칠 뒤 윌런스와 해스턴은 정상에 섰다. 히말라야와 안데스에서 수많은 좌절을 겪은 윌런스는 결국 이 등정이 등반 경력의 정점이 되었다. 팀 전체가 하산에 돌입해 거의 베이스캠프에 도달했을 즈음, 이안 클로가 눈사태에 휩쓸려 사망했다. 클로는 프레네이의 센트럴 필라, 아이거 북벽, 파이네 센트럴 타워에서 보닝턴과 함께 했었다. 그의 죽음을 시작으로, 보닝턴이 주최한 수년간의 히말라야 서커스에서 많은 이들이 사망했다.

안나푸르나에서의 성공을 통해, 보닝턴은 일류 등반가보다는 등반대장으로서의 경력을 다시 쌓기 시작했다. 다시 고소 등반의 선두주자가 된 영국에서는 보닝턴이 공로를 인정받아 서훈을 받아야 한다는 말이 나왔다. 1953년 에베레스트 원정에서 확립된 전통에 따르면, 원정대의 대장과 정상에 오른 등반가들이 서훈을 받도록 되어 있었다. 안나푸르나 정상에 오른 인물 중 하나는 징역을 살았고, 다른 이는 경관과 몇 번이나 충돌하고 나서도 운 좋게 감옥에 가지 않았다는 점은 시대의 표상이 되었다. 따라서 정상에 오른 두 사람은 공로를 인정받을 가치가 없는 인물로 간주되었으며, 보닝턴은 5년을 더 기다려서야 대영제국 3등급 훈장(CBE)을 받을 수 있었다.

7

1970년 이후: 불가능의 재발견

등반이 점점 더 국제화되는 가운데, 1970년에 개척된 세 개의 주요 신루트들, 즉 보닝턴의 안나푸르나 남벽, 요세미티의 여명의 벽Wall of the Early Morning Light, 세로 토레의 남동 리지는 등반이 미래에 나아갈 방향에 문제를 제기했다. 안나푸르나 남벽은 당시 히말라야에서 시도된 가장 어려운 루트로, 이 루트를 정복함으로써 영국은 등반 선진국으로서의 명성을 강화할 수는 있었다. 그러나 많은 등반가들에게 이 등반은 막다른 길과 같았다. 이 등반은 시간과 돈, 인력, 장비만 충분하다면 오르지 못할 곳이 거의 없다는 사실을 보여줬다. 개인의 자유와 자립, 모험 같은 진정한 등반의 정신이 자금 조달, 계획, 물자 보급 같은 사업적 측면으로 인해 상실되고 있다는 우려가 나타났다. 유럽과 미국에서도 이런 우려가 나타나고 있었는데, 알프스의 여러 새로운 디레티시마direttisma 루트와 요세미티의 거벽 루트에서는 훨씬 더 많은 인공적인 보조수단과 인력을 필요로 했기 때문이다. 워런 하딩Warren Harding은 요세미티 엘 캐피탄의 여명의 벽에서 장비를 끌어올리며 등반하는 데 총 27일을 보냈다. 한편, 이탈리아의 일류 등반가 체사레 마에스트리Cesare Maestri는 파타고니아 세로 토레의 우아하고 날렵한 화강암 봉우리에서 사투를 벌이며 오르는 동안 휴대용 컴프레서를 이용해 기계 드릴의 전원을 공급했다.

세계 산악계의 많은 회원들 사이에 흐르던 분위기는 이탈리아인 라인홀드 메스너Reinhold Messner가 잘 포착했다. 1971년 그는 당시의 장비 활용 등반을 "불가능의 말살"이라고 부르면서, 장비와 조직보다는 개인적인 용기와 기술에 더 의존하자고 주장했다. 미국에서는 이본 취나드가 등반 앞에 놓인 두 가지의 미래를 다음과 같이 밝혔다. "우리는 등반의 새로운 시대에 들어서고 있다. 우리 시대에는 장비에 놀라운 진보가 있었고, 큰 어려움이 닥치면 그보다 훨씬 큰 기술적인 마법으로 극복했으며, 그에 따라 누구나 사용할 수 있는 손쉬운 방법으로 산을 오를 수 있었다. 하지만 좀 더 정신적인 등반을 시작하는 시대가 될 수도 있다. 그렇게 된다면 우리는 더 적은 장비, 고취된 의식, 더 많은 경험과 용기로 산을 공략할 것이다."[2] 실제로 등반 활동은 이 두 가지 형태로 갈라졌고, 두 가지 미래 모두 현실이 되었다.

미국의 저널 『등정Ascent』의 1967년 창간호에는 "등반가들의 게임The Games Climbers Play"이라는 매우 영향력 있는 글이 실렸다. 이 글의 저자인 리토 테하다-플로레스Lito Tejada-Flores는 등반을 여러 서열의 '게임'으로 분류했는데, 덜 위험한 것부터 가장 위험한 것까지, 볼더링부터 시작해 암장, 거벽, 알프스 등반 그리고 마지막으로 고산지대에서의 원정등반 순이었다. 그는 각각의 게임에서의 행동을 지배하는 비형식적인 전통과 '규칙'이 실은 결과의 불확실성을 유지하고, 그를 통해 등반의 어려움을 유지하기 위한 핸디캡 체계라는 의견을 제시했다. 내부적 위험 수준이 가장 낮은 게임은 고난이도를 유지하기 위해 제한 규칙이 가장 많을 수밖에 없는 반면, 가장 위험한 게임은 이미 결과가 불확실하기 때문에 제한 사항이 가장 적다. 원정이라는 게임의 규칙에서는 쿰부 빙하의 크레바스를 건널 때 사다리 사용을 허용하는데, 사다리 하나 쓴다고 에베레스트에서의 성공이 확실하지는 않기 때문이다. 반면, 피크 디스트릭트에서 볼더링을 하면서 사다리를 쓰는 것은 전혀 의미가 없는 행동일 것이다.

볼더링에서는 게임 규칙이 로프를 포함해 모든 종류의 기술적인 보조수단을 금지하는 것이다. 등반가는 그저 맨몸으로 바위를 오를 뿐이다. 암장 등반에서는 몇몇 형태의 확보가 허용되지만, 직접적인 보조수단을 사용하지 않고 등반하는 것이 기본적인 목표이다. 거벽 등반에서는 직접적 보조수단 몇 가지가 허용되며, 팀의 멤버들이 모든 피치를 등반할 필요는 없다. 후등자는 식량과 물과 장비를 운반하면서 주마를 이용해 로프를 타고 오를 수도 있다. 알프스 등반에서는 객관적 위험이 높기 때문에 규칙이 느슨하지만, 독립된 등반팀은 산 아래에서 출발한 후 한 번의 지속적 도전으로 정상까지 올라야 하며, 미리 설치된 여러 캠프나 고정로프 등의 편의를 이용할 수 없다. 고산지대에서의 원정등반 게임은 제한 사항이 가장 적기 때문에 '포위전술'이 허용되는데, 산을 오르면서 캠프를 연이어 세우고 이것들을 고정로프로 연결해 셰르파를 통해 보급을 받으며, 결국에는 가장 높은 캠프에서 정상에 도전한다. 앨런 라우즈Alan Rouse는 1970년의 안나푸르나 등정 성공은 "모든 것이 허용되면 어떤 것이든 가능했다."[3]라는 점을 보여줬다고 지적했다.

테하다-플로레스는 '윤리적' 등반과 '훌륭한 스타일'이란 특정 등반 게임에 적용될 수 있는 규칙을 존중하는 것이라고 주장했다. 이와 반대로, '비윤리적' 등반은 더 위험한 게임에서 적용될 수 있는 규칙을 그보다 비교적 쉬운 등반에서 채택하는 것이다. 예를 들어 알프스 봉우리에서 포위전술을 사용하는 것이 이에 해당되는데, 테하다-플로레스의 글이 출간되기 1년 전에 있었던 아이거 디레티시마(힐린 루트)에서 실제로 그런 일이 있었다. 그는 등반에서의 성공과 등반의 발전은 최고의 등반가들이 안전한 게임에 적용되는 제한적 규칙을 위험도가 높은 상황에 점점 더 많이 적용할 때 나타날 수 있다고 주장했다. 따라서 일류 등반가들은 산악 암장에서 단독등반을 시도하거나, 거벽을 등반할 때 모든 직접적 보조수단 사용을 자제한다. 이에 따르면, 점점 더 제한적인 윤리적 규칙이 규범이 되면서 원정등반 게임같이 제한 사항이 가장 적은 게임은 점차 사라지게 된다는 이야기인데, 실제로 정확히 그렇게 되었다. 1970년부터 일류 등반가들은 대규모 원정을 점점 거부하며 알파인 스타일 등반이라 불리는 것을 선호하게 되었다. 이는 과거에 원정의 규칙이 적용되던 환경에서 알프스 등반에서의 규칙을 적용한다는 것을 의미한다. 19세기 등반가들이 처음 지지했던 철학으로 거슬러 올라가, 등반가들은 경량 접근법을 채택하는 데 의욕을 보였고, 등반가와 산 사이에 놓여 있던 불필요한 인공적 보조수단은 제거되었다.

테하다-플로레스의 글이 완전히 새로운 내용을 담고 있었던 것은 아니다. 심지어 이 글은 약간 농담조로 쓰인 것일지도 모른다. 하지만 그는 등반 활동을 간결하게 성문화하고 등반의 '규칙'을 정의함으로써 볼트와 기타 인공적 보조수단의 사용에 관해 소용돌이치던 윤리적 논쟁에 새롭게 명확한 관점을 제공했을 뿐 아니라, 등반의 지배적 요소로서 등반가의 야심을 부각했다. 『마운틴』의 매우 활동적인 편집장 켄 윌슨은 이 글을 자신이 1968년에 인수한 "『마운틴』의 확고한 이념적 기반을 제공하는 데"[4] 사용했다. 인공적인 보조수단 사용 반대 운동을 전개한 윌슨의 활동은 약간 우스꽝스러울 때도 있었다. 『마운틴』과 경쟁을 하던 1970년대에 암벽등반을 하는 '젊은이들의 잡지'『크랙스Crags』는 이 주제에 대한 『마운틴』의 집착을 패러디해 『코스모폴리탄Cosmopolitan』 잡지 스타일로 "당신의 윤리는?"이란 제목의 자기평가 퀴즈 코너를 만들기도 했다. 하지만 윌슨은 오로지 논쟁가로서의 힘만으로 영국의 등반 발전에 중대한 영향을 끼쳤다.

윤리적 논쟁이 한창이었던 1970년대와 1980년대 초반, 향상된 훈련과 기술 그리고 대량 실업사태의 영향으로 영국에서는 등반의 수준이 급격하게 상승했다. 1950년대의 브라운-윌런스 루트는 보통 E1이나 E2 정도의 등급이었다. 1960년대에는 많은 등반가들이 그 정도 수준에는 도달했고, 그보다 더 어려운 루트도 여럿 등반하기 시작했는데, 특히 사암과 석회암으로 된 노두에서 더욱 그러했다. 1970년대 말에는 최고 등급이 E7까지 상승했으나, 그 이후로는 발전 속도가 줄어들었다. 1980년대 말에는 최고 등급의 루트가 E9등급이었다. 1990년대에는 최초의 E10등급이 나타났고, 2005년에는 첫 E11등급 루트가 등반되었다.

훈련은 1970년대에 큰 변화를 일으키는 데 주된 역할을 했다. 데니스 그레이는 1970년의 글에서 "현재 산악 윤리의 토대에서는 등반을 위해 훈련을 하는 것이 사실… 등반 활동의 정체성에 반하는 것이라고 대부분의 사람들은 생각할 것이다.[5]"라고 쓰면서 등반가들의 심경을 대변했다. 심지어 1979년에는 영국이 낳은 최고의 등반가 피터 보드먼Peter Boardman과 조 태스커Joe Tasker가 이탈리아의 일류 등반가 라인홀드 메스너가 설명한 혹독한 체력 훈련 과정을 듣고서 크게 당황했다. "아침에 난 찬물로 샤워를 한 후, 30분 내에 발끝으로 1,000미터를 뛰어올라가고, 그다음에는 혈관 벽을 확장하기 위해 마늘을 씹어 먹는다. … 내 개인 의사는 식단과 행동에 하나하나 조언을 해 준다. 그는 나보고 슈퍼맨이라고 한다.[6]" 이와 반대로, 보드먼의 경우는 훈련을 나가는 것 자체가 워낙 낯선 일이라 훈련이 있기라도 하면 자신의 책에 확실히 언급을 할 정도였고, 태스커는 조르주 베탬부르Georges Bettembourg가 보여준 "'훈련'에 대한 프랑스식 열정은 산악등반에 대한 어떤 독단적 생각에도 찬성하려 하지 않는 우리 게으른 영국인들을 매료시켰다.[7]"라고 평했다.

1970년 안나푸르나 남벽 정상을 밟은 돈 윌런스는 등반에 대한 영국의 전통적 접근법을 상징하는 인물이었다. 원정을 떠나기 전, 누군가가 그에게 언제 술을 그만 마시는지 물어본 적이 있었다. 그의 대답은 "내가 마지막 술집에 도착할 때"였다. 왜 그렇게 술을 마시냐는 질문에 그는 "그래, 어, 탈수가 너무 끔찍하게 두려워서."라고 답했다. 맨체스터에 있는 보닝턴의 집에서 원정대 예비회의가 끝난 후, 몇몇 등반가들은 훈련 등반을 가기로 했다. 훈련이 귀찮았던 윌런스는 "혹시 버스 파업하지 않았어?"라고 물었다. 그것이 거친 남자들의 행동방식이어서, 대부분의 일류 등반가들은 공식적으로는 윌런스의 관점에 동조했다. 그러나 개인적으로는 훈련을 아주 많이 했다. 롤랜드 에드워즈는 부엌에서 턱걸이를 하다 목을 다치면서 자신의 잘못을 인정하기도 했다.

현실적으로, 1960년대 말 영국 술집에서의 전통적 훈련 방식은 등반 수준을 더 이상 올리는 데 한계가 있었다고 봐야 한다. 등반 수준을 그보다 더 높이기 위해서는 체계적인 훈련이 필요했고, 이는 모든 '아마추어' 스포츠 선수들이 결국 깨닫게 되는 사실이었다. 두 가지 변화로 인해 이런 경향이 가속화되었다. 첫째는 (처음에는 벽돌로 된 벽에 몇몇 벽돌이 튀어나온 형태에 지나지 않은) 연습용 인공암벽의 발명이었고, 둘째는 체육관과 웨이트트레이닝 연습실의 확장이었다. 연습용 암벽이 생기면서, 등반가들은 완전히 안전한 상태에서 어려운 움직임을 반복할 수 있었고, 따라서 균형감각과 손가락의 힘과 자신감을 키울 수 있었다. 많은 등반가들은 이런 방식으로 자신의 등반 수준을 두 등급까지도 향상할 수 있다는 사실을 깨달았다. 또한 등반가들은 웨이트트레이닝을 통해 팔 힘과 체력을 키울 수 있었다. 1980년대에는 신루트 경쟁이 워낙 치열해서, 몇몇 등반가들은 신체의 자연적 경고 시스템을 억누르기 위해 약에 손을 대기 시작했고, 결국 많은 이들이 심각한 어깨 부상과 건염으로 고생했다.

하지만, 1970년대에 등반 수준이 크게 향상된 것은 훈련만으로는 설명되지 않는다. 체계적인 훈련은 등반에서보다는 육상에서 훨씬 오랫동안 실시되어 왔지만, 지난 세기 동안 남자 100미터 달리기의 세계기록은 겨우 8퍼센트 향상되었고, 멀리뛰기의 경우는 18퍼센트만이 향상되었다. 이는 인간의 신체적 활동능력이 더 나은 훈련과 개선된 영양, 그리고 경쟁만으로 향상될 수 있는 한계를 잘 보여주는 듯하다. 비록 등반은 육상보다는 정확도가 훨씬 낮은 운동이지만, 1900년 이래 등반 수준이 8~18퍼센트보다 훨씬 많이 향상되었다는 점에는 거의 모든 등반가들이 동의할 것이고, 1970년대만 계산하더라도 그 이상 향상되었다는 점 역시 대부분 인정할 것이다.

개선된 훈련은 분명히 중요한 역할을 했지만, 진정한 돌파구는 육체적인 요인보다는 심리적인 요인에서 나왔다. 1960년대 말과 1970년대 초에 걸쳐, 등반가들은 추락을 더 이상 두려워하지 않게 되었다. 1960년대 중반에 앨런 블랙쇼Alan Blackshaw가 출간한 등반가의 '바이블' 『등산Mountaineering』은 산악운동이 탄생한 이래 널리 퍼져 있던 통설을 반영해 "'선등자는 절대 추락해서는 안 된다'는 말은 모든 등반의 기본원칙이고, 모든 것은 이 사실에 종속되어야 한다."라고 강조했다.[8] 1970년에 이르러서는 기술의 진보 덕분에 등반가들이 어느 정도는 남의 눈치를 보지 않고 이 원칙을 무시하게 되었다.

1960년대에는 크랙에 맞도록 특수 설계된 다양한 모양과 크기의 너트와 초크, 웨지, 헥센트릭이 시장에 나타나기 시작했다. 어느 정도 나이가 있는 등반가들은 1962년에 맨체스터에서 처음 주조된 강철 웨지 모액MOAC[77]을 처음 사용한 경험을 애정을 갖고 기억하고 있겠지만, 영국의 여느 산업과 마찬가지로 이 분야 역시 곧 미국이 앞질렀다. 1976년에는 '프렌드friend'라 불린 기계적 캐밍camming 장비가 고안되었는데, 평행한 면이 있는 공간에 삽입되어 크랙이나 지층면이 있는 루트에서의 확보에 변화를 가져왔다. 확보 장비와 다이나믹 로프는 선등자의 추락을 천천히 멈춤으로써 확보물과 후등자에 가해지는 장력을 완화했다. 그리고 선등자에게 가해지는 추락의 충격을 흡수하고 장비를 걸 수 있는 편리한 슬링이 장착된 하단 하네스는 어디서나 볼 수 있는 장비가 되었다. 1950년대에는 등반가들이 러닝 확보를 한 피치에서 최대

---

77 모액MOAC: 회사 이름인 마운틴 액티비티즈Mountain Activities를 줄여서 만든 상품명

2개 또는 3개를 사용하는 편이었다. 1970년대에는 안전에 신경을 더 쓰는 선등자들이 많은 루트에서 1950년대 등반가보다 앞서가며 2~3미터마다 러너를 설치할 수 있었는데, 그렇게 함으로써 사실상 등반하는 거의 내내 톱로핑을 사용하는 것이나 다름없었다. 확보의 심리적 이점은 아무리 말해도 지나치지 않다. 1930년대 말 호수지역에서 등반을 시작한 빌 피즈커드Bill Peascod는 전쟁이 끝나고 호주로 이민을 간 후 60대가 되어서야 영국으로 돌아왔다. 그는 과거 자신이 개척했던 여러 루트를 재등했는데, 많은 경우 등반이 더 쉬워졌다는 사실을 알게 되었다. 노인으로서 육체적인 체력과 힘이 분명히 감소했기 때문에 그는 이런 차이를 확보가 좋아진 데서 오는 심리적인 지원 덕분이라고 생각했다. "올라가는 게 어려워지면 크랙에 너트를 하나 더 끼워 넣고 카라비너에 로프를 통과시켰다. 그러자 곧바로 마음이 편안해졌다. 나는 그 상황을 즐기면서 어떤 순서로 움직이면 가장 멋있을지 고민해볼 수 있었다."[9]

많은 등반가들은 자신의 능력 한계가 육체적 차원에서의 힘과 체력의 장벽보다는 추락에 대한 두려움으로 인해 발생하는 심리적인 장벽에 의해 결정된다는 사실을 알게 되었다. 반복되는 추락의 위험을 기꺼이 받아들이는 등반가는 자신의 등급을 올릴 수 있었다. 또한, 대담한 등반가들은 더 좋아진 기술 수준에 적응하고 체력도 좋아지면서 톱로핑과 확보를 통한 기술적·심리적 지원 없이도 고난이도 루트를 오를 수 있다고 여기게 되었다. 피터 리브지는 처음으로 돌파구를 마련한 이들 중 하나였다. "그 일을 나는 할 수 있어도 대부분의 등반가들은 할 수 없다. 높이가 바뀌면 그들이 인식하는 난이도 역시 달라진다. 그들은 높은 곳의 피치를 보면서 '내 능력으론 저기를 올라갈 수 없어'라고 말하지만, 사실은 올라갈 능력이 있다. 좀 더 정확히 말하자면, 만약 그 피치가 바닥에서 1.5미터만 떨어져 있다면 충분히 오를 능력이 생긴다."[10]

암벽등반 장비의 기술적인 진보가 대단했다면, 빙벽등반에서의 장비 발전은 혁명적이었다. 현재의 등반가들이 가파른 눈과 빙벽에서 산에 붙어 있기 위해서는 기술에 완전히 의존한다. 하지만 빅토리아 시대 이후부터 1970년대 이전까지는 빙벽등반 기술이 거의 변하지 않았다. 피켈에는 발판을 까내는 용도의 곧게 뻗은 피크가 있었는데, 이 피크는 얼음에서 잘 빠지는 편이라서 피켈 자체를 잡고 기어올라갈 수가 없었다. 이본 취나드가 아래로 굽은 모양의 피크를 단 '클라이맥스Climax'를 제작하고, 해미시 매키네스가 '테러닥틸Terrordactyl'을 만들면서, 이 문제는 미국과 스코틀랜드에서 거의 동시에 해결되었다. 취나드가 설계한 굽은 모양의 피크는 현재 알프스 등반에서 사용되는 거의 모든 전통적인 피켈의 기반이 되었으며, 피크 부분이 급격히 기울어진 테러닥틸의 디자인은 현대적인 기술적 빙벽등반 장비 대부분이 모방하고 있다. 이 새로운 디자인들로 인해, 수년간 힘들게 얻은 발판 까내기 기술과 경험은 하룻밤 사이에 무용지물이 되었다. 휘어지지 않는 부츠와 12발 크램폰만 있다면 등반가들은 크램폰의 앞 발톱과 두 개의 짧은 피켈만 사용해 가파른 빙벽, 심지어는 수직으로 솟은 빙벽도 기어 올라갈 수 있게 되었다. 얼음으로 된 쿨르와르는 낙석의 객관적 위험이 상대적으로 적었고, 속이 빈 관 모양의 스크루가 고안되면서 확보도 향상되었기 때문에 알프스 등반가들은 배터리 수명이 긴 강력한 헤드램프를 사용하면서 야간등반도 할 수 있게 되었다. 이런 기술적인 혁신의 결과, 과거에는 며칠씩이나 걸렸던 빙벽 루트가 이제는 몇 시간 만에 등반이 가능해졌다.

기술은 거대한 산에서의 등반 방식에도 변화를 가져왔다. 가볍고 따뜻하며 방풍이 잘되는 의류와 향상된 부츠가 동상의 위험을 줄여줬다. 미국의 거벽등반 기술이 유럽으로 전수되었고, 이는 알프스에서 시도된 후 히말라야와 배핀섬, 파타고니아 등 거벽이 수직으로 치솟은 곳이라면 어디서든지 활용되었다. 유럽의 알프스 등반 전통을 따르던 세계 대부분의 다른 지역과 달리, 미국에서는 등반이 독자적으로 발전했으며, 따라서 기술과 접근법이 달랐다.

강철 피톤, 홀링 시스템, 매달려 자는 해먹, 수직 암벽에서의 비박에 사용되는 포타레지portaledge, 볼더링을 위한 패드가 모두 미국에서 고안되었다.

이렇듯 급격한 기술의 발전은 등반이 대중 활동이 되어가고 있다는 사실을 반영했다. 새로운 제품을 위한 잠재적 시장이 거대했기 때문에 연구개발과 홍보, 소매업에 대한 투자도 증가했다. 급격히 성장하는 아웃도어 시장에 공급을 맞추기 위해 완전히 새로운 영세 기업 단지가 나타났고, 소규모 제조사들은 등반장비, 배낭, 텐트, 침낭, 신발, 의류를 새롭게 디자인하고 제작했다. 거의 모든 주요 도시에 전문 아웃도어 스포츠 매장이 열렸고, 플리스fleece 같이 애초에 아웃도어 시장을 겨냥해서 만들어진 옷도 시내 중심가에서 유행하기도 했다.

가장 많은 논쟁의 대상이 된 기술적 진보는 원래 등반과는 아무 관련이 없었다. 1980년대 초에 수명이 길고 가벼운 충전용 배터리가 개발되면서, 코드리스 파워 드릴이 나온 것이다. 그전에는 볼트를 박으려면 등반가가 구멍을 일일이 손으로 뚫거나 암벽에 휴대용 발전기나 압축기를 가져가야 했기 때문에 힘이 많이 들었다. 코드리스 파워 드릴이 나오면서 어떤 루트에서도 최소한의 노력으로 확장볼트를 설치하는 것이 가능해졌는데, 이는 아마도 영국 절벽에서의 전통적인 등반 윤리에 가장 큰 위협이었을 것이다. 또한 이 일은 기술적 어려움과 위험이 조금씩 분리되던 수년간의 지속적인 과정의 정점이라 할 수 있다.

초창기에는 등반이 기술적으로 어려우면 위험도 그만큼 컸다. 어려운 등반일수록 추락 위험이 높았는데, 확보가 없는 상태에서는 모든 추락이 치명적이었다. 따라서 등반가들이 어려운 루트에 도전할 때는 두 가지 난관을 극복해야 했다. 바로 작은 홀드에 손발을 디디며 가파른 암벽을 올라가야 하는 육체적인 어려움, 그리고 증가하는 노출과 위험을 견뎌야 하는 심리적 어려움이 그것이었다. 기술적 어려움과 위험 사이의 이런 연관성은 좋은 확보물이 개발되면서 무너지기 시작했다. 특정 루트, 특히 크랙이 있는 루트에서는 선등자가 일정한 간격으로 확보물을 설치할 수 있다. 그렇지 않은 루트, 특히 가파른 슬랩의 경우는 자연적인 확보를 이용하지 못할 수도 있다. 이런 차이를 구분하기 위해 두 가지의 등급 시스템이 나타났다. 하나는 해당 루트에서 한 번 또는 일련의 동작이 가장 어려운 지점을 측정하는 기술적 등급이고, 다른 하나는 확보의 사용 가능 여부까지 포함해 루트 전반의 난이도를 고려하는 포괄적 등급이다. 현대 가이드북 중 일부는 확보를 사용하지 못하거나 절벽 밑의 상황이 나빠서, 추락할 때 치명적일 수 있는 루트에 특수 기호를 표기하기도 한다. 이런 등급 구분 방식은 등반가들이 얼마만큼의 기술적 어려움과 위험을 감내할 준비가 되었는지 스스로 결정하는 데 도움을 줬다.

코드리스 파워 드릴은 2~3미터마다 일정 간격으로 볼트를 미리 설치해 놓는 스포츠 클라이밍 루트의 개척을 가능하게 했다. 어느 점으로 보나 스포츠 클라이밍은 위험이 없는 활동으로, 통계적으로는 운전 등의 수많은 일상 활동보다도 안전하다. 등반가는 스포츠 클라이밍을 할 때 추락을 걱정하지 않고 루트의 기술적 어려움에만 집중할 수 있다. 피톤의 사용이 널리 인정되던 대부분의 유럽 지역에서는 '플레지르 등반plaisir-climbing[78]'이 환영받았다. 전통적 확보가 이용되던 기존 루트에는 안전을 강화하거나, 반복되는 피톤 사용으로 암벽에 손상이 가는 것을 줄이기 위해 '복고풍 볼트'를 설치하는 경우가 많았다. 어떤 지역에서는 지역 당국이 등반 관광객을 끌어모으기 위해 절벽에 볼트를 설치하는 비용을 대기도 했다. 1980년대에는 영국의 변덕스러운 날씨와 확보를 설치하는 데 따른 스트레스를 피하기 위해, 그리고 볼트만 따라 올라감으로써 루트를 찾는 문제 등을 신경 쓰지 않고 따뜻하고 안전하며 통제된 환경에서 스포츠 클라이밍을 즐기기 위해 영국의 암벽 등반가들은 프랑스 남부, 코스타 블랑카Costa Blanca, 마요르카Majorca로 휴가를 떠나기 시

---

78 플레지르 등반plaisir-climbing: 스포츠 클라이밍과 유사한 개념

작했다. 그러나 많은 전통적 영국 등반가들은 플레지르 등반을 멸시했다. "플레지르 등반을 위한 절벽들은… 반복되는 단조로움과 획일성 등 도시 생활의 요소를 많이 갖고 있다. 따라서 프랑스, 스페인, 스위스의 절벽은… 안전하고, 예상 가능하며, 모험이 전혀 없다. 미국, 러시아, 영국 등지에서의 애들 장난 수준의 지루한 등반과 다를 바가 없다."[11]

아웃도어 교육 강좌나 인공암벽같이 위험이 없는 환경에서 젊은이들에게 등반이 소개되었기 때문에 스포츠 클라이밍의 수요 증가는 당연한 결과였을 것이다. 노출이 선사하는 전율을 즐기는 사람은 많지만, 추락으로 죽음이나 중상을 무릅쓰고 싶은 사람은 그보다 훨씬 적다. 스포츠 클라이밍은 다칠 위험은 배제한 채 공포의 전율을 제공했다. 이는 인공적으로 만들어진 '숭고'의 경험으로, 공포란 '너무 가깝지만 않으면 항상 즐거운 감정을 일으킨다'는 숭고에 대한 버크의 원칙을 완벽하게 구현한 것이다. 스포츠 클라이밍은 스포츠적 요소에 많이 집중해서 경쟁도 활성화되었는데, 보통 인공암벽에서 시합이 진행되었다. 경쟁은 구소련 등반의 특징이었다. 그들은 주로 톱로핑을 이용해 누가 더 빠르게 등반하는지를 겨뤘고, 이는 1980년대 초반에 프랑스와 이탈리아에서 인기를 끌었다. 처음에 이 아이디어에 반대한 영국인들은 특히 자연 절벽을 이용하는 것을 극도로 꺼렸다. BBC는 맬럼 코브에서 경기를 펼쳐 텔레비전으로 중계를 하자고 제안하기도 했으나, 영국등산위원회는 이에 결단코 반대했다. 그러나 현재는 인공암벽에서 등반 경쟁을 하는 것이 용인되고 있다. 영국의 등반가인 사이먼 나딘Simon Nadin은 1989년에 실내 등반 첫 세계 챔피언이 되었다.

유럽 서부의 많은 지역에서는 자유등반 전통이 거의 존재하지 않는데, 아무튼 오를 만한 암벽이 넓은 지역에 펼쳐져 있기 때문에 스포츠 클라이밍을 하는 사람들과 전통적인 등반가들이 충분히 공존할 수 있다. 그러나 자연 암벽의 수가 제한적이고 자유등반의 전통이 긴 영국에서는 상황이 다르다. 결국 영국에서는 이 둘 사이에 불편한 휴전이 이어지고 있다. 고산의 절벽과 기타 전통적인 등반 지역에서는 만장일치로 볼트 사용이 금지된 반면, 특정 채석장, 노두, 해벽, 그리고 특히 자연적인 확보가 불충분한 석회암이나 점판암 지대에서는 볼트 사용이 용인된다. 2005년 열린 켄들산악영화제Kendal Mountain Festival에서 레오 하울딩Leo Houlding은 "오를 만한 절벽이 너무 적어서 우리는 윤리를 지켜 적은 것으로부터 언제나 더 많은 것을 해낼 수 있다는 것을 보여줘야 한다."라고 언급했다.

1990년대에서 2000년대까지 일류 등반가들 사이에서는 전통적이고 모험적인 암벽등반으로 돌아가고자 하는 움직임이 분명히 있었지만, 전통적인 등반보다는 새롭고 위험이 적은 종류의 등반이 사회에서 훨씬 폭넓게 인기를 끌고 있다. 오늘날 많은 인공암벽에서 느낄 수 있는 사교적 분위기는 과거의 산악회나 술집보다는 레저 센터의 그것에 가깝다. 암벽을 등반하는 남성과 여성의 수는 균형이 꽤 잘 잡혀 있으며, 낮 시간 동안에는 종종 아이들도 많이 보인다. 미국의 여성 등반가 린 힐Lynn Hill은 1989년 리옹에서 열린 그랑프리 등반선수권대회에서 전체 3위를 하면서, 여성도 기술적으로 최고 난이도의 등반을 할 수 있는 신체적 능력이 있다는 것을 보여줬다. 전통적인 최고난이도 암벽 루트들을 오르는 여성의 수는 훨씬 적은데, 이는 위험에 대한 다른 입장을 반영한 것일 수도 있고, 단순히 여성들이 극한등반에서 흔히 볼 수 있는 철없고 마초적인 언동에 매력을 느끼지 못한다는 점이 반영된 것일 수도 있다.

1930년대에 알프 브리지는 거친 남자들은 5년이 지나면 은퇴한다는 "거친 남자들의 5년 법칙"을 만들었다. 이렇게 되는 데는 그들의 신체적인 힘이 감소하는 것도 어느 정도 작용했지만, 주요 원인은 두려워하기 때문이었다. 오늘날 등반의 최고 정점에서 경쟁하는 이들에게는 이 5년 법칙이 여전히 적용될 수 있겠지만, 이제는 위험이 낮은 등반 방식을 이용할 수 있기 때문에 남녀를 막론하고 많은 등반가들이 중년이 될 때까지도 기술적 고난이도의 등반을 계속할 수 있게 되었다. 1950년대에는 대부분의 산악회 회원이 20대 초반이었다. 오늘날은 대학산악회를 제외하면 평균 연령은 대략 40세 정도이고, 많은 젊은 등반가에게는 인공암벽과 체육관이 등반의 사회적 중심지로서 산악회를 대체했다. 이 젊은 층이 나이를 먹게 되면, 아마 전통적인 산악회 다수가 사라질 것이다.

훈련과 기술의 발전뿐 아니라, 사회적·경제적 변화 역시 등반 수준을 향상시키는 주된 요소였다. 1970년대에는 등반이 진정한 민중적 운동이 되어, 케임브리지 학부생이나 맨체스터의 배관공이나 동등하게 등반에 접근할 수 있었다. 영국산악회와 등반가산악회처럼 당시에도 산악계 전체보다 회원들의 평균연령이 높았던 몇몇 조직에는 속물근성의 자취가 남아 있었지만, 그들은 대표성도 없었고 그다지 유의미하지도 않았다. 하지만 고등교육이 확장되면서 대학산악회에서 성장한 '계층 없는' 새로운 세대의 등반가들이 나타났다. 이 시기에 리즈대학 동문으로는 로저 백스터 존스Roger Baxter Jones, 브라이언 홀Brian Hall, 알렉스 매킨타이어, 존 포터John Porter, 존 시레트John Syrett 등이 있었고, 페나인산맥 반대편의 맨체스터대학 출신으로는 조 태스커, 딕 렌쇼Dick Renshaw, 조니 도즈Johnny Dawes 등이 있었다. 그리고 이 대학들은 특수하게 만든 실내 인공암벽을 일찍부터 받아들였다. 인공암벽과 그것들을 둘러싼 사회적 환경에 사람들이 매료되어, 심지어 학생이 아닌 등반가들조차 대학이 있는 도시로 향했다. 스티브 밴크로프트Steve Bancroft는 1970년대 초에 리즈로 이주해, 리즈대학의 혁신적인 인공암벽을 잘 활용했으며, 후기산업 도시인 셰필드는 주택 가격이 싸고 학생 공동체가 왕성하며 피크 디스트릭트에 가까웠기 때문에 1970년대 중반부터 많은 등반가들이 거주하게 되었다. 등반가들이 점점 더 모이자 경쟁이 치열해졌다. 셰필드에 기반을 둔 어떤 일류 등반가는 자신이 살고 있는 거리에서만 따져도 등반가로서의 순위가 5위라고 인상을 찡그리며 말했다. 크리그 두 산악회의 전 회원이자 기질적으로 전통적인 산악계에 속해 있었다고 볼 수 있는 랩 캐링턴은 이런 식의 새로운 경향을 달가워하지 않았다. "셰필드의 교외지역으로 나가자마자, 힘줄이 딱딱 끊어지고 인대가 늘어나는 소리를 들을 수 있다. 젊은 것들은 오렌지주스만 마셨는데, 심지어 오렌지주스도 몸에 안 좋을 수 있다고 여겼는지 파인트로 겨우 반밖에 안 마셨다."[12]

또한 1970년대는 영국이 경제적인 몰락으로 치닫던 시기였다. 석유 파동이 발생한 가운데, 자금 부족으로 인한 임금지급 위기, 화폐가치 하락, 스태그플레이션, 끔찍한 노사관계 등으로 영국은 유럽에서 가난한 국가로 전락했다. 1979년에는 마가렛 대처가 수상으로 선출되었다. 그녀는 물가상승을 억제하기 위해 통화주의 경제정책을 펼쳤다. 그러자 실업자 수가 백만 명에서 3백만 명으로 뛰었고, 웨일스 남부와 잉글랜드 북부, 스코틀랜드의 중공업이 극심하게 악화되었다. 북해에서의 석유 추출과 특히 런던의 서비스 분야 성장으로 인해 경제는 한숨을 돌렸지만, 장기 실업사태는 북부 공업지대 젊은이들 특유의 문제로 자리 잡았다. 1930년대에는 실업수당을 받는 것이 부끄러운 일이었다. 1970년대 말과 1980년대 초에는 실업수당을 받는 것이 일상적이 되었고, 거의 정치적인 시위의 한 형태가 되어갔다. 높은 실업률로 인한 예기치 않은 결과 중 하나는 많은 젊은이들이 기타 활동에 자신의 에너지와 열정을 쏟아부은 것인데, 대처 수상 세대에서는 불만을 품은 젊은이들이 엄청난 수의 경범죄를 저질렀지만, 반면에 수많은 뛰어난 남녀 스포츠맨, 특히 등반가들이 배출되기도 했다.

'정부의 등반 보조금'이라고 불리게 된 실업수당은 넉넉하지 않았다. 그러나 암벽등반은 비교적 비용이 안 드는 활동이다. 실업 상태인 등반가들은 무언가를 매일 함으로써 체력과 자신감을 얻었고, 자기 충족을 할 만한 대안이 거의 없었기 때문에 등반에 헌신할 수 있었다. 1930년대의 대공황 당시, 아이거 북벽에서 사망자 수가 늘어나는 것에 놀란 스위스의 어떤 저널리스트는 다음과 같이 썼다. "사회가 사회적 정체성을 부여하지 않는 세대, 하루의 영광 이외에는 생각해볼 것이 남아 있지 않은 세대에게 무슨 일이 일어나겠는가? 잠깐은 영웅이 될 수 있을 것이다. … 어떤 날에는 승리한 검투사이지만, 그다음 날에는 패배하는 그런 영웅."[13] 이런 일편단심의 집요함은 1970년대와 1980년대 영국의 많은 등반가에도 적용되었다. 그리고 그들의 야심이 영국에서부터 알프스와 고산지대까지 확대되면서 그들은 "거의 파멸할 때까지 등반을 계속한"[14] 세대가 되었다.

아웃도어 교육은 1970년대와 1980년대에 계속 성장했다. 등반에 대한 주류 미디어의 관심도 높아졌다. 1974년 BBC 텔레비전 방송국은 일요일 점심시간에 「썬더버드Thunderbirds」에 바로 뒤이어 「암벽Rock Face」이라는 시리즈물을 방영해 젊은이들에게 암벽등반 기술을 소개했다. 그리고 수백만의 독자들과 시청자들이 크리스 보닝턴이 화려하게 홍보한 히말라야에서의 업적을 챙겨 봤다. 또한 등반을 전문으로 다루는 미디어도 잡지, 문예서적, 가이드북, 비디오, 영화 등의 형태로 폭발적으로 늘었다. 산악 관련 영화와 동영상을 소개하기 위해 켄들산악영화제가 만들어졌고, 산악 관련 문예서적 중 우수작에 수여되는 보드먼-태스커 상이 신설되었다. 조 심슨Joe Simpson의 『난, 꼭 살아 돌아간다Touching the Void』는 초기 수상작으로서 주류에 편입되었으며, 여러 개의 문학상을 받았을 뿐만 아니라 매우 호평받는 다큐멘터리 영화로도 제작되었다. 『난, 꼭 살아 돌아간다』는 페루의 안데스산맥에서 있었던 등반 사고와 여기서 심슨이 고독하게 기어가며 캠프로 돌아온 일을 생생하고 가슴 아프게 묘사하고 있다. 이 책이 널리 사랑받은 것은 19세기에 극지방 탐사에 대해 대중이 관심을 가졌던 것과 유사한데, 고통과 용기의 감동적인 조합이 돋보인다.

이렇게 대중성이 극적으로 커지면서, 등반은 영국에서 가장 빠르게 성장하는 여가활동 중 하나가 되었다. 그리하여 등반 활동의 첨단에서는 점점 더 많은 이들이 명성을 얻기 위해 경쟁을 했다. 또한 등반 미디어는 경쟁과 논란을 유발해, 신루트는 초등 후 몇 주 안에 출판물에 실렸다. 신루트를 새 가이드북에 실으려면 수년이 걸렸던 과거와는 확연한 차이가 있었다. 일류 등반가들은 산악계에서 자신의 위치와 지위를 유지하기 위해 정기적으로 신루트를 개척하거나 기존 루트를 헐뜯어야 했다. 이 모든 것은 결국 넓은 범주에서는 '속임수'라고 볼 수 있는 여러 행위로 이어져, 등반에서는 지켜야 할 형식적 규칙 따위는 없다는 인식이 생겨났다.

오랫동안 등반가들은 초등을 더 쉽게 하기 위해 여러 가지 기술을 채택해왔다. 1897년에 오언 글린 존스는 커른 노츠 크랙을 톱로핑으로 연습한 후 선등했다. 1914년에는 지그프리드 허포드가 중앙 버트레스의 그레이트 플레이크Great Flake를 거의 모든 각도에서 사전조사한 후, 결정적 피치를 넘기 위해 합동 전술을 사용했다. 1920년대에는 해리 켈리가 선등을 하기 전에 종종 위에서부터 아래로 루트를 거꾸로 내려왔다. 1950년대에는 아서 돌핀이 많은 루트에서 고무 신발을 신고 톱로핑으로 미리 연습한 후, 네일이 박힌 부츠를 신고 선등했다. 그러나 이 각각의 경우, 재등을 한 이들은 초등 당시에 어떤 기술이 사용되었는지 대략 알 수 있었다. 1970년대가 되자, 일류 등반가 몇몇은 자신의 실제 등반에 대해 말을 아끼기 시작했다. 짐 페린은 1978년에 『등반가산악회 저널』에서 "우리의 개척자 중 다수는 실제보다는 개념상에 가까운 기록을 제공하기 때문에 그들의 루트 묘사를 믿을 수 없다. 그들은 자신이 오른 대로 루트를 설명하는 것이 아니라, 오르고 싶었던 대로 설명한다."라고 언급했다. E4 이상 난이도의 신루트인 경우, 바닥부터 정상까지 사전 조사나 준비 없이 이뤄지는 전통적인 "온사이트" 선등이 점점 더 드물어졌다. 톱로핑이나 로프하강을 이용한 조사가 흔한 일이 되었으며, 조사 작업 중 헐거운 바위와 잡초를 제거하는 '청소'와 미끄러운 이끼를 제거하는 '솔질'이 종종 광범위하게 이루어졌다. 어떤 루트에서는 솔질이 매우 격렬하게 진행되다 보니, 원래 아무것도 없던 암벽에 새로운 홀드가 드러나기도 했다. 많은 등반가들은 톱로핑을 이용해 루트의 어려운 구간을 시연하며 동작 순서를 연습했다. 그들은 체조선수와 마찬가지로 손에 탄산마그네슘 가루를 묻혔는데, 이 가루는 바위를 잡을 때 미끄러지지 않게 할 뿐 아니라 홀드의 위치를 표시하는 데도 사용되어, 이후의 등반 시도에 도움을 줬다. 바위에 자국을 남기지 않으면서도 설치와 회수가 가능한 수없이 많은 종류의 새로운 확보물이 생기면서, 많은 등반가들이 직접적인 인공 보조물을 사용한다거나 로프의 장력을 이용해 동작 간에 휴식을 취한다는 의심을 받았다. 이런 기술은 모두 부적절한 것이다. 그러나 신루트를 개척할 때 실제로 쓰는 인공 보조물의 수량에 대한 기억에 착오가 있는 것이 다반사였으므로, 이미 정복된 루트를 순수한 방식으로 시도하는 등반가들은 초등팀에 비해 훨씬 더 큰 어려움에 봉착하는 경우가 많았다.

등반의 선두권에서는 경쟁력을 유지하기 위해 힘든 훈련이 요구되었고, 이에 따라 등반은 더욱 특수화되고 전문성도 높아질 수밖에 없었다. 아웃도어 교육이 확대되면서 등반가들을 위한 전문 직업의 수는 늘어났지만, 그런 일을 하려면 애초에 개인적으로 등반에 이끌렸던 핵심적인 요소를 포기해야 하는 것이 보통이었다. 소송과 규제가 점점 더 많아지는 세상에서, 이제 프로 등반가들은 위험이 최대한 없는 환경으로 사람들을 이끌면서도 그들이 등반의 구색은 어느 정도 갖추도록 훈련받고 있다. 일류 등반가들 중 극소수만이 저술이나 강의, 후원을 통해 '진정한' 등반으로 돈을 버는 데 성공했지만, 그런 수입은 항상 불안정했다. 크리스 보닝턴과 더그 스콧은 오랜 기간 위대한 업적을 쌓으면서 1970년대와 1980년대에 산악계에서 실질적인 2인 독점 체제를 구축했고, 그들의 시대가 저물고 나서야 피터 보드먼, 조 태스커, 알렉스 매킨타이어, 앨 라우즈 등의 젊은 등반가들이 시장으로 난입하기 시작했다. 특히 보닝턴은 자신에 대한 대중의 관심을 유지하고, 예상치 못한 출처에서 돈을 얻어내는 데 엄청난 성공을 거뒀다. 1975년에 그가 에베레스트 남서벽 원정등반을 위해 바클레이스Barclays은행으로부터 전례 없는 고액인 100,000파운드의 후원을 받는 데 성공하자, 의회에서 이에 대한 질의가 있었다. 그로부터 3년 후의 K2 원정등반은 콘돔회사 듀렉스로부터 후원을 받았다. 그렇기는 하나, 등반역사 150년을 통틀어 등반가들이 받은 후원금 총액은 아마도 맨체스터 유나이티드의 한 달분 급여에도 못 미칠 것이다.

다른 프로 스포츠에 비해 등반에 흘러들어 가는 돈이 매우 적음에도 불구하고 몇몇 일류 등반가를 포함한 많은 이들은 상업화가 진행되면서 등반 활동의 도덕적인 가치가 손상되었고, 아마추어 전통이 쇠퇴했다며 아쉬워한다. 그러나 등반 활동이 시작될 때부터 등반 전문가들은 존재했다. 앨버트 스미스는 소식에 밝고 냉소적인 오늘날에는 상상할 수 없는 수준의 대중적 관심을 만들어냄으로써, 1851년에 단 한 번 몽블랑을 등정한 일을 바탕으로 어느 정도 재산을 축적했다. 스미스는 등반으로 생계를 꾸린 이들 중 가장 무능한 등반가임은 분명하지만, 뛰어난 엔터테이너였다는 점은 확실하다. 오늘날에도 몇몇 뛰어난 경우를 제외하면, 이야깃거리가 될 만한 등반 스토리를 만들어내는 데 필요한 기술이나 성격은 그 이야기를 재미있게 전달할 수 있는 능력과는 별개인 것으로 보인다.

등반장비와 의류를 취급하는 대중 시장이 성장하면서 프로 등반가에게는 새로운 상업적 기회가 열렸다. 그리고 등반가와 언론, 제조사 사이의 공생 관계가 강화되었다. 언론은 대부분의 독자들이 등반 자체보다는 등반가에게 흥미를 더 느낀다는 사실을 곧 깨달았고, 이에 따라 최근의 원정등반 보도에서는 "당혹스러운 수준의 솔직함"[16]까지 내보였다. 등반 잡지에서는 판매 부수를 늘릴 만한 눈에 띄는 인물들이 필요했으며, 월세를 내기 위해 장비 제조사로부터 광고비를 받아야 했다. 제조사들 입장에서는 잘 알려진 등반가가 제품을 광고하고 추천하는 일이 꼭 필요했다. 등반이 계속 상업화되면서 몇몇 기이한 실험도 등장했다. 1981년에는 후원을 받은 최초의 암벽등반 루트가 나타났다. (암벽용 부츠 제조사의 이름을 따) '아솔로Asolo'는 1930년대와 1940년대에 호수지역의 일류 등반가였던 짐 버켓의 아들인 빌 버켓Bill Birkett이 호수지역에서 개척한 훌륭한 E3등급 루트였지만, 이 루트의 이름은 어쩔 수 없이 논란을 불러일으켰다. 또한 등반 시합은 언론과 제조사 모두에 상품을 홍보할 수 있는 편리한 터전을 제공했다. 이제는 산악계의 사진에서도 상업성이 확실히 중요하게 여겨지면서, 산은 배경 속으로 사라지게 되었고, 최근 부상한 등반 영웅의 잘 다듬어진 근육과 그가 사용하는 브랜드 장비에 초점이 맞춰졌다. 자연히 영웅들은 시합에서 이기거나 어려운 신루트를 완등함으로써 대중의 관심을 받는 기간에만 상업적인 가치를 지녔다.

1960년대에는 이동성이 좋아지고 전국적인 등반 미디어가 성장하면서, 영국 등반역사의 큰 특징이었던 지역적 차이가 점차 줄어들었다. 1970년대에 이르러 잉글랜드와 웨일스의 지역적 차이는 사실상 사라졌다. 고속도로망이 발달하면서 열성적인 런던의 등반가들은 주말 동안 스코틀랜드로도 갈 수 있었다. 그러나 스코틀랜드 산악계는 고유의 기질을 유지했는데, 특히 겨울철에는 한 세기 전의 호수지역을 연상케 하는 개척정신이 스코틀랜드의 오지에 넘쳤다. 런던에 기반을 둔 등반가 믹 파울러는 1986년 겨울에 스코틀랜드 북서부로 열한 차례 주말여행을 했지만, 그가 모르는 등반가를 만난 적은 한 번도 없었다. 그의 주말여행은 세금 사정관으로서의 삶과 흥미로운 대조를 보였다. "나는 주중 사무실에서의 따분함에서 벗어나 크리스 와츠Chris Watts, 빅터 손더스Victor Saunders[79]와 함께 주말에 인격을 형성할 흥분과 즐거움을 한껏 기대하면서, 심해지는 눈보라로 아무것도 보이지 않는 상태에서 앞을 더듬으며 나아갔다. … 그로부터 14시간 후, 나는 세무서로 돌아와 다른 동료들이

---

79 빅터 손더스Victor Saunders: 영국산악회의 현 회장

주말에 쇼핑을 하거나 몇 가지 못 다한 일을 벌충한 이야기를 들었다.”[17]

생활수준이 향상되고 여행비용이 감소하면서 알프스 여름 여행은 거의 일상이 되었다. 그리고 히말라야와 안데스, 좀 더 이국적인 파타고니아나 그린란드, 배핀섬 등도 점점 더 많은 사람들이 찾았다. 이렇게 한때 오지였던 지역으로 여행하는 인원이 증가하면서 영어로 된 정보량도 늘어났다. 초기 개척자들은 지역 당국, 식량 보급, 캠프장, 접근 루트, 하산 길에 대한 지식을 쌓을 시간이 필요했기 때문에 한 지역에 집중하는 경향이 있었다. 오늘날 대부분의 원정등반은 이미 잘 알려진 케케묵은 길을 따라간다. 당국과의 다툼과 짐꾼과의 실랑이는 여전히 일어나지만, 결국 일이 다 잘 풀릴 것이라고 모두들 잘 알고 있다. 이제는 대부분의 고용주들이 4~5주의 유급휴가를 허락해주기 때문에 새로운 지역으로 날아가 신루트를 등반하고 돌아오는 것이 가능하다. 몇몇 등반가들은 자신이 신기원을 열고 미지의 땅을 탐사하는 개척자인 양 스스로를 속이지만, 최고의 등반가들은 무엇이 진실인지 잘 알고 있다. 알렉스 매킨타이어는 “등반가는 자기 자신을 산업의 일부로 본다. 하지만 그가 속한 산업은 아이러니하게도 관광산업이다.”라고 썼다.[18]

한때 소멸의 길로 접어든 것으로 보이던 가이드 일이 고산지대에서 다시 등장했다. 빅토리아 시대와 마찬가지로, 그들은 시간보다는 돈이 많은, 바쁜 도시 전문직을 데리고 고산의 정상까지 이끌어준다. 상업적 원정등반은 경험을 소비하는 상품이 되었는데, ‘등반가’의 개입이 거의 배제된 채 준비, 계획, 판매된다. 이제는 7일간의 빠듯한 패키지 휴가 동안 에베레스트 등 각 대륙의 최고봉에 오르는 것이 가능해졌다. 경험 많은 여러 등반가들이 가이드 등반을 제공하기 시작한 1990년대에는, 등반 능력은 부족하지만 가처분소득이 충분한 사람들이 ‘에베레스트 등정’을 할 수 있게 되었다. 전문 등반가와 세르파는 캠프, 산소, 고정로프로 산을 뒤덮은 후에 손님을 산 위로 끌고 올라간다. 이런 상업 원정등반을 조직했던 이들 중 하나는 “에베레스트는 가짜 등반가들이 미래를 위한 경력으로 수집하는 궁극의 성과이다.”라고 언급했다.[19] 1993년 상업 원정대의 도움에 힘입어 에베레스트 정상에 도달한 첫 영국 여성인 레베카 스티븐스Rebecca Stephens는 대영제국 5등급 훈장(MBE)을 수여받았다. 그녀의 웹사이트에는 자신의 성취가 “세계 전역에서 인정받았다.”[20]라고 적혀 있는데, 단어를 잘 선택한 것으로 보인다. 에베레스트라는 브랜드는 즉각적으로 눈에 띄며, 이곳을 오른 첫 번째 영국 여성이 되는 일은 시스템을 이용할 줄 아는 저널리스트였던 그녀에게 곧바로 명성을 가져다줬다. 그러나 상업 원정대와 함께하는 에베레스트 등반의 현실은 개척자들의 경험과는 너무나 다르다. 짧은 등반 시즌 중 날씨가 좋은 날에는 에베레스트 정상에 스코틀랜드의 먼로보다 더 많은 사람들이 있다. 그들은 줄을 서서 기다리며 어려운 구간을 오르내린다. 1990년 10월에는 나흘간 31명이 사우스콜 루트로 정상을 밟았는데, 이는 1970년 이전까지 에베레스트를 등정한 총 인원수보다도 많다. 날씨가 나빠지면 사망자 수가 끔찍하게 급증할 수 있다. 물론 이 '등반가들' 중 대부분은 에베레스트에 머무는 데 필요한 강인함과 경험이 없다.

에베레스트는 자신의 야망을 성취하는 데 물불을 가리지 않는 편집광들을 유혹한다. 절도는 다반사로 일어나며, 짐꾼과 셰르파, 야크 목동들은 텐트와 침낭을 훔치고, 등반가들은 산소와 식량, 장비를 훔친다. 더 높은 캠프에서는 이런 현상이 더욱 심하다. 여러 세대의 등반가들이 쓰레기를 투척한 크레바스에서는 고약한 냄새가 난다. 사우스콜은 폐기된 산소통과 텐트, 쓰레기, 분변, 심지어는 시신까지 버려진 쓰레기장이다. 아름다움, 고독, 도시의 먼지와 인구과밀로부터의 도피 같은 등반의 낭만이 에베레스트에서는 머나먼 기억이다. 남아 있는 것이라곤 “세계 전역에서 인정받는” 정상을 밟는 성취뿐이다. 스티븐스는 에베레스트 등정에 성공한 첫 영국 여성이라는 유명세를 이용해 동기부여 연설가가 되었다. 여러 회사들이 그녀를 고용해 사원들에게 “자신의 열정과 목표 규정, 자신감, 두려움의 관리를 통한 성장, 계산된 위험,

집요함과 헌신과 같은 자기계발"에 대해 강연하도록 한다. 상업적 등반의 세계에서는 정상 도달이 성공을 상징하는 상투적 은유가 되어버렸다.

사진을 잘 받는 레베카 스티븐스가 주류 언론으로부터 열렬한 찬사를 받는 동안, 영국 최고의 여성 고소 등반가라 할 수 있는 지넷 해리슨Ginette Harrison은 거의 무시당했다. 의사인 해리슨은 (스티븐스의 등정 후 얼마 지나지 않아) 에베레스트 등정에 성공했다. 그녀는 28일간 지속적으로 알파인 스타일로 밀어붙여 캐나다의 마운트 로건Mount Logan(5,959m)을 등정했으며, 바로 이어서 초오유(8,201m)와 아마다블람(6,812m)을 등정했고, 무산소로 칸첸중가(8,586m)에 오르기도 했다. 당시 칸첸중가 원정대에서 정상에 도달한 대원은 그녀뿐이었다. 이뿐 아니라 그녀는 시샤팡마(8,046m)와 마칼루(8,463m)에도 올랐다. 그녀는 1999년에 다울라기리(8,167m) 등정을 시도하다 눈사태로 사망했다.

1970년대 이전에는 지역적 차이와 계급적 위선이 있었지만, 많은 면에서 영국의 산악계는 미래에 대한 전망과 야심에서 놀랍도록 통일되어 있었다. 당시 산악계는 노두에서 등반을 시작해 산악 암장으로 옮긴 후, 스코틀랜드에서 동계등반을 어느 정도 하고 나서 알프스로 향한 남성들이 지배하고 있었다. 그중 선택된 소수가 히말라야에 갈 수 있었다. 등반은 기술적 어려움과 위험이 함께 따라오는 운동이기 때문에 어느 정도의 고난은 당연한 것으로 여겨졌다. 영국에서의 암벽등반은 언제든 비교적 안전한 활동으로 여겨졌지만 알프스, 특히 히말라야에서는 사망자 수가 상당했으며, 이는 많은 알프스 지역 마을의 묘지들이 증명해준다.

1970년대와 1980년대에는 등반 활동에 신참들이 대거 유입되었다. 그리고 등반이 대중 운동이 되면서 동시에 개인의 취향에 따라 기술적 난이도와 위험, 고난의 정도가 조절된 수없이 많은 하위활동으로 쪼개졌다. 어떤 등반가들은 따뜻하고 건조한 인공암벽의 안전과 편리함을 선호하면서 자연 암벽은 근처에도 가지 않는다. 어떤 이들은 스포츠 클라이밍으로 활동을 옮겨, 종종 따뜻한 지역으로 여행을 가서 마치 체육관에 있는 것처럼 짧은 바지와 티셔츠를 입고 등반을 한다. 볼더링 전문가도 있는데, 상대적으로 위험은 적지만 독특한 형태의 등반이 이루어지는 볼더링에서 그들은 놀라운 수준의 난이도에 도달한다. 화려한 변종인 딥워터 단독등반deep-water soloing은 로프 없이 오버행 해벽을 오르는 것이다.

수많은 하급·중급 등반가들이 전통적인 고전 루트에 도전하고, 그보다는 적은 수의 등반가들이 좀 더 어려운 루트에 도전하며, 소수의 일류 등반가들은 영국과 외국에서 어려운 신루트를 개척한다. 스코틀랜드의 눈과 얼음은 즐거움과 약간의 고통을 동시에 느끼고 싶어 하는 등반가들이 찾는다. 알프스는 더 이상 목표 지향적으로 영국 등반을 확장하는 지역이 아니지만, 여름마다 수천 명의 영국 등반가들은 여전히 그곳을 찾는다. 여기에서도 등반 활동은 여러 갈래로 나뉜다. 비아 페라타via ferrata[80]와 플레지르 등반 루트에서는 안전을 완벽하게 보장받은 채 멋들어진 지형에서 걷거나 등반을 할 수 있다. 멋진 코스에는 사람이 많이 몰리고, 덜 유명한 봉우리의 외진 루트에서는 여간해서 사람이 보이지 않는다. 동계등반과 산악스키는 탐험을 하고 있다는 착각을 불러일으키는데, 스키리조트만 피한다면 새롭게 떨어지는 눈송이들로 인해 산이 황금기 당시처럼 때묻지 않은 모습으로 다가온다. 사람들이 새로움을 추구하면서, 지상 수백 미터 위에서의 줄타기, 거대한 암벽의 정상에서 뛰어내리는 베이스점핑, 익스트림 스키 등 아드레날린이 뿜어져 나오는 스포츠와 등반이 묘하게 결합된 사례들이 나타났다. 히말라야에서는 트레커들이 전통적인 루트를 통해 8천 미터급 고봉의 정상까지 올라갈 수 있는 상업 원정대가 있지만, 아직 등반되지 않은 능선과 수천 개의 벽이 모험을 원하는 등반가들을 여전히 기다리고 있다. 등반은 레저와 관광산업의 하위 개념

---

80 비아 페라타via ferrata: 암벽에 설치된 쇠줄

이 되었을지 모르지만, 등반 활동의 핵심에는 여전히 '정당화할 수 없는' 위험을 기꺼이 감수하고자 하는 한결같은 소수의 정예 등반가들이 있다.

리튼 스트래치는 "빅토리아 시대의 역사는 절대로 기록되지 않을 것이다. 모두가 너무 많이 알고 있어서."[21]라고 평한 바 있다. 1970년대의 등반에 대해서도 같은 말이 적용될 수 있다. 정보의 양은 압도적으로 많고, 미디어에 점점 더 정통해가는 프로 산악계가 기록을 왜곡하면서, 여전히 아마추어의 비중이 훨씬 큰 산악계에서 같은 수준의 성취를 이뤘음에도 불구하고 유명세를 얻는 데 실패한 등반가들의 업적은 흐려지게 되었다. 이렇게 등반에 사람이 북적대면서 개인 등반가들은 필연적으로 등반 활동에서 의미를 상실하게 되고, 과거와는 달리 최고의 등반가들은 등반 이외의 활동이나 기타 관심 분야에 할애할 시간이 거의 없다.

1950년대에 브라운-윌런스 루트가 누리던 난이도의 신화적 아우라는 주로 정보 부족으로 인해 생겨난 것이다. 오늘날, 정보는 인터넷을 통해 실시간으로 업데이트되고, 개별 루트의 명성은 며칠 사이에 오르락내리락할 수 있으며, 세월의 시련을 견딘 업적이 사라져가는 가운데 중요한 업적을 식별하는 작업은 어쩔 수 없이 더 어려워지고 있다. 그럼에도, 암벽등반과 산악등반이라는 등반의 두 주요 분파에서는 몇 가지 중요한 경향을 감지할 수 있다. 따라서 지난 40년간 등반의 발전에 큰 공헌을 한 몇몇 개인에도 관심을 가져볼 만하다.

암벽등반

등반역사에서 자주 있는 일이지만, 1970년대 암벽등반에서의 주요한 진전은 사암에서 시작되었다. 1968년, 학교에서는 뛰어난 체조선수였지만 당시까지 등반은 거의 해본 적이 없는 리즈대학 학생 존 시레트는 당시 학교에 있던 최신의 인공암벽에서 훈련을 하며 등반에 푹 빠졌다. 첫 12개월 동안 그는 실내에서 거의 벗어나지 않았지만, 1970년에는 진짜 암벽에 나타나 요크셔의 사암지대에서 새로운 난이도 등급의 루트를 개척했다. 시레트는 바닥으로부터 수 미터 높이의 인공암벽에서 극단적으로 어려운 동작을 집요하게 반복함으로써 실제 암벽의 최고 난이도 루트를 보조수단 없이 단독 등반할 수 있는 충분한 체력과 자신감을 키울 수 있다는 사실을 증명했다.

시레트는 "거친 파티광이었지만, 암벽에서는 완벽한 순수주의자이자 스타일적으로 엄격한 사람이었다."[22] 그는 고산지대에 순수주의 윤리를 적용한 리즈대학의 등반가들에게 지대한 영향을 끼쳤다. 그러나 시간이 지나면서 그는 술과 마약, 우울증에 빠지게 되었는데, 특히 사고로 인해 최고 난이도의 등반을 할 수 없게 된 이후로 더욱 심해졌다. 피터 리브지는 "시레트가 맬럼에 있는 내 집의 문으로 걸어 들어왔는데… 배낭에는 위스키가 가득 차 있었다. 우리는 함께 술을 마셨다. 다음 날 아침 그는 작별 인사를 했다. 맬럼 코브 꼭대기에 앉아 그날 밤을 보낸 그는 동이 트자마자 투신자살했다."라고 썼다. 자살하기 얼마 전 그는 『익스트림 록Extreme Rock』에 글을 기고해, 요크셔의 사암에서 등반하던 학창 시절을 회고했다. "아, 그때가 황금기였지! 맥주 통이 있던 절벽, 리즈에서의 파티, 롤링스톤즈, 브링엄에서의 티격태격… 이 모든 것이 천년 전의 일같이 느껴지네."[23]

보조수단의 사용을 거부하는 것과 최고 난이도 루트들조차 단독등반을 하겠다는 의지는 1970년대의 등반을 규정짓는 두 가지 주제가 되었지만, 둘 다 완전히 새로운 것은 아니었다. 1927년, 케임브리지의 공학 학부생이었던 이반 월러는 당시 웨일스에서 가장 어려운 루트 중 하나였던 트리판의 벨뷰 배스티언Belle Vue Bastion(VS 4b등급)을 단독 등반했다. 산악계는 이 소식에 충격을 받아야 할지 놀라워해야 할지 갈피를 잡지 못했다. 40여 년이 지난 후,

케임브리지의 수학 학부생인 앨런 라우즈는 클로귄 두 알두에서 피터 크루가 1960년대에 개척한 연습용 루트 더 볼디스트(현재 E4 5c등급)를 단독 등반했다. 또한 라우즈는 웨일스의 첫 E4등급 루트인 포지트론Positron(현재 E5 6a등급, 1971년)을 선등하기도 했다. 이때 후등자는 트랜지스터라디오로 팝 음악을 크게 틀고 있었는데, 이는 윌러가 벨뷰 배스티언을 등반할 때 축음기가 사용된 것과 비슷했다. 라우즈와 그의 동료들은 구세대와 신세대의 교차점에 서 있었다. 스타일에 대한 집착에 있어서 그들은 확실히 신세대에 속했지만, 등반 현장의 방탕한 측면에도 여전히 강한 흥미를 느끼고 있어 구세대적인 면모도 갖추고 있었다. 팻 리틀존Pat Littlejohn은 "일류 등반가들은 운동선수라기보다는 대담한 모험가에 가까웠고, 근육 사용보다는 심리 작전에 더욱 관심이 있었다."라는 점에서 포지트론을 "60년대 등반의 궁극적 표현"[24]이라고 묘사했다.

웨일스에서 라우즈는 크리스 프레스턴의 자살벽(E2 5c등급), 조 브라운의 벡터(E2 5c등급) 등 어려운 단독등반을 연이어 성공했다. 그리고 알프스에서 드루아트Droites의 북동 스퍼North-East Spur(TD+등급)를 단독 등반했다. 1974년 그는 영국산악회의 토론회에서 "둘은 군중이다Two's a Crowd"라는 제목의 연설로 따뜻한 환영을 받았다. 그는 바로 전 주말에 단독등반을 하다 일어난 사고로 한쪽 다리에 깁스를 한 채 자신의 접근법의 아름다움에 대해 자화자찬했다. 라우즈는 앨 해리스, 랩 캐링턴, 애드리언 버제스, 앨런 버제스(버제스 쌍둥이 형제) 등과 함께 비공식적인 피라냐산악회Piranha Club(산악회의 모토는 "과잉은 불충분하다"였다) 소속이었는데, 이 산악회의 정신적인 본거지는 스토니 미들턴의 더 문The Moon과 란베리스 근처에 있는 앨 해리스의 집이었다. 이 산악회의 회원들은 등반과 생활이 모두 거칠었던 것으로 명성이 자자했으며, 버제스 쌍둥이는 특히 악명이 높았다. 조 태스커는 "바이킹의 후예인 그들은 조상들로부터 강간과 약탈을 좋아하는 성향을 물려받았다."[25]라고 언급했고, 미국 작가인 존 크라카우어Jon Krakauer는 "깔끔하게 살면서 훈련도 열심히 하고 태도도 명확한 프랑스, 독일, 오스트리아 사람들이 지배하게 된 등반이라는 하위문화에서… 버제스 쌍둥이는 여전히 저열한 술꾼이자 싸움꾼이었다. 이들은 언제나 당국의 단속을 한 발짝 앞서 피했다. 이들은 어떤 산에 오르는지 만큼이나 술을 얼마나 많이 마시는지, 그리고 누구와 싸우는지가 항상 중요한 문제였던 영국의 노동자 계층 등반가 중 마지막으로 남은 자들이었다."라고 평했다.[26] 라우즈, 캐링턴, 버제스 쌍둥이는 곧 알프스와 남미, 히말라야에서 대단한 등반 능력을 펼쳤다.

이와는 대조적으로, 피트 리브지는 고소 등반가가 되고자 하는 야심이 없었다. 암벽등반뿐 아니라 달리기, 카누, 동굴 탐사에도 능했던 그는 매우 경쟁심이 강하고 다재다능한 체육인으로, 집요한 훈련 방식을 채택하면서 시레트와 같은 길을 걸었다. 그 결과 1970년대 초반에 그는 다른 사람보다도 거의 두 단계 높은 등급의 등반을 했다. 마르고 다부진 몸에 안경을 착용하고, 머리모양은 광대의 가발과 비슷했던 리브지는 눈 덮인 산보다는 햇볕이 내리쬐는 프랑스 남부나 요세미티에서 등반하는 것을 선호했다. 그가 프랑스 남부의 암벽등반에 대해 영어로 된 가이드북을 쓰자, 수백 명의 영국 등반가들이 안도의 한숨을 내쉬며 알프스에서 축축한 여름을 보내는 오랜 전통을 뒤로하고 프랑스 남부로 몰려갔다. 리브지의 비약적 진보는 1974년에 나타났다. 그는 그해 4월에 보로우데일의 고트Goat 암장에서 발 없는 까마귀Footless Crow(E5 6b등급)를 등반했고, 6월에는 란베리스 고개의 디나스 크롬렉에서 우벽Right Wall(E5 6a등급)을 등반했다. 이 두 루트는 당시 지역 내 최초의 E5등급으로, 두 곳 모두 확보가 부족해 재등하려는 이들이 단념하고 만 곳이었다. 6b등급에 해당하는 발 없는 까마귀의 주요 피치는 길이가 50미터로, 영국에서 가장 긴 극단적인 피치 중 하나였다. 그곳은 당시 등반용 로프의 표준 길이보다 5미터나 더 길었다. 리브지는 초등 당시 마지막 5미터를 단독으로 등반했다. 우벽은 22년 전 조 브라운이 등반했던 세너태프 코너 바로 옆에 있는데, 겉으로 보기에는 매끈하기만 한 암벽의 취약한 부분을 따라 올라가는 루트이다. 두 루트 모두 영향력이 컸지만, 등반 수준의 비약적 향상은 아마도 호수지역에서 더 잘 드러난 듯하다. 호수지역에서는 바로 5년 전 리처드 맥하디Richard McHardy가 그레이트 게이블의 도벳 벽Tophet Wall에서 지역 최초의 주요 E3등급 루트인 바이킹The Viking을 개척했다. 이에 엄청 당황한 펠앤록산악회의 회원들은 『펠앤록산악회 저널』의 「옛날 루트와 새로운 루트」 섹션에서 이 루트를 언급하지 못했다. 2년 후, 리브지는 설미어의 레이븐 암장에서 자본론Das Kapital(E6 6b등급, 1977년) 루트를 통해 호수지역의 수준을 한층 더 높였다.

1985년에는 당시 51세였던 크리스 보닝턴이 리브지를 설득해 발 없는 까마귀를 등반하는 모습을 텔레비전으로 중계했다. 보닝턴은 평소대로 자신의 직업의식을 발휘해 이 루트에서 연습을 했는데, 그가 일반적으로 수행하던 등반 수준보다 훨씬 어려운 루트였다. 그러나 그는 팽팽한 톱로핑의 도움으로 후등에 성공했다. 텔레비전 중계에서는 리브지가 이 루트를 손쉽게 선등하는 것으로 보였지만, 보닝턴이 따라오려 하자 그의 비신사적인 전술이 시작되었다. 보닝턴이 중요한 동작에서 힘겨워하자, 리브지는 "자, 크리스. 절벽 끝에 5파운드 지폐를 달아놓으면 빨리 올라올 건가?"라며 그를 놀렸다. 그러는 동안 보닝턴이 "로프 당겨!"라고 소리칠 때마다 "로프는 5센티미터 정도 풀렸고, 그와 동시에 리브지는 마이크에 대고 '난 있는 힘껏 잡아당기고 있어. 권양기라도 갖고 올까?'라고 속삭였다.[27]" 결국 보닝턴이 추락하는 사태가 발생했다. 보닝턴의 등반은 리브지가 등반한 후 하루 뒤에 촬영된 것으로 보이는데, 칼라일 출신의 등반가 몇몇이 전날 밤에 로프하강으로 루트를 타고 내려오며 주요 홀드마다 돼지기름을 발라놓았다는 이야기가 있었지만, 이는 근거 없는 낭설임이 거의 확실하다.

비교적 늦게 등반을 시작한 리브지는 산악회에 가입하지도 않았지만, 최고가 되겠다는 개인적 욕망과 절대적인 투지로 최고의 등반가 자리에 올랐다. 엄청난 재능을 지닌 젊은 암벽 등반가 론 포셋이 곧 경쟁자로 나타났다. 역시 요크셔 출신이었던 그는 15세의 나이에 자신의 첫 신루트 물라토 벽Mulatto Wall(E3 5c등급)을 개척했다. 리브지는 다음과 같이 회상했다. "나는 론과 처음 등반을 같이 할 때부터 그가 나보다 뛰어나다는 것을 알아챘다. 중요한 것은 론에게 내가 그렇게 생각한다는 것을 알지 못하게 하는 것이었다." 리브지는 최고 수준의 등반가들과 경쟁할 능력이 없다는 것을 알게 되면서 등반에 더 이상 매력을 느끼지 못했고, 결국은 등반을 그만두었다.

뛰어난 등반가였지만 사진이 잘 안 받는 리브지와 다르게 론 포셋은 미남이었다. 따라서 그가 등반을 통해 적당히 생계를 유지한 첫 순수 암벽 등반가 중 하나라는 점, 그리고 「암벽」 비디오 시리즈에 처음 등장한 인물 중 하나라는 점은 우연이 아닐 것이다. 1976년 포셋은 우벽과 발 없는 까마귀를 모두 재등했다. 그 후의 변화 속도는 엄청났다. 1982년에는 필 데이비슨Phil Davidson이 우벽을 단독 등반했고, 질 로렌스Jill Lawrence는 1984년에 이 루트를 선등한 첫 여성이 되었다. 여성 등반이 상대적인 휴지기를 거친 1950년대와 1960년대가 지난 후, 길 켄트Gill Kent, 보니 매슨Bonnie Masson, 길 프라이스Gill Price 등의 여성 등반가 그룹은 암벽에서 등반의 수준을 끌어올리기 시작했는데, 로렌스는 이 그룹에서 업적이 가장 뛰어난 인물로 보인다. 로렌스와 매슨, 프라이스는 모두 빙글리 교원양성대학Bingley Teacher Training College 학생이었고, 리브지는 그곳의 체육 강사였다.

포셋은 10년 동안 산악계의 선두 자리를 차지한 채 영국 곳곳에 어려운 신루트를 개척했는데, 디나스 크롬렉의 파리대왕The Lord of the Flies(E6 6b등급, 1979년), (요요라 불리는 기술을 이용해) 여러 차례의 추락 후 등반에 성공한 트레마독의 딸기Strawberries(E6 7a등급, 1980년), 수년간 호수지역에서 가장 어려운 루트로 여겨진 보로우데일의 지옥의 벽Hell's Wall(E6 6c등급, 1979년) 등이 있다. 요크셔와 더비셔의 노두에서도 활동한 그는 밀스톤 에지의 마스터의 에지Master's Edge(E7 6c등급, 1983년)와 레이븐 토르Raven Tor의 뱃머리The Prow(E7 6c등급, 1982년) 등의 루트를 개척했다. 여전히 훈련은 술집에서 하는 것이 다반사였던 당시의 산악계에서 그의 체력은 전설적이었다. 그는 E5등급 이상의 극단적 난이도인 사암 루트 100개를 하루 만에 모두 등반했다. 그가 1976년에 발 없는 까마귀와 우벽의 재등에 성공한 후, 『크랙스』잡지는 훈련과정에 대해 포셋과 이런 인터뷰를 했다.

『크랙스』 최고의 등반가 중 몇몇은 분명히 몰래 미친 듯이 훈련을 하는 것 같은데요. 자, 훈련을 할 때 뭘 하는지 솔직하게 알려주세요.

포셋 팔굽혀펴기요.

『크랙스』 몇 번이나 하지요?

포셋 한두 번요.

『크랙스』 말도 안 되는 소리 같은데요.

포셋 음, 피로해지기 전에 200번은 연달아 해요.

『크랙스』 자, 당신은 21세에 스타가 되어, 배관공이나 마가린 외판원 일을 해본 적이 없군요. 대단해요. 정말로 손이 부드러워지는 것을 막기 위해 고무장갑을 끼고 목욕을 하나요?

포셋 그건 밝힐 수 없는 내용인데요.

『크랙스』 걱정 마세요. 녹음테이프 껐으니까.

1975년과 1976년의 여름은 유독 더워서 초크 논쟁이 크게 일었다. 존 앨런John Allen이 피터 크루가 클로긴 두 알두에서 개척한 그레이트 월(E3 6a등급, 1976년)을 자유등반으로 초등했지만, 『마운틴』의 편집장이었던 켄 윌슨은 시큰둥한 반응을 보였다. "앨런은… 초크의 도움으로 이 루트에 올랐다. 당시에 몇몇 등반가들은 이것이 또 다른 형태의 보조수단이라고 여겼기 때문에 논란이 매우 컸다. 초크를 사용하지 않은 초등은 초크를 가장 열렬히 비판하던 사람 중 하나인 에드 하트Ed Hart가 2년 뒤에 이뤄냈다."[28] 앨런은 급작스럽게 유명세를 타고 그만큼 급작스럽게 영국 산악계를 떠났기 때문에 존 스트리틀리와 자주 비견되었다. 14세에 등반을 시작한 앨런은 17세에 호주로 이주하기 전까지 영국 내의 모든 어려운 루트를 재등하고 자신만의 루트도 많이 개척했는데, 그중에는 원래 피터 비벤이 1956년에 보조수단을 사용해 등반했던 루트인 밀스톤 에지의 런던 벽London Wall(E5 6a등급, 1975년)도 있었다.

스티브 밴크로프트는 1970년대 중반에 나타난 또 하나의 일류 사암 전문가였다. 최초의 전업 '실업수당 등반가' 중 한 사람이었던 그는 피크 디스트릭트에서 일련의 신루트를 개척했는데, 그중에는 프로가트 에지에서 단독 등반한 스트라피딕토미Strapidictomy(E5 6a등급, 1976년)와 수선화Narcissus(E6 6b등급, 1978년) 등이 있었다. 믹 파울러 또한 커바 에지Curbar Edge의 린덴 Linden(E6 6b등급, 1976년)을 자유등반으로 초등하면서 1970년대 중반에 처음으로 유명해졌다. 이 루트는 원래 에드 드러먼드가 작은 드릴 구멍 2개와 스카이훅을 보조수단으로 사용하면서 논란을 일으키며 등반한 적이 있었다. 파울러는 로프하강으로 이 루트를 조사하고 청소한 후, 어려운 동작들을 연습하고 나서 결국 선등했지만, 그는 이 등반 경험에 불만을 표했다. "나는 등반을 시작하기도 전에 내가 완등할 수 있다는 것을 '알고' 있었다. 사실상 모험의 기분을 망친 것이나 다름없었다."[29] 그는 기술적으로 난이도는 약간 낮더라도 불확실성이 강한 루트로 관심을 돌려, 부스러지는 절벽과 시스택을 전문적으로 등반했다. 그가 데번Devon 북부에서 위태로운 퇴적암으로 구성된 높이 120미터의 오버행 절벽 등반에 관해 설명한 것을 보면 그의 새로운 접근법에 대해 어느 정도 감을 잡을 수 있다. "특별하게 멋진 사건이 확실히 임박했다. 바다 안개는 절벽을 완전히 뒤덮었고, 햇빛이 급격히 흐려지면서 비가 더 많이 왔다. 사이먼 펜윅Simon Fenwick은 약 25미터 아래에 한쪽으로 10미터 정도 치우쳐 있었다. 확보물을 자세히 살펴본 나는 이것들이 근심걱정 없이 통통 뛰며 하는 로프하강에 적합하지 않다는 불편한 사실을 알게 되었다. 하지만 로프하강 이외의 다른 방법은 없는 것 같았다. 그런 상황에서 블랙쇼Blackshaw의 『등산 매뉴얼Mountaineering Manual』에서는 어떤 방법을 제시할지 막연히 궁금해졌다."[30] 또한 파울러는 점점 무기력하고 퇴폐적으로 변질되어가던 셰필드에서의 실업수당 생활을 청산하고, 내국세 세무청의 해로우Harrow 세금징수과에 취직했다. 이 결정으로, 그는 동세대 아마추어 등반가 중 가장 존경받는 인물이 되었다.

팻 리틀존 역시 자신의 길고 왕성한 등반 경력을 이즈음에 시작했는데, 처음에는 잉글랜드 남서부와 웨일스의 해벽을 전문적으로 등반했다. 그는 데번에서 피터 비벤과 등반을 시작했지만, 곧 기술적인 능력과 열정에서 자신의 멘토인 비벤을 추월했다. "나쁜 암벽의 구성 요소에 대한 생각을 새로이 한 젊은 팻 리틀존은 주로 비범한 특징이 돋보이면서 믿을 수 없을 정도로 놀라운 신루트들을 선정해 맹렬히 뚫고 올라갔다."[31] 틴타젤Tintagel의 일 두체II Duce 같은 루트에는 암벽은 불안하고 확보는 거의 없는 긴 등반 구간이 있었다. 그로부터 10년 후인 1982년, 짐 페린은 리틀존에 대해 "그런 식으로 무모하게 행동하는 이들 중 아직도 살아 있거나 아직도 높은 수준의 개척 등반을 계속하고 있는 이는 많지 않다."[32]라고 평했다. 또한 그는 (모두 재직 중에 죽은 존 할린, 두걸 해스턴, 피터 보드먼을 이어) 레장에 있는 국제등산학교의 제4대 교장이 되었는데, 결국 현재까지 살아남은 위대한 등반가 중 하나가 되어 1,000개 이상의 루트를 개척하고 암벽과 산악지대 양쪽에서 최고 수준의 등반을 계속하고 있다. 그가 최근 등반한 루트로는 테네리페Tenerife섬의 불가능한 임무Misión Improbable(XS 6a등급, 2003년)가 있다. 그곳은 세계에서 가장 높고 푸석한 해벽을 따라 460미터를 올라가는 루트이다.

　호수지역에서는 칼라일의 비계飛階 제작자였던 피터 윌랜스가 디어 빌드 Deer Bield 암장의 한계까지 몰아붙여라Take it to the Limit(E5 6b등급, 1978년)에 오르며 리브즈가 만든 웨일스와 호수지역 사이의 격차를 좁혔다. 그는 웨일스에서 훨씬 더 어려운 루트도 개척했다. 바로 클로건 두 알두의 그레이트 월에서 한여름 밤의 꿈A Midsummer Night's Dream을 선등한 것이다. 그곳은 에드 드러먼드가 피톤 4개와 볼트 1개를 사용해 첫 피치를 오름으로써 많은 이들의 분노를 산 곳이었다. 데이브 암스트롱Dave Armstrong 등과 함께 등반을 한 윌랜스Whillance는 절제되고 우아한 등반 스타일로 '캡틴 쿨Captain Cool'이라는 별명을 얻었다. 그는 1980년대 중반까지 호수지역 등반의 선두에 서 있으면서 모험적인 자유등반이라는 지역의 전통을 유지했을 뿐 아니라, 스코틀랜드 등지에서 어렵고 노력이 많이 드는 루트를 몇 개 더 개척하기도 했다.

　1970년대 초반에는 스코틀랜드의 암벽등반 수준이 잉글랜드나 웨일스보다 다소 뒤떨어졌는데, 활동하는 등반가의 수도 적었고 암벽이 말라 있는 경우가 훨씬 적었기 때문이다. 데이브 커스버트슨Dave Cuthbertson은 코블러 Cobbler에서 와일드 컨트리Wild Country(E5 6b등급, 1976년)라는 스코틀랜드 최초의 E5등급 루트를 개척했고, 믹 파울러는 스카이섬의 천국으로 가는 계단 Stairway to Heaven(E4 6a등급, 1976년) 등 어려운 루트를 여러 개 추가했다. 커스버트슨은 이후 글래스고 근처의 덤바튼 록스Dumbarton Rocks에서 레퀴엠 Requiem(E7 7a등급, 1983년)을 여러 번의 추락 끝에 등반함으로써 스코틀랜드 등반에 비약적인 발전을 이뤄냈다. 커스버트슨은 뛰어난 겨울철 등반가이기도 했는데, 1984년에는 존 커닝햄이 개척한 여름철 루트 거든 그루브스 Guerdon Grooves(HVS 5b등급)를 겨울철에 IX등급으로 재등했다.

　"검은 머리를 늘어뜨린 바이런적인 인물" 존 레드헤드[33]John Redhead는 1970년대 말과 1980년대 초에 웨일스의 최고 등반가 자리를 놓고 론 포셋과 경쟁한 주요 라이벌이었다. "포셋은 거침없는 탄력을 지닌 엄청난 원숭이 같은 존재이다. … 레드헤드는 아무 것도 없는 곳에서 우아하고 편안하게 웃음 짓고 있는… 큰 고양이 같다.[34]" 란베리스에 사는 예술가였던 레드헤드는 산악계가 전적으로 편안하지는 않았다. "다수의 불안정한 인물들이 자신만의 위험하고 비참한 분위기를 물씬 풍기면서 자신만의 비전과 무질서를 펼쳐놓는다.[35]" 비가 오는 날에는 피트의 식당Pete's Eats이 활동의 중심지였다. "산악계의 왕족들이 하나같이 한 푼도 없어 실업수당에 의존하는 부랑자처럼 옷을 입고… 원탁에 둘러앉곤 했다. 주말이 되면 좋은 직장과 경력, 가족이 있는 등반가 등 '보잘것없는 이들'이 그들을 둘러싸고 앉아 경외심을 담은 시선으로 그들을 바라보곤 했다.[36]"

레드헤드는 앵글시섬의 종소리! 종소리!The Bells! The Bells!(E7 6b등급, 1980년)와 같이 확보물을 설치할 수 없는 극도로 어려운 루트를 전문적으로 등반했는데, 매번의 등반을 "곧 자신을 희생하려는 사제[37]"처럼 준비했다. 초등이 끝난 후 그는 다음과 같이 썼다. "종소리! 종소리! 같은 루트를 선등할 때 내가 넋을 잃고 있었다는 사실에 끊임없이 놀란다. … 그 뒤로 나는 어떤 루트를 오르는 동작 하나하나를 분석하는 것이 거의 불가능했는데, 등반이 막 끝났을 때에도 마찬가지였다.[38]" 그가 클로귄 두 알두의 그레이트 월에 관심을 가진 것은 당연했다. 피터 크루가 1962년에 그곳을 초등했을 당시, 그는 보조적인 수단을 다섯 곳에서 사용했다. 존 앨런은 1976년에 그곳을 자유 등반했다. 그곳은 오른쪽으로 희미하게 취약한 선이 나 있어 45미터 길이의 피치를 이루는데, 마지막 12미터는 최고의 난이도인 데다 확보물을 아예 설치할 수 없다. 레드헤드는 로프하강으로 조사를 하고 심기일전하면서 여러 차례 시도했다. "가능해… 될 거야. 하지만 이건 죽음이야. … 아무것도 없다고![39]" 미리 박아놓은 볼트에서 24미터를 추락하며 암벽에 긁힌 그는 등반 시도를 포기해야 했다. 그가 부상을 치료하는 동안, 제리 모팻Jerry Moffatt은 로프하강으로 암벽을 타고 내려오며 볼트를 제거했고, 몸을 풀기 위해 커빙 아레트Curving Arête(E4 5c등급)와 기존의 그레이트 월(E4 6a등급)을 단독 등반한 후, 레드헤드가 시도하던 루트에 도전했다. 그러나 그는 레드헤드가 떨어진 볼트의 지점에 도착하자 믹 파울러의 루트인 날개를 편 독수리Spread Eagle로 곧장 건너갔다. 모팻은 보레알 피레Boreal Firé에서 최초로 만든 마찰력이 좋고 '잘 달라붙는' 밑창이 있는 암벽화의 도움을 받았다. 그레이트 월은 1950년대에 있었던 조 브라운의 수많은 등반 시도를 기념하는 이름으로 알려졌기 때문에 그는 새로운 루트를 마스터의 벽Master's Wall(E7 6b등급, 1983년)이라 불렀다. 이 등반은 아마도 모팻이 전통적인 암벽 루트에서 수행한 가장 훌륭한 선등일 것이다. 다음 날에도 여전히 아드레날린이 분출하면서 "가장 불가사의한 희열감과… 주도권을 쥔 느낌… 그리고 완전한 편안함"[40]을 느낀 그는 피트 리브지의 우벽(E5 6a등급, 1976년) 등 디나스 크롬렉의 몹시 까다로운 루트 7개를 단독 등반했다. 이후 그는 전통적인 루트를 어느 정도 접고, 스포츠 클라이밍과 등반 경기(1989년에는 리즈의 홈 관중 앞에서 월드컵 우승을 하기도 했다), 그리고 볼더링의 심오한 기술에 더 집중했다.

레드헤드는 마스터의 벽 두 번째 등반으로 위안을 삼은 후 인근에서 정신의 한계Margins of the Mind(E7 6c등급, 1984년)에도 올랐지만, 직등으로 끝내는 과제는 여전히 남아 있었다. 1986년에 조니 도즈가 드디어 대망의 초등에 성공하고 나서, 이 루트를 인도의 벽The Indian Face(E9 6c등급, 1986년)이라 명명했다. 이전 세대의 브라운과 윌런스의 경우와 마찬가지로, 도즈의 많은 루트는 난이도가 높다는 특유의 아우라가 있어 두 번째 등반을 시도하는 이들을 단념시켰다. 닉 딕슨Nick Dixon은 초등 후 8년이 지나서야 인도의 벽을 재등했는데, 바로 며칠 뒤에는 닐 그레샴Neil Gresham도 인도의 벽 등반에 성공했다. 딕슨은 이 루트에 대해 "HVS등급의 루트와 비슷하지만 홀드가 더 작다."[41]라며 유용한 설명을 제공했다. 사암에서 훈련한 조니 도즈는 1980년대 후반의 등반 발전에 지대한 영향을 끼쳤다. 그는 피크 디스트릭트의 커바 에지에서 불륜의 끝End of the Affair(E8 6c등급, 1986년)과 인도의 벽에 오르며 두 개의 새로운 난이도 등급을 신설했다. 자신만의 독특한 스타일이 있었던 그는 이를 자신의 등반 활동과 암벽등반 비디오 제작에 적용했다. "난 자폐증을 앓는 거친 소년 같았다. 그렇지 않으면 등반을 잘할 수 있는 방도가 없었다.[42]" 다른 위대한 등반가들처럼 도즈는 매우 뛰어난 균형감각과 가파른 암벽에서 부드럽고 힘을 들이지 않은 듯 움직일 수 있는 능력을 갖고 있었다. 그러나 그는 극단적으로 역동적인 등반 스타일을 개발하기도 했다. "체구는 작지만 몸이 단단했던 그는… 존재하지도 않다시피 스탠스에 서서… 너무도 작은 조약돌 쪽으로 도약했다. … 그는 내가 만난 어느 누구보다도 뛰어난 균형감각을 갖고 있었다. 그는 말 그대로 암벽 위에서 춤을 추었다.[43]"

마스터의 벽과 인도의 벽에 대한 기존의 시도들은 로프하강과 톱로핑을 통한 사전조사를 바탕으로 했다. 1997년에는 17세의 레오 하울딩이 자신의 발보다 한 사이즈 반은 더 큰 암벽화를 빌려 신고 온사이트로 마스터의 벽을 선등해, 그 즉시 일류 모험 등반가로서의 명성을 확립했다. 또한 그는 론 포셋의 고전루트인 파리대왕(E6 6a등급)을 야간에 헤드램프를 끼고 등반했고, 이후 전 세계의 암벽에서 자신의 기술과 기이한 열정을 모두 활용하면서 등반 활동을 해나갔다. 그는 요세미티의 엘 캐피탄에서 500미터 길이의 자유로 가는 길Passage to Freedom(E8 7a등급, 1999년)에 오르기도 했는데, 이 루트의 지상 150미터 정도 높이에 있는 크럭스 부분에서는 거의 수직인 암벽의 작은 스탠스를 딛고 옆으로 2.5미터를 도약해야 한다. 이후 하울딩은 파타고니아의 세로 토레에서 마에스트리-에거Maestri-Egger 루트를 자유 등반하다 추락해 발을 크게 다쳤지만, 결국 등반을 다시 시작했다. 크리스 보닝턴은 그를 다음과 같이 평했다. "삶은 살아가기 위한 것이다. 레오도 그렇게 생각하겠지만, 나는 그가 삶을 계속 이어갔으면 좋겠다.[44]"

1980년대에 웨일스에서 일어난 주요 발전 중 하나는 란베리스 근처의 오래된 점판암 채석장이 등반에 쓰일 수 있다는 잠재력을 인식한 것으로, 스티비 해스턴Stevie Haston은 이곳에서 데르비시가 온다Comes the Dervish(E5 6a 등급, 1981년) 등 여러 훌륭한 루트를 개척했다. 두걸 해스턴의 먼 친척인 스티비 해스턴은 지난 30년간 암벽과 빙벽 모두에서 가장 성공적이었던 영국 등반가 중 하나이다. 그는 1980년대에 영국에서 E6와 E7등급의 루트를 많이 개척했고, 세계 최초의 VII등급 빙벽 루트를 개척했다. 알프스에서는 ED등급에 이르는 60개 이상의 루트를 단독 등반했는데, 여기에는 레 드루아트 북벽을 영국인으로서 단독 초등한 것도 있다. 그는 수천 번의 턱걸이와 팔굽혀펴기를 동반한 강압적인 훈련으로 결국 만성 건염에 시달렸지만, 1990년대에 샤모니(그곳에서 그는 환영받지 못하는 영국인이었기 때문에 미친 소La Vache Folle라 불렸다)로 이주한 후 등반 기량을 회복했다. 이후 스티비는 프랑스 기준의 8a 등급(영국의 기술 등급 7b와 비슷) 루트를 온사이트로 등반하기도 하고, 콜로라도에서는 스코틀랜드 기준으로 X등급인 빙벽 루트를 오르기도 했으며, 워커 스퍼의 동계 프리솔로 초등을 8시간 만에 끝내기도 했다. 아이러니하게도 그는 태도 문제로 가이드 자격증을 따는 데 실패했는데, 이는 강박적으로 높은 난이도를 찾는 소수의 등반 엘리트와 계속 성장하면서도 안전을 중시하는 주류의 프로 등반가 사이에 간극이 커져간다는 사실을 잘 보여줬다. 스티비는 여느 때처럼 가이드가 되지 못한 것을 아쉬워하지 않았다. "좋은 선생님이 되기 전까지는 대가가 아니라고들 한다. 그리고 나는 지금 전 세계에 빌어먹을 빙벽등반을 가르치고 있다."[45] 현재 50대인 스티비는 변함없이 여전히 어려운 등반을 하고 있다. 그는 "나는 60세가 돼서 '이제는 어쩌지?' 같은 의문을 갖지는 않을 것이다."[46]라고 말한다.

웨일스의 점판암 등반은 1984년에 존 레드헤드가 레인보우 슬랩Rainbow Slab을 발견하면서 그 발전이 가속화되었다. 애정에 강탈당하다Raped by

Affection(E7 6c등급, 1984년)는 이때 나타난 레드헤드의 연습용 루트 중 하나였다. 신루트의 노다지였던 레인보우 슬랩에는 곧 다른 등반가들도 몰려들었다. "점판암 붐이 처음 일었을 당시에 그런 일은 란베리스에서 흔히 볼 수 있는 광경이었다. 하지만 지금은 남을 비방하고 트집 잡는 데 선수들인 피크 디스트릭트 출신의 승냥이들이 왔다. 세상이 바뀌었다.[47]" 조니 도즈는 애정에 강탈당하다 루트의 두 번째 등반을 끝냈지만, 그 과정에서 152센티미터가 조금 넘는 키를 가진 그는 바닥에서 24미터 높이에 위치한 중요한 볼트를 손으로 잡을 수 없었다. 그곳은 거의 수직에 매끄러운 곳이었다. 큰 추락의 위험에도, 그는 볼트를 향해 점프한 뒤 공중에서 카라비너를 끼우기로 결심했다. 그는 이 동작을 성공함으로써 신체적인 균형감각과 심리적인 통제력이 모두 빼어나다는 사실을 멋지게 증명했다. 폴 프리차드Paul Pritchard 역시 점판암 암벽에서 몇몇 신루트를 개척한 후, 고가스의 가파르고 헐거운 절벽으로 관심을 돌렸다. 『하드 록Hard Rock』에 실린 켄 윌슨의 절벽 사진에 매료된 프리차드는 1987년에 조니 도즈와 팀을 이뤄 아우터 헤브리디스Outer Hebrides 제도의 해리스Harris에 있는 더그 스콧의 고전적 인공등반 루트 스쿱The Scoop(원래는 A4등급, 현재는 E6 6b등급)에서 자유등반을 시도했다. 그의 설명을 보면 고난이도 현대 등반의 일면을 느낄 수 있다. "확보물을 설치할 수 없어 보였지만 이 루트에는 핀치 홀드와 작은 에지가 조금 있었다. … 이런 상황에서 조니는 외로움과 향수병에 시달리는 가운데 무시무시한 선등을 해야 할 입장에 있었기에 신중함과 책임감을 모두 완전히 버릴 것이 분명했다. … 그는 비틀거리며 오버행을 가로질렀는데, 핀치 홀드를 잡고 이끼가 낀 암벽에 발을 붙이기 위해 몸부림쳤다. 그는 가장자리에서 노력을 기울여 조그만 틈에 슬라이더slider를 조절해 넣고서, 천천히 그리고 조용히 그 위에 앉았다. … 그가 하네스에 달린 장비를 만지작거리자 슬라이더가 움직였다. '아, 빠지지 마, 빠지지 말라고.' 조니는 반반한 암벽에서 없는 틈을 찾아 블레이드를 박아보려 했지만 실패하는 바람에 추락하고 말았다. 그는 바위지대를 이루고 있는 여러 오버행 아래로 사라진 뒤 길게 펜듈럼을 하기 시작했다." "나는 로프를 꽉 붙잡았다. 하지만 로프가 날카로운 가장자리를 따라 미끄러졌다. 나는 나일론 보풀들이 공중으로 흩날리는 것을 바라보며 공포에 휩싸였다. 로프 하나가 끊어지자, 200여 미터 아래의 암벽에 블레이드가 팅 하고 부딪혔다. 조니는 프루지크 prusik 매듭을 이용해 올라왔다. 침묵 속에서 걱정이 가득했던 우리는 허공으로 하강을 한 후 머리를 맞댔다. 침통한 논의 끝에, 우리는 점점 감당하기 힘들어지는 상황에 빠지고 있으므로 등반을 포기해야 할 것 같다는 결정을 내렸다.[48]" 프리차드는 1997년에 태즈메이니아Tasmania의 시스택을 오르다 머리에 심한 부상을 입었지만, 특유의 용기로 이를 극복하고 계속 등반을 하고 있다.

1980년대 중반에는 볼트로 확보가 담보되는 스포츠 클라이밍 루트가 영국에 처음 생겼다. 그중에는 란디드노 근처의 그레이트 옴에 있는 펜 트루인 Pen Trwyn에서 벤 문Ben Moon이 개척한 젊음의 선언Statement of Youth(1984년)과 피크 디스트릭트의 레이븐 토르에서 제리 모팻이 개척한 계시록 Revelations(1984년)이 있었다. 이곳 모두 스포츠 클라이밍 루트에 보통 쓰이는 프랑스식 등급체계를 이용해 F8a로 난이도가 매겨졌는데, 영국의 기술 등급으로 치면 대략 7b에 해당하는 곳이었다. 벤 문은 1990년에 레이븐 토르에서 허블Hubble(F8c+)에 올랐다. 이곳은 아마도 세계에서 최고 난이도의 스포츠 클라이밍 루트일 것이다. 2년 뒤 말콤 스미스Malcolm Smith는 허블을 두 번째로 등반했다. 그는 강압적인 훈련과 체중 감량을 한 단계 더 끌어올렸다. 그는 늘 마른 편이었지만, 허블에 도전하기 전 몇 주간 급격한 다이어트를 해 10킬로그램을 더 감량했다. "나는 등반을 기꺼이 그만두고 훈련을 계속할 수도 있었다. 먹고 마시는 것을 포기하고 훈련에 매우 열중했다.[49]" 그는 이렇게 털어놓았다. 스미스는 셰필드의 학교The School in Sheffield("자포자기한 젊은이들과 손가락 힘이 센 이들의 신화적인 집")라 불리는 악명 높은 훈련장에서 엄청난[50] 훈련을 한 후 '백밤Bag Balm'으로 손을 치료한 것으로 유명한데, 이 미국 제품은 젖소의 젖통이 트지 않도록 농부들이 사용하는 약품이다. 그는 2003년에 한쪽 손바닥뼈가 부러지면서 반복사용 스트레스 증후군에 시달렸다.

　루스 젠킨스Ruth Jenkins는 1995년에 피크 디스트릭트의 워터쿰졸리Water-cum-Jolly에서 괴짜 지크Zeke the Freak를 등반하며 F8b등급을 오른 첫 영국 여성이 되었다. 그녀는 결국 위험한 장면에서 작은 아이들의 대역을 전문으로 하는 스턴트우먼이 되었다. 루시 크리머Lucy Creamer는 젠킨스의 뒤를 이어 곧바로 F8b등급 루트를 올랐고, 전통적인 고난이도 루트에도 도전하겠다는 의지를 보였는데, 펨브로크셔Pembrokeshire의 스테니스Stennis에서 유령열차Ghost Train(E7 6b등급)를 온사이트로 등반했다. 그녀는 또한 에얼리 앤더슨과 함께 그린란드에서 열다섯 피치짜리 비너스의 시기(E4 6a등급, 2001년)에도 올랐다. 에얼리 앤더슨은 맥주를 진탕 마시고 나서 앨런 버제스와 인상적인 논쟁을 벌이기도 했고, 자신의 루트 중 하나를 "셰필드의 지독한 관념적 비평가 무리"[51] 중 하나가 비판하자 그에게 주먹을 날리기도 했던 인물이다.

　사암지대에서의 등반 수준은 계속 상승했다. 앤디 폴릿Andy Pollitt은 커바에서 미리 설치한 피톤을 이용해 천국의 문을 두드리며Knockin' on Heaven's Door(E9 6c등급, 1988년)를 등반했다. 이 루트에서는 그로부터 1년 후 단독등반이 이루어졌다. 존 던John Dunne은 일클리Ilkley에서 새로운 정치인The New Statesman(E8 7a등급, 1987년)을, 그리고 버비지에서는 마지막 화살Parthian Shot(E9 6c등급, 1989년)을 개척했다. 던은 과도한 훈련으로 인해 발생한 심각한 어깨 부상으로 몇 년간 어려운 등반을 할 수 없었지만, 1990년대에 복귀해 첫 E10등급인, 아일랜드의 모운 산군Mountains of Mourne에 있는 분단의 세월Divided Years(E10 7a등급, 1995년)과 그레이트 게이블의 헐떡거림Breathless(E10 7a등급, 2000년)을 개척했는데, 두 루트 모두 데이브 버켓Dave

Birkett이 두 번째로 올랐다. 또한 던은 영국 최초의 F9a등급 스포츠 클라이밍 루트인 맬럼 코브의 개기일식Total Eclipse도 올랐다. 그는 10대에 럭비를 해 체격이 암벽등반보다는 그런 운동에 적합해 보였다. 그리하여 그의 몇몇 초등에 대해 사람들이 불신을 품었던 것으로 보인다. 던은 이에 대해 철학적인 평을 남겼다. "거짓말쟁이로 불리느니 차라리 뚱뚱한 개자식으로 불리고 싶다."[52]

그러는 동안, 벤 히슨Ben Heason은 조니 도즈의 불륜의 끝(E8 6c등급, 1988년) 같은 E8등급의 여러 루트를 단독 등반했을 뿐 아니라, 프로가트의 오즈바운드Ozbound(E9 7a등급, 2003년) 같은 전통적인 루트도 초등하면서 모험적 등반이 여전히 건재하다는 사실을 보여줬다. 그는 그린란드에서 오래된 인공등반 루트인 멋진 인생A Wonderful Life을 이틀에 걸쳐 온사이트로 자유 등반했다. 이 루트는 미국식으로 5.12등급(대략 E6에 해당)이었다. 그는 2005년에 베네수엘라의 엔젤폭포에서 31개의 피치로 구성된 루트를 초등했는데, 이곳의 피치 중 9개는 E7등급 이상의 난이도였다.

데이브 매클라우드Dave MacLeod는 2005년 글래스고 부근 덤바튼 록스의 광시곡Rhapsody(E11 7a등급)에 오르며 영국의 첫 E11등급 루트를 차지했다. 그는 2년의 기간에 걸쳐 70일간 연습을 한 끝에 이 루트를 10분 만에 오르는 데 성공했다. 그가 가장 최근에 개척한 메아리 벽Echo Wall은 벤네비스의 타워 리지 정상에 있는 거대한 돌출바위에 위치해 있다. "나는 2006년에 메아리 벽에 처음으로 도전했는데, 완등할 수 있을 만큼 실력이 좋지 않다는 사실을 깨달았다. 멀리 가서 훈련을 해야 할 필요가 있었다. 준비가 될 때까지는 이 루트를 다시 건드리지 않기로 했다. 2년 중 대부분의 시간을 이 준비를 위해 보냈다. 나는… 체중을 3킬로그램 정도 감량해 훨씬 더 강해진 모습으로 2008년 5월에 돌아왔다."[53] 이 루트는 아직까지 재등이 되지 않았다.

산악등반

1970년 안나푸르나 남벽이 정복된 후 '마지막 대과제'로 선정된 것은 그 이름에 어울리는 에베레스트 남서벽이었다. 안나푸르나와 달리 에베레스트의 남서벽은 아름다운 루트가 아니다. 약 8,230미터 지점에서 눈에 확연히 띄는 바위지대가 시작될 때까지 가파른 설사면이 계속되고, 그 위로는 정상 부근까지 더 심한 설사면이 이어진다. 사람의 눈과 상상력을 휘어잡을 만한 자연적 특징은 거의 없지만, 산악계에서 시장성이 가장 좋은 이름인 에베레스트의 루트라는 독특한 이점이 있다. '마지막 대과제'의 주요한 문제는 물자 보급과 재정이었다. 선등자가 바위지대에서 겪을 것으로 예상되는 어려움을 극복하는 데 필요한 수직의 보급로를 뚫기 위해서는 많은 숫자의 짐꾼과 셰르파, 보조 등반가들이 필요했으며, 따라서 돈이 많이 들었다.

일본의 시도가 실패로 돌아간 이후인 1971년, 성공적이었던 1963년의 미국 에베레스트 원정대장이었던 노먼 다이렌퍼스Norman Dyhrenfurth와 과거 구르카 부대 대령이자 최초의 네팔 트레킹 대행사 마운틴 트래블Mountain Travel의 창립자인 지미 로버츠가 함께 원정대를 조직했다. 미국에 저작권을 팔기 위해 안나푸르나 원정대에 미국 등반가 톰 프로스트를 포함시킨 보닝턴의 예를 참고하면서 판을 키우기로 결정한 다이렌퍼스는 13개국에서 뽑은 33명의 대원들로 국제원정대를 조직했다. 안나푸르나 정상을 밟은 두걸 해스턴과 돈 윌런스가 영국의 파견단에 들어갔고, 프랑스팀에는 피에르 마조Pierre Mazeaud가 있었는데, 그는 4명의 등반가가 사망한 불운의 1961년 프레네이의 센트럴 필러 등반 시도에서 발터 보나티와 함께한 적이 있었다. 결국 마조는 이 루트를 '도둑질한' 윌런스를 절대로 용서하지 못했다. 국제적인 이 산악 동료들은 얼마 지나지 않아 질투와 파벌 싸움으로 갈라졌다. 오스트리아

산 크램폰은 독일산 부츠에 맞지 않았다. 식량은 오스트리아의 채식주의자와 건강식 광신자들이 골랐기 때문에 프랑스인과 영국인의 입맛에 맞지 않은 것은 물론, 일본인들 역시 경악케 한 것으로 짐작된다. 산악계의 스타 모두가 정상에 오르고 싶어 한 반면, 아무도 허드렛일을 할 마음이 없었다. 마조는 짐을 지고 산을 올라가야 할 수도 있다는 사실에 충격을 받은 나머지, 프랑스인 특유의 자존심 섞인 말을 마구 쏟아냈다. "나 피에르 마조, 마흔둘에 프랑스 의회 의원인 나 보고 앵글로 색슨족들과 일본 놈들을 위해 세르파 역할을 하라고? 절대 안 해! 그들은 내가 아닌 프랑스에 모욕을 줬어!"[54] 원정대는 결정적인 바위지대에 도달하기도 전에 와해되었다.

그런 후 1년도 지나지 않은 1972년, 따지기 좋아하는 것으로 유명한 카를 헤를리히코퍼Karl Herrligkoffer 박사는 유럽인으로 원정대를 꾸려 국제원정대의 이상을 부활시켰다. 헤를리히코퍼는 여러 원정대를 조직하면서 1953년과 1970년에 낭가파르바트에도 간 적이 있었지만, 그의 원정대가 개인적 논쟁과 법적 분쟁으로 끝났기 때문에 논란이 되는 인물이었다. 다이렌퍼스와 마찬가지로 헤를리히코퍼는 남서벽 등반을 본격적으로 시도하기 위한 재정을 마련하려면 여러 나라에서 등반가들과 후원자들을 모아야 한다는 사실을 깨달았다. 그는 보닝턴과 그의 에이전트를 만나 보도권 분할 협상에 들어갔으나, 협상이 실패해 헤를리히코퍼는 혼자서 모든 것을 해내고자 했다. 보닝턴과 해스턴은 이 원정대 참가를 포기했지만, 윌런스와 해미시 매키네스, 더그 스콧은 참가했다. 하지만 여기저기서 쓰디쓴 비난을 받은 원정대는 다시 한번 와해되었고, 영국 등반가들 역시 재빨리 원정대를 빠져나왔다.

이 등반은 더그 스콧이 처음으로 대규모 원정에 입문한 계기였다. 노팅엄Nottingham에서 태어난 스콧은 잭 롱랜드가 벅스톤 근처에 설립한 화이트 홀 아웃도어 센터를 방문한 후 12세에 등반을 시작했다. 그는 주류에 속하지 않은 인물로서 산악계의 최고 자리까지 올랐는데, 이는 교사라는 직업이 허용하는 긴 휴가 동안 친구들과 상상력 넘치고 모험적인 저비용의 원정등반을 꾸준히 한 결과였다. 대규모 원정은 스콧의 기질에 맞지 않았지만, 젊고 야망 있는 등반가들과 마찬가지로 그는 이 대규모 원정을 등반가로서의 명성을 얻는 수단으로 여겼다. 그보다 앞선 두걸 해스턴과 마찬가지로 그 역시 윌런스를 보면서 배웠는데, 페이스를 유지하는 윌런스의 놀라운 능력에 대해 다음과 같이 평했다. "나는 그와 한 텐트에서 일주일간 지내면서 그의 식사를 매번 준비했다. 결국 나는 '윌런스, 난 당신의 엄마가 아니에요.'라고 그에게 말했다. 그는 그저 앉아서 '넌 식사를 좀 도맡는다고 불평하는 타입은 아니지? 맞아?'라고 말했다.[55]" 스콧은 여기서 윌런스의 거친 성격을 어느 정도 알게 되었으나, 결국 나중에는 그 자신이 그런 성격으로 명성이 자자했다. 그는 키가 크고 힘이 셌다. 그리고 큰 손은 니코틴에 찌들었고, 머리카락은 어깨까지 아무렇게나 늘어졌으며, 존 레논John Lennon 같은 안경을 끼고 턱수염이 무성했다. 프랑스의 등반가 조르주 베템부르는 그를 두고 "산을 때려눕히도록 만들어진[56]" 인간이라고 묘사했다. 조 태스커는 "그의 느긋한 태도는 그가 가진 다른 면모인 강인한 성격이나 진중한 견해와는 정반대였다. 신체적으로 그는 우리 모두보다 우월했다.[57]"라고 언급했다. 한번은 어떤 원정에 참가한 스콧이 특정 사안에 대해 유일하게 소수의견을 지지했는데, 그는 자신의 의견을 굽히지 않았다. 누군가가 그 일을 투표에 붙이자고 제안했다. 그러자 스콧이 말했다. "이봐, 젊은이, 이 일로 투표를 하게 된다면 민주주의는 실패작이라고 봐야 할 거야." 또한 그는 대중 철학과 신비주의에 대한 열정도 있었다. 많은 이들은 그가 끊임없이 영혼을 찾아 나선다며 진저리를 냈지만, 어떤 이들은 이를 씁쓸해하면서도 즐겼다. 피터 보드먼은 이렇게 평했다. "그는 제2의 사춘기를 맞았거나, 아니면 우리 모두가 닿을 수 없는 무엇인가와 영접했다.[58]"

유럽의 원정대가 실패로 돌아간 후, 보닝턴은 같은 해에 포스트 몬순 원정등반을 시도할 수 있는 허가를 받아냈다. 그는 원정대의 부대장 자리에 지미 로버츠를 앉히고, 안나푸르나 원정대에서 함께했던 믹 버크, 닉 에스트코트, 두걸 해스턴을 끌어들였다. 그 얼마 전에 남서벽을 경험한 더그 스콧과 해미시 매키네스 역시 원정대에 가담했지만, 윌런스는 제외되었다. 윌런스의 제외는 팀 내의 투표로 결정되었는데, 스콧과 매키네스만 그의 합류에 찬성했다. 다른 일류 등반가들, 특히 안나푸르나에서부터 여전히 그에게 반감을 품고 있던 이들은 윌런스가 너무 늙고, 살이 쪘으며, 비협조적이고, 게으르다며 의견을 같이했다. 그러나 산악계는 다른 의견을 갖고 있었다. 윌런스는 이 일을 보닝턴의 개인적인 배신으로 여겼다. 포스트 몬순 시즌에 남서벽에 도전하겠다는 결정은 도박이나 다름없었고, 악천후로 인해 등반가들은 8,300미터를 넘지 못했는데, 이는 이전에 실패한 네 차례의 시도와 대략 비슷한 고도까지밖에 도달하지 못한 것이었다.

1974년 보닝턴과 해스턴, 스콧, 보이슨은 다시 한번 모여 창가방 Changabang(6,864m)으로 인도-영국 합동 원정등반을 갔다. 비교적 소규모의 느슨한 원정대였던 그들은 넷 모두 인도의 등반가 탄디Tandi, 사슈Sashu와 함께 정상을 밟았다. 에베레스트 공략은 이듬해 재개되었다.

1975년의 에베레스트 남서벽 원정대가 출발할 즈음에 보닝턴은 영국 산악등반에서 모두가 인정하는 대장이었지만, 산악계는 에베레스트에 오르는 목적과 수단에 대해 점점 회의적인 입장을 나타냈다. 『마운틴』에 실린 풍자적인 글에는 (크리스 보닝턴을 빗댄) 가상의 원정대장 카시우스 보나파이드 Cassius Bonafide가 살찐 등반 해설가 맥 더 벨리Mac the Belly(이안 맥노트 데이비스를 빗댄 인물)에게 자신의 새로운 원정등반 이유를 설명하는 대목이 있다. "아무도 쓰레기 같은 싸구려 봉우리에는 관심이 없어요. … 프로 등반의 세계에서는 이를 창조적 등반 마케팅이라 불러요. 그럴싸한 산을 찾아서 이미지를 만들고는, 그 이미지를 미친 듯이 팔아버린 후 그곳으로 가서 등반하는 거지요. … 올해 세계에서 가장 어려운 등반 목표는 에베레스트 남서벽이에요. 대홍행이죠.[59]" 보닝턴은 전쟁 이후 최악의 경기침체 기간에 바클레이스은행으로부터 100,000파운드에 달하는 전례 없는 후원을 받았다. 그는 컴퓨터를 이용해 산에서의 물자 보급 계획을 수립하면서 등반의 역사를 만들어냈다. 그 원정대에는 등반가 18명, 텔레비전 기사 4명, 『선데이타임스Sunday Times』 리포터 1명이 있었고, 셰르파와 짐꾼, 캠프 매니저, 연락 담당, 비서, 미디어 전문가는 수를 헤아릴 수 없을 만큼 많았다. "아마 나는 절망스러운 육군 원수일지도 모른다.[60]" 보닝턴은 이렇게 혼잣말을 하기도 했다. 새로 설계된 텐트에는 최종캠프에서 사용할 수 있는 소형 '공격용 박스'가 있었고, 아래쪽 캠프에서는 낙석을 튕겨낼 수 있도록 특수 설계된 튼튼한 그물망도 있었다.

거의 완벽한 어프로치 끝에 닉 에스트코트와 터트 브레이스웨이트Tut Braithwaite가 바위지대를 돌파했고, 두걸 해스턴과 더그 스콧이 영국인으로서는 처음으로 에베레스트 정상에 도달했다. 이틀 후, 피터 보드먼과 셰르파 페르템바Pertemba 역시 정상을 밟았다. 마틴 보이슨과 믹 버크가 뒤를 따랐지만, 보이슨은 산소장비가 망가지고 크램폰을 잃어버려 발길을 돌려야 했다. 버크는 등반을 계속했는데, 정상에 오른 것으로 보였지만 하산 길에 폭풍설을 맞아 실종되었다. 몸이 작고 터프하며, 직설적이고 사교적인 믹 버크는 위건Wigan의 노동자 계급 출신이었다. 그는 1968년 요세미티의 엘 캐피탄을 영국인으로서 처음 올랐고, 1972년 안나푸르나와 에베레스트에서 보닝턴과 함께했다.

에베레스트의 영국인 초등은 역사적 성취였다. 보닝턴은 이 등반의 공로를 인정받아 대영제국 3등급 훈장(CBE)을 수여받았고, 몇 년 후에는 기사 작위도 받았다. 원정대의 다른 대원들, 특히 해스턴과 스콧과 보드먼은 누구나 아는 유명인이 되었다. 그러나 등반의 초점이 소규모의 경량 알파인 스타일로 옮겨간 지 이미 오래되었기 때문에 1975년의 원정등반은 대부분의 일류 등반가들에게 사치스러운 과거 시대로 회귀하는 것처럼 보였다. 짐 페린은

"분위기가 점점 더 황량하고 의기소침해진 크리스천 보닝턴 소위의 이동식 여행자 쉼터에서, 보닝턴은 마지막 대과제의 최신 버전인 에베레스트 아래에서 기업 후원과 계약, 경력 쌓기, 그리고 늘어가는 사망자 수 같은 일들을 다루며 캠핑하고 있었다."라고 언급했다. 심지어 원정대에 참가했던 피터 보드먼 역시 "등반가에게 보닝턴의 에베레스트 원정대는 살면서 겪을 수 있는 마지막의 위대한 제국적 경험 중 하나이다."라고 평했다.

보닝턴보다 16살이나 어린 보드먼이 원정대에 포함된 것은 산악 언론에서 점점 커져가는 비난에 대처한 조치였는데, 특히 켄 윌슨은 눈에 빤히 보이는 이런 정실 인사에 불쾌함을 표했다. 보닝턴은 보드먼을 "새로운 등반가 세대를 대표하는 우리의 상징"이라고 묘사했다. 맨체스터의 부유한 교외 지역인 브람홀Bramhall에서 태어난 보드먼은 노팅엄에서 영문학을 공부하면서 대학산악회 회장이 되었고, 뱅고어의 노스웨일스대학University of North Wales에서 교직 과정을 이수했다. 1973년 글렌모어 산장에 취직한 그는 1975년에 영국등산위원회로 이직해 국가공무원이 되었다. 보드먼은 에베레스트에 가기 전 알프스에서 어려운 루트를 아주 많이 올랐을 뿐 아니라, 힌두쿠시와 알래스카, 카프카스에서도 등반을 했지만, 산악계에서는 여전히 상대적으로 잘 알려지지 않은 인물이었다. 그가 스타덤에 오르자 산악계는 당연히 경멸 섞인 관심을 보였다. 하지만 보드먼은 똑똑했기 때문에 그들의 비난을 쉽게 피할 수 있었다. 에베레스트에서 돌아온 후, 그는『크랙스』와 다음과 같은 인터뷰를 했다.

『크랙스』 이제 눈을 헤치고 나아가는 모습은 머릿속에서 좀 떨쳐냈나요?

보드먼 아, 아뇨. 돌아온 지 일주일이 지나고 전 제 자신을 강화하기 위해 스타네이즈의 최후의 일격 루트에 도전했죠. 제가 가장자리를 돌아 움직일 때 확보물 중 하나가 빠졌고, 로프가 걸렸는데,

가장자리 너머에서는 한 무리의 '낯선 등반가들'이 절 차갑게 쏘아보고 있었어요. 저는 나약하고 불쌍한 목소리로 "도와줘!"라고 소리쳤습니다. 자, 만약 같이 있던 사람들이 좀 더 고귀한 과거 세대에 속한 알트린챔Altrincham 올스타였다면(에베레스트 원정등반에 참가했던 여러 대원들이 맨체스터 남쪽 교외 지역 인근에 살고 있었습니다. 그들을 알트린챔 올스타라고 불러요), 손을 이용한 재밍으로 정상에서부터 인간 사슬을 늘어뜨려, 저를 살리기 위해 필사적으로 당기면서, 운명을 같이했을 거예요. 하지만 나는 혼자 남겨져 내가 죽을지 살지에 대한 운명을 스스로 찾아야 했습니다. '낯선 등반가들'은 절 보며 그저 험악하게 웃고 있었어요.[64]

보드먼과는 달리, 보닝턴은 산악계의 불손한 태도에 기분이 좋지 않았다. 그는 존 헌트의 열렬한 숭배자로, 헌트가 1953년에 에베레스트 원정대를 조직한 방식을 존경했다. "원정대를 운영하고, 대원을 선발하고, 적절한 인물에게 책임을 배분한 후 알아서 일을 하도록 한 사람이 바로 헌트였다. 여단을 지휘하는 원리와 산을 포위전법으로 공략하는 원리는 매우 유사하며, 헌트 대령은 그가 둘 다 잘한다는 사실을 보여줬다.[65]" 그러나 보닝턴은 헌트와는 다른 시대에 살고 있었다. 이제는 권위에 의문을 제기하는 것을 넘어 그것을 비판하는 시대였다. 마이크 톰슨의「그 친구들과 다시 나가다Out with the Boys Again」라는 고전적인 글은 대규모 원정등반에서의 '2군' 생활에 대해 하층 계급의 입장에서 해학적이면서도 체제 전복적 의도를 담은 기록을 제공한다. "보닝턴은 이제 미친 이슬람 구세주Mad Mahdi 단계에 돌입해, 고정로프가 담긴 드럼통을 이상한 방향으로 마구 뿌리고, 셰르파 앙 푸르바Ang Phurba에게는 '정말 끝내주는 셰르파 음식'에 대해 불평을 늘어놓고, 죽 찌꺼기에 얼룩진 전자계산기로 물류 관리를 하고, 고장 난 무전기의 회로에 볼펜을 끼워 넣어 무전기를 다시 작동시켜 외부세계와 통신을 했다. … 생각이 변덕스럽고, 하루하루가 지날 때마다 자신이 무슨 결정을 했는지 잘 기억하지 못하는 그런 대장이 필요하다. 그런 대장이 있는 우리는 정말로 행운아였다." 보닝턴을 비판하는 많은 사람들은 그가 가진 조직관리 능력과 영리추구 기술이 없었다면 히말라야에서 등반을 할 기회조차 없었을 것이라는 사실을 분명히 알고 있었을 것이다. 그러나 그들은 자신들이 알고 있는 보닝턴의 장점을 공개적으로는 언급하지 않기로 했다.

남서벽 원정대는 1892년에 마틴 콘웨이가 시작한 대규모의 군대식 원정대를 신격화한 결과물이었다. 이러한 대규모 원정대는 1895년 프레드 머메리가 소규모 원정등반에서 사망한 일을 계기로 기득권 정통주의로 굳어졌다. 1930년대에는 에릭 십턴과 빌 틸먼 등이 정통주의에 반기를 드는 시도를 했지만, 히말라야의 최고봉에 오르는 일은 인도의 영국 당국, 왕립지리학회, 영국산악회의 지원 없이는 비용이 많이 들고 조직하기가 힘들었다. 제2차 세계대전 이후 많은 실패 끝에 1953년 에베레스트 원정등반이 성공으로 끝나면서 군대식 리더십의 장점이 부각되는 것처럼 보였지만, 1970년대 중반경에는 여러 사건을 거치면서 소규모의 알파인 스타일 원정이 각광을 받았다.

1970년대 초에 있었던 여러 등반윤리 토론으로 인해 등반 활동의 모든 면에서 군더더기 없는 순수한 접근법이 장려되었고, 많은 일류 등반가들은 대규모 원정대의 규율에 따르는 것을 탐탁지 않게 여겼다. 1970년대에는 항공료가 저렴해지고, 히말라야 인근 국가들 내에 여행자 기반시설이 좋아진 데다, 경량 장비가 급격히 발전하면서 소규모의 저비용 원정이 현실성 있는 대안이 되었다. 소규모 원정대가 알파인 스타일로 최고봉에 도전하는 데 있어 마지막으로 남아 있던 장애물은 산소였다. 1920년대에는 에베레스트에서 산소 사용이 가진 장점에 대해 윤리적 측면과 실용적 측면 모두에서 활발한 논쟁이 있었다. 실질적 차원에서의 산소 사용 반대는 산소장비의 무게가 더해지면서 육체적인 이득이 상쇄된다는 주장에 기초했다. 윤리적 차원에서는 보조 산소를 사용하는 것이 산에 오르는 '합법적인 수단'이 될 수 있는지가 주요 쟁점이었다. 1920년대에 모두가 싫어한 에베레스트위원회의 명예 사무총장 아서 힝크스는 산소를 쓰는 누구든 "불량배"라 여겼지만, 결국 실용성에 근거한 반대 주장은 산소장비가 더 가벼워지고 신뢰성이 높아지면서 힘을 잃었고, 누구보다도 먼저 정상에 도착하겠다는 경쟁이 치열해지면서 윤리적인 양심의 가책도 설 자리를 잃었다.

전후 시기에는 최고봉 등반에 산소를 사용하는 것이 일반적인 관례가 되었다. 산소를 사용하지 않으면 영구적인 두뇌 손상이 올 수 있다는, 왠지 근거가 확실해 보이는 의학적 우려도 있었다. 이런 우려는 1920년대와 1930년대에 여러 등반가들이 에베레스트에서 원시적인 의류와 장비, 그리고 훨씬 더 열악한 식량으로도 8,000미터보다 훨씬 높은 지점까지 갔지만 장기적으로 건강을 거의 해치지 않았다는 사실을 간과한 것이다. 로렌스 웨이저와 퍼시 윈 해리스는 1933년에 에베레스트의 8,580미터 지점에 도달했다. 윈 해리스는 감비아Gambia 총독을 맡은 공로로 기사 작위를 받았고, 웨이저는 옥스퍼드에서 저명한 지질학 교수가 되었다. 둘 다 정신적인 손상을 입은 것으로 보이지는 않았으나, 한 학부생은 그가 강의 중간에 "잠시 멈춰서 자신이 무슨 얘기를 하고 있는지를 생각해내야 하는 듯한 인상을 자주 줬다."라고 웨이저에 대해 꽤나 고약한 평을 내렸다.[67]

보조 산소 사용에는 물류 보급 문제가 따른다. 정상 도전을 지원하기 위해 최고 높이의 캠프까지 충분한 양의 산소통들을 운반하기 위해서는 엄청난 숫자의 셰르파와 고소 등반이 가능한 짐꾼들과 일반 짐꾼들이 필요하다. 짐꾼은 보통 1인당 27킬로그램을 짊어지는데, 고소에서는 짊어질 수 있는 무게가 떨어진다. 짐꾼 하나가 하루에 약 0.9킬로그램의 식량을 섭취하기 때문에 짐꾼 30명은 매일 1명의 짐 분량에 해당하는 식량을 소비하게 된다. 베이스캠프까지 열흘 동안 걸어간 후, 돌아오는 길에는 (짐이 없으므로) 대략 절반의 시간이 소요된다 치면, 짐꾼들은 등반이 시작되기도 전에 전체 짐의 약 절반을 먹어치우게 되는 셈이다. 다시 말해, 짐꾼 1명은 하루 동안 자신이 먹을 식량과 등반가 1명이 쓸 수 있는 산소를 운반할 수 있다. 이후 산소는 위쪽으로 운송되어 선등자에게 지급되는데, 날씨 상태에 따라 여기에는 며칠이 소요될 수도 있다. 산에서 등반이 얼마나 진행되었든, 등반가와 셰르파 역시 식량, 텐트, 침낭, 로프, 등반장비가 필요할 것이다. 대규모 원정에서는 여러 명의 짐꾼들이 다른 짐꾼들에게 임금을 지불하는 데 쓰이는 지폐와 동전 운반을 도맡았다.

1975년, 에베레스트 정상에서 하산하던 더그 스콧과 두걸 해스턴은 산소 없이 8,760미터 지점에서 비박을 했고, 둘 다 동상이나 장기적인 손상 없이 살아남았다. 이후 등반이 발전한 양상을 보면, 이 무산소 비박이 산소를 이용한 정상 정복보다 더 중요한 돌파구가 되었다고 볼 수도 있다. 산소가 필수는 아니라는 점을 보여준 이 일은 소규모, 그리고 무엇보다 저비용의 최고봉 원정을 촉발했다. 하지만 이 새로운 방식의 등반에 붙은 '경량식 알파인 스타일'이라는 명칭은 큰 오해의 소지가 있었는데, 선등자 개인이 정말로 휘청할 정도의 부피와 무게의 짐을 짊어지고 가야 하는 경우가 많았기 때문이다.

대중의 눈이 히말라야로 쏠려 있는 동안, 거벽등반과 동계 산악등반에서는 조용한 혁명이 진행되고 있었다. 거벽등반은 미국 요세미티의 온난한 화강암 지대에서 처음 시작되었다. 처음에는 기술적 어려움을 극복하기 위해 엄청난 양의 보조수단이 사용되어, 고정로프를 이용한 포위전술 방식이 주로 이용되었다. 엘 캐피탄의 노즈 루트는 수년에 걸쳐 총 45일간 등반 활동이 이뤄진 끝에 1958년에 초등이 완료되었다. 등반가들은 여기서 피톤 600개와 볼트 125개를 사용했다. 1970년대에는 등반가들이 점점 더 보조수단을 적게 쓰고 한 번에 정상까지 오르는 것을 목표로 하는 순수한 접근법을 채택했다. 현재 엘 캐피탄 등반 시간의 최단 기록은 2시간 45분[81]이다. 거벽등반 기술은 알프스에서도 사용되었고, 이후 노르웨이와 배핀 섬, 그린란드, 파타고니아 등 극지방에 가까운 지역의 빙하로 덮인 가파른 벽에서도 사용되었다. 1972년, 시인이자 등반가인 에드 드러먼드는 휴 드러먼드Hugh Drummond(친척 아님)와 팀을 이뤄 노르웨이에서 가장 높은 트롤 월Troll Wall의 수직에 가까운 구간에 만들어진 신루트 아치 벽Arch Wall(E2 또는 A4+등급)을 등반했다. 12일분의 식량을 매달고 가던 그들은 폭풍우를 만나 한 번에 며칠씩 발이 묶였는데, 얼굴에 물이 쏟아지는 것을 견디며 허름한 해먹이나 조금 튀어나온 바위 아래에서 휴식을 취했다. 그들은 20일간 힘들게 등반하고 마지막 사흘은 굶은 끝에 마침내 정상에 도달했다. 이 등반은 비교적 낮은 고도에서 이루어졌지만, 2인조로 구성된 팀이 모든 장비를 가지고 알파인 스타일로 며칠을 보내면서 어려운 등반을 한 번의 시도로 해낼 수 있다는 것을 보여줬다.

그러는 사이, 글렌코의 클라체이그 여관에서 해미시 매키네스와 존 커닝햄, 미국인 등반가 이본 쉬나드가 만난 1970년 2월에 스코틀랜드의 현대적인 동계등반이 시작되었다는 전설이 내려온다. 혁명적인 짧은 피켈과 크램폰의 앞발톱을 사용한 매키네스와 커닝햄은 스코틀랜드의 몇몇 고전적인 빙벽들을 엄청나게 빠른 속도로 등반했다. 케임브리지대학 출신의 앨 라우즈와 마이크 제디스Mike Geddes가 곧 그들의 뒤를 이어, 1971년에 마샬과 해스턴의 루트인 마이너스 투 걸리, 마샬과 스미스의 오리온 벽 다이렉트를 두 번째로 등반했다. 그리고 1973년의 어느 날, 이안 니콜슨Ian Nicholson은 오전이 지나가기도 전에 포인트 파이브와 제로 걸리를 모두 단독 등반했다. 새로운 기술이 개발되면서, 스코틀랜드는 이전보다 훨씬 격렬하고 기술적인 빙벽등반과 암벽과 빙벽이 섞인 혼합등반의 시험 공간으로 빠르게 변화했다.

---

81 2시간 45분: 2018년 6월 6일 알렉스 호놀드와 토미 콜드웰이 노즈에서 세운 기록은 1시간 58분 07초이다.

1960년대에는 빙벽 루트 중 가장 어려운 곳의 등급이 스코틀랜드식으로 V등급이었는데, 이는 19세기에 처음 등장한 난이도이다. 오늘날 최고 난이도의 등급은 XI로, 이는 빙벽등반 기술이 크게 발전하고 '드라이툴링dry-tooling', '토킹torqueing' 등의 기술 개발이 있었기에 가능해진 것이다. 드라이툴링과 토킹은 암벽과 빙벽이 섞인 가파른 구간을 오르기 위해 피켈을 크랙에 비틀어 넣는 것을 의미한다. 믹 파울러와 (고든스톤학교에서 교육을 받은) 빅터 손더스는 벤네비스의 방패 다이렉트The Shield Direct(VII등급, 1979년)를 등반하면서, 그리고 앤디 니스벳Andy Nisbet과 콜린 매클린Colin MacLean은 케언곰스의 쉘터 스톤Shelter Stone 암장에서 바늘The Needle(VIII등급, 1985년)에 오르면서 중요한 진전을 만들어냈다. 데이브 매클라우드는 2005년에 케언곰스의 코이레 안 츠네츠다Coire an t-Sneachda에서 고통The Hurting(XI등급)을 등반해, 오늘날 빙벽등반의 최첨단을 보여주고 있다. 고통은 로프하강으로 조사를 한 후 등반되었지만, 온사이트 선등이 여전히 표준이다. 스코틀랜드의 동계등반은 전 세계적으로 깨끗하고 윤리적인 동계등반 분야 내에서도 선두 자리를 유지하고 있다.

　　스코틀랜드에서 개발된 동계등반 기술은 알프스에서도 곧 사용되었다. 1975년, 앨 라우즈와 랩 캐링턴은 페를랭Pélerins 북벽(ED2등급)을 초등했고, 이듬해에는 알렉스 매킨타이어와 닉 콜튼Nick Colton이 그랑드조라스의 워커스퍼 우측에 자신들의 이름을 따서 만든 루트를 개척했는데, 아마 당시에는 알프스에서 최고 난이도의 빙벽 루트였던 것으로 보인다. 그보다 4년 전, 보닝턴과 해스턴은 이 루트를 17일간 포위공략한 끝에 패배를 인정한 바 있었다. 매킨타이어와 콜튼은 이 루트를 알파인 스타일로 20시간 만에 완등했다.

　　또한 조 태스커와 딕 렌쇼는 알프스의 고난이도 루트의 영국인 초등 성공이 계속 이어진 뒤인 1975년, 아이거 북벽 동계등반에 성공했다.(영국인으로서는 초등이고, 세계에서는 4번째 등반이다) 그들은 아이거 밑으로 올라가는 편도 기차표를 샀다. 태스커는 그 이유를 이렇게 설명했다. "나는 너무 많은 것을 운명에 맡겨야 할 때는 다음 등반 이후의 계획에는 신중한 편이었다." 헐Hull의 가난한 집안에서 태어나 10남매 중 하나로 자란 조 태스커는 13세부터 20세까지 더럼Durham주의 어쇼신학대학Ushaw Seminary에 다니면서 예수회 목사로 훈련받았다. 한번은 그의 턱수염과 금욕적인 행동방식을 본 인도의 연락 담당자가 그에 대해 「지저스 크라이스트 슈퍼스타Jesus Christ Superstar」의 역할을 위해 오디션을 보기에 안성맞춤이라 평한 적도 있었다. 태스커는 종교적인 훈육이 자신의 등반 경력에 영향을 끼쳤다는 점을 인정했다. "신체적 불편함이 진귀한 속죄의 길이라는 생각은 오래전에 이미 내 잠재의식 속에 흡수되었다."[68] 태스커는 신학대학을 떠난 후 맨체스터대학에서 사회학을 공부했고, 자신보다 도리어 훨씬 더 금욕주의적이고 강박에 휩싸여 있는 딕 렌쇼와 등반을 같이하기 시작했다. "렌쇼는 오르고 또 오르겠다는 눈먼 욕망에 동기를 부여받는 듯했고, 그런 것들이 어떤 목적을 위한 것인지에 대해서는 조금도 생각하지 않았다."[69]

태스커와 렌쇼는 고난과 역경에 매료된 인물이었다. "우리는 그늘진 북벽을 선호하기 시작했다. … 젊을 때 얼음에 뒤덮인 바위로 된 이 절벽들을 오르고, 나중에 햇볕이 따뜻하게 내리쬐는 기분 좋은 화강암과 석회암 암벽을 오르는 것이 좋겠다고 생각한 것이다."[70] 1975년, 그들은 170파운드를 주고 흰색의 중고 에스코트Escort 밴을 구입해 인도 가르왈의 두나기리(7,066m) 남동 능선 초등에 나섰다. 여행경비를 감당하기 위해 그들은 에베레스트재단에 보조금을 신청했다. 왕립지리학회에서 인터뷰를 할 때 졸고 있는 듯 허약해 보이는 백발의 신사가 눈을 뜨고 왜 근처에 있는 칼랑카Kalanka라는 산을 대신 시도하지 않느냐고 질문했다. 렌쇼는 대답했다. "너무 쉬워보여서요." 그는 이 노인이 에릭 십턴이라는 사실을 나중에야 알게 되었다.

인도로 차를 몰고 가면서, 그들은 빵에 샌드위치 스프레드를 발라서 먹었다. 빵을 더 이상 구할 수 없게 되자, 그들은 차파티[82]에 샌드위치 스프레드를 발라 먹었다. "렌쇼는 내가 맥주 한잔이라도 사면 마치 소중한 자산을 무모하게 낭비해버린다는 듯 나를 탐탁지 않게 봤다. 나는 그의 따가운 시선을 느낄 수 있었다. 하지만 우리는 말을 한마디도 하지 않았다.[71]" 등반은 계획보다 이틀이 더 걸렸다. 그들은 눈 녹인 물을 만들 연료도, 식량도 없는 상태에서 하산을 해야 했다. 산에서 11일을 보내고 나서 거의 쓰러질 때쯤 그들은 하산 중에 서로를 놓쳤지만 베이스캠프에서 다시 만났다. 렌쇼는 심한 동상을 입어 치료를 받기 위해 비행기를 타고 돌아와야 했다. 차를 몰고 돌아오던 태스커는 중간에 돈이 떨어져 밴과 자신의 피 1파인트를 팔아 카불에서 집까지 가는 버스표 살 돈을 마련했다. 100,000파운드가 들어간 보닝턴의 블록버스터급 에베레스트 남서벽 원정대와 같은 해에 있었던 이 원정등반은 총 1,600파운드밖에 들지 않았다.

태스커는 이 등반에 대해 강연하면서, 정상 근처의 설사면에서 의식이 오락가락한 채 누워 있는 렌쇼의 모습을 슬라이드로 보여줬다. 모하메드 알리가 엎어져 있는 자신의 상대 위로 위협적인 모습으로 불쑥 나타나는 모습을 아래쪽에서 찍은 유명한 사진이 있다. 복싱계에서 이것은 훌륭한 사진 중 하나지만, 등반에서는 심지어 최고 선두권에서도 경쟁보다는 팀워크가 있는 것처럼 보이도록 노력했기 때문에 많은 등반가들은 태스커의 사진에 몹시 불쾌해했다.

그들이 두나기리를 오르는 동안, 태스커는 창가방(6,864m)의 가파르고 아름다운 서벽을 보고 그곳을 올라야겠다는 생각에 사로잡혔다. 그보다 오래전, 스코틀랜드의 등반가이자 산악 신비론자인 빌 머레이 역시 그곳에 매료된 적이 있었다. "겉으로 보기에 고드름처럼 약한 이곳은 드물게 환상적인 땅과 하늘, 그리고 비견할 수 없는 생동감으로 빚어져서, 자신도 모르게 맥박이 요

---

82 차파티: 인도식 빵

동치고, 산이 그런 모습을 지닐 수도 있다는 사실에 마음 깊은 곳에서부터 감사함을 느끼게 된다."[72] 창가방 서벽 등반은 히말라야에서 그때까지 시도된 최고 난이도의 등반이 될 것임이 분명했다. 렌쇼는 여전히 동상에서 회복하는 중이었기 때문에 태스커는 에베레스트에서 막 돌아온 피터 보드먼에게 조심스럽게 접근해 그와 팀을 이루었다. 타이밍은 완벽했다. 보드먼은 "나는 에베레스트를 통해 얻게 된 대중의 인식에 걸맞은 자기존중을 불러올 무언가"[73]를 찾고 있었다. 이렇게 해서 보기 드문 파트너십이 시작되었다.

보드먼과 태스커는 등반을 준비하며, 가파른 암벽에서 사용하도록 고안된 해먹을 시험하기 위해 맨체스터의 혹한 지역에서 잠을 자보기도 했다. "우리는 해먹에도 들어가 보고, 치즈케이크가 든 나무상자 위에도 서보고, 막대 아이스크림 더미로 만든 임시침대에 붙어 있기도 하면서 힘들게 몸부림쳤다."[74] 드디어 출발 시간이 되자 산악계는 숨을 죽이고 두 사람을 주시했다. 경험이 많은 대부분의 등반가들은 그들이 성공할 확률이 적다고 봤다. 조 브라운은 "너희 둘뿐이라고? 끔찍하게 들리는데."[75]라는 평가를 내렸다. 더그 스콧은 이 일이 성공할 가능성이 전혀 없다고 생각했지만, 어쨌든 그들과 합류하고 싶어 했다. 보드먼과 태스커는 경험이 많은 스콧과 가는 것보다는 자신들끼리만 가기를 원했기 때문에 그의 제안을 거절했다. 놀랍게도 그들은 정상에 도달한 후 안전하게 돌아왔다. 이 루트는 VI 및 A2등급에 해당하는 많은 피치가 있어, 기술적으로 어려우면서도 매우 아름다운 등반선이다.

그보다 1년 전, 당시 45세였던 조 브라운은 모 앙트완Mo Anthoine, 마틴 보이슨, 마틴 하웰Martin Howell과 함께 화려하면서도 난공불락으로 보이는 또 다른 바위 첨탑인 카라코람의 트랑고타워Trango Tower(6,286m) 도전에 착수했다. 정상까지 250미터 남은 지점에서 보이슨은 무릎이 끼었고, '피셔 보이슨 Fissure Boysen'이라 불리는 이 틈새에서 빠져나오려 애쓰면서 필사적인 3시간을 보냈다. 그들은 1976년에 다시 돌아와 이 루트를 완등했는데, 암벽등반

VI등급 피치가 20개나 되는 그곳은 그 후 14년 동안 재등이 되지 않았다.

그러는 동안, 라인홀드 메스너와 페터 하벨러Peter Habeler가 이끄는 이탈리아와 오스트리아 합동팀은 마틴 콘웨이가 히든피크Hidden Peak라고 이름 지은 가셔브룸1봉Gasherbrum I(8,068m)을 이틀이라는 놀랍도록 짧은 시간에 재빨리 등정해 전 세계 등반가들에게 모범을 보여줬다. 마르쿠스 슈무크Marcus Schmuck, 프리츠 빈터슈텔러Fritz Wintersteller, 쿠르트 딤베르거Kurt Diemberger, 헤르만 불이 1957년 브로드피크Broad Peak(8,047m)를 무산소로 경량 등정한 적이 있었지만, 메스너와 하벨러의 히든피크 등정은 8천 미터급 고봉을 진정한 알파인 스타일로 등정한 첫 번째 사례로, 영국 등반가들에게 모범이 될 만한 선례를 남겼다.

1977년 겨울, 두걸 해스턴은 스위스 레장에 있는 자신의 집 근처에서 스키를 타다 눈사태로 사망했다. 그는 죽기 직전 어느 정도 자전적 소설인 『계산된 위험Calculated Risk』을 완성했는데, 그의 죽음은 이 소설의 주인공이 겪는 사건이 거의 똑같이 재현된 결과였다. 책에서는 주인공이 눈사태에서 살아남는다는 점에서만 차이가 있었다. 36세였던 해스턴은 여전히 매우 강건하고 체력이 좋았다. 그리고 더그 스콧과 함께 알래스카의 데날리에서 신루트를 알파인 스타일로 완등한 직후였다. 하지만 영국의 일류 등반가로서의 그의 수명은 거의 다하고 있었음이 분명하다. 빙벽등반 기술이 발전하면서 젊은 등반가들은 해스턴과 그의 동세대 등반가들보다 두 배는 빠르게 알프스의 루트를 등반하고 있었으며, 암벽에서도 그의 등반 등급은 E2를 넘지 못했다. 그는 절대적으로 최고의 자리에 있을 때 사망하면서 방종과 불가해한 금욕주의가 묘하게 섞인 인물이라는 명성을 굳혔다.

해스턴은 카라코람의 오거Ogre(7,285m) 원정에 크리스 보닝턴, 더그 스콧, 모 앙트완, 클라이브 롤랜드Clive Rowland, 터트 브레이스웨이트와 함께하기로 되어 있었다. 그가 죽자 닉 에스트코트가 그의 자리를 대신했다. 스콧과 보닝턴은 정상을 밟았지만, 하산할 때 스콧은 양쪽 발목이 모두 부러졌다. 그가 기어서 베이스캠프로 돌아오기까지는 여드레가 걸렸는데, 그중 닷새 동안은 폭풍을 맞았고, 나흘간은 식량이 없었다. 보닝턴은 로프하강을 하다 갈비뼈 두 개가 부러졌다. 하지만 당시에는 폐렴이 걸린 것으로 착각했다. 앙트완과 롤랜드가 하강용 로프를 설치하며 폭풍을 뚫고 내려왔다. 닷새째가 되던 날, 보닝턴은 사포로 거친 표면을 가는 듯한 나지막한 목소리밖에 내지 못했다. 앙트완에 따르면, 그는 자신의 침낭에서 구르며 "우리는 이 일로 떼돈을 벌 거야."라고 꺽꺽거렸다고 한다. 앙트완이 "어떻게요?" 라고 물었다. 그러자 보닝턴은 "책을 써서!"라고 대답했다.[76] 이 이야기가 어디까지 진실인지는 모르겠지만, 보닝턴은 한참이 지나도록 이 등반에 대한 책을 쓰지 않았다. 대신 앙트완이 글을 썼다. 그가 『알파인 저널』에 기고한 글에는 빅토리아 시대에 영국산악회를 창립했던 이들에게 어울릴 만한 냉정함이 담겨 있다. "이상하게도 무서운 경험은 아니었다. 기분이 좋지는 않았지만 흥미진진했던 것은 분명하다.[77]"

1978년 앨 라우즈, 랩 캐링턴, 브라이언 홀, 로저 백스터 존스는 순수한 알파인 스타일로 자누Jannu(7,710m)를 등정했다. 당시 라우즈는 산악윤리에 대해 이미 매우 확고한 견해를 갖고 있었다. "이 규칙들 중 가장 중요한 것은 진정한 알파인 스타일 등정을 하겠다고 할 때는 한 팀이 다른 팀의 활동을 통해 이득을 취해서는 안 된다는 것이었다. 이는… 고정로프… 텐트… 심지어는 그들의 발자국조차 애써 피해야 한다는 것을 의미했다!"[78] 라우즈는 이 등정의 성공에 기뻐하기는 했지만 그렇게 즐겁지는 않았다고 시인했다. "확실히 어려운 등반이었지만 즐길 만한 등반은 아니었다. 힘든 노동이라는 말은 히말라야 등반을 가장 잘 표현하는 말이다. … 기억 속에서 고통은 무뎌지게 될 것이다." 캐링턴은 이 등정을[79] "길고 어려우며 체력소모가 심했고, 골치 아픈 일에 가까웠다.[80]"라고 평했다. 이후 얼마 지나지 않아 캐링턴과 라우즈는 언쟁을 벌였고, 꽤 오랫동안 성공적이었던 그들의 파트너십은 그렇게 끝을 맺었다.

같은 해, 메스너와 하벨러는 에베레스트를 무산소로 등정하면서 다시 한번 기준을 높였고, 이로써 결국 1883년에 윌리엄 그레이엄이 보여준 무산소 등반에 대한 본능적인 예감과 1920년에 알렉산더 켈라스가 제시한 과학적 예측이 사실로 확인되었다.

그러는 동안 보닝턴은 당시 영국인이 등정한 적이 없는 세계 제2의 고봉 K2(8,611m)에서 미답의 서쪽 능선으로 등정 시도를 이끌었다. 원정대원은 에베레스트 남서벽 원정등반에 참가했던 더그 스콧, 닉 에스트코트, 터트 브레이스웨이트, 피터 보드먼이었다. 그리고 두걸 해스턴을 대신해 조 태스커가 기용되었고, 마틴 보이슨은 방출되었다. 결국 보이슨은 프로 등반가가 되겠다는 야심을 버리고 교직과 암벽등반으로 돌아갔다. 태스커에게 K2 원정은 "산악등반에 대한 순진한 태도가 끝났음"을 알리는 신호였다. 보닝턴이 이끄는 원정대는 "꿈도 꾸지 못할 규모의 후원 물색… 그리고 모험의 중요성과 위신을 확립하기 위한 홍보 추진"에 깊이 엮여 있었고 "조직화된 회의… 우편함을 통해 끊임없이 쏟아져 내리는 원정 광고 전단, 시간을 일일이 재는 토론… 그리고 자금에 대한 끝없는 논의에는 어느 정도 적응이 필요했다."[81] 원정대가 산에 제대로 발을 붙이기도 전에 닉 에스트코트가 눈사태로 사망했다. 산악계의 많은 친구들이 그의 죽음을 애도했다. "흥분을 잘하고 미소를 짓는 닉, 숱이 적어지고 있던 곱슬머리의 닉, 치아 사이가 하도 크게 벌어져 있어 모 앙트완이 한번은 수건으로 이를 닦는다고 놀렸던 닉, 수많은 술집과 파티를 거치고, 더비셔의 더 문에서 저녁 내내 술에 취해 있던 닉."[82] 그의 죽음으로 이 원정대는 끝이 나고 말았다.

1979년에는 보드먼과 태스커, 스콧 그리고 프랑스 등반가인 조르주 베템부르가 히말라야로 돌아가 세계 제3의 고봉인 칸첸중가에서 신루트를 시도했다. 지속되는 원정등반으로 피로가 누적되기 시작하면서, 태스커와 보드먼은 등반을 하는 이유에 대해 의문을 품었다. "이따금 내가 살아가고 있는 삶이 공허하고 의미 없는 것처럼 보였다. … 오직 동료들 사이에서 체면을 구길 걱정 때문에 이미 올라서 있는 회전목마를 계속 타고 있는 것은 아닐까?"[83] 결국 칸첸중가 정상에 오른 이들 세 영국인들은 산소나 지원 없이 신루트를 통해 8천 미터급 고봉의 정상에 처음으로 도달한 등반가가 되었다. 이후 같은 해, 보드먼은 원정대를 이끌고 네팔에 있는 가우리상카르Gauri Sankar(7,134m)를 서쪽 능선을 통해 올랐는데, 그곳은 복잡한 암벽과 빙벽 능선을 따라 나 있는 길고 어려우며 전력을 다해야 하는 루트였다.

이듬해, 메스너는 에베레스트를 무산소로 단독 등정해 산악계를 놀라게 했다.

그해 보드먼과 태스커, 스콧 그리고 이제 동상에서 회복한 딕 렌쇼는 함께 K2 서쪽 능선에 재도전했다. 악천후로 일정이 지연되어 시간이 부족해지자, 보드먼과 태스커와 렌쇼는 아브루치 능선의 기존 루트를 등반하는 것으로 목표를 바꾸기로 결정했지만, 스콧은 다른 일을 하러 떠났다. 첫 시도 당시, 이들 셋은 거의 8,000미터 지점까지 도달했으나, 폭풍설을 만나 텐트가 눈사태에 깔리면서 눈을 헤치고 길을 만들어 탈출해야 했다. 그들은 화이트아웃 상태에서 식량과 물이 거의 다 떨어진 채로 사흘 이상을 후퇴했다. 놀랍게도 그들은 다시 한번 등정을 시도하기로 결정했지만, 악천후로 인해 또다시 후퇴하고 말았다.

그 후 태스커는 앨 라우즈, 버제스 쌍둥이, 브라이언 홀, 폴 넌, 존 포터, 피터 텍스턴Peter Thexton과 합류해 겨울철에 에베레스트 서쪽 능선에 도전했다. 그들은 강풍은 물론이고 추위와 끊임없이 사투를 벌여야 했다. 기진맥진한 채로 귀환하면서 태스커는 그 원정의 내용으로 『에베레스트 그 잔인한 길 Everest the Cruel Way』을 저술했는데, 여기서 그는 자신의 역할을 과장해서 말한 듯하며, '대장이 없는' 원정대에 비판적인 입장을 보였다. 이 비판으로 라우즈는 마음에 상처를 입었다. 그럼에도 불구하고, 그로부터 몇 개월 후 라우즈와 태스커는 보닝턴, 보드먼과 힘을 합쳐 중국의 콩구르Kongur(7,649m)로 원정등반을 떠났다.

당시 보닝턴은 이미 알파인 스타일 등반의 숭배자로 전향했지만, 경량과 자급자족이라는 새로운 등반 철학은 후원자들을 비롯한 언론의 상업적 압력과 마찰을 빚었다. 짐 커랜Jim Curran은 다음과 같이 회상했다. "크리스 보닝턴이 히스로공항에 도착한 후 볼보 이스테이트 차량에서 짐을 내리는 것을 볼 수 있었던 시대를 생각해봤다. 당시에는 배낭과 여행 가방, 카메라, 위성전화기, 컴퓨터가 무수히 쌓여 있는 것을 감탄하며 바라봤다. 크리스가 경량 알파인 스타일 원정의 미덕을 극찬하는 기자회견을 한 뒤에는 그런 일들이 일어나기를 기대할 수 없게 되었다."[84] 콩구르 등정에 대한 언론의 관심을 높이기 위해 보닝턴이 마련한 기자회견에서, 젊은 새침데기였던 앨 라우즈는 어떤 문제가 일어날 것으로 예상되느냐는 질문을 받자, 문제가 있다면 로프를 사용해야 할지도 모르겠다고 시사했다. 여전히 보닝턴에게 적개심을 갖고 있던 돈 윌런스는 콩구르가 무슨 댄스 이름이라도 되느냐고 물어보며, 계속해서 이 원정등반을 "맞아, 맞아, 맞아, 맞아 콩구르"라고 불렀다. 보닝턴은 라우즈의 발언에 기분이 상했다. 그리하여 둘 사이의 관계가 얼어붙었다. "앨은… 안나푸르나 남벽과 에베레스트 남서벽 같은 전통적인 포위전술 등반이 서구 문명이 쇠퇴하고 추락하고 있다는 증거라고 여기며, 그런 등반이 타당한지에 대한 의문을 끝없이 제기했다. … 크리스 보닝턴은… 매우 성공적이었던 이 두 원정의 대장으로서 당연히 그런 등반을 열렬히 옹호했다."[85] 실제 등반이 시작되자 콩구르는 예상보다 훨씬 더 어렵다는 것이 드러났다. 그리고 라우즈와 태스커의 활약은 보닝턴과 보드먼에 비해 부족했다. 그들은 아마도 겨울에 에베레스트에서 겪은 시련에서 여전히 회복 중이었을지 모른다.

라우즈는 1982년에 에베레스트의 북동 능선 등반 허가를 받았는데, 보닝턴이 원정에 필요한 돈을 더 잘 모을 수 있다는 사실을 알고 있었기에 이 허가를 보닝턴에게 넘겼다. 보닝턴은 돈을 모았지만, 팀에서 라우즈를 제외하고 대신 딕 렌쇼를 끌어들였다. 보드먼과 태스커는 모두 라우즈의 "끝없는 허튼 소리"에 질렸기 때문에 보닝턴을 전폭적으로 지지했다. 라우즈는 이 일로 정신적 상처를 입어, 남은 생애 동안 자신의 고소등반 능력을 증명해 보이려고 필사적으로 노력했다. 윌런스는 그에게 일종의 위안을 제공했다. "그래, 그래, 이 친구야. 그게 인간세상이란 거야!"[86]

단지 4명의 선등자만 존재하는 원정대에 미등의 에베레스트의 북동 능선은 대단한 모험이었다. 48세가 된 보닝턴도 몸이 느려지기 시작해, 자신은 정상 도전에 나서지 못할 것이라는 사실을 알고 있었다. 딕 렌쇼가 작은 발작을 일으키면서 원정대는 동력을 더 잃었다. 그럼에도, 보드먼과 태스커는 등반을 계속해나가기로 결정했다. 하지만 이들은 능선 위의 피너클들을 넘어가는 모습이 관측된 이후 더 이상 보이지 않았다.

많은 영국 등반가들에게 보드먼과 태스커의 죽음은 특히 더 통렬하게 다가왔다. 이들은 필연적으로 맬러리와 어빈을 연상케 했을 뿐 아니라, 자신들의 동기와 야망과 자기회의를 놀랍도록 솔직하게 담은 훌륭한 책들을 남기기도 했다. 이들은 스스로 선택한 행로의 비극적 종말을 감지한 듯했지만, 그래도 계속 전진하는 수밖에 없다고 생각했다. 보드먼은 "예정된 봉우리를 전전하는 컨베이어벨트에 오른 것 같다."[87]라고 언급한 바 있다. 태스커는 이 모든 것의 목적이 무엇인지에 대해 공개적으로 의문을 제기했다. "산을 셋 오르는데 나는 근 2년을 통째로 바쳤다. 각각의 산은… 내가 상상할 수 있는 가장 큰 시험이었다. 시험을 모두 통과했지만, 나는 어쩔 줄 모르는 상태에 놓였다. 성공은 오히려 불안감을 가중했다. 어떤 면에서는 실패를 했다면 마음이 더 편했을 것이다. 성공은 다음에는 어디로 향해야 할지에 대해 어렵고 난감한 질문을 내게 남겼다. … 내게 남은 것이 정체를 알 수 없는 불만족뿐이라면, 지난 2년 동안 내가 얻은 것은 과연 무엇이란 말인가?"[88] 두 사람 모두 자신을 증명해야 한다는 압박감을 느꼈다. "우리는 산을 쉽게 정복하고 싶지 않았다. 우리는 가능성의 한계에서 사투를 벌이고 싶었으며, 불확실한 결과를 원했다. … 나는 등반에 중독되어버린 것은 아닌지 의심이 들었다. 마치 마약의 쾌락이 사라진 가운데 훨씬 더 많은 양을 흡입해야 하는 강박증만 남은 상태와 마찬가지가 아닌가 하는 생각이 들었다."[89]

많은 면에서 이 둘의 성격은 대조적이었다. 말씨가 점잖고 약간은 내성적인 보드먼은 순수한 낭만주의자였다. 1977년 K2 원정등반에서 콩코르디아로부터 흘러나오는 빙하 계곡을 처음 보면서, 그는 테이프 녹음기로 바하나 베토벤의 곡을 듣고 싶어 했지만, 닉 에스트코트가 「저돌적으로Bat out of Hell」[83]를 틀자 기겁을 했다. 그러나 그는 굳센 의지를 갖고 있기도 했다. 그는 자신의 존재에 닥쳐오는 위험을 확실하게 감지하고 있으면서도 그 위험과 맞닥뜨리는 선택을 했다. 반면에 태스커는 다혈질에 인습을 타파하는 거친 성격이었다. 딕 렌쇼는 태스커에 대해 다음과 같이 말했다. "조는 나약한 겉모습 속에 두렵기까지 한 결단력과 의지력을 숨기고 있었다."[90] 더그 스콧은 칸첸중가 원정등반이 끝난 후 그를 다정하게 흉내 냈다. "지금도 더 문The Moon에서 손을 펼친 채 푸른 눈으로 진지한 표정을 하고 있는 그가 눈에 선하다. '자, 우리 같은 세 명의 평범한 사람들이 8,534미터 지점에 있었지. 누구나 할 수 있는 일이었을 거야. 모든 게 정말 평범하게 느껴졌지.'"[91] 태스커는 1977년 여름을 히말라야가 아닌 유럽에서 보내면서 자신이 말한 회전목마에서 내려오려 노력했지만, 알프스는 "너무 문명화되고 너무 가기가 쉽게 느껴졌다. … 완전히 몰입하는 데서 느끼는 카타르시스는 찾아볼 수 없었다."라고 말했다. 그는 젊은 시절 무일푼, 알코올 중독자, 집시 등 사회의 주변 인물들에게 매력을 느꼈다. 삶이 끝나갈 즈음에는 그 역시 점점 더 고립감을 느꼈다. "최근 들어 원

---

83 저돌적으로Bat out of Hell: 미트로프Meat Loaf가 1977년 발매한 노래

정등반이 오랫동안 지속되어, 잉글랜드에 돌아오면 익숙했던 감각과 감정을 다시 체득하는 데 상당한 시간이 걸린다는 사실을 깨달았다. 이는 나와 가까운 사람이라면 누구든 매우 힘들어하는 부분이었다."[93] 아마도 그는 그런 문제 때문에 산으로 빨리 복귀했는지도 모른다. 보드먼 역시 태스커와 마찬가지로 평범한 삶에서 느끼는 초조함으로부터 도피하고 싶어 했다. "나는 편지들을 두려워하는 지경에 이르렀다. 무슨 일이 일어났을까봐. 기분 좋은 편지가 아닐까봐. 편지 속 내용 때문에 등반을 하는 데 지장이 생길까 봐."[94]

둘은 치열하게 경쟁했다. 태스커가 창가방에서 보드먼이 지친 상태로 쉬는 모습을 사진에 담자, 보드먼은 태스커가 두나기리에서 반실신상태의 렌쇼를 찍은 일을 기억했는지 매우 화를 냈다. "둘 사이의 경쟁의식은 종종 뚜렷이 나타났다. 둘 다 매우 높은 기준을 세웠고… 상대방은 그 기준을 유지하거나 뛰어넘어야 한다고 생각했다."[95] 그러나 두 사람은 서로를 마음 깊이 존경하기도 했다. "조가 나약해지지 않았으면 했다. 난 그의 판단을 절대적으로 신뢰했는데, 우리의 조합에 천하무적 같은 무언가가 있는 것 같다고 생각했다."[96] 하지만 결국 에베레스트의 북동 능선에서 그들은 더 이상 천하무적이 아니었다.

같은 해, 더그 스콧과 로저 백스터 존스, 알렉스 매킨타이어는 중국이 1979년 서방 등반가들에게 개방한 티베트 내의 유일한 8천 미터급 고봉인 시샤팡마(8,027m)에 신루트를 개척했다. 베이스캠프에서 한 번의 시도로 신루트를 통해 자이언트를 성공적으로 등정한 이 일은 아마도 "알프스에서처럼 두세 명이 자신의 식량을 짊어지고 올라가는" 빌 틸먼의 "도달할 수 없는 이상"을 성취한 것이나 다름없는 사건으로도 볼 수 있을 것이다. 그러나 스콧과 매킨타이어는 등반이 끝난 후 베이징의 디스코클럽에서 술을 마시고 싸움에 휘말렸다. 하지만 틸먼이라면 과연 그랬을까?

알렉스 매킨타이어는 셰필드 근처의 예수회 학교에서 교육을 받고 리즈 대학에서 법을 공부했다. "밴드 티렉스T Rex의 마크 볼런Marc Bolan과 쏙 빼

닮은"[97] 그는 공격적이고 투지가 넘쳤다. 그는 40세가 되어서가 아닌 '젊을 때인 지금' 크리스 보닝턴만큼 유명해지고 싶었다. 버제스 쌍둥이는 "그에게서는 죽음의 냄새가 조금 난다."[98]라고 생각했다. 1977년 그는 2,500미터 높이의 코 에 반다카Koh-e-Bandaka 북동벽에서 영국-폴란드 합동원정대의 일원으로 보이테크 쿠르티카Voytek Kurtyka와 함께 알파인 스타일 등반으로 6일 만에 성공을 거두었다. 존 포터는 이 원정등반을 "동구권과 서구권이 처음으로 연합해 거대한 봉우리를 알파인 스타일로 공략한 사건"이라고 묘사했다. "5명의 자본주의 노예들이 6명의 사회주의 귀족들과 팀을 이뤘다. 양쪽 모두 무정부주의적인 접근법을 공유했다."[99] 그는 유럽으로 돌아오는 길에 토빈 소렌슨Tobin Sorenson과 아이거 북벽의 할린 루트(ED3등급)를 알파인 스타일로 올랐는데 "사흘밖에 안 걸린 쉬운 루트"였다고 묘사했다. 이듬해, 매킨타이어와 포터, 쿠르티카, 크지슈토프 쥬렉Krzysztof Zurek은 창가방 남벽을 알파인 스타일로 등반했다. 산에서 11일을 보낸 그들은 그중 5일 밤을 매킨타이어가 설계한 해먹에 매달린 채 보냈다. 그곳은 히말라야에서 포위전술을 사용하지 않고 오른 첫 거벽 중 하나로, 미국과 이탈리아의 강력한 팀들이 시도했음에도 불구하고 아직 재등이 이루어지지 않았다. 1979년에는 창가방 남벽팀과 르네 길리니Rene Ghilini(프랑스계 이탈리아인 가이드), 루드비크 빌치인스키Ludwik Wilczynski(폴란드의 음악가이자 고전 문헌학자)는 다울라기리(8,167m) 동벽을 사흘 동안 알파인 스타일로 단 한 번의 시도로 올랐다. 동세대의 많은 등반가들과 마찬가지로, 매킨타이어는 소규모의 알파인 스타일 원정등반에 절대적으로 몰입했다. 그는 시샤팡마 등정에 대해 "벽은 야망이었고 스타일은 집착이었다."[100]라고 썼다. 그는 그로부터 몇 개월 뒤 안나푸르나 남벽에서 낙석에 맞아 사망했다. 당시 그는 길리니, 포터와 함께 신루트를 알파인 스타일로 등반하려고 했다. 매킨타이어가 죽기 얼마 전, 메스너는 그를 "오늘날 살아 있는 진정한 스타일의 순수주의 주창자"라고 묘사했다. 포터는 그의 부고란에 "친구하나를 잃었다. … 지난 수년간 나는 그를 통해 자유와 연결될 수 있었다.[101]"라고 간단히 썼다.

매킨타이어, 포터와 같은 시기에 리즈대학을 다녔던 로저 백스터 존스는 태도가 좀 더 여유로웠고, 상류층 특유의 남부 억양이 있었다. 1970년대 초반 알프스의 주요 하계 루트를 여러 차례 등반한 그는 동계 알프스 등반으로 관심을 돌려 1972년에는 터트 브레이스웨이트와 함께 몽블랑 드 타퀼Mont Blanc de Tacul의 슈퍼 쿨르와르Super Couloir(ED2등급)를 올랐고, 1975년에는 닉 콜튼과 함께 그랑드조라스의 윔퍼 스퍼 다이렉트Whymper Spur Direct(ED3 등급)를 올랐다. 1977년 그는 그랑 샤르모Grands Charmoz 북벽(TD등급)을 동계 초등했다. 백스터 존스는 시샤팡마 등정 이후 1983년에 앨 라우즈, 앤디 파킨Andy Parkin, 장 아파나시에프Jean Afanassieff와 함께 알파인 스타일로 브로드피크(8,047m)를 등정했지만, 고소등반에 대해 점점 환멸을 느끼기 시작했다. "나는 등반이 즐거움과 관련이 있다는 예스러운 생각을 항시 갖고 있었다.[102]" 프랑스로 이주해 그곳의 여성과 결혼한 그는 영국인 최초의 샤모니 가이드가 되었다. 그는 1985년에 알프스에서 가이드를 하다 눈사태로 사망했다.

앨 라우즈는 보닝턴에 의해 에베레스트 북동 능선 원정대에서 제외되었음에도 불구하고, 프로 산악인으로서의 경력을 계속해서 추구했다. 그러자 버제스 쌍둥이는 다음과 같이 정리했다. "영국에서는 진정한 '프로' 산악인을 위한 자리가 한정되어 있다. 보닝턴과 스콧이 가장 눈에 띄었고, 라우즈 등 나머지 사람들은 몸부림치며 위로 올라가야 했다.[103]" 1986년 그는 K2의 북서 능선에서 신루트를 시도하는 원정대를 이끌었는데, 여기에는 버제스 쌍둥이, 브라이언 홀, 존 포터, 데이브 윌킨슨이 참가했다. 악천후가 오랜 기간 지속되자 다른 이들은 포기하기로 결정했지만, 라우즈는 남아서 아브루치 스퍼Abruzzi Spur의 '노멀 루트'를 통해 영국인 최초로 K2를 등정하려 시도했다. 이 루트는 라우즈만큼 야심과 능력이 있는 등반가에게나 '보통'이라 불릴 수 있는 어려운 루트였다. 정상을 향해 여러 나라들이 혼돈스럽게 경쟁하는 가운데, 산을 덮친 폭풍설이 닷새간 이어졌다. 이 폭풍설 속에서 등반가 6명이 사망했는데, 쿠르트 딤베르거의 파트너로 정상을 노리던 또 다른 영국 등반가 줄리 툴리스Julie Tullis와 라우즈가 사망자 명단에 포함되었다. 라우즈와 툴리스 모두 정상에 도달했지만 폭풍설 속에 하산하다 사망했다. 이 원정등반에 대한 영화를 만든 짐 커랜은 라우즈가 마지막으로 시도하게 된 동기를 다음과 같이 설명했다. "등반가, 작가, 위원회 위원, 영국등산위원회 부위원장, 강사, 여가를 즐기는 신사 등의 역할을 한꺼번에 해야 했던 위험한 생활양식은 항상 균형이 중요했다. … K2와 같은 원정은 그 자체로도 중요했지만, 그만큼 성과가 드러나는 것도 반드시 필요했는데, 그래야만 그가 어떻게든 자신의 이름과 명성을 이용해 다음 시즌의 무역박람회, 강연, 잡지 기사 등의 일을 해나갈 수 있었기 때문이다.[104]"

그가 죽기 직전, 고산지대의 경량 원정에 관한 영국산악회의 심포지엄에서 라우즈는 1976년에서 1977년까지 자신이 경험한 "최고의 여행"에 대해 설명했다. "이 여행은 남미 대부분의 지역, 특히 파타고니아와 페루를 섭렵한 9개월간의 등반 원정이었다. 우리는 두 명씩 세 팀으로 나눴는데, 랩 캐링턴과 나, 브라이언 홀과 존 휘틀John Whittle, 버제스 쌍둥이로 각각의 팀을 만들었다. 부인과 여자친구들이 우리와 함께했다. … 우리 모두에게 매우 성공적인 원정이었고, 17개의 주요 초등을 해냈다. 각각의 팀은 산에서 따로 활동했지만, 베이스캠프에서는 서로에게 정신적인 지원을 해줬고, 필요한 경우 구조를 받을 수 있다는 심리적 버팀목도 되어줬다.[105]" 라우즈는 영국의 고난이도 암벽등반에 대해 애정 어린 향수를 갖고 있었고, 반면 히말라야에서의 등반은 즐기기보다는 견뎌야 할 활동으로 여겼다. 그는 등반가들이 종종 하는 진부한 말대로 "죽고 싶은 방식으로" 죽지는 않은 것이 확실하다.

런던의 세금 사정관이었던 믹 파울러는 암벽과 빙벽 모두에서 현재까지도 계속해서 놀라운 숫자의 고난이도 신루트를 개척하고 있다. 그는 고산지대에서는 6천 미터급 고봉에 집중했는데, 공무원 휴가인 5주 안에 적응이 가능한 범위였기 때문이다. 그가 개척한 매우 아름답고 기술적으로도 어려운 신루트에는 1987년 빅터 손더스와 함께한 스판틱Spantik(7,027m)의 마흔 피치에 1,100미터를 올라야 하는 골든 필라Golden Pillar, 1993년 스티브 서스태드Steve Sustad와 함께한 세로 키시트와르Cerro Kishtwar(6,200m) 북서벽, 1995년 팻 리틀존과 함께한 마흔다섯 피치의 타워체Taweche(6,542m) 북동 필라, 2002년 폴 람스덴Paul Ramsden과 함께한 쓰구냥(6,250m) 북벽 등이 있다. 특히 쓰구냥 등반으로 그들은 프랑스 고령회로부터 황금피켈상Piolet d'Or(산악계의 '오스카상')을 받았다. 파울러와 마찬가지로 람스덴 역시 직장과 부양해야 할 가족이 있어, 등반할 수 있는 시간이 상대적으로 적었다. 그러나 그는 시간을 따로 내서 한 번의 주말 동안 드루아트 북벽과 마터호른 북벽의 동계등반을 성공하기도 했다. 한편, 파울러는 『옵저버Observer』가 주관한 투표에서 동료들에 의해 "산악인들의 산악인"으로 뽑혔다.

스티브 베너블스Stephen Venables[106]는 1988년의 미국 원정대에 합류해 에베레스트 정상을 무산소로 오른 첫 번째 영국 등반가가 되었다. 그는 캉슝Kangshung (동쪽) 벽의 신루트를 이용했다. 정상에 혼자 도착한 그는 8,500미터 지점에서 비박을 하다 동상으로 발가락 4개를 잃었다. 그는 "아무런 지원 없이, 히말라야의 고봉 중 하나에 오르면서 신체적으로 가능한 한계를 넘나드는 일은 언제나 흥미롭지만, 그렇다고 즐길 만한 일은 되지 못한다.[107]"라고 평했다. 이 등정의 성공으로 그는 테리 위건Terry Wogan과 인터뷰를 했고, 텔레비전 프로그램 「블루 피터Blue Peter」에도 모습을 드러냈다. 차터하우스와 옥스퍼드에서 교육을 받은 베너블스는 1983년에는 딕 렌쇼와 키시트와르-쉬블링Kishtwar-Shivling(6,000m)을 초등했으며, 1985년에는 빅터 손더스와 리모1봉Rimo I(7,385m) 등정을 시도하면서 알파인 스타일 등반에서 이미 명성을 쌓은 터였다. 리모1봉의 경우, 베너블스는 정상까지 채 400미터가 남지 않은 가운데 배낭을 떨어뜨려, 어쩔 수 없이 등정을 포기해야 했다. 인도와 파키스탄 사이의 국경 분쟁지역에 있는 리모 원정등반은 1957년의 에릭 십턴 이후 시아첸 빙하를 처음 가본 사례 중 하나였다.

소련이 붕괴되면서, 과거에는 서방 등반가들에게 출입이 금지되었던 파미르나 천산 등으로 원정의 길이 새롭게 열렸다. 1991년에는 알렌 파이프Allen Fyffe, 사이먼 예이츠Simon Yates, 부부인 로저 페인Roger Payne과 줄리-앤 클리마Julie-Ann Clyma 등으로 구성된 대규모 영국 원정대가 천산으로 향했다. 이 원정대의 대원들은 아름다운 칸텡그리Khan Tengri(7,010m)와 빅토리피크Victory Peak(7,439m)에 올랐다. 뉴질랜드 태생이지만 영국에 기반을 둔 클리마는 여성 등반가 중 가장 뛰어난 성취를 이룬 것으로 유명했다. 그녀는 고산지대로 수많은 원정을 떠났는데, 1995년에는 난다데비 동봉(7,434m)을 알파인 스타일로 초등했고, 1996년에는 창가방(6,864m)을 신루트로 올랐으며, 2003년에는 중국의 그로스브너Grosvenor(6,376m)를 초등하기도 했다.

1993년, 조나단 프랫Jonathan Pratt은 마침내 영국인으로서는 최초로 K2 서쪽 능선 등반에 성공했는데, 1978년에 보닝턴이, 1980년에 스콧이 시도했던 그곳은 1981년에 일본 등반가들이 포위방식으로 결국 등반에 성공한 곳이었다. 프랫은 미국인 댄 마주르Dan Mazur와 함께 8,200미터 지점에서 무산소로 계속 치고 올라가 정상에 도착했다. 프랫의 이름을 들어보지도 못한 영국 산악계는 처음에는 등정 성공 소식을 듣고 어느 정도 의구심을 가졌지만, 그는 계속해서 자이언트 5개를 올랐고, 가셔브룸1봉(8,035m)을 영국인으로서 처음 오르기도 했다.

축축했던 1993년 여름, 알프스에서는 엄청난 봉우리 수집 시즌이 펼쳐졌다. 마틴 모런Martin Moran과 사이먼 젠킨스Simon Jenkins는 52일 동안 4,000미터 이상의 알프스 봉우리 75개 전부를 논스톱으로 종주했고, 알리슨 하그리브스는 피츠 바딜레, 치마 그란데, 드류, 아이거(라우퍼 루트Lauper Route[108] 이용), 그랑드조라스(슈라우드Shroud 루트 이용), 마터호른 등 6대 북벽을 단독 등반했다. 같은 해 11월, 그녀는 그랑드조라스의 크로 스퍼를 여성으로서 처음으로 단독 등반했는데, 헬기를 타고 베르크슈른트에 내린 후, 정상에서 다시 헬기를 타고 내려왔다. 과거에 장비점을 운영한 그녀의 남편 짐 볼라드 Jim Ballard가 과장하는 바람에, 그녀의 성취는 많은 등반가들의 눈에 별일 아닌 것으로 축소되어 보였다. 그리하여 매스미디어는 저널리스트인 레베카 스티븐스가 가이드와 함께 에베레스트 정상을 오른 등반에 관심을 더 가졌다. 1995년 5월, 하그리브스는 셰르파의 도움 없이 무산소로 에베레스트를 오른 첫 여성이 되었다. 그녀는 같은 해 8월 K2 정상에서 하산하던 중 폭풍설을 만나 사망했다. 그녀의 죽음을 두고 주류 언론에서는 고소등반의 정당화할 수 없는 위험에 관해 1865년의 마터호른 재앙과 기분 나쁘게 유사한 논쟁을 촉발했는데, 이번에는 하그리브스가 두 아이의 어머니였기 때문에 논쟁은 여성과 어머니라는 측면에 집중되었다. 니겔라 로슨Nigella Lawson은 130년 전 마터호른 사고에도 비난을 쏟았던 바로 그『더 타임스』에 다음과 같은 글을 실었다. "만약 이 세상의 알리슨 하그리브스들이 그 정도로 목숨을 하찮게 여긴다면, 그들이 목숨을 잃을까 걱정할 필요는 없다고 본다.… 그들의 행동에 들어 있는 본질적인 무익함과 그들의 성공을 환영하는 가슴 벅찬 여론의 반응 사이의 간극이 바로 이런 종류의 자기중심적 등반이 경멸스러운 이유이다." 심지어 평소에는 개방적인 평론가였던 폴리 토인비Polly Toynbee도 이 사건으로 충격을 받았다. "하그리브스는 남자처럼 행동했다.… 그녀는 위험을 추구했으며 자신의 가족은 뒷전이었다."[109]

하그리브스는 취향에 따라 존경이나 비방을 받는 성적 유형화의 아이콘이 되었지만, 그런 공적인 논쟁 속에는 개인적 비극이 숨어 있었다. 감정적으로 냉담한 그녀의 부모는 야심이 컸고, 16세 연상의 남편은 자신의 좌절된 등반 야망을 그녀를 통해 대신 실현하려 했으며, 그녀 자신은 자존감이 부족해 남들의 인정을 간절히 필요로 했다. 이 모든 것이 그녀의 죽음에 일조했다. 짐 볼라드의 장비점이 파산을 하자, 두 자녀를 키우는 데 드는 비용은 하그리브스의 불안정한 프로 등반가로서의 수입에 의존할 수밖에 없었다. 결국 그녀는 에베레스트의 베테랑이었던 조지 밴드의 제안에 따라 1년 안에 무산소로 에베레스트와 K2, 칸첸중가를 모두 시도하기로 결심했다. K2에서 일어난 사고는 이미 예고된 죽음이 현실화된 비극이었다.

한편, 파타고니아와 배핀섬과 그린란드에서는 거벽등반이 계속되었다. 1994년, 고가스Gogarth에 개척한 모험적 루트들로 유명했던 폴 프리차드는 노엘 크레인Noel Craine 등과 팀을 이뤄 상단부가 평평한, 놀라운 화강암 기둥으로 솟은 그린란드의 아스가르드Asgard에서 하이퍼보리아Hyperboria라는 루트를 등반했다. 그곳은 제임스 본드가 「007─나를 사랑한 스파이」에서 영국 국기 무늬 낙하산을 쓰면서 스키 점프를 했던 곳이기도 하다. 등반하는 데 11일이 걸린 이 루트는 E4 6a 또는 A4+로 등급이 매겨진 열아홉 피치로 이루어져 있다. 정상에서 "선등을 계속 맡은 노엘은 오버행을 잡아당기며 두 손으로 정상을 거머쥐었다. 아스가르드에는 영혼을 파괴하는 잘못된 꼭대기는 없다. 다만 정상과 바위 턱을 손바닥으로 치기만 하면 된다."[110]

1996년 앤디 퍼킨스와 브렌던 머피Brendan Murphy, 로저 페인, 줄리-앤 클리마는 창가방 북벽에서 신루트를 시도했으나, 퍼킨스가 심각한 식중독에 걸려 포기해야 했다. 이듬해 페인과 클리마, 머피는 앤디 케이브Andy Cave, 믹 파울러, 스티브 서스태드와 함께 창가방으로 돌아가 세 팀으로 나눠진 2인 1조로 알파인 스타일 등반을 했다. 페인과 클리마는 바위에서 12일을 버텼지만 끝내 포기하고 말았다. 다른 4명은 치명적일 수도 있었던 서스태드의 추락에도 불구하고 계속 치고 올라가 정상에 도달했다. 하지만 하산 도중 브렌던 머피가 눈사태에 휩쓸렸다. 그리하여 3명의 생존자들은 산에서 총 16일 밤을 보내며 체력을 모두 소진한 채 하산을 감행했다. 2001년에는 줄스 카트라이트Jules Cartwright와 리치 크로스Rich Cross가 아마다블람의 북서 능선을 경량으로 멋지게 초등했다. 이 루트는 4,000미터가 넘는 가파른 물결 모양의 능선으로 되어 있다. 과거에는 수십 번의 시도가 모두 실패로 돌아갔는데, 8명으로 구성된 팀이 볼트를 이용해 포위전술을 쓴 적도 있었다. 카트라이트는 그로부터 2년 뒤 알프스에서 사망했다.

이탈리아의 뛰어난 등반가 라인홀드 메스너는 1986년에 8천 미터급 고봉 14개를 모두 오른 첫 등반가가 되었다. 요크셔 출신의 앨런 힝크스Alan Hinkes가 영국인 중에는 처음으로, 그리고 세계에서는 13번째로 봉우리 사냥꾼이 궁극적으로 갈망하는 이 꿈을 실현했다. 그는 1987년 시샤팡마로 시작해 2005년 칸첸중가를 매우 빠르게 등정하면서 14개 완등을 마무리 지었다. 그는 18년간 이 과업을 완수하면서 K2와 낭가파르바트, 칸첸중가는 3번 시도했고, 마칼루는 4번을 시도했다. 여러 가지 사고를 당한 그는 낭가파르바트에서는 기묘한 '차파티 사고'를 겪기도 했다. 차파티 가루를 잘못 들이마시면서 기침을 하도 세게 하는 바람에 디스크를 다친 것이다. 힝크스는 초반에는 프랑스의 불 컴퓨터Bull Computers로부터 후원을 받았다. 그들의 "희망의 팀—도전 8000Esprit d'Équipe—Challenge 8000"이라는 홍보 활동의 일환이었다. 이 후원은 회사가 심각한 재정적 손실을 입고 프랑스의 노동자들이 과도한 후원 프로그램에 항의 시위를 하면서 갑작스레 중단되었다. 그는 가능한 모든 곳에서 후원을 받고, 이미 특정 봉우리를 예약해놓은 다른 원정대들과 붙어 다니면서 나머지 등정을 마쳤다. 그는 이런 수고를 인정받아 2006년 새해 명예 훈장 대상에 오르며 대영제국 4등급 훈장(OBE)을 수여받았다. 51세에 마지막 등정을 마친 힝크스는 베이스캠프에 앉아 이렇게 생각했다고 한다. '난 이제 자유야. 죽음에 가까운 경험을 끝냈으니, 이젠 낮은 산에서 자유롭게 등반을 즐길 거야."[111]

8

산이 거기 있으니까?

사람들이 더 부유해지고 건강해지고 교육을 잘 받으면서, 또한 더 편안해지고 안전해지고 여가도 많아지고 기동성 역시 더 좋아지면서, 그리고 지식이 성장하고 기술이 진보하면서, 점점 더 많은 사람들이 어떤 일반적인 도덕적 기준이나 합리적 기준으로는 명확히 정당화할 수 없는 위험에 스스로를 내던지기 위해 훨씬 더 위험한 등반을 의도적으로 감행하기 시작했다. 그래서 다음과 같은 질문을 끊임없이 유발한다. 사람들은 왜 산에 오를까?

맬러리는 "산이 거기 있으니까."라고 한 말을 기억하지 못했다. 산에 익숙한 이들에게는 이 피할 수 없는 질문에 대한 대답이 뻔하다고 그는 여겼다. 1953년 에베레스트 원정대에 동행한 『더 타임스』의 젊은 기자 제임스 모리스James Morris는 이 질문을 수개월간 생각해봤다. 그는 자부심, 야망, 금욕주의, 신비주의, 피학증이라는 다섯 가지 동기를 제시했다. 이 중에서 그는 마지막 이유가 가장 설득력이 있다고 봤다.[1] 이 다섯 가지 동기는 등반 욕구를 유발하는 어떤 역할을 하는 것은 분명하지만, 전부를 설명하지는 못한다. 풍부하고 다채로운 산악 관련 문헌들을 보면, 등반가들은 산악운동의 매력을 설명하는 데 꽤 애를 먹는데, 분명한 것은 사회적, 문화적, 경제적 영향과 매우 개인적인 경향이 한데 엉켜 복잡하게 상호작용한다는 것이다. 개인주의적인 면을 자랑스러워하는 등반이라는 운동에 대해 일반적인 결론을 내린다면, 그것은 등반이 무엇보다도 도피와 관련된 활동이라는 사실이다. 익숙한 곳에서 알려지지 않은 곳으로, 소음과 군중에서 평온함과 아름다움으로, 편안과 편리에서 임의적인 위험으로, 추종과 동조에서 자유와 자립으로, 복잡함에서 단순함으로의 도피이다. 등반은 쓸모는 있으나 목적이 없는 존재로부터, 쓸모는 없으나 목적이 충만한 존재로 도피하는 것이다.

영국의 도시 전문직 중산층이 처음으로 산을 올랐을 당시 도피하고 싶은 욕구를 피력한 사실은 그들이 도피의 필요성을 가장 민감하게 느낀 사람들이라는 점과 도피를 위해 무엇인가를 할 수 있는 수단이 있었다는 점을 반영한다. 더 많은 이들이 같은 필요를 느끼고 같은 수단을 획득하면서, 등반은 국가와 계층의 경계를 뚫고 확장했다. 그리고 일반 등반가들과 정예 등반가들의 동기는 정도에서는 분명 차이가 있지만 본질에서는 다르지 않다. 오늘날 영국에 있는 4백만 명의 트레커와 등반가는 소수의 정예 등반가들과 정확히 같은 이유로 일상생활에서 도피하고 싶어 한다. 그러나 그들은 이 도피가 일시적이라는 점을 알고 있다. 그들은 자신의 일상생활을 새롭게 하고 다시 활력을 불어넣기 위해 그와 '대조'되는 산을 찾는다. 반면 정예 등반가들은 정말로 일상생활로 돌아오고 싶은지 자기 자신에게 의문을 제기하는 것으로 보인다.

제임스 모리스는 자부심과 야망 같은 영웅적인 본능이 심미적이거나 신비주의적인 동기보다 앞선다고 봤지만, 그는 한 무리의 경험 많은 등반가들이 지상에서 가장 높은 산을 '정복'하려고 하는 것을 보고 있었던 상황에 있었기에 그렇게 여긴 것이다. 젊은이들이 산으로 향하게 되는 최초의 충동은 자부심과 야망보다는 탐사, 자유, 우정, 모험 등에 가깝다. 보통은 이런 것들에 이어서 아름다움에 대한 인식이 생겨난다. 이때 성취의 느낌, 그리고 누가 봐도 어렵고 위험한 활동을 하는 것에서 오는 개인적인 만족감이 생긴다.

최근 『이코노미스트The Economist』에 실린 "행복과 경제학[2]Happiness and Economics"이라는 기사는 높은 급료를 받는 경영 컨설턴트들이 수행한 연구인데, 사람들은 세 가지 기준에 맞는 임무를 수행할 때 가장 행복하다는 내용이다. 첫째, 주어진 임무가 자신들을 굴복시키지 않으면서도 계속 증가해야 한다. 둘째, 명확한 목표가 있으면서 그 목표로 가는 과정에 대한 확실한 피드백이 있어야 한다. 셋째, 임무를 수행하는 사람이 상황을 통제하고 있다는 느낌을 갖고 있어야 한다. 이 컨설턴트들이 그런 결론에 도달한 연구를 진행한 것을 보면, 그들 중에는 등반가가 한 명도 없다는 사실을 알 수 있다.

트레커들을 위한 가이드북들을 저술한 염세주의 작가 알프레드 웨인라이트Alfred Wainwright는 페나인 웨이Pennine Way를 싫어하긴 했지만, 그곳을 완주한 성취는 자랑스러워했다. "페나인 웨이는… 험하고 가혹한 등산로인데, 걸어봐야 보람도 별로 없다. 그곳은 완주할 수 있을 만큼 용기가 있다는 사실을 스스로에게 증명하기 위해 걷는 길이다. 그곳은 양심의 가책을 덜기 위해 걷는 길이고, 완주가 개인적인 성취라고 여기기 때문에 걷는 길이다.[3]" 보람이 없는 등산로라지만, 수백 명의 트레커들은 매년 웨인라이트의 발자취를 따르는데, 그들은 2~3주를 투자해 435킬로미터의 등산로를 완주한 후 개인적 성취감을 느낀다. 그보다 더 많은 사람들이 며칠 동안 스코틀랜드의 토탄 늪과 황야를 헤집고 다니면서 신비스러운 고도 3,000피트(914m) 이상의 산 283개를 수중에 넣는다. 많은 먼로Munro에서 정상까지 곧바로 뻗은 가장 빠른 길은 최선의 루트가 아니다. 한두 시간 더 걷는다면 외진 곳에 숨어 있는 작은 호수들을 찾아내거나 좁은 암벽 리지를 기어올라가볼 수도 있다. 그러나 정상까지 가는 직선 루트는 거의 항상 가장 많은 사람들이 이용하는 길이기도 한데, 수세대에 걸쳐 부츠가 지나가면서 생긴 자국들은 등산가들이 산에 오르는 동기에 대해 설문조사한 내용을 말없이 보여주는 듯하다. 먼로에 오르는 대부분의 사람들은 주로 정상에 오를 때의 성취감을 맛보기 위해 등반을 하기 때문이다. 그들은 한두 시간을 더 노력해야 경험할 수 있는 아름다움이나 모험에는 관심이 없다.

그러나 세상사가 다 그렇듯, 대부분의 사람들은 개인적 성취감만으로는 만족하지 못한다. 그들은 자신의 동료들로부터 인정과 존경을 받기를 원한다. 그리고 그렇게 서로 인정하다 보면 불가피하게 경쟁이 생긴다. 오랜 세월 동안 영국의 산악계는 등반에서 자부심과 야망과 경쟁이 중심적인 역할을 한다는 점을 부인해오면서, 그런 요소는 등반의 심미적이고 정신적인 요소들을 손상시키고, 근본적으로 경쟁이 없는 인간과 산 사이의 관계에 위협을 준다고 주장했다. 그러나 알프스 개척 등반가였던 존 틴들이 "바이스호른의 가장 높은 곳에 있는 눈송이를 밟음으로써 이 산의 위신이 영원히 땅에 떨어졌다.[4]"라고 말한 것으로 보아, 그에게 동기부여를 한 것은 분명히 자부심이었다. 또한, 영국 암벽등반의 아버지인 해스킷 스미스는 "A라는 사람이 완등을 하면… B, C, D는… A가 어렵다고 생각했던 루트를 완전히 똑같이 따라가봤는데 너무 쉬웠다고 말하고 싶어 한다.[5]"라고 언급했는데, 그가 여기서 설명하는 것은 경쟁임이 확실하다. 개척자들은 야심이 많은 프로로, 계급적이고 지위를 중시하는 사회에서 자신의 위치를 향상하기 위해 투쟁했던 사람들이다. 자부심과 야망과 경쟁은 빅토리아 시대의 도보여행자들로 하여금 봉우리를 수집하고, 늪지대를 속보로 통과하며, 언덕을 뛰어다니고, 산을 기어오르는 등의 활동을 하도록 변화를 일으켰다. 그리하여 단순히 기어오르던 활동이 곧 등반이라 불리는 정교하고 경쟁적인 '치킨 게임'으로 진화했다. 처음에 경쟁은 '친구들' 간의 라이벌 의식이라는 형태로 나타났다. 아놀드 런Arnold Lunn은 제1차 세계대전 이전에 쓴 글에서 다음과 같이 평했다. "이론적으로는 우리 모두가 등반을 사랑하는 순수한 마음으로 산을 오른다. 물론, 그 성취로 공로를 인정받는 것에 대해 인간으로서 최고 수준으로 무심한… 산악인들도 꽤 있다. 하지만, 알프스 등반의 세계를 분열시키는 씁쓸한 질투보다는 경쟁 속에서 인정받는 라이벌 의식이 더 낫다는 생각이 종종 든다."[6] 산악운동이 확산되면서, 만나보지도 못한 개인들 간의 경쟁과 다른 지역, 다른 나라, 심지어는 다른 세대와의 경쟁이 홍보를 통해 활성화되었다. 톰 페이티는 "물론, '아마도 정당화할 수 없는'이라는 수식어는 선배들을 기꺼이 경멸하는 젊고 야심찬 VS등급 등반가들로 하여금 수세대에 걸쳐 등반에 관심을 쏟게 하는 의도치 않은 효과를 낳았다."[7]라고 평했다. 윈체스터에서 맬러리의 선생이었던 R. L. G. 어빙은 "등반은 인간의 라이벌 의식이라는 유해한 영향을 절대로 벗어나지 못했다."[8]라며 유감 섞인 언급을 했다. 심지어 확고한 심미주의 옹호론자였던 맬러리 역시 자부심과 야망에도 나름의 역할이 있다고 시인했다. "인간의 다른 활동과 마찬가지로, 등반은 대체로 칭찬에서 완전히 자유롭지 못하다. 우리가 공감할 만한 동기를 가진 이들에게는 '명성'이라는 말을 쓰고, 다른 이들에게는 '홍보' 또는 '저열한 경쟁의식'이라는 말을 쓸 뿐이다."[9]

하지만 사람들은 왜 성취와 인정을 향한 갈망을 등반을 통해 만족하려 할까? 윌프리드 노이스는 1947년에 "자신의 일에서 성공하지 못한 이들은… 등반 활동에서 자신의 능력을 발휘함으로써 산악계에서 격식을 따지지 않는 명성을 얻을 수 있다는 점을 깨달았다."[10]라고 언급했다. 실제로 역사를 통틀어 등반을 하게 된 이들 중에는 근시나 조화능력 부족으로 고통받거나, 좀 더 전통적인 스포츠에서 성공하기에는 적응력이 떨어지는 젊은 남자들(그리고 그보다는 적은 수의 젊은 여자들)의 비중이 매우 높다. 스포츠에서의 성공이 가져다주는 지위를 갈망할 정도로 힘은 세지만, 좀 더 대중적인 스포츠에서 두각을 나타내는 데 필요한 특성이 부족한 이들에게, 등반은 완벽한 탈출구를 제공한다. 모든 이들은 고소공포증이 있는데, 이점은 아웃워드 바운드에서의 교육뿐 아니라 경영 분야에서의 팀워크 강좌에서 거리낌 없이 언급되는 사실이다. 따라서 일반 대중들이 등반의 세세한 측면을 이해하지 못한다 하더라도, 등반을 할 때 공포를 이겨내는 과정이 필요하다는 점은 누구나 알 수 있다. 그렇기 때문에 등반가들은 다른 소수의 스포츠에 종사하는 이들은 받아보지 못하는 대중의 존경심을 어느 정도는 받게 된다. 직장 동료들과 주말 활동에 대해 이야기하는 등반가는 일반적으로 "아, 난 그거 절대 못하겠는데!"와 같은 만족스러운 반응을 얻게 된다. 이로 인해 등반가들은 일반인들보다 더 용감하고 영웅적이라는 자만심을 갖게 된다. 물론, 현실은 다소 다르다. 트레킹에서 '졸업'하고 등반으로 진출하는 젊은이 대부분은 오히려 안도감을 갖는다. 체력과 투지가 필요한 고통스러운 트레킹과는 달리, 암벽등반은 강도 높은 활동을 짧게 폭발시키는 일이고, 공포는 아무것도 하지 않는 긴 시간에 걸쳐 엷게 퍼져 있다. 공포만 극복한다면, 훨씬 적은 노력을 하면서 트레커에 비해 우월하다는 유쾌한 감정을 누릴 수 있다. 1866년, 러스킨은 다음과 같이 말했다. "등반이 정말로 질책을 받아야 하는 근거는 명분도 거의 없으면서 다른 체육 기술보다 더 많은 허영심을 유발한다는 점이다.[11]"

하지만, 공포의 감정은 절대로 허상이 아니다. 아드레날린이 많이 분비되는 스포츠가 모두 그러하듯, 등반은 선진화된 세계의 일상생활 대부분에서는 다행히도 찾을 수 없는 강렬한 경험을 제공한다. 강도 높은 육체적 활동과 정신적 통제에 몰입하다 보면 잡생각을 모두 떨쳐버릴 수 있다. 등반가는 생존과 관련되지 않은 모든 생각을 일시적으로 배제하는 단순한 세상으로 돌입한다. 등반에 끌리는 젊은이들은 필연적으로 위험을 무릅쓰는 자들인데, 능력과 직장, 집, 배우자, 연금 같은 안전장치들을 추구하는 많은 사람들은 자신의 일상생활에서 도덕적으로 겁쟁이가 된 느낌을 가질 수 있다. 등반을 통해 그들은 잠시나마 영웅심을 느낄 수 있고, 자신의 용기와 결의를 시험해볼 기회를 갖게 된다. 또한 등반에는 다른 대부분의 스포츠에는 없는 '세속을 초월하는' 측면이 있다. 도시 내에 있는 진흙탕 풋볼 경기장이나 수풀이 우거진 교외의 골프 코스는 여전히 분명하게 규칙과 규범, 책임, 의무가 지배하는 도시적인 일체주의 세상에 속해 있다. 그와는 대조적으로 등반은 등반가가 '문명화된' 일상생활의 경계 밖으로 모험을 떠나는 활동이다.

엘리트 스포츠맨들이 자신의 스포츠에 집착하는 것과 마찬가지로, 일류 등반가는 등반에 집착한다. 하지만 매일 수 시간 동안 격렬한 활동을 하면서도 상대적으로 일반적인 생활이 허용되는 대부분의 다른 게임이나 스포츠와 달리, 등반은 삶 전체를 지배할 수도 있다. 도전적인 등반은 본래 일반사회에서 멀리 떨어진 외딴 곳에서 하게 마련이고, 자신과 비슷한 열의를 갖고 등반에 집착하는 사람들과 수개월을 함께 보내게 된다. 이에 더해 일류 등반가들은 등반 활동을 하는 동안 트레커 같은 '일반' 사람들이 끼어드는 것을 매우 싫어하는데, 눈 덮인 봉우리들과 사투를 벌이면서 만들어낸 개인만의 장엄한 풍경을 망치기 때문이다. 알렉스 매킨타이어가 시샤팡마 등정에 대해 설명한 것을 보면, 원정대를 조직한 당사자이면서도 원정대에서 경험이 가장 적은 대원이었던 닉 프레스콧이 약점을 보이자 "경험이 많은 등반가들" 사이에 감돈 승리감과 안도감을 엿볼 수 있다. "그는 겨울 눈보라 속에서 스코틀랜드의 습지대를 힘겹게 걸어본 경험이나, 알프스에서 미친 듯이 24시간 동안 쉬지 않고 녹초가 되도록 행군해본 경험이 부족했다. … 마치 상처를 크게 입은 짝과 함께 추격당하는 한 무리의 늑대처럼, 경험이 많은 등반가들은 필연적 결말을 직감했다. '닉은 끝장이야.'"[12] 소규모이면서 경쟁적이고 온실에서 자란 듯한 엘리트 세계에서는, 자존감이 낮아 동료들의 인정을 갈망하는 젊고 야심찬 등반가들이 자신의 개인적 비극의 기반을 어떻게 만들어가는지 쉽게 알 수 있다. 그들은 교육과 직장, 그리고 등반을 하지 않는 친구들과 친척들을 점점 잃어가면서, 자아실현을 할 수 있는 대안적 기회들도 포기하는 가운데, 동료 사이에서의 입지와 자신만의 영웅적인 자아상을 모두 유지하기 위해 더더욱 어려운 등반에 도전할 필요를 느낀다. 물론 대부분의 등반가들은 이 악순환에서 빠져나와 등반이 중요할 수도, 중요하지 않을 수도 있는 완벽하게 균형이 잡힌 행복하고 충만한 삶을 살아간다. 하지만 소수의 등반가들은 어려운 등반에의 집착을 끝까지 유지해, 논리상 필연적인 비극적 결말을 맞게 된다.

인공암장, 스포츠 클라이밍 벽, 심지어는 확보가 양호한 전통적인 루트도 낮은 수준의 위험은 존재한다. 물론 이는 바로 대부분의 등반가들이 원하는 정도이다. 하지만, 어려운 단독등반이나 객관적 위험이 매우 큰 고산의 루트에 도전하는 것은 의도적으로 죽음의 주사위를 던지는 것이나 다름없다. 스스로도 인정하듯, 이런 위험을 습관적으로 감수하는 등반가들은 외상 후 스트레스 장애와 유사한 징후를 보인다. 조 태스커는 "등반 도중 듣게 되는 소리에 하도 민감해져, 머리 위로 비행기라도 날아가면 산사태 소리인 줄 알고 은신처를 찾게 된다."[13]라고 설명했다. 군인들이 겪는 외상 후 스트레스 장애로는 플래시백이나 불면증, 분노, 대인관계 장애 등이 있다. 장기간의 힘든 등반이 끝나고 일상생활에 적응이 수월하지 않은 것은 당연한 일이다. "우리는 우리 자신을 육체적으로나 정신적으로나 한계상황까지 밀어붙였고, 그 한계점에서 매우 오래 있었기 때문에 일상생활로 우리 자신을 다시 끌고 올 힘이 거의 남아 있지 않았다."[14] 현실 세계의 복잡하고 애매한 문제들에 다시 한번 직면하면, 단순하고 목적이 뚜렷한 산악등반으로 돌아가고 싶은 유혹이 엄청나게 커진다. 피터 보드먼은 "우리는 안도감을 갖고 산으로 돌아왔다. 다른 행성, 다른 현실의 도덕적 문제들로부터 도망친 것이다."[15]라고 썼다. 몇몇 엘리트 등반가들은 군인이나 죄수처럼 원정대 생활에 거의 감금이나 된 듯 살아간다. 알파인 스타일 등반을 열렬히 지지한 앨런 버제스는 결국 나중에 취소된 보닝턴의 에베레스트 원정대에 참가하는 것을 고려한 적이 있었는데, 그의 쌍둥이 동생은 그가 그렇게 결정을 내린 이유를 다음과 같이 설명했다. "기본적으로, 에베레스트에 가면 하루에 세 끼를 공짜로 먹을 수 있고, 3개월 동안 집이라고 부를 만한 장소가 생기기 때문이다."[16]

등반과 전쟁은 당연히 비교될 수밖에 없었다. 제프리 윈스롭 영은 "공허한 분위기, 질식, 흥분, 초조함, 중대한 행동을 하기 전에 느끼는 조바심이 조금씩 섞여 있는" 상태에 대해 말하며 "어떤 관습도 이를 떨쳐버릴 수 없다. 전시의 '공습 전날 밤' 같은 이런 느낌이 더욱 일상화되기 때문에 기꺼이 그런 감정을 고백하게 된다."[17]라고 언급했다. 그러나 영은 전쟁과 등반의 차이를 정확히 명시하는 데는 애를 먹었다. "이프르Ypres에서 일주일간 폭격을 견디기도 하고 마터호른에서 하루 동안 등반하며 경치도 감상한 사람이라면, 단조롭게 울리는 죽음의 종소리와 깊고 공명이 큰 삶의 화음을 어떻게 비교할 수 있겠는가. …" 영은 바쁜 일상생활 속에 비교적 드물었던 휴일을 이용해 등반을 갔다. 대부분의 등반가에게 등반은 일상생활과 크게 '대조'된다는 점과 강렬한 공포를 순간적으로나마 느낄 수 있다는 점이 매력 포인트였다. 엘리트 등반가들은 이런 느낌을 가차 없이 집착적으로 추구한다. 물론 이들 대부분은 죽고 싶지 않아 하지만, 죽음을 받아들이겠다는 마음도 분명히 가지고 있다.

짐 페린은 등반에 대해 주기적으로 의기소침한 상태에 빠졌는데, 한번은 다음과 같이 썼다. "등반에는 물론 신비주의적 요소가 있지만, 등반가들은 신에 빠지는 것이 아니라 자신에게 빠진다. … 자아와 의지력은 등반의 원동력이 된다. 그러나 등반의 토대가 되는 철학은 절망이다. … 자아와 의지력은 절대로 행복을 가져다주지 않는다. 내가 등반을 제일 잘하던 시기는 내 삶에서 가장 불행했던 시기였다. … 등반의 매우 중요한 부분을 대표하는 죽음에 대한 고려는(그런 것이 없다고 주장한다면 그건 완전 거짓말이다) 등반의 또 다른 부정적 요소이다. 사망자가 새로 나올 때마다 '그럴 만한 가치가 있는가?'라는 질문을 반복하게 된다. … 정말 그럴 만한 가치가 있는가? 나약하거나, 목적의식이 없거나, 불만족에 빠져 있거나, 힘은 세지만 방향성이 없거나, 자녀가 없거나, 결혼생활이 불행하거나, 우유부단하거나, 절망에 빠져 있다면, 그 답은 예스이다."[18]

많은 일류 등반가들은 산으로 향할 때 불행하고 불만족스러운 인간관계를 내려놓고 가는 것처럼 보인다. 심지어 19세기 등반이 산악운동으로 탄생하게 된 요소 중 하나로 부족한 섹스가 있다는 이론까지 있다. 영국 등반의 황금기가 빅토리아 여왕의 즉위 이후 새롭게 나타난 성적 억압의 윤리와 시기가 일치한다는 것을 지적한 이 이론에 따르면, 조지 황태자의 섭정 시기에는 남성들이 부인이나 첩을 쫓아다니는 것에 만족했지만, 빅토리아 시대에는 자신들의 성적 욕구를 산악운동으로 승화했다. 얼음으로 된 자부심 넘치는 '처녀'봉들을 정복한 것이 그 예가 될 수 있는데, 이 처녀봉에는 꽤 자주 '신부의 드레스가 드리워져 있었다'고들 말한다. 확실히 개척자들의 기록에는 성적 이미지가 흔하게 등장하는데, 한스 크리스티안 안데르센Hans Christian Andersen이 자신이 갖지 못한 여성에 대한 짝사랑을 비유적으로 표현한 『눈의 여왕The Snow Queen』(1844년) 같은 당시 아동용 도서들의 인기는 그런 성적 이미지의 남용을 잘 보여주는 듯하다. 윔퍼는 에귀 드 트렐라테트Aiguille de Trélatête가 구름에 둘러싸인 것을 보고 느낀 절망을 다음과 같이 표현했다. "우리의 산은 마치 교태를 부리는 아름다운 여성인 양, 때때로 자신의 모습을 살짝 드러냈다. 위쪽은 매력적이었고, 아래쪽은 신비스러웠다."[20] 산은 욕망의 대상으로 자주 간주되기는 했으나, 항상 여성으로 취급된 것은 절대 아니다. 윈체스터의 교사였던 R. L. G. 어빙에게 산은 분명히 남성으로 다가왔다. "눈 덮인 산의 넓은 가슴이 우리의 가슴과 거의 맞닿는 것을 느끼고, 산의 암석으로 된 웅장한 어깨가 우리의 어깨에 스치며, 우리의 손이 잡을 곳을 찾아 산의 드세고 거친 피부를 움켜쥘 때는 그 산이 인격체라는 느낌이 강하게 든다."[21]

등반은 사회적·경제적 다원주의에 대한 관심이 절정을 이뤄, 영국인들이 자신들이 정복한 민족들과의 대조를 통해 자신들의 정체성을 규정짓던 시기에 발전했다. 영국인들은 스스로를 검소하고, 용기가 있으며, 남성적이라고 여겼고, 정복당한 민족은 사치스럽고, 게으르며, 여성적이라고 봤다. 빅토리아 시대와 에드워드 7세 시대에는 알프스의 봉우리를 등정하는 일이 확실히 남성적인 활동이었고, 등반가에게는 이에 따라 사회적·도덕적 지위가 부여되었다. 또한 등반은 중산층과 상류층이 압도적으로 많이 즐기는 여가활동이어서, 알프스의 휴양지들은 영국의 테니스 클럽이나 골프 클럽과 마찬가지로 혈기왕성한 젊은이들이 자신에게 적합한 여성을 찾기에 편한 공간을 제공했다. 체르마트, 샤모니, 그린델발트의 낭만적인 분위기에서 약혼 선언이 워낙 많았기 때문에 '리펠Riffel의 제왕'이라 불린 사회적 명사이자 속물인 에드워드 데이비슨 경은 여성 등반가들이 등반보다는 배우자 찾기에 혈안이 되어 있다고 비난했다. 또한 황금기가 시작된 이후부터 알프스는 신혼여행지로 가장 선호되었는데, 책상에만 앉아서 일하는 전문직 종사자들이 자신의 육체적 역량을 뽐낼 수 있었기 때문이다. 알프스에서의 스키 휴가는 20세기 말까지도 중산층과 상류 계층에게 쓸모 있는 짝짓기 기회를 제공해왔지만, 등반이 점점 더 서민 계층까지 퍼지면서 등반의 사회적 위신이 많이 떨어졌다.

다른 스포츠에서와 마찬가지로, 등반에서 어느 정도 성취를 이루는 것은 짝을 찾는 데 도움이 되는 것 같지만, 이는 과도한 위험 없이 원하는 지위를 획득할 수 있을 때의 이야기이다. 알프스의 봉우리를 등정한 후 돌아와서 "모두의 면전에 피켈을 휘두르는"[22] 전형적인 빅토리아 시대 등반가는 일반적으로 경험 많은 가이드에 이끌려 쉬운 루트를 오른 것이라고 보면 된다. 오늘날에도 VD등급 루트와 매우 어려운 루트의 차이를 아는 이는 별로 없다. 등반역사 전반에 걸쳐 최고의 등반가보다는 자기 홍보를 효과적으로 하는 사람들이 더 높은 사회적 지위를 누린 것이 다반사이고, 순수하게 다윈주의적인 관점에서 보더라도, 위험이 낮은 등반과 달리 극한등반은 절대로 성공적인 전략이라 볼 수 없다. 근대 등반의 창시자인 프레드 머메리는 에귀 베르트 등반을 설명하며 다음과 같이 언급했다 "거의 매 발걸음마다 낙석으로 인해 두개골의 강도를 시험하게 되는 걱정을 해야 하는 상황은 사람들이 반대할 만하다. 이런 위험이 등반 자체에는 큰 흥미와 흥분을 제공하기는 하지만, 등반가의 젊음이 한풀 꺾이고 나면 절대로 즐거움의 요소가 될 수 없다."[23] 여전히 젊음의 혈기를 발산하는 사람들은 아직 자손을 두지 않은 경우가 많기 때문에 자연 선택이라는 원칙은 그런 위험한 등반을 선택하는 사람들에게 큰 부담이 되며, 따라서 '극한' 등반의 근원은 본성이라기보다는 교육된 것이라는 주장이 가능하다. 또한, 극한 등반가들은 잠재적 배우자보다는 등반가들 사이에서 깊은 인상을 남기는 데 주로 더 관심이 있는 것으로 보인다.

제임스 모리스가 정의 내린 등반의 다섯 가지 동기에서 눈에 띄게 누락된 요소 중 하나는 우정이다. 대다수의 일반 등반가에게 있어, 고난과 위험의 경험을 함께하면서 형성된 우정은 등반 활동에서 가장 오래가고 가치 있는 면모 중 하나이다. 하지만 모리스는 세계 최고봉의 정상에 도달하려는 정예 등반가 그룹을 관찰하던 외부인이었다. 야심이 많은 영웅들은 동료 등반가를 친구보다는 라이벌로 보는 경향이 짙다. 과거의 낭만적 과묵함은 요즘 유행하는 당혹스러운 수준의 솔직함과는 대조를 이룰지 모르겠으나, 그렇다고 해서 등반역사 내내 동등한 수준의 뛰어난 등반가들 사이에 강력한 파트너십은 많았어도 우정이 거의 없었다는 사실은 낭만적 과묵함으로 가릴 수 없다. 영국의 일반적인 등반가들은 유머와 상스러운 이야기를 나누고 괴팍한 투지를 보이면서, 산에서의 불편함과 불가피한 불결 문제를 완화할 수 있는 팀의 공동체 의식을 취하는 경향이 있다. 이와는 대조적으로, 산악계의 영웅은 본질적으로 이기적이고 고독하며, 라이벌 등반가들과의 관계는 불안하고 의심이 많으며 경쟁적이다. 그런 관계에서 영웅적 등반가는 심리적·육체적 우세를 취하려고 부단히 노력한다.

대부분의 등반가들에게 등반은 젊은 시절 유일한 집착의 대상이 되지만, 곧 어른들의 얼마 안 되는 여가시간을 채울 만한 수많은 흥밋거리 중 하나로 전락한다. 다른 전문 분야에서 돋보이는 사람들과 마찬가지로, 정예 등반가들은 이런 집착을 유지하며 일종의 발달 정지를 겪는 것으로 보인다. 그들이 보이는 '10대스러운' 자기도취와 이기주의는 만년에 그들을 카리스마 넘치는 인물로 만들지 모르겠으나, 그런 그들을 친구나 배우자로 두는 것은 힘든 일이다. 돈 윌런스는 수없이 많은 오토바이 사고를 겪었는데, 그중 한 번은 불행히도 오랫동안 그에게 고통을 받았던 그의 부인 오드리Audrey가 뒤에 타고 있었다. 그녀는 대퇴부를 다쳐 3개월간 병원 신세를 져야 했다. 윌런스는 그녀에게 병문안을 가는 대신 편지를 썼다. "난 항상 뭔가를 해… 일하고, 냄비 닦고, 청소하고, 식료품을 사지. … 집에 오면 너무 피곤해서 차를 마시기도 전에 의자에서 잠들어버리고… 자, 여보, 빨리 좀 회복해. 생각했던 것보다 너무 많이 당신이 그립네."²⁴ 몇 년 후 윌런스가 심장마비로 사망하자, 등반가들이 화장터에 들어가려 할 때 버밍엄 어투의 찌르는 듯한 목소리가 군중 위로 울려 퍼졌다. "자, 오드리가 복수를 했어. 너무 많이 먹어서 죽였네!"²⁵

몇몇 일류 등반가들은 주부와 영웅 숭배자라는 두 가지 힘든 일을 불평 없이 떠맡는 배우자를 찾는 데 성공한 것처럼 보인다. 하지만 수많은 일류 남성 등반가들이(그중 몇몇은 중년) 집에 돌아오자마자 히말라야로 3개월의 원정 등반을 또다시 떠나자 그 부인과 여자친구들은 그들을 포기했는데, 그런 엘리트 등반가들이 부인과 여자친구를 전혀 이해하지 못하면서 그들에 대해 글을 써놓은 것을 보면, 뭔가 유치한 듯 가슴 아픈 면이 있다. 등반가이자 시인인 에드 드러먼드는 고난이도 등반에서 매우 필수적인 감정적 통제로 인해 등반가는 밀접한 대인관계를 맺을 수 있는 능력이 사실상 떨어진다고 추측했다. "나는… 등반의 아주 위험한 상황에서 초조함을 잠재우는 데 반드시 필요한 고요함의 추구가 더 좋고 한결같은 인격을 형성하는 데 도움이 된다고 생각한 적이 있다. 그러나 더 이상 그렇게 단순한 문제로 보이지는 않는다. 위협감을 느끼지 않을 수 있는 능력이 신경 안정제가 되어버려, 우리가 무슨 일인지 제대로 파악해야 하는 상황에서 실제로 무슨 일이 일어나고 있는지 인지할 수 있는 능력을 약화하고 있지 않은가? 즉, 우리는 감정을 억누르는 게 아니라 표현하는 것이 반드시 필요한 대인관계 상황에서 제대로 역할을 못 하고 있지 않은가?"[26] 원인과 결과를 명확히 나누기는 어려우나, 많은 정예 등반가들이 가지고 있는 일상생활로부터의' 도피 욕구는 적어도 산으로 도피하고자 하는 욕구만큼 강한 것으로 보인다. 짐 페린이 "내가 등반을 제일 잘하던 시기는 내 삶에서 가장 불행했던 시기였다."라고 말한 것은, 대부분의 일반 등반가들의 경험과는 정반대의 감정을 토로한 것이다. 하지만, 일반 등반가들은 페린이 등반을 제일 잘하던 시기에 만들어냈던 극단적으로 어렵고 위험한 신루트를 개척하는 활동을 하지는 않는다.

제임스 모리스는 자부심과 야망 이외에도 심미주의와 신비주의도 등반의 동기로 봤다. 에드워드 웜퍼, 오언 글린 존스, 피터 리브지같이 산의 경치의 장관, 아름다움, 순수함에는 무관심한 듯한 등반가들도 있었지만, 대부분의 등반가에게 산을 찾은 것은 심미적이면서도 정신적인 경험이다. 존 러스킨은 극단적 심미주의자로, "알프스의 진정한 아름다움은 아이, 절름발이, 백발의 노인 등 누구든 볼 수 있는 곳에만 존재한다."라고 생각했다. 그러나 러스킨은 틀렸다. 산의 아름다움은 등반가의 동작과 밀접하게 연결되어 있기 때문에 모든 이들이 산이 주는 경치의 아름다움을 온전히 즐길 수는 없다. 미술관을 방문한 사람마냥 웅장한 산의 경관을 정적으로 바라보는 사람은 경치와 거리감을 느끼지만, 등반가들은 환경의 일부가 되어 경관을 뚫고 나아가면서 알려진 곳에서 미지의 곳으로 이동하며, 그런 과정에서 모든 감각을 동원해 산을 경험한다. 등반가나 트레커라면 누구든 빌 틸먼이 어느 날 아침 출발하며 다음과 같이 표현한 기대감이 무엇인지 이해한다. "나는 영원히 이런 식으로 계속해나갈 수 있겠다고 느꼈다. 미지의 나라에서 도달하기 어려운 목표로 하루하루 행진하는 것보다 나은 인생의 낙은 거의 없다는 생각이 들었다."[27] 가파른 지형을 오를 때는 균형감과 리듬감이 더 많이 느껴진다. 유명한 등반 루트에 있는 반질반질한 홀드와 긁힌 자국들은 댄스의 스텝과 같으며, 아마도 위대한 등반가들이 어려운 루트에서 보이는 자세의 우아함을 온전히 느끼는 사람들은 다른 등반가들뿐일 것이다.

대부분의 이들은 감수성이 예민한 나이에 등산을 시작하며, 실제로 그렇게 말하진 않더라도 산의 아름다움이 유발할 수 있는 "강렬한 감정의 자연발생적인 넘침"을 느끼는 이들이 대다수이다. 아름다움, 정신적인 회복 추구, 모험, 자아실현, 성취에 대한 욕망 사이에는 항상 긴장관계가 있었다. 빅토리아 시대와 에드워드 7세 시대에 러스킨의 영향을 받은 알프스 등반가들은 심미적 감상이라는 베일 뒤에 자신의 영웅적 본능을 숨겨야 한다고 생각했고, 이는 이전 세대가 과학적 책무 뒤에 숨었던 것과 거의 같은 방식이었다. 제2차 세계대전 후, 낭만적 시인과 작가의 영향력이 약화되면서, 그런 심미적 기조에 대한 반발이 시작되었다. 아름다움에 대한 모든 생각은 등반 영웅의 마초적인 가식에 가려졌다. 심지어는 등반만큼이나 음주와 싸움질로 유명했던 의심할 바 없이 거친 남자 애드리언 버제스 역시 "순백의 설원을 느리게 걸어가고 있었다. 나는 우리 주변이 얼마나 아름답고 자연 그대로인지를 인식했다. 물론 그런 생각을 입 밖에 내는 것은 금물이었다.[28]"라고 시인했다. 거의 모든 등반가들은 등반 속에 정복의 순간적 느낌이나 동료들의 마지못한 존경 이상의 무언가가 있다는 사실을 알고 있다. 사람들은 위안, 즉 몸과 영혼을 드높이고 새로이 활력을 줄 수 있는 경험을 찾기 위해 산으로 간다. 미학은 철학 내에서 엉성한 분야이다. 아름다움을 합리적으로 설명할 수 있는 방법은 없다. 하지만, 많은 등반가들이 느끼는 경치에 대한 강렬한 감정적 반응은 고된 훈련과 위험이 유발하는 육체적인 심오한 행복감과 확실히 결부되어 있는 것 같다. 그리고 젊음의 활력이 다소 잦아든 중년에 접어들면, 거칠고 무모했던 모험의 기억이 이제는 친숙한 산의 경치에 퍼져들며 잔잔한 향수를 느끼게 해준다.

러스킨은 산의 아름다움의 본질을 밝혀내기 위해 노력하면서 책을 한 권 쓰기도 했지만, 결국은 규명에 실패했다.[29] 시시한 작가들은 약간은 낯부끄러운 화려한 문구들을 자신의 책에 마음껏 뿌려놓았다. 레슬리 스티븐 경은 작가들에게 "놀라움과 경외심을 느꼈다는 사실만 간단히 고백하고 그냥 가던 길을 가라.[30]"라는 현명한 조언을 남겼다. 하지만 바로 그런 놀라움과 경외심은 예전이나 지금이나 항상 등반의 주요한 동기 중 하나였다. 케네스 클락 Kenneth Clark은 "사랑을 제외하면, 훌륭한 경치를 보는 데서 느끼는 즐거움만큼 모든 종류의 사람들을 단결시킬 수 있는 것은 없다.[31]"라고 평했다.

그러나 러스킨은 어려운 등반을 오랫동안 하고 나면 심미적 이해가 약간 둔감해질 수 있다는 점, 그리고 '정복'에 몰두하는 등반가들은 놀라울 정도로 산 경치의 아름다움을 깨닫지 못한다는 점은 잘 파악했다. 심지어는 레슬리 스티븐도 아이거요흐Eigerjoch 능선을 처음으로 넘은 후 다음과 같은 기록을 남겼다. "아름다운 날이었다. 그리고 우리 앞에는… 알프스에서 가장 사랑스러운 경치 중 하나가 펼쳐져 있었다. 나는 이 경치를 완전히 무심하게 보면서, 아침식사로 무엇을 주문할지 생각했다.[32]" K2 근처의 카라코람에서 대단히 웅장한 산악 경치에 둘러싸여 있던 그렉 차일드Greg Child는 다음과 같이 회상했다. "빙하 웅덩이들이 과거의 원정대가 버린 쓰레기로 오염되어 있는 것을 봤다. 날이 더울 때는 캠프 뒤쪽에서 지독한 악취가 올라왔다. … 희미하게 빛나는 정오가 지나면, 캠프에는 비행기가 추락한 곳 같은 광경이 펼쳐지는데, 마치 생존자들이 잔해 속에서 살고 있는 듯이 보인다. … 텐트는 녹아가는 눈 웅덩이 위에 떠 있는데, 이 웅덩이들이 밤에는 얼어버린다. 썩어가는 쓰레기와 분변이 사방에 널려 있다.[33]"

등반가들은 산의 경관을 항상 오염해왔다. 제임스 에클스는 1877년에 푸트레이 능선을 통해 몽블랑 정상에 도달했는데, 이때 그는 등반가와 가이드가 남겨놓은 엄청난 양의 쓰레기에 역겨움을 느꼈다. 제프리 윈스롭 영은

1907년에 그레퐁 정상에 오른 후 "게으르게 손을 뻗을 수 있는 범위 내의 모든 캔과 병을 치웠다.[34]"라고 서술했다. 개척자들 입장에서는 야생지대가 끝없이 펼쳐진 듯 보였기 때문에 그런 태도는 용서받을 수도 있을 것이다. 사람이 바글대는 세상의 구석구석이 모두 접근 가능해지고, 조 심슨Joe Simpson의 표현을 빌자면 모든 등반이 '신용카드 모험'이 되어버린 오늘날에는, 만약 등반가들이 자신을 개척자라고 생각한다면 이는 자기기만이다. 그들은 단순히 매우 아름답고 매우 취약한 환경을 지나가는 관광객일 뿐이다. 정말로 자기도취에 빠지고 반사회적이라서 자신이 환경에 주는 피해에 관심도 없는 등반가도 있기는 하겠지만, 대다수에게 이는 단순히 심미적 요소와 영웅적 본능 사이의 해묵은 긴장이 반영된 것일 뿐이다. 산에 오를 때는 모든 것이 정상에 도달할 때 느끼기를 희망하는 충족감을 위해 존재한다. 등반가들이 내려올 때는 춥고 배고프며, 육체적으로 힘이 소진된 상태이기 때문에 고정로프를 그대로 놔두고, 크레바스에 쓰레기를 던지며, 문명의 환락으로 서둘러 돌아오기 쉽다. 베터호른을 등정함으로써 등반의 황금기를 연 알프레드 윌스 경은 "추위에 이가 덜덜 떨리고, 자연조차 혐오하는 고통에 대해 마음속으로부터 큰 소리로 증오심을 표출할 때는 그림 같은 경치를 감상하는 것이 불가능하다. 적어도 나는 절대 그렇게 할 수 없었다.[35]"라고 인정했다.

제임스 모리스가 식별한 등반의 동기 중 마지막은 피학증이었는데(그리고 그에게는 이 동기가 가장 납득이 갔다), 심미주의자와 영웅 모두가 공통으로 갖고 있는 등반의 한 가지 면모가 바로 고통을 사랑하는 것이다. 등반과 산업혁명은 프로테스탄티즘에 공통된 뿌리를 두고 있다. 세계의 주요 지역 대부분은 단식이나 절제의 기간을 보내는 것을 정신적인 회복과 구원의 수단으로 승화하지만, 그런 개념을 다듬은 것은 근면한 노동, 자립, 자기 절제에 강조점을 둔 북유럽의 프로테스탄티즘으로, 그들에게 이상적인 휴일이란 큰 고통을 수반하는 휴일을 의미할 정도였다. 길가의 따뜻한 암벽에서 즉각적인 만족감을 찾는 퇴보한 등반가도 있지만, 진정한 등반가들은 만족감을 뒤로 미루는 것을 좋아한다. 좀 더 극단적으로 말하자면, 많은 등반가들이 뚜렷한 피학증 성향을 보인다는 결론에 도달하지 않을 수 없다. 과거에 광부 일을 해 거친 조건에 적응이 된 앤디 케이브는 창가방 북벽을 알파인 스타일로 16일간 등반한 상황을 기록했는데, 당시 마지막 며칠은 식량 없이 견뎠고, 영웅적인 하산 중에는 그의 파트너 브렌던 머피가 눈사태로 사망했다. 그는 정상에 오른 순간을 다음과 같이 묘사했다. "스티브 서스태드와 믹 파울러는 상의를 벗고 포즈를 취해… 여윈 몸을 사진으로 남기자고 주장했다. 나는 그 제안이 썩 내키지 않았는데, 왜 그런지 특별히 설명하지는 못했다.[36]" 이상한 행동으로 보이겠지만, 완전히 정상적인 등반가들과 많은 트레커들도 산에서 1~2주를 보낸 후라면 자신의 허리선을 감탄하며 보게 된다고 마지못해 인정할 것이다. 모 앙트완은 "매년 몸속의 이물질을 배출시키고 약간의 고행을 할 필요가 있다."라며[37] 많은 이들의 심정을 대변했다.

고행과 위험의 시기를 거치면서 감각이 예민해진 심미주의자는 아름다움을 더 잘 인지할 수 있다. 야망을 가진 영웅은 고통을 견디며 개인의 정체성을 강화하는 의지력을 통해 힘을 얻는다. 두 경우 모두, 등반은 도시 생활의 나태와 방종으로부터 구원해주는 활동이다. 일반적인 트레커라 하더라도, 적당한 고통이 있으면 자신이 직장 일을 즐기는지 또는 삶의 의미가 무엇인지 등 장기적인 걱정보다는 즉각적인 생존에의 걱정에 기분 좋게 골몰할 수 있다. 콘웨이 경은 "그렇게 자연과 투쟁하다 보면 오랫동안 지속되는 도덕적인 활력을 얻게 된다."라고 말했다. "자연과 투쟁을 하다 보면, 감상적인 혼란과 바보 같은 상상 따위를 머릿속에서 싹 지울 수 있다. 그로 인해 사람은 냉혹하고 무자비한 현실과 맞닥뜨리게 되고, 자신의 본성에 있는 최선을 소환하게 된다. 도덕적으로 기운을 돋우는 역할을 하는 것이다.[38]" 이에 더해, 심미주의자와 영웅 모두 한동안의 절제 이후에는 매우 짜릿하게 즐거움을 느낄 수 있다.

빌 머레이는 스카이섬의 쿨린 지대에서 탈수증을 심하게 겪은 후 시원한 물을 마실 때의 '격렬한 황홀경'에 대해 말한 바 있다. 등반가이며 학자이자, 고급 음식, 와인, 시가 감정사인 노먼 콜리는 "허기와 노출, 피로는 고된 감독관이고, 휴식과 편안함, 많은 양의 음식을 통해 고통이 경감되는 것은 잊을 수 없는 즐거움이다. 확실히 이것은 내가 경험했던 것 중 가장 강렬한 즐거움 중 하나였다.[39]"라고 평했다. 마이크 톰슨Mike Thompson은 크리스 보닝턴이 풍족한 물자를 확보한 안나푸르나 남벽 원정등반에서 식량 보고서를 쓰며, 다음과 같이 인정했다. "식량은 원정대가 열정적으로 집착한 대상이었다. 대원들은, 실제로 음식을 먹거나 없애는 일을 하지 않으면, 그것에 대해 말하거나, 그것에 대한 꿈을 꾸었다. … 조리법과 조리에 관한 이야기가 쉴 새 없이 나와 베이스캠프는 마치 외딴 곳에 세워진 여성 단체의 지부 같았다.[40]"

칸첸중가를 알파인 스타일로 등반한 피터 보드먼은 약 8,000미터 지점에서 난폭한 폭풍설을 만나고도 살아남은 일을 다음과 같이 묘사했다. "풍요로운 경험이었다. … 아마 그런 느낌을 위해 이 경험이 필요했던 것 같고, 나는 그것을 즐겼던 것 같다. … 내 삶에서 가장 끔찍한 경험 중 하나를 통해, 나는 삶이 얼마나 소중한지 다시 한번 배웠다.[41]" 물론, 전원지역에서 오랫동안 걸으면서 식욕을 돋우는 일과 칸첸중가의 칼바람을 맞으며 임박한 죽음을 체험하는 일 사이에는 분명한 차이가 있지만, 등반가들과 트레커들은 누구나 현재에 좋아하는 일과 과거에 좋아했던 일을 구분하는 능력이 부족한 편이다.

수백 명의 짐꾼과 셰르파, 등반가들이 연루된 대규모 원정대에서 제임스 모리스가 평온함과 고독을 등반의 동기로 여길 수 없었던 것은 당연하지만, 대부분의 등반가들은 아마도 바로 평온함과 고독이라는 이 두 가지를 등반의 이유로 언급할 것이다. 고독이 궁극적인 도피이긴 해도 완전히 혼자일 필요는 없다. 하지만 한동안 인간의 활동이 없었던 듯한 경치에 둘러싸이는 일은 분명히 강렬한 매력이 있다. 18세기부터 산은 고독이라는 개념과 밀접하게 연관되었지만, 등반의 인기가 늘어나고 심지어는 자연을 보존할 책임이 있는 사람들조차 모든 이들에게 자연으로의 접근을 용이하게 하고자 하는 욕망이 생기면서, 고독은 점점 더 드물고 소중한 경험이 되고 있다. 영국에는 '황야지대'라는 것이 없다. 시골의 거의 모든 구석구석이 인간의 활동으로 만들어진 문화적 경치를 보여준다. 하지만 그렇게 경작과 재배가 이루어지는 땅에서, 등반가들과 트레커들이 여전히 황야의 고독을 느낄 수 있는 얼마 안 되는 고립 지역을 찾아나서는 것은 아마도 놀라운 일이 아닐 것이다.

모리스는 등반의 매력을 하나 더 놓쳤는데, 그것은 바로 자유이다. 헌트 대령의 군사적 지휘를 받으면서 온 나라의 시선을 받던 1953년의 에베레스트 원정대에서는 아마도 자유를 찾을 수 없었을 것이다. 하지만 등반가들은 일반적으로 산에 갈 때 규칙이나 규범, 의무를 내려놓으며, 제한이 없는 자유의 세계로 진입한다. 산악운동을 창시한 전문직 사람들은 빅토리아 시대 거실의 숨 막힐 듯한 사회적 관습을 뒤로 하고 웨스데일 헤드 여관의 '다정한 혼돈의 세계'로 들어가면서 대부분의 사람들보다 자유를 더 강렬히 느꼈을 것이다. 좀 더 아량 있고 해방된 세계인 오늘날에는, 선구자들이 빌리어드 파이브즈를 하고 놀면서 느꼈을 도취적인 자유의 감정을 똑같이 경험하기 위해서 등반가들이 좀 더 반사회적으로 행동할 필요를 불가피하게 느꼈을 것이다. 케임브리지 출신의 어느 등반가는 길거리의 회전식 꼬치에서 닭고기를 훔쳤지만 구운 닭고기가 너무 뜨겁다는 것을 깨달았고, 가게 주인이 쫓아오자 샤모니의 거리를 뛰어다니며 미친 듯이 웃으면서 곡예 하듯 닭고기를 공중으로 던져 올렸는데, 허기라든가 범죄를 저지르고 싶은 본능이 이런 일을 벌인 주요 동기는 아니었다. 그는 등반의 전체적인 경험에서 중요한 부분을 차지하는 거칠고, 제멋대로이며, 자기발생적인 자유의 기쁨에 흠뻑 빠져 있다 보니 그런 일을 저지른 것이다. 물론, 프랑스인 가게 주인과 경찰에게 그런 구분은 의미가 없었다.

사람들은 왜 산에 오르는가? 이 필연적 질문에 등반가들은 조금씩 다른 대답을 한다. 여기에 최종적인 정답은 없다. 그리고 우리는 정해진 정답을 찾아서도 안 된다. 결국, 등반은 게임일 뿐이다. 아름답고 겸손하며 터무니없이 웃기면서도, 때론 너무도 진지한 그런 게임….

등반등급 해설

아래의 표는 영국 암벽등반, 스코틀랜드 동계등반, 그리고 알프스 등반에 사용되는 등급 시스템을 정리한 것이다.

영국 암벽등반		스코틀랜드 동계등반	알프스 등반	
형용	기술		형용	기술
보통(M)		I	손쉬움(F)	I, II
어려움(Diff)		II	조금 어려움(PD)	II, III
매우 어려움(VD)		III	꽤 어려움(AD)	III, IV
위험(S)		IV	어려움(D)	IV, V-
매우 위험(VS)	4a, 4b, 4c	V	매우 어려움(TD)	IV+, V
힘들고 매우 위험(HVS)	4c, 5a, 5b	VI 등	극단적으로 어려움(ED1)	V+, VI
극단적으로 위험(E1)	5a, 5b, 5c			VI, VI+
(E2)	5b, 5c, 6a		(ED2)	VI+, VII
(E3)	5c, 6a		(ED3)	VII
(E4) 등	6a, 6b		(ED4) 등	VII+, VIII

이 책에서는 영국 암벽등반의 경우 영국 형용 등급을 사용했다. 이 등급들은 해당 등반의 전반적인 어려움과 심각성을 묘사하며, 난이도의 지속성과 노출, 그리고 확보가 이용 가능한지 여부를 고려한 것이다. 더욱 어려운 등반에 관해서는 추가로 문자와 숫자로 이루어진 기술 등급을 추가했는데, 이 등급은 해당 등반에서 가장 어려운 한 번의 동작이나 일련의 동작들의 난이도를 평가한다. 따라서 바닥에 가까운 출발점에서 5b등급의 동작이 있는 등반은 HVS등급이 될 수 있다. 같은 등급의 동작이 바닥에서 25미터 높이에서 이루어지고 확보가 거의 없다면, E1이나 심지어는 E2로 등급이 매겨질 수도 있다.

스코틀랜드 동계등반의 경우는 루트의 전반적인 난이도를 표시하기 위한 목적으로 숫자 등급이 사용된다. 하지만 눈과 얼음의 상태가 암벽에 비해 훨씬 유동적이기 때문에 겨울철의 등급은 어쩔 수 없이 더욱 대략적이다.

알프스 등반에 사용되는 형용 등급에는 접근성, 하강, 등반의 면모, 암석의 질, 낙석에의 노출, 악천후에서의 후퇴의 난이도와 같은 추가 요소들이 고려된다. 숫자로 표현된 기술 등급은 등반에서 가장 어려운 구간에 관한 것이다. 알프스의 루트가 훨씬 더 길고 복잡하기 때문에 여기서 사용되는 등급을 영국 암벽등반 등급과 스코틀랜드 동계 등급과 비교하는 것은 매우 대략적이다.

등반가가 바위보다는 피톤이나 슬링 등 인공적인 보조수단을 직접 끌어당기면서 등반하는 인공등반의 경우는 A1, A2, A3 등으로 등급이 매겨지는데, 보조물 설치의 난이도와 그 안정성을 반영한 것이다.

이 책에 인용된 등급은 대부분의 경우 해당 루트에 대한 최신 가이드북이나 UKClimbing.com 또는 Rockfax.com과 같은 웹사이트에서 부여한 것이다. 이 등급은 해당 루트가 초등되었을 때 부여된 등급과 반드시 같은 것은 아니다. 1950년대까지, VS등급은 영국에서 난이도가 가장 높은 등급이었다.

기준이 올라가면서 새로운 등급인 극단적으로 위험Extremely Severe(XS)이 추가되었다. 1970년대에는 XS등급 내의 난이도 범위가 다른 모든 등급을 합친 것보다 넓어졌고, 이에 따라 세분화(E1, E2, E3 등)가 새롭게 이루어졌다. 물론 기존의 루트도 시간이 지나면서 변화한다. 보통은 헐거운 바위와 잡초가 점차 제거되면서 등반이 쉬워지지만, 등반이 많이 이루어지면서 홀드가 닳아서 미끄러워지면 난이도가 올라가기도 한다. 어려운 등반의 경우는 초등을 할 때 직접적인 보조물을 쓰는 경우가 많다. 이런 보조물은 점차 사용하지 않으므로, 등반 등급은 보통 상승한다.

등반의 많은 면모가 그러하듯, 모든 등급은 매우 주관적이다.

감사의 말씀

영국 등반사를 쓰기 시작한 이래, 나는 자신의 업적을 기술한 여러 세대의 등반가들과 다른 이들의 행적을 기록하고 해석한 수많은 걸출한 전기 작가 및 역사가들의 도움을 받았다. 참고문헌 목록에 기재된 작가 모두가 이 책의 완성에 기여했지만, 트레버 브레이엄Trevor Braham, 로널드 클라크Ronald Clark, 앨런 핸킨슨Alan Hankinson, 피터 한센Peter Hansen, 트레버 존스Trevor Jones, 아놀드 런Arnold Lunn, 짐 페린Jim Perrin, 테드 피아트Ted Pyatt, 로버트 맥파레인Robert Macfarlane, 케네스 메이슨Kenneth Mason, 제프 밀번Geoff Milburn, 얀 모리스Jan Morris, 마저리 니콜슨Marjorie Nicolson, 사이먼 샤마Simon Schama, 월트 언즈워스Walt Unsworth, 콜린 웰스Colin Wells, 켄 윌슨Ken Wilson의 도움은 특별하다.

산악유산재단Mountain Heritage Fund의 지원으로 콜린 웰스가 저술한 훌륭한 '선집' 『간략한 영국 등산사A Brief History of British Mountaineering』(2001)를 제외하면, 근 200년에 이르는 영국의 암벽등반 및 등산 역사를 한 권에 압축하는 시도는 한동안 없었다. 그런 관계로, 이 책은 고전적으로 잘 알려진 내용을 많이 담고 있어 등반사를 처음 접하는 이들에게 좋을 것이다. 아울러 산악 관련 문헌을 많이 접한 노련한 베테랑도 이 책에서 특별한 이야기들을 발견할 수 있기를 희망한다.

책 전반에 걸쳐 인용을 많이 했는데, 이는 기술하는 사건이 일어났던 당시의 시대정신을 포착하기 위해서였다. 인용자료에 기재된 작품에서 발췌

한 글을 사용하는 데 흔쾌히 허락해준 다음의 출판사와 저자에게 깊은 감사를 표한다. 바톤 웍스 출판사Bâton Wicks, 피터 보드먼Peter Boardman 유산, 캐논게이트 북스Canongate Books, 크리스 보닝턴Chris Bonington, 콘스터블 & 로빈슨 출판사Constable & Robinson, 데니스 그레이Dennis Gray, 피터 한센Peter Hansen, 호더 & 스터튼 출판사Hodder & Stoughton, 마운티니어 북스 Mountaineer Books, 오리온 출판Orion Publishing, 짐 페린Jim Perrin, 랜덤하우스 그룹Random House Group, 스코틀랜드산악재단Scottish Mountaineering Trust, 조 태스커Joe Tasker 유산, 닐 윌슨 출판Neil Wilson Publishing, 월트 언즈워스 Walt Unsworth. 몇몇 오래된 출판물은 저작권 소유자를 찾으려 노력했으나 실패하여, 허락 없이 길게 인용했다. 그 외 수많은 작가들의 저서에서도 짧은 인용을 했다. 인용자료에 표시는 했으나 여기서 다시 한번 감사의 뜻을 전한다. 등반 관련 저널과 잡지 역시 참고 및 인용에 진귀한 출처로 사용되었다. 그중 특히『등반가산악회 저널Climbers' Club Journal』,『펠앤록산악회 저널Fell and Rock Climbing Club Journal』,『히말라얀 저널Himalayan Journal』,『룩색 클럽 저널Rucksack Club Journal』,『스코틀랜드산악회 저널Scottish Mountaineering Club Journal』,『클라이머 & 램블러Climber & Rambler』,『크랙스Crags』,『하이High』,『마운틴Mountain』,『위험한 곳에서On The Edge』,『서밋Summit』에 감사한다. 그 중에서도 147년 동안 출간되면서 영국 등반사의 가장 훌륭한 기록물로 남아있는『알파인 저널Alpine Journal』에 특별한 고마움을 표한다.

영국산악회The Alpine Club, 아브라함 형제 컬렉션Abraham Brothers' Collection, 존 비티John Beatty, 크리스 보닝턴, 존 클리어John Cleare, 레오 디킨슨Leo Dickinson, 펠앤록산악회Fell and Rock Climbing Club, 믹 파울러Mick Fowler, 지미 마샬Jimmy Marshall, 해미시 매키네스Hamish MacInnes, 버나드 뉴먼Bernard Newman, 샌드라 노엘Sandra Noel, 어니스트 필립스Ernest Phillips, 왕립지리학회Royal Geographical Society, 더그 스콧Doug Scott, 고든 스테인포

스Gordon Stainforth, 웨이페어러즈 클럽 아카이브Wayfarers' Club Archive, 켄 윌슨Ken Wilson, 랭엄Wrangham 가족에게는 사진의 사용을 허락해준 데 대해 깊은 감사를 표한다.

도움과 조언을 준 존 클리어, 스티브 딘Steve Dean, 애나 로포드Anna Lawford, 고故 피터 호지키스Peter Hodgkiss, 타데우시 후도브스키Tadeusz Hudowski, 게리 멜러Gary Mellor, 고든 스테인포스에게 감사하다. 이 책의 초고를 읽고 의견을 준 리비아 골란치Livia Gollancz와 새라 그레이시Sarah Gracie, 그리고 원고 후반 작업에 매우 유용한 수정과 지적을 해주고, 좋은 아이디어가 담긴 제안도 해준 스티븐 굿윈Stephen Goodwin, 존 포터John Porter, 케브 레이놀즈Kev Reynolds에게 특히 감사하다. 등반 세계에는 신화가 넘쳐나는데 사람들의 입에 오르내리면서 구전된 이야기도 일부 인용했다. 몇몇 신화가 사실로 오인되어 이 책에 쓰였다면, 그 책임은 나에게 있을 것이다.

끝으로, 이 재미있는 이야기를 훌륭하게 편집하고 재정적으로도 지원해준 마가렛 바디Margaret Body, 지속적인 열정과 지원과 격려를 아끼지 않은 조나단 윌리엄스Jonathan Williams와 시세론 출판사Cicerone Press의 전담팀에 고마움을 표하고 싶다.

사이먼 톰슨Simon Thompson

옮긴이의 글

정당화할 수 없는 위험?—
등반의 동기를 통한 삶에 대한 고찰

사이먼 톰슨의 『정당화할 수 없는 위험?』은 세계 산악계에서 중요한 위치를 차지해온 영국이 등반에 남긴 발자취를 정리한 역사책이다. 저자 톰슨은 등반을 취미로 하는 전문 경영인이고, 쉰 살이 넘어서야 생애 처음으로 출간한 책이 바로 이 『정당화할 수 없는 위험?』이지만, 18세기 말부터 21세기 초에 이르는 길고 방대한 영국 등반의 역사를 훌륭하게 잘 정리했다. 톰슨 스스로는 "어떤 독자들은 등반가로서 성취한 것이 별로 없는 내가 등반역사를 쓸 자격이 되는지 의문을 제기할지도 모른다."라고 독자의 반응에 살짝 우려를 표하고 있지만, 이 책은 등반을 사랑하는 사람들뿐 아니라 일반 대중에게도 충분히 값진 책이 될 수 있을 것으로 보인다. 톰슨은 스스로가 공언한 "순수한 즐거움을 가장 중요하게 여기는 등반이라는 스포츠의 진정한 정신과 전통을 반영한다면 나는 더 바랄 나위가 없다."라는 목표를 충실히 달성하고 있다. 하지만 『정당화할 수 없는 위험?』은 산악인뿐 아니라 (역자를 포함한) 많은 사람들이 묻는 "왜 산을 오르는가?"라는 등반의 동기와 의미에 대한 질문을 출발점으로 삼고 있고, 결국은 그러한 탐색이 우리의 삶, 사회, 문화, 이념, 경제 등과 어떻게 연결되어 있는지 자연스럽게 보여준다는 점에서 누구나 충분히 읽을 만한 가치가 있다고 생각한다.

이 책은 영국에서 등반이 본격적으로 시작된 18세기부터 낭만주의 시대, 빅토리아 시대, 양차 세계대전, 이후 현대까지 사회문화적, 경제적, 철학적인 배경과 등반의 발전이 어떻게 엮여 있는지를 잘 보여준다. 전문 역사가나 등반가가 아님에도 불구하고, 톰슨은 미학적인 개념인 '숭고'나 영국 빅토리아 시대의 지배적 가치와 이데올로기, 제국주의와 국가주의, 계급 등의 문제를 비교적 정확하게 다루고 있을 뿐만 아니라, 사회와 산악계 모두에 뿌리박혀 있는 젠더 문제도 부드럽게 꼬집고 있다. 인간이 어떠한 활동에서 즐거움을 느끼는지 생각해보는 미학적 인식이 등반이라는 활동에 미치는 영향, 계몽주의적인 사회 속에서 등반이 즐거움뿐 아니라 쓸모를 제공해야 한다는 빅토리아 시대적 이념이 제국주의와 국가주의로 발전하는 양상이 적절히 설명되어 있으며, 1995년 알리슨 하그리브스의 K2 사망사고에 대한 언론의 부정적 반응을 통해 우리 사회가 여전히 젠더적 고정관념에 사로잡혀 있다는 점을 상기해주기도 한다. 따라서 독자는 『정당화할 수 없는 위험?』을 읽음으로써 단순히 영국이라는 한 나라에 국한된 등반사를 읽는 것을 넘어 영국의 문화사 또한 체험하고 파악할 수 있다. 영문학자인 역자로서는 18세기의 토마스 그레이와 새뮤얼 존슨부터 낭만기의 윌리엄 워즈워스와 새뮤얼 테일러 콜리지, 빅토리아 시대의 존 러스킨과 (버지니아 울프의 아버지이기도 한) 레슬리 스티븐 등의 문학계 명사들이 등반을 경험하고 그로부터 통찰을 얻었다는 점에 큰 흥미를 느꼈고, 현재까지도 많은 문인들이 등반에 진지하게 임하고 있다는 사실을 접하며 등반과 문학의 관계에 대해서도 생각해보게 되었다.

이렇게 『정당화할 수 없는 위험?』은 등반 외적인 배경을 설명함으로써 거시적인 안목을 유지하고 있지만, 역사 서술에 있어서는 인물 하나하나의 이야기를 짧게 전기적으로 나열하는 미시적인 접근법이 주로 활용되고 있다. 그렇기 때문에 인물들의 관계에 의해 이야기가 꼬리에 꼬리를 무는 방식이 자주 등장하기도 하여 글의 일관성을 중요시하는 독자들은 만족감을 느끼지 못할 수도 있다. 하지만 저자가 구축한 거시적 논의를 이해하면서 개개인의 삶을 그와 연결하여 바라보면 충분히 전체적 역사 서술에 도움이 되는 방향으로 인물과 그의 성취에 대한 설명이 제공되고 있다는 것을 알 수 있다. 저자는 책 전반에 걸친 많은 인용은 "기술하는 사건이 일어났던 당시의 시대정신을 포착하기 위함"이라고 설명했는데, 동시에 우리는 그러한 많은 인용을 통해 각 인물의 성격과 아이러니, 그리고 그들의 유쾌함까지 더 생생하게 경험할 수 있다. 등반에 헌신한 여러 다양한 인물들을 한 명 한 명 만나다보면, 우리는 그들과 우리 사이의 역사적 거리를 느낄 수도 있고, 시공을 뛰어넘는 공감대를 형성하게 될 수도 있다.

또한, 이 책은 각각의 역사적 상황에서 다양한 계층의 인물들이 취한 선택을 살펴봄으로써, 우리가 삶을 어떻게 살아가고 있는지에 대해서 스스로 돌이켜볼 수 있는 기회를 제공하며, 이는 등반을 하지 않는 사람들이라도 충분히 함께할 수 있는 보편적인 숙고의 기회이다. 비록 "왜 산을 오르는가?"라는 거대 질문에 이 책이 명확한 답을 제공하지는 않지만, 이는 답이 없어서라기보다는 개개인의 상황과 기질에 따라 답이 수없이 다양할 수 있기 때문이다. 따라서, 구체적인 역사적 상황과 등반 현상의 관계는 명확하게 설명되고 있다. 경제가 불황이기 때문에 실업수당을 받으면서 등반을 하는 경우가 있는가 하면, 경제가 발전하여 전문직 중산층이 늘어나면서 긴 휴가를 활용할 수 있어 알프스나 고산지대에서 등반을 하는 인구가 늘기도 한다. 산업주의 사회가 만들어낸 갑갑한 근로자의 일상에서 벗어나기 위한 도피수단으로 등반을 선택하는 이들이 있는가 하면, 저자가 (그리고 아마도 많은 산악인들이) 비판적으로 바라보고 있는 레베카 스티븐스 같은 인물은 도리어 자본주의 사회에서 자신의 출세와 명예욕을 위해 가이드를 동반한 관광등반으로 세계에서 처음으로 에베레스트에 오른 여성이 되었다. 자신의 한계와 의지력을 시험하고 영웅심을 키우기 위해 등반을 선택하는 등반가들이 있는 반면, 짐 페린은 "등반의 토대가 되는 철학은 절망이다. … 내가 등반을 제일 잘하던 시기는 내 삶에서 가장 불행했던 시기였다."라고 토로하기도 했다. 이 책을 번역하면서 역자가 접한 다양한 인간군상들은 정서적이든, 사회지위적이든, 경제적이든 일종의 결핍을 느끼면서 그를 채우기 위해 등반을 선택하는데, 어쩌면 인간은 자신의 결핍과 삶의 무의미함을 뚫고 나가기 위해 어떤 것에, 또는 어떤 활동에 의미를 부여하려 하지 않나 싶다. 결핍과 욕망, 절망과 행복, 무의미와 의미 사이를 오가는 우리의 삶은 그 자체로 양면적이며 모순적이지만, 그렇게 형성된 아이러니가 어쩌면 인간의 삶의 요체인지도 모른다. 우리는 이 책에서 등반에 의미를 부여하기로 한 사람들의 이야기를 보면서, 그들이 스스로 자초하는 위험과 극복 또는 절망의 서사를 보면서, 그들의 열정과 좌절이 만들어내는 절절함을 느끼면서, 우리 스스로의 삶의 의미를 다시금 생각해볼 수 있을 것이다.

이 책의 초벌 번역을 맡은 지 이미 4년이 지났다. 당시 산서 번역에 처음 발을 들인 나로서는 익숙지 않은 산악용어들과 씨름하며 반 년 동안 등산하듯 초벌 번역을 마쳤다. 그 후 크리스 보닝턴의 자서전 『ASCENT』를 번역, 출간하는 작업으로 인해, 그리고 하루재클럽의 다양한 출판 활동으로 인해 『정당화할 수 없는 위험?』의 출판은 많이 미뤄지게 되었다. 지난 몇 개월간 『정당화할 수 없는 위험?』 번역을 김동수 선생님과 여러 차례 다듬고 다듬으면서, 초벌 번역 당시가 떠올랐다. 박사 과정을 마무리하는 당시 이 책을 번역하면서, 스스로가 박사논문 완성이라는 정상을 앞에 두고 발걸음을 떼지 못하는 등반가는 아닌지 허황된 상상을 하면서도, 등반가들의 열정에 격려를 받았었다. 책 속의 인물들은 등반에 희열을 느끼기도 하고, 론 모슬리처럼 등반활동을 "낭비"라고 표현하는 경우가 있기도 하지만, 독자께서는 이 책을 읽으면서 역자와 마찬가지로 격려와 희망을 얻기를 바라 마지않는다.

마지막으로, 산에 대한 경험이 부족함에도 기꺼이 번역을 맡겨주시고 초벌 번역 이후 교정에 조언을 아끼지 않으신 하루재클럽 변기태 대표, 거친 번역을 윤문해주시고 마지막까지 함께 검토에 심혈을 기울여주신 김동수 선생께 이 자리를 빌려 깊은 감사를 드린다.

2021년 9월 어느 날 울산에서, 오세인

인용자료

1 — 서문

1 W. Unsworth, *Hold the Heights: The Foundations of Mountaineering* (London: Hodder & Stoughton, 1993), p. 312에서 재인용

2 A. F. Mummery, *My Climbs in the Alps and Caucasus*, 2004 Ripping Yarns ed. (London: Fisher Unwin, 1895), p. 213

2 — 1854년 이전: 숭고함을 찾아

1 P. Coates, *Nature: Western Attitudes Since Ancient Times* (Cambridge: Polity Press, 1998) 참조

2 K. Thomas, *Man and the Natural World: Changing Attitudes in England 1500-1800* (London: Penguin, 1983), pp. 254-69 참조

3 J. S. Mill, *Principles of Political Economy*, 2008 Oxford University ed. (1848), p. 129

4 M. H. Nicolson, *Mountain Gloom and Mountain Glory*, 1997 Washington University ed. (Cornell University Press, 1959), pp. 34-5 참조

5 Nicolson, *Mountain Gloom and Mountain Glory*, p. 40과 S. Schama, *Landscape and Memory* (New York: Alfred A. Knopf, 1995), pp. 478-90 참조

6 J-J. Rousseau, *Emile*, 2004 Kessinger ed. (1762), p. 360

7 J-J. Rousseau, *The Confessions*, 1996 Wordsworth ed. (1792), p. 167

8 Schama, *Landscape and Memory*, pp. 447-9 참조

9 E. Burke, *A Philosophical Enquiry*, 2008 Oxford University ed. (1757), p. 60

10 Ibid., p. 40

11 Mill, *Principles of Political Economy*, p. 129

12 P. Bicknell, *Beauty, Horror and Immensity: Picturesque Landscape in Britain, 1750-1850* (Cambridge University Press, 1981) 서문 참조

13 Ibid., p. ix에서 재인용

14 S. Johnson, *A Journey to the Western Islands of Scotland*, 1984 Penguin Classic ed. (1775), p. 60

15 P. Bicknell, 'The Picturesque, the Sublime and the Beautiful', *Alpine Journal* 85 (1980) 참조

16 J. Ruskin, *Modern Painters Volume IV: Of Mountain Beauty*, 1897 George Allen ed. (London: Smith Elder, 1856)

17 Schama, *Landscape and Memory*, p. 459 참조

18 D. Craig, *Native Stones* (London: Pimlico, 1995), pp. 131-5 참조

19 W. C. Slingsby, *Norway: The Northern Playground*, 2003 Ripping Yarns ed. (Edinburgh: David Douglas, 1904), p. 43 참조

20 B. Willey, *The Eighteenth Century Background: Studies on the Idea of Nature in the Thought of the Period*, 1972 Pelican ed. (London: Penguin, 1940), p.276에서 재인용

21 B. Russell, *History of Western Philosophy*, 1996 Routledge ed. (London: George Allen & Unwin, 1946), p. 656 참조

22 Ibid., p. 663에서 재인용

23 A. Hankinson, *The First Tigers* (London: J. M. Dent, 1972), p.110

24 Windham, *An Account of the Glaciers Or Ice Alps in Savoy*, AC Tracts 388 ed. (London: Peter Martel, 1741), p.11

25 Schama, *Landscape and Memory*, p. 494에서 재인용

26 R. L. G. Irving, *The Romance of Mountaineering* (London: J. M. Dent, 1935), p. 42에서 재인용

27 C. E. Engel, *A History of Mountaineering in the Alps* (London: George Allen & Unwin, 1950), p. 59

28 J. D. Forbes, *Travels Through the Alps of Savoy*, 2nd ed. (Edinburgh: Adam and Charles Black, 1845), p. 14

29 J. Hunt, 'Mountaineering and Risk', *Alpine Journal* 86 (1981), p. 3에서 재인용

30 C. Gamble, 'John Ruskin, Eugene Viollet-Le-Duc and the Alps', *Alpine Journal* 104 (1999), p. 188에서 재인용

31 J. Ruskin, *Sesame and Lilies*, preface to 1866 ed., pp. vi and xiii

32 A. Lunn, *A Century of Mountaineering 1857-1957* (London: George Allen & Unwin, 1957), p. 23에서 재인용

33 F. Nietzsche, *Beyond Good and Evil*, 2004 1st World ed. (1886), p. 149

34 A. N. Wilson, *The Victorians* (London: Hutchinson, 2002), p. 409 참조

35 Coates, *Nature: Western Attitudes Since Ancient Times*, p. 158에서 재인용

36 P. H. Hansen, 'British Mountaineering 1850-1914' (PhD, Harvard, 1991), p. 53

37 Ruskin, *Sesame and Lilies*, p. 46

38 Ruskin, *Sesame and Lilies*, p. 46

39 F. S. Smythe, *British Mountaineers* (London: Collins, 1942), p. 10에서 재인용

40 R. W. Clark, *The Victorian Mountaineers* (London: B. T. Batsford, 1953), p. 54에서 재인용

3 — 1854~1865년: 의도적인 신성

1 T. Braham, *When the Alps Cast Their Spell* (Glasgow: The In Pinn, 2004), pp. 279-301 참조

2 Clark, *The Victorian Mountaineers*, p. 65에서 재인용

3 Lunn, *A Century of Mountaineering*, p. 54에서 재인용

4 Obituary of Thomas Stuart Kennedy, *Alpine Journal* 17 (1895), p. 332

5 C. Barrington, *Alpine Journal* 11 (1883), p. 174

6 Unsworth, *Hold the Heights*, p. 66에서 재인용

7 F. C. Grove, 'The Comparative Skill of Travellers and Guides', *Alpine Journal* 5 (1870), p. 90

8 C. T. Dent, 'The History of an Ascent of the Aiguille Du Dru', *Alpine Journal* 9 (1878), p. 189

9 L. Stephen, *The Playground of Europe*, 1936 Blackwell ed. (London: Longmans, Green, 1871), p. 13

10 Ibid., p. 46

11 Mummery, *My Climbs in the Alps and Caucasus*, p. 100

12 Lunn, *A Century of Mountaineering*, p. 44 참조

13 Unsworth, *Hold the Heights*, p. 69

14 A. Trollope, *Travelling Sketches* (London: Chapman & Hall, 1866), p. 93

15 Braham, *When the Alps Cast Their Spell*, p. 75에서 재인용

16 K. T. Hoppen, *The Mid-Victorian Generation 1846-1886* (Oxford University Press, 1998), p. 488

17 Braham, *When the Alps Cast Their Spell*, p. 59에서 재인용

18 Ibid., p. 52에서 재인용

19 Stephen, *The Playground of Europe*, p. 39

20 L. Stephen, *Some Early Impressions* (London: Hogarth, 1924), p. 189

21 J. F. Hardy, 'The Ascent of the Lyskamm', *Peaks, Passes and Glaciers* 1, 2nd Series (1862), p. 392

22 A. Lunn, 'The Playground of Europe 1871 to 1971: A Centenary Tribute to Leslie Stephen', *Alpine Journal* 77 (1972), p. 4

23 Stephen, *The Playground of Europe*, p. 108

24 2008년 영국 국립 초상화 미술관(National Portrait Gallery)에 전시된 조지 프레더릭 왓츠 (George Frederic Watts)가 그린 스티븐의 초상화에 관한 해설

25 Stephen, *The Playground of Europe*, p. 28

26 Ibid., p. 53

27 Braham, *When the Alps Cast Their Spell*, p. 95에서 재인용

28 Stephen, *The Playground of Europe*, p. 40

29 L. Stephen, 'Review of Scrambles Among the Alps', *Alpine Journal* 5 (1872), p. 237

30 Unsworth, *Hold the Heights*, p. 79에서 재인용

31 E. Whymper, *Scrambles Amongst the Alps*, 1985 Century ed. (London: John Murray, 1871), p. 9

32 Ibid., p. 239

33 F. S. Smythe, *Edward Whymper* (London: Hodder & Stoughton, 1940), p. 236

34 Irving, *The Romance of Mountaineering*, p.71에서 재인용

35 Smythe, *Edward Whymper*, p. 77

36 Whymper, *Scrambles Amongst the Alps*, p. 332

37 C. Bonington, *The Climbers* (London: BBC Books/Hodder & Stoughton, 1992), p. 44

38 Smythe, *Edward Whymper*, p. 230에서 인용

39 T. S. Blakeney, 'Whymper and Mummery', *Alpine Journal* 57 (1950), p. 339

40 J. Simpson, *Dark Shadows Falling* (London: Jonathan Cape, 1997), p. 48

41 Braham, *When the Alps Cast Their Spell*, p. 223에서 재인용

42 K. Reynolds, 'Because It's There — and All That', *Alpine Journal* 83 (1978), p. 18에서 재인용

43 Hansen, 'British Mountaineering 1850-1914', p. 194에서 인용된 Letter from A. Wills to E. Whymper, 6 August 1865

44 Unsworth, *Hold the Heights*, p. 89에서 재인용

4 — 1865~1914년: 신사와 체육인

1 J. Morris, *Pax Britannica: The Climax of an Empire*, 1998 ed. (London: Faber & Faber, 1968), p. 119에서 재인용

2 Mummery, *My Climbs in the Alps and Caucasus*, p. 213

3 Hoppen, *The Mid-Victorian Generation*, p. 41

4 C. T. Dent, 'Two Attempts on the Aiguille du Dru', *Alpine Journal* 7 (1876), p. 79

5 H. G. Willink, 'Clinton Thomas Dent', *Alpine Journal* 27 (1913), p. 63

6 Dent, 'The History of an Ascent of the Aiguille du Dru', p. 199

7 Lunn, *A Century of Mountaineering*, pp. 82-3 참조

8 Dent, 'The History of an Ascent of the Aiguille du Dru', p. 198

9 M. Conway, 'Some Reminiscences and Reflections of an Old Stager', *Alpine Journal* 31 (1917), p. 151

10 Clark, *The Victorian Mountaineers*, p. 187에서 재인용

11 Braham, *When the Alps Cast Their Spell*, p. 93

12 Hankinson, *The First Tigers*, p. 8에서 재인용

13 Slingsby, *Norway: The Northern Playground*, p. 199

14 Irving, *The Romance of Mountaineering*, p. 109

15 Lunn, *A Century of Mountaineering*, p. 105

16 Unsworth, *Hold the Heights*, p. 97에서 재인용

17 Clark, *The Victorian Mountaineers*, p. 167에서 재인용

18 Braham, *When the Alps Cast Their Spell*, p. 186에서 재인용

19 Ibid., p. 189에서 재인용

20 Mummery, *My Climbs in the Alps and Caucasus*, p. 79

21 Ibid., p. 65

22 W. Unsworth, *Because It Is There* (London: Victor Gollancz, 1968), p. 72

23 M. Conway, *Mountain Memories: A Pilgrimage of Romance* (London: Cassell, 1920), p. 127

24 Mummery, *My Climbs in the Alps and Caucasus*, p. 232

25 Ibid., p. 213

26 Ibid., p. 89

27 Conway, *Mountain Memories*, p. 126

28 Mummery, *My Climbs in the Alps and Caucasus*, p. 106

29 Ibid., p. 216

30 Hankinson, *The First Tigers*, p. 69에서 재인용

31 C. Mill, *Norman Collie: A Life in Two Worlds* (Aberdeen University Press, 1987), p. 12

32 Hankinson, *The First Tigers*, p. 81

33 G. W. Young et al., 'John Norman Collie', *Himalayan Journal* XIII (1946), p. 116

34 J. N. Collie, *From the Himalaya to Skye*, 2003 Ripping Yarns ed. (Edinburgh: David Douglas, 1902), p. 174의 에필로그에서 인용된 R. Hillary, *The Last Enemy* (1942)

35 A. Hankinson, *Geoffrey Winthrop Young* (London: Hodder & Stoughton, 1995), p. 60에서 재인용

36 D. Pilley, *Climbing Days*, 1989 Hogarth Press ed. (London: G. Bell and Sons Ltd, 1935), p. 120

37 Mummery, *My Climbs in the Alps and Caucasus*, p. 65

38 Hansen, 'British Mountaineering 1850-1914', p. 318에서 인용된 *Daily Graphic*, 4, May 1910

39 Clark, *The Victorian Mountaineers*, p. 184에서 재인용

40 H. E. L. Porter, 'After the Matterhorn, 1865-80', *Alpine Journal* 62 (1957), p. 44

41 C. Wells, *Who's Who in British Climbing* (Buxton: The Climbing Company, 2009), p. 391

42 R. W. Clark, *Men, Myths and Mountains* (London: Weidenfeld & Nicolson, 1976), p. 83

43 Lunn, *A Century of Mountaineering*, p. 135

44 Wells, *Who's Who in British Climbing*, p. 401에서 재인용

45 A. Hankinson, *The Mountain Men* (London: Heinemann, 1977), p. 104

46 G. W. Young, *On High Hills*, 1947 5th ed. (London: Methuen, 1927), p. 23

47 Ibid., p. 28

48 Hankinson, *Geoffrey Winthrop Young*, p. 141에서 재인용

49 Hankinson, *The Mountain Men*, p. 181에서 재인용

50 G. W. Young, 'I have not lost the magic of long days', *April and Rain* (London: Sidgwick & Jackson, 1923), p. 44

51 G. S. Sansom, *Climbing at Wasdale Before the First World War* (Somerset: Castle Cary Press, 1982)

52 Hankinson, *The First Tigers*, p. 40

53 Ibid., p. 108

54 R. W. Clark and E. C. Pyatt, *Mountaineering in Britain* (London: Phoenix House, 1957), p. 35에서 재인용

55 Clark and Pyatt, *Mountaineering in Britain*, p. 39에서 재인용

56 Young, *On High Hills*, p. 25

57 A. Hankinson, *A Century on the Crags* (London: J. M. Dent, 1988), p. 38에서 재인용

58 Ibid., p. 52에서 재인용

59 H. M. Kelly, J. H. Doughty et al., '100 Years of Rock-Climbing in the Lake District', *Fell and Rock Climbing Club Journal* XXIV (2), 70 (1986)

60 K. Chorley, *Manchester Made Them* (London: Faber and Faber Ltd, 1950), pp. 16 and 53

61 Hankinson, *A Century on the Crags*, p. 24에서 재인용

62 W. P. Haskett Smith, *Climbing in the British Isles*, 1986 Ernest Press ed. (London: Longmans, Green, 1895), p. 6

63 C. E. Benson, *British Mountaineering* (London: George Routledge & Sons Ltd, 1909), p. 9

64 Hankinson, *The Mountan Men*, p. 61

65 Hankinson, *The First Tigers*, p. 157

66 Ibid., p 99

67 H. C. Bowen, 'Obituary of O. G. Jones', *Alpine Journal* 19 (1899), p. 584

68 A. Crowley, *The confessions of Aleister Crowley* (London: Mandrake Press, 1929), p. 99

69 Hankinson, *A Century on the Crags*, p. 38에서 재인용

70 L. J. Oppenheimer, 'Wastdale Head at Easter', *Climbers' Club Journal* II, 5 (1899) 참조

71 Pilley, *Climbing Days*, p. 79

72 Hankinson, *The Mountain Men*, p. 80

73 H. V. Reade, 'Unjustifiable Climbs', *Climbers' Club Journal* VI, 21 (1903)

74 T. Jones and G. Milburn, Cumbrian Rock: *100 Years of Climbing in the Lake District* (Glossop: Pic Publication, 1988), p. 40

75 T. Jones and G. Milburn, Welsh Rock: *100 Years of Climbing in North Wales* (Glossop: Pic Publications, 1986), p. 10에서 재인용

76 G. B. Bryant, 'The Formation of the Climbers' Club', *Climbers' Club Journal* I, 1 (1898), p. 1

77 Hankinson, *The Mountain Men*, p. 94

78 H. B. George and F. Morshead, 'Obituary of Charles Edward Mathews', *Alpine Journal* 22 (1905), p. 599

79 G. W. Young, G. Sutton and W. Noyce, *Snowdon Biography* (London: J. M. Dent, 1957), p. 28

80 Clark and Pyatt, *Mountaineering in Britain*, p. 86에서 재인용

81 Orton, 'In Memoriam: J. M. Archer Thomson', *Climbers' Club Journal* I. 2 (1913), p. 70

82 Young, Sutton and Noyce, *Snowdon Biography*, pp. 31 and 36

83 Hankinson, *The Mountain Men*, p. 163에서 재인용

84 Young, Sutton and Noyce, *Snowdon Biography*, p. 30

85 Ibid., p. 31

86 Crowley, *The Confessions of Aleister Crowley*, pp. 204 and 208

87 W. H. Murray, *The Evidence of Things Not Seen* (London: Bâton Wicks, 2002), p. 145

88 H. R. C. Carr and G. A. Lister (eds.), *The Mountains of Snowdonia*, 1948 Crosby Lockwood ed. (London: Bodley Head, 1925), p. 79

89 Clark and Pyatt, *Mountaineering in Britain*, p. 99

90 Jones and Milburn, *Welsh Rock*, p. 14에서 재인용

91 R. Graves, *Goodbye to All That*, 1960 Penguin ed. (London: Jonathan Cape, 1929), p. 67

92 Hankinson, *Geoffrey Winthrop Young*, p. 120

93 Carr and Lister (eds.), *The Mountains of Snowdonia*, p. 79

94 Clark and Pyatt, *Mountaineering in Britain*, p. 33

95 Ibid., p. 61

96 W. D. Brooker (ed.), *A Century of Scottish Mountaineering* (Edinburgh: Scottish Mountaineering Trust, 1988), p. 6에서 인용된 SMCJ Vol. 1의 서문

97 D. J. Bennet (ed.), *The Munros*, 1991 ed. (Edinburgh: Scottish Mountaineering Trust, 1985), p. 1에서 재인용

98 *Dr. Johnson's Works: Life, Poems and Tales*, p. 342에 실린 Letter to Mrs Thrale, 21 Sept 1773

99 Brooker (ed.), A Century of Scottish Mountaineering, p. 270에 실린 J. Dow, 'Munros, Beards and Weather', SMCJ Vol XX (1935)

100 W. Inglis Clark, 'The Motor in Mountaineering', *Scottish Mountaineering Club Journal* VII (1903), p. 314

101 Brooker (ed.), *A Century of Scottish Mountaineering*, p. 163에 실린 W. R. Lester, 'The Black Shoot', SMCJ Vol II (1892)

102 Ibid., p. 170에 실린 W. W. Naismith, 'Buachaille Etive Mor — The Crowberry Ridge', *SMCJ* Vol IV (1896)

103 Clark and Pyatt, *Mountaineering in Britain*, p. 27

104 J. Laycock, *Some Gritstone Climbs in Derbyshire and Elsewhere* (Manchester: 1913), p. vii

105 J. P. Farrar, 'Obituary of William Edward Davidson', *Alpine Journal* 35 (1923), p. 266

106 M. Conway, *The Alps From End to End* (London: Constable, 1905), p. 2

107 M. Conway, 'Centrists and Excentrists', *Alpine Journal* 15 (1891)

108 Unsworth, *Hold the Heights*, p. 141

109 Lunn, *A Century of Mountaineering*, p. 92에서 재인용

110 G. W. Young, 'Mountain Prophets', *Alpine Journal* 54 (1949), p. 107

111 Hansen, 'British Mountaineering 1850-1914', p. 396에 인용된 *The Times*, 6 October 1888

112 Hansen, 'British Mountaineering 1850-1914', p. 397에 인용된 C. Phillips-Woolley의 *The Field*, 15 December 1888에의 기고문

113 B. Russell, *Autobiography*, 1998 Routledge ed. (London: George Allen & Unwin, 1967), p. 38

114 Mill, *Norman Collie: A Life in Two Worlds*, p. 132에서 재인용

115 W. Weston, 'Mountaineering in the Southern Alps of Japan', *Alpine Journal* 23 (1907), p. 8

116 Clark, *Men, Myths and Mountains*, p. 109에서 재인용

117 J. N. Collie, *From the Himalaya to Skye*, 2003 Ripping Yarns ed. (Edinburgh: David Douglas, 1902), p 17

118 K. Mason, *Abode of Snow*, 1987 Diadem ed. (London: Rupert Hart Davis, 1955), p. 75

119 W. Unsworth (ed.), *Encyclopedia of Mountaineering* (London: Penguin, 1977), p. 154 에서 재인용

120 Unsworth, *Hold the Heights*, p. 233에서 재인용

121 C. E. Mathews, 'The Growth of Mountaineering', *Alpine Journal* 10 (1882), p. 262

122 J. Evans, *The Conways* (London: Museum Press, 1966)

123 Hansen, 'British Mountaineering 1850-1914', p. 410에 인용된 Lettter from C. G. Bruce to W. M. Conway

124 Conway, *Mountain Memories*, p. 3

125 Clark, *The Victorian Mountaineers*, p. 216에서 재인용

126 Conway, 'Some Reminiscences and Reflections of an Old Stager', p. 157

127 F. Fleming, *Killing Dragons: The Conquest of the Alps*, 2001 ed. (London: Granta Books, 2000), p. 331

128 Collie, *From the Himalaya to Skye*, p. 40

129 Crowley, *The Confessions of Aleister Crowley*, p. 70

130 Ibid., p. 129

131 Ibid., p. 128

132 Unsworth, *Hold the Heights*, p. 243에 인용된 Letter from Crowley to the Indian newspaper Pioneer, 11 September 1905

133 T. Longstaff, *This My Voyage* (London: John Murray, 1950), p. 69

134 Ibid., p. 154

135 J. B. West, 'A. M. Kellas: Pioneer Himalayan Physiologist and Mountaineer', *Alpine Journal* 94 (1989), p 211에서 재인용

136 W. Unsworth, *Everest* (London: Allen Lane, 1981), p. 38

5 — 1914~1939년: 조직적인 비겁함

1 Young, Sutton and Noyce, *Snowdon Biography*, p. 43

2 J. Longland, 'Between the Wars, 1919-39', *Alpine Journal* 62 (1957)

3 Hankinson, *The Mountain Men*, p. 150

4 Pilley, *Climbing Days*, pp. 26 and 41

5 K. Treacher, *Siegfried Herford: An Edwardian Rock-Climber* (Glasgow: Ernest Press, 2000), p. 116

6 Pilley, *Climbing Days*, p. 41

7 H. R. C. Carr, '1919 — C. F. Holland's Year', *Climbers' Club Journal* 102 (1981), p. 79

8 Jones and Milburn, *Cumbrian Rock*, p, 60에서 재인용

9 Pilley, *Climbing Days*, pp. 88-9

10 D. Thomson, *England in the Twentieth Century*, 1983 Pelican ed. (London: Penguin, 1965), p. 92에서 인용된 David Kirkwood

11 A. Borthwick, *Always a Little Further* (London: Faber & Faber, 1939), p. 133

12 Jones and Milburn, *Cumbrian Rock*, p, 71에서 재인용

13 E. A. M. Wedderburn, 'A Short History of Scottish Climbing from 1918 to the Present Day', *Scottish Mountaineering Club Journal* XXII (1939), p. 314

14 J. Perrin, Menlove: *The Life of John Menlove Edwards* (London: Victor Gollancz, 1985), p. 57

15 K. Wilson (ed.), *Classic Rock* (St Albans: Granada Publishing, 1978), pp. 143, 144에 있는 Douglas Milner

16 D. Cox, 'Early Years', *Alpine Journal* 85 (1980), p. 91

17 B. Rothman, *The 1932 Kinder Trespass* (Altrincham: Willow Publishing, 1982)의 서문에서 재인용

18 Ibid., p. 41

19 J. Perrin, *The Climbing Essays* (Glasgow: Neil Wilson Publishing, 2006), p. 117

20 Wilson (ed.), *Classic Rock*, p. 144에서 Douglas Milner가 재인용

21 S. Dean, *Hands of a Climber: A Life of Colin Kirkus* (Glasgow: Ernest Press, 1993), p. 28

22 K. Smith, 'Who Was J. I. Roper?', *Climber & Rambler* 17, 6 (1978), p. 30에서 재인용

23 Clark and Pyatt, *Mountaineering in Britain*, p. 162

24 D. Cook, 'The Mountaineer and Society', *Mountain* 34 (1974), p. 38 참조

25 Jones and Milburn, *Cumbrian Rock*, p, 108

26 W. Birkett, 'Talking With Jim Birkett', *Climber & Rambler* 21, 8 (1982), p. 27

27 Hankinson, *A Century on the Crags*, p. 120

28 G. Milburn, *Helyg* (Climber's Club, 1985), p. 28에서 인용된 M. Guinness

29 Ibid. 참조

30 J. Morris, *Coronation Everest* (London: Faber & Faber, 1958), p. 39

31 Hankinson, *Geoffrey Winthrop Young*, p. 243

32 J. Soper, K. Wilson and P. Crew, *The Black Cliff: The History of Climbing on Clogwyn Du'r Arddu* (London: Kaye & Ward Ltd, 1971) 참조

33 H. Hartley, 'Obituary of A. S. Pigott', *Alpine Journal* 85 (1980), p. 262

34 Irving, *The Romance of Mountaineering*, p. 121

35 Jones and Milburn, *Welsh Rock*, p. 39

36 J. Longland, 'Hugh Ruttledge', *Alpine Journal* 67 (1962), p. 365

37 P. Nunn, 'Obituary of Jack Longland', *High* 135 (1994), p. 61

38 Ibid., p. 78

39 A. B. Hargreaves and J. Longland, 'Obituary of Colin Kirkus', *Climbers' Club Journal* VII 2, 69 (1943), p. 168

40 A. B. Hargreaves, 'Alfred William Bridge', *Climbers' Club Journal* XVI, 96 (1974) 참조

41 A. W. Bridge, 'Prelude', *Climbers' Club Journal* IX, 74 (1949), p. 88

42 C. Kirkus, *Let's Go Climbing!* (London: Thomas Nelson, 1941), p. 90

43 Dean, *Hands of a Climber*, p. 80에서 재인용

44 A. B. Hargreaves and K. Smith, 'Maurice Linnell', *Climber & Rambler* 20, 12 (1981), p. 41에서 재인용

45 Clark, *Men, Myths and Mountains*, p. 147에서 재인용

46 Hargreaves and Longland, 'Obituary of Colin Kirkus', p. 170

47 Dean, *Hands of a Climber*, p. 117에서 재인용

48 Perrin, *Menlove*, p. 47

49 W. Noyce, *Mountains and Men* (London: Geoffrey Bles, 1947), p. 50

50 Perrin, *Menlove*, p. 126

51 Ibid., p. 176

52 N. Morin, *A Woman's Reach* (London: Eyre & Spottiswoode, 1968), p. 170

53 Murray, *The Evidence of Things Not Seen*, p. 25

54 E. MacAskill, 'Portrait of Jock Nimlin', *Climber & Rambler* 22, 9 (1983), p. 26

55 Wedderburn, 'Scottish Climbing 1918-1939', p. 107

56 W. H. Murray, 'Scotland: The 1930s', *Mountain* 98 (1984), p. 19

57 W. H. Murray, *Mountaineering in Scotland* (London: J. M. Dent, 1947), p. 122

58 Ibid., p. 127

59 Borthwick, *Always a Little Further*, p. 141

60 W. H. Murray, *Highland Landscape* (National Trust for Scotland, 1962), p. 9

61 Murray, *The Evidence of Things Not Seen*, p. 320

62 E. Byne and G. Sutton, *High Peak* (London: Secker and Warburg, 1966)

63 C. Bonington, *I Chose to Climb*, 2001 Weidenfeld & Nicolson ed. (London: Victor Gollancz, 1966), p. 1의 추천의 글

64 P. French, *Younghusband*, 1995 Flamingo ed. (London: Harper Collins, 1994), p. 384

65 R. Greene, *Moments of Being* (London: Heinemann, 1974)

66 E. Shipton, *That Untravelled World* (London: Hodder & Stoughton, 1969), p. 73

67 Unsworth, *Hold the Heights*, p. 308에서 재인용

68 Unsworth, *Hold the Heights*, p. 270

69 Conway, *The Alps From End to End*, p. 208

70 Unsworth, *Hold the Heights*, pp. 104-5 참조

71 Clark, *Men, Myths and Mountains*, p. 177에서 재인용

72 Ibid., p. 150에서 재인용

73 Shih Chan-Chun, 'The Conquest of Mount Everest by the Chinese Mountaineering Team', *Alpine Journal* 66 (1961), p. 35

74 Unsworth, *Hold the Heights*, p. 276

75 Unsworth, *Everest*, p. 33

76 Clark, *Men, Myths and Mountains*, p. 153

77 E. L. Strutt, 'Presidential Valedictory Address', *Alpine Journal* 50 (1938), p. 9

78 Lunn, *A Century of Mountaineering*, p. 186

79 Longland, 'Between the Wars, 1919-39', p. 88

80 D. Busk, 'The Young Shavers', *Mountain* 54 (1977), p. 43

81 French, *Younghusband*, p. 329

82 P. Gillman and L. Gillman, *The Wildest Dream* (London: Headline, 2000), p. 186

83 Unsworth, *Everest*, p. 22에서 재인용

84 Unsworth, *Because It Is There*, p. 96

85 T. S. Blakeney, 'Obituary of Charles Kenneth Howard-Bury', *Alpine Journal* 69 (1964), p. 171

86 C. Wells, *A Brief History of British Mountaineering* (The Mountain Heritage Trust, 2001), p. 36에서 재인용

87 Gillman and Gillman, *The Wildest Dream*, p. 53에 인용된 Letter to Vanessa Bell (레슬리 스티븐의 딸)

88 Wells, *Who's Who in British Climbing*, p. 452

89 M. Isserman and S. Weaver, *Fallen Giants: A History of Himalayan Mountaineering from the Age of Empire to the Age of Extremes* (New Haven: Yale University Press, 2008), p. 112에 인용된 J. B. L. Noel, Through Tibet to Everest (1927)

90 Hankinson, *Geoffrey Winthrop Young*, p. 239에서 재인용

91 Unsworth, *Everest*, p. 125

92 조지 핀치가 죽었을 당시 그의 종이뭉치에서 발견되었고, 하워드 소머벨이 지은 것으로 보임. G. Finch, *The Making of a Mountaineer* (Bristol: J. W. Arrowsmith Ltd, 1924), p. 59에 실린 S. Russell의 서문에서 재인용

93 E. F. Norton, *The Fight for Everest: 1924* (London: Edward Arnold & Co., 1925), p. 138

94 Unsworth, *Everest*, p 125

95 B. Blessed, *The Turquoise Mountain* (London: Bloomsbury Publishing, 1991) p. 20에서 재인용

96 Hankinson, *The Mountain Men*, p. 190에서 재인용

97 F. S. Smythe, *Kamet Conquered*, 2000 Bâton Wicks ed. (London: Victor Gollancz, 1932), p. 368

98 Shipton, *That Untravelled World*, p. 76

99 J. R. L. Anderson, *High Mountains and Cold Seas: A Biography of H. W. Tilman* (London: Victor Gollancz, 1980), pp. 189-96

100 H. W. Tilman, *Two Mountains and a River*, 1997 Diadem ed. (Cambridge University Press, 1949), p. 517

101 Perrin, *The Climbing Essays*, pp. 190 and 193

102 H. W. Tilman, *Snow on the Equator*, 1997 Diadem ed. (London: G. Bell & Sons, 1937), p. 108

103 Shipton, *That Untravelled World*, p. 85

104 Ibid., p. 95

105 Ibid., p. 95

106 Unsworth, *Everest*, p. 209에 인용된 Morning Post, 17 October 1936

107 H. W. Tilman, *The Ascent of Nanda Devi*, 1997 Diadem ed. (Cambridge University Press, 1937), p. 248

108 Isserman and Weaver, *Fallen Giants*, p. 195

109 H. W. Tilman, *Everest* 1938, 1997 Diadem ed. (Cambridge University Press, 1948), p. 438

110 Unsworth, *Everest*, p. 215

111 Tilman, *Everest 1938*, p. 441

112 H. W. Tilman, *When Men and Mountains Meet*, 1997 Diadem ed. (Cambridge University Press, 1946), p. 277

113 Shipton, *That Untravelled World*, p. 54

114 Tilman, *Everest 1938*, p. 431

115 Ibid., p. 432

6 — 1939~1970년: 부유한 사회의 거친 남자들

1 Milburn, *Helyg*, p. 126

2 Hoppen, *The Mid-Victorian Generation*, p. 85

3 Wilson (ed.), *Classic Rock*, p. 212

4 D. Haston, *In High Places*, 1974 Arrow ed. (London: Cassell, 1972), p. 174

5 D. Gray, *Rope Boy* (London: Victor Gollancz, 1970), p. 53

6 J. Cleare and A. Smythe, *Rock Climbers in Action in Snowdonia* (London: Secker & Warburg, 1966), p. 79

7 Gray, *Rope Boy*, p. 36

8 P. Nunn, *At the Sharp End* (London: Unwin Hyman, 1988), p. 31

9 Clear and Smythe, *Rock Climbers in Action in Snowdonia*, p. 77

10 D. Brown and I. Mitchell, *Mountain Days & Bothy Nights* (Edinburgh: Luath Press, 1987), p. 71

11 H. Drasdo, *The Ordinary Route* (Glasgow: Ernest Press, 1997), p. 9

12 A. Burgess and A. Burgess, *The Burgess Book of Lies* (Seattle: Cloudcap, 1994), p. 40

13 J. Perrin (ed.), *Mirrors in the Cliffs* (London: Diadem, 1983), p. 643에 인용된 D. Roberts, 'Hanging Around', Mountain Gazette 19 (1974)

14 Perrin, *The Climbing Essays*, p. 29

15 Nunn, *At the Sharp End*, p. 44

16 Burgess and Burgess, *The Burgess Book of Lies*, p. 68

17 Engel, *A History of Mountaineering in the Alps*, p. 189에서 재인용

18 Clark and Pyatt, *Mountaineering in Britain*, p. 238

19 K. Wilson (ed.), *Hard Rock* (London: Hart-Davis, MacGibbon, 1975), p. 187

20 J. Brown, *The Hard Years*, 1975 Penguin ed. (London: Victor Gollancz, 1967), p. 73

21 T. Gifford (ed.), *The Climbers' Club Centenary Journal* (Climbers' Club, 1997), p. 205에 인용된 Letter from E. C. Pyatt to J. R. Allen

22 Wells, *A Brief History of British Mountaineering*, p. 71

23 Wilson (ed.), *Hard Rock*, p. 139에 인용된 Peter Crew

24 Ibid., p. 169에 인용된 Jim Perrin

25 Gray, *Rope Boy*, p. 305

26 Perrin, *The Climbing Essays*, p. 116

27 Jones and Milburn, *Welsh Rock*, p. 120

28 D. Gray, *Tight Rope* (Glasgow: Ernest Press, 1993), p. 63

29 G. Child, *Thin Air* (Seattle: The Mountaineers Books, 1988), p. 220에서 재인용

30 C. Bonington, *Annapurna South Face*, 1973 Penguin ed. (London: Cassell, 1971), pp. 21 and 22

31 D. Whillans and A. Ormerod, *Don Whillans: Portrait of a Mountaineer* (London: Heinemann, 1971), p. 25

32 Jones and Milburn, *Welsh Rock*, p. 128

33 Perrin, *The Climbing Essays*, p. 114

34 Cleare and Smythe, *Rock Climbers in Action in Snowdonia*, p. 108

35 Soper, Wilson and Crew, *The Black Cliff: The History of Climbing on Clogwyn Du'r Arddu*, p. 129

36 Perrin, *The Climbing Essays*, pp. 13, 171 and 172

37 K. Wilson, 'Obituary of Al Harris', *Climber and Rambler* 20, 12 (1981), p. 18

38 Perrin (ed.), *Mirrors in the Cliffs*, p. 419에 인용된 J. Cleare and R. Collomb, Sea Cliff Climbing in Britain (1973)

39 G. Birtles, *Alan Rouse: A Mountaineer's Life* (London: Unwin Hyman, 1987), p. 62

40 Young, Sutton and Noyce, *Snowdon Biography*, p. 55

41 Gray, *Tight Rope*, p. 14

42 Jones and Milburn, *Cumbrian Rock*, p. 139

43 P. Bartlett, *The Undiscovered Country: The Reason We Climb* (Glasgow: Ernest Press, 1993), p. 89

44 Drasdo, *The Ordinary Route*, p. 47

45 Ibid., p. 53

46 Ibid., p. 114

47 Kelly, Doughty, et al., '100 Years of Rock-Climbing in the Lake District', p. 76에 인용된 P. Livesey

48 E. Douglas, 'The Vertical Century', *Climber* 39, 1 (2000), p. 48

49 Nunn, *At the Sharp End*, p. 71

50 Kelly, Doughty, et al., '100 Years of Rock-Climbing in the Lake District', p. 73

51 Wilson (ed.), *Hard Rock*, p. xv

52 D. Brown and I. Mitchell, *A View From the Ridge* (Glasgow: Ernest Press, 1991), p. 1

53 J. Connor, *Creagh Dhu Climber: The Life and Times of John Cunningham* (Glasgow: Ernest Press, 1999), p. 56

54 T. Patey, *One Man's Mountains*, 1997 Canongate ed. (London: Victor Gollancz, 1971), p. 30

55 Interview with John Cunningham, *Mountain* 14 (1971), p. 24 참조

56 Connor, *Creagh Dhu Climber*, p. 48

57 Ibid., p. 122

58 Haston, *In High Places*, p. 31

59 J. Cruickshank, *High Endeavours: The Life and Legend of Robin Smith* (Edinburgh: Canongate, 2005), p. 82

60 Cruickshank, *High Endeavours*, p. 70

61 J. Marshall, 'Dougal Haston — a Tribute', *Alpine Journal* 83 (1978), p. 132

62 Wilson (ed.) *Classic Rock*, pp. 34-8에 인용된 A, Austin

63 Cruickshank, *High Endeavour*s, p. 336 참조

64 Wilson (ed.), *Hard Rock*, p. 22에 인용된 M. Boysen

65 Marshall, 'Dougal Haston — a Tribute', p. 133

66 Cruickshank, *High Endeavours*, p. 113

67 Ibid., p. 125

68 Ibid., p. 197

69 Noyce, *Mountains and Men*, p. 19

70 Perrin, *Menlove*, p. 137

71 Patey, *One Man's Mountains*, p. 11 서문

72 Ibid., p. 9의 추천의 글

73 W. D. Brooker et al., 'The Incomparable Dr. Patey', *Climber* 26, 5 (1987), p. 30에 인용된 T. Weir

74 Bonington, *I Chose to Climb*, p. 17

75 Cruickshank, *High Endeavours*, p. 148

76 J. Cleare, 'Obituary of Peter Biven', *Alpine Journal* 82 (1977), p. 267

77 E. Douglas, 'Cafe Society', *Climber* 40, 11 (2001), p. 37

78 Shipton, *That Untravelled World*, p. 212

79 D. Gray, 'Confessions of a Parvenu', *Alpine Journal* 107 (2002), p. 189

80 Gray, *Rope Boy*, p. 18

81 J. Curran, *High Achiever: The Life and Climbs of Chris Bonington* (London: Constable & Robinson Ltd, 1999), p. 40 참조

82 Bonington, *I Chose to Climb*, p. 117

83 J. Perrin, *The Villain: The Life of Don Whillans* (London: Random House, 2005), p. 220 각주

84 Bonington, *I Chose to Climb*, p. 144

85 Patey, *One Man's Mountains*, p. 274

86 J. Connor, *Dougal Haston: The Philosophy of Risk* (Edinburgh: Canongate, 2002), p. 102

87 C. Bonington, *The Next Horizon*, 2001 Weidenfeld & Nicolson ed. (London: Victor Gollancz, 1973), p. 135

88 Ibid., p. 131

89 Perrin, *The Villain: The Life of Don Whillans*, p. 263

90 Unsworth, *Everest*, p. 271에서 재인용

91 E. Hillary, *View From the Summit*, 2000 ed. (London: Doubleday, 1999), p. 111

92 G. Band, *Everest Exposed* (London: Harper Collins, 2003), p. 102에서 재인용

93 Shipton, *That Untravelled World*, p. 212

94 J. Perrin, 'Sir Charles Evans', *Climber* 35, 2 (1996), p. 45에서 재인용

95 Bonington, *The Climbers*, p. 192

96 P. Steele, *Eric Shipton: Everest and Beyond* (London: Constable, 1998), p. 208

97 J. Hunt, *Life Is Meeting* (London: Hodder & Stoughton, 1978), p. 106

98 Band, *Everest Exposed*, pp. 135 and 147

99 Ibid., 195

100 Hunt, *Life Is Meeting*, p. 110

101 Tilman, *The Ascent of Nanda Devi*, p. 222

102 Patey, *One Man's Mountains*, p. 263

103 J. Clegg, 'Obituary of Sir Charles Evans', *Alpine Journal* 102 (1997), p. 336

104 Brown, *The Hard Years*, p. 115

105 Bonington, *The Next Horizon*, p. 39

106 Bonington, *Annapurna South Face*, p. 22

107 Ibid., p. 24

108 Bonington, *The Climbers*, p. 216

109 Connor, *Dougal Haston: The Philosophy of Risk*, p. 154

7 — 1970년 이후: 불가능의 재발견

1 R. Messner, 'Murder of the Impossible', *Mountain* 15 (1971)

2 K. Wilson (ed.), *The Games Climbers Play*, 1996 Bâton Wicks ed. (London: Diadem, 1978), p. 309에 인용된 Y. Chouinard, 'Coonyard Mouths Off' (1972)

3 A. Rouse, 'Changing Values', *Alpine Journal* 90 (1985), p. 116

4 Wilson (ed.), *The Games Climbers Play*, p. 13

5 Gray, *Rope Boy*, p. 308

6 P. Boardman, *Sacred Summits*, 1996 Bâton Wicks ed. (London: Hodder & Stoughton, 1982), p. 87에서 재인용

7 J. Tasker, 'Kangchenjunga North Ridge 1979', *Alpine Journal* 85 (1980), p. 50

8 A. Blackshaw, *Mountaineering* (Harmondsworth: Penguin, 1965), p. 149. 강조는 원문에 있는 그대로이다.

9 W. Peascod, *Journey After Dawn* (London: Butler & Tanner, 1985), p. 155

10 Hankinson, *A Century on the Crags*, p. 192

11 D. Scott, 'Resisting the Appeasers', *Alpine Journal* 112 (2007), p. 78

12 Burgess and Burgess, *The Burgess Book of Lies*, p. 326에서 재인용

13 E. Douglas, 'The Morality of Risk', *Alpine Journal* 104 (1999), p. 149에서 재인용

14 John Porter의 2004년 켄들산악영화제에서의 연설

15 Jones and Milburn, *Welsh Rock*, p. 238에서 재인용

16 Wells, *Who's Who in British Climbing*, p. 412에 인용된 Audrey Salkeld

17 M. Fowler, *Vertical Pleasure*, 2006 Bâton Wicks ed. (London: Hodder & Stoughton, 1995), p. 96

18 D. Scott and A. MacIntyre, Shisha Pangma: *The Alpine-Style First Ascent of the South-West Face* (London: Bâton Wicks, 2000), p. 22

19 C. Willis (ed.), *Climb* (New York: Thunder's Mouth Press, 1999), p. 37에 인용된 G. Child, 'How I (Almost) Didn't Climb Everest'

20 www.rebeccastephens.com

21 R. J. Evans, *In Defence of History* (London: Granta, 1997), p. 22에서 재인용

22 S. Dean, 'John Syrett', *Climber* 35, 8 (1996), p. 35에 인용된 J. Stainforth

23 K. Wilson and B. Newman (eds.), *Extreme Rock* (London: Diadem Ltd, 1987), p. 173

24 Ibid., p. 116

25 J. Tasker, *Everest the Cruel Way*, 1996 Bâton Wicks ed. (London: Methuen, 1981), p. 8

26 J. Krakauer, *Eiger Dreams*, 1998 Pan Books ed. (London: Macmillan, 1997), p. 131

27 Hankinson, *A Century of the Crags*, p. 191

28 Wilson (ed.), *Hard Rock*, p. 149

29 Fowler, *Vertical Pleasure*, p. 60

30 Ibid., p. 69

31 J. Perrin, 'Pat Littlejohn', *Climber & Rambler* 21, 3 (1982), p. 30에 인용된 R. Collomb

32 Ibid., p. 32

33 M. Campbell, 'A Profile of John Redhead', *Climber* 25, 11 (1986), p. 50

34 Perrin, *The Climbing Essays*, p. 149

35 J. Redhead, 'Alternative Slate', *Climber* 25, 11 (1986), p. 54

36 N. Grimes, 'That's Me: George Smith', *Summit* 53 (2009), p. 17에 인용된 George Smith

37 P. Twomey, 'John Redhead', *On The Edge* 78 (1998), p. 36

38 Jones and Milburn, *Welsh Rock*, p. 259에서 재인용

39 Perrin, *The Climbing Essays*, p. 149에서 재인용

40 J. Moffatt and N. Grimes, *Revelations* (Sheffield: Vertebrate Publishing, 2009), p. 3

41 Wells, *Who's Who in British Climbing*, p. 138에서 재인용

42 Ibid., p. 134

43 A. Cave, *Learning to Breathe* (London: Hutchinson, 2005), p. 100

44 Wells, *Who's Who in British Climbing*, p. 236에서 재인용

45 E. Douglas, 'Fast Burn Fuse', *Climber* 37, 2 (1998), p. 27

46 Wells, *Who's Who in British Climbing*, p. 216에서 재인용

47 Campbell, 'A Profile of John Redhead', p. 52

48 P. Pritchard, *Deep Play* (London: Bâton Wicks, 1997), p. 56

49 Wells, *Who's Who in British Climbing*, p. 442

50 E. Douglas, 'The Art of Strong: Malcolm Smith', *Climber* 42, 2 (2003), p. 34

51 Wells, *Who's Who in British Climbing*, p. 7

52 Interview with John Dunne, *Summit* 41 (2006), p. 41

53 D. MacLeod, *John Muir Trust Journal* 46 (2009), p. 5

54 Unsworth, *Everest*, p. 418

55 Child, *Thin Air*, p. 35

56 Ibid., p. 18

57 J. Tasker, *Savage Arena*, 1996 Wells, Bâton Wicks ed. (London: Methuen, 1982), p. 130

58 Boardman, *Sacred Summits*, p. 96

59 'Mac the Belly Talks to Cassius Bonafide', *Mountain*, 15 (1971), p. 33

60 Unsworth, *Everest*, p. 448

61 Perrin, *The Climbing Essays*, p. 228

62 C. Bonington, *Everest the Hard Way* (London: Hodder & Stoughton, 1976), p. 48

63 C. Bonington, *The Everest Years*, 2001 Weidenfeld & Nicolson ed. (London: Hodder & Stoughton, 1986), p. 23

64 P. Boardman, 'Peter the Pooh', *Crags* 4 (1976), p. 9

65 Bonington, *The Climbers*, p. 193

66 M. Thompson, 'Out With the Boys Again', *Mountain*, 50 (1976)

67 C. Hughes, *A Worm's-Eye View of the Department 1949-52*, www.earth.ox.ac.uk (2008)

68 Tasker, *Savage Arena*, p. 104

69 Ibid., p. 14

70 Ibid., p. 14

71 Ibid., p. 17

72 Murray, *The Evidence of Things Not Seen*, p. 167

73 P. Boardman, *The Shining Mountain*, 1996 Bâton Wicks ed. (London: Hodder & Stoughton, 1978), p. 17

74 Ibid., p. 22

75 Ibid., p. 20

76 A. Alvarez, *Feeding the Rat* (London: Bloomsbury, 2003), p. 72

77 J. V. Anthoine, 'The British Ogre Expedition', *Alpine Journal* 83 (1978), p. 7

78 Child, *Thin Air*, p. 111

79 A. Rouse, 'Jannu', *Alpine Journal* 85 (1980), p. 83

80 R. Carrington, 'Obituary of Alan Rouse', *Alpine Journal* 92 (1987), p. 305

81 Tasker, *Savage Arena*, p. 94

82 J. Curran, *The Middle-Aged Mountaineer* (London: Constable & Robinson Ltd, 2001), p. 179

83 Tasker, *Savage Arena*, p. 94

84 Curran, *The Middle-Aged Mountaineer*, p. 35

85 J. Curran, *K2, Triumph and Tragedy* (London: Hodder & Stoughton, 1987), p. 21

86 Curran, *High Achiever: The Life and Climbs of Chris Bonington*, p. 198

87 Boardman, *Sacred Summits*, p. 15

88 Tasker, *Savage Arena*, p. 125

89 Ibid., p. 20

90 R. Renshaw, 'Obituary: Joseph Thomas Tasker (1948-82)', *Climber & Rambler* 21, 8 (1982), p. 20

91 Boardman, *The Shining Mountain*, p. 166

92 Tasker, *Savage Arena*, p. 127

93 Tasker, *Everest the Cruel Way*, p. 100

94 Boardman, *Sacred Summits*, p. 142

95 R. Renshaw, 'Obituary of Joe Tasker', *Alpine Journal* 88 (1983), p. 273

96 Boardman, *Sacred Summits*, p. 153

97 D. Gray, *Slack* (Glasgow: Ernest Press, 1996), p. 12

98 Burgess and Burgess, *The Burgess Book of Lies*, p. 265

99 J. Porter, 'Reverse Polish', *Mountain* 60 (1978), p. 24

100 Scott and MacIntyre, *Shisha Pangma: The Alpine-Style First Ascent of the South-West Face*, p. 21

101 J. Porter, 'Obituary of Alex MacIntyre', *Alpine Journal* 88 (1983), p. 279

102 B. Hall, 'Obituary of Rober Baxter Jones', *Climber and Rambler* 24, 11 (1985), p. 15

103 Burgess and Burgess, *The Burgess Book of Lies*, p. 328

104 Curran, *K2, Triumph and Tragedy*, p. 22

105 G. Band, *Summit: 150 Years of Alpine Club* (London: HarperCollins, 2006), p. 194

106 S. Venables, *Higher Than the Eagle Soars* (London: Arrow Books, 2007) 참조

107 A. Fanshawe and S. Venables, *Himalaya Alpine Style* (London: Hodder & Stoughton, 1995), p. 8에 인용된 S. Venables

108 D. Rose and E. Douglas, *Regions of the Heart: The Triumph and Tragedy of Alison Hargreaves* (London: Penguin, 1999) 참조

109 Douglas, 'The Morality of Risk', pp. 152 and 154에서 재인용

110 P. Pritchard, 'Hammering the Anvil', *Alpine Journal* 100 (1995), p. 50

111 Band, *Summit: 150 Years of the Alpine Club*, p. 127

8 — 산이 거기 있으니까?

1 Morris, *Coronation Everest*, p. 60

2 'Happiness and Economics', *The Economist*, 19 December 2006

3 A. Wainwright, *Pennine Way Companion* (Kendal: Westmorland Gazette, 1968), p. xiii

4 Hansen, 'British Mountaineering 1850-1914', p. 149에 인용된 *Illustrated London News*, 7 September 1861

5 Hankinson, *A Century on the Crags*, p. 38

6 A. Lunn, 'In Defence of Popular Writing', *Climbers' Club Journal* 2 (1913), p. 83

7 Patey, *One Man's Mountains*, p. 68

8 R. L. G. Irving, *A History of British Mountaineering* (London: B. T. Batsford, 1955), p. 222

9 Clark, *Men Myths and Mountains*, p. 270에서 재인용

10 Noyce, *Mountains and Men*, p. 27

11 Ruskin, *Sesame and Lilies*, preface to the 1866 ed, p. vi

12 Scott and MacIntyre, *Shisha Pangma: The Alpine-Style First Ascent of the South-West Face*, p. 107

13   Tasker, *Savage Arena*, p. 15

14   Ibid., p. 259

15   Boardman, *Sacred Summits*, p. 214

16   Krakauer, *Eiger Dreams*, p. 148

17   Young, *On High Hills*, p. 46

18   Perrin, *The Climbing Essays*, p. 257

19   Clark, *Men Myths and Mountains*, p. 48 참조

20   Whymper, *Scrambles Amongst the Alps*, p. 197

21   R. L. G. Irving, 'Five Years With Recruits', *Alpine Journal* 24 (1909), p. 380

22   Ruskin, *Sesame and Lilies*, preface to the 1866 ed, p. viii

23   Mummery, *My Climbs in the Alps and Caucasus*, p. 154

24   Perrin, *The Villain: The Life of Don Whillans*, p. 216

25   Ibid., p. 290

26   E. Drummond, *A Dream of White Horses* (London: Bâton Wicks, 1997), p. 196

27   Tilman, *Two Mountains and a River*, p. 536

28   Birtles, *Alan Rouse: A Mountaineer's Life*, p. 185

29   Ruskin, *Modern Painters Volume IV: Of Mountain Beauty*

30   Stephen, *The Playground of Europe*, p. 213

31   K. Clark, *Landscape Into Art* (London: John Murray, 1949), p. 74

32   Stephen, *The Playground of Europe*, p. 62

33   Child, *Thin Air*, pp. 112 and 114

34   Young, *On High Hills*, p. 158

35   A. Wills, 'The Passage of the Fenêtre de Salena', *Peaks, Passes and Glaciers* 1 (1859), p. 30

36   Cave, *Learning to Breathe*, p. 263

37   Alvarez, *Feeding the Rat*, p. 152

38   Conway, *The Alps From End to End*, p. 170

39   Collie, *From the Himalaya to Skye*, p. 53

40   Bonington, *Annapurna South Face*, p. 324

41   Boardman, *Sacred Summits*, p. 141

참고문헌

일반 산서

G. D. Abraham, *British Mountain Climbs*, 1923 ed. (London: Mills Boon, 1909)

S. Angell, *Pinnacle Club*: A History of Women Climbing (The Pinnacle Club, 1988)

G. Band, *Summit: 150 Years of the Alpine Club* (London: HaperCollins, 2006)

A. Blackshaw, *Mountaineering* (Harmondsworth: Penguin, 1965)

C. E. Benson, *British Mountaineering* (London: George Routledge & Sons, 1909)

C. Bonington, *The Climbers* (London: BBC Books/Hodder & Stoughton, 1992)

R. W. Clark, *The Victorian Mountaineers* (London: B. T. Batsford, 1953)

R. W. Clark, *Six Great Mountaineers* (London: Hamish Hamilton, 1956)

R. W. Clark and E. C. Pyatt, *Mountaineering in Britain* (London: Phoenix House, 1957)

R. W. Clark, *Men, Myths and Mountains* (London: Weidenfeld & Nicolson, 1976)

W. P. Haskett Smith, *Climbing in the British Isles*, 1986 Ernest Press ed. (London: Longmans, Green, 1895)

R. L. G. Irving, *A History of British Mountaineering* (London: B.T. Batsford, 1955)

R. James, *Rock Face* (London: BBC Books, 1974)

D. Jones, *Rock Climbing in Britain* (London: Collins, 1984)

F. keenlyside, *Peaks and Pioneers: The Story of Mountaineering* (London: Paul Elek, 1975)

J. Krakauer, *Eiger Dreams*, 1998 Pan Books ed. (London: Macmillan, 1997)

J. Lowe, *Ice World: Techniques and Experiences of Modern Ice Climbing* (Seattle: The Mountaineers Books, 1996)

A. Lunn, *A Century of Mountaineering 1857-1957* (London: George Allen & Unwin, 1957)

E. Newby, *Great Ascents* (Newton Abbot: David & Charles, 1977)

W. Noyce, *Mountains and Men* (London: Geoffrey Bles, 1947)

W. Noyce, *Scholar Mountaineers* (London: Dennis Dobson, 1950)

N. O'Connell, *Beyond Risk* (Seattle: The Mountaineers Books, 1993, *also* London: Diadem, 1993)

J. Perrin (ed.), *Mirrors in the Cliffs* (London: Diadem Books, 1983, *republished* London: Bâton Wicks, 1999)

L. Peter, *Rock Climbing—Essential Skills and Techniques* (Capel Curig: Mountain Leader Training UK, 2004)

E. C. Pyatt and W. Noyce, *British Crags and Climbers* (London: Dennis Dobson, 1952)

A. Salkeld (ed.), *World Mountaineering* (London: Mitchell Beazley, 1998)

F. S. Smythe, *British Mountaineers* (London. Collins, 1942)

W. Unsworth. *Because It is there* (London: Victor Gollancz 1968)

W. Unsworth. (ed.), *Encyclopedia of Mountaineering* (Harmondsworth: Penguin, 1977)

W. Unsworth. *Hold the Heights: The Foundations of Mountaineering* (London: Hodder & Stoughton, 1993)

C. Wells, *A Brief History of British Mountaineering* (Penrith: The Mountain Heritage Trust, 2001)

C. Wells, *Who's Who in British Climbing* (Buxton: The Climbing Company, 2008)

C. Wills (ed.), *Climb* (New York: Thunder's Mouth Press, 1999)

K. Wilson (ed.), *Classic Rock* (St Albans: Granada Publishing, 1978; 2nd ed. London: Bâton Wicks, 2007)

K. Wilson (ed.), *Hard Rock*, 1981 Granada Publishing ed. (London, Hart-Davis, MacGibbon Ltd, 1975; 3rd ed. London: Diadem, 1992)

K. Wilson (ed.), *The Games Climbers Play*, 1996 Bâton Wicks ed. (London: Diadem, 1978; 2nd ed. London: Bâton Wicks, 2006)

K. Wilson and B. Newman (eds.), *Extreme Rock* (London: Diadem Books, 1987)

G. W. Young, *Mountain Craft*, 1949 7th revised ed. (London: Methuen, 1920)

호수지역

A. Hankinson, *The First Tigers* (London: J. M. Dent, 1972)

A. Hankinson, *A Century on the Crags* (London: J. M. Dent, 1988)

T. Jones and G. Milburn, *Cumbrian Rock: 100 Years of Climbing in the Lake District* (Glossop: Pic Publication, 1988)

G. S. Sanson, *Climbing at Wasdale Before the First World War* (Somerset: Castle Cary Press, 1982)

W. Unsworth, *The High Fells of Lakeland* (London: Robert Hale, 1972)

W. Wordsworth, *Guide to the Lakes*, 2004 Frances Lincoln ed. (London: 1810)

웨일스

H. R. C. Carr and G. A. Lister (eds.), *The Mountains of Snowdonia*, 1948 Crosby Lockwood ed. (London: Bodley Head, 1925)

J. Cleare and A. Smythe, *Rock Climbers in Action in Snowdonia* (London: Secker & Warburg, 1966)

T. Gifford (ed.), *The Climbers' Club Centenary Journal* (Climbers Club, 1997)

A. Hankinson, *The Mountain Men* (London: William Heinemann, 1977)

T. Jones and G. Milburn, *Welsh Rock: 100 Years of Climbing in North Wales* (Glossop: Pic Publications, 1986)

G. Milburn, *Helyg* (Climbers' Club, 1985)

J. Soper, K. Wilson and P. Crew, *The Black Cliff: The History of Climbing on Clogwyn Du'r Arddu* (London: Kaye & Ward, 1971)

G. W. Young, G. Sutton and W. Noyce, *Snowdon Biography* (London: J. M. Dent, 1957)

스코틀랜드

D. J. Bonnet (ed.), *The Munros*, 1991 ed. (Edinburgh, Scottish Mountaineering Trust, 1985)

W. D. Brooker (ed.), *A Century of Scottish Mountaineering* (Edinburgh: Scottish Mountaineering Trust, www.smc.org.uk/Publications, 1988)

W. H. Murray, *Highland Landscape* (Edinburgh: National Trust for Scotland, 1962)

W. H. Murray, *The Evidence of Things Not Seen* (London: Bâton Wicks, 2002)

노두

E. Byne and G. Sutton, *High Peak* (London: Secker & Warburg, 1966)

J. Laycock, *Some Gritstone Climbs in Derbyshire and Elsewhere* (Manchester: 1913)

W. Unsworth, *The English Outcrops* (London: Victor Gollancz, 1964)

알프스

T. Braham, *When the Alps Cast Their Spell* (Glasgow: The In Pinn, 2004)

C. E. Engel, *A History of Mountaineering in the Alps* (London: George Allen & Unwin, 1950)

F. Fleming, *Killing Dragons: The Conquest of the Alps*, 2001 ed. (London: Granta Books, 2000)

W. Unsworth, *North Face* (London: Hutchinson, 1969)

W. Unsworth, *Savage Snows: The Story of Mont Blanc* (London: Hodder & Stoughton, 1986)

W. Unsworth (ed.), *Peaks, Passes and Glaciers* (London: Allen Lane, 1981)

고산지대

J. Curran, *K2, Triumph and Tragedy* (London: Hodder & Stoughton, 1987)

A. Fanshawe and S. Venables, *Himalaya Alpine Style* (London: Hodder & Stoughton, 1995; 2nd ed. London: Bâton Wicks, 1999)

M. Isserman and S. Weaver, *Fallen Giants: A History of Himalayan Mountaineering From the Age of Empire to the Age of Extremes* (New Haven: Yale University Press, 2008)

K. Mason, *Abode of Snow*, 1987 Diadem ed. (London: Rupert Hart-Davis, 1955)

J. Morris, *Coronation Everest*, 1993 Boxtree ed. (London: Faber & Faber, 1958)

W. Unsworth, *Everest* (London: Allen Lane, 1981; 3rd ed. Seattle: The Mountaineers Books and London: Bâton Wicks, 2000)

자서전 및 전기

A. Alvarez, *Feeding the Rat* (London: Bloomsbury, 2003)

J. R. L. Anderson, *High Mountains and Cold Seas: A Biography of H. W. Tilman* (London: Victor Gollancz, 1980)

G. Band, *Everest Exposed* (London: HarperCollins, 2003)

G. Birtles, *Alan Rouse: A Mountaineer's Life* (London: Unwin Hyman, 1987)

B. Blessed, *The Turquoise Mountain* (London: Bloomsbury, 1991)

P. Boardman, *The Shining Mountain*, 1996 Bâton Wicks ed. (London: Hodder & Stoughton, 1978)

P. Boardman, *Sacred Summits*, 1996 Bâton Wicks ed. (London: Hodder & Stoughton, 1982)

W. Bonatti, *The Mountains of My Life*, 2001 Modern Library ed. (New York: Random House, 1998)

C. Bonington, *I Chose to Climb*, 2001 Weidenfeld & Nicolson ed. (London: Victor Gollancz, 1966)

C. Bonington, *Annapurna South Face*, 1973 Penguin ed. (London: Cassell, 1971)

C. Bonington, *The Next Horizon*, 2001 Weidenfeld & Nicolson ed. (London: Victor Gollancz, 1973)

C Bonington, *Everest the Hard Way* (London: Hodder & Stoughton, 1976)

C. Bonington, *The Everest Years*, 2001 Weidenfeld & Nicolson ed. (London: Hodder & Stoughton, 1986)

C. Bonington, *Mountaineer* (London: Diadem Books, 1989)

A. Borthwick, *Always a Little Further* (London: Faber & Faber, 1939, *republished* London: Diadem, 1993)

D. Brown and I. Mitchell, *Mountain Days & Bothy Nights* (Edinburgh: Luath Press, 1987)

D. Brown and I. Mitchell, *A View From the Ridge* (Glasgow: Ernest Press, 1991)

J. Brown, *The Hard Years*, 1975 Penguin ed. (London: Victor Gollancz, 1967)

H. Buhl, *Nanga Parbat Pilgrimage: The Lonely Challenge*, 1998 Bâton Wicks ed. (London: Hodder & Stoughton, 1956)

A. Burgess and A. Burgess, *The Burgess Book of Lies* (Seattle: Cloudcap, 1994)

H. Calvert, *Smythe's Mountains: the Climbs of F. S. Smythe* (London: Victor Gollancz, 1985)

A. Cave, *Learning to Breathe* (London: Hutchinson, 2005)

F. S. Chapman, *Memoirs of a Mountaineer*, 1945 ed. (London: The Reprint Society, 1940)

G. Child, *Thin Air: Encounters in the Himalayas* (Seattle: The Mountaineers Books, 1988)

K. Chorley, *Manchester Made Them* (London: Faber & Faber, 1950)

J. N. Collie, *From the Himalaya to Skye*, 2003 Ripping Yarns ed. (Edinburgh: David Douglas, 1902)

J. Connor, *Creagh Dhu Climber: The Life and Times of John Cunningham* (Glasgow: Ernest Press, 1999)

J. Connor, *Dougal Haston: The Philosophy of Risk* (Edinburgh: Canongate, 2002)

M. Conway, *The Alps From End to End* (London: Constable, 1905)

M. Conway, *Mountain Memories: A Pilgrimage of Romance* (London: Cassell, 1920)

M. Conway, *Episodes in a Varied Life* (London: Country Life, 1932)

A. Crowley, *The Confessions of Aleister Crowley* (London: Mandrake Press, 1929)

J. Cruickshank, *High Endeavours: The Life and Legend of Robin Smith* (Edinburgh: Canongate, 2005)

J. Curran, *High Achiever: The Life and Climbs of Chris Bonington* (London: Constable & Robinson Ltd, 1999)

J. Curran, *The Middle-Aged Mountaineer* (London: Constable & Robinson Ltd, 2001)

S. Dean, *Hands of a Climber: A Life of Colin Kirkus* (Glasgow: Ernest Press, 1993)

M. Dickinson, *The Death Zone* (London: Hutchinson, 1997)

H. Drasdo, *The Ordinary Route* (Glasgow: Ernest Press, 1997)

E. Drummond, *A Dream of White Horses*, 1997 Bâton Wicks ed. (London: Diadem, 1987)

J. Evans, *The Conways* (London: Museum Press, 1966)

A. S. Eve and C. H. Creasey, *Life and Work of John Tyndall* (London: Macmillan, 1945)

G. I. Finch, *The Making of a Mountaineer*, 1988 ed. (Bristol: J. W. Arrowsmith, 1924)

J. D. Forbes, *Travels Through the Alps of Savoy*, 2nd ed. (Edinburgh: Adam and Charles Black, 1845)

M. Fowler, *Vertical Pleasure*, 2006 Bâton Wicks ed. (London: Hodder & Stoughton, 1995)

M. Fowler, *On Thin Ice* (London: Bâton Wicks, 2005)

P. French, *Younghusband*, 1995 Flamingo ed. (London: HarperCollins, 1994)

P. Gillman and L. Gillman, *The Wildest Dream* (London: Headline, 2000)

R. Graves, *Goodbye to All That*, 1960 Penguin ed. (London: Jonathan Cape, 1929)

D. Gray, *Rope Boy* (London: Victor Gollancz, 1970)

D. Gray, *Tight Rope* (Glasgow: Ernest Press, 1993)

D. Gray, *Slack* (Glasgow: Ernest Press, 1996)

R. Greene, *Moments of Being* (London: William Heinemann, 1974)

N. Gresham and T. Emmett, *Preposterous Tales* (Twickenham: Sam & Neil, 2005)

A. Hankinson, *Geoffrey Winthrop Young* (London: Hodder & Stoughton, 1995)

H. Harrer, *The White Spider*, 1995 Flamingo ed. (London: Rupert Hart-Davis, 1959)

D. Haston, *In High Places*, 1974 Arrow ed. (London: Cassell, 1972)

A. Heckmair, *Anderl Heckmair: My Life* (Seattle: The Mountaineers Books, 2002)

M. Herzog, *Annapurna*, 1997 Pimlico ed. (London: Jonathan Cape, 1952)

E. Hillary, *View From the Summit*, 2000 Corgi ed. (London: Doubleday, 1999)

J. Hunt, *The Ascent of Everest* (London: Hodder & Stoughton, 1953)

J. Hunt, *Life Is Meeting* (London: Hodder & Stoughton, 1978)

R. L. G. Irving, *The Romance of Mountaineering* (London: J. M. Dent, 1935)

S. Johnson, *A Journey to the Western Islands of Scotland*, 1984 Penguin Classic ed. (1775)

O. G. Jones, *Rock-Climbing in the English Lake District*, 1973 facsimile of 2nd ed. (Keswick: G. P. Abraham & Sons, 1900)

A. Kirkpatrick, *Psychovertical* (London: Hutchinson, 2008)

C. Kirkus, *Let's Go Climbing!* (London: Thomas Nelson, 1941)

J. Krakauer, *Into Thin Air*, 1998 Pan Books ed. (London: Macmillan, 1997)

T. Longstaff, *This My Voyage* (London: John Murray, 1950)

H. MacInnes, *Climb to the Lost World*, 1976 Penguin ed. (London: Hodder & Stoughton, 1974)

C. Mill, *Norman Collie: A Life in Two Worlds* (Aberdeen: Aberdeen University Press, 1987)

G. Moffat, *Space Below My Feet*, 1976 Penguin ed. (London: Hodder & Stoughton, 1961)

J. Moffat and N. Grimes, *Revelations* (Sheffield: Vertebrate Publishing, 2009)

M. Moran, *Alps 4000: 75 Peaks in 52 Days* (Newton Abbot: David & Charles, 1994)

N. Morin, *A Woman's Reach* (London: Eyre & Spottiswoode, 1968)

A. F. Mummery, *My Climbs in the Alps and Caucasus*, 2004 Ripping Yarns ed. (London: Fisher Unwin, 1895)

W. H. Murray, *Mountaineering in Scotland* (London: J. M. Dent, 1947, *republished* London: Bâton Wicks, 2003)

W. H. Murray, *The Evidence of Things Not Seen* (London: Bâton Wicks, 2002).

E. Newby, *A Short Walk in the Hindu Kush*, 1981 Picador ed. (London: Secker & Warburg, 1958)

E. F. Norton, *The Fight for Everest: 1924* (London: Edward Arnold, 1925)

P. Nunn, *At the Sharp End* (London: Unwin Hyman, 1988)

T. Patey, *One Man's Mountains*, 1997 Canongate ed. (London: Victor Gollancz, 1971)

W. Peascod, *Journey After Dawn* (London: Butler & Tanner, 1985)

J. Perrin, *Menlove: The Life of John Menlove Edwards* (London: Victor Gollantz, 1985)

J. Perrin, *The Villain: The Life of Don Whillans* (London: Random House, 2005)

J. Perrin, *The Climbing Essays* (Glasgow: The In Pinn, 2006)

D. Pilley, *Climbing Days*, 1989 Hogarth Press ed. (London: G. Bell & Sons, 1935)

P. Pritchard, *Deep Play* (London: Bâton Wicks, 1997)

P. Pritchard, *The Totem Pole* (London: Constable & Robinson Ltd, 1999)

G. Rebuffat, *Starlight and Storm* (London: J. M. Dent, 1956)

D. Rose and E. Douglas, *Regions of the Heart: The Triumph and Tragedy of Alison Hargreaves* (London: Penguin, 1999)

V. Saunders, *No Place to Fall* (London: Hodder & Stoughton, 1994)

D. Scott, *Himalayan Climber* (London: Diadem, 1992)

D. Scott and A. MacIntyre, *Shisha Pangma: The Alpine-Style First Ascent of the South-West Face* (London: Bâton Wicks, 2000)

E. Shipton, *Nanda Devi*, 1997 Diadem ed. (London: Hodder & Stoughton, 1936, *republished* London: Bâton Wicks, 2010)

E. Shipton, *Blank on the Map*, 1997 Diadem ed. (London: Hodder & Stoughton, 1938, *republished* London: Bâton Wicks, 2010)

E. Shipton, *Upon That Mountain*, 1997 Diadem ed. (London: Hodder & Stoughton, 1943, *republished* London: Bâton Wicks, 2010)

E. Shipton, *Mountains of Tartary*, 1997 Diadem ed. (London: Hodder & Stoughton, 1950, *republished* London: Bâton Wicks, 2010)

E. Shipton, *The Mount Everest Reconnaissance Expedition 1951*, 1997 Diadem ed. (London: Hodder & Stoughton, 1951, *republished* London: Bâton Wicks, 2010)

E. Shipton, *Land of Tempest*, 1997 Diadem ed. (London: Hodder & Stoughton, 1963, *republished* London: Bâton Wicks, 2010)

E. Shipton, *That Untravelled World* (London: Hodder & Stoughton, 1969)

E. Shipton and H. W. Tilman, *Nanda Devi: Exploration and Ascent* (London: Bâton Wicks, 1999)

J. Simpson, *Touching the Void* (London: Jonathan Cape, 1988)

J. Simpson, *This Game of Ghosts* (London: Jonathan Cape, 1993)

J. Simpson, *Storms of Silence* (London: Jonathan Cape, 1996)

J. Simpson, *Dark Shadows Falling* (London: Jonathan Cape, 1997)

M. Slesser, *Red Peak* (London: Hodder & Stoughton, 1964)

M. Slesser, *With Friends in High Places* (Edinburgh: Mainstream Publishing, 2004)

W. C. Slingsby, *Norway: The Northern Playground*, 2003 Ripping Yarns ed. (Edinburgh: David Douglas, 1904)

F. S. Smythe, *Climbs and Ski Runs*, 2000 Bâton Wicks ed. (Edinburgh: Blackwood, 1929)

F. S. Smythe, *The Kangchenjunga Adventure*, 2000 Bâton Wicks ed. (London: Victor Gollancz, 1930)

F. S. Smythe, *Kamet Conquered*, 2000 Bâton Wicks ed. (London: Victor Gollancz, 1932)

F. S. Smythe, *Camp Six*, 2000 Bâton Wicks ed. (London: Hodder & Stoughton, 1937)

F. S. Smythe, *The Valley of Flowers*, 2000 Bâton Wicks ed. (London: Hodder & Stoughton, 1938)

F. S. Smythe, *Mountaineering Holiday*, 2000 Bâton Wicks ed. (London: Hodder & Stoughton, 1940)

F. S. Smythe, *Edward Whymper* (London: Hodder & Stoughton, 1940)

P. Steele, *Eric Shipton: Everest and Beyond* (London: Constable, 1998)

L. Stephen, *The Playground of Europe*, 1936 Blackwell ed. (London: Longmans, Green, 1871)

L. Stephen, *Some Early Impressions* (London: Hogarth, 1924)

J. Tasker, *Everest the Cruel Way*, 1996 Bâton Wicks ed. (London: Methuen, 1981)

J. Tasker, *Savage Arena*, 1996 Bâton Wicks ed. (London: Methuen, 1982)

H. W. Tilman, *Snow on the Equator*, 1997 Diadem ed. (London: G. Bell & Sons, 1937, *republished* London: Bâton Wicks, 2004)

H. W. Tilman, *The Ascent of Nanda Devi*, 1997 Diadem ed. (Cambridge University Press, 1937, *republished* London: Bâton Wicks, 2010)

H. W. Tilman, *When Men and Mountains Meet*, 1997 Diadem ed. (Cambridge University Press, 1946, *republished* London: Bâton Wicks, 2010)

H. W. Tilman, *Everest 1938*, 1997 Diadem ed. (Cambridge University Press, 1948, *republished* London: Bâton Wicks, 2010)

H. W. Tilman, *Two Mountains and a River*, 1997 Diadem ed. (Cambridge University Press, 1949, *republished* London: Bâton Wicks, 2010)

H. W. Tilman, *China to Chitral*, 1997 Diadem ed. (Cambridge University Press, 1951, *republished* London: Bâton Wicks, 2010)

H. W. Tilman, *Nepal Himalaya*, 1997 Diadem ed. (Cambridge University Press, 1952, *republished* London: Bâton Wicks, 2010)

K. Treacher, *Siegfried Herford: An Edwardian Rock-Climber* (Glasgow: Ernest Press, 2000)

S. Venables, *A Slender Thread* (London: Hutchinson, 2000)

S. Venables, *Higher Than the Eagle Soars* (London: Arrow Books, 2007)

D. Whillans and A. Ormerod, *Don Whillans: Portrait of a Mountaineer* (London: William Heinemann, 1971)

E. Whymper, *Scrambles Amongst the Alps*, 1985 Century ed. (London: John Murray, 1871)

A. Wills. *Wanderings Amongst the High Alps*, 1937 Blackwell ed. (London: R. Bentley, 1856)

W. Windham, *An Account of the Glaciers or Ice Alps in Savoy*, AC Tracts 388 ed. (London: Peter Martel, 1741)

S. Yates, *Against the Wall* (London: Vintage, 1998)

S. Yates, *The Flame of Adventure* (London: Vintage, 2002)

G. W. Young, *On High Hills*, 1947 5th ed. (London: Methuen, 1927)

기사 및 기고문

J. V. Anthoine, 'The British Ogre Expedition', *Alpine Journal* 83 (1978)

S. Ashton, 'Guide Books in British Climbing', *High* 40 (1986)

C. Barrington, 'The First Ascent of the Eiger', *Alpine Journal* 11 (1883)

P. Bicknell, 'The Picturesque, the Sublime and the Beautiful', *Alpine Journal* 85 (1980)

W. Birkett, 'Talking With Jim Birkett', *Climber & Rambler* 21, 8 (1982)

W. Birkett, 'Pete Whillance', *Climber & Rambler* 22, 5 (1983)

T. S. Blakeney, 'Whymper and Mummery', *Alpine Journal* 57 (1950)

T. S. Blakeney, 'The Alpine Journal and its Editors: 1927~1953', *Alpine Journal* 81 (1976)

A. W. Bridge, 'Prelude', *Climbers' Club Journal* IX, 74 (1949)

W. D. Brooker et al., 'The Incomparable Dr. Patey', *Climber* 26, 5 (1987)

G. B. Bryant, 'The Formation of the Climbers' Club', *Climbers' Club Journal* I, 1 (1898)

D. Busk, 'The Young Shavers', *Mountain* 54 (1977)

M. Campbell, 'A Profile of John Redhead', *Climber* 25, 11 (1986)

H. R. C. Carr, '1919 — C. F. Holland's Year', *Climbers' Club Journal*, 102 (1981)

J. Cartwright, 'Ama Dablam', *Alpine Journal* 107 (2002)

M. Conway, 'Centrists and Excentrists', *Alpine Journal* 15 (1891)

M. Conway, 'Some Reminiscences and Reflections of an Old Stager', *Alpine Journal* 31 (1917)

D. Cook, 'The Mountaineer and Society', *Mountain* 34 (1974)

D. Cox, 'The Life and Times of Geoffrey Winthrop Young', *Mountain* 47 (1976)

D. Cox, 'Early Years', *Alpine Journal* 85 (1980)

S. H. Cross, 'Climbing Memories', *Rucksack Club Journal* XIV 2, 54 (1961)

D. F. O. Dangar and T. S. Blakeney, 'The Rise of Modern Mountaineering 1854~1865', *Alpine Journal* 62 (1957)

S. Dean, 'John Syrett', *Climber* 35, 8 (1996)

C. T. Dent, 'Two Attempts on the Aiguille du Dru', *Alpine Journal* 7 (1876)

C. T. Dent, 'The History of an Ascent of the Aiguille du Dru', *Alpine Journal* 9 (1878)

C. T. Dent, 'Alpine Climbs — Past, Present and Future', *Alpine Journal* 9(1880)

E. Douglas, 'Fast Burn Fuse', *Climber* 37, 2 (1998)

E. Douglas, 'The Morality of Risk', *Alpine Journal* 104 (1999)

E. Douglas, 'The Vertical Century', *Climber* 39, 1 (2000)

E. Douglas, 'Cafe Society', *Climber* 40, 11 (2001)

E. Douglas, 'The Art of Strong: Malcolm Smith', *Climber* 42, 2 (2003)

C. Gamble, 'John Ruskin, Eugene Viollet-Le-Duc and the Alps', *Alpine Journal* 104 (1999)

D. Gray, 'Confessions of a Parvenu', *Alpine Journal* 107 (2002)

N. Grimes, 'That's Me: George Smith', *Summit* 53 (2009)

F. C. Grove, 'The Comparative Skill of Travellers and Guides', *Alpine Journal* 5 (1870)

A. Hankinson, 'Aleister Crowley: How Beastly Was He Really?' *Climber & Rambler* 18, 11 (1979)

P. Harding, 'A Rock Climbing Apprenticeship', *Rucksack Club Journal* XIV 2, 54 (1961)

A. B. Hargreaves and K. Smith, 'Maurice Linnell', *Climber & Rambler* 20, 12 (1981)

J. Hunt, 'Mountaineering and Risk', *Alpine Journal* 86 (1981)

W. Inglis Clark, 'The Motor in Mountaineering', *Scottish Mountaineering Club Journal* VII (1903)

R. L. G. Irving, 'Five Years With Recruits', *Alpine Journal* 24 (1909)

R. L. G. Irving, 'Unclouded Days, 1901~1914', *Alpine Journal* 62 (1957)

C. T. Jones, 'The Late Fifties: A Personal Account', *Climbers' Club Journal* XV, 96 (1973)

H. M. Kelly, J. H. Doughty et al., '100 Years of Rock-Climbing in the Lake District', *Fell and Rock Climbing Club Journal* XXIV(2), 70 (1986)

J. Longland, 'Between the Wars', 1919~1939, *Alpine Journal* 62 (1957)

J. Longland, 'The Once-Upon-A-Time Pen y Pass', *Mountain* 123 (1988)

A. Lunn, 'In Defence of Popular Writing', *Climbers' Club Journal* 2 (1913)

A. Lunn, 'Whymper Again', *Alpine Journal* 17 (1966)

A. Lunn, 'The Playground of Europe 1871 to 1971: A Centenary Tribute to Leslie Stephen', *Alpine Journal* 77 (1972)

E. MacAskill, 'Creagh Dhu', *Climber & Rambler* 17, 3 and 4 (1978)

E. MacAskill, 'Portrait of Jock Nimlin', *Climber & Rambler* 22, 9 (1983)

D. MacLeod, 'Echo Wall', *John Muir Trust Journal* 46 (2009)

G. Mallory, 'Mont Blanc from the Col du Géant by the Eastern Buttress of Mont Maudit', *Alpine Journal* 32 (1918)

C. E. Mathews, 'The Growth of Mountaineering', *Alpine Journal* 10 (1882)

C. M. Mathews, 'On Climbing Books', *Climbers' Club Journal* I, 1 (1912)

R. Messner, 'Murder of the Impossible', *Mountain* 15 (1971)

J. Millar, 'Hard Days, Easy Days', *Climber* 30, 9 (1991)

W. H. Murray, 'Scotland: The 1930s', *Mountain* 98 (1984)

L. J. Oppenheimer, 'Wastdale Head at Easter', *Climbers' Club Journal* II, 5 (1899)

J. Perrin, 'Pat Littlejohn', *Climber & Rambler* 21, 3 (1982)

J. Perrin, 'The Essential Jack Longland', *Mountain* 123 (1988)

J. Perrin, 'In the Big Holes', *Climber* 29, 10 (1990)

H. E. L. Porter, 'After the Matterhorn, 1865~1980', *Alpine Journal* 62 (1957)

J. Porter, 'Reverse Polish', *Mountain* 60 (1978)

P. Pritchard, 'Hammering the Anvil', *Alpine Journal* 100 (1995)

A. K. Rawlinson, 'Crescendo, 1939~1956', *Alpine Journal* 62 (1957)

H. V. Reade, 'Unjustifiable Climbs', *Climbers' Club Journal* VI, 21 (1903)

J. Redhead, 'Alternative Slate', *Climber* 25, 11 (1986)

K. Reynolds, 'Because It's There — and All That', *Alpine Journal* 83 (1978)

A. Rouse, 'Jannu', *Alpine Journal* 85 (1980)

A. Rouse, 'Changing Values', *Alpine Journal* 90 (1985)

C. Rowland, J. Perrin and C. Bonington, 'Remembering Mo', *Climber* 28,10 (1989)

S. Richardson, 'Scottish Winter Climbing: The Last 50 Years', *Alpine Journal* 112 (2007)

D. Scott, 'Resisting the Appeasers', *Alpine Journal* 112 (2007)

Shih Chan-Chun, 'The Conquest of Mount Everest By the Chinese Mountaineering Team', *Alpine Journal* 66 (1961)

K. Smith, 'Epitaph to a Cragsman: A Profile of Claude Deane Frankland', *Climber &
Rambler* 17, 2 (1978)

K. Smith, 'Who Was J. I. Roper?' *Climber & Rambler* 17, 6 (1978)

K. Smith, 'A Portrait of A. T. Hargreaves', *Climber & Rambler* 18, 6 (1979)

K. Smith, 'The Improbable Leader: The Tragic Career of Bert Gross', *Climber & Rambler* 20,
5 (1981)

K. Smith, 'J. Menlove Edwards', *Climber & Rambler* 22, 11 (1983)

L. Stephen, 'Review of Scrambles Amongst the Alps', *Alpine Journal* 5 (1872)

E. L. Strutt, 'Presidential Valedictory Address', *Alpine Journal* 50 (1938)

J. Tasker, 'Kangchenjunga North Ridge 1979', *Alpine Journal* 85 (1980)

M. Thompson, 'Out With the Boys Again', *Mountain* 50 (1976)

P. Twomey, 'John Redhead', *On The Edge* 78 (1998)

T. Waghorn and C. Bonington, 'A Tribute to Don', *Climber and Rambler* 24, 10 (1985)

D. Walker, 'The Evolution of Climbing Clubs in Britain', *Alpine Journal* 109 (2004)

M. Ward, 'Rab', *Climber* 35, 6 (1996)

E. A. M. Wedderburn, 'A Short History of Scottish Climbing From 1918 to the Present Day',
Scottish Mountaineering Club Journal XXII (1939)

J. B. West, 'A. M. Kellas: Pioneer Himalayan Physiologist and Mountaineer', *Alpine Journal*
94 (1989)

W. Weston, 'Mountaineering in the Southern Alps of Japan', *Alpine Journal* 23 (1907)

A. Wills, 'The Passage of the Fenêtre de Salena', *Peaks, Passes and Glaciers 1* (1859)

G. W. Young, 'Mountain Prophets', *Alpine Journal* 54 (1949)

G. W. Young, 'Club and Climbers 1880~1900', *Alpine Journal* 62 (1957)

사회사 및 문화사

P. Bartlett, *The Undiscovered Country: The Reason We Climb* (Glasgow: Ernest Press, 1993)

P. Bicknell, *Beauty, Horror and Immensity: Picturesque Landscape in Britain*, 1750~1850
(Cambridge University Press, 1981)

E. Burke, *A Philosophical Enquiry*, 2008 Oxford University Press ed. (1757)

K. Clark, *Landscape Into Art* (London: John Murray, 1949)

P. Coates, *Nature: Western Attitudes Since Ancient Times* (Cambridge: Polity Press, 1998)

D. Craig, *Native Stones* (London: Pimlico, 1995)

D. W. Crawford, 'The Aesthetics of Nature and the Environment', in P. Kivy (ed.), *Aesthetics*
(Oxford: Blackwell, 2005)

R. Graves and A. Hodge, *The Long Weekend: A Social History of Great Britain 1918~1939*, 1971 Penguin ed. (London: Faber & Faber, 1940)

P. H. Hansen, 'British Mountaineering 1850~1914' (PhD, Harvard, 1991)

R. Macfarlane, *Mountains of the Mind* (London: Granta Books, 2003)

M. H. Nicolson, *Mountain Gloom and Mountain Glory*, 1997 Washington University ed. (Cornell University Press, 1959)

B. Rothman, *The 1932 Kinder Trespass* (Altrincham: Willow Publishing, 1982)

J. Ruskin, *Modern Painters Volume IV: Of Mountain Beauty*, 1897 George Allen ed. (London: Smith Elder, 1856)

J. Ruskin, *Sesame and Lilies*, 2008 Arc Manor ed. (1865)

S. Schama, *Landscape and Memory* (New York: Alfred A. Knopf, Inc., 1995)

F. Spufford, *I May Be Some Time*, 2003 ed. (London: Faber & Faber, 1996)

K. Thomas, *Man and the Natural World*: Changing Attitudes in England 1500~1800 (London: Penguin, 1983)

A. Trollope, *Travelling Sketches* (London: Chapman & Hall, 1866)

B. Willey, *The Eighteenth Century Background: Studies on the idea of Nature in the Thought of the Period*, 1972 Pelican ed. (London: Penguin, 1940)

보도된 인터뷰

P. Boardman, *Crags* 4 (1976)

John Cunningham, *Mountain* 14 (1971)

John Dunne, *Summit* 41 (2006)

Ron Fawcett, *Crags* 3 (1976)

부고

The Late Principal Forbes, *Alpine Journal* 4 (1870)

Thomas Woodbine Hinchcliff, *Alpine Journal* 11 (1884)

A. W. Moore, *Alpine Journal* 13 (1888)

John Ball, *Alpine Journal* 14 (1889)

Thomas Stuart Kennedy, *Alpine Journal* 17 (1895)

A. F. Mummery, *Alpine Journal* 17 (1895)

John Tyndall, *Alpine Journal* 17 (1895)

John Hopkinson, *Alpine Journal* 19 (1899)

O. G. Jones, *Alpine Journal* 19 (1899)

E. S. Kennedy, *Alpine Journal* 19 (1899)

J. Oakley Maund, *Alpine Journal* 21 (1903)

Richard Pendlebury, *Alpine Journal* 21 (1903)

Charles Edward Mathews, *Alpine Journal* 22 (1905)

C. E. Mathews, *Climbers' Club Journal* VIII, 30 (1905)

Sir Leslie Stephen, *Alpine Journal* 22 (1905)

Horace Walker, *Alpine Journal* 24 (1909)

Edward Whymper, *Alpine Journal* 26 (1912)

Clinton Thomas Dent, *Alpine Journal* 27 (1913)

J. M. Archer Thomson, *Climbers' Club Journal* I, 2 (1913)

Rt. Hon. Sir Alfred Wills, *Alpine Journal* 27 (1913)

William Edward Davidson, *Alpine Journal* 35 (1923)

Thomas Middlemore, *Alpine Journal* 35 (1923)

G. D. Abraham, *Climbers' Club Journal* VI 3, 67 (1941)

Colin Kirkus, *Climbers' Club Journal* VII 2, 69 (1943)

Charles Granville Bruce, *Himalayan Journal* XIII (1946)

John Norman Collie, *Himalayan Journal* XIII (1946)

Sir Francis Younghusband, *Himalayan Journal* XIII (1946)

C. W. F. Noyce, *Alpine Journal* 67 (1962)

Hugh Ruttledge, *Alpine Journal* 67 (1962)

Charles Kenneth Howard-Bury, *Alpine Journal* 69 (1964)

Tom Longstaff, *Alpine Journal* 69 (1964)

C. F. Holland, *Fell & Rock Climbing Club Journal* 21, 60 (1968)

Thomas Walton Patey, *Scottish Mountaineering Club Journal* XXIX, 162 (1971)

Alfred William Bridge, *Climbers' Club Journal* XVI, 96 (1974)

Peter Biven, *Alpine Journal* 82 (1977)

Dougal Haston, *Alpine Journal* 83 (1978)

Sir Percy Wyn Harris, *Climber & Rambler* 18, 11 (1979)

H. W. Tilman, *Mountain* 66 (1979)

H. M. Kelly, *Climber & Rambler* 19, 5 (1980)

A. S. Pigott, *Alpine Journal* 85 (1980)

Al Harris, *Climber & Rambler* 20, 12 (1981)

Joseph Thomas Tasker, *Climber & Rambler* 21, 8 (1982)

Alex MacIntyre, *Climber & Rambler* 21, 12 (1982)

Alex MacIntyre, *Alpine Journal* 88 (1983)

Joe Tasker, *Alpine Journal* 88 (1983)

John Syrett, *Climber & Rambler* 24, 8 (1985)

Roger Baxter Jones, *Climber & Rambler* 24, 11 (1985)

Nea Morin, *Alpine Journal* 92 (1987)

Alan Rouse, *Alpine Journal* 92 (1987)

Captain John Baptist Lucius Noel, *Mountain* 128 (1989)

J. B. L. Noel, *Climber* 28, 5 (1989)

Jack Longland, *High* 135 (1994)

Nat Allen, *High* 153 (1995)

Sir Charles Evans, *Climber* 35, 2 (1996)

Paul Nunn, *Alpine Journal* 101 (1996)

Sir Charles Evans, *Alpine Journal* 102 (1997)

Alan Bennet Hargreaves, *Alpine Journal* 102 (1997)

Ivan Waller, *Alpine Journal* 102 (1997)

Peter Livesey, *Climber* 37, 5 (1998)

소설

W. E. Bowman, *The Ascent of Rum Doodle* (London: Max Parrish, 1956)

E. Coxhead, *One Green Bottle* (London: Faber & Faber, 1950)

D. Haston, *Calculated Risk* (London: Diadem, 1979)

L. Rees and A. Harris, *Take It to the Limit* (London: Diadem, 1981)

찾아보기

클라이머를 위한 1001가지 팁 산악기술 技 시리즈 1
철저하게 경험에 근거하여 만든 1001가지 클라이밍 팁! • 클라이밍은 위험하며 결코 열정은 경험을 대체할 수 없다는 믿음으로, 철저하게 자신의 경험에 근거하여 제시하는 클라이머로서의 조언이 슬기롭고 실속 있다.

앤디 커크패트릭 지음 | 조승빈 옮김 | 36,000원

세로 토레 등반사 史 시리즈 1
메스너, 수수께끼를 풀다 • 체사레 마에스트리의 1959년 파타고니아 세로 토레 초등 주장은 오랫동안 논란을 불러일으켰다. 라인홀드 메스너가 세로 토레 초등의 진실을 추적했다.

라인홀드 메스너 지음 | 김영도 옮김 | 26,000원

Fallen Giants 등반사 史 시리즈 2
히말라야 도전의 역사 • 높고 위험한 히말라야의 여러 산에서 기술과 담력을 시험하려 했던 많은 모험가들. 생생하고 풍부한 삽화, 사진과 함께 50년 만에 최초로 히말라야 도전의 방대한 역사를 정리했다.

모리스 이서먼, 스튜어트 위버 지음 | 조금희, 김동수 옮김 | 62,000원

FREEDOM CLIMBERS 등반사 史 시리즈 3
자유를 찾아 등반에 나서는 폴란드 산악인들의 놀라운 여정 • 제2차 세계대전과 그에 이은 억압적 정치상황을 뚫고 극한의 모험을 찾아 등반에 나섰던 폴란드 산악인들. 이들은 결국 세계에서 가장 강인한 히말라야 산악인들로 거듭났다.

버나데트 맥도널드 지음 | 신종호 옮김 | 43,000원

중국 등산사 등반사 史 시리즈 4
중국 등산의 기원과 발전 과정에 대한 철저한 기록 • 다음 세대를 위한 역사적 근거와 간접 경험을 제공하고자 중국 국가 차원에서 기획하여 고대, 근대, 현대를 아우르는 등산에 관한 자료를 최대한으로 수집하여 정리했다.

장차이젠 지음 | 최유정 옮김 | 47,000원

일본 여성 등산사 등반사 史 시리즈 5
후지산에서 에베레스트까지 일본 여성 산악인들의 등산 역사 총망라 • 7년에 걸쳐 방대한 자료를 수집하고 정리하여 완성한 최초의 일본 여성 등산사이다. 부조리와 난관을 극복해가는 일본 여성 산악인들의 위대한 발걸음의 궤적을 확인할 수 있다.

사카쿠라 도키코, 우메노 도시코 지음 | 최원봉 옮김 | 31,000원

더 타워 등반사 史 시리즈 6
세로 토레 초등을 둘러싼 논란과 등반기록 • 자만심과 영웅주의, 원칙과 고생스러운 원정등반이 뒤범벅된 이 책은 인간의 조건을 내밀하게 들여다보게 하며, 극한의 노력을 추구하는 사람들의 존재 이유를 적나라하게 파고든다.

켈리 코르데스 지음 | 권오웅 옮김 | 46,000원

산의 전사들 등반사 史 시리즈 7
슬로베니아 알피니즘의 강력한 전통과 등반문화 • 국제적으로 명성이 자자한 산악문화 작가 버나데트 맥도널드가 슬로베니아의 알피니즘이 그 나라의 험난한 정치 역사 속에서 어떻게 성장하고 발전했는지 읽기 쉽게 정리했다.

버나데트 맥도널드 지음 | 김동수 옮김 | 37,000원

WINTER 8000 등반사 史 시리즈 8
극한의 예술, 히말라야 8000미터 동계등반 • 한겨울에 세계 최고봉들을 오르려 했던 얼음의 전사들! 그들의 고통과 노력, 성공과 실패에 대한 이야기를 버나데트 맥도널드가 상세하게 서술했다.

버나데트 맥도널드 지음 | 김동수 옮김 | 33,000원

에베레스트 정복 등반기 記 시리즈 1
에베레스트 전설적인 초등 당시의 오리지널 사진집(흑백사진 101점 + 컬러사진 62점) • 에베레스트 초등 60주년 기념 사진집. 초등 당시 등반가이자 사진가로 함께했던 조지 로우가 위대한 승리의 순간들을 찍은 뛰어난 독점 사진들과 개인 소장의 사진들을 모아 펴냈다.

조지 로우, 휴 루이스 존스 지음 | 조금희 옮김 | 59,000원

꽃의 계곡 등반기 記 시리즈 2
아름다운 난다데비 산군에서의 등반과 식물 탐사의 기록 • 뛰어난 등산가이자 식물학자이며 저술가였던 프랭크 스마이드가 인도 난다데비 산군에서 등산과 식물 탐사를 하며 행복하게 지냈던 넉 달간의 이야기가 펼쳐진다.

프랭크 스마이드 지음 | 김무제 옮김 | 43,000원

캠프 식스 등반기 記 시리즈 3
에베레스트 원정기의 고전 • 1933년 에베레스트 원정대에 대한 따뜻한 기록. 프랭크 스마이드가 마지막 캠프까지 가져가서 썼던 일기를 토대로, 등반의 극적인 상황과 산의 풍경에 대한 생생한 묘사를 담았다.

프랭크 스마이드 지음 | 김무제 옮김 | 33,000원

하늘에서 추락하다 등반기 記 시리즈 4
마터호른 초등에 얽힌 소설 같은 이야기 • 동반자이자 경쟁자였던 장 앙투안 카렐과 에드워드 윔퍼를 주인공으로 하여, 라인홀드 메스너가 마터호른 초등에 얽힌 이야기를 소설처럼 재미있고 생생하게 들려준다.

라인홀드 메스너 지음 | 김영도 옮김 | 40,000원

무상의 정복자 `등반가 家 시리즈 1`

위대한 등반가 리오넬 테레이의 불꽃 같은 삶과 등반 이야기 • 그랑드조라스 워커릉, 아이거 북벽에 이어 안나푸르나, 마칼루, 피츠로이, 안데스, 자누, 북미 헌팅턴까지 위대한 등반을 해낸 리오넬 테레이의 삶과 등반 이야기가 펼쳐진다.

리오넬 테레이 지음 | 김영도 옮김 | 46,000원

나의 인생 나의 철학 `등반가 家 시리즈 2`

세기의 철인 라인홀드 메스너의 인생과 철학 • 칠순을 맞은 라인홀드 메스너가 일찍이 극한의 자연에서 겪은 체험과 산에서 죽음과 맞서 싸웠던 일들을 돌아보며 다양한 주제로 자신의 인생과 철학에 대해 이야기한다.

라인홀드 메스너 지음 | 김영도 옮김 | 41,000원

엘리자베스 홀리 `등반가 家 시리즈 3`

히말라야의 영원한 등반 기록가 • 에베레스트 초등부터 현재에 이르기까지 히말라야 등반의 방대한 역사를 알고 있는 엘리자베스 홀리의 비범한 삶과 세계 최고 산악인들의 이야기가 흥미롭게 펼쳐진다.

버나데트 맥도널드 지음 | 송은희 옮김 | 38,000원

RICCARDO CASSIN `등반가 家 시리즈 4`

등반의 역사를 새로 쓴 리카르도 캐신의 50년 등반 인생 • 초창기의 그리냐와 돌로미테 등반부터 피츠 바딜레, 워커 스퍼와 데날리 초등까지 상세한 이야기와 많은 사진이 들어 있는 이 책은 리카르도 캐신의 반세기 등반 활동을 총망라했다.

리카르도 캐신 지음 | 김영도 옮김 | 36,000원

하루를 살아도 호랑이처럼 `등반가 家 시리즈 5`

알렉스 매킨타이어와 경량·속공 등반의 탄생 • 알렉스 매킨타이어에게 벽은 야망이었고 스타일은 집착이었다. 이 책은 알렉스와 동시대 클라이머들의 이야기를 통해 삶의 본질을 치열하게 파헤쳐 들려준다.

존 포터 지음 | 전종주 옮김 | 45,000원

마터호른의 그림자 `등반가 家 시리즈 6`

마터호른 초등자 에드워드 윔퍼의 일생 • 걸출한 판각공이자 뛰어난 저술가이며 스물다섯 나이에 마터호른을 초등한 에드워드 윔퍼의 업적에 대한 새로운 평가와 더불어 탐험가가 되는 과정까지 그의 일생이 담겨져 있다.

이언 스미스 지음 | 전정순 옮김 | 52,000원

ASCENT `등반가 家 시리즈 7`

알피니즘의 살아 있는 전설 크리스 보닝턴의 등반과 삶 • 영국의 위대한 산악인 크리스 보닝턴. 사선을 넘나들며 불굴의 정신으로 등반에 바쳐온 그의 삶과 놀라운 모험 이야기가 가족에 대한 사랑과 더불어 파노라마처럼 펼쳐진다.

크리스 보닝턴 지음 | 오세인 옮김 | 51,000원

프리솔로 `등반가 家 시리즈 8`

엘 캐피탄을 장비 없이 홀로 오른 알렉스 호놀드의 등반과 삶 • 극한의 모험 등반인 프리솔로 업적으로 역사상 최고의 암벽등반가 지위를 획득한 호놀드의 등반경력 중 가장 놀라운 일곱 가지 성과와 그의 소박한 일상생활을 담았다.

알렉스 호놀드, 데이비드 로버츠 지음 | 조승빈 옮김 | 37,000원

산의 비밀 `등반가 家 시리즈 9`

8000미터의 카메라맨 쿠르트 딤베르거와 알피니즘 • 역사상 8천미터급 고봉 두 개를 초등한 유일한 생존자이자 세계 최고의 고산전문 카메라맨인 쿠르트 딤베르거. 그의 등반과 여행 이야기가 흥미진진하게 펼쳐진다.

쿠르트 딤베르거 지음 | 김영도 옮김 | 45,000원

太陽의 한 조각 `등반가 家 시리즈 10`

황금피켈상 클라이머 다니구치 케이의 빛나는 청춘 • 일본인 최초이자 여성 최초로 황금피켈상을 받았지만 뜻하지 않은 사고로 43세에 생을 마감한 다니구치 케이의 뛰어난 성취와 따뜻한 파트너십을 조명했다.

오이시 아키히로 지음 | 김영도 옮김 | 30,000원

카트린 데스티벨 `등반가 家 시리즈 11`

암벽의 여왕 카트린 데스티벨 자서전 • 세계 최고의 전천후 클라이머로, 스포츠클라이밍, 암벽등반 그리고 알파인등반에서 발군의 실력을 발휘한 그녀의 솔직담백한 이야기가 잔잔한 감동으로 다가온다.

카트린 데스티벨 지음 | 김동수 옮김 | 30,000원

Art of Freedom `등반가 家 시리즈 12`

등반을 자유와 창조의 미학으로 승화시킨 보이테크 쿠르티카 • 산악 관련 전기 작가로 유명한 버나데트 맥도널드가 눈부시면서도 수수께끼 같은 천재 알피니스트 보이테크 쿠르티카의 전기를 장인의 솜씨로 빚어냈다.

버나데트 맥도널드 지음 | 김영도 옮김 | 36,000원

근대등산의 태동부터 현재까지 영국 등산 200년사

정당화할 수 없는 위험?

초판 1쇄 2021년 12월 3일

지은이   사이먼 톰슨Simon Thompson
옮긴이   오세인

펴낸이   변기태
펴낸곳   하루재 클럽
주소   (우) 06524 서울특별시 서초구 나루터로 15길 6(잠원동) 신사 제2빌딩 702호
전화   02-521-0067
팩스   02-565-3586
이메일   haroojaeclub@naver.com
출판등록 제2011-000120호(2011년 4월 11일)

윤문   김동수
편집   유난영
디자인   장선숙

ISBN   979-11-90644-06-8 03900

* 책값은 뒤표지에 있습니다.